ANDRÉA
LA CHARMEUSE

SCEAUX. — IMPRIMERIE CHARAIRE ET FILS.

ANDRÉA

LA CHARMEUSE

PAR

ÉMILE RICHEBOURG

PARIS
F. ROY, LIBRAIRE-ÉDITEUR
RUE SAINT-ANTOINE, 185
—
1880

ANDRÉA LA CHARMEUSE

PREMIÈRE PARTIE

LA REBOUTEUSE DES HUTTES

I

UNE SOIRÉE D'HIVER

Marangue est un petit village perdu au fond des Ardennes. Il compte à peine trois cents habitants. Il est bâti dans une position des plus pittoresques, à l'entrée d'une gorge profonde formée par l'écartement subit de deux montagnes. La gorge est si étroite, qu'il semble qu'elle est née d'une coupure qui s'est produite à la suite d'un bouleversement de la croûte terrestre.

De quelque côté qu'on arrive au village de Marangue, il faut traverser des bois, des forêts sombres et franchir les crêtes et les escarpements des montagnes, qui l'entourent comme des murailles de forteresse. En été, il se cache si bien dans la verdure, qu'on pourrait passer à une faible distance de ses jardins sans voir les habitations, sans même soupçonner qu'il y a là un village. En hiver, Marangue est comme enseveli sous un linceul de neige; mais les chênes séculaires, géants de la forêt, le protègent contre les avalanches et la fureur des vents du nord.

Les maisons sont petites, blanchies à la chaux, couvertes en chaume et construites, presque toutes, sur le même modèle. Elles sont jetées çà et là sans ordre, sans alignement, sur le bord d'un large ravin, qui devient un torrent les jours d'orage et après l'hiver, lors de la fonte des neiges.

A un kilomètre de Marangue, en se rapprochant du sommet de la montagne, on rencontre le hameau des Huttes; il se compose d'une trentaine de cabanes bâties sur un plateau inférieur, ayant l'aspect d'une vaste terrasse, en avant de roches énormes contre lesquelles les cabanes s'appuient et semblent s'abriter. Le hameau des Huttes fait partie de la commune de Marangue.

Une rivière, qu'on appelle la Vrille, à cause sans doute de ses nombreuses sinuosités, passe à cinquante mètres au-dessous du village et s'élance dans la gorge en contournant des blocs de rochers, qui se groupent et s'échelonnent sur ses deux rives avec une sorte de majesté sauvage. La Vrille reçoit les eaux du torrent, qu'elle ne peut pas toujours contenir, ce qui amène des inondations fréquentes dans la belle vallée qui s'ouvre et s'étend de l'autre côté de la montagne coupée, sur une longueur de dix kilomètres.

A l'exception de trois ou quatre cultivateurs, qui suffisent pour labourer et ensemencer le territoire de la commune, il n'y a à Marangue que des sabotiers, des scieurs de long et des familles de bûcherons et de charbonniers.

Toute cette population vit comme elle peut, misérablement. Loin des villes et des grandes voies de communication, elle est restée à demi sauvage. Ignorante, sans ambition comme sans aspiration, elle ne rêve rien au delà de ce qui lui est donné, c'est-à-dire de son existence au milieu des bois. Elle se trouve heureuse ainsi.

Depuis quelques années, on se plaint, non sans raison, du décroissement de la population en France. De graves esprits, des philanthropes animés d'excellentes intentions, tout en gémissant sur un état de choses inquiétant pour l'avenir de notre pays, cherchent les moyens de remédier au mal, qui menace de devenir une calamité publique.

Les habitants de Marangue auraient le droit de protester, car il n'est pas rare de trouver chez eux des familles de huit, dix, et même douze enfants.

Avoir beaucoup d'enfants était un privilège dont autrefois tous les peuples se glorifiaient. De nos jours les choses ont bien changé, et si c'est encore un privilège d'avoir une nombreuse famille, il semble que les pauvres gens seuls ont le droit de le revendiquer. Ils se donnent le seul luxe qui leur soit permis.

Mal vêtus l'hiver, presque nus l'été, malgré cela jamais malades, les enfants, à Marangue, courent, sautent, se roulent, crient, pleurent, rient, babillent, se développent et grandissent au grand air, sous le soleil, qui prodigue partout sa lumière, la chaleur et l'or de ses rayons.

Les garçons deviennent rapidement des hommes robustes, des travailleurs aux bras de fer, aux muscles d'acier. Ils prennent de bonne heure la cognée du bûcheron et, sous les coups terribles qu'ils portent, on voit les plus gros arbres des forêts tomber comme des quilles que la boule rencontre.

Les jeunes filles s'épanouissent librement comme les fleurs du buisson, dont elles ont la fraîcheur, la grâce et l'innocence. Elles ignorent absolument l'art de s'embellir et surtout de se rajeunir, que nos belles mondaines ont su si bien perfectionner. Elles n'ont pu comprendre l'utilité de se charger la tête de faux cheveux et de se peindre les sourcils et les cils. Nos élégantes diraient d'elles qu'elles ne savent ni se coiffer, ni s'habiller. Elles n'ont que l'instinct de la coquetterie; cela suffit pour les rendre charmantes, et elles le sont, car elles ont la simplicité pleine d'attraits, la naïveté de la jeunesse, la fraîcheur sans artifice et la grâce naturelle. Elles ont pu échapper jusqu'à ce jour aux extravagances et à l'esclavage de la mode.

La marguerite des prés, le bluet, la primevère sauvage, l'églantine prise à la haie, voilà leurs bijoux. Une fleur ou un nœud de ruban dans les cheveux leur sert de parure. Que faut-il de plus quand on a de fraîches couleurs sur les joues, le regard doux et limpide, des dents blanches, une chevelure luxuriante, et qu'un joyeux sourire s'épanouit sur des lèvres roses?

Pour le plus grand nombre, la nature se montre véritablement prodigue des dons les plus précieux et les plus enviés : s'il y en a qui sont seulement jolies, d'autres sont admirablement belles. Elles le savent, car elles se sont vues dans un miroir et dans l'eau claire de la fontaine. Le miroir et l'eau de la fontaine ignorent la flatterie; mais ils ne peuvent rien cacher : aux indiscrètes qui les interrogent, ils disent toujours la vérité.

Un soir d'hiver, une douzaine de femmes de Marangue se trouvaient dans une maison du village où elles avaient l'habitude de se réunir pour passer la veillée. Chacune apportait son ouvrage : celle-ci son tricot, celle-là son rouet et sa quenouille à filer, une autre son linge à repriser, une autre encore sa brassée de chanvre à teiller. En travaillant ensemble, en causant, en riant, en chantant, les femmes trouvaient les soirées moins longues, le travail plus facile et le bruit du rouet moins monotone. Toutefois, le but principal de l'association était l'économie.

En se réunissant pour travailler en commun, il y avait économie de feu et de lumière, ou plutôt de bois de chauffage et d'huile, car on se chauffait à la flamme du même foyer, on avait la lumière d'une seule lampe. Cette double économie n'est pas sans importance : toutes les ménagères savent ce que coûtent, en hiver, le chauffage et l'éclairage. Chacune à son tour, les femmes fournissaient le bois et l'huile pour la veillée.

Le soir dont nous parlons, — on était en janvier, — un grand feu flambait dans la cheminée avec des pétillements joyeux. Des pommes de terre cuisaient dans un pot de fonte pendu à la crémaillère.

Quatre mèches brûlaient dans une lampe formée d'une plaque de tôle carrée, dont les bords recourbés retenaient l'huile. Cette lampe primitive était suspendue à une baguette de fer fixée à une poutrelle.

Les femmes formaient un cercle autour de la lampe rustique, qui leur distribuait également sa pâle et tremblante lumière.

Au dehors le vent soufflait avec violence; ses mugissements ressemblaient aux grondements de la foudre. A ses sifflements aigus, pareils à des cris infernaux, se mêlaient les hurlements des chiens de garde et les plaintes des oiseaux de nuit épouvantés. Les arbres se tordaient sous la fureur de la tempête. La neige tombait à gros flocons et, chassée par la rafale, s'entassait aux angles des murs et fouettait les vitres.

De temps à autre, un craquement sinistre faisait tressaillir les femmes. Le vent venait de briser ou de déraciner un arbre. Elles interrompaient un instant leur travail et échangeaient des regards de terreur. Alors elles gardaient un long silence. On aurait dit qu'elles redoutaient de mêler leurs faibles voix aux voix formidables de la tempête.

Ce silence dans la maison au milieu du vacarme du dehors, avait quelque chose de lugubre.

Un coup de vent, plus terrible encore que les précédents, fit trembler la maison jusque dans ses fondements.

— Quelle horrible nuit! dit une femme.

— Je plains les pauvres gens qui se trouvent à cette heure sur les chemins, dit une autre.

— Il faut avoir un grand courage pour voyager la nuit par un temps pareil.

— Et y être forcé! Si j'étais obligée de descendre seulement jusqu'à la rivière, je mourrais de frayeur avant d'y arriver.

— Nous savons que tu n'es pas brave, la Bercotte.

Celle qu'on venait d'appeler la Bercotte haussa les épaules et eut un sourire dédaigneux.

— On ne se défend pas contre la peur, répliqua-t-elle. Si je suis très-peureuse, j'ai pourtant la prétention de ne pas manquer de courage.

— Bercotte a raison, reprit la maîtresse de la maison, qui se nommait Gervaise : elle a montré qu'elle avait du courage quand, dans la forêt, il y a deux ans, elle a tué la louve qui s'était jetée sur son petit garçon.

— Oui, c'est vrai, la Bercotte a du courage, répétèrent plusieurs voix.

— Je défendais mon petit, dit la Bercotte, dont les traits s'animèrent. Ah! je vous assure qu'à ce moment-là je n'avais pas peur!

— Quand la peur disparaît en présence du danger, dit Gervaise, c'est qu'on a le vrai courage.

Et, s'adressant à une jeune fille qui tout en travaillant paraissait absorbée dans un rêve :

— Suzanne, quelle heure est-il? demanda-t-elle.

La jeune fille leva brusquement la tête et dirigea son regard sur le cadran d'une horloge placée en face d'elle.

— Neuf heures vont bientôt sonner, ma mère, répondit-elle.

Elle reprit son travail et se replongea dans son rêve interrompu.

— Voici l'heure de la retraite, dit Gervaise ; mais s'il y a des voyageurs égarés dans la montagne, les sifflements de la tempête les empêcheront d'entendre le son de la cloche. Seigneur, conduisez leurs pas, ayez pitié des malheureux ! ajouta-t-elle en levant les yeux vers le ciel.

— Amen ! répondirent les autres femmes.

Tout à coup la porte s'ouvrit et fut jetée violemment contre la muraille, comme si elle eût été détachée de ses gonds. Le vent s'engouffra dans la maison et lança sur les femmes une poussière de neige. Elles se levèrent en jetant des cris d'épouvante.

En même temps que le vent, un être humain avait franchi le seuil de la porte. Il eût été difficile de dire à quel sexe il appartenait. Sa tête entièrement cachée sous un capuchon, et blanc, sous la neige qui le couvrait, ce personnage avait l'aspect d'un fantôme.

II

LE MAL POUR LE BIEN

Ayant refermé la porte, le personnage secoua la neige qui couvrait son vêtement, et rejetant en arrière son capuchon, montra aux femmes éperdues son visage jaune, sec et ridé comme un parchemin froissé.

— La sorcière des Huttes ! murmura une des femmes.

Et toutes s'empressèrent de se signer, en se pressant les unes contre les autres avec terreur.

La femme qui venait d'entrer ne parut pas étonnée de l'étrange accueil qui lui était fait.

Il eût été difficile, pour ne pas dire impossible, de dire exactement son âge. Pendant que son visage et son corps chétif et maigre étaient d'une septuagénaire, par un contraste saisissant, sa chevelure abondante, noire comme l'aile d'un corbeau, paraissait appartenir à une femme de quarante ans. Il y avait d'ailleurs, dans tous ses mouvements une vivacité extraordinaire, et l'on était surpris de trouver tant de vie et d'élasticité dans cette petite vieille, qui semblait marcher vers la tombe.

Elle avait le nez long, recourbé comme un bec d'oiseau de proie, les lèvres minces, sans bordure, et le menton pointu. Ses petits yeux gris, enfoncés sous l'os frontal, avaient un éclat singulier. Son regard était si vif, si pénétrant, qu'on ne pouvait en supporter la fixité sans éprouver un malaise subit ; on sentait que ce regard, plein de lueurs, scrutait la pensée et fouillait, dans ce qu'ils ont de plus secret et de mieux caché, le cœur et la conscience.

Elle s'avança jusqu'au milieu de la chambre et s'arrêta, ses deux mains longues et décharnées appuyées sur un bâton de cornouiller, armé d'une pointe de fer, bâton indispensable au pays des montagnes, où l'on marche souvent sur d'étroits sentiers au bord des précipices.

— Je reconnais maintenant la maison, se dit-elle en regardant à droite et à gauche, je suis chez Gervaise. Ah! ça, reprit-elle tout haut en s'adressant aux femmes, est-ce donc ainsi qu'on pratique l'hospitalité dans ce bon village de Marangue? D'habitude, quand on reçoit une visite, on souhaite la bienvenue au visiteur et on s'empresse de lui faire une petite place au coin du foyer.

Ces paroles furent suivies d'un morne silence.

La vieille fronça les sourcils, et un petit rire sec, ironique, éclata entre ses lèvres.

Les femmes se regardaient et semblaient se consulter. La vieille s'approcha du groupe.

— Gervaise, dit-elle, tu ne dis rien; c'est à toi de parler, pourtant, puisque je suis chez toi.

— C'est que... balbutia Gervaise.

— Quoi?

— Je ne sais pas comment vous dire...

— Gervaise, si tu ne sais pas comment me dire une chose désagréable, c'est qu'il y a en toi un sentiment meilleur que les autres, qui retient les paroles sur tes lèvres. Va, je connais ta pensée : pour plaire à tes compagnes, tu voudrais bien me dire : « Allez-vous-en ! » mais tu n'oses pas... Ah! les bonnes, les excellentes femmes! continua-t-elle d'une voix railleuse, elles entendent le vent qui hurle, la neige qui tombe, et elles voudraient me chasser! Elles ne pensent pas qu'en gravissant vers les Huttes, je peux disparaître ensevelie dans un trou, sous la neige, ou être précipitée dans le ravin par un coup de vent. Elles auraient pitié d'un chien, et elles sont sans pitié pour moi!... Moi, poursuivit-elle d'un ton amer, est-ce que je vaux quelque chose? Est-ce que je suis une créature du bon Dieu? On me repousse, on me fuit, on m'appelle sorcière, et du plus loin qu'on m'aperçoit, on se signe en tremblant et on me fait les cornes.

« Parce que j'ai arraché à la nature quelques-uns de ses secrets, ce qui m'a permis de faire un peu de bien dans ma vie, on me regarde comme une maudite! Oui, j'ai eu le bonheur de rendre quelques services, et plusieurs d'entre vous ne l'ignorent pas; mais on ne m'en sait aucun gré ; on ne veut point le reconnaître, on cherche même à l'oublier, comme si on avait honte de se montrer reconnaissant! Et ce n'est pas tout : non seulement on oublie le bien que je fais, mais quand un malheur arrive dans la contrée, on m'accuse, on prétend que j'en suis l'auteur. Toujours on me rend le mal pour le bien. Je ne suis pas méchante, pourtant! Méchante!... oh! je pourrais l'être si je me laissais aller à mon ressentiment, en voyant l'ingratitude des hommes?

Manette, la rebouteuse des Huttes.

Elle resta un moment silencieuse, puis elle reprit tristement :

— Non, je ne suis pas méchante. On me méprise, on me hait, on s'éloigne de moi comme d'une bête malfaisante; eh bien, plus on est injuste envers moi, plus il me semble que mon cœur déborde d'affection. J'aime, j'adore vos petits enfants; ils me rappellent le passé et me parlent de l'avenir. Quand j'en rencontre un sur mon chemin, mon cœur tressaille de plaisir, et je me dis : Comme je serais heureuse de mettre un baiser sur son front! Mais à ma vue il se sauve, il court se cacher. Si, par hasard, il se laisse approcher, je m'imagine qu'on ne lui a pas encore appris à me détester ; j'ouvre mes bras et je me penche vers lui... Mais la mère n'est pas loin, je l'entends crier : Arrière, sorcière ! arrière ! L'enfant recule avec terreur. Alors je m'éloigne l'âme brisée, et plus loin, quand on ne me voit plus, j'essuie les pleurs qui inondent mon visage. Pour tous je suis un objet de répulsion ; sans l'avoir mérité, on me traite comme un paria. Voyons, osez donc me le dire ; pourquoi avez-vous peur de moi ?

— Nous n'avons pas peur, dit Gervaise.

— Alors, pourquoi avez-vous quitté votre travail ? Pourquoi êtes-vous ainsi serrées les unes contre les autres ? Pourquoi êtes-vous toutes tremblantes ? Vous avez peur, vous dis-je, et vous ressemblez à des brebis qui viennent d'être surprises par un loup.

— Eh bien ! oui, nous avons peur hasarda une grosse joufflue qui, par excès de prudence, s'était retranchée derrière les autres ; nous avons peur parce que nous savons que vous avez fait un pacte avec le diable...

— Et que vous allez au sabbat, à cheval sur un grand bouc noir, qui a de longes cornes rouges, ajouta une autre.

La vieille femme haussa les épaules et, secouant tristement la tête :

— Quand donc l'instruction, répandue partout, viendra-t-elle chasser les croyances et les superstitions ridicules ! s'écria-t-elle. Ah ! il y a dans le monde bien des souffrances causées par l'ignorance !

Vous n'êtes certainement pas méchantes, continua-t-elle en s'adressant aux femmes ; mais vous êtes de pauvres folles, et je vous plains de tout mon cœur. Je n'essayerai pas de vous faire changer d'idées, je sais d'avance que je me donnerais une peine inutile. Plus tard, quand vous me connaîtrez mieux, vous reviendrez de vos préventions contre moi. Mais aujourd'hui, si vous raisonniez seulement, vous verriez que je suis tout à fait inoffensive et incapable de vous nuire. Voyons, s'il y en a une parmi vous qui ait eu à se plaindre de moi, à qui j'aie fait du mal ou causé seulement quelque dommage, qu'elle le dise.

Toutes gardèrent le silence. La vieille reprit :

— Ce n'est pas toi, la Bercotte. Il y a quatre ans, ton mari s'est donné une entorse. Après l'avoir soigné pendant plusieurs mois, les médecins déclarèrent qu'il n'y avait plus espoir de guérison et qu'il fallait lui couper la jambe. Alors tu vins me trouver toute en larmes. Je te promis que je verrais ton mari. Je m'en allai dans la montagne chercher certaines plantes dont je connais la vertu, et je passai la nuit à préparer mon remède. Le lendemain, de bon matin, j'étais chez toi et je te dis : « La Bercotte, je guérirai ton mari ; on ne lui coupera pas la jambe. » Deux mois plus tard, ton mari reprenait son travail.

— C'est vrai ! dit la Bercotte.

La vieille se tourna vers une autre femme.

— Et toi, Charlotte, as-tu à te plaindre de moi ? demanda-t-elle. Un jour, ton fils aîné s'ouvrit la jambe d'un coup de hache. C'était en été, la grangrène se mit dans la plaie et le médecin déclara encore que ton garçon perdrait sa jambe. Comme la Bercotte, tu accourus vers moi. Q'ai-je fait? Je suis venue chez toi, j'ai soigné ton fils, la plaie s'est fermée, et ton fils a conservé sa jambe.

— Oui, vous avez fait cela, dit Charlotte.

— Perrine, reprit la femme des Huttes, est-ce toi qui as à te plaindre de moi? Pourquoi as-tu une cicatrice sur le front, au-dessus de l'œil droit? Tu l'as sans doute oublié; mais je peux rafraîchir ta mémoire. A cette place, Perrine, tu fus piquée par une mouche charbonneuse; la piqûre était mortelle, car l'insecte t'avait inoculé un venin empoisonné.

— Non, non, je n'ai pas oublié, fit Perrine en frissonnant.

— Qui donc a arrêté l'action du poison, Perrine? Qui donc t'a guérie?

— Vous, c'est vous!

— Oui, Perrine, c'est moi, la vieille Manette, la rebouteuse des Huttes. Alors tu ne te signais pas en me voyant passer; tu ne parlais point de mes maléfices, et je ne t'entendais pas crier : « Arrière la maudite! Arrière la sorcière! » Ainsi, j'ai fait du bien à la Bercotte, à Charlotte, à Perrine et à beaucoup d'autres, chaque fois que j'en ai eu l'occasion, et pour me récompenser, quand je passe devant vos maisons, craignant sans doute de m'y voir entrer, vous vous empressez de fermer vos portes et vous ne défendez pas à vos enfants de me lancer des pierres.

— Nous savons que vous avez le pouvoir de jeter des sorts, répliqua une femme un peu plus hardie que les autres.

La rebouteuse haussa les épaules.

— Quand vous me voyez toujours disposée à vous être utile, à vous rendre service, répondit-elle, vous ne devriez pas me croire capable de vous faire du mal. Je vous le répète encore, je possède quelques secrets qui me permettent de guérir quelquefois; voilà toute ma puissance.

« Pourquoi chercherais-je à vous nuire? Je vous le demande. Réfléchissez, et vous comprendrez que vous avez tort de m'être hostiles. Allez, la rebouteuse des Huttes aime trop à faire le bien pour avoir appris à faire le mal!

Cette fois, les paroles de la vieille Manette produisirent l'effet qu'elle espérait. Les femmes, changeant subitement d'attitude, baissèrent la tête.

— Allons, reprit la rebouteuse, dont le front s'était éclairci, il ne faut pas que les mèches de la lampe brûlent inutilement; reprenez vos places, et remettez-vous à l'ouvrage. Moi, avec ta permission, Gervaise, je vais achever de me réchauffer.

Elle prit un escabeau, s'assit devant le feu et présenta à la flamme ses mains tremblantes, bleuies par le froid. Placée en face d'elle, la seconde fille de Gervaise, une charmante enfant âgée de dix ans, la regardait avec une sorte de curiosité craintive.

Les femmes reformèrent le cercle autour de la lampe et se remirent à travailler. Toutefois elles semblaient peu rassurées, ce qui indiquait qu'elles ne croyaient pas absolument aux bonnes intentions de la rebouteuse.

III

OU L'ON VOIT POINDRE LE MYSTÈRE

Au bout d'un instant, la vieille Manette s'aperçut de la persistance avec laquelle la petite fille la regardait. Alors son regard profond s'arrêta sur le visage de l'enfant, et elle l'examina avec la plus vive attention. Bientôt une émotion extraordinaire s'empara d'elle, et deux grosses larmes roulèrent dans ses yeux.

Le visage de la rebouteuse avait pris une expression indéfinissable. Elle passa rapidement sa main sur son front et sur ses yeux.

— Mignonne, dit-elle en adoucissant le timbre de sa voix, pourquoi me regardes-tu ainsi? C'est sans doute parce que je suis vieille et que tu me trouves laide?

L'enfant baissa les yeux.

— Autrefois, quand j'étais jeune, ma laideur m'a causé de grandes tristesses; mais je me suis consolée en me disant que la beauté, dont la plupart des femmes sont si fières, si orgueilleuses, loin de donner le bonheur, était la source, souvent, de bien des chagrins. Et quand je pense à ce que certaines femmes font de leur beauté, je me dis qu'il vaut mieux cent fois être laide et avoir un bon cœur, que d'être sans cœur avec une jolie figure.

« Tu ris, mignonne, on dirait que tu as compris. Regarde-moi encore. Oui, comme cela. Ton regard a la douceur d'une caresse. Tes yeux sont un miroir dans lequel on voit ton âme. Dis-moi, tu n'as donc pas peur de la sorcière?

— Non, je n'ai pas peur de vous.

— Pourquoi?

— Parce que je vois que vous n'êtes pas méchante.

— On ne t'a pas encore appris à me détester; tu viens de parler avec l'innocence de ton cœur, et ton instinct d'enfant est au-dessus de toutes les préventions. Comment t'appelles-tu, mignonne?

— Georgette.

— Un joli nom! aussi gracieux que ton rose et frais visage. Eh bien! Georgette, puisque tu n'as pas peur de moi, veux-tu me permettre de t'embrasser?

La fillette se pencha vers la rebouteuse, en avançant sa tête charmante.

La vieille mit un baiser sur le front de l'enfant.

— Ah! il y a longtemps que je n'ai éprouvé une pareille joie! murmura-t-elle. Après un moment de silence, elle reprit :

— Tu es la fille de Gervaise; mais tu as une sœur plus âgée que toi?

— Oui, Suzanne.

— Est-ce qu'elle est ici? Je ne l'ai pas vue en entrant.

Tout en parlant, elle s'était tournée vers le cercle des femmes. En même temps Suzanne levait la tête pour répondre. Son regard rencontra celui de la rebouteuse, qui la frappa comme une flèche.

— Me voilà, dit-elle, est-ce que vous avez quelque chose à me dire?

— Non, ma belle, non, je n'ai rien à vous dire; mais je n'en suis pas moins contente de vous voir.

Un sourire dédaigneux passa sur les lèvres de la jeune fille.

— J'ai connu votre père, reprit Manette, je peux même dire qu'il avait de l'amitié pour moi ; il ne serait pas passé une seule fois aux Huttes sans entrer dans ma cabane, histoire de causer un instant avec une vieille femme qui lui parlait du temps passé, de son père, de sa mère, qui était ma petite amie, aux beaux jours de l'enfance. Ah! Antoine Vernier était un brave et honnête homme! Tu avais un excellent mari, Gervaise, et tes enfants un bon père... Il me parlait souvent de sa femme et de ses chères filles, de Suzanne surtout, qui promettait déjà d'être si belle!... Vous étiez tout pour lui : sa joie, son orgueil, sa vie! Quand il s'agissait de vous, il devenait superbe d'enthousiasme; comme son cœur vaillant était chaud et comme il vous aimait! Et il est mort... Ce sont toujours ceux-là qui devraient rester longtemps sur la terre qui s'en vont les premiers. Gervaise, tes filles ne sauront jamais ce qu'elles ont perdu le jour où Antoine Vernier a été écrasé dans la forêt sous le chêne qu'il abattait.

— C'est vrai, dit tout bas Gervaise.

En entendant faire l'éloge de son père, Georgette s'était mise à pleurer. Quant à Suzanne, on aurait vainement cherché sur son visage un signe d'émotion. Peut-être n'avait-elle pas écouté. Sa pensée était ailleurs.

La rebouteuse continuait à se chauffer devant le feu, dont Georgette avait soin d'entretenir la flamme.

— On est vraiment à son aise ici, dit Manette; ce bon feu clair qui pétille me fait un grand bien. Le froid m'avait saisie, mes membres s'étaient engourdis, mon vieux sang se glaçait; si j'étais tombée avant d'arriver ici, il ne m'aurait pas été possible de me relever, je serais morte... Maintenant, mes forces reviennent, le sang court dans mes veines, je me sens renaître. Tout à l'heure, quand la tempête s'apaisera, je pourrai sans danger, je crois, remonter vers les Huttes.

— Manette, vous avez donc peur de mourir? demanda une femme.

— Pourquoi me fais-tu cette question?

— Il me semble qu'à votre âge on ne doit plus tenir beaucoup à la vie,

— Tu te trompes, ma fille, on tient toujours à la vie; plus on approche du terme fatal, plus on voudrait le retarder, soit en allongeant les jours, soit en reprenant quelques-uns des ans écoulés. Jusqu'aux dernières limites de la vieillesse on conserve des illusions ; on espère et on attend. Quoi? On ne le sait pas, Les vieillards ont leur bonheur et leurs joies ; s'ils n'ont rien à désirer et à demander pour eux, ils ont leurs enfants. N'est-ce pas une grande satisfaction que de voir s'élever et prospérer autour de soi de nouvelles générations? Ceux-ci vivent de la vie des autres ; ceux-là avec les heureux souvenirs du passé.

« Moi, poursuivit-elle avec une certaine amertume dans la voix, je n'ai pas de famille et je ne trouve dans ma vie que de douloureux souvenirs. Pourtant, je ne veux pas mourir encore. Oh! ce n'est pas parce que mon existence est heureuse, et moins encore parce que j'ai peur de la mort. La mort n'est pas à redouter ; elle est le repos ; c'est un sommeil qui dure toujours, voilà tout. S'il ne s'agissait que de moi, je la verrais venir sans faire un pas de côté pour l'éviter ; mais j'ai une mission à remplir ; pour d'autres, il faut que je vive. »

Elle resta un moment silencieuse, la tête inclinée sur sa poitrine.

— Près du lit d'un agonisant, reprit-elle, comme se parlant à elle même, j'ai fait un serment. Pour le tenir, j'ai traversé les mers et je suis revenue en France. Il y a de cela dix ans... Et depuis dix ans je cherche... je cherche et je ne trouve rien!

— Que cherchez-vous donc, Manette? demanda la Bercotte.

La rebouteuse sursauta et releva brusquement la tête.

— Ce que je cherche? répondit-elle d'une voix vibrante ; je cherche une trace dans la nuit, à travers le monde le passage d'une femme et d'un enfant!

Les femmes se regardèrent avec surprise.

— Une femme... un enfant! fit Gervaise.

— Ne m'interrogez pas, dit Manette, je ne peux rien vous dire.

Elle prit sa tête dans ses mains, et fit entendre un sourd gémissement.

— Oui, reprit-elle tristement, dix ans se sont passés en recherches inutiles. Où sont-ils? Quel vent d'orage a soufflé sur eux? Sur quel coin de la terre ont-ils été jetés? Dix ans de peine, dix ans d'angoisses, et rien, toujours rien... Eh bien, non, continua-t-elle avec force, je ne me lasserai pas, je poursuivrai mon but sans laisser tomber mon courage ; tant que je pourrai me tenir debout, je chercherai ; tant qu'il me restera un souffle de vie, j'espèrerai!

De nouveau sa tête se pencha lentement sur son sein ; elle prononça encore quelques paroles inintelligibles, puis elle resta silencieuse, les yeux fixés sur la flamme du foyer.

Au dehors, le vent soufflait toujours avec une extrême violence. On entendait dans le lointain ses mugissements sourds semblables à ceux de l'Océan dans ses jours de colère.

— Manette, comment vous trouvez-vous à Marangue au milieu de la nuit et par un temps pareil? demanda Gervaise. Il faut qu'une raison bien puissante vous ait fait quitter votre cabane?

— Je suis partie des Huttes dans la matinée, Gervaise, par une éclarcie de soleil, pensant rentrer chez moi avant la nuit, et ne me doutant pas que je serais surprise en chemin par la neige et la tempête. J'avais quelqu'un à voir dans la vallée.

— Votre ami Thomas, le riche?

— Lui-même, Gervaise.

— On dit bien des choses sur son compte.

— Les envieux et les jaloux.

— On assure qu'il possède plus d'un million.

— Il n'a pas compté son argent devant moi, Gervaise.

— Vous savez aussi bien que nous qu'il s'est enrichi très vite.

— En voyant la fortune qu'il possède aujourd'hui, ajouta Perrine, on a le droit de s'étonner.

— C'est possible, répliqua la rebouteuse; mais on ne peut pas dire que Thomas est un paresseux, qu'il n'a pas travaillé; il a toujours joui d'une excellente réputation, et, on a beau dire et beau faire, on ne peut pas empêcher qu'il ne soit un très honnête homme, toujours prêt à rendre service à ceux qui ont besoin de lui.

— On ne peut pas dire le contraire, répondit Gervaise, Thomas le riche fait beaucoup de bien dans la contrée. Défunt mon mari l'estimait et l'aimait. Quand on parlait à Antoine Vernier, de Thomas, dont la position avait changé brusquement du jour au lendemain, il répondait : « Thomas a hérité d'un oncle d'Amérique. » Mon mari disait cela comme il aurait dit autre chose; mais je suis certaine que Thomas lui avait fait des confidences et qu'il savait le fin mot de l'affaire.

— Moi, dit Perrine, je crois avec beaucoup d'autres que Thomas, voyant chaque jour dépérir sa femme et ne pouvant plus donner de pain à ses huit enfants avec le travail de ses mains, a fait un pacte avec le diable. En échange d'une tonne d'or, il a vendu son âme.

La vieille Manette ne put s'empêcher de hausser les épaules.

— On peut croire cela, dit Charlotte ; mais on peut bien admettre aussi que Thomas a tout simplement trouvé un trésor.

— Certainement, approuvèrent plusieurs femmes.

— Et cela, grâce à la rebouteuse des Huttes, reprit Charlotte. Ne vous en déplaise, Manette, c'est vous qui, dit-on, avez indiqué à Thomas l'endroit où il a découvert le trésor en creusant la terre.

La rebouteuse eut un sourire singulier. Mais elle ne chercha pas à détromper Charlotte. Elle tenait évidemment à ne point faire connaître son opinion au sujet de la fortune de Thomas.

Cette fortune, dont personne ne savait l'importance, existait réellement.

Comment Thomas, le plus pauvre, peut-être, des manœuvres de la contrée, s'était-il enrichi? D'où lui était venue la fortune? Avait-il fait un héritage, ou véritablement trouvé un trésor? Là était le mystère.

— Aussi, continua Charlotte, Thomas, devenu riche, n'a pas été ingrat envers Manette; il lui a fait une rente pour toute sa vie.

— C'est vrai; du reste, tout le monde sait cela.

— Je n'ai jamais eu aucune raison pour le cacher, dit la rebouteuse, et je l'ai raconté à qui a voulu l'entendre. Il y a de bonnes actions qu'il faut toujours mettre en lumière afin de servir d'exemple. Thomas, devenu riche, n'a pas oublié le temps, qui n'est pas encore bien éloigné, où il était pauvre et malheureux, où, succombant à la peine, il ne parvenait pas à faire vivre sa nombreuse famille. Il a compris qu'en lui donnant la richesse, Dieu lui imposait l'obligation de soulager et de secourir les infortunes, souvent imméritées.

« A mon âge, incapable de travailler, si Thomas n'avait pas eu pitié de moi, je serais dans une misère profonde, obligée d'aller de porte en porte mendier mon pain de chaque jour. Oui, Thomas est riche, mais Thomas a un bon cœur, et, vous le savez aussi bien que moi, il fait un noble emploi de sa fortune. Ils sont nombreux dans le pays ceux qui, comme moi, vivent de ses bienfaits. Thomas aime sa femme et il adore ses enfants. Il les élève dans la pensée du bien et l'ignorance du mal. Ils seront bons, car ils ont sous les yeux l'exemple de leur père, qui leur indique le bon chemin, qui leur montre que dans ce monde, il faut travailler et être utile. Ses filles deviendront d'excellentes ménagères, de vraies femmes, et ses garçons des hommes! Si la fortune est aveugle parfois, elle a bien su ce qu'elle faisait le jour où elle est venue trouver Thomas. »

— Il est de fait, dit Gervaise, que Thomas travaille tout autant qu'autrefois et que la fortune ne l'a pas rendu fier.

— La fierté, comme nous l'entendons ici, n'appartient qu'aux sots, répliqua Manette. La vraie fierté consiste à remplir noblement son devoir et à mériter l'estime de tous. Non, Thomas n'est pas fier; il restera ce qu'il est, ce qu'il a toujours été : un homme simple et bon. Il ne se donnera jamais l'air important de certains parvenus, qui se gonflent de suffisance et d'orgueil, au risque d'en crever, comme la grenouille de la fable. Non, Thomas n'est pas fier, car, pourvu qu'ils soient honnêtes, il considère les plus humbles comme ses égaux.

« Je le vois souvent, et il ne dédaigne pas de me consulter. Aujourd'hui encore, il m'a parlé de plusieurs projets qu'il a en tête, au sujet desquels il tenait à avoir mes conseils. Nous avons causé longuement. Quand on cause de choses intéressantes dans une chambre bien close, devant un bon feu comme le tien, Gervaise, les heures s'envolent sans qu'on s'en aperçoive. Il était déjà tard lorsque j'ai quitté la ferme. Comme je passais devant le château de Raucourt, le portier m'appela et me fit entrer; le vieil intendant voulait me demander quelques renseignements. Il me retint plus d'une heure. La nuit était venue, la neige tombait

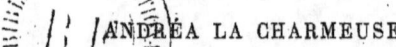

Suzanne et Georgette.

et le vent commençait à souffler. On voulut me garder au château; mais je n'aime pas à passer la nuit hors de chez moi, je ne me trouve bien que dans ma cabane. Je me mis en route. Bref, secouée par le vent et aveuglée par la neige, qui me frappait en pleine figure, je me suis égarée dans la forêt. Heureusement, je connais la contrée et j'ai pu, au milieu des ténèbres, me diriger vers Marangue, en évitant les fondrières. J'étais à bout de forces quand, arrivant devant ta maison,

Gervaise, je vis la lumière de la lampe. J'espère que tu ne regrettes pas de m'avoir donné l'hospitalité.

— Non, certainement, répondit Gervaise.

— A la bonne heure, et je suis bien aise de voir que tu ne crois pas au mal qu'on dit de la vieille Manette, et aux histoires ridicules que certaines gens racontent.

A propos, reprit-elle, en arrêtant son regard perçant sur Suzanne, nous allons avoir ces jours-ci dans la forêt une grande chasse aux sangliers.

— Qui donc doit chasser? demanda Suzanne.

— Le jeune comte de Raucourt. Depuis trois jours on prépare les appartements au château. Le comte est attendu demain avec plusieurs de ses amis de Paris, entre autres le baron de Manoise.

La rebouteuse avait évidemment prononcé ce dernier nom avec intention.

Suzanne tressaillit, et sentant peser sur elle le regard de Manette, son front devint pourpre et elle baissa vivement les yeux, croyant ainsi lui cacher son trouble.

— Étrange fille! pensa la vieille. Qu'y a-t-il donc dans son cœur? Qu'y a-t-il donc dans sa pensée?

IV

L'AVENIR

Il y eut un moment de silence, pendant lequel la rebouteuse parut réfléchir profondément.

— Quand le ravin se transforme en torrent, murmura-t-elle en secouant la tête, rien ne peut arrêter ses eaux.

Les femmes entendirent ces paroles, mais aucune d'elles n'en put saisir le sens mystérieux.

— Gervaise, reprit Manette, si tu veux me le permettre, je vais te faire une confidence.

Toutes les têtes se levèrent.

— Une confidence? fit Gervaise étonnée.

— Oh! ne sois pas effrayée, répondit la vieille en souriant.

— Qu'avez-vous donc à me dire, Manette!

— Gervaise, j'ai faim, je mangerais volontiers quelque chose, ce que tu pourras m'offrir, ne serait-ce qu'un morceau de pain.

Gervaise allait se lever.

— Maman, ne vous dérangez pas, dit vivement la petite Georgette; si vous le voulez bien, c'est moi qui servirai Manette.

— Tu verras ce qu'il y a dans la huche, dit la mère.

Georgette alla ouvrir une armoire où il y avait une miche de pain nouvellement entamée, et un morceau de lard dans une assiette, le reste du souper de la veuve et de ses enfants.

Georgette coupa dans la miche une tranche de pain, prit l'assiette sur laquelle se trouvait le morceau de lard, et vint poser le tout sur les genoux de la rebouteuse.

— Merci, mignonne, reprit la vieille avec émotion. Allons, reprends ta place en face de moi; je mangerai avec plus de plaisir en te regardant. Vois-tu, ma chérie, ton gracieux sourire et ton regard naïf qui parle à mon cœur, me font éprouver un doux ravissement.

La rebouteuse avait certainement faim, car elle mangea de bon appétit et aussi vite que l'absence de ses dents pouvait le lui permettre.

Quand elle eut fini, elle tendit l'assiette à Georgette et lui dit :

— Petite, n'as-tu pas quelque chose à me donner à boire ?

Georgette se leva avec empressement; elle prit une tasse sur un bahut, la remplit d'un liquide rouge, boisson ordinaire des paysans des Ardennes, fabriquée avec de l'eau dans laquelle fermentent des prunelles, des poires et des pommes sauvages, et vint la présenter à la rebouteuse.

Celle-ci vida la tasse d'un seul trait.

— Le meilleur vin ne m'aurait pas été aussi agréable à boire que cette excellente piquette, dit-elle

Puis, souriant à l'enfant, elle ajouta :

— Tu es tout à fait charmante, ma mie : un jour, si tu as besoin d'elle et que Dieu lui prête vie, la vieille Manette te rendra tout cela.

A ce moment, tout près de la porte de la maison un hurlement prolongé, affreux, se fit entendre.

Pris sur une note aiguë, qui n'existe dans aucune voix humaine, le son traversa l'espace avec des vibrations plaintives et se perdit au loin dans le vacarme effroyable de la tempête.

Aussitôt, les femmes se mirent à trembler et leurs bras restèrent immobiles, comme paralysés.

— Eh bien, qu'avez-vous donc ? fit la rebouteuse d'une voix légèrement railleuse.

— Est-ce que vous n'avez pas entendu ? répondit la Bercotte.

— Hé ! je ne suis pas sourde ; j'ai entendu le hurlement d'un chien qui a probablement senti l'odeur du loup. Et voilà ce qui vous effraye ? C'est pour cela que vous tremblez ainsi ? Peureuses, peureuses !

— Manette, quand le chien hurle d'une certaine façon, c'est un présage sinistre.

— Encore une de vos superstitions. Tenez, avec vos présages, vous me faites rire.

— Riez si cela vous plaît, dit Perrine ; moi, pour ma part, je ne suis pas rassurée du tout. Le hurlement que nous venons d'entendre nous annonce que dans la huitaine il y aura un mort ou une morte à Marangue.

— Que le chien ait hurlé ou non, répliqua la rebouteuse d'un ton grave, la mort fauche partout, à Marangue et ailleurs ; rien ne saurait l'arrêter quand Dieu a désigné la victime qu'elle doit frapper.

— Mais vous ne croyez donc à rien ? s'écria Perrine.

— Si, Perrine, j'ai aussi mes chères croyances, et je crois, entre autres choses, que chez toi le cœur vaut mieux que la tête.

La paysanne ne trouva rien à répondre.

Une autre femme prit la parole.

— Manette, dit-elle, si vous n'êtes pas une sorcière, comment se fait-il que vous ayez le don de prédire l'avenir ?

La vieille se mit à rire, en hochant la tête.

— L'avenir est impénétrable, répondit-elle d'une voix lente et grave : Dieu seul en connaît les secrets.

— Manette, un jour, devant plusieurs personnes, vous avez dit que la tête de Joseph Avrillon, du village de Fontenelle, tomberait sur la guillotine.

— Oui, j'ai dit cela, je m'en souviens.

— Six mois plus tard, Joseph Avrillon montait sur l'échafaud et le couteau du bourreau lui tranchait la tête.

— Le misérable avait assassiné sa mère ! murmura sourdement la rebouteuse.

— Un jour encore, vous avez prédit à François Pougin, qu'on le trouverait mort au fond d'un précipice.

— C'est vrai.

— Ah ! voilà bien ce qui prouve que vous êtes sorcière.

— Ma chère, répondit la vieille Manette d'un ton très calme, on n'a pas besoin d'être sorcier pour dire à un mauvais sujet qu'il finira mal et à une femme jalouse et méchante qu'elle ne sera pas heureuse en ménage. En voyant la conduite d'un homme on peut savoir quelle sera sa vie. Quand celui-ci ou celui-là, — je ne veux désigner personne, — quitte sa maison et passe son temps à boire et à jouer au cabaret au lieu de travailler et de s'occuper de ses affaires, on sait qu'il fait des dettes. Alors on peut prédire, sans craindre de se tromper, que dans un temps plus ou moins éloigné les gens de justice s'empareront de son bien et le vendront jusqu'au dernier morceau de terre.

« Joseph Avrillon était un mauvais fils, il battait sa mère. Un jour je le rencontrai et je me permis de lui faire des reproches sur sa conduite. Il me rit au nez et m'insulta grossièrement. Indignée, j'osai lui dire que sa tête tomberait sur l'échafaud. J'en étais sûre : dans son regard farouche, j'avais deviné la pensée de son crime.

« François Pougin était un ivrogne. Quand il était ivre, qu'il fît jour ou qu'il fît nuit, il avait l'habitude de s'enfuir de sa demeure pour courir à travers la montagne. Il était facile de prévoir qu'il tomberait un jour ou l'autre dans quelque crevasse de rocher. C'est fatalement arrivé.

« Vous savez maintenant en quoi consiste toute ma science. Voilà comment je suis sorcière.

« Le temps ne m'a pas paru long en votre compagnie, ajouta-t-elle en se levant et en prenant son bâton; mais je m'aperçois que les aiguilles ont tourné sur le cadran de l'horloge. Le vent souffle avec moins de violence et il me semble que la neige ne tombe plus. Le moment de vous quitter est venu. Je me sens assez forte, maintenant, pour regagner les Huttes. »

Elle se baissait pour embrasser Georgette.

— Avant que vous ne partiez, dit Gervaise d'une voix hésitante, je voudrais vous demander quelque chose.

Manette se redressa et son regard scrutateur se fixa sur Gervaise.

— Tu peux parler, lui dit-elle ; si tu veux un conseil, je te le donnerai. C'est tout ce que je peux pour te remercier de ton hospitalité.

— Eh bien, Manette, répondit Gervaise, vous qui savez lire dans l'avenir, dites-moi quelle sera la destinée de mes filles.

La rebouteuse eut une sorte de frémissement, ses sourcils se froncèrent et deux plis se formèrent sur son front subitement assombri.

Suzanne s'était levée.

— Oui, oui, dit-elle, il faut que Manette interroge l'avenir et me dise ma destinée.

— Jeune fille, répondit la rebouteuse d'un ton sévère, il est préférable toujours d'ignorer les choses qui doivent arriver. Ta vie, comme celle de toutes les créatures, est écrite dans le grand livre des destinées ; mais ce livre est toujours fermé, et il faut être bien audacieux pour oser l'ouvrir. Crois-moi, Gervaise, et toi aussi, Suzanne, ne cherchez pas à découvrir ce que Dieu tient à cacher.

— Non, non, répliqua vivement Suzanne, je veux savoir ce qui m'attend dans la vie. Que vous soyez sorcière ou non, Manette, vous avez le pouvoir de lire dans l'avenir, je suis curieuse, je veux savoir... Manette, déchirez le voile, ouvrez le grand livre dont vous venez de parler, et dites-nous les secrets qu'il contient. D'ailleurs, ajouta-t-elle, cela nous amusera.

— Oui, appuya une femme, il faut que Manette nous montre sa puissance.

La rebouteuse sourit tristement et interrogea Gervaise du regard.

— Oui, Manette, répondit la veuve, apprenez-moi si mes filles seront heureuses ou malheureuses.

— Ainsi, fit la vieille en promenant son regard sur les femmes, pour achever votre veillée, vous voulez que je vous amuse, comme vient de le dire Suzanne ?

— Oui, répondirent plusieurs voix.

— Eh bien, soit, je vais vous amuser. Seulement, Gervaise, il faut que tu me fasses une promesse.

— Laquelle ?

— Pour te satisfaire, Gervaise, je vais user d'une puissance que je possède et dont j'ai rarement fait usage. Si extraordinaire, si merveilleuse même qu'elle soit, cette puissance n'a rien d'occulte ; c'est un don que j'ai reçu de la nature. Les gens qui s'occupent de sciences appellent cela du magnétisme. Je vais lire dans le regard de tes filles, étudier les traits de leur visage, pour pénétrer dans leur pensée, regarder leur âme et mettre à nu les sentiments qu'elles ont au cœur.

« Mais, écoute bien, Gervaise, quelles que soient les paroles que vous allez entendre, tu me promets de ne point te formaliser ?

— Je vous le promets, Manette, vous pouvez parler.

— Allons, ce sera drôle, fit Suzanne en riant.

Et le front haut, une sorte de défi dans le regard, elle s'approcha de la rebouteuse.

— Manette la rebouteuse, reprit-elle d'une voix assurée, je crois en ta puissance ; regarde-moi bien et dévoile-moi l'avenir.

— Jeune fille, tourne-toi un peu, que je vois ton visage en pleine lumière.

Suzanne obéit, la rebouteuse se plaça en face d'elle. La rencontre de leurs regards produisit une sorte de choc électrique. La vieille rejeta vivement sa tête en arrière.

— Oh ! dit-elle avec un accent singulier, ton regard, Suzanne, a plus de puissance que le mien.

— On dirait vraiment que vous avez peur de moi, répliqua la jeune fille d'un ton gai avec une nuance de raillerie.

Et pendant que ses lèvres roses souriaient, son regard superbe s'illumina d'orgueil.

— Oui, répondit Manette, ce que je viens d'éprouver sous la force et le charme de ton regard est en même temps de la terreur et de l'admiration.

Soudain, ses traits s'animèrent, son visage s'éclaira, et son regard se remplit de lueurs qu'on aurait dit phosphorescentes. Aussitôt, Suzanne se sentit enveloppée par la flamme de ce regard fixe, profond et dominateur.

Les femmes s'étaient levées ; les yeux grands ouverts fixés sur la rebouteuse, elles attendaient en frissonnant. Suzanne gardait son sourire sur ses lèvres.

Enfin, au bout de quelques minutes de silence, la rebouteuse fit entendre sa voix inspirée.

— Suzanne, dit-elle, ton ambition est à la hauteur de ton orgueil. Ta pensée audacieuse s'élève vers des sommets qui paraissent inaccessibles et tu rêves des splendeurs inconnues. Ce que tu désires, ce que tu veux, je le vois dans une lumière éblouissante, et il me semble que j'assiste à une féerie. Tes rêves pourront se réaliser, car tu seras ce que tu voudras être. Tu marcheras sans rencontrer d'obstacles sur ton chemin, et où les autres trouvent des cailloux, des épines et des ronces, tu trouveras, toi, des fleurs qui naîtront sous tes pas. Tu mouilleras tes lèvres dans la coupe de tous les plaisirs, Tu seras resplendissante comme une de ces étoiles qui scintillent au firmament. Malheur à ceux qui oseront te regarder, car les rayons de ton regard éblouiront et brûleront comme les rayons du soleil!... Tu passeras à travers le monde comme un météore et tu laisseras derrière toi une traînée lumineuse. Tu seras admirée, fêtée, adulée, enviée, aimée... mais prends grade, Suzanne, prends garde que ta vie ne soit trop brillante.

« Les hommes, dont tu seras l'idole, ne sauront rien te refuser : sur un signe de ta main ils se courberont et tomberont à tes pieds ; tu les domineras, tu les enchaîneras, tu en feras tes esclaves... Sous ton regard, soumis à tes caprices, ils seront autant de marionnettes, dont tes mains tiendront les fils.

« Tu ne pourras sourire sans charmer, tu ne pourras regarder sans enivrer. Tes yeux auront des éclairs foudroyants. Ta volonté sera de fer, ton cœur sera de marbre. Tu auras une royauté, et, dans le triomphe de ton orgueil, je vois sur ton front une couronne de reine ! »

La rebouteuse cessa de parler. Sa tête tomba sur son sein et elle resta un instant immobile comme pétrifiée.

Autour d'elle, les poitrines étaient haletantes, les bouches sans voix.

Suzanne ne riait plus. Son front était rayonnant et de ses yeux ardents semblaient jaillir des étincelles.

— Vieille Manette, dit-elle, encore un mot, m'avez-vous dit la vérité?

La rebouteuse tressaillit, et, relevant brusquement la tête :

— Oui, je t'ai dit la vérité, répondit-elle d'une voix sombre. Hélas! je voudrais m'être trompée!

— Pourquoi?

— Plus tard, tu le sauras.

— Ainsi, vous ne vous êtes pas moquée de moi?

— Non. Je t'ai dit ce qui est écrit là, sur ton front, dans tes yeux.

— Alors, j'aurai un couronne?

— Oui.

— Une couronne de reine?

— Tu seras reine.

— Reine! s'écria Suzanne, reine!

Et, dressant sa tête altière, elle jeta autour d'elle un regard superbe.

— Elle m'épouvante! se dit tout bas la rebouteuse.

Suzanne alla prendre la main de sa sœur et l'amena devant la femme des Huttes.

— Manette, dit-elle, c'est maintenant le tour de Georgette : pour elle, vous allez de nouveau regarder dans l'avenir et nous prédire sa destinée.

Le visage de la vieille prit une expression douloureuse; elle posa sa main sur le haut de la tête de l'enfant et dit :

— Georgette, ma mignonne, dans le doux éclat de ton regard si pur se reflètent toutes tes pensées ; tous les bons sentiments sont en germe dans ton cœur. Mais c'est en tremblant et les yeux pleins de larmes que j'écarte le voile de l'avenir qui s'ouvre devant toi. Je ne vois que de sombres tableaux, des douleurs, des larmes. Tu seras soumise aux plus cruelles épreuves. Il y a dans ton cœur une sensibilité exquise ; c'est par le cœur que tu souffriras; il sera meurtri, déchiré, désespéré! Victime innocente de ta bonté, le malheur s'acharnera sur toi comme le cruel vautour sur sa proie. Tes illusions s'envoleront comme une bande d'étourneaux au bruit de la poudre.

« Pendant que ta sœur, dans l'enivrement de son triomphe, marchera sur des tapis de fleurs, toi, pauvre Georgette, tu te heurteras à toutes les pierres du chemin; tu marcheras dans la nuit sombre et à chaque pas tu perdras une espérance... »

Georgette écoutait les yeux baissés ; elle ne comprenait point l'affreuse prédiction. Cependant, sa poitrine devenait oppressée et un frisson courait dans ses membres.

— Manette, s'écria Gervaise, ce que vous venez de dire est un mensonge.

— Gervaise, répliqua la rebouteuse, tu as voulu que je parle et tu as promis de ne point te fâcher.

— C'est vrai, ma mère, dit Suzanne, laissez parler la femme des Huttes.

— Je le répète, continua la vieille, Georgette souffrira par tout ce qu'elle aimera; elle sera victime de son cœur!... Elle sera trahie, abandonnée. Elle éprouvera toutes les angoisses; elle connaîtra toutes les misères... Un jour viendra où, lasse de lutter et de souffrir, découragée, brisée, sans force, ayant versé toutes ses larmes, elle voudra...

La rebouteuse s'interrompit brusquement. Elle pleurait.

— Achevez, achevez, Manette! lui dit Gervaise, qui s'était approchée.

— Impossible, répondit la vieille; le voile est retombé, la nuit s'est faite tout à coup, je ne vois plus.

Georgette regarda la rebouteuse avec effarement et, toute frissonnante, se jeta dans les bras de Suzanne.

— Oh! ma sœur, ma sœur! murmura-t-elle.

Et elle éclata en sanglots.

Gervaise et les autres femmes étaient consternées.

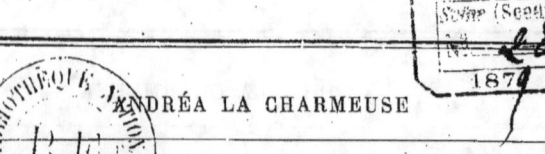

En arrangeant sur sa tête les nattes de ses longs cheveux, elle pensait à la couronne. (Page 27.)

La femme des Huttes prit son bâton et se dirigea lentement vers la porte. Avant de sortir elle se retourna.

— Gervaise, dit-elle, je te remercie encore une fois de ton hospitalité. N'oublie pas que je suis toujours au service de ceux qui ont besoin de moi. Vous connaissez le chemin de ma demeure, si je peux vous être utile à l'une ou à l'autre, ne craignez pas de venir me trouver. Vous êtes à la fin de la veillée ; voici l'heure du repos. Bonsoir et bonne nuit !

Elle ouvrit la porte et disparut

Gervaise prit Georgette dans ses bras, la serra contre son cœur et l'embrassa avec transport.

Suzanne se disait :

— Je porterai une couronne, je serai reine !

Il lui semblait que, déjà, elle était assise sur un trône.

V

LE RÊVE

Dix minutes après le départ de la femme des Huttes, les paysannes quittèrent Gervaise pour retourner chez elles.

Georgette ne pleurait plus ; les caresses de sa mère l'avaient consolée. Du reste, les paroles de la rebouteuse n'avaient pas produit en elle une impression bien profonde ; elle devait facilement les oublier.

Il n'en était pas de même de Suzanne : tout ce que la vieille lui avait dit s'était gravé dans sa mémoire en lettres de feu. En songeant à la prédiction de sa brillante destinée, elle éprouvait des éblouissements et tout son être tressaillait de joie et d'orgueil.

Elle se mit au lit, en voyant passer sous ses yeux, comme dans un panorama, le tableau des splendeurs et des enchantements qui l'attendaient. Au milieu de ce tableau magique, un homme apparaissait environné de lumière ; il était jeune, beau et riche ; il habitait à Paris, la ville des fêtes, des plaisirs et des merveilles. Elle le connaissait ; ils s'étaient rencontrés un jour dans la forêt, une seconde fois au bord de la rivière et une autre fois encore sur un sentier entre deux haies, si étroit, que pour y marcher à deux il fallait se serrer l'un contre l'autre. Ce jour-là, le beau jeune homme lui avait parlé d'une voix émue ; en lui prenant la main, il lui avait dit : « Vous n'êtes pas seulement belle, vous êtes adorable ! »

Qui était ce jeune homme élégant et distingué ? Suzanne savait son nom. Il se nommait le baron Henri de Manoise.

Suzanne était très agitée. Cependant elle parvint à s'endormir. Dans le sommeil elle continua son rêve.

Elle se vit dans un palais resplendissant de lumière ; elle était magnifiquement vêtue et elle avait sur le front une couronne d'or ornée de pierres précieuses, qui étincelaient comme des soleils. Une musique délicieuse se faisait entendre. Des mains invisibles faisaient pleuvoir sur sa tête et autour d'elle des fleurs aux parfums exquis. Une foule d'hommes et de jeunes femmes, belles comme le jour, l'entouraient. Mais elle était plus belle encore que toutes ces femmes, qui la reconnaissaient comme leur souveraine et s'inclinaient devant elle. Les hommes proclamaient sa royauté, et de tous les côtés on entendait des milliers de voix qui criaient : « Vive la reine ! »

Tout à coup, un nuage passa dans le ciel et les ténèbres se firent autour d'elle. Un éclair jaillit du nuage et fut suivi d'un formidable coup de tonnerre. Le palais enchanté avait disparu. Elle se trouva seule, dans une plaine déserte, au milieu d'une nuit profonde. Elle avait toujours son vêtement magnifique et sa couronne sur la tête. Elle ne voyait aucune route, aucun sentier, et ne savait de quel côté diriger ses pas. N'osant aller ni devant elle, ni à droite, ni à gauche, elle restait immobile et elle se sentait saisie d'effroi.

Elle allait appeler à son secours, lorsque, traversant la nuit, une lumière lui apparut. La lumière s'avançait rapidement vers elle. Bientôt elle ne fut plus qu'à une faible distance. Alors elle vit une vieille femme, qui tenait à la main une lanterne, et elle reconnut la femme des Huttes. Celle-ci s'arrêta ; deux flammes rouges jaillirent de ses yeux et elle se mit à rire aux éclats.

Le jour se fit subitement. Suzanne venait de se réveiller et d'ouvrir les yeux.

— Je croyais que tu ne te réveillerais pas aujourd'hui, lui dit sa mère, il est plus de huit heures, il faut te lever.

Suzanne ne répondit pas. Mais, après avoir essuyé la sueur qui couvrait son front, elle rejeta ses couvertures, sauta à bas du lit et se mit à sa toilette.

Elle était encore sous l'impression de son rêve.

En serrant autour de sa taille sa jupe de tiretaine elle eut un sourire singulier.

En arrangeant sur sa tête les nattes de ses longs cheveux, elle pensait à la couronne, dont son front était paré dans son rêve.

— Ce n'était qu'un rêve, murmura-t-elle ; mais il se réalisera. La vieille femme des Huttes a lu dans l'avenir, la sorcière a parlé !

Placée devant un miroir, elle souriait à son image. Elle se contemplait avec volupté, elle s'admirait et s'enivrait de son regard et de sa beauté.

— Oui, pensait-elle, je suis belle, la plus belle !

En effet, Suzanne, la fille de Gervaise et d'Antoine Vernier, le bûcheron, était divinement belle, et l'on peut dire qu'il n'y avait jamais eu une beauté comparable à la sienne dans le pays des Ardennes.

Elle appartenait à un type qu'on doit rencontrer rarement. Il y avait dans tout son être quelque chose d'étrange et de mystérieux. Elle pouvait ressembler en même temps à une Espagnole et à une Anglaise ; elle avait la peau blanche et transparente de celle-ci, la souplesse, la grâce nonchalante et l'air langoureux de la première ; pour le reste elle était bien Française.

Sa taille, au-dessus de la moyenne, était admirablement prise dans toutes ses proportions. Jamais statuaire n'a pu rêver un modèle plus parfait. Elle avait un cou charmant, des épaules superbes, légèrement tombantes, et une gorge ravissante. A ses bras d'une blancheur d'albâtre étaient délicatement attachées des mains mignonnes, ni grasses, ni maigres, aux doigts effilés terminés par de jolis ongles roses.

Rien de plus pur et de plus correct que la coupe de son visage aux traits réguliers comme un profil grec.

Son nez aux narines minces et mobiles était délicieux. Sa bouche petite, exquise, mignonne, laissait voir entre ses lèvres purpurines deux rangées de dents admirables, bien alignées, ayant la transparence et l'éclat des perles fines. Ses oreilles, doucement teintées de ce rose qui estompait ses joues, étaient deux merveilles. Elle était brune, avec des yeux bleus qui avaient des reflets lumineux insaisissables; au bas de son front large, uni comme une glace, les arcs de ses sourcils bruns étaient admirablement dessinés. De longs cils également bruns, fins et soyeux, frangeaient ses paupières, ils avaient l'avantage de tamiser la lumière de ses yeux, d'atténuer ce qu'ils avaient de hardi, de dur peut-être, et de leur donner un charme irrésistible.

Ordinairement, elle avait la physionomie sérieuse ; mais quand une impression heureuse amenait le sourire sur ses lèvres, ses traits s'animaient, son front paraissait illuminé et de ses yeux s'échappaient des rayons qui pénétraient jusqu'au fond du cœur. C'était un épanouissement radieux. Mais, en même temps, on devinait la volonté énergique et la pensée ardente qu'il y avait sous ce beau front de jeune fille, et l'on sentait la puissance fascinatrice de ce regard enivrant, chargé de fluide magnétique.

Elle parlait un peu vite ; mais sa voix, au timbre harmonieux, était pleine de douceur, de suavité et avait des inflexions charmantes. On l'écoutait avec une sorte de ravissement.

Sachant à peine lire et écrire, son intelligence vraiment extraordinaire suppléait en partie à l'instruction qui lui manquait. Elle avait la distinction native, l'intuition des choses qu'elle ne faisait que pressentir, beaucoup de jugement et une grande facilité d'assimilation. Elle était spirituelle, parfois railleuse, facilement irritable et, comme nous l'avons dit, orgueilleuse au suprême degré. Elle avait évidemment conscience de sa force, de sa supériorité.

A peine sortie de l'enfance, elle était déjà femme. Mais, à part l'ambition et le désir de briller, les passions qu'elle devait avoir plus tard étaient encore à naître dans son cœur.

Elle était superstitieuse et partageait les croyances naïves des habitants du pays. C'était encore une singularité et peut-être même un besoin de son étrange nature.

La femme des Huttes n'avait probablement pas prévu l'effet que devaient produire ses paroles. Elle avait lu dans le cœur de la jeune fille et s'était faite l'écho de ses pensées les plus intimes. Et ce qui la veille encore n'était pour Suzanne qu'une aspiration, une chose rêvée, une illusion, devint subitement la réalité. Elle crut à la prédiction, porta audacieusement son regard vers l'avenir et ne douta plus de sa brillante destinée. Son immense orgueil grandit encore.

Pendant que Suzanne s'habillait, Gervaise avait allumé le feu et préparé le déjeuner du matin : du lait de chèvre chaud avec une rôtie de pain bis. On se mit à table.

Ce frugal repas terminé, la petite Georgette embrassa sa mère et sa sœur et sortit pour se rendre à l'école.

Gervaise et Suzanne s'assirent devant la fenêtre et se mirent à l'ouvrage.

Gervaise était couturière. Elle avait appris son état à sa fille qui, dans sa pensée, devait elle-même l'apprendre plus tard à Georgette.

Dans la plupart des villages le métier de couturière consiste aussi bien à confectionner les vêtements de femme que ceux d'homme. Gervaise était l'unique couturière de Marangue, le travail ne lui manquait pas.

Comme nous l'avons appris par les paroles de la rebouteuse, le mari de Gervaise s'était laissé écraser sous un chêne. Le malheureux était mort à l'endroit de sa chute, sans avoir eu pour dernière et suprême consolation, la satisfaction d'embrasser sa femme et ses enfants qu'il adorait.

Dès le lendemain de la catastrophe, Gervaise se trouva en présence des nombreuses difficultés de la vie. Elle ne pouvait plus compter que sur elle, sur le travail de ses doigts, pour fournir à ses besoins et à ceux des deux orphelines. Alors Suzanne était encore trop jeune pour lui être d'un grand secours; elle commençait seulement à savoir se servir de l'aiguille.

Gervaise eut souvent les inquiétudes du lendemain et vit la misère de très près. Mais il arriva que chaque fois qu'elle se trouvait à bout de ressources, à la veille de manquer de pain, de tout, elle recevait d'une main inconnue une somme d'argent qui rétablissait l'équilibre de son modeste budget.

Il semblait qu'une providence mystérieuse veillât sur le sort de la veuve et des orphelines.

— Qui donc sait si bien quand mon travail ne peut plus suffire et que je suis dans la détresse? se demandait Gervaise.

Le nom de celui qu'elle soupçonnait d'être son bienfaiteur inconnu était dans son cœur et sur ses lèvres.

— C'est Thomas, disait-elle.

Un jour, elle le rencontra et voulut lui exprimer sa vive reconnaissance.

Thomas parut très étonné...

— Je ne sais vraiment pas ce que vous voulez dire, lui répondit-il. Je ne saurais accepter des remerciements qui ne me sont point dus. J'avais de l'amitié pour votre mari défunt, et je vous viendrais certainement en aide si, étant dans la peine, vous vous adressiez à moi ; mais jusqu'à présent, je suis bien forcé de vous le dire, je n'ai rien fait pour vous

Après ces paroles de Thomas, convaincue qu'il n'était pas son bienfaiteur, Gervaise se demanda :

— Puisque ce n'est pas lui qui vient toujours si à propos me secourir, qui est-ce donc ?

Elle chercha et ne trouva point.

Suzanne grandit : elle devint habile à manier l'aiguille et, comme sa mère, une excellente ouvrière. Elles eurent du travail pour deux et le gain de chaque journée fut doublé. La situation s'améliora sensiblement et les inquiétudes de l'avenir disparurent. Assurément, on n'était pas riche ; mais en travaillant beaucoup, puisque l'on ne manquait jamais d'ouvrage, avec de l'ordre et une sage économie on pouvait vivre.

— Il faut nous dépêcher, Suzanne, dit Gervaise ; nous n'avons pas de temps à perdre, car il faut que cette robe soit achevée ce soir : nous l'avons promise pour demain dimanche.

— Soyez tranquille, ma mère, elle sera terminée, répondit la jeune fille sans cesser de pousser son aiguille.

Elle travaillait avec autant d'activité que les jours précédents ; mais cette activité était fiévreuse ; elle n'avait déjà plus le même cœur à l'ouvrage.

Gervaise s'aperçut qu'elle était rêveuse, préoccupée.

— Suzanne, lui dit-elle, tu penses à ce que t'a dit hier soir la femme des Huttes.

— Ma mère, vous vous trompez, répondit-elle ; je ne pense pas à cela.

Elle mentait audacieusement. C'était au contraire son unique pensée.

— Sur le moment, reprit Gervaise, les paroles de la Manette m'ont fait quelque chose ; mais la nuit, en y réfléchissant, j'ai compris qu'elle avait tout simplement voulu nous amuser, comme elle l'a dit elle-même, ou plutôt se moquer de nous toutes. Moi, je suis persuadée que Manette n'est pas une méchante femme ; mais elle est un peu folle, et, quand elle se met à jacasser, elle raconte toutes les drôleries qui lui passent par la tête. Tout ce qu'elle nous a dit n'a pas le sens commun ; il faudrait être stupide pour en croire un seul mot.

Suzanne parut donner raison à sa mère en gardant le silence.

Gervaise jeta un regard sur sa fille et, à son tour, resta silencieuse.

Suzanne put alors s'absorber complètement dans ses pensées.

Elle se répétait les paroles de la rebouteuse et, avec une mémoire prodigieuse, elle se rappelait chaque mot et reconstruisait toutes les phrases.

Elle se souvenait qu'elle avait interrogé la rebouteuse et que, répondant à cette question : « M'avez-vous dit la vérité? » Manette avait répliqué d'une voix sombre :

« Oui, je t'ai dit la vérité. Hélas ! je voudrais m'être trompée ! »

Elle se souvenait encore, qu'ayant demandé l'explication de ces paroles, la rebouteuse lui avait répondu :

— Plus tard.

Or, ces paroles avaient frappé Suzanne, elles l'inquiétaient; elles étaient un nuage dans l'horizon de son rêve, une ombre ou une tache dans le ciel étoilé de son avenir.

Évidemment, la femme des Huttes ne les avait pas prononcées sans intention. Mais qu'avait-elle voulu lui dire ou lui faire entendre? Suzanne cherchait vainement à se les expliquer et à en comprendre le sens mystérieux. Elle voulait la joie sans trouble, le bonheur sans amertume. Ce point noir suffisait pour lui enlever sa tranquillité, car il se présentait à elle comme une menace...

— Oh! se dit-elle, il faut que je sache...

Elle chercha encore à interpréter la pensée de Manette; mais elle se trouvait en face d'une énigme.

— Non, non, pensa-t-elle, c'est inutile, je ne comprends pas, je ne peux pas comprendre. Mais je veux savoir, je saurai. Demain, j'irai aux Huttes, je verrai la sorcière.

VI

LA CABANE ET LA GROTTE

C'est avec raison qu'on appelait l'habitation de la rebouteuse des Huttes une cabane. Elle est bâtie au pied d'un énorme rocher, qui sert de base à un amoncellement de roches monstrueuses. A la vue de ce colosse de granit, dont l'œil ose à peine mesurer la hauteur, on éprouve un saisissement extraordinaire dans lequel il y a comme un sentiment de crainte. Se dressant perpendiculairement et rayé de crevasses profondes, il présente des saillies et des aspérités de formes bizarres : des pointes aiguës, des corniches dentelées et d'autres parties de roche, qui s'avancent horizontalement, pareilles à de gigantesques gargouilles.

On se demande si un de ces blocs en surplomb ne va pas se détacher tout d'un coup du flanc des roches et écraser la cabane dans sa chute terrible. Mais depuis plus d'un siècle que l'habitation de Manette a été construite, ces pierres énormes, qui semblent suspendues comme une menace permanente, sont toujours dans le même état. Elles sont insensibles aux injures du temps; elles ne craignent ni la pluie, ni la neige, ni le soleil qui les brûle et elles jettent à l'ouragan un perpétuel défi.

La cabane a deux murs de côté, construits avec des pierres enlevées aux roches de la montagne, et une façade tournée vers la vallée regardant Marangue. La façade a deux ouvertures : la porte et la fenêtre. Celle-ci est garnie de forts barreaux de fer ; la porte en bois de chêne épaisse, ayant en plus de sa serrure un énorme verrou, est solidement assise sur ses gonds. Le quatrième mur, celui qui est opposé à la façade, est formé par le rocher contre lequel la cabane s'appuie.

Quand on entrait chez la femme des Huttes, on pouvait supposer que sa demeure ne se composait que d'une seule pièce. Mais au fond, dans le rocher, cachée dans l'ombre, se trouvait une petite porte bardée de lames de fer et ayant aussi une forte serrure. Il y avait là autrefois une crevasse ; on l'avait élargie à coups de marteau et de ciseau jusqu'à ce que l'ouverture pût livrer passage à une personne. Ensuite, le marteau avait continué son œuvre et creusé dans le rocher une grotte de deux mètres carrés.

L'habitation se composait ainsi de deux pièces, la cabane proprement dite et la grotte du rocher, réduit mystérieux où jamais un étranger n'entrait.

L'ameublement de la cabane se composait d'un lit, d'une vieille armoire, d'un bahut écorné, vermoulu, d'une table boiteuse, d'un fauteuil à haut dossier, de deux escabeaux et de trois chaises de bois. On voyait dans un coin un pot et deux casseroles de fonte ; sur une planche, de la vieille vaisselle ébréchée, et sur d'autres, des flacons, des bouteilles, des fioles, le tout étiqueté et rangé avec symétrie sur les rayons.

Ces divers récipients contenaient des huiles, des essences, des produits pharmaceutiques, des substances de toute nature et particulièrement les remèdes dont la rebouteuse se servait pour guérir ou soulager ses semblables et qu'elle préparait elle-même.

Des racines, des plantes, des herbes et des fleurs séchaient attachées à des cordes tendues le long des poutres.

C'est là, dans cette pauvre et triste demeure, où elle était née, où sa mère et son père étaient morts, où elle avait aimé et souffert, que la vieille Manette était revenue, après une très longue absence, et où elle vivait depuis dix années.

Dès les premiers temps, elle avait singulièrement provoqué la curiosité des gens du pays, même des vieillards qui l'avaient connue jeune fille. Elle ne répondit pas aux questions qui lui furent adressées et elle se couvrit d'un voile impénétrable.

On s'occupa d'elle beaucoup. Elle laissa dire.

Objet d'étonnement pour les uns, d'effroi pour les autres, s'entourant de mystères et se donnant, peut-être par calcul, des allures étranges, elle semblait vouloir justifier l'opinion de ceux qui croyaient à son pouvoir surnaturel et la considéraient comme une sorcière.

Nous saurons bientôt ce qu'était réellement la femme des Huttes et quel but elle poursuivait.

Manette revenait dans cette pauvre et triste demeure où elle était née. (Page 32.)

Or, le dimanche matin, Manette était près de son feu, assise dans un grand fauteuil du temps de Louis XVI. Elle venait de prendre un bol de café au lait, son déjeuner de tous les jours.

On frappa à la porte de la cabane.

Manette se leva et alla tirer le verrou. Même dans le jour, la porte était fermée ainsi. La rebouteuse paraissait avoir peur des gens mal intentionnés ou des voleurs.

— Manette, c'est moi, dit une voix d'homme au dehors.

— Bien, bien, répondit-elle.

Elle tourna deux fois la clef dans la serrure et la porte s'ouvrit. Un homme entra. Derrière lui, la vieille referma la porte.

Ce personnage paraissait avoir de quarante à quarante-cinq ans. Il était grand, robuste et plein de santé. A première vue, il inspirait la sympathie. Son visage était épanoui et souriant. Il avait la physionomie ouverte et son regard doux, bienveillant, annonçait une nature honnête, franche et loyale.

Il portait le costume moitié bourgeois, moitié campagnard des riches propriétaires de la contrée : un gros paletot marron sur lequel il avait jeté une limousine de voyage, et des bottes à hautes tiges qui montaient au-dessus des mollets et cachaient la partie inférieure de son pantalon de drap de Sedan.

Tout en entrant il se découvrit, et tenant à la main son chapeau de feutre gris à larges bords, il salua la vieille femme avec beaucoup de déférence.

— Je t'attendais, dit-elle en lui tendant la main.

— Autant que possible, Manette, je tiens à être exact.

— C'est vrai, tu ne te fais jamais attendre.

— L'exactitude est un de mes devoirs envers vous.

— Ah! tu les remplis dignement tous, mon brave Thomas.

— Je cherche à justifier la confiance que vous avez mise en moi.

— Depuis longtemps tu m'as prouvé que tu la méritais. Mais, va, quand je suis allée vers toi, je t'avais jugé : j'étais certaine de ne pas me tromper. Non seulement tu as su remplir ta tâche, mais tu as été au delà de mes espérances.

— Prenez garde, Manette, vous allez me donner de l'orgueil.

— Je n'ai pas cette crainte, répliqua-t-elle en souriant; ton âme est bien trempée, vaillante et forte comme tes bras, et il n'y a pas dans ta tête de place pour ces fumées-là.

— Mais, approche-toi, tu t'assiéras près du feu en face de moi.

— Je n'ai pas froid, vraiment, répondit-il, en enlevant sa limousine qu'il jeta sur la table avec son chapeau. J'ai marché un peu vite et les chemins de neige sont difficiles; en dehors de cela, la température s'est beaucoup radoucie; d'ici deux ou trois jours nous aurons sûrement du dégel.

— Tant mieux. Les provisions de bois commencent à s'épuiser; les femmes de Marangue et des Huttes pourront aller ramasser dans la forêt le bois des branches brisées par la tempête de l'autre nuit.

Pendant que Manette se pelotonnait frileusement dans son fauteuil, Thomas prit une chaise, s'assit et présenta seulement les semelles de ses bottes au brasier du foyer.

— Maintenant, fit la rebouteuse, nous pouvons causer. Je ne t'ai pas demandé des nouvelles de ta femme, de tes enfants; ils vont bien, n'est-ce pas?

— Très bien. Depuis qu'ils ont tous la joie au cœur, leur santé ne m'inspire plus aucune inquiétude.

— Parlons donc de nos affaires, de tes affaires, veux-je dire, se reprit-elle en souriant. Je t'écoute Thomas.

— Ainsi qu'il était convenu, je me suis rendu hier à Pertuiset et j'ai vu le notaire que je connaissais déjà. Il m'a donné des renseignements aussi complets que possible et j'ai pris note des conditions de la vente, qui sont ordinaires. Le vaste et beau domaine de Salerne est partagé en trois lots : le premier, qui comprend le château, son parc et les bois qui s'étendent jusqu'à Villiers ; la ferme de l'Étang, qui est la plus importante, forme le deuxième lot, et celle de Terre-Blanche le troisième. Toutefois, le domaine pourrait être vendu en totalité si un acquéreur se présentait. La mise à prix des trois lots réunis est de cinq cent mille francs. L'adjudication aura lieu sur une seule enchère.

— Il y a le château, dit Manette ; pour le moment nous n'en pouvons rien faire.

— C'est vrai. Mais il est loué pour huit années encore à un riche négociant hollandais retiré des affaires, qui a dans son bail l'obligation d'entretenir les bâtiments et le parc en bon état.

— En ce cas, c'est parfait. Au lieu d'occasionner des frais d'entretien et autres dépenses, dont on ne peut prévoir le chiffre, le château devient un immeuble de rapport. Continue.

— Je n'ai pas voulu perdre mon temps en causant trop longuement avec le notaire. Je suis allé à Salerne, j'ai jeté un regard sur le château, qui est vraiment une demeure princière, et ensuite j'ai visité les bâtiments d'exploitation des deux fermes et interrogé les fermiers.

« J'ai vu que, sauf quelques légères réparations à faire dans l'intérêt de l'exploitation et pour la commodité des fermiers, les bâtiments ne laissaient rien à désirer. Le fermier de Terre-Blanche m'a confirmé ce que je savais déjà, que les terres sont excellentes, productives, pouvant être encore facilement améliorées, enfin qu'elles ne demandaient qu'à récompenser le travail de ceux qui les cultivent.

« Cet homme, père de quatre enfants qui travaillent avec lui, sous sa direction, m'a paru intelligent et plein d'activité ; il a le désir et la volonté de donner l'aisance à sa famille ; il adore son état ; c'est un véritable et bon cultivateur.

« Je ne saurais en dire autant du fermier de l'Étang, qui a à moitié ruiné cette belle ferme par son incurie. Il est encroûté dans la routine et manque absolument d'initiative. Avec lui, pas d'améliorations possibles ; il ne les comprend pas et s'entête à ne pas les admettre. En plus de son incapacité, il est paresseux. Ayant en mains le moyen d'enrichir les siens, il achève de se ruiner. Il ne surveille rien. Tous les ans la mortalité vide ses écuries, et il ne comprend pas que les soins manquent à son bétail. Même dans les temps où la présence du maître est le plus nécessaire, il s'absente de la ferme, va passer souvent plusieurs jours on ne sait où, et abandonne la direction des travaux à des garçons inhabiles, paresseux et incapables comme lui. Heureusement pour la ferme de l'Étang, son bail finit cette année; il y aurait nécessité à ne pas le renouveler et à lui donner un successeur qui se présentera certainement.

— Mon cher Thomas, le moment venu on aviserait. D'ailleurs j'ai une idée, si elle pouvait se réaliser je. serais bien heureuse; mais aujourd'hui, j'en doute.

— Quelle est votre idée, Manette?

— Je ne veux pas te parler de cela maintenant.

« A propos, as-tu dit à Georges que je désirais le voir?

— Oui, et il doit être en route pour venir vous trouver.

— C'est bien. Je veux causer un peu avec lui...

— Tâchez donc, Manette, de lui ôter cette idée qui lui est venue de se faire soldat.

— Malheureusement, répondit la rebouteuse dont le front s'assombrit subitement, cela ne dépend pas de moi. Mais revenons au domaine de Salerne. Quel est ton avis, Thomas?

— Mon avis est que le domaine ne sera pas vendu trop cher et qu'il n'y a aucun danger à l'acheter.

— Eh bien, Thomas, achète Salerne.

— Je l'achèterai.

— Tu as fait tes comptes, quelles sont tes ressources?

— J'ai vingt mille francs chez moi, trente mille chez mon notaire, trente mille au Comptoir d'escompte, et quinze francs de coupons détachés à toucher à la Banque.

— En tout quatre-vingt-quinze mille francs, si j'additionne bien.

— Oui, mais avec votre approbation, Manette, je puis vendre pour quatre cent mille francs de valeurs.

La rebouteuse secoua la tête.

— On ne vend que les valeurs mauvaises ou douteuses, dit-elle; tes obligations de chemin de fer et tes titres de rente sont d'excellentes valeurs auxquelles il ne faut pas toucher, elles doivent rester jusqu'à nouvel ordre en dépôt à la Banque de France.

— Alors...

— Alors, Thomas, je vais employer le moyen que tu connais, pour te procurer la somme qui te manque. Il y a encore quelques petites choses au fond de ma cassette. Veux-tu avoir l'obligeance d'allumer ma lampe?

Il se leva avec empressement et fit ce que la rebouteuse lui demandait.

Celle-ci sortit de son fauteuil et prit la lampe des mains de Thomas.

— Tu vas m'attendre un instant, lui dit-elle. Elle tira de sa poche une petite clef et se dirigea vers un des angles de la cabane ; elle ouvrit la petite porte et pénétra dans la grotte. La porte se referma d'elle-même.

A l'entrée de la grotte, il y avait un guéridon sur lequel la rebouteuse posa la lampe, de chaque côté des amas d'herbes sèches, qui répandaient dans le caveau une odeur âcre, pénétrante, et au fond un lit de sangle avec un vieux matelas troué, qui se cachait tout honteux sous une couverture rapiécée ayant au moins son âge.

Manette traversa la grotte en se baissant afin de ne pas heurter sa tête contre les aspérités tranchantes de la voûte de pierre. Elle saisit le lit de sangle par une de ses extrémités, le souleva et parvint sans beaucoup de difficulté à le changer de place.

Ce travail avait pour but de découvrir la partie basse d'une fente dans le rocher, laquelle, traçant une ligne presque droite, se poursuivait sur la voûte, jusqu'à l'entrée du caveau. Cette fente, d'une profondeur inconnue et peut-être insondable, était évidemment la continuation de la crevasse qu'on avait élargie, avant de creuser le rocher, et qui était devenue ensuite la porte de la grotte.

Manette se mit à genoux sur le sol rocailleux et, introduisant son bras dans la crevasse elle en retira successivement quatre pierres d'une certaine grosseur. Une cinquième fois elle plongea son bras dans l'ouverture aussi loin qu'elle put atteindre.

Au lieu d'une nouvelle pierre, ce fut cette fois un petit coffret d'acier qu'elle fit sortir de la fente.

Elle se releva et s'approcha du guéridon où elle posa, près de la lampe, la cassette mystérieuse. Alors, après l'avoir examinée un instant avec attention ; elle appuya son doigt sur un bouton que d'autres yeux que les siens n'auraient pu voir. Elle fit jouer ainsi un ressort secret qui rendit un léger bruit métallique, et le couvercle du coffret s'ouvrit et se dressa subitement comme celui d'une boîte à surprise.

Aussitôt, du fond de la cassette s'échappèrent des milliers de rayons éblouissants ; on aurait dit un jaillissement d'étincelles multicolores. La tête de la rebouteuse se trouva enveloppée de cette lumière rayonnante qui, se répandant dans toute l'étendue de la grotte, l'illuminait et faisait scintiller certaines parties du rocher comme des stalactites. Le soleil, dans tout son éclat, ne produit pas de plus admirables effets de lumière. C'était féerique.

La rebouteuse mit sa main dans la cassette. Alors ce fut un nouveau ruissellement. Entre ses doigts passaient comme des paillettes de feu, qui s'échappaient du foyer lumineux.

Ces rayons, ces scintillements, ces étincelles, étaient produits par une infinité de pierres précieuses que renfermait la cassette.

Au milieu d'un cercle formé par un collier de perles magnifiques de la même grosseur et des plus rares, se trouvaient des émeraudes, des rubis et des saphirs mêlés à des diamants de la plus belle eau, admirablement taillés, et dont la plupart étaient d'une grosseur merveilleuse.

— Oui, prononça tout bas la rebouteuse, il y a là encore pour deux millions de pierreries. Pourquoi les garderais-je ? Il y a mieux à faire que de conserver toujours cette fortune dans un trou. S'il n'y a pas nécessité à acheter le château et les fermes de Salerne, c'est un placement d'argent sûr, c'est faire une œuvre utile. En transformant ces richesses, au lieu de diminuer, elles augmentent. Entre mes mains, tout cela est sans valeur. Objets de luxe seulement, ces pierres superbes ne rapportent rien. La terre occupe des bras, et prêter à l'État et aux grandes compagnies industrielles c'est concourir à la prospérité du pays. Oui, oui, il faut que Thomas achète le domaine de Salerne.

Elle choisit quinze diamants, dont elle connaissait évidemment la valeur, et les enveloppa dans une feuille de papier. Cela fait, elle referma la cassette et alla la remettre dans la crevasse du rocher. Elle replaça ensuite dans la fente les quatre pierres gardiennes du trésor, et remit le lit à la place qu'il occupait précédemment. L'opération était terminée.

Elle prit sa lampe et sortit de la grotte.

— Tiens, dit-elle à Thomas, en lui mettant les brillants dans la main, il y a dans ce papier quinze pierres, qui te seront payées plus de quatre cent mille francs. Dans quelques jours tu auras la somme qu'il te faut pour acheter et payer comptant le domaine de Salerne.

Thomas mit les diamants dans sa bourse sans même avoir pensé à les regarder ou à les compter.

— Prends garde de les perdre, fit Manette en souriant.

— Soyez sans crainte à ce sujet, répondit-il.

— Tu t'adresseras pour cette vente à M. Jourdain, le joaillier de la rue du Helder ; c'est un des plus riches marchands de diamants de Paris, et aussi le plus consciencieux, le plus honnête. D'ailleurs, tu le connais : tu m'as accompagnée chez lui l'année dernière.

— Alors, vous ne ferez pas cette fois le voyage de Paris ?

— Je n'aime pas à quitter ma cabane l'hiver ; je ne sais pas si Paris me verra cette année ; mais aussitôt les beaux jours revenus, j'entreprendrai un long voyage. Où dirigerai-je mes pas ? Je n'en sais rien encore. Dieu m'inspirera et sa providence m'indiquera peut-être le chemin qu'il faut que je prenne pour arriver au but. Il faut que je cherche, Thomas, que je cherche toujours.

— Oui, jusqu'au jour où vous aurez trouvé l'un ou l'autre.

— Alors, mon brave Thomas, la tâche de la vieille Manette sera remplie ; elle aura le droit de mourir.

— Manette, vous ne devez pas penser à la mort tant qu'il y aura autour de vous des malheureux à consoler, des larmes à essuyer, des misères à soulager, des bienfaits à répandre. Pour ceux qui, comme vous, aiment et savent faire le bien, la vie est toujours trop courte.

— Assez, Thomas, ne parlons pas de cela. Quand penses-tu partir pour Paris ?

— Dès demain, si vous ne croyez pas avoir besoin de moi.

La vieille réfléchit un instant.

— Je ne vois rien, dit-elle, qui puisse exiger ta présence aux Ambrettes ces jours-ci. Tu peux donc te mettre en route demain.

— C'est entendu, Manette.

— As-tu encore quelque chose à me dire ?

— Rien.

— Alors je te congédie, reprit-elle en lui tendant la main ; tu ne seras pas fâché de passer le reste de cette journée entouré de ta famille. Va, mon cher Thomas, puisque la mission que je t'ai confiée est dans tes goûts, puisque tu la trouves facile, tu la rempliras jusqu'au bout. S'il y a parmi les gens qui te connaissent des envieux et des jaloux, il y en a d'autres qui t'estiment et qui t'aiment, car ils savent ce que tu vaux.

Thomas s'était levé. Il prit son chapeau et sa limousine. La vieille l'accompagna jusqu'à la porte.

— A bientôt ! dit-il.

— Oui, au revoir ! dit Manette. Fais un bon voyage.

Et le fermier des Ambrettes, Thomas le riche, comme on l'appelait dans le pays, s'éloigna rapidement des Huttes.

Certes, les bonnes gens du hameau qui le virent sortir de la cabane de la rebouteuse étaient loin de se douter qu'il emportait, enveloppés dans un morceau de papier, quinze petits cailloux qui représentaient à eux seuls une fortune considérable.

VII

LE GARÇON DE FERME

Pendant un instant, Manette suivit Thomas des yeux sur le chemin qui descend des Huttes vers Marangue.

— Excellente et bonne nature, se disait-elle ; il touche à des millions, des monceaux d'or passent dans ses mains sans qu'il ait l'éblouissement de la fortune, sans concevoir une mauvaise pensée. Aimer et se dévouer, il ne connaît que cela. Son unique désir est de rester simple, honnête et bon ; son ambition est de se montrer reconnaissant. Si je ne l'avais pas rencontré, seule, qu'aurais-je fait ? Rien. Il a la force et je lui ai donné ma volonté. Il est le bras, je suis la pensée.

Non, non, je n'aurai jamais à me repentir de ce que j'ai fait pour lui, de ce que maintenant je fais par lui !

Elle tourna son regard vers le ciel et son front parut rayonner. Mais, aussitôt, une autre pensée vint effacer cette clarté passagère. Un soupir s'échappa de sa poitrine, deux larmes jaillirent de ses yeux et coulèrent lentement sur ses joues.

Elle reprit sa place dans son fauteuil. Deux ou trois morceaux de bois ravivèrent la flamme du foyer.

— Chères illusions, doux espoirs, murmura-t-elle, ne me quittez pas, ne m'abandonnez jamais ; restez en moi jusqu'à la dernière heure !

Sa tête s'inclina, ses yeux se fermèrent à demi, et les mains appuyées sur ses genoux, elle s'enfonça dans une profonde rêverie. Son âme et sa pensée s'étaient élancées vers les régions mystérieuses de l'infini.

Comme la réalité, et plus qu'elle encore, le rêve a ses joies, ses enivrements, ses extases.

La rebouteuse resta ainsi longtemps immobile, sans regard, absorbée dans ses réflexions.

Deux coups frappés à la porte la firent tressaillir comme si on l'eût tirée brusquement d'un lourd sommeil.

— Entrez ! cria-t-elle sans se déranger.

La porte n'était pas verrouillée. Le nouveau visiteur l'ouvrit et entra dans la cabane. Un bienveillant sourire de la vieille lui souhaita la bienvenue.

C'était un grand et beau garçon, qui n'avait guère plus de vingt ans. Il avait le front intelligent, le regard vif sans hardiesse, une physionomie très expressive, empreinte de douceur, avec une nuance de tristesse ou de mélancolie, qui attirait l'attention et faisait naître aussitôt la sympathie. Une petite moustache brune ombrageait sa lèvre supérieure.

Il s'avança vers la rebouteuse, en la saluant.

— Je ne vous dérange pas ? dit-il.

— Nullement, mon garçon ; je suis, au contraire, charmée de te voir.

— M. Thomas m'a dit hier que vous aviez quelque chose à me dire et je suis venu...

— C'est vrai, j'ai besoin de causer avec toi. N'ayant pu te voir avant-hier, tu étais absent, j'ai dit à ton maître, qui m'a fait aussi une visite ce matin, de te faire grimper la montagne. Les chemins pourraient être meilleurs, mais tu es jeune et tu as de bonnes jambes.

Un sourire effleura les lèvres du jeune homme.

— D'abord, reprit Manette, assieds-toi.

Le jeune homme obéit.

— Georges, continua-t-elle, ton maître est toujours content de toi ; du reste, je suis bien aise de te le dire aujourd'hui, depuis six ans que tu es aux Ambrettes, M. Thomas n'a eu qu'à se louer de tes services, et il m'a toujours fait ton éloge.

ANDRÉA LA CHARMEUSE

La vieille Manette accompagna Thomas jusqu'à la porte (Page 39.)

— Je fais mon possible pour reconnaître le bien que M. Thomas et vous, Manette, m'avez fait. Si je n'étais pas tel que je suis et veux être, je serais ingrat envers mes bienfaiteurs et odieux à moi-même.

— Voilà un beau langage, Georges, il peint ton caractère tout entier. Va, tu as un noble cœur.

— Orphelin, pauvre, sans parents, sans amis, reprit le jeune homme d'une voix émue, sans vous, Manette, que serais-je devenu? Quand ma pauvre mère eut rendu le dernier soupir entre vos bras, — hélas! vous n'aviez pas pu la sauver, — j'étais désolé, je pleurais, car je sentais la perte que je venais de faire. Vous m'avez pris dans vos bras, Manette, et, en m'embrassant, vous avez essuyé mes larmes. Puis vous m'avez dit : « Viens, je vais te conduire aux Ambrettes, M. Thomas a huit enfants plus jeunes que toi, tu seras le neuvième. » Ah! vous ne vous étiez pas trompée : j'ai trouvé une famille, on m'a aimé. Le maître et la maîtresse sont devenus mes père et mère et leurs enfants sont mes frères. Je ne savais ni lire ni écrire, le précepteur et les maîtres des enfants de M. Thomas ont été les miens, et j'ai le bonheur d'avoir acquis une instruction plus que suffisante. A vous et à lui, Manette, je dois tout. Non, non, je ne serai jamais ingrat. Je vous respecte, je vous vénère. Ah! oui, allez, je vous aime bien!

Il se laissa glisser sur ses genoux et saisit la main de la vieille femme sur laquelle il posa ses lèvres.

— Ah çà! est-ce que tu deviens fou? s'écria la rebouteuse en le repoussant; si quelqu'un entrait en ce moment, que penserait-il? Ah bien! on rirait vraiment!

Le ton un peu dur de ses paroles était démenti par son émotion et par l'expression de son visage.

Le jeune homme se releva.

— Ah! s'écria-t-il avec enthousiasme, c'est en face de l'univers entier que je voudrais proclamer vos bienfaits!

— Georges, c'est à M. Thomas que tu dois témoigner ta reconnaissance. Moi, je ne peux rien et ne suis rien qu'une pauvre vieille femme.

— Je sais que vous n'aimez pas qu'on parle de vous, Manette; mais ici je ne crains pas d'être entendu. Vous êtes tout et vous pouvez tout; vous êtes l'âme de M. Thomas.

— Je ne comprends pas, que veux-tu dire?

— Vous êtes ma véritable bienfaitrice, comme celle de tous les affligés et de M. Thomas lui-même.

— Enfant! tu ne sais ce que tu dis.

— Manette, j'ai découvert...

— Quoi?

— Ce que vous êtes réellement. Sans le vouloir, en interrogeant seulement mon cœur, j'ai deviné la personnalité qui se cache en vous et une partie de vos secrets.

La rebouteuse bondit sur son fauteuil.

— Georges, tais-toi! tais-toi! s'écria-t-elle.

— Si je vous ai offensée, pardonnez-moi, ma mère.

— Non, tu ne m'as pas offensée; mais, je te le répète, tais-toi, pour toujours, tais-toi!

Après un moment de silence, Manette reprit la parole.

— Enfin, dit-elle, tu es content de M. Thomas comme lui-même est satisfait de toi. Cependant, Georges, si j'en crois ce qu'il m'a dit, tu ne te plairais plus aux Ambrettes, une belle ferme, pourtant, où il y a de la gaieté, du travail et du bonheur.

La figure du jeune homme s'attrista subitement.

— Tu ne me réponds pas.

— Je n'ai jamais cessé de me plaire aux Ambrettes.

— Alors, quand dernièrement ton maître t'a parlé de te faire assurer contre le tirage au sort, pourquoi as-tu répondu que c'était inutile, que tu voulais être soldat?

Georges baissa la tête et resta silencieux.

— Est-ce que tu as été pris par le désir de voyager? Est-ce que tu as depuis peu le goût des aventures? Certes, il faut à la France, à notre chère patrie, des soldats qui gardent ses frontières et la fassent respecter au dedans comme au dehors. Oui, il faut des soldats pour protéger la famille et défendre le foyer, et il est beau de servir son pays, de combattre pour ses droits et l'honneur de son drapeau! Mais, si nous n'avions en France que des soldats pour faire la guerre, seraient-ils tous des héros, que deviendrait la prospérité nationale! Que deviendrait cette terre féconde, qui ne demande que des bras pour la travailler, afin de devenir la source intarissable de toutes nos richesses?

Georges, tout homme qui travaille est utile; chacun dans sa position, si modeste qu'elle soit, concourt au bien-être et à la fortune de tous. Comme le soldat, le laboureur à sa charrue, le cantonnier sur la route, le bûcheron et le charbonnier dans la forêt servent le pays. Pourquoi veux-tu te faire soldat? On a besoin de toi aux Ambrettes. Tu gardes le silence; crois-tu réellement que tes services ne soient plus nécessaires à la ferme?

— Quoique très jeune encore, non seulement tu as su mériter toute la confiance du maître, je devrais dire de ton père, mais il m'a assurée et il prétend que tu es actuellement aussi capable que lui de conduire les travaux et de diriger l'exploitation dans tous ses détails.

— Le fils aîné de M. Thomas va avoir dix-huit ans, répondit Georges, dès maintenant il peut me remplacer.

— M. Thomas n'a pas trop de ses bras, des tiens et de ceux de tous ses enfants, répliqua vivement Manette. Ah çà! Georges, est-ce que tu serais jaloux?

— Oh! vous ne le pensez pas?

— Tu as raison, la jalousie est un mauvais sentiment, et tous les tiens sont bons. C'est donc autre chose qui a fait naître en toi l'idée de quitter les Ambrettes. Par exemple, ne me dis pas que tu veux être soldat parce que c'est ta vocation, je ne te croirais pas. Tu désires t'éloigner du pays, voilà le fait, et comme tu es à la veille de tirer au sort, tu t'es dit : « Voilà l'occasion de partir, je serai soldat. »

Le front de Georges se couvrit d'une vive rougeur.

— Je ne te cacherai pas, continua Manette, que ton idée contrarie singulièrement celles de Thomas et les miennes aussi.

Le jeune homme la regarda avec surprise.

— Mon Dieu! oui, mon garçon. Dis-moi, est-ce que tu n'aurais pas été content d'être chargé complètement de l'exploitation des Ambrettes, c'est-à-dire d'en devenir le fermier?

— Que me dites-vous là, Manette? s'écria-t-il. Est-ce que Thomas songerait à quitter sa ferme?

— Peut-être; et comme Thomas t'apprécie et qu'il est sûr de toi, pour récompenser tes services et ton dévouement, il aurait fait de toi le fermier des Ambrettes.

Une lueur, qui s'éteignit aussitôt, passa dans le regard du jeune homme.

— C'est un rêve, murmura-t-il.

— Il t'aurait fait les premières avances en te laissant les instruments et tout le bétail qui se trouve dans les écuries, poursuivit Manette. En cherchant un peu, tu aurais trouvé dans la contrée une belle jeune fille, vous vous seriez aimés et mariés...

Le jeune homme devint subitement très pâle.

La rebouteuse avait les yeux fixés sur lui, Elle continua :

— Est-ce que le bonheur que tu as sous les yeux aux Ambrettes ne t'a jamais fait envie? Est-ce que tu ne t'es pas dit que ce serait pour toi un petit coin du paradis si un jour, maître à ton tour, tu avais à ton côté une jeune femme charmante, gracieuse, t'aimant de tout son cœur, et autour de vous de jolis enfants, des chérubins blonds et roses, toujours souriants?

— Manette, de grâce, ne me parlez pas ainsi; ce bonheur que vous faites passer sous mes yeux n'existera jamais pour moi.

— Pourquoi? n'as-tu pas tout ce qu'il faut pour être aimé, tout ce qu'il faut pour rendre une femme heureuse?

— Non, répondit-il tristement, je n'ai rien pour être aimé.

— Dans le ton que tu as pris pour me dire cela, Georges, on dirait qu'il y a du désespoir.

Le jeune homme laissa tomber sa tête entre ses mains.

— Pauvre garçon! murmura la rebouteuse, la blessure est profonde et plus grave que je ne croyais.

« Georges, reprit-elle avec une sorte de tendresse, tu as un grand chagrin; ouvre-moi ton cœur.

— Je vous en prie, Manette, ne m'interrogez pas.

— Pauvre Georges! répliqua-t-elle, tu n'as pas été plus fort que plusieurs autres que je connais; tu n'as pas vu le péril, tu t'es laissé charmer.

— Quoi! vous savez?

— Je sais ce qui occupe ta pensée ; je sais la cause de ta tristesse et de ton chagrin. Tu l'aimes donc bien?

— A en mourir, répondit-il en portant la main sur son cœur.

— L'amour que certaines femmes inspirent est toujours fatal, se dit tout bas Manette ; c'est un poison qui pénètre dans le cœur.

Elle continua, en élevant la voix :

— Lui as-tu dit que tu l'aimais !

— Oui.

— Qu'a-t-elle répondu?

— Que nous causerions de cela plus tard.

— Et puis?

— C'est tout. Elle a ri.

— Enfin, elle ne t'a pas enlevé tout espoir?

— C'est vrai, mais je sais qu'elle ne m'aime pas, qu'elle ne m'aimera jamais.

— Oui, je comprends, c'est pour cela que tu veux t'éloigner, fuir au loin, te faire soldat... Ce n'est point cet avenir que j'avais rêvé pour toi. Pourtant son bonheur à elle est ici, à côté du tien, si elle le voulait.

— Si elle le voulait, répéta-t-il d'un ton douloureux.

— La malheureuse enfant, sa folle ambition la perdra!

— Je sais ce qu'elle pense, je n'ai plus rien à espérer.

— Non, elle n'aime pas, jamais elle n'aimera ; elle n'aura dans sa vie qu'un seul amour : celui de sa beauté dangereuse et terrible.

— Vous le voyez, Manette, il faut que je parte.

— Le mal que t'a fait Suzanne n'est peut-être pas encore sans remède.

— Il me brûle, il me dévore.

— Et tu crois que l'éloignement te guérira? fit la rebouteuse en hochant la tête.

— Je n'en sais rien. Que je vive ou que je meure, qu'importe!

— Georges, tu parles comme un enfant. Avant de songer à la mort, apprends à souffrir. Après tout, Suzanne n'est pas la seule femme au monde. Nous t'en trouverons une autre, aussi belle et plus parfaite, j'en suis sûre, car elle aura un cœur. Georges, l'amour de l'une te guérira de l'amour que l'autre a mis en toi.

— Non, dit le jeune homme en secouant la tête, je n'essayerai pas de lutter contre ma destinée.

— A ton âge, mon garçon, répliqua Manette d'un ton presque sévère, on n'a pas le droit de s'exprimer ainsi. Ah ça! mais qu'est-ce donc que la vie, si ce n'est du petit au grand, du faible au puissant, une lutte continuelle? Quoi? tu as l'intelligence, la santé, la force, vingt ans, c'est-à-dire tout l'avenir devant toi, et tu doutes et tu manques de courage!...

— Ah! vous ne savez pas dans quel état se trouve mon cœur. Aimer sans espoir est une horrible torture!

— Souffre, mais sois fort, s'écria-t-elle avec véhémence. Te crois-tu donc le seul malheureux, l'unique déshérité? Regarde autour de toi, plus bas et plus haut, et tu verras des douleurs et des misères autrement grandes que les tiennes. Pour tous il y a des jours sombres et des jours de soleil, et l'orage atteint et frappe les plus hautes cimes. Nul ici-bas n'est exempt des dures épreuves de la vie. Ce serait vraiment trop facile si, pour être heureux, l'homme n'avait qu'à dire : « Je veux! »

— Souffrir! c'est la loi commune. Et quand on a le cœur trop faible pour pouvoir compter sur lui, on s'appuie sur son âme... A ton âge, Georges, on ne se laisse pas arrêter par le premier obstacle qu'on rencontre sur sa route, on n'est pas vaincu, ni brisé pour une illusion perdue.

« Tu aimes et tu n'es pas aimé; la belle affaire, vraiment!... Tu oublieras Suzanne, voilà tout. Tu répondras à son dédain par le mépris. Je te le dis encore, il y a d'autres jeunes filles belles, chastes et bonnes; nous t'en trouverons une.

— Une autre, fit-il d'un ton amer, une autre ne serait pas elle... Pour elle, je me serais dévoué, rien ne m'aurait paru impossible... Elle occupe mon cœur tout entier, elle a pris ma vie... Je ne rendrais pas une autre femme heureuse. Ne parlez donc pas d'une autre quand je ne vois qu'elle, quand je ne respire que pour elle! Une autre... jamais, jamais!

La vieille femme laissa tomber sur le jeune homme un regard de profonde pitié.

— S'il en est ainsi, dit-elle avec humeur, je ne peux plus rien pour toi. Tu as raison de dire que la fille de Gervaise a pris ta vie. Malheureusement, tu ne seras pas sa dernière victime.

Elle laissa tomber sa tête sur sa poitrine et resta un moment silencieuse.

— Voyons reprit-elle, la situation n'est peut-être pas absolument désespérée.

— Que voulez-vous dire, Manette? demanda le jeune homme, dont les yeux étincelèrent.

— Y a-t-il longtemps que tu n'as vu Suzanne?

— Elle est venue travailler aux Ambrettes il y a quinze jours.

— Lui as-tu encore parlé de ton amour?

— Non, je n'ai pas osé.

— Eh bien! il faut avoir avec elle, ces jours-ci, le plus tôt sera le meilleur, une conversation sérieuse. Tu n'as rien à redouter de Gervaise; je sais qu'elle serait enchantée de te donner sa fille. Et pourtant elle ignore, comme tout le monde, les projets de Thomas en ce qui te concerne. Tu verras ce que Suzanne te répondra. Il faut que tu saches à quoi t'en tenir. Moi-même je la verrai, je lui parlerai.

— Oh! Manette, si vous faites cela...

— Ne sois pas si prompt à te réjouir, répliqua-t-elle en secouant la tête, je ne te promets pas de réussir, je ne dis même pas que je l'espère. Je ferai cette démarche dans ton intérêt et dans l'intérêt de Suzanne elle-même. Je vois où elle va, la malheureuse enfant, et il n'y a que ton bras ou plutôt ton amour qui puisse l'arrêter sur la pente qu'elle descend. Il faudrait la toucher, l'attendrir, faire parler son cœur. Je doute que ce soit possible. Si tu m'avais consultée, Georges, ce n'est point la fille de Gervaise que je t'aurais conseillée d'aimer. Aujourd'hui, c'est trop tard, le mal est fait.

— N'importe, toi de ton côté, moi du mien, nous tenterons de l'émouvoir. C'est d'ailleurs une satisfaction qu'il est bon de te donner. Puisses-tu après cela être guéri! Enfin, qui sait? cette fille est si étrange, si fantasque... Nous verrons.

— Oui, nous verrons, répéta Georges d'une voix sombre. Mais si je dois renoncer à la possession de Suzanne, Manette, malgré ce que vous et M. Thomas voulez faire pour moi, je ne pourrai pas rester dans le pays, je partirai.

— Tu le regretteras peut-être; mais tu l'as décidé, c'est ta volonté, nous ne te retiendrons pas. Au bout de quelques années, quand tu auras trouvé l'apaisement de ton cœur, oublié la fille de Gervaise, quand tu seras guéri, enfin, tu reviendras.

— Jamais je n'oublierai Suzanne, dit-il d'une voix vibrante, je l'aimerai toujours!

La rebouteuse se contenta de hausser les épaules.

Un instant après; le jeune homme la quitta.

— Pauvre garçon! murmura-t-elle, c'est la première partie de sa vie brisée. Et il n'a fallu pour cela que le regard et le sourire d'une femme. Toujours la femme! Ah! je le sens et ne le vois que trop, si rien n'arrête Suzanne Vernier, que de victimes autour d'elle!

VIII

SUZANNE CHEZ MANETTE

Le jeune amoureux descendait tristement le chemin des Huttes et se trouvait à peu près à une égale distance de Marangue et du hameau, lorsque tout à coup il se trouva en présence de Suzanne.

Des buissons aux branches chargées de neige l'ayant empêché de l'apercevoir de loin, il n'avait pas eu le temps de se préparer à cette rencontre imprévue.

Son émotion fut violente; il lui semblait que son cœur allait se briser tellement il battait fort, et ses jambes n'ayant plus de force pour avancer, il fut contraint de s'arrêter.

Suzanne n'aurait peut-être pas demandé mieux que de passer rapidement, sans rien dire; mais elle s'arrêta à son tour en face de Georges, qui, dans son immobilité, semblait vouloir lui barrer le passage.

— Bonjour, monsieur Georges, lui dit-elle; je ne pensais pas vous voir aujourd'hui.

Elle souriait en le regardant.

Le jeune homme se sentit pénétré de la lumière de son regard. Son trouble augmenta encore. Il cherchait quelque chose à dire. Il ne trouvait pas une parole.

— Vous venez probablement des Huttes? reprit la jeune fille.
— Oui, Suzanne, je reviens des Huttes, répondit-il.
— Et vous descendez à Marangue?
— J'avais l'intention de m'y arrêter et d'entrer chez votre mère, Suzanne.
— Est-ce que vous ne l'avez plus, cette intention?
— Suzanne, vous n'y serez pas.
— Vous trouverez ma mère et Georgette; elles seront contentes de vous voir?
— Vous allez aux Huttes, Suzanne; est-ce que vous avez quelqu'un à y voir.
— Assurément.
— Et c'est... bien pressé?
— Pourquoi me faites-vous ces questions?
— Excusez-moi, Suzanne; c'est juste, je n'ai pas le droit de vous interroger.
— Vous venez probablement de voir la vieille Manette, reprit Suzanne; dans ce cas, vous pouvez me dire si elle est chez elle; je vais aussi faire une visite à la sorcière.
— Ah! c'est chez Manette que vous allez?
— Oui.
— Suzanne, elle vous parlera peut-être de moi.
— Je sais d'avance que ce ne sera pas en mal, car elle vous a en grande amitié.
— C'est vrai, et tout à l'heure encore...
— Est-elle de bonne humeur aujourd'hui?
— Manette est souvent triste et soucieuse; mais elle sait cacher ses douleurs inconnues lorsqu'il s'agit des autres. Suzanne, est-ce un conseil que vous voulez lui demander?
— Peut-être.
— Je ne sais pas ce qu'elle vous dira: mais écoutez Manette, ayez confiance en Manette.

La jeune fille laissa errer sur ses lèvres un sourire singulier.

— Suzanne, reprit Georges, faisant un grand effort sur lui-même, vous savez que je vous aime!

Suzanne s'était assise près de la fenêtre. Georges vint en face d'elle. (Page 56.)

— J'ai assez de mémoire, répondit-elle froidement, je n'ai pas oublié que vous me l'avez dit.

— Vous le croyez, n'est-ce pas.

— Je n'ai pas encore entendu dire que vous fussiez un menteur, répondit-elle.

— Et elle se mit à rire.

Ce rire produisit sur le jeune homme l'effet d'une raillerie amère.

— Suzanne, reprit-il d'une voix tremblante, je désire causer avec vous, j'ai besoin de vous ouvrir mon cœur.

— Croyez-vous que ce soit bien utile? dit-elle, en faisant tomber ses paupières sur ses yeux. Dans tous les cas, ce n'est pas sur ce chemin, les pieds dans la neige, que je puis vous écouter et vous répondre.

— C'est vrai; aussi n'avais-pas l'intention de vous retenir.

— Je vous en sais gré, fit-elle avec une pointe d'ironie qui échappa au jeune homme.

— Suzanne, resterez-vous longtemps aux Huttes? lui demanda-t-il.

— Le temps de causer avec la rebouteuse.

— Alors, dans une heure vous serez de retour à Marangue?

— Je l'espère.

— Suzanne, j'entrerai dire bonjour à madame Vernier et à Georgette. Si cela ne doit pas vous contrarier, j'attendrai votre retour.

— Comme vous voudrez, répondit la jeune fille, dont les sourcils se froncèrent légèrement.

— A ce soir donc, Suzanne, dit le jeune homme, en se rangeant sur le bord du chemin pour la laisser passer.

Suzanne continua à gravir la pente. Debout à la même place, le jeune homme la regardait s'éloigner.

— Mon Dieu, comme elle est belle! s'écria-t-il dans une sorte d'extase. Oh! oui, elle est belle, trop belle!

Puis au bout d'un instant, quand la jeune fille eut disparu :

— Que va-t-elle donc faire chez Manette? se demanda-t-il.

Il eut la pensée de remonter vers les Huttes et d'attendre Suzanne à l'entrée du chemin; comme cela, il aurait pu lui offrir son bras pour l'aider à descendre, et ils seraient revenus à Marangue en causant. Mais, réfléchissant qu'il pouvait ainsi déplaire à la fière jeune fille et faire jaser les gens de Marangue qui pourraient les voir ensemble, il se décida à continuer son chemin vers le village.

Pendant ce temps, Suzanne arrivait aux Huttes et entrait chez la rebouteuse.

— Oh! oh! fit la vieille, qui ne put cacher sa surprise, toi ici, chez moi! Est-ce que la Gervaise est malade, ou Georgette?

— Du tout : ma mère et ma sœur se portent à merveille.

— Alors, je ne comprends pas. Tu es donc devenue bien hardie pour oser venir voir la sorcière?

— Une bonne sorcière, répliqua la jeune fille en souriant.

— Tu n'as peut-être pas toujours dit cela.

— Je vous assure, Manette, que je n'ai jamais pensé que vous fussiez une méchante femme. Mon père nous parlait souvent de vous, et il nous disait : « On ne connaîtra jamais la vieille Manette; ne croyez pas tout ce qu'on raconte, la rebouteuse est une bonne femme ».

— Enfin, tu viens me voir; cela me fait plaisir. Tu as évidemment quelque chose à me demander, et j'ai, moi, quelque chose à te dire. Si tu étais arrivée un peu plus tôt, tu m'aurais trouvée, causant de toi, avec un jeune et beau garçon. Du reste, tu as dû le rencontrer dans le chemin des Huttes, s'il n'a pas eu la fantaisie d'aller passer sur le pont du ravin.

— J'ai rencontré en venant Georges Raynal.

— Eh bien, ma belle, c'est de lui que je te parlais. Est-ce que tu ne trouves pas comme moi que c'est un beau garçon?

— Je n'ai pas dit le contraire, Manette.

— A la bonne heure. Mais, vois-tu, Suzanne, la beauté n'est rien quand elle n'est pas accompagnée par les qualités du cœur. Regarde au mois de juin comme s'effeuillent les églantines : c'est l'image de la beauté. Après avoir brillé un instant, elle s'efface, ou s'effeuille, puis plus rien... que le souvenir. Les qualités du cœur restent, elles ne meurent jamais. Crois-moi, Suzanne, c'est folie de trop compter sur ce qu'un souffle peut emporter.

« Cela me remet en mémoire le couplet d'une jolie romance que chantait souvent une belle jeune fille comme toi, une créole indienne, en se berçant dans son hamac sous un dôme de verdure.

« C'est une fleur, une rose ou une églantine qui parle à la jeune fille. Écoute : Et d'une voix faible, tremblotante, mais encore harmonieuse, elle chanta :

> Ne comptez pas sur la jeunesse,
> Au printemps même on peut mourir.
> C'est bien souvent d'une caresse,
> Que le soleil vient nous flétrir.
> N'écoutez pas tous les langages,
> Fermez l'oreille aux mots flatteurs :
> Les papillons sont des volages.
> Voilà ce que m'ont dit les fleurs

— Ah! reprit-elle, il y a longtemps que j'en ai fait autant; je viens d'oublier que je suis vieille, ce doit être la satisfaction de te voir. Suzanne, j'ai causé assez longuement avec Georges. Il m'a fait sa confession. Ah! le pauvre garçon, il t'aime à en mourir! Je ne t'apprends rien, puisqu'il t'a fait l'aveu de son amour. Mais je me souviens que tu as quelque chose à me demander. Tout à l'heure je te parlerai de Georges. Dis-moi d'abord ce que tu attends de la vieille Manette. Je t'écoute.

Jusque-là Suzanne était restée calme, tenant ses yeux voilés par ses longs cils; mais sur l'invitation de faire connaître le motif de sa visite, ses traits s'animèrent, son regard s'éclaira.

— Manette, dit-elle, avant-hier soir vous m'avez prédit de superbes choses.

— Est-ce que tu n'as pas oublié déjà ce que j'ai dit?

— Non, Manette, et je pourrais, mot pour mot, répéter vos paroles.

— Et tu y penses?

— Oui, et en y pensant je réfléchis.

— Ordinairement, la réflexion éclaire la pensée. Suzanne, est-ce que tu crois réellement à ma prédiction ?

— J'y crois. D'ailleurs, Manette, tout ce que vous m'avez annoncé, je l'avais vu déjà dans un rêve.

La rebouteuse tressaillit.

— L'autre soir, se dit-elle, j'ai commis une grande imprudence et je me suis laissé entraîner à faire une étude dangereuse.

— Manette, reprit la jeune fille, vous m'avez dit que j'aurais un jour une couronne sur la tête.

— Il y a plusieurs genres de couronnes.

— Vous m'avez dit que je serais reine.

— Il y a plusieurs sortes de royautés.

— Manette, quand je vous ai demandé si tout cela se réaliserait, vous m'avez encore dit : « Oui, et je voudrais m'être trompée. »

— En effet, j'ai répondu cela.

— Je vous ai fait encore une question ; mais vous avez refusé d'expliquer le sens de vos paroles.

— C'est vrai.

— A ce moment, Manette, quelle est votre pensée ?

— Suzanne, je songeais aux folies du luxe, aux amertumes des grandeurs, au néant des vanités humaines. Je pensais à Antoine Vernier, qui a vécu heureux à Marangue près de Gervaise, estimé et aimé de tous ; je pensais à ta mère, à ta sœur, dont tu es aujourd'hui le soutien et l'espoir ; je pensais à tes rêves ambitieux et à tes idées funestes, que je connais ; enfin, Suzanne, je pensais à Georges Raynal qui t'aime ardemment, et je me disais qu'avec lui, dans une position modeste, tu trouverais sûrement le bonheur que tu chercheras vainement dans la réalisation de ton rêve.

« Suzanne, puisque tu te souviens si bien de mes paroles, tu ne dois pas oublier que je t'ai dit aussi : « Prends garde que ta destinée ne soit trop brillante. » Suzanne, je te le répète : Prends garde !... Tu te déplais à Marangue ; ton regard se tourne sans cesse vers la ville du luxe et des plaisirs ; c'est Paris qu'il te faut, c'est Paris que tu veux. Pour en conquérir une autre, tu perdras la plus précieuse de toutes les couronnes. Il y a des déceptions, des douleurs, des désespoirs jusque dans l'enivrement des fêtes mondaines.

« Encore une fois, Suzanne, prends garde !... Les idées malsaines qui te passent dans la tête et t'éblouissent te perdront ; et pourtant, si tu le voulais, ton cœur pourrait encore te sauver. Mais il faudrait pour cela chasser les fumées qui t'enivrent, abandonner ton rêve et t'humilier dans ton orgueil ; alors, reprenant possession de toi-même, tu sentirais vibrer les cordes sensibles de ton être.

« Depuis six mois seulement, Suzanne, comme tu es changée et quel effroyable ravage s'est fait en toi! Ton mal, je le connais, je sais d'où il vient, je l'ai vu naître.

La jeune fille ébaucha un sourire et son regard devint interrogateur

— Un jour que tu promenais sur la route de Raucourt, reprit la rebouteuse, — c'était un dimanche de juillet, par une magnifique soirée, — tu te rangeas de côté pour laisser passer une calèche, dont les chevaux noirs, maintenus par le cocher, marchaient au pas. Il y avait dans la calèche quatre jeunes femmes, — des Parisiennes, belles, élégantes, superbement parées. — Tu les regardas avec envie. Les belles dames te virent aussi et furent frappées de ta beauté. Mais l'une d'elles te toisant avec dédain de la tête aux pieds, laissa tomber de ses lèvres ces mots : « Ce n'est qu'une pauvre paysanne! » Ces mots, Suzanne, tu les entendis, et moi aussi je les entendis, car j'étais à quelques pas de toi, assise derrière un buisson de roses sauvages.

« La voiture s'éloigna. Alors tu te redressas avec défi et je vis un double éclair jaillir de tes yeux. Je t'observais, Suzanne, et dans ton regard je traduisis ta pensée. Elle disait : « Vous êtes belles, mais moins belles encore que moi, et quand je voudrai avoir comme vous une calèche, de la soie, des dentelles, des bijoux, je les aurai... »

« Ensuite, tu regardas tes pieds chaussés de gros souliers, puis ton pauvre vêtement de paysanne sur lequel tes mains se crispèrent. En même temps ta bouche eut un sourire qui me fit frémir.

« Suzanne, c'est ce jour-là qu'a commencé ton mauvais rêve.

« Quelque temps après, tu rencontras un ami du comte de Raucourt, un jeune homme de bonne famille, riche, distingué, d'excellentes manières, et tu voulus savoir ce que pouvait ta beauté, quelle était la puissance de ton regard. Que t'a dit le baron de Manoise? Je n'en sais rien et je n'ai pas besoin de le savoir. Mais depuis que ce jeune homme t'a parlé, Suzanne, prenant le faux pour le vrai, ne voyant plus de bornes à ton ambition et affolée d'orgueil, tu es entrée plus avant dans ton rêve.

« Il te semble que rien n'est digne de ta beauté, et que ce serait à peine assez de lui élever un autel.

« Et tu songes à quitter ta mère, ta petite sœur que tu aimais tant autrefois, pour t'ouvrir un nouveau sillon dans la vie et t'élancer vers l'inconnu, en passant à travers les étourdissements de l'ivresse, foulant les fleurs sans parfum sous lesquelles se cachent la honte et les remords.

« Pendant qu'il en est temps encore, Suzanne, arrête-toi, ne va pas plus loin. Cesse de regarder en haut pour plonger ton regard en toi-même. Redeviens ce que tu étais naguère. C'est ici que sont les véritables joies, c'est ici que tu seras heureuse.

IX

CŒUR DE MARBRE

Ayant cessé de parler, la femme des Huttes plongea dans les yeux de Suzanne la flamme de son regard. Mais elle y chercha en vain la trace d'une émotion. Pas plus sur son visage que dans son cœur, rien n'avait remué. Il semblait qu'elle eût parlé à une femme de marbre. Elle se sentit profondément découragée.

Cependant, après un moment de silence, voyant que la jeune fille ne disait rien, elle reprit :

— Eh bien, Suzanne, est-ce que tu ne trouves rien à me répondre ?

— Rien, fit froidement la jeune fille.

— Ainsi, tu n'es pas convaincue ?

— Non.

— Tu n'éprouves donc aucune terreur ?

— Aucune.

— Eh bien, Suzanne, c'est moi qui suis terrifiée, c'est moi que tu épouvantes ! Quoi ! malgré ce que je viens de te dire, tu es sans hésitation ?

— Manette, tous vos discours ne me changeront pas. Une force irrésistible m'entraîne vers ma destinée et une voix impérieuse me crie : Marche, marche !

— Malheureuse, tu vois l'abîme sans fond sous tes pieds et tu es prise de de vertige !

« Je ne t'ai pas tout dit. Écoute-moi encore. D'ici à quelques jours, Thomas, le riche, comme on dit, et il est, en effet, très riche, Thomas va acheter le domaine de Salerne, qui est à vendre. Son intention est de quitter les Ambrettes pour aller s'installer, avec sa famille, à la ferme de l'Étang, la plus importante de Salerne. Or, celui qui doit lui succéder aux Ambrettes est déjà désigné : c'est Georges Raynal qui sera le nouveau fermier des Ambrettes. Thomas l'a choisi comme le plus digne. Georges est intelligent et de plus il aime le travail ; il va avoir dans les mains l'instrument de sa fortune.

« Tu connais les Ambrettes, Suzanne ; n'est-ce pas une charmante résidence ? Georges Raynal t'aime sincèrement, avec son cœur, avec son âme : l'amour d'un honnête homme n'est pas à dédaigner ; crois-moi, Suzanne, sois la femme de Georges Raynal. Fermière des Ambrettes, une maison à gouverner où tu seras la souveraine, voyons, est-ce que ce n'est pas un joli rêve ?

« Dans quelques mois tu seras ce qu'est aujourd'hui madame Thomas ; tu sais si elle est heureuse ! Comme elle tu seras aimée, honorée ; rien ne te manquera.

Tu prendras ta mère et ta sœur avec toi, et quand Georgette sera grande tu la marieras avec un brave garçon qui l'aimera comme tu seras aimée, et dont Thomas deviendra le protecteur.

« Suzanne, la couronne de bluets que ton jeune mari te posera sur la tête est moins lourde qu'une couronne de princesse.

« Eh bien, comment trouves-tu mon idée? Est-elle bonne? Allons, réponds-moi.

— Je n'aime pas Georges Raynal, dit-elle d'un ton glacial.

La rebouteuse fronça les sourcils et deux plis sombres se creusèrent sur son front.

— Non, tu ne l'aimes pas, répliqua-t-elle d'une voix sourde, et tu n'aimeras jamais; car, n'ayant pas de cœur, tu ne peux rien aimer! Va, je savais d'avance que je n'obtiendrais rien de toi. Pauvre Georges!... Un amour comme le sien pour une pareille femme.

— Je ne lui ai pas demandé de m'aimer, fit-elle.

— Oh! tu n'as pas à te justifier, répliqua Manette avec aigreur; c'est ta beauté qui est fatale, c'est ton regard qui tue!

« Ainsi, continua-t-elle avec dureté, tu t'éloigneras de ta mère qui en mourra, et tu abandonneras ta jeune sœur qui restera sans appui?

Suzanne se dressa debout, une lueur livide dans le regard, et répondit :

— Ma destinée doit s'accomplir.

— Mille pièges te seront tendus.

— Je lutterai!

— Tu tomberas dans le gouffre béant.

— Je ne crains pas la chute!

— Tu auras des regrets et des remords.

— Il me faut la richesse!

— Tu souffriras.

— Je veux briller!

— Ta beauté disparaîtra, et, comme moi, tu deviendras vieille; alors, à ton tour, tu seras repoussée.

— Ce jour-là je mourrai!

La rebouteuse était consternée. Elle sentit un frisson courir dans ses membres, et tout bas elle murmura :

— C'est le démon!

Après un moment de silence, voyant que la jeune fille se disposait à partir, elle lui dit d'une voix où il y avait autant de douleur que de colère :

— Oui, tu peux t'en aller, car je n'ai plus de conseils à te donner. C'est la fatalité terrible, inexorable, qui te pousse en avant. Et puisque rien ne peut plus t'arrêter, va, marche, marche vers ta destinée! Mais je te fais encore cette prédiction : Le jour où tu tiendras la réalité, tu regretteras amèrement le temps du rêve.

Elles restèrent un instant face à face croisant le feu de leurs regards. Enfin, rejetant brusquement sa tête en arrière :

— Au revoir, Manette, dit Suzanne.

— Adieu, répondit sèchement la rebouteuse.

La jeune fille s'élança dehors.

Manetta retomba dans son fauteuil.

— La malheureuse, prononça-t-elle sourdement, elle est perdue !

Elle poussa un gémissement et laissa tomber une larme.

En attendant Suzanne, Georges Raynal avait causé longuement avec Gervaise. Celle-ci, qui n'était pas sans inquiétude sur l'avenir de sa fille, et qui trouvait que Georges serait pour elle un parti superbe, inespéré, lui avait fait entendre des paroles très encourageantes. Malgré tout, il était resté avec ses craintes et ses anxiétés.

Quand la jeune fille arriva, Gervaise dit tout bas à Georges :

— Soyez fort, ayez du courage, il faut vaincre votre timidité et être hardi. Vous êtes un homme, Georges, et Suzanne n'est qu'une petite fille. Il ne faut pas qu'elle vous fasse peur, ajouta-t-elle en riant, ses yeux ne sont pas des pistolets et ses dents ne vous mordront pas.

Sous le prétexte d'aller chercher quelque chose dans le village, elle sortit, emmenant Georgette.

Le jeune homme et la jeune fille se trouvèrent seuls.

Suzanne s'était assise près de la fenêtre. Georges vint se placer en face d'elle.

Pour se donner une contenance elle avait pris un livre, et à chaque instant ses doigts fiévreux tournaient une page. Évidemment la présence du jeune homme la gênait, lui agaçait les nerfs.

— Suzanne, lui dit-il doucement, d'une voix émue, vous paraissez soucieuse.

— En aucune façon, répondit-elle, en levant ses yeux sur lui.

Le pauvre timide se mit à trembler. Il y avait de quoi : un mot allait décider de son avenir.

— Vous avez vu la vieille Manette ? reprit-il.

— Oui.

— Elle vous porte beaucoup d'intérêt, Suzanne, votre visite a dû lui faire plaisir.

— Je le crois. Je suis restée longtemps aux Huttes ; je ne pensais pas vous retrouver ici.

— J'ai causé avec votre mère en vous attendant.

— Et le temps ne vous a pas paru long.

ANDRÉA LA CHARMEUSE

Le jeune homme avait sauvé la jeune fille; et Manette, sans le savoir, avait sauvé le jeune homme.
(Page 65.)

— C'est vrai, car j'étais en même temps à Marangue avec votre mère et aux Huttes avec vous.

Elle laissa glisser un sourire sur ses lèvres.

— Suzanne, reprit Georges d'une voix hésitante, Manette vous a-t-elle dit?...

— Oh! nous avons causé de bien des choses.

— Elle vous a parlé de moi?

— Certainement. Elle m'a annoncé une nouvelle qui m'a fait plaisir. M. Thomas est à la veille de quitter les Ambrettes, et c'est vous, m'a dit la rebouteuse, qu'il a choisi pour lui succéder dans la direction de la ferme. Recevez mes félicitations, monsieur Georges.

— Il paraît, en effet, que M. Thomas a l'intention de me prendre pour fermier ; mais je n'ai pas encore accepté la magnifique position qu'il veut m'offrir.

— Est-ce que vous auriez la pensée de refuser ?

— Peut-être.

— Mais c'est votre fortune ! s'écria-t-elle.

— Oui, ma fortune, fit-il tristement ; mais c'est beaucoup plus que je voudrais.

— Vous êtes donc bien ambitieux ?

— Comme vous l'entendez, Suzanne, je ne le suis pas en ce moment ; mais il faudrait bien peu pour mettre en moi le souffle d'une immense ambition.

La jeune fille ne parut pas avoir compris.

— Suzanne, reprit-il, en vous parlant de moi, Manette ne vous a-t-elle pas dit quelle était actuellement ma véritable, mon unique ambition ? Suzanne, avant que j'aie eu la hardiesse de vous le dire, vous connaissiez mes sentiments à votre égard, vous aviez deviné que je vous aimais. Ah ! jamais vous ne serez mieux et plus ardemment aimée ! Vous ne savez pas, vous ne pouvez pas savoir tout ce qu'il y a pour vous, dans mon cœur, de dévouement et d'amour ! Suzanne, je vous ai donné mon âme tout entière, et, s'il le fallait pour votre bonheur, à l'instant même je donnerais ma vie !... On m'offre les Ambrettes ; je la connais cette belle et riche ferme ; je sais ce qu'elle produit, je sais ce qu'elle peut donner... Eh bien, Suzanne, sans vous je ne veux pas des Ambrettes, je ne veux pas de la fortune ; sans vous je n'ai besoin de rien.

« Suzanne, continua-t-il d'une voix vibrante, si je dois renoncer à vous et à votre amour, je fais le sacrifice de mon avenir, ma vie est brisée... Toute ma force et toute mon ambition sont en vous : si je vous perds, au lieu de m'élever dans la lumière qui s'échappe de vos yeux, je tombe dans le néant !

« Suzanne, pour moi cet instant est suprême ; répondez-moi franchement ; quel espoir me laissez-vous ?

— Monsieur Georges, répondit-elle froidement ; je ne veux pas me marier.

Il courba la tête.

— J'ai compris, dit-il d'une voix étranglée, vos paroles signifient : Je ne vous aime pas, jamais je ne vous aimerai !

Puis il murmura tout bas :

— Folles illusions ! pauvres chimères !

Froide et toujours calme, Suzanne le regardait.

Après un court silence il reprit :

— Bientôt, vous ne craindrez plus de me rencontrer aux Ambrettes ou sur le chemin de Marangue : je quitterai le pays pour aller traîner ailleurs mon existence désolée. Je n'attendrai pas l'époque du tirage au sort. Dans quinze jours, je serai soldat.

— Ah! vous avez donc du goût pour l'état militaire? répondit cruellement Suzanne.

Le malheureux sentit dans son cœur comme une pointe acéré.

— Suzanne, dit-il d'une voix brisée, nous nous voyons aujourd'hui pour la dernière fois; mais je ne veux pas vous quitter et vous laisser mon adieu sans vous dire : Suzanne, soyez heureuse ; je souhaite que vous trouviez avec un autre le bonheur que j'aurais voulu vous donner.

Sur ces mots, il marcha vers la porte, l'ouvrit brusquement, s'élança hors de la maison et partit en courant comme un fou.

Quand il fut un peu loin des maisons, il s'arrêta. Il suffoquait. Il poussa un sourd gémissement et se mit à pleurer et à sangloter comme un enfant.

Quand Gervaise rentra, elle fut très surprise de trouver Suzanne seule.

— Où donc est Georges Raynal? lui demanda-t-elle.

La jeune fille eut l'air de sortir d'un rêve.

— Monsieur Georges fit-elle d'un ton indifférent, il est parti!

X

MARIE-ANNETTE

L'histoire de la rebouteuse des Huttes n'est pas semée d'événements extraordinaires ; mais si elle n'est ni bizarre, ni fantastique, elle n'en est pas moins intéressante et touchante. Nous allons la raconter.

Elle vint au monde, devançant l'heure fixée par la nature, à la suite d'une grande frayeur qu'avait eue sa mère. Son père était un pauvre charbonnier, et bien qu'il s'appelât Biron, nous ne voulons pas supposer qu'il descendait du célèbre maréchal de France.

L'enfant n'avait qu'un souffle de vie et elle était si petite, si chétive, si malingre, qu'on aurait parié mille contre un qu'elle ne vivrait pas. Elle vécut pourtant, grâce aux soins que sa mère lui prodigua. Le cœur de la plupart des mères renferme des secrets si merveilleux, un dévouement si complet, une abnégation si profonde, et de tels trésors de tendresse, qu'elles accomplissent des miracles. La maternité est une chose divine. Après avoir donné le jour à son enfant, la jeune mère lui insuffla la vie en quelque sorte sous la chaleur de ses baisers.

Le petite resta grêle et d'apparence chétive, mais un sang pur circula dans ses veines et la force nerveuse remplaça chez elle la vigueur du corps. Éclose sous les rayons de l'amour maternel, elle devint délicate comme une sensitive, et son cœur, formé pour ainsi dire de tendresse, sentit naître, sous les caresses maternelles, les germes de tous les sentiments exquis.

Elle était laide, mais une mère ne veut jamais voir la laideur de son enfant. Au contraire, en raison, sans doute, de ce que la nature lui avait beaucoup refusé, et pour lui offrir une compensation, elle entoura la pauvre petite d'une plus grande sollicitude, et son cœur maternel eut un débordement d'affection, de tendresse et d'amour.

Inutile de dire que l'enfant se montra reconnaissante. Elle adorait sa mère. On aurait dit qu'elle sentait, qu'elle savait qu'elle ne vivait que par elle.

On lui avait donné le prénom composé de Marie-Anne dont on fait Marie-Annette, et qui, transformé dans une abréviation fantaisiste, devient Manette. C'est ainsi que Marie-Anne s'appela plus familièrement Manette.

Manette avait douze ans lorsque sa mère mourut après quelques jours de maladie. Ce fut sa première douleur : son désespoir fut profond. Elle pleura toutes ses larmes. Hélas! elle sentait qu'en perdant celle qui l'aimait tant, elle avait tout perdu.

Il lui restait son père; mais un père ne remplace jamais une mère. Et puis, Biron n'avait pour Manette qu'une affection fort tiède. Il était humilié, lui, un grande et solide gaillard, capable de porter un chêne sur ses épaules, d'avoir pour fille une si piètre créature, une sorte d'avorton, qui n'était pas même en état de traîner un fagot de bois mort.

Or, comme Biron n'avait que trente-cinq ans, il songea à se remarier. Les mois de deuil écoulés, il donna à Manette une belle-mère.

Malheureusement, le choix du charbonnier n'avait pas été heureux. Les défauts de sa seconde femme étaient aussi nombreux que les qualités de la première. Elle était emportée, jalouse, acariâtre et méchante. Il eût été difficile de trouver une femme mieux réussie pour en faire une marâtre.

Manette avait été aimée, elle fut détestée; elle avait eu des joies, elle n'eût plus que des tourments; elle avait eu des sourires, elle n'eût plus que des larmes. La mégère fit de la pauvrette son souffre-douleur. Elle l'employait à tous les travaux au-dessus de ses forces, et quand succombant de fatigue elle ne pouvait plus aller, l'impitoyable femme la rouait de coups. Elle l'accablait d'injures, de brutalités, et la maltraitait de toutes les façons. C'est à peine si elle lui donnait à manger et quelques haillons pour se couvrir. Elle lui reprochait odieusement, lâchement, sa faiblesse et sa laideur. Avorton, monstre, araignée, chenille, étaient les plus doux mots qui lui vinssent sur les lèvres.

Biron n'était pas un méchant homme; néanmoins, il voyait tout cela et ne disait rien. Peut-être n'osait-il pas faire sentir son autorité. Stupidement faible, complètement dominé par sa femme, il lui donnait toujours raison. Bien plus, croyant ainsi avoir la paix dans le ménage, quand Manette avait été maltraitée dans la journée, il la battait le soir pour être agréable à sa femme.

Quand, le visage baigné de larmes, le regard suppliant, elle demandait grâce, on la repoussait d'un coup de pied, comme un chien galeux. Elle ne savait plus que faire.

Tant que sa mère avait vécu, les enfants des Huttes et de Marangue l'avaient respectée ; maintenant qu'elle n'était soutenue par personne, pas même par ceux dont le devoir était de la protéger, elle devint pour tous un objet de risée et de plaisanteries grossières, un amusement. On l'insultait, on la poursuivait de rires moqueurs, de railleries cruelles. Et les tout petits enfants, imitateurs terribles, lui jetaient des pierres.

Il s'opéra alors dans son caractère et dans sa nature un grand changement. Elle pouvait devenir idiote ou folle. Sa puissante organisation cérébrale la sauva, Repoussée de partout, n'ayant personne à aimer parce que nul ne l'aimait, elle se concentra en elle-même, vécut exclusivement avec ses pensées et, au lieu de tomber dans l'ahurissement, son intelligence prit un développement extraordinaire.

Personne, pas même elle, ne vit se produire ce phénomène.

Quand la marâtre l'avait battue et brutalisée, la pauvre martyre prenait la fuite et allait se cacher au fond des bois. Là, du moins, elle pouvait pleurer à son aise. Elle n'entendait plus les sarcasmes de ses ennemis, les oiseaux qui chantaient dans les branches ne se moquaient pas d'elle.

Elle passait ainsi de longues heures solitaires en contemplation devant l'infini, oubliant ses désespérances dans l'admiration du grand œuvre de la création.

Il lui arrivait souvent, n'osant pas rentrer le soir, de passer la nuit sous un berceau de chèvrefeuille ou de clématite, ou blottie dans le tronc creux d'un arbre.

Elle disait ses souffrances, sa peine, à tout ce qui parlait à son cœur et à son âme : au murmure de l'eau, au chuchotement des feuilles, au parfum des fleurs, aux mille bruits insaisissables, mystérieux, qui vibrent dans l'espace, c'est-à-dire à Dieu, qui est dans toutes les choses de la nature.

Et la nuit, au milieu de ce silence qui parle si haut à l'imagination, en contemplant la grande voûte constellée, elle s'absorbait dans une rêverie profonde. Connaissant les douleurs qu'on endure sur la terre, elle se disait, les yeux fixés sur un astre scintillant, elle se disait, qu'une pauvre fille comme elle, déshéritée de toutes les joies, serait bien heureuse dans une étoile.

D'autres fois quand elle se sauvait pour échapper à la fureur de son bourreau, elle descendait à Marangue, pénétrait dans le cimetière et, toute éplorée, se roulait sur la tombe de sa mère en poussant des cris déchirants.

Sa mère l'entendait peut-être; mais sa mère ne pouvait plus ni la consoler, ni la secourir.

Quatre années s'écoulèrent. Manette avait seize ans, mais elle était toujours si chétive qu'on lui aurait à peine donné dix ans. Cependant, si son corps était celui d'un enfant, la profondeur et l'énergie du regard, le sérieux du visage et la sévérité du front révélaient une femme faite.

Comment avait-elle eu la force de souffrir jusque-là? Comment avait-elle pu supporter tant d'outrages? Elle n'était pas résignée sans doute, mais elle avait eu la patience. Peut-être avait-elle espéré qu'on aurait pitié d'elle.

La pitié ne vint pas et les tortures continuèrent et devinrent intolérables.

Lasse de souffrir, de pleurer et de gémir, l'âme brisée, le cœur meurtri, déchiré, Manette sentit tout à coup le découragement s'emparer d'elle. Elle regarda autour d'elle avec terreur : elle ne vit que l'ombre et la nuit. Alors elle se dit que la vie était pour elle un malheur et elle fut prise du dégoût de la vie.

Il lui sembla que, du moment qu'elle n'était pas aimée et qu'on la repoussait comme une maudite, elle avait le droit de cesser de vivre.

Un jour que Manette n'apportait pas assez vite une écuelle de terre que sa belle-mère lui demandait, celle-ci la frappa violemment au visage. L'écuelle s'échappa de sa main, tomba et se brisa en morceaux. La marâtre devint aussitôt furieuse, elle bondit sur sa victime, la jeta sur le sol et la foula sous ses pieds avec une rage folle. Ensuite, la saisissant par les cheveux elle la traîna devant les cabanes des Huttes sur une longueur de plus de vingt-cinq mètres

Manette poussait des cris épouvantables auxquels accoururent une douzaine de femmes, des hommes et des enfants. Au lieu de s'indigner et de délivrer l'infortunée Manette, les témoins de cette scène monstrueuse se mirent à rire. Ils voyaient martyriser la pauvre fille; cela les amusait.

Quand la fureur de la belle-mère fut assouvie, elle abandonna sa victime. Manette se releva contusionnée, meurtrie, les mains et le visage couverts de sang. En la voyant ainsi, ceux qui venaient de rire déjà se mirent à rire encore.

La pauvre fille s'éloigna aussi vite qu'elle le put, baissant la tête, chancelant à chaque pas, ayant des sanglots plein la gorge.

— Cette fois, c'est fini, se dit-elle; je veux mourir!

Elle descendait vers Marangue. Elle s'arrêta près d'une fontaine dans laquelle elle lava d'abord ses mains et ensuite sa figure. Cela fait, elle enroula sur sa tête les longues tresses de sa chevelure noire; et, comme elle n'avait pas d'épingles pour les retenir, elle les attacha avec des épines.

Elle se releva. Son regard brillait d'une résolution farouche. Elle se remit en marche et alla jusqu'au cimetière. Elle s'agenouilla sur la tombe, où tant de fois elle était venue pleurer, et pria longuement. Quand elle eut fini de prier, son front s'inclina, et, pieusement, elle baisa la terre. La prière n'avait pas changé sa pensée, sa résolution était la même.

— A bientôt, ma mère chérie, murmura-t-elle, ce soir je serai près de toi!

Elle sortit du cimetière et marcha droit au ravin. On était au mois de mai; il était tombé le matin et le tantôt une forte pluie d'orage. Le ravin était devenu torrent. Ses eaux écumantes, se précipitant par bonds des hauteurs, descendaient avec fracas, faisant rouler des pierres énormes les unes sur les autres.

Le bruit de ces eaux furieuses et les blocs de rocher qui montraient leurs têtes noires, menaçantes, effrayèrent Manette. Elle eut peur de se broyer la tête en heurtant une de ces roches hideuses. Elle voulait bien mourir, mais doucement, sans qu'une pierre audacieuse vînt outrager son corps, et il lui répugnait de livrer son corps à ces eaux furieuses et mugissantes, qui la souilleraient de leur écume jaunâtre et la rouleraient comme une de ces pierres détachées du sol qu'elle voyait passer.

— Non, se dit-elle, je ne veux pas me précipiter dans le torrent. Je m'endormirai plus tranquillement sur le lit de cailloux blancs de la rivière.

Et, tout en suivant le bord du ravin, elle descendit jusqu'à la Vrille.

A peu de distance de l'endroit où le torrent jette ses eaux dans la rivière se trouve le pont de Marangue. Manette traversa le pont et suivit la rive droite du cours d'eau en s'éloignant du village. Quand elle jugea qu'elle était assez loin, elle s'arrêta. L'endroit lui parut bien choisi. La rivière formait là une petite baie où l'eau semblait dormante. La rivière était bordée de bouquets d'osier verts au milieu desquels s'élevaient de gros saules aux troncs penchés, qui mouillaient dans l'eau l'extrémité de leurs longues branches pendantes.

Manette jeta un regard furtif autour d'elle. Elle ne vit personne. Elle se pencha à droite, puis à gauche, prêtant l'oreille. Elle n'entendit que le frissonnement du feuillage secoué par la brise.

Alors, bien certaine qu'elle était seule, que nul autre œil que celui de Dieu ne pouvait la voir, elle s'appuya contre un saule et son regard plongea dans l'eau comme pour en mesurer la profondeur. Puis, levant tout à coup ses yeux vers le ciel.

— Ma mère, ma mère, dit-elle tout bas, viens au-devant de moi!

Elle croisa ses bras sur sa poitrine, fit deux pas en avant et bondit dans la rivière en fermant les yeux.

Elle s'enfonça debout, les bras toujours croisés, et l'eau se referma sur sa tête.

Pauvre Manette!

Mais si les hommes avaient été sans pitié pour la créature déshéritée, Dieu ne l'avait pas abandonnée, il veillait sur elle.

XI

UN FRÈRE ET UNE SŒUR

A dix pas de l'endroit où Manette s'était arrêtée, un jeune homme, qui paraissait âgé d'une trentaine d'années, était à genoux au bord de la rivière.

Manette ne l'avait pas aperçu, parce qu'il se trouvait entièrement caché derrière un buisson d'osier. Elle ne l'avait pas entendu parce que, ayant vu la jeune fille, il était resté immobile, retenant même sa respiration, afin de ne pas révéler sa présence.

Or, la même pensée avait amené au bord de la Vrille, à cet instant du jour, le jeune homme et la jeune fille.

Le hasard, ou plutôt la Providence, l'avait voulu ainsi.

Le jeune homme se disposait à mettre à exécution son funeste projet, lorsque Manette, apparaissant soudain, vint paralyser ses mouvements. A travers le feuillage, il voyait parfaitement la jeune fille, qu'il prit pour un enfant. Et, bien qu'il fût vivement contrarié d'avoir été dérangé par elle, il l'examina d'abord avec curiosité, et ensuite avec un intérêt grandissant dont il s'étonna lui-même.

En effet, pourquoi cet intérêt?

Il avait compris, deviné que l'intention de la jeune fille était de mettre fin à son existence; mais lui-même n'était-il pas également au bord de la rivière pour se donner la mort?

Comme moi, se disait-il, cette pauvre petite doit souffrir cruellement; mais elle est bien jeune, et, si malheureuse qu'elle soit, elle n'osera pas se jeter dans la rivière, elle reculera devant l'image de la mort. Oui, ajouta-t-il, elle n'osera pas... Ce serait dommage, elle est si jeune!... Quel feu dans son regard! Il y a sous ce front une grande intelligence!

C'est à ce moment que Manette, ayant regardé le ciel et appelé sa mère s'était élancée dans l'abîme.

Aussitôt, le jeune homme se dressa debout comme poussé par un ressort. Son regard éteint s'illumina, et, ne pensant plus qu'à sauver son existence, il oublia que lui-même était venu là pour se noyer.

Il se débarrassa lestement de son paletot et se précipita dans la rivière. Il plongea. Manette ayant touché le fond remontait. Il la saisit entre deux eaux, et la serrant d'un de ses bras, nageant de l'autre, il gagna la rive. Et pendant

Élisée descend les deux étages et se précipite comme une bombe dans la loge. « Où donc est ma femme ? » demande-t-il. (Page 72.)

qu'il tirait à terre Manette sans connaissance, au-dessus d'eux, sur une des branches du saule, une fauvette à tête noire vint se percher et se mit à chanter.

L'inconnu regarda l'oiseau, puis la jeune fille, et deux ruisseaux de larmes inondèrent ses joues.

Il lui avait semblé que le chant de la fauvette était un hymne de reconnaissance adressé au Créateur.

Le jeune homme avait sauvé la jeune fille, et Manette, sans le savoir, avait sauvé le jeune homme.

Celui-ci donna des soins à Manette qui, au bout de quelques minutes, revint à elle et rouvrit les yeux.

Ses premiers regards exprimèrent l'étonnement. Elle se souleva et se vit assise sur un tapis d'herbes et de feuillages, ayant près d'elle un homme qui lui était inconnu, et, à quelques pas, la rivière couverte de globules étincelants sous les rayons du soleil.

Le jeune homme était encore ruisselant d'eau; Manette n'eut pas de peine à comprendre ce qui s'était passé. Elle attacha sur son sauveur son doux regard où il y avait plus encore de tristesse que de reconnaissance.

— Vous étiez donc là? fit-elle.

— Oui, répondit-il en étendant la main, j'étais là, et j'ai eu le bonheur de vous empêcher de mourir.

— Est-ce un bonheur? répliqua-t-elle en secouant doucement la tête. Cependant, je vous remercie; mais, allez, ce n'était pas la peine de me sauver.

— Vous êtes donc bien malheureuse?

— Oui, bien malheureuse.

— A votre âge, mon enfant, on n'a pas encore eu le temps de souffrir.

— Vous me croyez une enfant parce que je suis petite et frêle; je suis déjà vieille, monsieur: j'ai seize ans.

L'inconnu l'examina avec plus d'attention.

— Oui, dit-il, je vois maintenant que vous pouvez avoir cet âge. Comment vous appelez-vous?

— Manette.

— Vous êtes de ce pays?

— Je suis née là-haut dans la montagne.

— Voulez-vous que je vous reconduise chez vos parents?

— Merci, je ne retournerai plus aux Huttes.

— Ce que vous avez fait tout à l'heure est un acte de désespoir?

— Oui, de désespoir.

— Votre mère vous a grondée, sans doute?

— Ma mère est morte, j'allais la retrouver, répondit Manette.

Et elle éclata en sanglots.

Après un moment de silence le jeune homme reprit :

— Il doit vous rester des parents, des amis?

— Un père qui ne m'aime pas, une belle-mère qui me hait; des amis, je n'en ai pas!

— Si vous ne voulez pas retourner aux Huttes, que ferez-vous? Que deviendrez-vous?

— Je n'en sais rien.

— Au moins vous n'attenterez plus à vos jours?

Une lueur sombre passa dans le regard de Manette.

— Pas ce soir, dit-elle d'une voix gutturale, mais probablement demain.

— Quoi, s'écria l'inconnu en frissonnant malgré lui, vous avez un tel dégoût de la vie?

— Personne ne m'aime, répondit Manette d'un ton navrant.

— Voyons, ne vous reste-t-il pas une espérance?

D'une main elle montra la rivière, en levant l'autre vers le ciel.

— Manette, reprit le jeune homme très ému, que vous a-t-on fait? Dites-le moi. Je pourrai peut-être vous consoler.

Et il s'empara de ses petites mains, qui commençaient seulement à se réchauffer, et il les serra dans les siennes.

Manette le regarda fixement. Il sentit que le regard de la jeune fille pénétrait en lui.

— Ah! s'écria-t-elle, vous aussi vous êtes malheureux!

Il tressaillit et répondit :

— C'est vrai.

— Elle le regardait toujours.

— Tout à l'heure, reprit-elle comme subitement inspirée, vous aviez aussi la pensée de mourir.

Il rejeta son buste en arrière avec une sorte de terreur et s'écria :

— Manette, c'est la vérité!

— Ainsi, dit-elle, vous ne vouliez plus de votre vie et vous avez arraché la mienne à la mort!... Je vous aurais peut-être laissé périr, moi... Vous valez mieux que Manette. Et maintenant que vous m'avez sauvée, voulez-vous toujours mourir?

Il répondit :

— Maintenant que j'ai sauvé une vie, je n'en détruirai pas une autre.

— Pourtant, votre malheur est toujours là?

— Oui, toujours.

— Alors, que ferez-vous donc?

— Je souffrirai!

Manette baissa la tête, et la relevant au bout d'un instant, elle dit :

— A l'homme qui ne veut plus mourir parce qu'il m'a sauvée, à celui qui pourra me comprendre parce qu'il est malheureux comme moi, je vais dire pourquoi je voulais trouver le repos dans la mort.

Alors, simplement, avec un abandon naïf et touchant, elle raconta les joies de ses premières années et les souffrances physiques et morales endurées depuis qu'elle avait eu le malheur de perdre sa mère.

Ce récit poignant intéressa vivement l'inconnu. Il eut deux ou trois cris d'indignation et de colère; et quand Manette, cessant de parler, se mit à pleurer, il pleura avec elle.

Ils étaient toujours seuls au bord de la rivière. Maintenant, le soleil descendait rapidement vers le couchant; mais ses rayons obliques, chauds encore, achevaient de sécher sur elle le vêtement léger de la jeune fille.

L'inconnu réfléchissait. Soudain, l'éclair d'une idée jaillit de son cerveau. Son front ténébreux s'éclaira.

— Manette, dit-il, d'après ce que vous venez de m'apprendre, vous êtes seule au monde.

— Seule au monde, répéta-t-elle.

— Le malheur qui m'a frappé, reprit-il, est d'un autre genre que le vôtre; mais il est plus effroyable encore. Je ne vous raconterai pas en ce moment pourquoi tout à l'heure je songeais au suicide. La plaie que j'ai au cœur est encore trop saignante. Comme vous, Manette, je n'ai plus d'amis, plus de famille; je suis seul, abandonné... Comme vous, personne ne m'aime; mais j'aime, moi, j'aime une enfant âgée d'un an, une petite fille que j'ai à peine vue et qu'on m'a volée!... Mais, assez, ne parlons plus de cela.

Manette, reprit-il avec une sorte d'exaltation, vous ne savez que devenir...

— C'est vrai, fit-elle tristement.

— Eh bien! suivez-moi.

Elle le regarda avec surprise.

— Oui, continua-t-il, venez avec moi.

— Avec vous?

— Je vous aiderai à oublier, vous m'aiderez à souffrir.

— Vous ne m'avez donc pas regardée, monsieur? Vous devriez voir que je ne suis bonne à rien.

— Manette, répliqua-t-il avec animation, comme vous avez regardé en moi, je vois en vous! Si votre corps est faible, votre âme est vaillante! Manette, partons ensemble.

— Où irons-nous, monsieur?

— Bien loin, au delà des mers. Si éloigné qu'on soit, on est encore trop près des lieux où l'on a souffert.

— L'homme est fort, répliqua Manette, il peut aller partout.

Elle ajouta tristement :

— Je vous remercie, monsieur, mais je ne veux pas embarrasser votre existence de la mienne.

— Manette, écoutez-moi : Il y a quelques mois, je quittai une première fois la France et m'embarquai pour les Grandes-Indes où j'étais appelé afin de recueillir, à Pondichéry, un petit héritage que m'avait laissé en mourant un oncle maternel. J'ai vu les Indes; c'est un pays merveilleux, plein de lumière, où le climat est doux, l'air pur, où l'on ne respire que des parfums, où l'on trouve des solitudes immenses avec de frais ombrages, et où l'on peut oublier les ingratitudes, les injustices et les méchancetés des hommes.

Aujourd'hui, la France n'est plus pour moi un sol hospitalier; en partant, j'y avais laissé le bonheur; au retour, je ne l'ai plus retrouvé... Vous venez donc de me faire comprendre que l'exil vaut mieux que la mort; et maintenant, ce beau pays dont je viens de vous parler, m'attire vers lui.

L'héritage de mon oncle se montait à vingt mille francs; il m'en reste encore quinze mille; c'est plus qu'il ne nous faut pour le voyage. Là-bas, à la grâce de Dieu! Je suis médecin. Il y a sur tous les points du globe des souffrances physiques à soulager, des malades à guérir... Je travaillerai!...

Manette, partons ensemble, fuyons loin des méchants, allons chercher le repos au beau pays des palmiers, des fleurs et du soleil! Manette, mon cœur a besoin de se dévouer; j'ai besoin d'aimer un être faible et malheureux!

— Hélas! dit Manette, je n'ai rien pour être aimée!

— Vous êtes faible et malheureuse, répondit-il. Manette, venez, nous nous consolerons ensemble.

— Monsieur, reprit Manette, vous n'avez donc plus de mère, pas de femme, pas de sœur?

— Enfant, répondit-il en se levant, j'ai une sœur que le malheur m'a donnée; cette sœur, Manette, c'est vous!

— Ainsi s'écria-t-elle en se levant à son tour, vous voulez être mon frère?

— Oui, Manette, s'il vous plaît d'être ma sœur!

Elle lui tendit sa petite main tremblante, et dit simplement :

— Mon frère, votre sœur est prête à vous suivre.

Et marchant l'un près de l'autre, se tenant par la main, lui grand, elle petite, le frère et la sœur s'en allèrent, tournant le dos à Marangue.

Et le soleil, qui disparaissait en ce moment à la cime des montagnes, leur envoya ses derniers rayons comme un regard de tendresse.

XII

LE DOCTEUR GRANDIER

Élève de la Faculté de médecine de Paris, Élisée Grandier avait fait d'excellentes études et conquis tous ses grades à la suite d'examens très brillants.

Dans les hôpitaux et à l'école, sous les yeux de nos plus grands spécialistes, il étudia les diverses maladies qui atteignent l'humanité, se passionna pour la science anatomique et s'annonça comme devant être un jour aussi bon médecin qu'excellent chirurgien.

Il était le favori de ses professeurs qui disaient de lui :

— Grandier arrivera certainement à une haute situation ; il sera un des membres renommés de la Faculté.

Travailleur infatigable, persuadé que dans la noble profession de médecin, on n'est jamais assez instruit, il suivit les cours de pharmacie, de botanique, de chimie, il devint également un botaniste et un chimiste distingué.

Il travailla ainsi, apprenant toujours, aussi longtemps que ses ressources pécuniaires le lui permirent. Le modeste héritage paternel ayant disparu, il comprit que le moment était venu de mettre en pratique une partie de ce qu'il avait appris, c'est-à-dire de se créer de nouvelles ressources en exerçant la profession de médecin.

Il s'installa dans un des quartiers populeux de Vaugirard, fit clouer à côté de la porte de sa maison une plaque de cuivre portant ces mots : *Docteur-médecin*, et se mit à la recherche d'une clientèle.

Le docteur Élisée Grandier avait alors vingt-sept ans.

Pour le médecin, comme pour l'avocat, se créer une clientèle n'est pas précisément une chose facile. Souvent, on la cherche en vain pendant de longues années ; c'est un peu le merle blanc à trouver. On a ainsi le temps de vieillir sans atteindre la réputation, la fortune, ayant toujours devant soi la perspective de mourir pauvre.

Parmi les médecins et les avocats de Paris, — on les compte par centaines, — quelques-uns seulement, les sommités, arrivent à la fortune et à la célébrité, une deuxième catégorie acquiert une modeste aisance, tous les autres vivent à peine.

Assurément, les médecins et les avocats sont tous instruits ; on ne confère pas le titre de docteur à des ignorants ; mais si une cure merveilleuse ne vient mettre le médecin en lumière, malgré ses talents, sa science, il reste dans l'ombre ; si une cause retentissante ne fournit pas à l'avocat l'occasion de faire remarquer son éloquence, on ne le connaît pas. Ceci prouve que la vie est semée de hasards et qu'il faut que l'homme, au moins une fois, en rencontre un qui soit heureux.

Le docteur Grandier cherchait une clientèle.

Il la commença avec de pauvres diables qui n'avaient pas le moyen de lui payer ses visites. Il les soignait pourtant de tout cœur, pour l'amour de l'art, de l'humanité aussi, bien sûr, et en vue de sa gloire future.

Un jour, il fut appelé près du lit d'une jeune fille, une ouvrière ; elle allait mourir, il la sauva.

Cette jeune fille était orpheline, elle avait vingt ans et était admirablement jolie. Le docteur Grandier s'intéressa vivement à sa belle convalescente, et comme il n'avait jamais aimé, il laissa entrer l'amour dans son cœur.

La jeune fille était pauvre, le docteur ne possédait que son titre, ils se marièrent.

Élisée s'était dit :

— Avec une femme charmante, que j'adore, je passerai gaiement à travers les difficultés du commencement.

De son côté, la jeune fille avait pensé :

— Être la femme d'un médecin, c'est superbe ; cela vaut mieux que de coudre des robes.

Mais au bout de quelque temps, quand elle vit que le bon docteur tout en se donnant beaucoup de mal, gagnait à peine de quoi les faire vivre tous les deux, et qu'elle ne pouvait s'offrir certaines toilettes rêvées, elle ne fut pas contente. Toutefois, elle ne le laissa point voir.

Au bout d'un an, elle mit au monde une petite fille. Élisée faillit devenir fou de joie. Il ne songea même pas que cette enfant allait être une nouvelle charge pour lui.. Ah ! c'était une vaillante, une riche et noble nature ! Du reste, il ne s'était jamais découragé, il avait foi dans l'avenir. Il est vrai que la clientèle augmentait, mais si lentement...

La jeune mère n'ayant pas témoigné le désir de nourrir elle-même son enfant, le docteur chercha une nourrice et la petite Virginie fut emmenée dans un village de Seine-et-Marne, près de Melun.

Huit mois environ après la naissance de Virginie, le docteur reçut une lettre d'un notaire de Pondichéry. Cette lettre lui annonçait en même temps qu'il venait de perdre un oncle qu'il n'avait jamais connu, et que par suite de ce décès, il était héritier d'une somme qui se monterait, tous frais prélevés, à une vingtaine de mille francs.

« Seulement, ajoutait le notaire, il est utile que vous veniez vous-même recueillir la succession. »

Nous devons dire que la satisfaction d'hériter l'emporta sur son chagrin d'avoir perdu le dernier parent qui lui restât. Les êtres humains sont tous sujets aux mêmes faiblesses. Mais il faut dire aussi que cette somme, qui lui tombait des nues, semblait prouver au jeune docteur que la mauvaise chance cessait de le poursuivre.

— Vingt mille francs, s'écria-t-il, pour moi, en ce moment, c'est la fortune !

Madame Grandier parut partager toutes les espérances de son mari ; mais tout bas elle se disait :

— Si c'était seulement deux cent mille francs !

Le docteur fit aussitôt ses préparatifs de départ, qui consistaient à rassembler ses papiers et à réunir, ce qui fut un problème à résoudre, l'argent nécessaire pour la traversée.

Il n'oublia pas d'aller embrasser sa fille. Il revint à Paris pour serrer une dernière fois sa jeune femme sur son cœur, et le soir même partit pour Marseille, où un bâtiment en partance allait le transporter aux Indes.

Il arriva après une heureuse traversée; il recueillit sans trop de difficultés la succession du défunt, et quatre mois après avoir quitté sa femme et Paris, il rentrait dans la capitale française lesté de vingt mille francs en bonnes lettres de change.

Élisée jouit d'avance des joies et des embrassements du retour. Une lettre qu'il a écrite de Marseille a annoncé son retour. Il est attendu.

Une voiture publique le met à sa porte vers dix heures du soir. Il passe devant la loge sans rien dire aux concierges et, le cœur bondissant, il grimpe lestement l'escalier. Il sonne, personne ne vient ouvrir; il frappe et sonne encore. A l'intérieur de l'appartement tout reste silencieux. Le docteur est étonné et légèrement inquiet.

Alors il descend les deux étages et se précipite comme une bombe dans la loge. Les concierges, de braves gens qui l'estiment et l'aiment, poussent des cris de joie. C'est très bien. Mais ce ne sont pas ces démonstrations si sincères qu'elles soient, qui peuvent calmer les inquiétudes du docteur.

— Où donc est ma femme? demande-t-il.

Cette question si simple embarrasse l'homme et la femme, ils ne peuvent cacher leur trouble.

— Mais répondez-moi donc! s'écria Elisée avec une impatience pleine d'anxiété.

Enfin le concierge répondit :

— Il y a huit jours que madame a quitté la maison, en nous disant que, sur un ordre de vous, elle partait pour vous rejoindre.

Un coup de poignard au cœur n'aurait pas frappé plus cruellement le docteur. Un nuage passa devant ses yeux, et il chancela comme s'il allait tomber. Ce ne fut qu'un moment de défaillance : il se raidit en lui-même et eut la force de cacher son atroce douleur. Le malheureux entrevoyait l'affreuse vérité; mais il voulait douter encore. On ne voit jamais tout s'effondrer autour de soi sans chercher à échapper à l'engloutissement.

Avec un calme apparent, il interrogea les concierges. A leurs réponses hésitantes, il devina qu'ils lui cachaient quelque chose. Peut-être n'osaient-ils point parler, dans la crainte de lui causer une peine trop vive. Mais, à force de les presser de questions, il parvint à leur faire dire que, un mois environ après son départ, un homme de quarante à quarante-cinq ans, qui paraissait fort riche, était venu voir madame Grandier, d'abord une fois ou deux par semaine, et ensuite tous les jours.

Élisée ne put se contenir plus longtemps, il poussa un cri de douleur et de rage. Il avait compris. Cette fois, son effroyable malheur n'était plus douteux.

Sa femme, que n'avaient pu retenir le souvenir de son enfant, l'affection sin-

Ils revenaient à Djhenapour chargés de plantes recueillies avec beaucoup de peine. (Page 76.)

cère et dévouée de son mari et la reconnaissance qu'elle lui devait, sa femme l'avait odieusement, lâchement trahi. L'indigne créature avait abandonné le domicile conjugal pour suivre un amant !

Sous ce coup terrible et inattendu, le docteur resta un instant immobile, sans voix, comme un corps pétrifié.

En lui mettant une lettre dans la main, la concierge le fit sortir de sa torpeur.

Cette lettre, arrivée la veille à Paris, était celle qu'il avait écrite à Marseille. Il la froissa dans ses mains fiévreuses et la mit en pièces avec une colère farouche.

Il demanda la clef de son appartement.

On lui répondit que madame Grandier ne l'avait pas laissée en partant.

Il envoya chercher un serrurier qui ouvrit la porte.

Quand il se trouva seul, il versa des larmes brûlantes, des larmes de sang. Il ouvrit tous les meubles et put se convaincre que sa femme avait emporté tout ce qui, chez lui, était de quelque valeur; une lampe à la main, il fureta partout. Il espérait trouver dans un tiroir ou sur un meuble une lettre, un écrit quelconque. Ses recherches furent vaines.

Il se jeta tout habillé sur son lit et passa la nuit dans un état pitoyable, envoyant sa malédiction à la misérable qui l'avait trompé. Mais en même temps il pensait à sa fille, à sa petite Virginie, et il sentait comme un baume s'infiltrer dans son cœur déchiré.

Dès qu'il fut jour, il partit pour aller embrasser son enfant. Il sentait que près de sa fille seulement il pouvait trouver un peu de consolation, un adoucissement à son immense douleur.

Mais une nouvelle plus horrible encore l'attendait chez la nourrice. On lui apprit que madame Grandier avait retiré l'enfant. Le malheur du docteur était complet. Il fut pris d'un nouvel accès de désespoir furieux et se roula sur le sol comme un épileptique, en vomissant des imprécations de rage contre le ciel, les hommes, la terre, l'univers entier...

Puis, quand il fut calmé, il jura qu'il retrouverait sa fille et que, sans pitié, il tuerait la femme adultère.

Où était-elle allée, la malheureuse? Où avait-elle caché son enfant?

Le docteur se disait qu'il était impossible qu'il ne parvînt pas à les retrouver l'une et l'autre.

Il revint précipitamment à Paris, où son premier soin fut de faire argent de ses lettres de change. Ensuite, ayant confié la garde de son appartement aux concierges, il se mit à la recherche de son enfant, en même temps qu'il essayait de découvrir la retraite de l'épouse criminelle.

Il eut recours à ces agences secrètes et mystérieuses des Tricoche et Cacolet, et prodigua l'or pour atteindre son but. Lui-même ne restait pas inactif. Il fouilla Paris et ses environs dans tous les coins. Sans sommeil, mangeant à peine, toujours debout, il allait, il courait partout. Il traversa la France sur toutes ses routes, passant du nord au midi, de l'est à l'ouest. Il parcourut l'Italie, l'Angleterre, l'Espagne, une partie de l'Allemagne. Rien!...

Cela lui prit plusieurs mois. Il revint à Paris complètement découragé et plus désespéré que jamais. N'ayant plus de force physique, en proie à un énervement moral impossible à décrire, comprenant que toutes ses recherches seraient sans résultat, voyant le vide de sa vie, le néant de toutes les choses terrestres, il pensa à la mort et sourit à l'idée du suicide.

Un matin, il mit un papier dans la main de son concierge en lui disant :

— Ceci est un acte qui vous rend propriétaire de tout ce qu'il y a chez moi : vous en ferez ce que vous voudrez.

Et sans vouloir répondre aux questions qu'on lui adressait, il partit.

Né dans les Ardennes, il voulut revoir, avant de dire adieu à la vie, le pays où il avait vécu ses premières années. Il y a de ces souvenirs heureux, qui reviennent toujours dans les moments suprêmes.

Quand il eut vu, sans y entrer, la maison où sa mère l'avait mis au monde, et qu'il eut entendu le son de la cloche qui avait sonné son baptême, il fut satisfait.

Il marcha droit devant lui, ne sachant où il dirigeait ses pas ; et c'est ainsi qu'il arriva au bord de la Vrille à l'endroit où, quelques minutes après, Manette Biron tentait de se noyer pour aller retrouver sa mère.

XIII

AU BENGALE

Nous retrouvons le docteur Elisée Grandier et Manette Biron dans l'Inde, au Bengale, le pays des brahmanes, des nababs, des rajahs et des tigres.

Dédaignant Calcutta, ville très populeuse et presque européenne, capitale de la grande colonie anglaise, et s'éloignant du fleuve Houghly et assez loin des terrains bas, marécageux et pestilentiels, ils s'étaient arrêtés et installés dans la petite ville de Djhenapour, qui sert d'entrepôt aux produits indigènes qui viennent des districts ou collectorats du Bengale.

Cette ville, à l'exception de trois ou quatre négociants européens et de quelques officiers de cipayes, est entièrement habitée par des Hindous.

Toutefois, les environs de Djhenapour, comme ceux de toutes les villes des Grandes-Indes, sont peuplés de riches cottages, et de magnifiques villas, ayant des parcs immenses, dont la plupart appartiennent et servent de résidence à des Anglais ou à des créoles millionnaires.

Comme les autres divisions du Bengale, le pays dont nous parlons est plat, mais d'une fécondité extraordinaire. Les arbres, les plantes et les fleurs y croissent en grand nombre et sans culture. Ces dernières y sont d'une grandeur et d'une beauté merveilleuses. Malheureusement, à l'exception des roses, dont le Bengale est la terre privilégiée, presque toutes les autres fleurs sont sans parfum.

Cependant, à quelques milles au nord-est de Djhenapour, le pays change brusquement d'aspect ; le terrain devient accidenté, et l'on voit s'élever des montagnes, des pics, qui semblent des hauteurs détachées des monts Himalaya.

En se fixant à Djhenapour avec Manette, qu'il appelait sa sœur, Élisée Grandier s'annonça comme médecin et commença, avec une partie de l'argent qui lui restait, à acheter les produits nécessaires pour ouvrir une officine de pharmacien.

Il sentit qu'il y avait nécessité pour lui de mettre en pratique les connaissances spéciales qu'il avait acquises à Paris.

Il étudia avec intérêt et beaucoup d'ardeur une infinité de plantes et de fleurs qui lui étaient encore inconnues. Il faisait avec Manette, qui ne le quittait presque jamais, de longues excursions : ils allaient herboriser au milieu des jungles, grimpaient sur les hauteurs et pénétraient souvent au fond de ces gorges profondes où, pendant le jour, le tigre dort à l'abri des rayons trop ardents du soleil.

Chargés de leur moisson de plantes recueillies avec beaucoup de peine et en bravant mille dangers, ils revenaient à Djhenapour. Alors le chimiste s'emparait des richesses du botaniste.

Manette l'assistait également dans ce nouveau travail. Il en avait fait son élève, et comme il lui trouvait des dispositions admirables pour apprendre, et que, désireuse de lui être agréable et voulant se rendre utile, elle saisissait d'une façon merveilleuse les choses les plus compliquées et les plus abstraites, il prit plaisir à l'instruire et elle fit des progrès rapides, ce qui lui permit bientôt de pouvoir le seconder et de lui être d'un très grand secours.

Persuadé qu'on peut découvrir des remèdes pour toutes les maladies du corps, comme des antidotes pour tous les poisons, le docteur Grandier voulut trouver le moyen de guérir certaines maladies appartenant au climat des Indes, en cherchant le remède dans les plantes qui naissent sous ce même climat.

Ce fut un travail extrêmement laborieux ; mais avec sa volonté patiente, jointe au désir de faire du bien à ses semblables, le vaillant docteur triompha des difficultés. Une fois de plus, dans cette lutte de l'intelligence active contre la matière inerte, l'homme fut vainqueur. La chimie obtint gain de cause.

Le docteur Grandier eut ainsi la satisfaction et la gloire d'avoir ravi à la nature quelques-uns de ses précieux secrets.

Plusieurs maladies, réputées incurables, guéries par lui, vinrent lui confirmer qu'il avait obtenu les résultats espérés par ses recherches. En même temps il avait attiré l'attention sur lui et bientôt, dans le pays, on ne parla plus que du célèbre médecin français, lequel, disait-on, possédait des recettes infaillibles pour guérir toutes les maladies, fermer et cicatriser toutes les plaies, détruire dans le corps tous les poisons.

Après avoir été longtemps le médecin des classes inférieures du peuple hindou, il vit venir à lui, tout à coup, les personnages les plus importants du Bengale, soit par leur richesse, soit par la position qu'ils occupaient. Sa renommée s'étendit bien au delà du district; elle alla jusqu'à Calcutta, Dacca, Hongli, Perneoh, Radjmahal et même Ceylan. On venait le voir et le consulter de très loin, on l'envoyait chercher de partout.

Il ne fixait jamais le prix des visites qu'il faisait aussi bien aux pauvres qu'aux riches; mais ceux-ci, sachant qu'il soignait gratuitement les premiers, tenaient à honorer en lui le bienfaiteur de tous et le récompensaient dignement.

Et quand il avait le bonheur d'arracher son malade à la mort, on lui donnait de l'or sans compter, à pleines mains. S'il lui arrivait de dire : « C'est trop ! » on traduisait ces mots dans le sens contraire, et on doublait ou triplait la somme. Il fallait qu'il acceptât. On lui faisait comprendre qu'il n'avait pas le droit de limiter la reconnaissance. Il recevait en outre des présents magnifiques qui avaient souvent plus de valeur que ce qu'on lui avait déjà donné. Il en était arrivé à ne plus oser faire aucune observation et à recevoir tout ce qu'on lui offrait.

Les riches Hindous le payaient rarement avec de l'or ; mais ils lui mettaient dans la main une, deux et quelquefois même trois ou quatre pierres précieuses.

Le docteur acceptait; il le fallait bien, autrement on aurait considéré son refus comme une offense.

Souvent il disait à Manette :

— Ces gens-là sont tous fous : ils m'enrichissent malgré moi. Que veulent-ils donc que je fasse de tout cela?

Il jetait l'or dans un coffre et les pierres fines dans une cassette.

Or, à force d'y mettre, le coffre s'emplissait et la cassette aussi.

Il y avait dans celle-ci des brillants magnifiques, des perles de toute beauté des émeraudes superbes et plusieurs merveilleux rubis, la pierre la plus rare et la plus riche lorsqu'elle atteint une certaine grosseur.

Le docteur n'aimait pas à penser à sa fortune, et moins encore à regarder ses trésors. Cela le faisait pleurer, car alors il pensait à sa famille à jamais perdue pour lui, qui était morte peut-être. Il se disait :

— Devenir riche, posséder des millions, c'est bon pour ceux qui ont des enfants; mais après moi et après Manette, qui a sa part de tout et qui ne se mariera probablement jamais, que deviendra tout cet or qu'on me donne ? Que deviendront ces joyaux qui pourraient être l'apanage d'une jeune reine?

Manette n'avait pas les mêmes susceptibilités, ni les mêmes raisons pour être indifférente et détourner les yeux du coffre-fort et de la cassette aux pierres précieuses. Elle aimait à ouvrir cette dernière. Les feux, la lumière, les étincelles qui s'en échappaient comme d'un foyer ardent réjouissaient sa vue. Elle s'amusait à faire rouler les perles sur une table comme des billes et ruisseler les diamants dans ses mains. Elle prenait un plaisir infini à voir les feux de diverses couleurs que les pierres rendaient à la lumière. Même en vieillissant, Manette avait toujours conservé en elle quelque chose de l'enfant. Du reste, elle n'aurait pas été femme si elle n'eût éprouvé aucune émotion à la vue de cette superbe réunion de pierreries.

Elle fit une étude spéciale des pierres fines, et bientôt par sa forme, son poids, son eau et la façon dont elle était taillée, elle connut la valeur réelle de chaque brillant, de chaque émeraude, de chaque rubis. Après cela, en faisant une simple addition, elle pouvait dire approximativement le chiffre de la fortune contenue dans la cassette.

Elle ne partageait pas les idées du docteur, qui trouvait fort inutile de devenir riche. Elle avait de l'ambition pour lui.

— La fortune n'est jamais à dédaigner, lui disait-elle; elle est venue à vous, il faut l'accepter. Vous serez peut-être bien heureux un jour de la posséder, si vous êtes pris par le désir de revoir la France.

Élisée secouait tristement la tête, poussait un soupir et répondait :

— Je suis exilé pour toujours ; je mourrai sur cette terre hospitalière.

Ah ! si on était venu lui dire : « Votre fille, l'enfant que vous pleurez toujours, existe ; elle a besoin de vous, elle vous appelle, vous attend, » il n'aurait pas parlé ainsi. Mais depuis qu'il était devenu riche, il avait envoyé en France des sommes considérables qui furent employées à faire des recherches pour retrouver mademoiselle Virginie Grandier. Combien avait-il dépensé pour cela? Il n'aurait su le dire. Il avait écrit des centaines de lettres, et tout cela inutilement. Derrière elles, sa femme et sa fille n'avaient laissé aucune trace.

Le docteur n'avait plus d'espoir et il en était arrivé à croire que sa fille n'existait plus.

La blessure profonde qu'il avait au cœur ne put se cicatriser. Il n'avait pas, comme Manette, laissé sa douleur au bord de la rivière de Marangue. Cependant, saisi d'une activité dévorante, se consacrant tout entier au service des êtres malheureux et souffrants, il trouva un peu d'adoucissement à son chagrin.

Il y a des outrages qu'on n'oublie jamais, des regrets qui ne peuvent s'éteindre. Le docteur Grandier devait toujours se souvenir et toujours regretter.

Élisée continuait à appeler Manette : ma sœur, comme celle-ci appelait le docteur : mon frère.

Et ceux qu'ils admettaient dans leur intimité pouvaient croire qu'ils étaient réellement frère et sœur, tellement l'affection qu'ils avaient l'un pour l'autre était sincère, touchante et pleine de sollicitude.

De leur rencontre, dans un temps solennel et terrible, devait naître l'amitié fraternelle qui les unissait.

Au bord de la Vrille, Élisée avait dit à Manette :

« Mon cœur a besoin de se dévouer ; j'ai besoin d'aimer un être faible et malheureux. »

En effet, il y avait dans son cœur du dévouement, et il aimait dans Manette l'être faible. Nous ne disons plus l'être malheureux : en s'éloignant de Marangue, Manette avait cessé de souffrir.

Mais si, fidèles à la promesse qu'ils s'étaient faite, tous deux se montraient reconnaissants et dévoués, disons que la plus grande somme de reconnaissance et de dévouement était dans le cœur de Manette.

Un jour, Élisée lui avait raconté sa douloureuse histoire. Alors, elle, qui n'était plus malheureuse, comprit combien cet homme au cœur déchiré, si noble, si généreux, si grand, avait besoin d'affection et de tendresse. Elle entreprit la tâche difficile de le consoler, et elle y parvint presque.

Avec cette intuition et cette intelligence du cœur que la femme seule possède, elle avait pour lui de ces attentions, de ces prévenances, de ces câlineries douces et charmantes qu'une jeune mère a pour son enfant qui souffre, qu'elle soulage et dont elle veut arrêter les larmes.

Il l'écoutait, parfois il souriait. Et il sentait que la voix douce et caressante de Manette faisait tomber dans son cœur, goutte à goutte, un baume bienfaisant, réparateur du mal qu'on lui avait fait.

Plusieurs fois Élysée avait dit à Manette :

— Ma sœur, maintenant que vous êtes riche, si vous preniez un mari?

— Mon frère, répondait Manette, je ne suis pas riche, puisque tout ce que vous avez gagné vous appartient; mais quand même vous me donneriez une dot comme à une fille de rajah, je ne prendrais pas un mari.

— Pourquoi?

— Parce que ce ne serait pas moi qu'on épouserait, mais votre or qu'on voudrait avoir.

— Vous auriez peut-être des enfants, ma sœur, des enfants que nous aimerions.

Alors Manette secouait la tête et se mettait à rire.

— Mais vous ne voyez donc pas comme je suis laide? reprenait-elle.

— Ma sœur, votre cœur est bon et votre âme est belle.

— Je vous l'accorde, mais cela n'est point tout à fait assez pour le mariage. D'ailleurs, ajoutait-elle d'un ton grave, je suis née avec des idées et des goûts différents de ceux des autres femmes; j'ignorerai toujours ce sentiment qu'on appelle l'amour. Il me suffit d'avoir de la tendresse fraternelle, et jamais il n'y aura place dans mon cœur pour une autre affection que celle que j'ai vouée à mon cher protecteur, à mon frère.

Le docteur savait qu'elle parlait avec conviction et il finissait par être convaincu lui-même.

Le temps passait : les jours succédaient aux jours, les années aux années. Élisée Grandier atteignait la soixantaine.

Depuis trente ans le docteur et Manette étaient dans l'Inde.

Nous savons que M. Grandier était immensément riche ; mais comme il conservait la santé, la vigueur du corps et la même activité, il travaillait toujours.

XIV

CE QU'ON APPREND AU DOCTEUR

Un jour, d'une des villas des environs de Djhenapour, on accourut en toute hâte chercher le docteur Grandier.

Un ami des maîtres de la maison, un Français, lui dit-on, était en danger de mort. Ce malheureux, revenant d'une partie de chasse, avait été mordu à la jambe par un de ces redoutables serpents appelés cobra-capello.

— Depuis combien de temps ? demanda le docteur.

— L'accident est arrivé il y a environ trois heures, lui répondit-on.

— C'est grave, dit le docteur en hochant la tête, j'arriverai peut-être trop tard.

Il prit sa trousse, deux ou trois fioles contenant des acides extraits par lui-même de certaines plantes, et partit.

On l'attendait avec une impatience pleine d'anxiété. A l'exception du maître, qui était resté près du malade, toute la famille anglaise vint au-devant de lui avec empressement.

— Docteur, vous le sauverez, lui dit une jeune femme qui pleurait à chaudes larmes ; c'est notre hôte, et il est le plus ancien et le meilleur ami du père de mon mari.

— J'essayerai, milady, répondit le docteur.

Conduit par la dame anglaise, il monta un escalier et pénétra, au premier étage, sous la véranda ou galerie extérieure qui fait partie des appartements de réception de toutes les riches habitations du Bengale. C'est là que le moribond avait été couché sur des nattes et des coussins.

Le docteur ne perdit pas une seconde ; d'un coup de bistouri il déchira le pantalon et découvrit la plaie, qu'il examina avec attention. Il reconnut que le malheureux, en effet, avait été mordu par un reptile de la plus dangereuse espèce, et que le venin menaçait d'accomplir son œuvre de destruction.

A l'endroit où les deux dents de l'animal avaient pénétré, il fit deux incisions profondes dans lesquelles il versa successivement un nombre de gouttes calculé des acides qu'il avait sur lui. Ensuite, il se fit donner de la charpie, des linges blancs et banda la jambe.

Pendant l'opération, le malade avait entièrement perdu connaissance.

D'un bond le docteur se dressa sur ses jambes : « Ma fille existe ! » exclama-t-il. (Page 84.)

— Docteur, demanda le chef de la famille, avez-vous un peu d'espoir ?
— Je ne sais pas encore dans quelles parties de l'organisme le poison a pu s'infiltrer, conduit par le sang, répondit-il. Les liquides que j'ai versés dans les chairs vives auront pour effet d'arrêter la marche du poison, s'il n'a pas atteint déjà les organes essentiels à la vie, de le ramener même à son point de départ et de le détruire.

« Si dans trois heures ce malheureux a cessé de vivre, vous aurez l'obligeance de me faire prévenir; dans le cas contraire, je reviendrai demain matin; cette fois ce sera pour achever sa guérison.

Et ayant annoncé que sa présence n'étant plus utile il désirait se retirer, on reconduisit le savant docteur jusqu'aux dernières portes de la maison.

Aucun message ne lui parvint dans la nuit.

Le matin, il dit à Manette :

— Allons, j'ai pu encore sauver celui-là ; mais le bonheur est double, car c'est un de nos compatriotes.

Il se disposa à partir pour la villa. Il était presque gai.

— Comme il sortait de sa maison, une voiture attelée de deux petits chevaux bengalis s'arrêta devant la porte.

L'Anglais venait lui-même le chercher.

— Docteur, dit-il, vous ne monterez pas votre cheval ce matin; milady vous envoie sa voiture... ajouta-t-il en souriant. Venez, on vous attend pour vous combler d'actions de grâces. Prévenez votre monde, docteur, car nous vous retiendrons à déjeuner et vous garderons le plus longtemps possible. Je n'ai pas besoin de vous dire qu'il est sauvé, n'est-ce pas? Docteur, comme Dieu vous avez le pouvoir de faire des miracles.

Une demi-heure plus tard, le docteur se trouvait en présence de son malade qu'il trouva même beaucoup mieux qu'il ne l'espérait.

Il enleva les bandelettes, examina les deux plaies avec une vive satisfaction et fit un second et dernier pansement.

— Ainsi, monsieur le docteur, lui dit son nouveau client dans leur langue maternelle, vous croyez que ma vie ne court plus aucun danger?

— Mon cher compatriote, répondit le docteur, vous êtes guéri.

M. Grandier lui tendit la main.

— Oh! ce n'est pas assez! s'écria l'autre d'un ton chaleureux, en ouvrant ses bras.

Ils s'embrassèrent. Tous deux avaient les yeux humides. Car, quand deux êtres humains d'un même pays se rencontrent dans une contrée lointaine, ils pensent toujours à la chère patrie absente.

Comme l'Anglais l'en avait prévenu, on retint le docteur à déjeuner. Ensuite, après avoir pris le thé, on descendit dans les jardins, et on alla s'asseoir sur des bancs de santal rouge couverts de nattes, à l'ombre des tamarins, des bananiers, des tacks et des acajous parmi les branches desquels des plantes grimpantes mêlaient leurs tiges flexibles, leurs fleurs et leur verdure.

Le mourant de la veille, qui pouvait marcher déjà, s'empara du bras du docteur et ils allèrent se placer sous un *ficus indica* ou arbre des banians d'une dimension énorme, au magnifique feuillage, aux baies couleur d'or, dont des centaines de racines aériennes descendaient de ses rameaux et s'enfonçaient dans le sol, formant ainsi autant de tiges nouvelles.

— Mon cher compatriote, dit l'hôte de la villa, j'ai pris votre bras et je vous ai entraîné à quelque distance du reste de la société, parce que je désire causer avec vous.

— Si c'est un plaisir pour vous, répondit le docteur, je le partagerai.

— Vous savez dans quel pitoyable état j'étais hier?

— Oui, et je peux vous avouer aujourd'hui que je vous ai cru perdu.

— Je ne me rappelle rien de ce qui s'est passé; je ne voyais et n'entendais plus. Plus tard, longtemps après votre départ, quand je sentis que la vie me revenait, les premières paroles que je prononçai furent pour demander par qui j'avais été soigné.

On me répondit qu'on avait eu le bonheur de trouver chez lui, à Djhenapour, le plus illustre médecin de la province. On m'apprit en même temps votre qualité de Français et votre nom. Or, ce nom de Grandier, qui est le vôtre, docteur, me frappa.

— Je suis un peu connu au Bengale, répondit le docteur en souriant; il peut se faire qu'on ait prononcé quelquefois mon nom devant vous.

— Non, ce n'est pas cela. Je suis négociant et armateur au Havre. Depuis vingt ans j'ai fait plusieurs fois le voyage sur un de mes bâtiments; mais ce n'est point au Bengale, docteur, que j'ai entendu prononcer le nom de Grandier la première fois.

— Le nom de Grandier doit être fort commun en France.

— Je ne dis pas le contraire; mais c'est précisément d'un médecin, portant le même nom que vous, dont j'ai beaucoup entendu parler autrefois.

— Ah!...

— Docteur, une question, si vous le permettez.

— Plusieurs si vous voulez; nous verrons bien si je ne peux pas vous répondre.

— Où avez-vous fait vos études?

— A Paris.

— Est-ce que vous y avez exercé la médecine?

— Oui, pendant quelque temps.

— Dans une des communes hors barrière, à Vaugirard?

Le docteur tressaillit et regarda fixement son interlocuteur.

— C'est vrai, dit-il. Ainsi, vous m'avez connu autrefois? Je cherche dans mes souvenirs bien dispersés, il est vrai, mais rien ne me rappelle votre visage.

— Ne cherchez plus, docteur, vous m'avez vu hier pour la première fois.

— Alors, comment savez-vous?...

— Docteur, vous m'avez autorisé à vous adresser plusieurs questions, et, vous le voyez, j'abuse... Depuis combien de temps êtes-vous dans l'Inde?

— Trente ans.

— C'est bien cela. C'était pour vous un exil, docteur; puis-je vous demander encore pourquoi vous vous êtes expatrié?

— Vous me le demandez, répondit le docteur avec un sourire triste; seulement je cesse de vous répondre. Il y a des choses endormies qu'il ne faut pas réveiller.

— Docteur, ne croyez pas que c'est une curiosité indiscrète et importune qui me fait parler; ce n'est pas sans intention que je vous ai adressé toutes ces questions. Docteur, je connais votre histoire; je sais que vous avez quitté la France à la suite d'un malheur épouvantable qui vous a frappé.

— Oh! alors, dit le docteur d'une voix suppliante, si vous savez tout, ne dites plus rien, ne dites plus rien!

— Pardonnez-moi si je rouvre dans votre cœur une plaie qui, ne s'étant pas fermée, est toujours saignante. Oui, je sais tout, et pourtant je ne puis me taire; quelque chose me dit que je dois parler... Docteur, il s'agit de votre femme et de votre fille.

— M. Grandier devint subitement très pâle, et saisit le bras de l'armateur, qu'il serra fiévreusement :

— Que m'importe ma femme, dit-il d'une voix frémissante. Il y a longtemps que je ne pense plus à cette infâme; mais, monsieur, vous avez dit : il s'agit de votre fille; avez-vous bien prononcé ces mots?

— Oui.

— Elle est morte, n'est-ce pas?

— J'ai tout lieu de supposer le contraire.

D'un bond le docteur se dressa sur ses jambes.

— Ma fille existe! exclama-t-il.

Et tournant vers le ciel son regard rayonnant :

— Dieu de miséricorde, ajouta-t-il, je te remercie!

Il retomba sur le banc. Des larmes jaillirent de ses yeux et il s'empressa de les essuyer.

— Excusez-moi, monsieur, reprit-il; si vous saviez ce que j'éprouve en ce moment, vous...

Un sanglot lui coupa la parole et il cacha son visage dans ses mains.

Au bout d'un instant il releva la tête; il s'était rendu maître de son émotion; sa physionomie avait repris sa gravité; mais ses yeux étincelaient et son front était irradié de bonheur.

— Maintenant, dit-il, je puis vous écouter. Parlez-moi de ma fille, monsieur que fait-elle? où est-elle?

— Je dois vous avouer, docteur, qu'il y a sept ans que je n'ai pas vu mademoiselle Virginie Grandier. C'était alors une gracieuse et belle jeune fille de vingt-trois à vingt-quatre ans. Elle était, m'a-t-on dit, à la veille de se marier. Elle vivait avec sa mère dans une petite maison que celle-ci avait achetée ou fait construire dans un village de création récente, qui touche aux fortifications de Paris et qu'on nomme Levallois.

— Levallois? Je ne connais pas cela. Où se trouve ce village, monsieur?

— Près de Clichy, entre Courcelles et la Seine, en face Asnières.

— Oui, oui, je vois. Puis-je, maintenant, savoir comment vous avez connu ma fille?

— Je vais vous le dire; mais je serai forcé de parler de sa mère.

Un changement subit de la physionomie du docteur indiquait une grande souffrance intérieure.

— N'importe, dit-il, j'aurai le courage de vous écouter. C'est de ma fille qu'il s'agit, pour elle je puis tout endurer. Ah! vous ne savez pas les démarches, les recherches que j'ai faites, tout ce que j'ai mis en œuvre pour la retrouver! Nul n'a pu seulement me dire si elle existait encore; je la croyais morte... Et elle était là, tout près de Paris. Comme on l'a bien cherchée!...

— Je dois vous dire, docteur, que votre femme avait changé de nom et pris celui de de Loubel; ou appelait votre fille mademoiselle de Loubel. J'ignore quelles tentatives vous avez pu faire pour retrouver mademoiselle Grandier depuis que vous êtes dans l'Inde, mais je sais que vous vous êtes livré vous-même à de nombreuses recherches avant de quitter la France pour toujours.

— Quoi? s'écria le docteur, de plus en plus étonné, vous savez cela aussi?

— C'est bien simple : pour se soustraire à la punition qu'elle avait méritée, et d'autre part, voulant conserver son enfant, votre femme avait intérêt à connaître toutes vos démarches.

— Je comprends. Est-ce que vous connaissiez ma femme à cette époque!

— Oui, je l'ai vue au Havre avec sa fille qui commençait à peine à marcher. Elle venait de quitter votre domicile et elle allait s'embarquer pour la Hollande. Mais trois ou quatre ans plus tard, seulement, j'ai appris que, mariée, elle s'était violemment séparée de son mari.

— Vous dites qu'elle se disposait à partir pour la Hollande?

— Oui.

— Elle emmenait l'enfant?

— Oui.

— Elle est partie seule avec sa fille?

— Et une autre personne.

— Je le pensais bien... Le séducteur, l'amant! Vous le connaissiez, et c'est comme cela que vous avez appris...

— Oui. C'était un des plus riches négociants d'Amsterdam, j'étais et je suis resté longtemps encore en relation d'affaires avec lui.

— Il se nomme?

— Il se nommait Jean Maximer, car il est mort.

— Ah! il est mort? C'était un misérable, un lâche!

— Vous vous trompez : Maximer était la probité même; serviable, bon, généreux.

— Quoi! s'écria le docteur, l'interrompant avec une certaine violence, vous le défendez!... Qu'il m'ait pris ma femme, qui s'est donnée à lui, séduite par je ne sais quelles promesses, je peux encore l'admettre ; on accepte cela dans notre société européenne qui se dit reine de la civilisation. Mais, en même temps, il s'est fait le ravisseur de mon enfant, il m'a volé ma fille !... Ah! vous voyez bien que c'était un lâche !

— Maximer n'a pas su tout de suite la vérité; il avait été trompé par votre femme. Le mal qu'il vous a fait a été peut-être la principale cause de sa mort.

Un sourire de doute effleura les lèvres du docteur.

— Écoutez-moi, reprit l'armateur, et quand vous m'aurez entendu, vous jugerez :

« Maximer avait voulu se donner le plaisir de passer quinze jours ou un mois à Paris, éloigné du souci des affaires. Il était veuf, il avait quarante-trois ans et trois enfants capables déjà de le seconder. C'est sur une promenade publique, dans le jardin des Tuileries, je crois, qu'il rencontra votre femme la première fois. Elle lui plut. Naturellement, il ignorait qu'elle fût mariée et qu'elle eût un enfant. Ils se rencontrèrent de nouveau quatre ou cinq fois, toujours au jardin des Tuileries, et Maximer devint éperdument épris de la belle promeneuse.

« Il lui dit qu'il était un négociant d'Amsterdam, veuf, c'est-à-dire libre, et ne lui cacha point qu'il possédait une grande fortune. La jeune femme lui avoua alors qu'elle était mariée, mais que son mari, un médecin, que d'ailleurs elle n'aimait pas et n'avait jamais aimé, la laissait manquer de tout, la rendait très malheureuse sous tous les rapports et l'avait même abandonnée pour le moment.

— Oh! l'infâme! murmura le docteur entre ses dents serrées.

— Maximer ne vit plus qu'une douce victime dans la jeune femme, continua l'armateur; entraîné par le charme qu'elle exerçait sur lui, il voulut jouer le rôle de consolateur, en réparant envers elle les ingratitudes du sort. Il demanda et obtint l'autorisation de la voir chez elle. Enfin, quand il lui proposa de quitter Paris et de le suivre en Hollande, elle accepta. Ce jour-là elle lui confia qu'elle avait un enfant et témoigna le désir de l'emmener avec elle.

« Je serai le père de votre fille, répondit simplement Maximer.

« C'est quelques jours plus tard, à leur passage au Havre, que j'ai vu madame Grandier et son enfant, comme je vous l'ai dit tout à l'heure. Mais déjà elle se faisait appeler madame de Loubel. Ceci avait été accepté par Maximer.

« Madame de Loubel eut à Amsterdam tout le luxe qu'elle pouvait désirer : un hôtel, des serviteurs, une voiture et plusieurs chevaux à ses ordres. D'un autre côté, Maximer tint la promesse qu'il avait faite pour l'enfant. Il eut pour elle une affection paternelle et, le moment venu, elle fut placée dans la meilleure institution de la ville. J'ai eu l'occasion de la voir souvent, ainsi que sa mère, car mes affaires m'appelaient fréquemment à Amsterdam.

— Continuez, continuez, dit le docteur d'une voix oppressée.

« Peut-être dix ans plus tard, Maximer se trouvant de nouveau à Paris, eut le désir de savoir ce que vous étiez devenu. Avait-il déjà eu des remords ou des regrets trop tardifs? On lui apprit qu'à la suite du malheur, qu'il connaissait mieux que personne, vous aviez disparu. Mais il fit une découverte qui le frappa au cœur comme un coup de poignard. Des médecins, vos anciens collègues et d'autres, qui furent vos professeurs, lui parlèrent de vous, de votre caractère et de votre savoir avec les plus grands éloges. Ils ne vous avaient pas oublié, ils vous regrettaient encore, disant que la science avait fait en vous une perte immense.

« Maximer retrouva les concierges de la maison où vous demeuriez, à Vaugirard; ils s'étaient établis et avaient une petite boutique où ils vendaient des chaussures. Ce fut un nouveau concert de louanges : vous adoriez votre femme et votre enfant, vous étiez le plus doux et le meilleur des hommes. Selon ces braves gens, vous n'aviez pu survivre au coup qui vous avait frappé; vous vous étiez donné la mort.

« Maximer sortit de là fou de douleur, épouvanté du mal irréparable qu'il avait causé.

« Il ne s'en tint pas là, il voulait tout savoir. Il se rendit chez la nourrice que vous aviez donnée à votre petite Virginie. Il sut par cette femme ce qui s'était passé chez elle, et dans quel horrible désespoir vous étiez tombé en apprenant que votre femme était venue reprendre son enfant. Alors il ne douta plus que, conseillé par votre désespoir, vous n'eussiez mis fin à votre existence.

« J'ai brisé une noble vie, se dit-il amèrement, je suis un misérable?

« Il s'éloigna de Paris en proie à toutes sortes de sombres pensées et vint me voir au Havre. C'est à peine si je le reconnus, tellement il était changé. En quelques jours il avait vieilli de dix années. Je l'interrogeai affectueusement. Alors il me raconta ce que je viens de vous répéter. Puis d'une voix sourde, avec des larmes dans les yeux, il ajouta.

« Je ne me consolerai jamais; je quitte la France la mort dans l'âme.

« Il eut le courage ou plutôt la délicatesse excessive de ne rien dire, de ne rien laisser deviner à celle qui lui avait menti. Le mal était fait, et, vous croyant mort, il ne savait pas qu'il pût être en partie réparé. Il continua à entretenir le luxe de sa maîtresse; mais à partir de ce moment, il n'eut plus avec elle de relations intimes. Ne pouvant plus estimer la mère, ne l'aimant plus, peut-être, il se mit à adorer l'enfant.

Le docteur pleurait silencieusement. De grosses gouttes de sueur perlaient sur son front.

« Quatre ans après, poursuivit l'armateur, Maximer fut emporté à la suite d'une courte maladie, dont le germe avait été le remords qui rongeait son cœur comme un cancer. La source du luxe et des folles prodigalités de madame de Loubel était tarie. Chassée par les enfants de Maximer, elle dut quitter Amsterdam et la Hollande, emportant les épaves de sa splendeur passée, environ soixante mille francs. Seulement le défunt n'avait pas oublié mademoiselle Grandier : une clause de son testament la dotait, et une somme de cent mille francs, placée à la Banque royale, devait lui être comptée le lendemain de son mariage. »

Élisée Grandier prit la main du conteur, et lui dit, en la serrant dans la sienne :

— Je pardonne à Jean Maximer !

— Vous devinez le reste, reprit l'armateur ; madame de Loubel se réfugia à Levallois où je l'ai revue ainsi que mademoiselle Grandier, il y a de cela sept ans, comme j'ai déjà eu l'honneur de vous le dire. Depuis, et je le regrette aujourd'hui, complètement absorbé par les affaires, j'ai perdu ces dames de vue. J'avais même oublié en partie cette sombre histoire, lorsque votre nom, prononcé devant moi, réveilla subitement tous mes souvenirs.

Persuadé que vous ignoriez absolument ce qu'étaient devenues votre femme et surtout votre fille, je résolus de vous dire aujourd'hui, docteur, ce que vous venez d'apprendre.

— Je vous remercie mille fois, monsieur ; je vous ai sauvé la vie, mais vous m'en donnez une autre, à moi, et ma reconnaissance ne me tient pas quitte envers vous. Mais encore un mot, monsieur, un mot sur ma fille. Vous m'avez dit qu'il y a sept ans elle était à la veille de se marier.

— Oui, tout était convenu, et je crois bien me rappeler que le contrat avait été signé quelques jours auparavant.

— Donc, depuis sept ans ma fille est mariée ! Savez-vous le nom de son mari ?

— On a dû me le dire ; malheureusement je l'ai oublié. Mais je vais reprendre la mer dans quelques jours. Mon premier soin en arrivant en France sera de me procurer tous les renseignements de nature à vous intéresser et je vous les ferai parvenir immédiatement.

— Combien de jours pensez-vous rester encore dans l'Inde ? demanda le docteur.

— Quinze jours, trois semaines au plus.

— Eh bien, monsieur, si rien ne m'arrête en route, je serai en France avant vous.

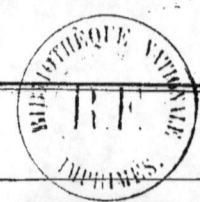

Cette fois elle comprit que son bienfaiteur était perdu. (Page 92.)

XV

LE SERMENT DE MANETTE

Le docteur Grandier rentra chez lui le front radieux, une joie immense, inconnue, débordait de son cœur. Il fallait moins que cela pour provoquer la gaieté de Manette. D'ailleurs, dans son contentement extrême, Elisée l'ayant prise dans ses bras et embrassée avec transport, ce qui arrivait pour la première fois, la pauvre fille se mit à sangloter de bonheur.

Manette n'osait interroger le docteur; mais elle aurait bien voulu savoir ce qui le rendait si joyeux et si démonstratif.

Elle fut autrement surprise lorsque M. Grandier, qui paraissait avoir l'or en horreur, l'invita à l'aider à compter le chiffre de sa fortune.

Le compte des pierres fines que contenait la cassette était fait. Manette le plaça sous les yeux du docteur. Le total donnait un chiffre éblouissant : quatre millions

L'or qui remplissait des sacs entassés dans le coffre-fort fut compté à son tour. L'addition donna un million et demi.

Ce travail fait, Élisée dit à Manette :

— Demain, avec tout notre or, je partirai pour Calcutta.

— Que voulez-vous donc faire? demanda-t-elle.

— L'or est lourd et gênant pour voyager, répondit-il. Je veux le verser dans les caisses de la Compagnie des Indes, qui me donnera en échange des lettres de crédit sur ses caisses de Londres, lesquelles seront faciles à escompter à Paris.

— Je ne comprends pas bien, fit Manette.

— D'ordinaire, ma sœur, vous êtes plus perspicace, dit-il en souriant.

— Vous voulez donc voyager?

— Enfin, vous y voilà.

— Et c'est en France que vous allez?

— Que nous allons, mademoiselle; car nous partons ensemble.

Manette sauta au cou du docteur; puis, folle de joie, elle se mit à battre des mains.

Élisée la regardait avec surprise.

— Ma sœur, lui dit-il, je ne me doutais pas que la pensée de revoir prochainement la France vous ferait autant de plaisir.

Elle s'approcha de lui le visage resplendissant de lumière.

— Ce n'est point parce que je vais revoir la France que j'éprouve tant de joie, dit-elle.

— Pourquoi donc?

— Pourquoi? Parce que je devine la raison qui nous fait quitter le Bengale : mon frère, ce n'est pas seulement la France que nous allons revoir; votre fille, n'est pas morte, c'est elle que nous allons retrouver.

Le docteur se sentit ému jusqu'aux larmes, et une seconde fois il embrassa Manette.

— Eh bien oui ! Manette, dit-il, vous ne vous trompez pas; j'ai appris ce matin que ma fille existait, et c'est elle, cette enfant que j'ai tant pleurée, qui nous rappelle de l'exil.

Manette voulut savoir comment Élisée avait appris cette heureuse nouvelle.

Le docteur n'avait rien à lui cacher; il lui rapporta exactement ce que lui avait raconté l'armateur havrais.

— Mon frère, dit Manette, quand il eut cessé de parler, vos derniers jours seront heureux; partons le plus vite possible; oh! je voudrais que nous fussions déjà en vue des côtes de France!

Le lendemain, emportant son or monnayé, le docteur Grandier se mit en route pour Calcutta.

Il revint au bout de quatre jours. Manette remarqua aussitôt qu'il n'avait pas sa physionomie habituelle.

Son regard avait un éclat singulier; il était triste et paraissait préoccupé, inquiet.

Manette lui demanda ce qu'il avait, si quelque chose de fâcheux lui était arrivé. Il répondit, en s'efforçant de sourire, qu'il n'avait rien, que tout allait à merveille. Manette comprit que, pour ne pas l'effrayer, il lui cachait la vérité. A son tour, elle s'inquiéta.

Élisée se retira dans sa chambre et se mit à écrire, à rédiger des notes, à classer différents papiers qu'il serra dans un portefeuille avec les bons à vue qu'il avait reçus en échange de son or.

Le soir, il fut pris d'un violent mal de tête et se mit au lit avec un tremblement nerveux très fort. Il ne dit rien encore; il craignait de se plaindre; mais deux heures plus tard, se sentant plus mal et connaissant la gravité de sa position, il se décida à appeler Manette. Elle s'empressa d'accourir. Elle lui vit une figure toute décomposée et ne put retenir un cri d'effroi.

— Manette, lui dit-il, je suis perdu... je ne reverrai pas ma fille, hélas! J'aurais été si heureux!...

— Vous mourir! s'écria-t-elle éperdue; non, non, cela n'est pas vrai!

— Manette, je ne reverrai pas ma fille, vous dis-je... Ah! après ce que j'ai souffert, Dieu me devait bien cela, pourtant!

— Mais non, reprit-elle avec énergie, c'est impossible, un homme comme vous ne meurt pas ainsi!

— Le plus ignorant comme le plus savant, tout homme est mortel. Le trépas, voilà la véritable égalité. Ma sœur, je ne me fais pas illusion; l'arrêt fatal est prononcé sur moi. Le mal poursuit son action terrible; il a la rapidité de la foudre... Manette, la mort est en moi.

— Mon frère, répliqua-t-elle, je ne veux pas que vous désespériez.... Vous ne pouvez pas mourir, vous qui sauvez les autres!

— Je ne peux plus rien contre la mort, Manette; quand le mal m'a pris, si j'eusse été ici, dans mon laboratoire, je l'aurais vaincu; mais je quittais Calcutta et deux fois vingt-quatre heures se sont écoulées. Il est trop tard!

— Mon frère, pensez à votre fille! s'écria Manette.

— Oui, je pense à elle.

— Eh bien, il faut que vous guérissiez ; je veux vous sauver, je le veux !

Il secoua tristement la tête.

— Mon frère, reprit-elle d'un ton superbe et plein d'autorité, oubliez qu'il s'agit de vous, oubliez que vous souffrez, que vous êtes en danger, et dictez-moi votre ordonnance.

— Vous le voulez, ma sœur?

— Je le veux !

— Pour vous satisfaire, essayons.

Alors il lui indiqua la composition d'un remède et comment elle devait le préparer. Manette suivit scrupuleusement ses instructions, et quand le spécifique fut prêt, elle le lui présenta et il le prit.

Il y eut presque immédiatement un mieux sensible.

Manette ne pouvait cacher sa joie. Mais le docteur lui dit :

— Ma sœur, il ne faut pas vous réjouir si tôt. En ce moment nous combattons le mal, et il s'arrête étonné qu'on ait la témérité de l'attaquer. Je le connais, ce mal implacable, qui tue comme des mouches des milliers d'Hindous. Attendons, attendons encore une heure.

L'heure s'écoula. Le mieux qui s'était fait sentir disparut. Le mal empira :

Alors le docteur dit à Manette :

— Le mal triomphe ; la mort veut sa victime.

Cette fois elle comprit que son bienfaiteur, son ami, son frère bien-aimé, était perdu. Elle tomba à genoux près du lit, joignit les mains et éclata en sanglots.

— Ma sœur, reprit Elisée, il ne faut pas pleurer.

Tout à l'heure, vous m'avez dit : « Pensez à votre fille. » Je vous ai répondu : « J'y pense. » Manette, parlons de ma fille. Mes heures sont comptées maintenant ; bientôt ma langue sera inerte et glacée. Ne perdons pas une minute. Ma sœur, m'écoutez-vous?

Manette se releva, essuya ses larmes et répondit :

— Je vous écoute ; vous pouvez parler, mon frère.

— Manette, ce que vous allez entendre ce sont mes dernières volontés ; me promettez-vous de les accomplir?

— Quelles qu'elles soient, mon frère, je le jure !

— Manette, plus heureuse que moi, vous reverrez la France. Aussitôt que je ne serai plus, — ce sera demain, — vous quitterez Djhenapour, et vous irez à Calcutta pour prendre passage sur le premier bâtiment de la Compagnie qui fera voile pour l'Europe.

« Vous emporterez avec vous le portefeuille qui est là sur cette table, et la cassette aux pierres précieuses, dont, mieux que moi, vous connaissez la valeur.

Vous trouverez dans ce portefeuille, avec des lettres de change, un certain nombre de notes qui pourront vous être utiles, des papiers divers, et une lettre que j'ai écrite ce soir à ma fille chérie, lorsque j'ai senti que je ne devais plus penser à la revoir.

Hélas! j'aurais voulu consigner dans un mémoire les résultats de mes recherches et de mes travaux dans l'Inde, afin de les offrir à l'Académie de médecine de Paris. La mort me prend trop tôt, le fruit de mon patient labeur est perdu pour la science.

Manette, continua-t-il, dès que vous serez arrivée en France, vous vous rendrez à Paris. Une note, que vous trouverez dans le portefeuille, vous dira ce que vous devrez faire alors. Si ma fille, qui est mariée, et mère peut-être, n'habite plus au village Levallois, on vous fera connaître le lieu de sa résidence.

Quand vous serez devant elle, vous lui remettrez la lettre que j'ai écrite pour elle et vous lui direz :

« Je vous apporte la bénédiction du docteur Élisée Grandier, votre père, qui est mort dans l'Inde entre mes bras, et qui, du haut du ciel où il est maintenant, veille sur vous ! »

Vous ne lui parlerez ni de sa mère, ni du passé; pourtant, vous ne lui laisserez pas ignorer combien je l'aimais. Sans lui dire pourquoi, vous lui apprendrez que c'est pour elle que j'ai souffert.

Après cela, vous partagerez avec elle la somme que vous auront donnée les lettres de change et aussi les pierres précieuses de la cassette.

— Pourquoi ce partage, mon frère?

— Parce qu'il y a votre part, Manette.

— Non, répliqua-t-elle vivement, tout appartient à votre fille.

— Manette, votre frère ne l'entend pas ainsi : vous avez été mon associée; la moitié de ce que nous avons gagné est à vous... Vous prendrez votre part, je l'exige, je le veux...

L'autre moitié est pour ma fille, vous entendez, Manette, pour ma fille, ma fille seule... Rien pour sa mère, rien... je ne connais pas cette femme.

Quand vous aurez fait le partage, Manette, vous embrasserez pour moi Virginie Grandier et vous lui direz de donner de temps à autre un souvenir, et, s'il se peut, une larme à la mémoire de son père.

Manette, j'ai tout dit; n'oubliez rien. Maintenant, je regarde le ciel et je me prépare au grand sommeil!

Manette retomba sur ses genoux et, son visage dans ses mains, se remit à pleurer.

Un instant plus tard, Élisée ne pouvait plus parler. Mais son regard, expressif encore, semblait dire à Manette :

« N'oubliez rien des choses que je vous ai recommandé de faire. »

Au milieu de la nuit, il exhala son dernier soupir.

Le soir du même jour, Manette lui rendit les derniers devoirs.

Ensuite, ayant caché le portefeuille dans sa poitrine, et mis sous son bras la précieuse cassette, elle ferma la porte de la maison et prit place dans la voiture qui allait la conduire à Calcutta. Elle emportait encore avec elle une caisse remplie de fioles contenant des remèdes souverains et divers autres produits chimiques, dont elle connaissait l'emploi.

XVI

PREMIÈRE DÉCEPTION

Manette fit la traversée de Calcutta en Angleterre, s'embarqua ensuite pour la France et arriva au Havre. De là, une invention nouvelle, — le chemin de fer, — dont elle avait entendu parler, mais qu'elle ne connaissait pas encore, la transporta en quelques heures au centre de Paris. Elle se fit conduire dans un hôtel meublé, où elle loua une chambre pour un mois.

Pour les gens de l'hôtel, comme pour tous ceux qui la voyaient, Manette était un objet d'étonnement et de curiosité. En effet, il était impossible de ne pas être frappé par ses allures bizarres, son teint bronzé, son regard plein d'éclat et sa laideur étrange. Ensuite, elle portait encore le costume des femmes de la classe moyenne du peuple hindou. Elle parlait très correctement le français et l'anglais et parfaitement aussi la langue des adorateurs du Dieu révélé par Manou qui est, comme notre Dieu catholique, une mystérieuse trinité : Brahma, Vischnou et Siva.

Manette n'avait pas besoin de consulter ses notes; pendant la traversée, elle les avait apprises par cœur.

Ayant sous son bras sa cassette, qui ne la quittait jamais, et dans sa poitrine contre son cœur, le portefeuille du docteur Grandier, elle se rendit chez le baron de Rothschild, le premier banquier de l'univers.

A la personne qui la reçut, elle présenta une lettre.

Après avoir lu, la personne lui dit :

— Nous sommes avisés que nous aurons à payer cette somme à présentation des lettres de la Compagnie des Indes; vous pouvez passer à la caisse.

— Je ne toucherai pas aujourd'hui, répondit Manette; je reviendrai dans quelques jours.

— La maison est à vos ordres.

Manette s'inclina devant le personnage, qui lui rendit son salut, et se retira.

Suivant en tout les instructions écrites du docteur, Manette avait fait louer une voiture, qui était entièrement à ses ordres. En rentrant à son hôtel, elle commanda sa voiture pour le lendemain matin, neuf heures.

Le cocher fut exact à l'heure, mais déjà Manette l'attendait.

— Vous allez me conduire, lui dit-elle, au village Levallois.

— Passé la porte de Courcelles, répondit le cocher, nous y serons bientôt.

Il toucha le flanc de son cheval de la mèche du fouet, la voiture partit.

Nous allons dire ce qui s'était passé à Levallois depuis la visite que l'armateur du Havre avait faite à madame Grandier, se faisant appeler madame de Loubel. C'est ce qu'une vieille femme, qui tenait une petite boutique de fruiterie, raconta à Manette Biron en ces termes :

« J'ai bien connu madame de Loubel et aussi sa demoiselle, qui était jolie et tout à fait charmante. C'est chez moi que leur domestique achetait ses fruits et ses légumes. On disait ici que madame de Loubel avait été très riche, mais que des malheurs qu'on ne connaissait pas, l'avait presque ruinée. Toutefois, elle possédait une maison assez gentille, celle que vous pouvez apercevoir d'ici, derrière ces marronniers et avec sa maison une rente suffisante pour vivre convenablement avec sa fille et une domestique.

« Un jour, on apprit que mademoiselle Virginie se mariait. On sut en même temps, parce que cela fut répété par je ne sais qui, que le véritable nom de madame de Loubel était Grandier, et qu'on devait la considérer comme veuve, son mari ayant disparu et n'ayant plus donné signe de vie depuis je ne sais combien d'années.

« Tout cela fit beaucoup causer à l'époque.

« Mademoiselle Virginie avait épousé un jeune homme qui paraissait fort bien et de bonne famille. Il avait trente ans et se nommait Alfred Vermont. Il travaillait, paraît-il, chez un agent de change et faisait des affaires à la Bourse. On disait à Levallois qu'il gagnait de l'argent gros comme lui. Cela devait être, car on vit tout de suite une grande aisance entrer dans la maison de madame de Loubel. Je dois vous dire que madame Vermont n'avait pas voulu quitter sa mère. Donc, M. Vermont vivait avec sa belle-mère; il fit élever la maison d'un étage et bâtir à côté, sur une partie du jardin, des écuries et remise. M. Vermont eut alors son cheval et sa voiture.

« Dix ou onze mois après le mariage, madame Vermont mit au monde un enfant, c'était un petit garçon. Je l'ai vu bien souvent, et je me rappelle encore sa délicieuse petite figure d'ange, fraîche et rose ; il était adorable, ce bébé, et gentil à croquer.

« L'année suivante, madame de Loubel, ou plutôt madame Grandier mourut. C'était le premier malheur. Les autres n'allaient pas tarder à arriver. M. Vermont menait toujours la vie à grandes guides, comme on dit. Entre nous je crois que, trouvant que sa femme ne lui suffisait pas, il avait des maîtresses. On trouve cela bien, à Paris ; on dit que c'est la mode et même… bon genre. Eh bien, qu'arriva-t-il? Vous le devinez peut-être. Un beau jour, — il y a de cela quatre ans, M. Vermont disparut tout à coup, comme autrefois avait disparu le père de sa femme.

« L'événement fit grand bruit et je n'ai pas besoin de vous dire qu'ici, à Levallois, on plaignait beaucoup la jeune femme et son bel enfant. On disait que M. Vermont avait fait des pertes énormes à la Bourse et qu'il n'avait pas voulu survivre à sa ruine. Les uns prétendaient qu'il s'était brûlé la cervelle; les autres, au contraire, affirmaient qu'il s'était enfui en Amérique avec une de ses maîtresses, emportant de fortes sommes que des petits capitalistes lui avaient bénévolement confiées pour faire des opérations d'agiotage. Agiotage, j'ai retenu ce mot, mais j'avoue que je ne sais pas du tout ce qu'il signifie.

— Ni moi non plus, dit Manette, qui écoutait en proie à une angoisse inexprimable.

— Enfin, continua la vieille fruitière, l'un disait blanc et l'autre noir. La vérité est que M. Vermont avait disparu ; pour lors, ceci ou cela pouvait être vrai ; mais personne ne sut jamais le fin mot de l'affaire. Et je puis vous assurer que madame Vermont était à ce sujet dans l'ignorance comme tout le monde.

« Qu'il les eût perdues à la Bourse ou emportées avec lui je ne sais où, M. Vermont avait fait tort à bien des gens de sommes relativement considérables. Elles portèrent plainte au parquet et, qu'il fût mort ou en fuite, M. Vermont fut condamné en police correctionnelle à deux ans de prison. A mon avis, pour avoir abandonné sa femme et son enfant, il n'avait pas volé sa condamnation ; je trouve même que les juges ont été bien doux.

« Malheureusement, il avait encore d'autres créanciers : des fournisseurs, des prêteurs d'argent, que sais-je ! Ceux-ci ne voulurent rien perdre, et ils retombèrent sur madame Vermont, qui avait eu la faiblesse de signer un papier, lequel rendait son mari maître de tout ce qu'elle possédait. La maison avec ce qu'elle contenait fut saisie; la pauvre jeune femme livra aux huissiers jusqu'à ses bijoux et ses robes. Tout fut vendu.

« Trois jours auparavant, après avoir congédié sa bonne, en lui payant ce qu'elle lui devait, madame Vermont était sortie de sa maison emportant son enfant dans ses bras.

« Et le soir, assise à la place où vous êtes, sa bonne me disait en pleurant :

« — Ma pauvre maîtresse est partie sans vouloir emporter son linge; elle n'a sur elle que son vêtement le plus modeste et trois ou quatre billets de cent francs.

« Voilà, madame, continua la fruitière, comment madame Vermont a quitté Levallois. Depuis, on n'a plus entendu parler ni d'elle, ni de son enfant. Abandonnée, ruinée et malheureuse par son mari, qu'est-elle devenue? Personne ici ne le sait. Pauvre femme ! où est-elle allée ?

— Oui, pauvre femme ! murmura Manette d'une voix brisée.

— J'ai encore quelque chose à vous demander, dites-moi le prénom de l'enfant. (Page 97.)

Et tout bas elle ajouta :
— Pauvre âme du mort de Djhenapour, comme tu dois souffrir !
Elle essuya ses yeux mouillés de larmes et dit à la femme :
— J'ai encore quelque chose à vous demander, dites-moi le prénom de l'enfant de madame Vermont.
— Oh! je ne l'ai pas oublié, répondit la fruitière, c'est Maurice.
— Merci, fit Manette.

Et tirant de sa poche une pièce d'or, une belle livre sterling d'Angleterre, elle la mit dans la main de la femme en disant :

— Ceci est pour vous dédommager du temps que vous avez perdu avec moi.

Il y avait dans ses instructions qu'elle devrait payer généreusement tout service qui lui serait rendu.

Elle sortit de la boutique la tête baissée, l'œil sombre et le cœur désolé.

En revenant à Paris, elle réfléchit à ce qu'elle devait faire; car le docteur Grandier n'avait pas prévu l'obstacle qui venait de se dresser devant elle.

Quand le cocher se pencha sur son siège et lui demanda où il fallait la conduire, elle lui répondit :

— Chez un notaire.

Quand elle fut dans le cabinet de l'officier ministériel, seule avec lui, elle lui fit connaître par un récit clair et bref pourquoi elle était venue le trouver.

Le notaire l'avait écoutée très attentivement.

— Si la femme que vous cherchez, lui dit-il, a intérêt à se tenir cachée, il vous sera difficile, pour ne pas dire impossible, de la retrouver.

— Je ne reculerai devant aucune difficulté, monsieur, devant aucune peine.

— Cette jeune femme est-elle née à Paris ?

— Oui, monsieur, à Vaugirard ; mais toute petite, elle a été emmenée en Hollande par sa mère, et c'est à Amsterdam qu'elle a été élevée.

— Voilà un renseignement. On pourrait commencer les recherches de ce côté, car il est supposable qu'en quittant Levallois sans ressource aucune, elle ait songé à se réfugier en Hollande.

— C'est vrai, fit Manette.

— Mais il serait utile de savoir le nom des personnes qu'elle a pu connaître autrefois.

— Un riche négociant d'Amsterdam, mort aujourd'hui, mais qui avait trois enfants, a été son protecteur dans son enfance.

— Vous savez le nom de ce négociant ?

— Maximer.

— C'est parfait. Maximer est un nom très connu et très estimé en Hollande. On pourra écrire au consulat de France à Amsterdam.

— Oui, monsieur. Mais si madame Vermont n'est pas dans cette ville, si on ne peut rien nous apprendre ?

— C'est ailleurs qu'il faudra la chercher. Où ? Vous ne le savez pas, moi non plus.

— Alors, monsieur, que devrai-je faire ?

— Chercher.

— Le monde est grand.

— Soit, mais on peut y trouver une femme et un enfant qui ne se cachent pas.

— S'il y a un moyen, monsieur, indiquez-le-moi.

— Hum! fit le notaire en se grattant l'oreille, il faut dépenser beaucoup d'argent.

— J'en dépenserai.

Le notaire la regarda avec un sourire qui contenait une forte dose d'ironie.

— En général, reprit-il, quand on veut retrouver quelqu'un, on se sert de la grande publicité des journaux ; on rédige une note qu'on leur remet et dont on paye l'insertion.

— Eh bien, monsieur ?

— Les journaux font payer fort cher la publication de ces sortes de notes ou avis.

— Qu'importe !

— Vous n'êtes peut-être pas très au courant de certains usages pratiqués en France...

— Vous pouvez dire, monsieur, que j'y suis absolument étrangère.

— Pour que moi ou une autre personne s'occupe de l'affaire qui vous intéresse, il faudrait préalablement fournir une provision.

— Qu'est-ce que vous appelez une provision, monsieur ?

Le sourire reparut sur les lèvres du notaire.

— Ce serait de déposer, pour les premiers frais indispensables, une somme de quatre à cinq mille francs, par exemple.

— Cette somme déposée, vous plairait-il, monsieur, de diriger les recherches ?

— Assurément ; c'est d'ailleurs un des devoirs de notre profession.

Manette tira de sa poche une énorme liasse de billets de mille francs de la Banque de France, et en compta cinq sur le bureau du notaire.

Celui-ci écarquilla les yeux, et changeant subitement d'attitude, devint d'une politesse extrême.

— Quand commencerez-vous ? demanda Manette.

— Dès demain, madame, et soyez assurée...

— Ah ! réussissez, monsieur, s'écria-t-elle d'une voix vibrante, et ne craignez pas, pour arriver à un heureux résultat, de dépenser beaucoup d'argent !

Elle se leva pour se retirer.

— Attendez, madame, dit le notaire, de son air le plus gracieux, je vais vous donner un reçu.

Il le fit, et, le remettant à Manette :

— J'ai besoin de connaître votre adresse, dit-il.

Manette la lui donna. Puis elle ajouta :

— Je ne resterai là que pendant un mois, probablement ; mais n'importe où j'irai, je vous le ferai savoir. Du reste, je viendrai vous voir souvent avant de quitter Paris.

Le notaire la reconduisit avec force salutations jusqu'à la porte de l'étude.

Même chez les notaires, l'argent impose la considération.

XVII

L'EMPLOI D'UN CAPITAL

En sortant de l'étude du notaire, Manette rentra à son hôtel et s'enferma dans sa chambre. Sûre que nul ne pouvait la déranger ni la voir, elle ouvrit la cassette aux pierres précieuses. Elle avait eu la précaution de les mettre dans de la laine du Thibet afin qu'elles n'éveillassent point l'attention des gens trop curieux en roulant et en s'entre-choquant dans la boîte.

En quittant Djhenapour, Manette avait, dans une poche du portefeuille, en dehors des lettres de la Compagnie des Indes, pour cinquante mille francs de bank-notes anglaises. Le docteur Grandier avait jugé que cette somme était nécessaire pour les frais du voyage et pour parer immédiatement à toutes les éventualités.

Sur la demande de Manette, et pour lui être agréable, le maître de l'hôtel avait opéré l'échange du papier anglais contre du papier également bon, mais plus facile à employer, de la Banque de France. Après ce petit service rendu à Manette, le maître de l'hôtel eut de sa cliente une haute opinion et fut convaincu qu'il avait l'honneur de loger dans sa maison la femme d'un rajah ou d'un nabab. Aussi, tout le personnel de l'hôtel était-il aux ordres de Manette.

Comme on le voit, la fille de Biron, le pauvre bûcheron des Ardennes, avait suffisamment d'argent de poche pour pourvoir aux exigences du moment. Mais elle voulait savoir si, le moment venu, elle pourrait vendre les pierres précieuses et quelle perte elle aurait à supporter sur leur estimation faite par elle-même. Voilà pourquoi elle venait d'ouvrir la cassette.

Elle y prit au hasard quatre diamants, en garda un dans sa main, le plus petit, et glissa les trois autres dans sa poche. Ensuite elle referma la cassette.

Elle se promena dans sa chambre pendant quelques minutes, puis elle sonna. Le maître de l'hôtel accourut lui-même à son appel.

— Monsieur, lui dit-elle en lui montrant la pierre qu'elle avait dans la main, voici un petit brillant que je voudrais vendre.

— Oh! le magnifique diamant! exclama le brave homme émerveillé.

— Est-ce que vous pensez qu'il a quelque valeur? fit-elle en affectant beaucoup d'indifférence.

— Je crois bien, ce diamant vaut au moins... non je ne puis dire son prix, je ne m'y connais pas; mais comme c'est joli! comme c'est joli! Et vous voulez le vendre?

— Oui. A mon âge on n'a plus besoin de bijoux. Il doit y avoir à Paris des marchands de diamants?

— Certainement.

— Vous m'obligeriez en m'en indiquant un.

— Dame ! je ne vends ni n'achète de diamants, moi, je ne connais aucun de ces fournisseurs-là. Mais je vais consulter l'annuaire Didot.

Il sortit et revint au bout d'un instant, apportant à Manette, sur un morceau de papier, l'adresse d'un marchand de diamants et de pierres fines, rue du Helder. Elle le remercia et un quart d'heure plus tard elle était en présence du marchand de diamants.

— Je voudrais vendre ces quatre pierres, lui dit-elle en les plaçant devant lui.

Malgré lui, le marchand laissa voir son admiration.

— Comment possédez-vous ces pierres? demanda-t-il ; est-ce que vous les avez achetées ?

— Non, elles m'ont été données.

— Ah ! fit le marchand en la regardant en dessous ; en avez-vous encore d'autres?

— Pas pour le moment : mais de l'Inde, d'où j'arrive, j'en recevrai prochainement.

— Combien voulez-vous vendre celles-ci?

— Vous savez ce qu'elles valent, puisque vous en êtes marchand ; fixez le prix vous-même ; s'il me convient ce sera marché fait, autrement je m'adresserai à un de vos confrères.

Le marchand la regarda fixement.

— Madame, dit-il, vous connaissez la valeur de ces diamants.

— Oui, répondit-elle.

Il prit sa loupe et examina attentivement les diamants l'un après l'autre.

— Celui-ci, dit-il, vaut vingt-deux mille francs, celui-là dix-huit mille, le troisième douze mille, et le dernier six mille.

— Je les ai estimés les quatre ensemble cinquante-quatre mille francs, répondit Manette, quatre mille francs moins que vous. Vous êtes un honnête homme, monsieur. Je vous promets de revenir vous voir lorsque j'aurai reçu les pierres fines que j'attends.

Le marchand lui compta cinquante-huit mille francs et ils se séparèrent, elle, contente de savoir qu'elle pourrait se défaire facilement de ses pierres précieuses, lui, enchanté d'avoir fait une bonne affaire.

Manette ne connaissait pas Paris, dont même au Bengale elle avait entendu parler comme de la ville de toutes les merveilles ; mais elle était trop tourmentée pour être curieuse. Elle ne songea même pas à visiter ses monuments, son bois de Boulogne et ses autres magnifiques promenades.

Après avoir attendu trois jours, elle retourna chez le notaire.

— Je n'ai pas perdu de temps, lui dit-il ; j'ai écrit à Amsterdam et à la Haye, j'attends les réponses. Voyez, continua-t-il en lui montrant une montagne de journaux qui couvraient une table, la note invitant madame Vermont, née Virginie Grandier, à se présenter à mon étude, soit en personne, soit par mandataire, pour une communication de la plus haute importance, se trouve insérée dans toutes ces feuilles dont beaucoup sont lues dans tous les pays du monde. Nous allons attendre quinze jours : si madame Vermont garde le silence, nous recommencerons.

— Ainsi, monsieur, vous espérez ?

— Certainement ; sans espoir, l'existence ne serait pas possible.

— Pour arriver à un résultat prompt et heureux, ne négligez rien, monsieur. Comme je vous l'ai dit déjà, la question d'argent ne doit pas vous préoccuper.

— J'emploierai toute mon activité, tout mon zèle.

— Vous avez dès aujourd'hui ma reconnaissance et toute ma confiance.

Le notaire s'inclina.

— Maintenant, monsieur, reprit Manette, je voudrais vous demander un nouveau conseil.

— Je suis entièrement à votre service.

— Bien que je sois née en France, je suis tout à fait étrangère à ses usages, ainsi que vous l'avez remarqué l'autre jour, et j'ignore comment on y gouverne ses intérêts ; j'ai donc absolument besoin d'un conseiller, qui soit en même temps un peu mon ami.

— Si vous m'en jugez digne, madame, s'empressa de répondre le notaire, je serai l'un et l'autre.

— Veuillez donc m'écouter, monsieur. J'ai à toucher à la caisse de M. de Rothschild la somme d'un million et demi que représentent actuellement des lettres de change.

Le notaire eut un haut-le-corps et répéta abasourdi :

— Un million et demi !

— Que dois-je faire de cette somme ? demanda Manette.

— Oh ! l'emploi en est des plus faciles : vous donnerez l'ordre à un agent de change de vous acheter, au comptant, pour un million de rentes sur l'État et cinq cent mille francs d'obligations de chemins de fer. Prêter à l'État et à nos grandes compagnies industrielles est un placement qui ne court aucun risque. Votre argent sera représenté par des titres qui vous donneront une moyenne d'intérêt de près de six pour cent.

— Voilà qui est admirable, monsieur, et je m'applaudis de vous avoir consulté ; je crois que je m'initierai assez vite aux choses de finance. Mais quand j'aurai ces titres, qu'en ferai-je ? car je ne voudrais pas les garder chez moi, en admettant même qu'il n'y ait pas de voleurs en France.

— Eh bien! répondit le notaire en souriant, vous mettrez vos titres en dépôt à la Banque de France. La Banque vous ouvrira un compte, elle opèrera le recouvrement des intérêts des titres, et vous n'aurez qu'à prendre de l'argent sur votre crédit lorsque vous en aurez besoin.

— Je crois comprendre... Si j'osais encore vous demander un service...

— Lequel?

— Ce serait de m'aider à faire tout ce que vous venez de m'indiquer.

— Ne suis-je pas tout à votre disposition?

— Merci, monsieur, dit Manette d'un ton pénétré, je suis heureuse de m'être adressée à vous.

Le jour même, l'argent fut touché chez Rothschild, déposé provisoirement chez le notaire, et un agent de change fut chargé d'acheter les rentes et les obligations. En huit jours, tout fut acheté, payé, et les titres déposés à la Banque au nom de Marie-Anne Biron. Celle-ci avait raconté au notaire, qui, nous devons le dire, méritait sa confiance, une partie de son histoire et de celle du docteur Grandier; mais elle n'avait point cru devoir lui parler des diamants de la cassette.

Cependant les réponses de Hollande, impatiemment attendues, arrivèrent. Elles furent pour Manette une nouvelle déception, mademoiselle Virginie Grandier ou de Loubel n'avait pas reparu à Amsterdam depuis qu'elle avait quitté la Hollande avec sa mère, et malgré les informations qui avaient été prises partout, on regrettait de ne pouvoir fournir aucun renseignement. D'un autre côté, l'avis inséré dans les journaux ne donnait pas un meilleur résultat. Une seconde insertion eut lieu sans plus de succès.

Manette était désespérée.

Un soir, elle alla trouver le notaire.

— Monsieur, lui dit-elle, demain je quitterai Paris où je suis depuis six semaines; j'éprouve le besoin de revoir les montagnes des Ardennes où je suis née; il faut que je m'agenouille et prie sur une tombe, peut-être sur deux, si mon père est couché dans le cimetière à côté de ma mère. Je ne sais pas encore où je me fixerai; mais aussitôt que j'aurai décidé quelque chose, je vous écrirai. Vous m'écrirez aussi, monsieur, dès que vous aurez un indice quelconque, le moindre renseignement. Et puis, bien que je ne sois pas faite au bruit, au mouvement des grandes villes, je viendrai à Paris quelquefois; j'irai aussi ailleurs. Je chercherai de mon côté, monsieur, car il faut que nous les retrouvions, les pauvres malheureux, il le faut!

Elle quitta le notaire en lui laissant une seconde somme de dix mille francs.

Le lendemain, ayant abandonné son costume hindou pour prendre un vêtement français de femme du peuple, ce qui avait beaucoup étonné le propriétaire de l'hôtel, elle se mit en route pour les Ardennes.

Elle arriva au chef-lieu de canton, où elle laissa provisoirement ses malles, et, la cassette sous son bras, un petit sac de voyage à la main, elle prit à pied le chemin de Marangue. Mais ne voulant pas se faire voir dans le village, elle tourna autour des maisons et gagna le cimetière, où elle entra. Elle avait une excellente mémoire, car elle retrouva immédiatement l'endroit où sa mère avait été enterrée. Sur ce carré de terre depuis longtemps délaissé, poussaient toutes sortes de grandes herbes, des ronces et des orties. Manette se mit à genoux et pria avec un pieux recueillement.

Ensuite elle sortit du cimetière et se dirigea vers les huttes. La nuit commençait à venir. Elle arrivait au-dessus de la montée, lorsqu'elle rencontra un homme portant sur son épaule une cognée. L'homme la salua. Il allait continuer son chemin sans rien dire. Elle l'arrêta.

— Êtes-vous des Huttes ou de Marangue? lui demanda-t-elle.

— Je suis de Marangue, répondit-il.

— Comment vous appelez-vous?

— Antoine Vernier.

— Vernier, j'ai probablement connu votre père. Est-il toujours de ce monde?

— Il est mort.

— Il se nommait Joseph Vernier?

— C'est son nom, en effet; vous avez connu mon père.

— J'ai peut-être aussi connu votre mère. Quel était son nom de jeune fille?

— Alice Marais.

— Jeune homme, reprit Manette, quand j'étais toute petite, votre mère était mon amie. Existe-t-elle encore?

— Morte aussi!

Manette poussa un soupir.

— Que de tombes se sont ouvertes autour de moi! murmura-t-elle.

— Mais qui donc êtes-vous? lui demanda le paysan.

— Qui je suis? Une pauvre vieille femme. Au hameau des Huttes, où je suis née, personne ne me connaît plus, car quand je suis partie, les enfants qui sont aujourd'hui des hommes n'existaient pas, et les vieillards m'ont oubliée... En ce temps-là, jeune homme, on me donnait plusieurs noms : on m'appelait la Chenille, l'Araignée, le monstre... Mon véritable nom, celui qu'on ne me donnait guère, est Manette Biron.

— Manette Biron! s'écria le bûcheron avec surprise; quoi! c'est vous qui êtes Manette Biron?

— Avez-vous donc entendu parler de moi?

— Par ma mère, bien souvent. Elle me racontait, ce que tout le monde a cru, que vous aviez été mangée par les loups dans la forêt.

— Ah! on a cru cela! fit Manette; eh bien, mon garçon, on s'est trompé. Après plus de trente ans je reviens aux Huttes. Hélas! j'ose à peine vous interroger, car je tremble d'apprendre... Antoine Vernier, vais-je revoir mon père?

— Je souhaite joie et prospérité à la famille, d'Antoine Vernier dit Manette. (Page 106.)

— Le vieux bûcheron dort depuis dix ans dans le cimetière de Marangue. Les yeux de Manette se voilèrent de larmes.
— Et sa femme? demanda-t-elle.
— Je ne saurais vous dire ce qu'elle est devenue, car peu de temps après la mort de Biron, elle a quitté le pays. C'était une méchante femme, on ne l'aimait pas aux Huttes, et c'est bien elle qui a causé la mort du vieux. Dieu! l'a-t-elle fait souffrir, le pauvre homme!

Manette baissa la tête et resta un moment silencieuse.

Aux soulèvements de sa poitrine, le bûcheron aurait pu voir son émotion.

— Ainsi, reprit-elle d'une voix oppressée, je vais arriver aux Huttes et m'y trouver sans asile?

— La maison de Biron, appuyée au rocher, a été solidement bâtie ; elle est encore debout.

— N'a-t-elle pas été vendue?

— La veuve voulait la faire vendre et aussi les meubles ; mais des gens s'y sont opposés ; je crois bien que le maire de Marangue et le juge de paix du canton se sont mêlés de l'affaire. Ils disaient que la veuve Biron n'était pas héritière de son mari, qu'elle n'avait droit à rien, attendu que la mort de Manette Biron n'était nullement prouvée.

« Et les Huttes furent débarrassées de la méchante femme, qui s'en alla en emportant seulement son linge et ses habits. Le jour même, le maire vint fermer la porte du logis et emporta la clef. Mais la porte était déjà vieille, elle a achevé de se pourrir, la serrure tombe et vous n'aurez pas besoin de la clef pour entrer chez vous.

— Enfin, dit Manette très émue, je retrouve donc quelque chose. Je vais pouvoir me reposer et dormir dans ma chère et pauvre cabane où je suis née!

— Voilà la nuit, reprit le bûcheron, je vous quitte, car j'ai hâte de me retrouver auprès de Gervaise et de ma petite Suzanne.

— Vous êtes marié et vous avez un enfant?...

— Oui, une petite fille qui approche de ses sept ans, et Gervaise va bientôt me donner un deuxième enfant.

— Je souhaite joie et prospérité à la famille d'Antoine Vernier, dit Manette. Bonsoir, mon garçon, je me souviendrai de vous.

XVIII

LA FORTUNE DE THOMAS

Nous avons cru devoir raconter comment Manette Biron était revenue aux Huttes et avait repris possession de la cabane de son père.

Comme nous l'avons dit, les gens du hameau et ceux du village avaient supposé, ce qui paraissait vraisemblable, qu'elle s'était réfugiée dans les sombres profondeurs de la forêt et qu'elle était devenue la proie d'une famille de loups. Alors un revirement s'était fait en sa faveur; on plaignit Manette et on cria contre la marâtre, dont les mauvais traitements avaient causé sa triste fin. On prit la femme de Biron en haine et elle devint la bête noire du pays.

Comme bien on pense, depuis tant de temps écoulé, on ne se souvenait plus de Manette : aussi, quand on apprit qu'elle était revenue aux Huttes, l'étonnement fut grand. On se livra sur son compte à une foule de commentaires. Qu'avait-elle fait depuis trente ans? Où était-elle allée? D'où venait-elle? Avait-elle amassé de quoi vivre en courant à travers le monde? Manette laissait dire.

A ceux qui l'interrogèrent, elle répondit :

— Ma belle-mère ne m'aimait pas, elle me battait tous les jours ; je me suis sauvée et suis allée bien loin, dans une autre partie du monde.

On aurait voulu savoir autre chose et surtout quels étaient ses moyens d'existence.

Mais, sur ce point, elle resta absolument muette. Toutefois, quand on comprit que son intention était de rester aux Huttes, dans la cabane de son père, on fut convaincu que Manette revenait au hameau aussi pauvre, où à peu près, que le jour où elle l'avait quitté.

Du reste, naturellement peu communicative, Manette s'isola presque complètement. Ce n'est pas qu'elle eût gardé rancune à ceux qui avaient été sans pitié pour elle dans son enfance; mais il entrait dans ses vues de s'entourer d'un mystère impénétrable.

Il n'en fallait pas davantage pour qu'on lui trouvât des allures bizarres, quelque chose de surnaturel. Son regard vif, perçant et plein d'éclat, effrayait les enfants, et les femmes se disaient entre elles qu'elle n'avait ni les yeux, ni la figure, ni la tête d'une chrétienne.

Les fioles, les bouteilles, les flacons et les bocaux que les curieux ne tardèrent pas à voir étalés sur des planchettes, donnèrent aussi beaucoup à penser. On commença à croire que Manette s'occupait de choses ténébreuses...

Ce fut bien pire lorsque Manette, au moyen de certaines plantes et de quelques gouttes de liquide contenu dans ses fioles eut guéri tantôt une plaie, une entorse, un panaris, tantôt une jaunisse, une maladie de la peau ou du cuir chevelu et coupé certaines fièvres.

On prétendit qu'elle possédait un pouvoir occulte, qu'elle avait évidemment des conférences avec le diable, et qu'il fallait redouter ses maléfices.

Beaucoup de gens lui donnèrent le nom de sorcière. Les moins ignorants n'allèrent pas jusque-là, mais comme elle avait réellement le pouvoir ou la science de guérir, ils l'appelèrent la rebouteuse.

Dès le lendemain de son retour aux Huttes, Manette avait fait venir un maçon et un menuisier, afin de s'entendre avec eux pour restaurer sa cabane.

— Voyez ce qu'il y a à faire, leur dit-elle ; mais que cela ne coûte pas trop cher, car je suis une pauvre femme et j'aurai vu bientôt la fin de mes petites économies. Par exemple, continua-t-elle, je veux une porte solide, avec une serrure et un verrou, et à ma fenêtre des barreaux de fer.

Les deux entrepreneurs se mirent à rire.

— Est-ce que vous avez peur des amoureux? dirent-ils d'un ton goguenard.

— Bien sûr que non, répondit-elle; mais voyez-vous, je suis très peureuse; je ne pourrais pas dormir la nuit si je ne savais pas ma maison bien close.

Il fut entendu que la porte serait solidement fabriquée, qu'elle aurait une serrure, un verrou, et qu'on mettrait des barreaux à la fenêtre. Ensuite le prix fut débattu et convenu.

— Ce n'est pas tout, reprit Manette, en montrant au maçon une large crevasse dans le rocher, cette seule chambre ne me paraît pas suffisante, je voudrais une autre petite pièce. Ne peut-on pas la faire ici en passant à travers cette fente pour creuser le rocher?

— Si vraiment, répondit le maçon, en touchant la pierre, avec des marteaux bien trempés et de bons bras, on creusera la roche.

— Quand commencerez-vous?

— Demain.

Quinze jours après, les travaux étaient terminés.

La grotte devenait la cachette du coffret aux pierres précieuses.

Manette avait écrit au notaire, qui continuait à faire de vaines tentatives pour retrouver madame Vermont. Elle fit aussi plusieurs fois le voyage de Paris, et toujours elle revenait désespérée.

Avec la vie qu'elle s'était faite et à laquelle elle s'était pour ainsi dire condamnée, Manette se trouva fort embarrassée de l'argent qu'elle avait chez elle et de celui qui allait faire la boule de neige à la Banque de France.

Elle voulait qu'on la crût pauvre et tenait à vivre pauvrement. Mais chaque jour, elle voyait autour d'elle à Marangue, aux Huttes et ailleurs, des misères navrantes. Alors, songeant à la fille du docteur Grandier, qui était sans doute aussi misérable que ceux qui souffraient sous ses yeux, elle sentait son cœur généreux se briser. Elle aurait voulu secourir toutes les infortunes; elle n'osait pas le faire, dans la crainte de révéler ce qu'elle tenait absolument à cacher.

Pourtant, elle allait souvent à la ville voisine, et sans se faire connaître, par l'intermédiaire tantôt d'un prêtre recommandable ou d'une religieuse, tantôt du maire ou de toute autre notabilité, elle faisait parvenir des secours anonymes aux malheureux qu'elle désirait soulager. Mais en agissant ainsi, elle était gênée et ne faisait pas tout le bien qu'elle souhaitait.

Dans ses conversations avec le notaire de Paris, elle avait compris, avec sa lucidité d'esprit habituelle, comment le capital doit être employé dans notre société moderne. Elle savait donc que le capital est la force et la vie du commerce, de l'industrie, de l'agriculture, des beaux-arts, et saisissait fort bien que posséder un capital inactif était rendre neutre une partie de l'élément principal de la fortune publique, c'est-à-dire du bien-être de tous.

Elle comprenait fort bien aussi que le capital habilement mis en œuvre, servait non seulement les intérêts collectifs, mais devait forcément s'accroître et se doubler dans un temps déterminé.

Donc, pour faire du bien comme elle l'entendait et employer le capital inactif qu'elle avait entre les mains, Manette réfléchit pendant six mois au parti qu'elle devait prendre.

Enfin elle décida qu'elle devait avoir un mandataire, un associé, un bras droit, un autre elle-même agissant sous l'inspiration de sa volonté.

Or, où trouver ce mandataire?

Manette se mit à chercher autour d'elle. Elle pensa d'abord à Antoine Vernier, auquel, sans se rendre exactement compte de ses impressions, elle s'intéressait vivement. Mais Antoine Vernier était bûcheron, il ne réunissait pas toutes les qualités que Manette voulait à l'homme qui devait servir ses projets.

— Je trouverai plus tard le moyen d'employer Antoine Vernier, se dit-elle.

Elle chercha de nouveau. Son choix définitif tomba sur Thomas, un pauvre journalier. Les renseignements qu'elle prit adroitement sur lui furent excellents. Il était honnête et d'une probité rare. Il avait une femme et huit enfants qu'il adorait. Il était suffisamment intelligent, sobre, et connaissait parfaitement la culture. Pour parvenir à donner à ses enfants assez de pain pour les empêcher de mourir de faim, il travaillait jour et nuit et se privait de tout, même de repos. Une bonne partie de l'année, il était employé dans une ferme au travail des champs. Manette apprit en même temps que la ferme était à vendre.

Un matin, elle s'en alla se promener sur les terres des Ambrettes.

Elle rencontra des hommes qui fauchaient un pré et demanda où elle pourrait trouver Thomas. L'un des faucheurs lui répondit :

— Voyez là-bas, au penchant de la colline, cet homme courbé sur une charrue, c'est Thomas.

Manette marcha vers la colline et arriva près du laboureur. Celui-ci suspendit un instant son travail.

— Bonjour, Thomas, dit Manette; me connais-tu?

Elle commençait à tutoyer tout le monde.

— Vous êtes Manette Biron, la bonne rebouteuse, répondit-il.

Manette fut contente de la réponse.

— Alors, reprit-elle, tu sais que je demeure aux Huttes.

— Certainement.

— Saurais-tu trouver ma cabane?

— J'y suis entré plus d'une fois pour dire bonjour à votre père, et quand le pauvre vieux est mort, je suis un de ceux qui l'ont porté pour le descendre à côté de sa première femme, qui était une des meilleures créatures du bon Dieu.

Avec ces paroles si simples et si naturelles, qui étaient allées jusqu'au cœur de Manette, il avait conquis son amitié du premier coup.

— Eh bien! Thomas, reprit-elle avec émotion, c'est demain dimanche, tu te reposeras et tu viendras me voir dans ma cabane. Je veux causer avec toi.

— Puisque cela paraît vous être agréable, Manette, demain j'irai aux Huttes.

— Je t'attendrai, mon garçon. Mais je te recommande de ne dire à personne, pas même à ta femme, que Manette Biron a quelque chose à te confier.

Pendant tout le reste du jour et encore le lendemain matin, en se préparant à partir pour les Huttes, Thomas ne cessa pas de répéter :

— C'est bien drôle ; que peut donc avoir à me dire Manette Biron?

Sa femme lui demanda où il allait.

— Je vais voir un de mes camarades à Marangue, répondit-il.

A midi, il entrait dans la cabane de Manette ; quand il en sortit, il était cinq heures. Son émotion devait être grande, car en descendant le chemin des Huttes il chancelait comme un homme ivre ; de plus, on aurait pu voir à ses yeux rougis qu'il avait pleuré.

Nous croyons inutile de rapporter la longue conversation qu'il venait d'avoir avec Manette. Le lecteur devinera aisément que celle-ci l'avait initié à ses projets, lui avait dit ce qu'elle attendait de lui, et qu'un traité mystérieux avait été conclu.

Le surlendemain, Manette, ayant pris dans la cassette une douzaine de pierres précieuses, se mettait en route pour Paris.

Trois semaines plus tard, les gens du pays apprirent avec une stupéfaction facile à comprendre que Thomas, le plus pauvre homme de la contrée, venait de se rendre acquéreur de la riche ferme des Ambrettes, qu'il avait payée, argent comptant, trois cent vingt mille francs.

— Comment le pauvre manœuvre est-il devenu si riche tout à coup?

Voilà ce que tout le monde se demandait. On se perdit dans le dédale des conjectures.

Il y eut des curieux et même des gens haut placés, des fonctionnaires, qui voulurent aller au fond des choses ; mais il y eut en même temps un honorable notaire de Paris qui déclara que Thomas avait été enrichi par la volonté d'un de ses clients, qui tenait à rester inconnu.

Pendant ce temps, Thomas prenait tranquillement possession des Ambrettes, et de simple journalier, devenait propriétaire et maître.

Bientôt, sa conduite, unanimement admirée, imposa silence à la malveillance, aux jaloux, aux envieux. En effet, Thomas ne paraissait être devenu riche que pour répandre ses bienfaits dans la contrée. Il ne [se lassait pas de faire le bien, et sa bourse, toujours ouverte aux véritables malheureux, semblait inépuisable.

Il y eut des gens qui, calculant ce qu'il donnait chaque année pour secourir les malades, les veuves et faire disparaître d'autres infortunes, assurèrent qu'il employait au moins la moitié des revenus de sa ferme.

Or, Thomas le riche fut partout acclamé comme le père des malheureux, le bienfaiteur de la contrée, pendant que Manette Biron, comme au temps de sa jeunesse, était méprisée, détestée et partout repoussée. En la rencontrant, les femmes criaient :

— Arrière, la maudite! Arrière, la sorcière!

Et les enfants, ou se sauvaient d'elle épouvantés, ou lui jetaient des pierres.

XIX

LE CHEMIN CREUX

Le dimanche où la rebouteuse des Huttes avait reçu successivement dans sa cabane la visite de Thomas, de Georges Raynal, le garçon de ferme, et de Suzanne Vernier, Thomas lui avait dit, avant de parler de l'importante acquisition du domaine de Salerne : « Le temps s'est beaucoup radouci ; nous allons avoir le dégel ces jours-ci. »

A ces paroles Manette avait répondu : « Tant mieux, les femmes pourront aller ramasser dans la forêt le bois que la dernière tempête a fait tomber des arbres, car les provisions sont à peu près épuisées. »

Thomas ne s'était pas trompé, le lundi soir la pluie commença à tomber et elle continua pendant toute la journée du mardi et celle du mercredi. Le jeudi, le temps s'éclaircit et le vent tourna du côté de la Belgique. Toute la neige qui couvrait les montagnes et les vallées avait disparu. Dans la nuit, il y eut une gelée qui devint plus forte la nuit suivante. Enfin, le dimanche, la terre durcie résonnait sous le pied. Le ciel était sans nuage et le soleil superbe...

Dès le matin, le comte de Raucourt et ses amis étaient partis avec la meute pour se livrer à une chasse à outrance.

Les femmes de Marangue et des Huttes, la messe dite, se disposaient à aller ramasser du bois dans la forêt.

Gervaise dit à sa fille aînée :

— Suzanne, est-ce que tu ne viens pas avec nous?

— Non vraiment, ma mère, répondit-elle ; je ne me soucie nullement d'aller faire un fagot pour le rapporter ensuite sur mon dos.

La mère n'insista point. Elle partit avec Georgette.

A l'heure où Gervaise arriva dans la forêt, elle était pleine de bruit et de rumeurs lointaines.

En prêtant l'oreille, on entendait distinctement le bruit des sabots des chevaux lancés à toute vitesse. Aux sonneries et aux fanfares des cors, que répétaient tous les échos, se mêlait la voix des chiens acharnés à la poursuite d'un sanglier, vieux solitaire, que les traqueurs étaient parvenus à faire sortir de sa bauge. De temps à autre, deux ou plusieurs détonations se faisaient entendre presque simultanément. Autant qu'on en pouvait juger à distance, le succès des chasseurs ne paraissait pas douteux.

En effet, la bête, blessée déjà en plusieurs endroits, ne devait pas tarder à être forcée.

— Il me semble que la chasse se dirige de notre côté, dit Gervaise à Georgette.

— Mais oui, maman, répondit l'enfant, les aboiements des chiens se rapprochent de plus en plus.

— En ce cas, je vais vite lier nos fagots et nous partirons.

Un instant après, Gervaise et Georgette, leur charge sur le dos, gravissaient lentement la rampe d'un chemin creux.

La jeune fille marchait en avant.

Soudain, elle poussa un cri de terreur et, voulant se jeter en arrière, elle roula sur le sol avec son fardeau. Le cri de l'enfant fut aussitôt répété par Gervaise.

A cinquante pas au-dessus d'elles, un sanglier de la plus haute taille venait d'apparaître dans le chemin creux.

Suivi de près par les chasseurs et la meute toute entière, le vieux solitaire de la forêt faisait un dernier et suprême effort pour leur échapper.

Les soies hérissées sur l'épine du dos, les flancs rouges de son sang, tête basse, la gueule ouverte, écumante, l'animal avançait par bonds prodigieux, entouré d'un nuage de vapeur qui s'échappait de son corps baigné de sueur.

Oubliant sa propre sûreté, Gervaise vit seulement le danger que courait Georgette.

— Ma fille, ma fille ! exclama-t-elle.

Et elle s'élança entre l'enfant qui cherchait à se relever et la bête furieuse.

Le sanglier arriva sur Gervaise et se précipita sur elle avec une rage désespérée. D'un coup de boutoir il la lança à dix pas, étendue au milieu du chemin. Puis, revenant à la charge avec une nouvelle fureur, ses formidables défenses creusèrent des sillons sanglants sur le corps de la malheureuse femme.

A cet instant, plus de trente chiens se précipitèrent tous ensemble dans le chemin creux. Renversant une seconde fois Georgette et passant sur le corps ensanglanté, inanimé de Gervaise, ils se ruèrent haletants et la gueule béante sur leur puissant et féroce ennemi.

Les enfants se sauvaient d'elle épouvantés ou lui jetaient des pierres.

L'animal répondit à cette terrible attaque par des coups mortels. Trois ou quatre chiens tombèrent autour de lui, les flancs ouverts, les entrailles déchirées, en poussant des rugissements de douleur.

Mais l'horrible drame touchait à sa fin; l'animal fut coiffé en même temps par deux chiens. La meute était victorieuse.

Les chasseurs arrivèrent à leur tour. Un coup de fusil, tiré à bout portant dans son oreille, foudroya le sanglier.

Mais il n'y eut pas une exclamation joyeuse.

Frappés de stupeur, consternés, les chasseurs regardaient, les yeux mornes, le corps déchiré, rouge de sang qui gisait devant eux. La pitié et la douleur remplaçaient l'allégresse qui suit ordinairement une victoire de chasse.

Cependant, Georgette s'étant relevée, vint tomber à genoux près de sa mère, en faisant entendre des cris déchirants.

Un médecin, qui se trouvait au nombre des chasseurs, s'agenouilla également près de Gervaise, lui mit la main sur la poitrine et examina ses horribles blessures.

Les autres chasseurs attendaient avec anxiété l'arrêt qui allait être prononcé.

— Eh bien ! cher docteur? demanda le comte de Raucourt.

— La pauvre femme vit encore, mais elle est affreusement blessée.

— Ce qui signifie?

Le médecin se releva et prononça tout bas

— Demain elle sera morte.

— Pauvre femme ! murmurèrent plusieurs voix.

— Messieurs, dit le comte en se tournant vers ses amis, nous ne pouvons pas abandonner cette malheureuse et cette enfant.

— Assurément.

— Nos hommes vont construire un brancard et quatre des plus robustes d'entre eux la transporteront chez elle. Nous avons dans nos voitures des coussins et des couvertures.

— Il faut savoir où elle demeure.

— L'enfant va nous le dire.

Et, s'adressant à Georgette, qui pleurait et sanglotait toujours, le comte lui demanda :

— Mignonne, est-ce ta mère qui vient d'être blessée par le sanglier?

— Oui, monsieur, c'est maman.

— Où demeurez-vous?

— A Marangue.

— Comment se nomme-t-elle, ta maman?

— Elle s'appelle Gervaise, Gervaise Vernier.

En entendant ce nom, un jeune homme qui se trouvait à côté du comte tressaillit et pâlit subitement.

— Oh ! mon Dieu, murmura-t-il, c'est la mère de Suzanne !

Ce jeune homme était le baron de Manoise.

Il se pencha vers Georgette, lui mit un baiser sur le front et lui adressa de douces paroles pour essayer de la consoler.

Le brancard fut rapidement fabriqué ; on fit une espèce de lit avec un coussin et plusieurs couvertures sur lequel on plaça Gervaise, toujours sans connaissance.

Alors le comte désigna six hommes pour transporter la blessée à Marangue.

— Je ne la quitte pas, dit le médecin ; s'il le faut, je passerai la nuit auprès d'elle.

Le comte le remercia en lui serrant la main.

— Mon ami, dit M. de Manoise au comte, je te demande aussi la permission d'accompagner le docteur.

— Quand j'ai le bonheur de recevoir mes amis à Raucourt, je me fais un devoir de les laisser entièrement libres, répondit courtoisement le comte.

Quatre hommes prirent le brancard et on se mit en marche. Le médecin se tenait à côté de la blessée. Georgette et le baron, la tenant par la main, suivaient à quelque distance.

On avait fait à peu près la moitié du trajet lorsque Gervaise reprit connaissance. Sa première pensée fut pour Georgette.

— Où est ma fille? demanda-t-elle d'une voix faible au médecin penché vers elle.

— Elle est là, madame, soyez sans inquiétude sur son sort.

— Ainsi, le sanglier ne l'a point blessée?

— Il ne l'a pas même touchée. Hélas! c'est déjà trop que vous vous soyez trouvée sur son passage.

— Monsieur, je voudrais bien voir Georgette et l'embrasser.

Le docteur fit arrêter les porteurs et appela Georgette, qui accourut en pleurant.

Gervaise l'entoura de ses bras et lui dit en l'embrassant :

— Tu n'as rien, le sanglier ne t'as pas fait de mal, je suis contente.

Sur un signe du docteur les porteurs reprirent le brancard et le cortège se remit en marche.

Quand on fut en vue des premières maisons de Marangue, le baron de Manoise se détacha du groupe, et, hâtant le pas, arriva au village le premier. Il connaissait probablement la maison de Gervaise, car il s'y rendit sans avoir besoin de se la faire indiquer.

Suzanne était seule. Elle lisait le poème de *Jocelyn*. On aurait pu s'étonner de trouver ce livre admirable à Marangue, où M. Ducray-Duménil était autrement connu et apprécié que le grand poète Lamartine.

A la vue du baron de Manoise, la jeune fille se leva vivement en fermant le livre, qu'elle jeta sur l'entablement de la fenêtre. Elle salua le jeune homme d'un mouvement de tête gracieux, pendant qu'une vive rougeur montait à son front. Elle vit bien que le baron était agité, très pâle ; mais elle ne pouvait deviner la véritable cause de son émotion.

— Suzanne, lui dit-il, vous ne pensiez pas me voir aujourd'hui, et vous ignoriez que je fusse depuis huit jours à Raucourt.

— Je le savais, répondit-elle.

— Alors vous avez pu vous dire que je mettais peu d'empressement à vous revoir.

— Je n'ai pas eu cette pensée.

— C'est pour vous, Suzanne, pour vous seule que je suis revenu dans ce pays. Je vous l'avais promis, d'ailleurs.

Un sourire effleura les lèvres de Suzanne.

— Depuis que je vous ai rencontrée la première fois, reprit-il, vous occupez sans cesse ma pensée, et il me semble que je ne respire plus que par vous et pour vous... Mais ce n'est pas aujourd'hui que je veux, que je dois vous parler de l'amour profond qu'un seul de vos regards a fait naître en mon cœur. J'attendrai. Hélas! je suis en ce moment un messager de mauvaise nouvelle ; je suis accouru ici pour vous annoncer un épouvantable malheur qui vient de vous frapper, et en même temps pour soutenir votre courage et faire, si c'est au pouvoir d'un homme qui donnerait sa vie pour vous, que le coup vous frappe moins cruellement.

— Que signifient ces paroles? Que voulez-vous dire? demanda-t-elle.

— Suzanne, soyez forte... Il s'agit de votre mère.

— Ma mère?

— Nous chassions dans la forêt, et les chiens poursuivaient un sanglier déjà blessé. La fatalité a placé madame Vernier et votre jeune sœur sur le passage de l'animal désespéré, au milieu d'un chemin.

— Alors? fit Suzanne haletante, et pâle comme une morte.

— Le sanglier furieux s'est précipité sur madame Vernier...

— Ah! ma mère est morte! exclama Suzanne.

— Non. Mais elle est affreusement blessée.

— Et Georgette?

— Votre sœur n'a pas même reçu une égratignure.

Suzanne, chancelante, s'appuya contre un mur.

Le jeune homme lui prit la main.

— Un médecin, ami de M. de Raucourt, est près de votre mère, qui va arriver portée sur un brancard, dit-il ; peut-être pourra-t-il la sauver.

A ce moment, des clameurs retentirent au centre du village et devinrent de plus en plus nombreuses en se rapprochant.

Suzanne s'élança hors de la maison. Le baron la suivit. Gervaise n'était plus qu'à quelques pas de sa maison, escortée par plus de cent personnes qui remplissaient l'air de cris et de lamentations.

En voyant sa mère étendue sur le brancard, les yeux hagards, étincelants de fièvre, la figure blanche comme la neige et le corps couvert du sang qui coulait de ses plaies, Suzanne poussa un cri terrible et tomba à demi évanouie dans les bras du baron de Manoise qui n'eut que le temps de l'empêcher de s'affaisser sur le sol.

Sans avoir même conscience de son action, le jeune homme serra fortement

Suzanne contre sa poitrine. Dans cette étreinte passionnée, la jeune fille frissonna et se ranima aussitôt. Par un mouvement brusque elle se dégagea des bras du baron et bondit vers le brancard.

Gervaise la reconnut et lui tendit la main.

Retiré à l'écart, le baron de Manoise se disait :

— Dans sa douleur, elle est plus adorable encore. Ah ! je l'aime à en mourir !

XX

MORT DE GERVAISE

Gervaise avait été couchée dans son lit. Le médecin lui donnait ses soins, assisté de quelques femmes. Au pied du lit, Georgette immobile, silencieuse, la poitrine gonflée, suivait avec anxiété le travail du docteur.

En arrière de Georgette, Suzanne était appuyée contre un meuble, la tête baissée, les bras ballants. Ses yeux n'avaient pas de larmes, mais sa douleur n'en était pas moins grande.

Après avoir échangé un regard avec elle, le baron de Manoise avait disparu.

Devant la maison, il y avait un rassemblement de femmes, au milieu desquelles Perrine causait avec animation en faisant mouvoir ses longs bras.

— Gervaise n'en reviendra pas, vous en êtes sûres, disait-elle, et demain matin, avant que les coqs aient chanté, elle sera trépassée.

— Mon Dieu, quel malheur ! dit une autre paysanne ; passe encore pour Suzanne, qui est élevée et sait travailler, elle saura se tirer d'affaire ; mais Georgette ?...

— Oui, c'est Georgette surtout qui est à plaindre, ajouta une troisième.

— D'ailleurs, il fallait s'attendre à ce qui vient d'arriver, reprit Perrine, une nouvelle fosse devait être creusée dans le cimetière de Marangue ; la pauvre Gervaise ne pensait guère, il y a aujourd'hui dix jours, que la fosse serait pour elle.

C'était la nuit de la grande tempête, nous étions réunies chez Gervaise ; tout à coup...

— Oui, oui, je sais, l'interrompit une femme ; un chien a fait entendre le hurlement de la mort.

— Et l'une de nous a dit tout de suite : « Il y aura dans quelques jours un mort ou une morte à Marangue. »

— Ce n'était pas douteux, reprit une autre femme, sans compter que ce matin, à la messe, pendant qu'on tintait à l'élévation, le marteau de l'horloge a sonné onze heures.

— Et ce n'est pas tout, dit une voisine : Hier, une pie s'est perchée sur le grand prunier du jardin de Gervaise, pendant plus d'une heure elle s'est mise à agacer d'une façon sinistre.

— Et pourtant, reprit Perrine, la vieille Manette prétend que tout cela c'est des bêtises.

— Au fait, la rebouteuse n'était-elle pas chez Gervaise le soir de la tempête ?

— Si, vraiment, elle nous a même dit des choses bien étranges.

— Et que je ne tiens pas à savoir dans l'intérêt de mon salut, répliqua une paysanne à l'air prude et hypocrite. La sorcière n'avait pas fait parler d'elle depuis longtemps, continua-t-elle, la pauvre Gervaise est une nouvelle victime de ses maléfices.

— Aussi, amplifia une autre femme, vous verrez que la sorcière, qui guérit les gens quand elle le veut, ne sauvera pas Gervaise.

— Quelqu'un de Marangue n'est-il pas monté aux Huttes pour la prévenir?

— Oui, répondit la femme à l'air hypocrite, mais elle ne viendra pas, car elle sait quel sort est réservé à Gervaise.

Au moment même, donnant un démenti à celle qui venait de parler, Manette Biron apparut à quelques pas des femmes. Aussitôt elles s'écartèrent comme des oiseaux effarouchés.

Sans se préoccuper de leur attitude, sans même les regarder, la rebouteuse entra dans la maison. Elle s'approcha du lit de Gervaise, dont les yeux étaient à demi fermés, et l'examina attentivement, les deux mains appuyés sur son bâton.

Ensuite, se tournant vers le docteur :

— A la façon dont vous soignez Gervaise, lui dit-elle, je vois que vous êtes médecin !

Celui-ci la regarda curieusement.

— C'est bien, continua Manette, vous ne pouviez faire mieux ni plus.

— Alors, vous voyez la situation réelle de la blessée? demanda le docteur.

— Avant le coucher du soleil, Gervaise ne sera plus, répondit-elle à voix basse.

Le docteur ne put réprimer un mouvement de surprise.

— Qui donc êtes-vous? l'interrogea-t-il.

— Dans ce pays on m'appelle la vieille sorcière, répondit-elle tristement.

— Ah! c'est vous qui êtes Manette Biron, la rebouteuse?

— C'est moi.

— Ces jours derniers on a beaucoup parlé de vous chez M. le comte de Raucourt.

— C'est vraiment me faire beaucoup d'honneur.

— Souvent, paraît-il, vous avez fait des miracles ; on m'a parlé de guérisons vraiment merveilleuses.

— J'ai eu le bonheur de réussir quelquefois.

— Est-ce que vous avez étudié la médecine?

— Non, mais j'ai été l'amie d'un médecin illustre dans l'Inde ; pendant trente ans j'ai pris part à ses travaux. C'est ainsi que je connais la vertu de certaines plantes et que je sais un peu de chimie.

Cette fois, le jeune médecin la regarda avec admiration. Puis, lui montrant Gervaise :

— Pourquoi ne tentez-vous pas de sauver cette femme ? demanda-t-il.

— Hélas ! fit-elle, parmi les secrets que je possède, je n'ai pas celui-là.

En détournant les yeux pour essuyer furtivement une larme, elle aperçut Georgette. Son visage prit aussitôt une expression douloureuse. Elle marcha vers l'enfant, la prit dans ses bras et lui mit un baiser sur le haut du front. Ensuite, en passant devant Suzanne, elle lui jeta un regard froid, presque dédaigneux, et sortit de la maison.

Au lieu de remonter vers les Huttes, elle descendit sur la Vrille et prit le chemin qui mène à Raucourt et à la ferme des Ambrettes, qui se trouve sur le territoire de cette commune.

Peu de temps après le départ de la rebouteuse, le corps de Gervaise fut secoué par un tremblement convulsif. Ses yeux s'ouvrirent démesurément et d'une voix éteinte elle appela :

— Georgette, Suzanne !

Les deux jeunes filles vinrent se placer près du lit de leur mère. Le médecin et les femmes se retirèrent à quelque distance.

En voyant ses enfants près d'elle, un éclair de joie sillonna le regard de Gervaise, lueur fugitive d'une dernière satisfaction. En même temps, ses traits contractés par la souffrance prirent une expression de tendresse infinie. Elle saisit les mains des jeunes filles et les serra fiévreusement dans les siennes.

— Je ne sens déjà plus la vie en moi, dit-elle d'une voix sifflante, entrecoupée, je vais mourir ! Mes pauvres enfants, mes chères petites, qu'allez-vous devenir?

Après un moment de silence, qu'elle employa à reprendre et à rassembler ses forces, elle reprit :

— Mes enfants, vous allez être seules au monde, ah ! aimez-vous, aimez-vous bien !... Suzanne, je te recommande ta sœur, tu me promets de veiller sur elle, n'est-ce pas ?... Dans quelques années, tu lui apprendras, comme je te l'ai appris, l'état de couturière, et alors vous travaillerez ensemble... Mon Dieu, pourquoi m'enlevez-vous sitôt à mes enfants !...

Elle s'arrêta encore. La voix lui manquait.

Au bout d'un instant, sa tête se souleva et ses yeux étincelants se fixèrent sur Suzanne.

— Suzanne, murmura-t-elle d'une voix rauque, n'oublie pas mes dernières recommandations.

— Vous vivrez, ma mère, vous vivrez, balbutia la jeune fille.

La figure de Gervaise se couvrit d'une teinte jaunâtre; sa poitrine se souleva, un râle passa dans sa gorge, et, laissant retomber sa tête sur l'oreiller, on put entendre qu'elle disait:

— Mes enfants, embrassez-moi!...

Suzanne et Georgette se penchèrent sur elle en même temps.

Mais Gervaise resta immobile; ses yeux grands ouverts ne voyaient plus.

Le médecin jeta un regard de compassion sur les jeunes filles; puis, se tournant vers les femmes:

— Gervaise ne souffre plus, leur dit-il tout bas; elle est morte!

Si bas qu'eussent été prononcées ces paroles, Suzanne les entendit.

— Morte! répéta-t-elle comme un écho, en se redressant brusquement.

A ce moment, à l'ouest, un nuage pourpre et orange, se détacha de l'horizon. Dans une bande de ciel qu'il laissa à découvert entre la terre et lui, le soleil apparut, montrant son disque entouré de rayons couleur topaze. Ces rayons du soleil couchant piquèrent les carreaux de la fenêtre, pénétrèrent dans la maison et frappèrent en plein le visage de Suzanne, formant autour de sa tête une sorte d'auréole lumineuse.

Au dehors, devant la maison, au milieu de ces mêmes rayons, Suzanne aperçut le baron de Manoise. Du fond de ses yeux bleus jaillit un double éclair. Sa tête se redressa encore, superbe d'audace, et elle fixa le soleil, comme si elle lui eût jeté un défi!

Pendant ce temps, Manette Biron arrivait aux Ambrettes où, ainsi qu'elle s'y attendait, elle trouva le fermier Thomas.

— Un grand malheur vient de jeter l'effroi et la consternation à Marangue, lui dit-elle. Aujourd'hui, le comte et ses amis ont chassé le sanglier...

— Oui, je sais, une grande chasse qui a été retardée à cause du dégel.

— Gervaise, revenant de ramasser du bois dans la forêt, s'est malheureusement trouvée sur le passage d'un sanglier déjà blessé et poursuivi par la meute. L'animal l'a renversée et affreusement déchirée en plusieurs endroits du corps.

— Oh! la pauvre Gervaise! fit Thomas.

— A l'heure où je te parle, Gervaise doit avoir rendu son âme à Dieu.

— Oui, vous avez raison, Manette, voilà un grand malheur.

— Et j'ai lieu d'en redouter les funestes conséquences.

— Autant que possible le mal sera réparé, répondit vivement Thomas. Que dois-je faire? Comme toujours, je suis prêt à vous obéir.

Ils échangèrent un regard rapide et mystérieux, puis le cavalier disparut. (Page 125.)

— Tu n'ignores pas que j'avais de l'amitié pour Antoine Vernier; s'il eût vécu, j'aurais fait pour lui, d'une autre façon, ce que j'ai fait pour toi. Mon affection pour Antoine s'est reportée sur ses enfants; mais Suzanne s'en est rendue indigne, et c'est de Georgette seule dont je veux m'occuper maintenant. D'ailleurs, le voudrais-je, je ne puis rien faire pour Suzanne. Elle a repoussé mes conseils, elle serait insensible à tes bienfaits. Suzanne a ses idées : elle ne se plaît pas à Marangue; elle y étouffe et elle n'attend que le moment propice pour s'en aller.

— Où ira-t-elle?

— Dieu le sait.

— Mais il faut la retenir, la malheureuse !

— Impossible. Elle a ses idées, te dis-je, et nulle puissance au monde ne les ferait changer. Dans trois jours elle sera consolée de la perte qu'elle vient de faire, car Gervaise, malgré sa faiblesse et sa tendresse aveugle, était un obstacle à ses projets. Je te le répète, Thomas, je ne peux rien pour Suzanne ; mais tâchons de sauver Georgette. Je crois utile de la soustraire promptement à l'influence de sa sœur. Tu pourrais aider les deux orphelines, en leur donnant l'argent nécessaire pour qu'elles ne tombassent point dans le dénuement ; mais ce ne serait pas assez, à mon avis. Or, voici ce que j'ai décidé : Georgette viendra demeurer aux Ambrettes et sera élevée et instruite avec tes filles, dont elle deviendra la sœur.

— Je ne demande pas mieux, si Suzanne consent...

— Tu peux être rassuré sur ce point ; Suzanne sera enchantée de ne pas avoir sa sœur à sa charge.

— Elle l'aime beaucoup, pourtant.

— Autrefois, Suzanne avait pour Georgette une grande affection, peut-être l'aime-t-elle encore ; mais elle a une pensée mauvaise qui étouffe en elle tous les bons sentiments. Ceux-ci se réveilleront probablement un jour, mais ce jour est loin, ne l'attendons pas.

— Georgette adore Suzanne, objecta encore Thomas, je crains qu'elle ne veuille point se séparer de sa sœur.

— Tu peux compter sur Suzanne pour décider Georgette à venir demeurer aux Ambrettes.

— C'est bien ; il sera fait ainsi que vous le voulez.

— Autre chose : Tu as revu le notaire de Pertuiset ?

— Oui, et il sait qu'en me présentant comme acquéreur, mon intention est de payer comptant. Dès aujourd'hui, Manette, vous pouvez considérer le domaine de Salerne comme vous appartenant.

— Au beau temps, Thomas, tu me mèneras voir le château et les fermes.

— A la fin de l'année, nous aurons une coupe de bois de douze hectares à mettre en adjudication.

— Tant mieux, c'est du travail pour les bûcherons et les charbonniers. A propos, et Georges ?

— Il n'y a plus rien à tenter pour le détourner de son projet. Hier il s'est rendu au chef-lieu et a contracté un engagement. Avant huit jours, peut-être, il aura reçu sa feuille de route.

— Laissons-le partir. En attendant qu'il revienne, de loin nous veillerons sur lui.

XXI

OU VAS-TU ?

Après l'enterrement de Gervaise, auquel assista presque toute la population de Marangue et des Huttes, sans compter le comte de Raucourt et ses amis, Thomas, ayant avec lui ses trois filles, accompagna Suzanne et Georgette à leur demeure.

Le comte de Raucourt, cause innocente de la mort de Gervaise, avait voulu payer les frais des obsèques ; de plus, il avait fait remettre à Suzanne, par son intendant, une assez forte somme d'argent.

Thomas savait cela. Ce n'était donc pas pour lui le moment de venir en aide à Suzanne. Il reconduisait les deux orphelines à leur domicile afin de se conformer à la volonté de la rebouteuse.

Il annonça donc à Suzanne qu'il désirait se charger entièrement de l'éducation et même de l'avenir de Georgette ; il lui proposa, en conséquence, d'emmener Georgette aux Ambrettes où, ajouta-t-il, elle serait considérée comme sa fille et comme une sœur par ses enfants.

— Cela nous sera facile, dirent alors les filles de Thomas, car déjà nous aimons beaucoup Georgette.

Et elles embrassèrent l'enfant l'une après l'autre.

— Mais non, s'écria Georgette en pleurant, je veux rester avec Suzanne, je ne veux pas quitter Suzanne.

Celle-ci n'avait pu cacher sa satisfaction en entendant Thomas ; toutefois, elle voulut avoir l'air de prendre le temps de réfléchir.

Au bout d'un instant, elle dit :

— Je vous remercie mille fois et bien sincèrement, monsieur Thomas ; en effet, l'offre généreuse que vous me faites est un bonheur inespéré pour ma sœur. Georgette sera infiniment mieux aux Ambrettes, près de vous, qu'ici, avec moi, qui suis pauvre et un peu jeune encore pour faire une maman.

Enfin, après avoir tenu un petit discours plein de bonnes raisons à Georgette, et en lui promettant qu'elle irait la voir souvent, elle la décida à aller demeurer aux Ambrettes, chez M. Thomas.

Il fut convenu que les filles du fermier, dont la plus jeune était de l'âge de Georgette, viendraient le lendemain chercher leur nouvelle petite sœur.

Quand, une heure après, la rebouteuse apprit ce qui s'était passé, elle répondit en souriant

— Je savais d'avance ce que dirait Suzanne.

Le lendemain, comme Georgette quittait Marangue, emmenée par les filles de Thomas, un homme qui portait la livrée du comte de Raucourt, entra chez Suzanne et lui remit une lettre. Cette lettre était signée baron Henri de Manoise. Le jeune homme écrivait à Suzanne :

« Je trouverais odieux et presque criminel de vous parler de mon amour à côté de la tombe à peine fermée de votre mère. Ce soir même je quitte Raucourt pour retourner à Paris. Je comprends votre douleur et la partage. Ah ! Suzanne, chère adorée, pourquoi l'homme n'a-t-il pas toujours le pouvoir de consoler la femme aimée ? Mais non, je ne veux point, dans un si cruel moment, troubler le recueillement de votre douleur.

« Je reviendrai aussitôt que mon cœur me dira que ma présence ne vous sera plus importune. D'ici là, rien ne pourra me distraire. Comme depuis six mois, ma pensée sera constamment avec vous.

« Suzanne, je vous aime, mon ardent amour ne s'éteindra qu'avec ma vie ! »

La jeune fille lut deux fois ce billet, le plia en quatre et le mit sous clef dans une boîte.

La mort de sa mère l'avait réellement affectée ; mais elle chercha la consolation dans les merveilleuses promesses de son rêve. Dédaigneuse de toutes les choses réelles que ses yeux pouvaient voir, que sa main pouvait toucher, elle continuait à s'élever à des hauteurs prodigieuses : elle planait comme l'aigle ! Elle sentait en elle une force, une puissance surhumaines.

L'hiver s'écoula. Les premiers rayons du soleil d'avril mirent des feuilles vertes aux branches des chênes et des fleurs aux buissons.

Georges Raynal était soldat ; son régiment venait d'être envoyé en Afrique.

Mais le fermier Thomas avait toujours le même nombre d'enfants, car Georgette remplaçait Georges. Ayant trouvé à la ferme une véritable affection, beaucoup de tendresse, la sœur de Suzanne s'était habituée à son existence nouvelle.

Aussi, quand Suzanne lui demandait :

— Es-tu contente ?

— Oui, va, répondait-elle, je suis bien heureuse !

Disons encore que Thomas, le riche, avait causé dans le pays une nouvelle et grande surprise quand on apprit qu'il avait acheté et payé comptant le domaine de Salerne.

Un soir d'un de ces beaux jours de printemps, où les jeunes feuillages frissonnent sous les caresses de la brise déjà parfumée, où tout parle au cœur, à l'âme, à la pensée : murmure de l'eau, gazouillement d'oiseaux, fleur qui s'ouvre, blé qui monte, insecte qui bourdonne, zéphyr qui passe, soleil qui rayonne, Suzanne travaillait devant sa maison, assise à l'ombre d'un vieux platane.

Le soleil allait se coucher.

Tout à coup, la jeune fille entendit le bruit des sabots d'un cheval qui arrivait au trot. Sans savoir pourquoi, son cœur se mit à battre. Presque aussitôt, à travers les arbres, elle aperçut le cheval et son cavalier.

Elle reconnut Henri de Manoise.

Alors le cheval ralentit sa marche, et s'avança au pas jusque devant Suzanne. A l'endroit où il s'arrêta, le cavalier se trouva enveloppé dans les rayons du soleil couchant, lesquels touchaient en même temps le haut de la tête de la jeune fille.

Suzanne tressaillit. Elle se souvenait que le jour de la mort de sa mère elle avait vu le baron de Manoise au milieu des rayons de ce même soleil à son déclin.

Le jeune homme se pencha sur le cou du cheval et ces paroles tombèrent de ses lèvres :

— Ce soir, à dix heures, je vous attendrai au bord de la Vrille, près du pont de Marangue.

Suzanne jeta autour d'elle un regard effaré ; mais elle était seule, personne n'avait pu entendre.

Ils échangèrent un regard rapide et mystérieux, puis le cavalier piqua les flancs du cheval, qui partit comme une flèche et disparut bientôt derrière un rideau de verdure.

Suzanne plia son ouvrage et rentra chez elle. Le soleil venait de disparaître.

Elle était légèrement tremblante ; mais dans les lueurs sombres de son regard éclatait une résolution énergique, presque farouche.

C'était l'heure du repas ; elle ne songea pas à manger; elle n'avait pas faim.

A neuf heures elle revêtit sa plus belle robe et emprisonna ses magnifiques cheveux dans un bonnet frais et coquet.

Avant de partir, elle fit le tour de la maison et s'arrêta devant le lit où couchait Georgette du vivant de sa mère. Il y avait dans ses mouvements quelque chose de fébrile. Ses yeux devinrent humides et son regard presque triste.

Elle entendit une voix intérieure qui lui disait :

— Suzanne, où vas-tu ?

Mais, aussitôt, une autre voix répondit :

— Vers l'avenir, vers la lumière !

Elle s'éloigna du lit en murmurant :

— Il le faut ! il le faut !

Elle jeta un châle sur ses épaules et passa à son bras un petit panier d'osier. Elle sortit de la maison, referma doucement la porte derrière elle, laissant la clef dans la serrure, et se mit à marcher très vite dans un étroit sentier qui descend sur la rivière.

Au bord de l'eau, à vingt pas du pont, le baron de Manoise se trouva devant elle.

— Enfin, lui dit-il tout bas, en l'entourant de ses bras, je vais donc pouvoir vous donner la preuve de mon amour. Chère Suzanne, vous verrez comme vous serez aimée, adorée... Je rêve pour vous une existence de reine...

Ce dernier mot fit courir un frisson dans les membres de Suzanne, et le jeune homme la sentit trembler contre son cœur. Il ne devina point la cause réelle de son émotion. Transporté de joie, ivre d'amour, il l'étreignit fortement, en collant sur son front ses lèvres brûlantes.

Suzanne s'échappa de ses bras et faisant un pas en arrière :

— Chut! fit-elle, je viens d'entendre quelque chose.

— Qu'avez-vous entendu?

— Je ne sais pas ; c'est peut-être quelqu'un.

— Je suis ici depuis un quart d'heure, et je vous assure que je n'ai vu personne. D'ailleurs, que craignez-vous?

— Rien ; mais je ne veux pas qu'on sache...

— Je vais tâcher de vous tranquilliser. Où avez-vous entendu le bruit?

— Là, dans ces hautes herbes.

Le jeune homme marcha vers l'endroit indiqué et passa partout, foulant les herbes sous ses pieds.

— Ma chère Suzanne, dit-il en revenant près de la jeune fille, vous vous êtes trompée.

— J'ai de bonnes oreilles, fit-elle, en secouant la tête.

— Alors, c'est une loutre ou quelque oiseau d'eau qui se trouvait là.

— Au fait, c'est possible, répondit-elle.

Puis, lui montrant la rivière, dont l'eau rapide coulait devant eux :

— Je veux, lui dit-elle, que demain les gens de Marangue croient que je me suis noyée.

— Suzanne, je ne comprends pas bien dans quelle intention...

— Monsieur de Manoise, répliqua-t-elle d'un ton bref, à partir de ce moment Suzanne Vernier n'existe plus.

Alors elle ouvrit son panier qui contenait un bonnet de tulle noir, un tablier et une paire de souliers, et dispersa ces objets sur le bord de la Vrille. Ensuite, elle lança le panier au milieu de l'eau, et, se débarrassant de son châle, elle le jeta sur des feuilles de glaïeuls.

— C'est fait, dit-elle.

— Le jeune homme lui offrit son bras. Elle le prit et ils se dirigèrent vers le pont qu'ils traversèrent rapidement. Un peu plus loin, sur la route, un cabriolet de louage les attendait. Ils eurent bientôt franchi la distance. Suzanne ayant pris place dans la voiture, d'un bond le jeune homme s'élança à son côté.

Le cocher cingla les flancs du cheval d'un vigoureux coup de fouet, et le cabriolet fila sur la route dans la direction de Mézières

Au même instant, une forme humaine apparut sur le pont de Marangue. C'était Manette Biron.

— Si, à partir de ce soir, Suzanne Vernier n'existe plus, prononça-t-elle sourdement, quel est donc le nom qu'elle portera demain?

Le lendemain matin, à l'heure où les voisines constataient à Marangue que Suzanne avait disparu, deux hommes de la commune ramassaient au bord de la Vrille un bonnet, un tablier et des souliers qu'ils reconnurent comme appartenant à la jeune fille. Ils retirèrent aussi de l'eau un châle de laine noir, accroché à des roseaux. Ces objets, rapportés au village, où tout le monde put les voir, étaient une affreuse révélation. On ne douta pas que Suzanne ne se fût jetée dans la Vrille.

— Depuis la mort de sa mère, disait-on, la pauvre fille n'a pu se consoler; rien ne pouvait la distraire; on ne lui a pas vu un sourire sur les lèvres. Il était facile de deviner qu'elle avait dans la tête une idée fixe. C'est du jour où la pauvre Gervaise est morte qu'elle a eu la pensée du suicide.

Des hommes armés de grappins et de longs crochets fouillèrent le lit de la rivière sans pouvoir retrouver le cadavre. Ils firent cependant une découverte qui parut très importante: à une demi-lieue du pont de Marangue, ils retirèrent de l'eau le panier de Suzanne, qui s'était pris dans les racines flottantes d'un vieux saule.

Après trois jours de recherches inutiles, on abandonna la rivière.

On supposa alors que le corps de la jeune fille, entraîné par la rapidité du courant, avait été poussé dans une de ces profondeurs souterraines, comme il en existe dans beaucoup de rivières et particulièrement dans la Vrille.

D'un mot, Manette Biron aurait pu détromper tout le monde, mais elle garda le silence. Elle resta même insensible en apparence devant les larmes et le désespoir effrayant de Georgette.

La rebouteuse des Huttes avait ses raisons pour ne rien dire.

XXII

GEORGETTE

Depuis que Suzanne Vernier a disparu de Marangue, faisant supposer qu'elle a mis fin à ses jours en se précipitant dans la Vrille, nous franchissons un espace de six années.

Pendant ce temps, la rebouteuse s'est souvent éloignée des Huttes. Ses plus courtes absences ne duraient pas moins d'un mois. On aurait pu la surnommer la grande voyageuse, car elle avait successivement visité toutes les principales villes du continent européen.

Comme elle l'avait dit un jour, Manette Biron cherchait une trace dans la nuit, à travers le monde, le passage d'une femme et d'un enfant! Et toutes ses peines avaient été inutiles : la trace s'était effacée et nul n'avait pu lui dire ou lui faire soupçonner seulement ce qu'étaient devenus Virginie Vermont et son enfant.

Eh bien, la vieille Manette espérait toujours ; elle s'était armée d'une patience résignée, qui domptait son découragement et que rien ne pouvait détruire, ni affaiblir.

Du reste, elle jouissait toujours d'une excellente santé, conservait son activité, sa vigueur extraordinaire, en dépit de son apparence chétive et semblait ne plus devoir vieillir. C'est à peine si l'on pouvait voir sur sa tête quelques cheveux blancs.

Thomas, le riche, était resté aux Ambrettes. Manette avait eu l'idée de lui confier l'exploitation de la ferme de l'Étang, faisant partie du domaine de Salerne ; mais Georges Raynal, qu'elle voulait placer aux Ambrettes, étant parti, elle avait aussitôt renoncé à son projet.

Georgette avait seize ans. La nature avait tenu envers elle toutes ses promesses en la comblant de ses dons. Si sa beauté était moins éclatante et d'un autre caractère que celle de sa sœur, elle était également admirablement jolie.

Sa chevelure abondante et d'une magnifique longueur était blonde comme un épi mûr. De même que Suzanne, elle avait les yeux bleus, mais d'un bleu plus clair, et si son regard n'avait pas la même puissance, son expression mélancolique et rêveuse possédait un charme infini auquel il était difficile de résister. Elle avait une bouche délicieuse, un beau front, bien découvert, et ses joues, rondes et fraîches, avaient emprunté leurs couleurs à la rose.

Son corps n'était pas moins parfait. Elle avait le pied mignon, la jambe moulée, de jolis bras, des mains charmantes, une gorge ravissante. Grande comme Suzanne, elle avait un peu de sa majesté.

Sa voix avait la douceur de son regard, et son sourire répondait également à l'expression du regard.

Bien qu'on n'eût pu retrouver dans la rivière le corps de Suzanne, Georgette était convaincue que sa sœur s'était noyée. Elle l'avait beaucoup pleurée, elle la pleurait encore.

Un jour, Manette et Thomas causaient dans une chambre de la ferme. On était à la fin de mai. Il faisait un temps superbe et la nature souriait et resplendissait sous les rayons du soleil.

La fenêtre de la chambre était ouverte, Thomas n'avait pas pensé à la fermer. A la vérité, il faisait très chaud et il était agréable de recevoir les caresses des souffles de la brise, qui pénétrait dans la maison. C'était également un plaisir de

ANDRÉA LA CHARMEUSE

Le jeune homme lui offrit son bras. Ils se dirigèrent vers le pont qu'ils traversèrent rapidement.
(Page 126.)

se laisser charmer l'oreille par les mélodies des oiseaux qui chantaient à plein gosier dans les arbres du jardin.

Or, pendant que Manette et Thomas causaient, Georgette, ayant à la main un ouvrage au crochet, vint s'asseoir tout près de la fenêtre, sous un berceau de lilas en fleurs.

Elle entendit très distinctement la voix des causeurs, et, pour ne pas devenir indiscrète malgré elle, elle allait s'éloigner du berceau lorsque le nom de

Suzanne, prononcé par Thomas, la retint sur le banc. Elle tendit l'oreille et écouta.

— L'affection que Georgette a pour sa sœur est vraiment extraordinaire, dit Thomas, car, malgré le temps écoulé, elle n'a pu encore se consoler ; il m'arrive souvent de la surprendre pleurant à chaudes larmes ; et si je lui demande : « Georgette, pourquoi pleures-tu ainsi? » Elle me répond, en s'empressant d'essuyer ses yeux : « Je pensais à ma pauvre sœur. »

— Oui, répliqua Manette, elle n'a pas oublié, elle n'oubliera jamais. Il faut que, vis-à-vis d'elle, tu sois très circonspect dans tes paroles, Thomas ; car elle arrive à cet âge où l'imagination travaille, où la pensée est constamment occupée ; il suffirait d'une parole imprudente pour la mettre sur la voie de la vérité.

— Ah! elle croit bien que Suzanne est morte !

— Sans doute ; mais Georgette a l'esprit prompt : je te le répète, il faudrait peu de chose pour l'amener à découvrir ce que tous les habitants de Marangue réunis n'ont pu deviner.

— C'est égal, Manette, vous conviendrez qu'il est étrange que Suzanne n'ait pas donné signe de vie depuis six ans, qu'elle ne se soit pas même informée de ce que devenait sa sœur, car enfin, si Georgette aimait beaucoup Suzanne, celle-ci aimait aussi Georgette.

— Je conviens de cela ; mais je ne m'étonne pas comme toi, persuadée que Suzanne a ses raisons pour ne point révéler son existence. C'est par un sentiment instinctif de pudeur et d'honnêteté, qui restait dans son cœur, qu'elle a voulu faire croire qu'elle s'était noyée le jour où, furtivement, elle a quitté Marangue. C'est encore ce sentiment, dont j'apprécie la délicatesse, qui l'empêche de déchirer le voile derrière lequel elle se cache.

Oui, Thomas, Suzanne aimait sa sœur ; je dis plus, elle l'aime encore, puisqu'elle a le respect de son innocence ! Dans quel monde vit-elle? Je l'ignore, mais je le devine... Thomas, Suzanne a raison de vouloir que Georgette ne sache point ce qu'elle est devenue !

— Manette, quand vous êtes allée à Paris, n'avez-vous jamais cherché à la voir?

— Jamais !

Vous l'auriez sans doute facilement retrouvée?

— Je n'aurais eu qu'à me faire indiquer la demeure de la maîtresse du baron Henri de Manoise.

— Pourquoi ne l'avez-vous pas fait? Suzanne vous est-elle donc devenue si indifférente?

— Non, Thomas, et je peux t'avouer que je pense souvent à elle. Mais, comme je connais Suzanne, je savais d'avance que, en admettant qu'elle m'eût reçue, ce qui est douteux, elle aurait feint de ne pas me reconnaître. D'ailleurs, à quoi bon? Le mal était fait, et je sais qu'on ne la forcera pas à revenir en arrière. Quand il en était temps encore, j'ai voulu l'arrêter; tu sais le résultat que j'ai obtenu... A un amour sincère, honnête, dévoué, aux joies et aux affections de la famille, Suzanne a préféré une vie aventureuse et les promesses d'un autre amour.

— Oui, répondit Thomas, elle a dédaigné, méprisé l'amour de Georges Raynal, et pourtant, ici, avec lui, elle aurait été heureuse.

Ils continuèrent à causer, parlant d'autres choses.

Georgette n'écoutait plus. Elle s'était levée pâle comme une morte, tremblante, les yeux hagards. Elle sortit du berceau, sans bruit, et courut jusqu'au fond du jardin où elle s'affaissa derrière un buisson.

Aussitôt, ses joues furent inondées de larmes, et les sanglots qu'elle retenait s'échappèrent de sa poitrine.

— Ainsi, se disait-elle, la tête appuyée dans ses mains, Suzanne ne s'est pas noyée; ma sœur existe et on me l'a caché!... Manette dit qu'elle m'aime toujours et que c'est pour cela qu'elle ne revient pas à Marangue, pour cela qu'elle a voulu qu'on la crût morte!... Soit, mais puisque Suzanne ne veut pas revenir près de sa petite Georgette, c'est moi qui irai vers elle! Je ne suis plus une enfant, maintenant; j'ai seize ans et Paris ne m'épouvante pas!... Paris, je te réclamerai ma sœur et tu me la rendras!...

Elle resta un moment plongée dans ses réflexions.

— Oh! ce M. de Manoise, reprit-elle, je me souviens de lui, et si je le voyais aujourd'hui je le reconnaîtrais. Il s'est trouvé dans le chemin creux de la forêt, quand ma mère a été mortellement blessée par le sanglier.

« Ah! je le hais cet homme, qui m'a pris ma sœur! ajouta-t-elle avec une sombre énergie.

Puis, après un nouveau silence méditatif, elle continua :

— Je ne veux pas que Manette et M. Thomas sachent que je les ai entendus; je m'en irai sans rien dire; s'ils se doutaient de quelque chose, ils ne me laisseraient pas partir. Ils sont tous bons pour moi aux Ambrettes et j'y suis heureuse; mais toute leur affection, toute leur tendresse ne valent pas un regard, un baiser de ma sœur!

« Oh! la revoir, entendre sa voix, me sentir dans ses bras, est-ce qu'il peut y avoir quelque chose de meilleur au monde?...

Georgette ne pleurait plus; au contraire, il y avait dans son regard quelque chose de joyeux.

Conseillée par son cœur, sans avoir suffisamment réfléchi, peut-être, elle venait de prendre une grave résolution.

Elle rentra à la ferme avec son air habituel, et prit part aux travaux de l'intérieur sans paraître préoccupée. Manette, qui la vit en partant, ne s'aperçut point que déjà sa pensée galopait sur la route de Paris.

Après le repas du soir, l'heure du repos arriva. Georgette monta dans sa chambre, qui se trouvait au premier, à côté de celle des deux plus jeunes filles du fermier. Pendant cinq ans, Georgette avait partagé cette chambre avec la fille aînée de Thomas; mais celle-ci s'étant mariée, et ayant emporté son lit, la chambre était restée à Georgette seule.

La jeune fille rassembla à la hâte les objets qu'elle voulait emporter et en fit un paquet. Ensuite elle éteignit sa bougie. Assise sur une chaise, pensant à sa sœur, en regardant les étoiles, elle attendit que tout bruit eût cessé dans la ferme. Le silence autour d'elle ne tarda pas à se faire profond. Pourtant elle attendit encore. Enfin, quand elle jugea que tout le monde était endormi, elle mit son paquet sous son bras, sortit de sa chambre d'un pas léger, retenant sa respiration, descendit l'escalier et s'élança hors de la maison par une porte de derrière, qu'elle oublia de refermer.

Un quart d'heure après, Georgette n'était plus sur les terres des Ambrettes. Elle avait gagné la grande route et marchait vers la ville où elle voulait prendre le premier train se dirigeant sur Paris.

Le lendemain matin, à la ferme, quand on ne vit point paraître Georgette, et qu'on eut reconnu qu'elle était partie pendant la nuit, tout le monde fut terrifié, Thomas plus que les autres. Il mit rapidement un de ses vêtements de voyage et partit pour les Huttes.

En apprenant ce qui s'était passé, la rebouteuse poussa un cri de douleur et son visage se couvrit d'une pâleur mortelle.

— Que faut-il faire? lui demanda Thomas.

Elle le regarda comme si elle n'avait pas entendu et se mit à pleurer.

— Si seulement je savais où elle est allée, reprit Thomas.

Manette allongea le bras, et posant sa main sur l'épaule du fermier :

Georgette est en ce moment sur la route de Paris, dit-elle; maintenant, il faut retrouver Suzanne pour retrouver Georgette.

— Quoi! s'écria Thomas, vous supposez.

— Je ne suppose rien, je dis la vérité. Hier, Thomas, hier, à la ferme, nous avons parlé de Suzanne.

— C'est vrai.

— A ce moment, sais-tu où était Georgette, dis, le sais-tu?

— Non.

— Eh bien, Thomas, Georgette était au jardin; près de la fenêtre, qui est restée ouverte, je me le rappelle, sans vouloir nous écouter, sans doute, Georgette a entendu notre conversation. Tout ce que nous avons voulu lui cacher, Georgette le sait. Fatalité!

Thomas baissa la tête. Il était consterné.

Manette se mit à marcher de long en large en proie à une agitation fébrile.

— Mon Dieu, se disait-elle, il est donc dit que nul ne peut se soustraire à sa destinée!

— Manette, reprit Thomas, vous n'avez pu arrêter Suzanne, il faut sauver Georgette !

— Oui, certes, il faut la sauver! s'écria-t-elle avec véhémence.

— Ce soir, je partirai pour Paris.

— Non, répondit Manette, ta présence est nécessaire aux Ambrettes.

— Pourtant, Manette...

Elle s'arrêta en face de lui, l'œil ardent, la poitrine haletante; puis dressant sa petite taille, le front haut et le buste en arrière, elle lui dit d'un ton bref :

— Cette fois, Thomas, c'est moi qui ferai le voyage de Paris!

FIN DE LA PREMIÈRE PARTIE.

DEUXIÈME PARTIE

LES VICTIMES

I

LE POÈTE JACQUES SARRUE

Deux heures venaient de sonner. Un homme de trente-cinq ans, mais qui paraissait avoir passé la quarantaine, entra au cimetière du Père-Lachaise, ayant un parapluie sous son bras, bien que le temps ne fût nullement à la pluie.

Nous allons suivre ce nouveau personnage que nous présentons au lecteur. Esquissons, d'abord, rapidement son portrait.

Ses longs cheveux plats, châtain foncé, tombaient sur son cou et ses épaules. S'il n'eût pas eu une épaisse moustache et une forte barbiche, sa figure osseuse, à la peau sèche et tannée, aurait été rouge comme une écrevisse cuite, du haut du front au bas du menton.

Sur son nez saillant, rouge aussi, était posée une paire de lunettes, dont les verres donnaient un peu d'éclat au regard de ses yeux myopes.

Il avait le corps long, mince et maigre, et, également d'une affreuse maigreur, de longs bras, de longues jambes, de longues mains et de grands pieds, chaussés de souliers mal nettoyés, aux semelles usées, aux talons écrasés.

Il était coiffé d'un chapeau à haute forme d'un âge respectable, et portait un paletot gris étriqué, dont les poches étaient bourrées de vieux bouquins achetés au rabais sur les quais. Son pantalon de drap noir, devenu luisant par l'usage, trop court, ne descendait pas jusqu'aux chevilles.

Il avait l'allure gauche et paraissait gêné dans tous ses mouvements. On aurait dit que ses bras l'embarrassaient. C'est pour cela, sans doute, qu'il les embarrassait d'un parapluie inutile, afin qu'eux-mêmes le gênassent moins.

Cependant, ses traits accentués, énergiques, son large front sillonné de rides précoces, et ses sourcils bruns, épais et heurtés, donnaient à sa physionomie un cachet tout particulier.

Qu'était cet homme?

Un rêveur, un poëte. Or, qui dit poëte dit souvent pauvre diable. Toutefois Jacques Sarrue n'était pas un de ces fous égarés dans le bleu qui, croyant avoir enfourché le vieux Pégase, sont à cheval sur une chimère. Il n'était, lui, ni incompris, ni même complétement inconnu. Il avait du talent, un talent réel.

Les revues littéraires accueillaient volontiers ses vers et, de loin en loin, il publiait, dans ces mêmes revues, une étude ou un portrait littéraire, que les lecteurs érudits savaient apprécier. Mais sa prose et ses vers, qui ne s'adressaient qu'aux lettrés, aux délicats, étaient loin de lui donner ce qu'il faut à tout homme qui veut se vêtir décemment et ne pas mourir de faim.

Jacques Sarrue n'était pas seulement un lettré, un poëte, c'était aussi un savant. Il donnait des leçons de langues anciennes, de littérature, au besoin de mathématiques, et formait de futurs bacheliers. Mais comme il courait le cachet, n'importe à quel prix, et qu'il n'avait pas autant d'élèves qu'il l'eût désiré, il se fatiguait beaucoup et ne gagnait guère plus comme professeur que comme écrivain.

Il voyait de plus jeunes que lui se faire connaître, arriver; il n'était pas jaloux du succès des autres, mais il se demandait naïvement pourquoi il ne parvenait pas à se révéler. Le pauvre garçon ne savait pas ce qu'il faut dépenser de force, d'énergie, de courage, de patience, de persévérance, supporter de misères et d'humiliations avant d'ouvrir les portes de la célébrité et de faire sonner la trompette de la Renommée.

Que faisait-il pour qu'on acclamât son nom? Rien. Il était d'une timidité d'enfant, et tellement modeste, même avec ses amis, qu'on ne voulait pas croire à son talent. Peut-être en doutait-il lui-même.

Parfois, pourtant, quand il déclamait ses vers à lui-même, il lui montait à la tête des bouffées d'orgueil. Alors, ayant conscience de sa valeur, il s'écriait avec enthousiasme:

— Comme c'est beau, ce que je viens de dire!...

Oui, mais il y avait, enfouis dans des tiroirs, trois ou quatre volumes de poésies, qu'il n'avait jamais osé présenter à un éditeur, et un drame héroïque en vers; « le Vieux Rhin, » — un chef-d'œuvre, pensait-il, qui n'avait jamais franchi le seuil d'un cabinet de directeur de théâtre.

Bien qu'il eût un tempérament tout autre que celui d'un poëte élégiaque, Jacques Sarrue aimait le silence et l'ombre des immenses nécropoles de Paris. Aussi venait-il rêver souvent autour des tombeaux sous les cyprès verts.

Aux railleries de ses amis il répondait:

— Je n'ai jamais connu mon père; mais j'avais une mère et une sœur que j'aimais, elles sont mortes ! Je ne vais pas au cimetière visiter leur tombeau ; elles ont eu la sépulture du pauvre, et les croix noires qui portaient leurs noms ont disparu depuis longtemps. Mais là, dans le recueillement, je retrouve mieux leur cher souvenir. Et puis, pauvre rêveur, à la recherche d'un idéal insaisissable, lutteur fatigué, songeant souvent au repos de la mort, j'aime le silence solennel du cimetière qui touche au profond et éternel silence de la tombe !

Voilà l'homme que nous avons montré au lecteur entrant au Père-Lachaise.

En passant devant le tombeau d'Alfred de Musset, il ôta son chapeau et s'inclina devant le buste du poëte. Puis il continua son chemin en déclamant ces vers de *Rolla* :

> C'était un noble cœur, naïf comme l'enfance,
> Bon comme la pitié, grand comme l'espérance.
> Il ne voulut jamais croire à sa pauvreté.
> L'armure qu'il portait n'allait pas à sa taille,
> Elle était bonne au plus pour un jour de bataille,
> Et ce jour-là fut court comme une nuit d'été.

Pour sa promenade, il choisit un sentier solitaire à travers les monuments funèbres.

Sa tête s'était penchée en avant et, tout en marchant, il réfléchissait. Jacques Sarrue, concentrant sa pensée, fabriquait des hémistiches, construisait des alexandrins.

— Oui, se dit-il, parlant à haute voix, il faut que j'achève aujourd'hui le *Retour au village*.

Ah ! ceci ne me semble pas trop mauvais :

> Je vous retrouve tous, souvenirs de jeunesse,
> Mais dans ces jardins verts, où je reviens m'asseoir,
> Les lilas ont fleuri bien des fois sans me voir !

Bien des fois sans me voir... Oui, ma pensée est bien rendue ; l'absence a été longue, et l'arrivant prévoit le reproche que vont lui adresser les parents, les amis.

Il me faut encore un quatrain pour terminer la stance. Cherchons... Eurêka ! décidément, je suis en verve.

> Hélas ! partout le temps a marqué son passage ;
> Sa trace est sous mes yeux, car sur chaque visage
> Je cherche en vain les traits de ceux que j'ai connus :
> Les enfants ont grandi, les vieillards ne sont plus !

Il y a peut-être des gens qui ne saisiront pas la beauté de ces deux derniers vers, tant pis pour eux ! Au temps où nous vivons, que de philistins ! L'art a été tué par le mercantilisme. Et si la grande voix sonore de Victor Hugo se fait toujours entendre, on ne se souvient déjà plus des chants d'amour de Lamartine.

Après Fanny Essler et la Taglioni, on acclame Rigolboche. Après mesdames

Pour sa promenade, il choisit un sentier solitaire. (Page 136.)

Damoreau, Malibran, Falcon, on met Thérésa sur un piédestal. Et si je n'entends plus chanter le *Dieu des bonnes gens*, le *Roi d'Yvetot*, les *Gueux*, le *Vieux drapeau*, on m'écorche les oreilles, on me fait frissonner d'horreur avec le *Pied qui r'mue*, la *Gardeuse d'ours* ou la *Femme à barbe*.

Mais, en dépit des sceptiques et des indifférents, la poésie n'est pas morte, et elle vivra éternellement, car il y aura toujours des poëtes. Malheureusement, de nos jours, à la forme et à la couleur on sacrifie trop facilement la pensée. Gautier,

Banville, Baudelaire et tous ceux qui viennent après veulent être les maîtres d'une nouvelle école, d'un autre Parnasse français. C'est bien, qu'ils tracent leur sillon ; mais, s'ils charment les oreilles et plaisent aux yeux, ils ne touchent plus le cœur et ne vont plus à l'âme.

Pourtant, on aime toujours ce qui vient du cœur, et, avec les autres, j'ai salué la gloire naissante de François Coppée.

Jacques Sarrue s'arrêta et regarda autour de lui. Il ne vit personne. Alors il s'assit sur une vieille pierre tombale, à l'ombre d'un saule pleureur. Il tira d'une des poches de son paletot un livre grec, les tragédies de Sophocle, l'ouvrit, et, sur un morceau de papier blanc, il écrivit au crayon les vers qu'il venait de composer.

Il allait se replonger dans la méditation et chercher une nouvelle stance, lorsque soudain, à quelques pas de lui, des plaintes et des gémissements se firent entendre.

Il regarda et il vit, à travers les cyprès, un homme à genoux devant un monument de marbre blanc, surmonté d'une urne de marbre noir couverte d'un voile.

Cet homme tenait sa tête dans ses mains. Jacques Sarrue ne pouvait voir sa figure ; mais à sa taille, à ses épais cheveux noirs et à la coupe élégante de son vêtement, il jugea qu'il devait être jeune et appartenir au meilleur monde.

La première pensée de Jacques Sarrue fut de s'éloigner, afin de respecter la douleur de l'inconnu. Mais un sentiment de curiosité irrésistible le cloua sur la pierre où il était assis.

Au bout d'un instant, croyant sans doute que nul ne pouvait l'entendre, le jeune homme inconnu prononça sourdement ces paroles :

— Ai-je assez souffert? Ai-je assez pleuré ? Pauvres victimes, êtes-vous satisfaites? Ayez encore un peu de patience, le maudit vous rejoindra dans la mort.

Le sombre inconnu se leva. Alors Jacques Sarrue put voir sa figure pleine de distinction, mais d'une pâleur étrange. Sa barbe, qu'il portait en collier, était du plus beau noir. L'expression de sa physionomie révélait une douleur contenue, profonde.

L'éclat de son regard avait quelque chose de sinistre.

Jacques Sarrue comprit que cet homme était marqué d'un stigmate terrible.

L'inconnu s'étant éloigné, le poëte se leva et s'approcha curieusement du monument de marbre.

En lettres et en chiffres d'or gravés dans la pierre du tombeau, il lut ce qui suit :

ICI, REPOSENT :
CHARLES-HENRI, BARON DE MANOISE
23 avril 1868

———

ÉLISABETH-JEANNE DE MANOISE
18 juin 1868

— Le nom d'un homme et celui d'une femme, morts l'année dernière, à deux mois de distance, se dit Jacques Sarrue ; l'homme de tout à l'heure a dit : « Pauvres victimes ! » De qui donc cet homme et cette femme ont-ils été les victimes ? Étaient-ils vieux ou jeunes ? Il y a là un mystère !

Puis, se frappant le front :

— L'homme qui pleurait ici tout à l'heure avait l'air désespéré, reprit-il, et j'ai cru lire dans son regard qu'il méditait quelque funeste résolution. J'ai aussi entendu qu'il disait ; « Ayez un peu de patience, le maudit vous rejoindra dans la mort ! »

Ah ! s'écria-t-il, frappé d'une lueur subite, le malheureux a la pensée du suicide !

Il ferma Sophocle et le replongea dans sa poche, à côté de Térence et de Cicéron.

Ayant rejeté ses longs cheveux en arrière et consolidé son chapeau sur sa tête, il s'élança au pas de course vers la sortie du cimetière, où il arriva en même temps que le jeune homme inconnu.

Mais, malgré l'envie qu'il avait de lui parler, afin d'essayer de le faire renoncer au projet qu'il lui supposait, il n'osa point l'aborder. Sa timidité excessive annulait toujours ainsi ses meilleurs mouvements.

— D'ailleurs, se dit-il, pour se donner raison, ce monsieur ne me connaît pas ; il aurait parfaitement le droit de me demander de quoi je me mêle et de s'étonner que je me sois permis de surprendre un de ses secrets.

L'inconnu regardait sa montre. Il pouvait être trois heures.

Au lieu de descendre vers l'intérieur de Paris par la rue de la Roquette, il prit à gauche le boulevard extérieur qui conduit à la porte de Vincennes.

— Malgré moi, se dit le poëte, ce jeune homme m'intéresse. Le soleil est encore loin d'avoir achevé sa course et je n'ai pas de leçon aujourd'hui ; que je passe mon temps d'une façon ou d'une autre, il importe peu... Il faut que je sache où va ce jeune homme.

Et à une distance respectueuse de cinquante pas, il le suivit.

II

LE SUICIDE

Arrivé en présence des deux colonnes de la place du Trône, l'inconnu prit l'avenue de Vincennes, traversa la barrière de l'octroi et pénétra dans le bois par la première porte.

Jacques Sarrue devint de plus en plus inquiet.

— Ce n'est certainement pas une promenade d'agrément qu'il vient faire au bois de Vincennes, se disait-il; maintenant je ne doute plus. Si j'osais... Non, je n'ose pas; mais je vais me tenir le moins possible éloigné de lui, et quand je verrai qu'il se dispose à mettre à exécution son fatal projet, je m'élancerai sur lui. Alors je trouverai bien des paroles persuasives pour le ramener à des idées plus saines et le faire renoncer à une action qui est contraire à la dignité humaine et n'est pas d'un être raisonnable.

L'inconnu marchait toujours, allongeant le pas; et bien que Jacques Sarrue se fût un peu rapproché, il y avait encore entre eux une distance d'environ quarante pas.

Ils avaient dépassé le donjon et se trouvaient au delà de ce vaste terrain découvert qu'on nomme le polygone.

Ordinairement, à l'exception du dimanche, les promeneurs sont rares au bois de Vincennes. De loin en loin on rencontrait un ouvrier, un bourgeois, des soldats par groupe de deux ou trois, et de temps à autre on voyait passer une voiture à travers les arbres.

Tout à coup, l'individu se jeta dans le taillis et disparut aux yeux de Jacques Sarrue.

Celui-ci marcha rapidement et, à son tour, pénétra dans le taillis. Mais il chercha vainement à retrouver le jeune homme, il avait entièrement perdu sa trace.

Alors son cœur se mit à battre violemment, et il se porta dans la poitrine des coups de poing furieux.

— Je serai donc toujours le même, se dit-il avec sévérité; ceux qui me connaissent ont raison, je n'ai pas de volonté, je manque d'énergie; je suis pusillanime, timoré, lâche... Pourquoi, puisque j'avais deviné son intention, pourquoi ne l'ai-je pas arrêté quand il en était temps? Je le pouvais, et je ne l'ai pas fait; je suis coupable. Ah! si ce malheureux meurt, ce sera ma faute, et je ne me le pardonnerai jamais!...

— Mais où est-il, mon Dieu, où est-il?

Et en proie à une agitation fièvreuse, suant à grosses gouttes, il courait à travers le bois comme un fou, allant à droite, à gauche, sans nul souci des ronces et des épines qui trouaient son vêtement.

Un quart d'heure s'écoula dans une attente sombre, pleine d'anxiété.

Soudain, à vingt-cinq pas de Jacques Sarrue, une double détonation se fit entendre.

Le pauvre poëte poussa un cri effroyable, et, de rouge, sa figure devint verdâtre.

Chancelant sur ses jambes, la poitrine oppressée, haletante, il s'élança vers l'endroit où avaient eu lieu les décharges de l'arme à feu.

En même temps que lui, et également attirés par le bruit des détonations, deux autres personnages se précipitaient dans une clairière, au milieu de laquelle le jeune homme inconnu était étendu sur le dos, la tête horriblement fracassée, et baignant dans le sang qui s'échappait à flots de son crâne ouvert.

A côté de lui, dans l'herbe, gisait le pistolet qui venait de lui donner la mort.

L'un des deux personnages dont nous venons de parler, était un jeune militaire. Il portait l'uniforme des chasseurs à pied, dits de Vincennes, et les galons de sergent-major. L'autre était un tout jeune homme de vingt-deux à vingt-trois ans.

Il était assez pauvrement vêtu ; mais la blancheur de sa chemise et la propreté de ses habits témoignaient du soin qu'il prenait de sa personne. Sa figure, d'un profil très pur, aux traits distingués, était d'une beauté remarquable. Une moustache naissante ombrageait sa lèvre supérieure. Il avait le front intelligent, et la douceur et la franchise de son regard prévenaient tout de suite en sa faveur.

Le sous-officier se baissa, souleva la tête du suicidé, et se releva en disant :
— Il est mort !
— Hélas ! dit le jeune homme d'un ton douloureux, je suis arrivé trop tard.
— Hélas ! dit Jacques Sarrue sur le même ton, moi aussi, je suis arrivé trop tard !

Le militaire les regarda l'un après l'autre avec surprise.
— Est-ce que vous connaissez cet homme? demanda-t-il.
— Je ne le connais pas, répondit Jacques Sarrue ; mais tantôt, je l'ai vu au cimetière du Père-Lachaise. A son regard et à certaines paroles qu'il a prononcées et que j'ai entendues ; j'ai deviné que le suicide était dans sa pensée. Nous sommes sortis du cimetière ensemble et je l'ai suivi jusqu'à une faible distance d'ici, espérant pouvoir lui crier assez tôt : Arrêtez-vous !... Malheureusement, il s'est subitement dérobé à ma vue, et je n'ai pas eu le bonheur de l'empêcher de se donner la mort, ajouta-t-il tristement.

— Moi, je le connais, répondit à son tour le jeune homme, et je puis même dire pourquoi, désillusionné, dégoûté de la vie, il vient de se suicider.
— Vous étiez son ami? demanda le sous-officier.
— Non, je suis trop pauvre pour avoir des amis dans le monde auquel il appartenait. Nous nous sommes rencontrés un jour, par hasard. Pendant une semaine je lui ai servi de secrétaire pour rédiger avec lui, un manuscrit, qui contient l'histoire de sa vie ; il m'a fait gagner ainsi un peu d'argent.

« Ce matin, vers onze heures, j'ai reçu un grand pli cacheté de cire noire. Je l'ouvris et y trouvai le manuscrit dont je viens de vous parler, puis, sur un carré de papier, ces lignes écrites rapidement d'une main agitée :

« Je vous envoie le manuscrit que nous avons écrit ensemble ; je n'en ai plus
« besoin, peut-être vous sera-t-il utile. Vous êtes jeune, enthousiaste, plein

« d'illusions. Relisez-le et qu'il vous serve d'enseignement. Vous deviez venir
« me voir demain; ne vous dérangez pas, c'est inutile : ce soir j'aurai cessé de
« vivre! »

« Dès que j'eus lu ce sinistre billet, continua le jeune homme, je bondis hors de chez moi et courus rue d'Anjou-Saint-Honoré, à l'hôtel de Soubreuil. Je ne vous ai pas dit encore, messieurs, que vous avez sous les yeux le cadavre du marquis Maxime de Soubreuil. — Le marquis n'était pas chez lui. Jean, son vieux valet de chambre, que j'interrogeai, me répondit que son maître était sorti à pied vers deux heures, disant qu'il ne fallait l'attendre ni pour déjeuner, ni pour dîner.

« Je ne parlai point du billet que j'avais reçu, ce qui aurait mis en émoi le personnel de l'hôtel et peut-être aussi le quartier tout entier. Pensant bien que pour se tuer le marquis choisirait un endroit isolé, le bois de Boulogne ou celui de Vincennes, en supposant qu'il n'eût pas pris le chemin de fer pour aller à Saint-Germain, Fontainebleau ou Compiègne, je me rendis au bois de Boulogne que je parcourus dans tous les sens.

« A peu près convaincu que le marquis ne s'y trouvait pas, je traversai Paris sur l'impériale de deux omnibus et j'arrivai au bois de Vincennes. Je le fouillais depuis environ une demie-heure, lorsque les coups de pistolet m'ont amené ici en même temps que vous.

« Le marquis de Soubreuil était une généreuse et noble nature; j'aurais voulu pouvoir le sauver. Regrets inutiles maintenant; il était écrit qu'il finirait d'une façon tragique.

Pendant que le jeune homme parlait, plusieurs soldats étaient accourus sur le lieu du drame et se tenaient à distance, n'osant entrer dans la clairière.

— Nous ne pouvons pas laisser ici le corps de ce malheureux, dit Jacques Sarrue.

— Non, assurément, répliqua le sergent-major; voici, à mon avis, ce qu'il faut faire : Transporter le corps à Vincennes et le déposer provisoirement dans un poste de police, d'où il sera conduit ensuite à l'hôtel de Soubreuil par les soins de l'autorité. Attirés par les détonations, nous sommes arrivés en même temps près du cadavre; nous nous rendrons ensemble chez le commissaire de police chacun de nous fera sa déclaration.

Grâce à vous, monsieur, continua-t-il en se tournant vers l'ex-secrétaire du marquis, l'identité du suicidé sera facilement constatée.

Maintenant, messieurs, dites-moi si vous partagez mon avis, si vous m'approuvez.

— Absolument, dit Jacques Sarrue.

L'autre se contenta de faire un mouvement de tête approbatif.

Alors, le sous officier fit signe aux soldats de s'approcher.

— Mes amis, leur dit-il, comme vous l'avez déjà compris, sans doute, ce malheureux jeune homme, qui baigne dans son sang, vient de se suicider. Nous ne devons pas le laisser ici, et j'espère que vous ne refuserez pas de le porter jusqu'à Vincennes, au poste de police.

— Mon sergent-major, répondit l'un des soldats, j'allais vous faire cette proposition en mon nom et au nom de mes camarades.

— En ce cas, mes amis, c'est pour le mieux. Mettons-nous donc en route.

Deux soldats prirent le cadavre, l'un par les épaules, l'autre par les jambes, et on se mit en marche.

Deux autres soldats devaient prendre le mort dès que les deux premiers seraient fatigués.

A l'entrée de la commune, les trois jeunes gens se séparèrent des soldats, qui savaient où le cadavre devait être déposé, et se rendirent au bureau du commissaire de police.

Ce magistrat reçut leurs déclarations, dressa son procès-verbal séance tenante, et congédia les trois témoins en leur disant qu'il allait immédiatement donner des ordres, afin que le corps du marquis pût être transporté le soir même rue d'Anjou, à l'hôtel de Soubreuil.

— Messieurs, dit Jacques Sarrue, quand ils se retrouvèrent dans la rue, il faut avouer qu'il y a dans la vie des choses bien imprévues et bien étranges. Il y a deux heures à peine nous ne nous connaissions pas, nous ne nous étions jamais vus, et tout à coup nous nous trouvons en présence auprès d'un cadavre. Quelque chose me dit que cette rencontre, due à un douloureux hasard, va établir entre nous les liens d'une amitié durable. Pour chacun de vous, messieurs, j'éprouve une sympathie profonde. Est-ce en raison du spectacle affreux que nous avons eu sous les yeux? C'est possible. Quoi qu'il en soit, il me semble que déjà vous êtes pour moi de vieux amis.

— Messieurs, répondit le sous-officier, en interrogeant mon cœur, j'y trouve ce même sentiment.

— Messieurs, dit alors l'ex-secrétaire du marquis, je ne me serais point séparé de vous, sans vous prier de m'accorder votre amitié.

— En ce cas, messieurs, reprit le poëte, nous n'avons plus qu'à nous tendre la main.

Ils s'arrêtèrent et de chaudes poignées de mains furent échangées.

— Maintenant, quand et comment nous reverrons-nous? demanda le sergent-major.

— Comme moi, répondit le jeune homme, vous voudrez assister, sans doute, aux obsèques du marquis de Soubreuil?

— Certainement, répondirent-ils.

— Eh bien! ce sera là notre premier rendez-vous. La cérémonie funèbre n'aura probablement lieu qu'après demain; mais vous me donnerez chacun votre adresse et je vous ferai savoir l'heure. Après l'enterrement, si vous le voulez, et si l'aspect de la pauvreté ne vous effraye point, je vous emmènerai dans ma chambre. Et là, nous lirons ensemble le manuscrit qui contient l'histoire du marquis Maxime de Soubreuil.

— J'accepte, dit Jacques Sarrue.

— C'est entendu, dit le sous-officier.

— Messieurs, reprit le poëte, il me semble qu'avant de nous séparer il nous reste une formalité à remplir.

— Laquelle?

— Celle de nous présenter l'un à l'autre.

— C'est juste.

— Je commence, dit le poëte : Je me nomme Jacques Sarrue; j'ai trente cinq ans, et comme on ne vit pas de l'air du temps, mes parents ayant oublié de me laisser des rentes, je suis professeur de latin et de grec. Je crois devoir vous dire aussi que je suis poëte. J'aime la poésie comme les idolâtres adorent leurs fétiches. Que d'encens j'ai déjà brûlé sur son autel! Elle est ma maîtresse adorée, la douce et bonne fée qui me console dans les jours de souffrance et de découragement,

Jacques Sarrue cessa de parler et se tourna vers le sous-officier.

— Je n'ai pas besoin de vous dire mon état, fit le militaire en souriant; il y a deux hommes qu'on reconnaît à l'habit : le prêtre et le soldat. Cependant, avant d'être solda, j'étais cultivateur. Je me suis engagé par suite d'une déception cruelle, d'une grande douleur, qui ne s'est pas encore apaisée. Je me nomme Georges Raynal.

— Moi, dit le jeune homme, j'ai un peu plus de vingt-deux ans et suis à la recherche d'un état qui me fasse vivre. Je suis orphelin et je ne me connais aucun parent. Je ne peux plus dire, maintenant que je vous ai rencontrés : je suis sans ami, seul au monde... Comme j'ai une écriture assez jolie, je fais des copies pour le compte d'un entrepreneur d'écritures, qui me fait gagner de vingt-cinq à trente sous par jour. Je fais aussi, quand cela se rencontre, des traductions d'anglais et d'allemand, car je parle et écris convenablement ces deux langues, que ma mère m'a apprises. Enfin, je suis un pauvre déshérité et je me nomme Maurice Vermont.

III

CE QU'EST DEVENUE VIRGINIE GRANDIER

Georges Raynal, cette première victime de Suzanne Vernier, avait passé six années en Algérie, se faisant estimer de ses supérieurs et aimer de ses égaux.

Jacques Sarrue cessa de parler et se tourna vers le sous-officier (Page 144).

C'est là qu'il avait reçu les galons de sergent-major. Depuis huit jours seulement il était revenu en France avec son bataillon, qui se trouvait caserné au fort de Vincennnes.

Il savait que peu de temps après son départ des Ambrettes, Suzanne avait disparu de Marangue; mais, au sujet de sa mort supposée, il était resté très incrédule.

Ce qu'il ignorait, c'est que Georgette elle-même avait quitté le pays, sans que Manette Biron et Thomas eussent pu découvrir ce qu'elle était devenue.

Georges Raynal acccompagna ses deux nouveaux amis jusqu'à la place du Trône, et là il les quitta après leur avoir de nouveau serré la main.

— Alors, dit Jacques Sarrue, nous rentrons ensemble à Paris?

— Oui, si ma société ne vous gêne en rien, répondit Maurice Vermont.

— Elle m'est, au contraire, infiniment agréable.

— On ne dirait pas, à votre air sérieux et austère, que vous avez le don d'être gracieux et aimable, répliqua Maurice.

— Je ne sais pas si je suis aimable, riposta le poète; mais je suis bon et je sais aimer. Sans me faire envie, la jeunesse, entourée de toutes ses illusions et pleine d'espérances, fait passer dans mon cœur déjà vieux une chaleur bienfaisante qui semble me rajeunir moi-même.

Maurice accrocha son bras à celui de Jacques et, marchant lentement, ils descendirent le boulevard du Prince-Eugène, aujourd'hui boulevard Voltaire.

— Mon cher Maurice, dit Jacques Sarrue au bout d'un instant, vous êtes instruit, intelligent et enthousiaste comme je l'étais à votre âge. Vous avez devant vous une longue et large route à parcourir. Croyez-moi, ne gaspillez point votre vie et ne vous mettez pas à courir trop fort pour vous heurter, tomber et vous casser le cou. Vous êtes pauvre, qu'est-ce que cela fait? Vos vingt-deux ans valent mieux que la fortune, votre avenir est riche de promesses.

« Je ne suis rien, et mon pouvoir n'est pas grand, puisque je n'ai pas su me tirer d'embarras moi-même; toutefois je mets à votre service l'expérience que j'ai acquise des hommes et des choses. Et puis, n'ayant jamais rien su tenter d'utile pour moi, j'essayerai de faire mieux pour vous; il me semble que pour un autre, pour un ami, j'aurai plus de hardiesse.

« Je suis timide; c'est un reproche qu'on m'adresse généralement: à mon âge c'est ridicule, c'est bête... Cela tient à ce que mon existence a toujours été difficile, malheureuse. Il y a dans ma timidité de la défiance et, je dois le dire aussi, beaucoup de fierté. Mais, voyez-vous, Maurice, une fois lancé, je me connais, je suis capable de toutes les audaces,..

« Pour vous donc, je me mettrai en campagne et je vous trouverai des livres allemands et des romans anglais à traduire.

— Oh! alors, s'écria Maurice, me voici tout à fait sauvé du naufrage! Monsieur Sarrue, je n'oublierai...

— Appelez-moi votre ami.

— Eh bien! mon ami Jacques, je n'oublierai jamais vos bonnes paroles.

— Connaissez-vous bien Paris?

— A peine : je ne suis en France que depuis trois mois.

— Vous êtes Français, cependant?

— Oui, et même Parisien.

— Où étiez-vous avant de revenir en France?

— En Amérique.

— Le nouveau continent est grand.

— J'ai été longtemps dans la Louisiane et en dernier lieu à Philadelphie.

— Comment avez-vous connu le marquis de Soubreuil?...

— Oh! d'une façon bien singulière ; c'est comme un chapitre de roman.

— Racontez-moi ça, si je ne suis pas indiscret.

— Nullement. Mais, à vous, qui êtes mon ami, je veux faire une confidence plus complète : si cela ne vous ennuie pas, je vais vous raconter mon histoire. Du moment que vous voulez bien vous intéresser à moi, il est nécessaire que vous sachiez qui je suis.

— Il me suffit de voir dans vos yeux que vous êtes honnête, répliqua Sarrue; mais vous pouvez me raconter votre histoire : j'écouterai votre récit avec intérêt.

Après un moment de réflexion, Maurice parla en ces termes :

— Je suis né au village Levallois, aujourd'hui une petite ville qui touche à Paris, et qu'on nomme Levallois-Perret. La maison où je suis né appartenait à ma mère qui, sans être bien riche, possédait une aisance relative. Elle pouvait avoir, m'a-t-elle dit, avec sa maison, sept ou huit mille livres de rente.

— C'était une fortune, remarqua tout haut le poète.

— Mon père s'occupait d'affaires de Bourse, et sa conduite n'était pas des plus régulières, continua Maurice ; il fit si bien, ou plutôt si mal, qu'il perdit ou dissipa follement tout ce que possédait ma mère. Un jour, nous abandonnant elle et moi, il disparut de Paris, et nous n'avons plus jamais entendu parler de lui.

— Il est mort?

— Je ne saurais l'affirmer, mais je le crois.

« J'avais alors six ans. La maison, les meubles, le linge, tout fut vendu à l'encan par autorité de justice, et ma mère quitta Levallois m'emmenant avec elle et s'en allant à la grâce de Dieu.

« Huit jours après, nous étions à Londres, où elle avait une amie d'enfance. Ma mère se trouvait dans une détresse profonde ; mais elle avait une grande dignité et était très fière ; elle n'aurait pas voulu, pour tout au monde, être à la charge de qui que ce soit; aussi ne venait-elle pas à Londres pour demander des secours à son amie qui était fort riche. Elle avait reçu une fort belle éducation : elle connaissait plusieurs langues : elle venait tout simplement trouver la riche Anglaise, afin que celle-ci, grâce à ses nombreuses relations, lui procurât le moyen d'utiliser ce qu'elle savait pour lui permettre de m'élever et de vivre en même temps.

« Répondant à la confiance de ma mère, la dame anglaise s'occupa de lui trouver une place convenable. Ce ne fut pas précisément facile, car j'étais un obstacle sérieux... — Nous prendrions bien cette dame française, disait-on, mais nous ne voulons pas de son enfant. — Or, ma mère aurait préféré mourir de faim plutôt que de se séparer de moi. Enfin, il se trouva un riche Anglais, planteur à la Louisiane, lequel avait deux jeunes garçons et trois jeunes filles, qui voulut bien prendre ma mère comme institutrice de ses enfants et moi par-dessus le marché.

« Nous partîmes pour la Louisiane, cette magnifique colonie qui a longtemps appartenu à la France, dont les Anglais nous ont dépossédés, moins une partie qui nous restait au commencement de ce siècle, et que Napoléon Ier vendit pour quatre-vingts millions au gouvernement des États-Unis

« C'est là, à la Nouvelle-Orléans, que j'ai eu le malheur de perdre ma mère il y a quatre ans.

Maurice s'interrompit et essuya furtivement deux larmes :

Sarrue lui serra silencieusement la main.

Maurice poursuivit :

— Ma mère m'avait instruit en même temps que les enfants de M. Graham, — c'est le nom du colon anglais, — dont elle me faisait partager les leçons avec l'autorisation du père.

« A seize ans, on m'avait placé chez un négociant de la ville pour apprendre le commerce. Il va sans dire que je gagnais peu. Pour certains individus, il est aussi difficile de réussir et de faire fortune en Amérique qu'en France. Ma mère morte, M. Graham ne m'abandonna pas complètement. Il me trouva une place plus avantageuse que celle que j'occupais, mais à Philadelphie. Voilà comment je devins habitant des États-Unis. J'ai pensé depuis, à tort peut-être, que le planteur anglais avait cherché et trouvé l'occasion de m'éloigner de sa famille.

— Mon cher Maurice, interrompit Jacques Sarrue, il est bon toujours, à votre âge, de croire au bien plutôt qu'au mal ; et je vous conseille de vous défier de tout sentiment qui vous porterait à douter des bonnes intentions d'autrui. Mon Dieu ! je sais bien qu'avec ce principe on s'expose souvent à être dupe ; mais croyez-moi, Maurice, il vaut mieux être trompé parfois que de devenir sceptique. Ceci dit en passant, continuez.

— Je ne me plus pas à Philadelphie, reprit le jeune homme. Si vagues que fussent mes souvenirs d'enfance, je me rappelais la France et Paris. Je ne pensais jamais que j'étais Français sans éprouver un tressaillement intérieur. Oui, Français, plus encore par le cœur et l'âme que par le sang ; je rêvais sans cesse à la chère patrie absente. La revoir devint bientôt mon idée fixe. Alors, malgré mes modiques appointements, je me mis à faire des économies, et je commençai à savoir ce que sont les privations.

— Est-ce que votre mère ne vous avait pas laissé quelque chose ? demanda Jacques Sarrue.

— Rien. Les Anglais — je parle ici de la classe moyenne, des bourgeois — sont loin d'être généreux comme on se plaît à le croire ; chez M. Graham, ma mère ne gagnait rien, j'ai oublié de vous le dire. Toute de sacrifice, ne pensant qu'à moi, à mon avenir, trop heureuse de m'avoir avec elle, mon excellente mère se trouvait suffisamment rémunérée par son entretien et le mien. Elle ne pensait pas mourir si tôt ; elle espérait que, devenu homme, à mon tour je travaillerais pour elle.

« Je reviens à mon récit : Un jour, je me trouvai à la tête de quinze cents francs. C'est assez, me dis-je. J'envoyai mon congé à mon patron, je fourrai mon léger bagage dans une caisse et je m'embarquai sur un paquebot anglais, qui devait toucher terre à La Rochelle.

« J arrive en France, et le lendemain je suis à Paris, logé dans un hôtel où je ne dépense pas moins de douze francs par jour. Bien que je connusse la valeur de l'argent, je ne songeais pas que ma bourse était mince et facile à épuiser. J'allai revoir à Levallois notre maison, habitée par des étrangers, où je n'osai pas entrer. Je visitai les superbes monuments de Paris. Si vous saviez comme j'étais heureux de marcher sur le sol français, de me trouver au milieu de la grande capitale, d'admirer ses rues, ses églises, ses palais, et de saluer en passant les œuvres et les statues des grands hommes de la France!

« Cela dura quinze jours, pas plus. Un matin je comptai ma fortune. Il me restait trois cents francs, juste de quoi continuer pendant quelques jours mon existence de Français revenu d'Amérique et grisé par les splendeurs de Paris. Alors je me mis à réfléchir sérieusement, et le résultat de mes réflexions fut qu'il fallait me loger plus modestement et me mettre en quête de me procurer des moyens d'existence. J'achetai un piètre mobilier d'occasion et j'emménageai dans une pauvre petite chambre que je louai à Montmartre.

— Ainsi, dit le poète, vous demeurez à Montmartre? »

— Oui, rue Durantin.

— Eh bien, mon cher Maurice, nous sommes voisins, car je demeure aussi à Montmartre, rue Berthe.

— Ah! voilà un véritable bonheur; cette fois, le hasard est heureux.

— Oui, c'est mon avis, mais achevez votre histoire.

— Quand je fus installé chez moi, reprit le jeune homme, au milieu de mon piteux mobilier, il restait dix-huit francs dans ma bourse. Je les regardai tristement en me disant : — La situation n'est pas gaie ; je ne connais personne à Paris, je cours grand risque de ne pas manger tous les jours. — Toutefois, dès le lendemain, je pris mon courage à deux mains, comme on dit, et je me mis à la recherche d'un emploi quelconque. Je vis des gens polis, d'autres qui ne l'étaient guère, et les uns et les autres me répondaient sur des tons différents : — Nous n'avons besoin de personne, revenez plus tard, nous verrons. — Plus tard, comme si le malheureux qui cherche et demande du travail avait le temps d'attendre !... Ah! que de déboires, que de déceptions je rencontrai ! Pour gagner du temps et prolonger mon agonie, je m'ingéniai à ne pas mourir de faim, en dépensant, en en moyenne, quarante centimes par jour.

— Je connais cela, fit le poëte.

— Enfin, continua Maurice, ma bonne étoile me fit entrer un jour chez l'entrepreneur de copies et d'écritures dont je vous ai parlé. Il me fit écrire devant lui de l'anglaise, de la ronde, de la bâtarde, de la coulée, de la gothique, et me dit d'un air important : — Avec votre talent de calligraphe, combien comptez-vous gagner par jour? — Mais au moins ce qu'il faut à un homme pour vivre, trois ou quatre francs, — répondis-je. Il me rit au nez, et je vis le moment où il allait me jeter violemment à la porte. Cependant, il faut croire que ma figure lui plaisait, car, sur mes instances, il consentit à me confier un manuscrit que je devais copier en belle ronde. Je travaillai pendant trois jours, et en rapportant le manuscrit et la copie, je reçus deux francs. Comme je n'avais pas à choisir, je continuai à travailler à peu près à ce prix-là. Néanmoins, je pus me donner quelques douceurs : faire blanchir mon linge et augmenter mes dépenses quotidiennes de quelques centimes. Malheureusement, même pour ce déplorable métier, il y a des jours où le travail manque; ce que j'avais prévu et redouté arriva, Les jours où je n'eus pas d'ouvrage, ayant le gousset à sec, je me couchai à jeun, la famine au ventre. J'étais dans un de ces mauvais jours, le soir où je me trouvai sur le chemin du marquis de Soubreuil.

IV

LES DONS DU MARQUIS

Après un moment de silence, Maurice continua :
— Je passais sur le boulevard Bonne-Nouvelle, venant je ne sais d'où, et je marchais droit devant moi, la tête baissée, les bras ballants, me demandant si je ne ferais pas bien d'en finir d'un seul coup avec toutes les misères de l'existence, lorsque je sentis qu'on me tirait par mon paletot. Je me retournai brusquement et me trouvai en face d'une pauvre femme couverte de haillons, hâve, décharnée, aux traits flétris, aux yeux étincelants, qui tenait dans ses bras amaigris un tout jeune enfant.

« — Monsieur, me dit-elle d'un ton navrant, je n'ai pas mangé depuis deux jours, et il y a longtemps déjà que mes seins sont taris; je ne demande rien pour moi, mais donnez-moi un sou afin que je puisse acheter du lait pour mon enfant

« Je me sentis remué jusqu'au fond du cœur.

« L'enfant pleurait; mais il était si chétif et si faible qu'on l'entendait à peine.

« J'oubliai à ce moment que j'étais moi-même une victime du malheur. Instinctivement, je plongeai mes deux mains dans mes poches. Rien... Je les retiraien faisant un geste désespéré. La pauvre mère comprit.

« — C'est bien, me dit-elle, Dieu vous récompensera tout de même. J'avais bien vu que vous étiez pauvre; mais, que voulez-vous, je n'ose pas m'adresser aux riches.

« J'allais m'éloigner, la tête plus basse encore, lorsqu'un jeune homme très bien mis s'approcha de nous. Il avait tout vu et tout entendu.

« — C'était le marquis?

— Oui. — Madame, dit-il en mettant un louis dans la main de la pauvre mère, voilà ce que monsieur et moi vous offrons pour que vous puissiez dîner ce soir et donner du lait à votre enfant.

« En parlant il m'avait pris la main. La pauvresse nous remercia l'un et l'autre et s'éloigna en pleurant. J'étais honteux comme si j'eusse commis une mauvaise action ; j'aurais bien voulu m'esquiver, mais comment faire ? Le marquis tenait ma main et ne paraissait pas vouloir la lâcher.

« — Tout à l'heure, me dit-il, un sourire bienveillant sur les lèvres, vous avez eu un mouvement qui m'a révélé votre situation présente. Vous avez vainement cherché quelques sous dans votre poche pour les donner à cette malheureuse, qui va rentrer dans son taudis la joie et l'espérance au cœur ; cela ne nous a pas empêchés de faire ensemble une bonne action.

« — Mais c'est vous, monsieur, balbutiai-je.

« — Erreur, mon jeune ami, répliqua-t-il ; si je n'eusse pas remarqué votre geste désolé, je serais passé près de la pauvre mère sans la voir. Vous n'êtes pas un ouvrier, je sens que votre main ne manie aucun outil ; vous êtes donc un artiste de l'avenir ou un employé sans emploi.

« — Je suis, en effet, un employé qui trouve difficilement du travail, répondis-je.

« Et en quelques mots je lui dis qui j'étais, d'où je venais, ce que je faisais.

« — Oui, tout cela n'est pas gai, me dit-il.

« Et il ajouta avec un accent singulier :

« — Eh bien, croyez-moi, la misère des pauvres, si affreuse qu'elle soit, est mille fois moins effroyable que la position de beaucoup de riches.

« Voyant que mon regard devenait interrogateur, il poursuivit d'une voix sombre :

« — Vous croyez probablement que je suis un des heureux du monde ; eh bien, détrompez-vous, les apparences sont souvent fausses : derrière mon sourire il y a des larmes, et j'ai là, dans la poitrine, tous les tourments de l'enfer !

« Je ne pus m'empêcher de frissonner.

« Il devina mon émotion.

« — Ah ! la vie est un lourd fardeau à porter, reprit-il avec un accent indéfinissable ; ne vous plaignez pas trop de votre destinée, monsieur ; s'il y a en ce moment de l'ombre autour de vous, vous retrouverez la lumière. A votre âge on n'est jamais désespéré ; j'envie votre position !

« Tout en parlant, il avait tiré de sa poche deux pièces de vingt francs. Il les mit dans ma main. Je me sentis rougir jusqu'aux oreilles et voulus refuser.

« — Prenez, insista-t-il ; la pauvre femme de tout à l'heure pourra calmer sa faim, l'enfant aura du lait, il faut que vous dîniez aussi ce soir. D'ailleurs, continua-t-il en retrouvant son sourire doux et triste, je puis vous mettre à l'aise avec votre fierté : c'est un prêt que je vous fais, un à-compte que je vous offre sur un travail que je veux vous confier.

« Alors il sortit une carte d'un mignon portefeuille en maroquin bleu, et me la donna, en disant :

« — Venez me voir demain, je vous attendrai à deux heures.

« Sur ces mots, il me quitta et s'éloigna rapidement.

« Je me plaçai sous un bec de gaz, et, au-dessous d'un écusson surmonté d'une couronne, je lus sur la carte :

« MARQUIS MAXIME DE SOUBREUIL

« Voilà, acheva Maurice, comment je devins le secrétaire de M. de Soubreuil et écrivis avec lui, presque toujours sous sa dictée, le manuscrit dont je vous ai parlé et qui est maintenant ma propriété, par suite de je ne sais quelle pensée intime de l'homme généreux et bon, qui vient de finir si tristement. »

Maurice ne parlait plus et Jacques Sarrue restait silencieux.

— Vous ne me dites rien, fit Maurice au bout d'un instant.

— Je réfléchis, répondit le poète, et je me dis qu'il y a sur la terre d'étranges destinées.

— Mon cher Jacques, répondit Maurice, vous aurez de graves sujets de méditations quand vous connaîtrez l'histoire du marquis de Soubreuil.

— J'en sais déjà le dénouement : ce n'est pas seulement parce qu'il avait le dégoût de la vie que le marquis s'est fait sauter la cervelle, il a accompli sur lui-même un châtiment terrible.

— C'est vrai, vous avez deviné, dit Maurice.

A ce moment, ils traversaient la place du Château-d'Eau. Jacques Sarrue obliqua vers le boulevard Magenta.

— Pourquoi allez vous de ce côté? lui demanda Maurice.

— N'est-ce pas le chemin de Montmartre?

— Est-ce que vous allez rentrer directement chez vous?

— C'est mon intention. Pourquoi me faites-vous cette question?

— Parce que j'avais espéré que nous passerions ensemble le reste de la soirée.

Le poète frappa sur une de ses poches.

— Mon cher, dit-il, je me trouve dans la même situation que vous le jour de votre rencontre avec le marquis boulevard Bonne-Nouvelle.

— Je pensais que, sans cérémonie, vous accepteriez de dîner ce soir avec moi, reprit Maurice.

— Hein! fit Sarrue en s'arrêtant brusquement, vous êtes donc riche aujourd'hui?

— Hein! fit Sarrue en s'arrêtant brusquement, vous êtes donc riche aujourd'hui? (Page 152.)

— Dans le bois, en présence du cadavre du marquis, je vous ai caché quelque chose, répondit Maurice.
— Ah!
— Oui. Je ne vous ai pas dit qu'en m'envoyant le manuscrit il avait joint à sa lettre un billet de cinq cents francs.
— Cinq cents francs! exclama le poète, qui n'avait jamais eu certainement une pareille somme dans sa poche.

— Le billet est encore intact, reprit Maurice, et le moment est venu de le transformer en monnaie sonnante. C'est convenu, nous dînons ensemble.

Jacques Sarrue parut fort embarrassé. Il hésitait à répondre.

— Allons, dit Maurice, je vois que ma proposition ne vous plaît pas.

— Vous faites un jugement téméraire. Votre proposition me fait plaisir, au contraire, et me flatte infiniment. Seulement...

— Achevez.

— Je ne peux pas l'accepter.

— Dites-moi pourquoi?

— Parce qu'on m'attend.

— Je comprends, vous êtes marié?

— Non, je ne suis pas marié, répliqua Sarrue, en secouant la tête. Un pauvre diable comme moi ne se marie pas. Quand on prend une femme, Maurice, il faut être sûr qu'on a le pouvoir de lui faire une existence heureuse, exempte de soucis et de privations.

— C'est vrai. Enfin, est-ce une femme qui vous attend?

— Pas tout à fait; c'est une jeune fille.

— Votre maîtresse!

Un éclair s'alluma sous les verres des lunettes du poète.

— Maurice, dit-il d'un ton sévère avec un léger tremblement dans la voix, vous venez de prononcer une vilaine parole.

— Je ne croyais pas vous offenser, balbutia le jeune homme, excusez-moi.

— Je vous excuse d'autant plus volontiers, mon jeune ami, qu'on ne croit guère en ce temps-ci aux affections et aux dévouements désintéressés. Malgré les siècles écoulés, les grandes conquêtes du progrès social et la civilisation faisant le tour du monde, nos mœurs actuelles semblent vouloir se rapprocher de celles des Grecs et des Romains de la décadence!

« Oui, une jeune fille m'attend, une jeune fille que la Providence a placée sous ma protection, une enfant, une orpheline dont j'ai fait ma fille. Que serais-je donc aux yeux du monde, que serais-je donc à mes propres yeux, continua-t-il avec animation, si j'avais seulement la misérable pensée, par un mot ou par un regard, de troubler sa candeur virginale, de ternir la pureté de son âme, de toucher à la blancheur de sa robe d'innocence? »

Maurice étonné le regardait avec de grands yeux.

— Comme vous venez de dire cela! fit-il; quel accent, quelle chaleur!... Jacques, à vous entendre, on croirait que vous aimez d'amour cette jeune fille.

Sarrue tressaillit. Il venait d'éprouver une sensation douloureuse, étrange. Toutefois il se remit promptement.

— L'aimer d'amour, reprit-il avec un sourire forcé, vous n'y pensez pas, Maurice. D'ailleurs, ce serait une insigne folie. Non, non, l'amour, ce sentiment divin, n'est jamais entré dans mon cœur, il n'y entrera jamais. La poésie, voilà ma déesse adorée... Georgette n'a guère plus de seize ans et elle est gracieuse et belle comme la plus admirable des vierges de Raphaël; moi, j'ai trente-cinq ans et je suis laid, triste et maussade souvent. Maurice, mon cœur est resté fermé toujours à certains désirs, aux enivrements des joies de la jeunesse; je ne veux pas qu'il s'ouvre pour recevoir, quand il n'est plus temps, un rayon céleste!

— Ainsi, vous n'avez jamais aimé?

— Jamais! Je n'en ai pas eu le temps! Et puis, continua-t-il en souriant, j'ai toujours eu peur de la femme. Cette seconde partie du genre humain, la plus belle, comme on dit, m'a constamment effrayé comme un danger. La femme est bonne ou mauvaise, elle est le bien ou le mal, ange ou démon. Et si je n'osais pas m'approcher des ailes blanches de la première, le sourire et le regard provocateurs de l'autre me repoussaient. Mais c'est assez parler de moi, Maurice, il me vient une idée.

— Laquelle?

— Puisque je ne peux pas accepter votre invitation, ne refusez pas celle que je vous fais de venir dîner avec moi ou plutôt avec nous. Comme cela, un de vos désirs sera satisfait : nous passerons la soirée ensemble. Pour n'être pas ancienne, notre amitié est sincère et déjà grande; que ce soit ce soir ou dans deux jours, je ne puis faire moins que de vous recevoir dans mon modeste intérieur. Eh bien, cela vous sourit-il?

— Je suis enchanté!

— Alors, bravo, et en route! Par exemple, je ne vous promets pas un festin de Lucullus; la bourse de la communauté est peu garnie, et je ne sais pas quel régal a préparé ma gentille ménagère.

— Vous savez que je suis riche, répondit Maurice, je vous offre de puiser dans mon trésor.

— Vous en trouverez vite la fin, mon ami; ne gaspillez pas le don généreux du marquis de Soubreuil.

— Il faut pourtant que je change ce billet. Avec votre permission, Jacques, comme mademoiselle Georgette n'attend pas un convive de plus, j'entrerai dans les dépenses de notre petite fête, en augmentant le menu de quelque chose que j'achèterai tout à l'heure chez un marchand de comestibles et chez un pâtissier.

— Soit, dit Sarrue, un gâteau et un morceau de pâté, compléteront la mise en scène de la table. Ah! dame, chez nous, on n'est pas habitué aux friandises. Nous ne nous offrons, ma fille et moi, que le juste nécessaire, et encore... Je ne me plains pas, je sais que c'est inutile; mais la pauvreté, toujours la pauvreté et les mêmes difficultés renaissant chaque jour, c'est triste!

Ils restèrent un moment silencieux.

— Maurice, reprit Sarrue, vous allez voir Georgette, et comme vous êtes mon ami, vous serez naturellement le sien. Vous n'avez pas eu de secret pour moi, je n'en aurai pas pour vous. Votre confiance sollicite la mienne. Je vais vous raconter comment nous nous sommes rencontrés, Georgette et moi, et comment elle est devenue ma fille, ma sœur, si vous le préférez, enfin l'être que j'aime le plus au monde.

Cette fois, ce fut Jacques qui passa son bras sous celui de Maurice.

V

CE QUE RACONTE JACQUES SARRUE

Voyant que son ami se disposait à prêter une oreille attentive, Jacques Sarrue reprit la parole.

— L'aventure remonte à deux mois environ. C'était un soir à la tombée de la nuit; par toute la ville, les manœuvres de la compagnie du Gaz, armés de leur allumoir, éclairaient Paris, comme ils le font en ce moment. Je revenais de donner rue de Tournon une leçon de grec à un aspirant au baccalauréat ès lettres. Cessant pour quelques heures d'être pédagogue, j'étais redevenu poète en descendant la rue Bonaparte. La tête baissée, les yeux à mes pieds, la pensée dans les nuages, je faisais des vers, des vers légers; je venais de recevoir deux louis, j'étais gai... La pièce est inachevée, je ne la finirai probablement jamais!...

« Arrivé sur le quai, au moment où j'allais monter sur le pont des Beaux-Arts, je remarquai une jeune fille, ayant les bras accoudés sur le parapet du quai et tenant sa tête dans ses mains. Je m'aperçus en même temps qu'elle pleurait, et, m'étant subitement arrêté, j'entendis le bruit de sanglots étouffés.

« J'étais en train de chercher une rime à « meilleurs »; j'avais sous les yeux « pleurs » ou « douleurs »; mais, ne voulant pas me servir de l'une ou de l'autre de ces rimes, je ne cherchai plus, et voilà pourquoi la pièce de vers n'est pas terminée.

« La jeune fille, dont je ne pouvais voir la figure, portait un costume de paysanne très coquet, et je puis ajouter, presque riche. Près d'elle, sur le parapet, il y avait un petit ballot; je jugeai qu'il devait contenir du linge et autres effets d'habillement.

« Je ne me rendis point compte de mes impressions, je me laissai aller à l'inspiration de mon cœur. Revenant sur mes pas, je m'approchai de la jeune fille. Je me penchai vers elle, et, tout bas, d'une voix émue :

— Pourquoi pleurez-vous? lui demandai-je.

« Elle leva la tête, et le regard de ses grands yeux bleus, dont rien ne saurait rendre la douceur et la désolation, se fixa sur moi avec une anxiété profonde.

« Moi, à la lumière du gaz qui l'éclairait, j'admirai sa bouche fraîche et jolie comme un bouton de rose, ses magnifiques cheveux blonds et son visage charmant, inondé de pleurs, que je voyais radieux et resplendissant comme l'idéal.

« Cependant, m'ayant regardé, il y eut dans ses yeux un éclair de joie ou de reconnaissance.

— Mademoiselle, lui dis-je avec intérêt, si je puis vous être utile, je me mets à votre service. Vous avez un violent chagrin, si je puis vous aider, vous consoler, je le ferai.

— Je vous remercie, monsieur, me répondit-elle, je ne puis être consolée et vous ne pouvez rien faire pour moi.

« Je venais d'entendre sa voix et je crus avoir perçu les sons d'une lyre éolienne.

— A en juger par votre vêtement, mademoiselle, repris-je, vous n'êtes pas de Paris, vous arrivez de la province; si vous aviez besoin d'un guide dans cette ville déserte pour ceux qui n'y connaissent personne, je serais heureux de vous en servir.

— Vous ne vous trompez pas, monsieur, je suis de la province, en effet, et je suis arrrivée ce matin à Paris venant de loin, de bien loin. J'espérais voir quelqu'un, je ne l'ai pas trouvé, je n'ai plus nulle part à aller.

— Est-ce une mère, une sœur, un frère, un parent, un ami, que vous veniez trouver à Paris?

— Ne m'interrogez pas, dit-elle, en secouant la tête, je ne peux pas vous répondre.

— Je comprends, vous avez un secret douloureux à cacher?

— Oui.

— Vous allez retourner dans votre village?

— Non, jamais! prononça-t-elle avec un accent singulier.

— Alors, que comptez-vous faire?

« D'une voix lente et triste, elle me répondit :

— Tout à l'heure, je regardais la Seine, et je me disais, en voyant passer les bateaux : cette eau-là doit être bien profonde; pour moi, il y aurait là, cette nuit, un grand lit pour dormir.

« Je sentis un frisson de terreur courir dans tous mes membres.

— Malheureuse enfant! m'écriai-je, mais qu'avez-vous donc fait pour vouloir mourir?

« Je n'eus pas plus tôt prononcé ces paroles que je m'en repentis, quand je lus dans ses yeux limpides et étonnés la beauté de son âme, l'innocence de son cœur!

— Monsieur, me répondit-elle simplement, je n'ai rien fait; je suis malheureuse! voilà tout.

« Non; vous apprendre cela serait vous révéler le secret que je veux cacher et qui mourra avec moi. »

— Dans tous les cas, lui dis-je avec un ton d'autorité, vous ne mourrez pas comme vous en avez eu la pensée tout à l'heure ; je suis ici pour vous en empêcher !

— Si vous connaissiez ma peine, répliqua-t-elle, vous ne me parleriez pas ainsi ; je n'ai plus aucun espoir ; mourir tout de suite est ce que j'ai de mieux à faire.

« Je lui pris la main, qu'elle laissa dans la mienne, et je lui dis :

— Vous avez un secret terrible sans doute, gardez-le, je ne veux pas le connaître ; mais dites-vous bien que manquer de résignation est se révolter contre la volonté de Dieu. C'est presque toujours ses créatures préférées qu'il fait souffrir le plus afin de leur accorder plus tard ses meilleures récompenses.

« Il me sembla que ces paroles venaient de produire sur elle une vive impression.

— Ma chère enfant, repris-je, il faut retourner au pays d'où vous venez.
— Je vous ai déjà dit jamais !
— Est-ce qu'on vous a chassée ?
— Non, je suis partie volontairement, sans rien dire.
— Quoi ! vous avez abandonné vos parents ?
— Je n'ai plus ni mère, ni père.
— Chez qui étiez-vous donc ?
— Chez un homme généreux et bon, qui m'a recueillie, il y a six ans.
— S'il était bon pour vous, pourquoi ne voulez-vous pas retourner vers lui ?
— Parce que maintenant, j'y serais malheureuse.
— Comment se nomme le pays où vous demeuriez ?
— Je ne vous le dirai pas, car je voudrais moi-même l'oublier.
— Voyons, repris-je, ne sachant quoi supposer, vous n'avez peut-être pas d'argent pour faire le voyage ?
— J'ai encore près de trois cents francs dans ma poche, répondit-elle, en abaissant ses paupières sur ses yeux.

« Je vous avouerai, mon cher Maurice, que je me trouvai subitement très embarrassé. Je laissai retomber dans ma poche les deux pièces de vingt francs que je venais de toucher, et que j'étais prêt à lui donner. Pourtant, mon intérêt pour cette belle enfant ne faisait que s'accroître, et pour rien au monde je n'aurais voulu la laisser seule, à ce moment de défaillance et de désespoir qui pouvait la conduire à quelque résolution terrible.

— Cependant, mademoiselle, repris-je après un court silence, vous ne pouvez pas rester ici toute la nuit.
— C'est vrai, mais je ne sais où aller.
— Voulez-vous venir avec moi ?

« Alors, elle releva ses grands yeux sur moi et me regarda fixement.

— Où voulez-vous me conduire? me demanda-t-elle.
— Dans la maison où je demeure.
— Vous avez une femme, des enfants?
— Non, je suis un vieux garçon et, comme vous, je n'ai plus de parents.

« Elle fit un brusque mouvement en arrière. Je vis qu'elle rougissait et je compris qu'une défiance instinctive s'emparait d'elle.

— Oh! rassurez-vous, repris-je vivement, dans cette maison, dont je vous parle, il y a une honnête famille d'ouvriers, je suis un de leurs amis. C'est par ces braves gens que vous serez reçue, et vous resterez chez eux jusqu'à ce que vous ayez pris une décision définitive touchant l'arrangement de votre vie. Quant à moi, mademoiselle, je serai ce que vous voudrez : votre ami, votre frère ou votre père !

Son regard alla errer sur le fleuve, puis revenant à moi : »

— Oui, dit-elle, ce que vous m'offrez vaut mieux que ce que je cherchais. Vous avez raison, monsieur, je dois être résignée.

« Elle essuya ses yeux et sa figure avec son mouchoir, puis elle me dit :
— Je consens à vous suivre.

« Elle prit son paquet ; je le lui enlevai des mains et l'ayant placé sous un de mes bras, je lui offris l'autre, qu'elle accepta.

« Voilà, mon cher Maurice, continua Jacques Sarrue, dans quelle circonstance j'ai rencontré Georgette et comment elle est devenue ma sœur ou ma fille.

« Elle resta huit jours chez mes amis, les ouvriers. La femme la prit immédiatement en grande amitié. Elle est passementière. Pour ne pas être à charge et aussi pour s'occuper, Georgette travailla avec l'ouvrière dès le premier jour. Elle est très intelligente et merveilleusement adroite de ses doigts ; elle apprit rapidement le métier et est devenue très habile à fabriquer divers genres de passementerie.

« Entre ma chambre et le logement des ouvriers, une petite chambre se trouvait libre. Georgette, consultée, déclara qu'elle consentait que la chambre fût louée pour elle et elle mit dans ma main sa petite fortune pour acheter les meubles indispensables. Elle est donc chez elle tout près de moi. Avec presque rien elle a trouvé le moyen de faire beaucoup ; elle a un goût exquis, et sa chambre, gentiment arrangée, est un petit nid de jeune fille simple, mais délicieux et coquet, où l'on respire avec délices et où je n'entre jamais sans me sentir pénétré d'un profond respect.

« C'est là que Georgette a son métier de passementière. Elle n'a pas à aller chercher et reporter son ouvrage ; c'est l'obligeante voisine qui se charge de ce soin. Maintenant, ma petite ouvrière arrive à gagner en moyenne un franc soixante-quinze centimes par jour.

« Elle a remarqué que je vivais fort mal, que quelquefois même je ne mangeais pas, et pour cause. Alors elle m'a proposé de faire la cuisine pour deux. J'acceptai avec enthousiasme. C'est elle qui eu l'idée de notre communauté. Nous avons uni ainsi nos deux pauvretés. Je ne suis pas un gourmet, mais il me semble que Georgette a déjà un fort joli talent de cuisinière.

« C'est elle qui tient et garde nos deux bourses; je lui remets religieusement tout ce que je gagne. C'est pour cela que, parfois, n'osant pas la déranger, je sors sans un sou dans ma poche, comme cela m'est arrivé aujourd'hui. C'est toujours elle qui voit ce qui me manque, alors elle me donne de l'argent pour l'acheter. Quand ma bourse est à sec, elle prend dans l'autre. En qualité de mathématicien, je ne sais pas du tout compter; mais par un sentiment d'ordre et probablement aussi de délicatesse exquise, ma mignonne ménagère a deux petits livres, le sien et le mien, sur lesquels elle inscrit régulièrement toutes nos recettes et dépenses. »

— Mais c'est un trésor que le hasard vous a donné, mon cher Jacques! s'écria Maurice émerveillé.

— J'aime mieux dire la Providence. Oui, Maurice, Georgette est un vrai trésor.

— Et son secret, vous l'a-t-elle confié?

— Non.

— Elle ne vous a pas dit de quel pays elle est?

— Georgette ne m'a rien dit.

— Vous ne l'avez donc pas interrogée?

— Je crois que la discrétion est une vertu, répondit Sarrue avec une grande gravité; je me fais un devoir de respecter le silence que Georgette veut garder.

— Jacques, fit Maurice un peu confus, je prends note de cette nouvelle leçon que vous me donnez.

Le poëte eut un sourire intraduisible.

— Mon cher Maurice, dit-il, prenez-moi tel que je suis, même avec l'exagération de certains sentiments. Je n'ai pas la sotte prétention de croire que je fais, pense et dis toujours bien. Je sais parfaitement que je suis souvent en dehors du courant des idées d'aujourd'hui; mais, que voulez-vous, je suis de la race des vieux puritains, moi!

— Soit, répliqua Maurice, mais vous êtes du nombre des bons, des honnêtes, des sérieux.

— Merci, dit le poëte.

— Ah! fit Maurice, en s'arrêtant, voici notre affaire : un marchand de comestibles, et là, en face, un pâtissier d'assez bonne apparence.

Maurice Vermont acheta le supplément du dîner offert par Jacques Sarrue, et un quart d'heure après les deux nouveaux amis arrivaient rue Berthe.

Après avoir versé le bouillon dans la soupière, Georgette l'apportait sur la table. (Page 163.)

VI

LE DINER

— Ma chère Georgette, dit Jacques Sarrue en entrant dans la chambre de la jeune fille, je vous présente un de mes bons amis, M. Maurice Vermont, qui a bien voulu consentir à être ce soir un de vos convives.

— Vous êtes le bienvenu, monsieur, dit Georgette en faisant un pas en avant.

— Mademoiselle, répondit Maurice, c'est pour moi un bonheur inappréciable d'être admis ce soir dans votre intimité, avant d'avoir l'honneur d'être connu de vous.

Georgette eut un mouvement de tête gracieux, et, montrant Sarrue :

— Vous êtes son ami, dit-elle.

— Ce qui signifie? interrogea le poète, provoquant affectueusement la jeune fille.

— ... Que vous êtes aussi le mien, répondit-elle.

— A la bonne heure! s'écria Sarrue gaiement.

Puis, se penchant vers Maurice, il lui dit tout bas :

— Hein, n'est-elle pas charmante?

— Oui, charmante! répéta le jeune homme.

— Maintenant, reprit Sarrue, pensons au sérieux ; j'ai grand'faim, et vous, Maurice?

— J'espère manger de bon appétit.

— Malheureusement, dit Georgette, j'ai peu de chose à vous offrir : une soupe, un morceau de bœuf avec des carottes, une salade, du fromage, des cerises et... c'est tout.

— Mais c'est déjà magnifique, s'écria Sarrue, des cerises!...

— Je sais que vous en êtes gourmand, fit Georgette.

— Une chatterie... Vous saurez, mon cher Maurice, que mademoiselle Georgette me gâte ni plus ni moins qu'un enfant! — Mademoiselle, continua-t-il en se tournant vers la jeune fille, notre ami Maurice a eu l'idée d'ajouter quelque chose à la carte de notre festin. Vous verrez qu'on n'est pas ingrat et qu'on a songé aussi à vous être agréable... — Bon, et Maurice qui reste les bras chargés ; mais posez donc cela sur le buffet ; notre charmante hôtesse va développer le pâté, et, pour qu'elle ne soit point surprise, je lui dis tout de suite que vous avez acheté à son intention une tarte superbe à la crème et aux amandes.

Maurice se débarrassa des objets nommés, et la jeune fille s'empressa d'enlever le papier qui les enveloppait pour les placer sur des assiettes.

Pendant qu'elle faisait ce travail avec une grâce infinie, Maurice la contemplait avec ravissement.

— Oui, se disait-il, elle est délicieusement belle. Comme on voit à l'expression de sa physionomie, à son regard doux et triste qu'elle a souffert, qu'elle souffre toujours! Quand donc reviendra sur ses lèvres adorables le rire joyeux qui s'est envolé? C'est certain, elle cache en elle, au fond de son cœur, une immense douleur. Quel est donc son secret?

Et malgré lui, son âme s'enténébrait de tristesse, pendant qu'il se sentait pris d'une tendre compassion pour cette jeune et belle enfant, rendue plus intéressante encore par le mystère dont elle s'entourait.

La jeune fille s'aperçut qu'elle était de la part de Maurice l'objet d'un examen attentif. Elle se sentit subitement intimidée, sans contrariété cependant, et une pudique rougeur lui monta au front.

Jacques Sarrue ne vit point que Maurice admirait Georgette et que celle-ci avait rougi sous son regard. Il tournait autour de la table, approchant trois chaises et rangeant les assiettes.

— Ma chère Georgette, dit-il, dînerons-nous bientôt?

— Mais tout est prêt, et de suite je trempe la soupe.

— En ce cas, à table, à table! Voilà votre place, Maurice, en face de moi; la table étant ronde, de quelque manière que nous nous y prenions, il faut que mademoiselle Georgette soit entre nous deux.

— C'est vrai, fit Maurice souriant, en s'asseyant.

Georgette, après versé le bouillon brûlant dans la soupière, apportait sur la table une seconde bouteille de vin et un troisième couvert.

— C'est singulier, reprit Sarrue, malgré les choses affligeantes de tantôt, je suis gai sans le vouloir. C'est sans doute la satisfaction de nous voir réunis ici tous les trois.

— Vous parlez de choses affligeantes. Vous serait-il arrivé quelque désagrément? demanda Georgette.

— Nous avons été témoins, Maurice et moi, d'un de ces tristes événements comme il en arrive si souvent à Paris où il y a tant de monde.

— Une personne renversée par une voiture?

— Oui, précisément, s'empressa de répondre Sarrue.

— Était-ce une femme?

— Oui, c'était une vieille femme.

— Elle n'est que blessée, n'est-ce pas?

— Une forte contusion à la tête.

— Oh! la pauvre femme! fit Georgette.

Et deux larmes jaillirent de ses yeux.

Elle venait de revoir sa mère étendue, sanglante, au milieu du chemin creux. Elle entra vivement dans sa petite cuisine pour cacher son émotion.

— Soyons prudents, dit Sarrue en baissant la voix; il ne faudra jamais rien dire d'attristant en présence de Georgette; elle est tellement sensible, que lui parler du moindre accident la fait pleurer et lui cause une douleur qui dure quelquefois une semaine.

— En effet, répondit Maurice, je viens de voir des larmes dans ses yeux.

— Mais, pour compléter ma pensée de tout à l'heure, je suis forcé de dire que la nature de l'homme est un étrange composé de bonnes et de mauvaises choses; en nous, tout est changement et contradiction. Je devrais être triste, désolé; non, il y a en moi quelque chose de joyeux. Un autre jour j'aurai cent raisons de me trouver satisfait et j'aurai le front morose, le cœur chargé d'ennuis, l'âme sombre.

Georgette reparut.

— Vous ne mangez donc pas? dit-elle.
— Mademoiselle, nous vous attendons, répliqua galamment Sarrue.
— Une dame doit toujours être servie la première, ajouta Maurice.

Le dîner commença. On mangea avec beaucoup d'appétit, et le bœuf à la mode fut trouvé délicieux. Georgette fut forcée de recevoir des compliments, qu'elle méritait certainement, mais qui la rendirent un peu confuse.

Était-ce en raison de la présence de Maurice? la jeune fille fit elle-même honneur au dîner, ce qui procura à Sarrue une nouvelle satisfaction. Il remarqua encore que Georgette avait les traits plus animés, le teint plus frais, et que deux ou trois fois elle avait eu le sourire sur les lèvres.

Il y a certains compliments qu'on ne doit jamais faire. Dans la circonstance présente, ceux que Jacques Sarrue adressait à Georgette étaient imprudents et contenaient une maladresse.

Il aurait pu s'en apercevoir en voyant le trouble et la rougeur de la jeune fille. Mais, malgré toute sa science, il ignorait absolument ces mille choses délicates qui appartiennent essentiellement à la nature de la femme. Il avait bourré sa tête de tant d'érudition, que le temps lui avait manqué pour apprendre à connaître la femme, si difficile à étudier. Aussi, ne savait-il rien des causes multiples qui font naître les impressions dans son cœur, mettent sa pensée en ébullition, et des effets qui peuvent en résulter.

Or, à son insu, il fit sentir à Georgette qu'elle éprouvait une vive sympathie pour Maurice, et que ce beau jeune homme, qu'elle voyait pour la première fois, qu'elle ne connaissait pas, ne lui était déjà plus indifférent.

Qu'elles soient heureuses ou malheureuses, dans tous les mondes, toutes les jeunes filles ont leur rêve. Georgette allait avoir le sien. Son cœur, alors, ne pouvait manquer de recueillir précieusement le travail de sa pensée.

Du côté de Maurice, les impressions ressenties étaient beaucoup plus vives. Avant même de voir Georgette, son cœur s'était ouvert à l'intérêt et à une douce pitié. Il n'eut qu'à la regarder pour se sentir entraîné vers elle par un charme mystérieux et irrésistible. Le chagrin ou la douleur de la femme a toujours pour effet de mettre en émoi le cœur de l'homme et de lui inspirer le désir d'être un consolateur. C'est ce qui arriva à Maurice. Et quand son regard eut rencontré celui de la jeune fille et qu'il en eut senti la douceur, éprouvé l'enivrement, la première étincelle de l'amour naissant pénétra dans son cœur avec la rapidité de l'éclair.

Voilà ce que Jacques Sarrue ne pouvait ni voir ni deviner.

Le repas terminé, quand Georgette eut débarrassé la table et donné à sa chambre l'apparence d'un petit salon, Jacques Sarrue, pour être agréable à Maurice, à la jeune fille, et un peu aussi à lui-même, se mit à dire des vers.

Il les disait fort bien, d'un voix sonore, avec chaleur, émotion et conviction.

Il arrivait facilement à l'enthousiasme. Alors il avait l'air vraiment inspiré et semblait rajeuni de plusieurs années. Sa figure restait rouge, mais son regard se remplissait de flammes, son front s'irradiait, et on le trouvait presque beau.

Suspendue à ses lèvres, Georgette l'écoutait avec une sorte d'admiration. Il était facile de voir qu'elle possédait le sentiment des choses poétiques, le goût du beau, et qu'elle éprouvait un plaisir indicible à sentir vibrer les cordes de son cœur.

Il devinait cela, le poète, et les applaudissements frénétiques d'un nombreux auditoire ne l'auraient rendu ni plus fier ni plus heureux.

Placé en face de la jeune fille, Maurice l'observait à la dérobée, et avec d'autant plus de facilité que le regard et la pensée de Georgette étaient complètement captivés. Il saisissait sur son visage, dans ses mouvements et dans l'éclat de son regard, qui changeait constamment d'expression, toutes les sensations qui passaient en elle.

A un moment il vit sa poitrine devenir haletante et ses yeux se mouiller de larmes. Elle avait de la peine à contenir son émotion.

Maurice éprouva aussitôt une souffrance intérieure très vive. C'était une impression étrange, qu'il n'avait jamais ressentie, comme un commencement de jalousie.

Et lui, qui était beau, qui avait la jeunesse, l'avenir, se mit à envier le pauvre poète qui ne possédait pour tout bien que son talent ignoré.

— Si je savais faire et dire de beaux vers comme lui, pensait-il, moi aussi je rendrais Georgette attentive à m'écouter; je ferais palpiter son cœur, et, sous le feu ardent de ma pensée, je verrais tomber de douces larmes de ses yeux!

L'heure de se séparer arriva. Maurice s'en alla après avoir promis, sur l'invitation qui lui fut faite, de revenir bientôt et souvent.

— Oh! la belle jeune fille! se disait-il en marchant dans la rue. Quelle grâce! quel charme délicieux elle répand autour d'elle! Il m'a semblé que sa petite chambre était imprégnée d'un parfum de fleurs des plus rares.

« Ah! Jacques Sarrue est bien heureux, oui, bien heureux de pouvoir chaque jour, à toute heure, voir cette adorable jeune fille et causer avec elle! »

Et, sans s'en apercevoir, il poussa un profond soupir.

Maurice s'éloignait; mais, par la pensée, il se retrouvait dans la chambre de Georgette. Une fois encore il ressentait cette sensation douloureuse qui avait traversé son cœur, lorsque la jeune fille, violemment émue, avait laissé couler ses larmes en écoutant les vers du poète.

— Pourquoi donc ne serais-je pas poète aussi? dit-il, ne s'apercevant pas qu'il parlait tout haut.

Une femme, près de laquelle il passait, se retourna.

— Qu'est-ce qu'il rumine donc, celui-là? murmura-t-elle.

Maurice n'entendit pas, et un peu plus loin il dit encore :

— Ma chère Andréa, répliqua le baron, vous avez toujours été la plus belle. (Page 180.)

d'une véritable grande dame. Tout en se livrant à l'étude, elle avait lu beaucoup. Douée d'une mémoire prodigieuse, elle avait étonnamment profité de ses lectures, et elle pouvait parler sur toutes choses avec une grande assurance.

Elle dessinait admirablement et savait se servir des pinceaux avec habileté. Elle chantait à ravir et commençait à être d'une certaine force sur le piano.

Ayant mis à exécution le plan qu'elle s'était tracé, elle était encore inconnue. Cependant elle avait été vue déjà et probablement remarquée; mais, évitant de se

ensemble, et ce soir nous irons dîner à l'hôtel de Manoise entre ta mère et ta sœur.

— Non, c'est impossible, répondit le baron.

— Impossible, pourquoi?

— J'ai disposé autrement de ma soirée.

— Où vas-tu donc?

— Je n'ai pas besoin de te le dire.

— Quoi! s'écria Maxime d'un ton douloureux, à ta maîtresse tu sacrifies le bonheur de ta mère et de ta sœur! Mais malheureux, mais fou que tu es, tu ne les aimes donc plus!

— Je les aime et les respecte toujours, Maxime; mais Andréa a pris mon existence.

— Eh bien, il faut la lui retirer! s'écria le marquis avec feu, voilà le joug qu'il faut briser! que faut-il pour cela? De la volonté et du courage. Henri, prends une résolution ferme et appuie-toi sur mon amitié, je t'aiderai!

— Mon cher Maxime, j'aime trop le joug dont tu parles, que je porte, pour essayer seulement de m'en affranchir. Va, tu ne connais pas l'amour, l'amour qui fait vivre et dont on pourrait mourir dans l'extase du bonheur! Pour un baiser, moins encore, pour un regard ou un sourire, je donnerais jusqu'à la dernière goutte de mon sang!

— C'est de la démence.

— C'est tout ce que tu voudras, mais c'est l'amour.

— Henri, tu m'épouvantes. Au nom de ta mère, de ta sœur, il faut quitter cette femme, devrais-tu en souffrir longtemps, il le faut!

— Rompre ma chaîne, si chère et si douce à porter, jamais! Il me faut Andréa comme il faut à l'enfant sa mère, à l'arbre la sève, à la fleur le rayon de soleil!...

— Henri, je t'en conjure!...

— Ne me dis plus rien, à quoi bon? Je ne te comprendrais pas. D'ailleurs, tu dois le savoir, je ne suis plus seul à l'aimer ainsi. Ils sont dix, ils sont vingt, davantage peut-être... Tous sont là, la guettant, attendant un regard... Je ne la quitte plus, je fais bonne garde autour de mon trésor, je veille sur ma vie... Je suis jaloux! Ce n'est plus du sang qui coule dans mes veines, c'est du feu! Ma tête est un brasier! C'est comme un tourbillon furieux qui m'emporte; je tourne dans un vertige continuel, le cœur exalté, le cerveau en délire!

Le marquis le regardait avec stupéfaction.

— Appelle cela si tu veux de la folie, reprit le jeune homme; mais ne touche pas à ma joie, quelle qu'elle soit, laisse-moi mon ivresse! Mais tu ne la connais donc pas, tu ne l'as donc jamais vue?

— Si, un soir, à l'Opéra, je l'ai aperçue.

— Ah! je savais bien que tu ne la connaissais pas!... Maxime, je ne veux

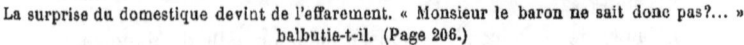

La surprise du domestique devint de l'effarement. « Monsieur le baron ne sait donc pas?... » balbutia-t-il. (Page 206.)

Elle passa la main sur son front, et, les yeux fixés sur le jeune homme, elle lui dit :

— Monsieur le marquis, j'ai peur.

— De quoi avez-vous peur, Andréa?

— Je ne sais... un pressentiment. Croyez-moi, il ne faut pas m'aimer.

— Il est trop tard.

ployé complaisant du bureau des bagages lui apprit que, le jour qu'il indiquait, quatre colis, sur la présentation de deux billets de parcours, avaient été enregistrés pour Rouen sous le n° 3; que les voyageurs étaient partis par le train direct 53, de minuit dix.

Henri conclut qu'Andréa était allée coucher à Rouen où, probablement, le marquis de Soubreuil l'attendait. Il remarqua ensuite que le train 53 était direct jusqu'au Havre. Or, il se dit avec assez de raison que, si Andréa avait voulu se rendre dans cette dernière ville, elle ne se serait pas arrêtée à Rouen, et qu'il devenait inutile de commencer ses recherches au Havre.

Toutefois, c'est à Rouen qu'il pouvait être exactement renseigné sur la direction qu'avait prise la jeune femme. Il partit pour Rouen. Là, il ne put obtenir que des indications très-vagues: car il ne connaissait ni le jour ni l'heure du départ. Cependant, si peu certains que fussent les renseignements qu'il parvint à se procurer, il se dirigea sur Fécamp. Mais il n'était nullement sûr d'être sur la trace de ceux qu'il voulait retrouver à tout prix.

Il s'installa à Fécamp, dans un hôtel de troisième ordre, afin d'être moins remarqué, et dès le lendemain il commença ses recherches.

La ville n'est pas grande. Il l'eut bientôt fouillée dans tous les sens. Aucune maison pouvant donner asile à deux amoureux n'échappa à ses investigations. Il visita ensuite l'un après l'autre tous les villages des environs, s'informant partout sans pouvoir recueillir aucun renseignement sérieux. Cinq jours se passèrent ainsi en recherches inutiles.

Il avait déjà passé une demi-journée à Étretat; il y revint une seconde fois. Quelque chose lui disait : C'est là qu'ils sont, c'est là que tu les trouveras.

XVI

LA MAISON DE LA PLAGE

La petite maison où le marquis de Soubreuil avait conduit Andréa était vraiment bien choisie pour un nid d'amoureux. Isolée, blanche, coquette, entourée d'arbres déjà verts et de massifs de lilas en fleur, ayant quatre grandes fenêtres regardant la mer, et mystérieusement close, elle paraissait réunir toutes les conditions d'une retraite agréable et sûre telle que l'avait désirée Andréa.

La jeune femme et Maxime lui-même croyaient avoir pris suffisamment de précautions pour ne pas être découverts par M. de Manoise si, comme ils pouvaient le supposer, ce dernier quittait Paris pour se mettre à leur recherche.

Un jour, vers deux heures de l'après-midi, Louise était dans le jardin, occupée

— Baron de Manoise ! s'écria-t-elle d'une voix indigné, ce que vous faites est misérable ! (Page 217.)

— Il est utile, pourtant, que nous sachions ce que nous avons à faire, dit le duc d'Uxel.

— Assurément, ajouta de Castéran, car enfin ces messieurs peuvent présenter des conditions de combat inacceptables.

— Vous entendrez les témoins de M. de Manoise, répondit le marquis, et je m'en rapporte absolument à vous ; j'accepte d'avance, comme bien, tout ce que vous ferez.

mille francs, dont presque la moitié était prise sur le capital ou par anticipation sur les revenus de l'année suivante. De son côté, Andréa avait aussi dépensé une soixantaine de mille francs, produit de la vente de son mobilier de la rue Pasquier, opérée par les soins d'un homme d'affaires.

Le marquis revint à Florence après une absence de huit jours.

Étant entré dans la maison, il fut très étonné de ne rencontrer aucun domestique. Il éprouva une sensation douloureuse.

— Qu'est-ce que cela veut dire? se demanda-t-il.

Il pénétra successivement dans toutes les pièces. Personne. L'habitation était silencieuse et déserte, au rez-de-chaussée comme au premier étage.

— Mais que s'est-il donc passé ici en mon absence? s'écria-t-il.

Il ne voulait pas deviner, il cherchait à ne pas comprendre et à repousser la réalité. Mais il était devenu très pâle et il lui semblait qu'un poids énorme pesait sur sa poitrine.

Il descendit dans la cour très agité. Il vit la voiture d'Andréa sous la remise et les deux chevaux dans l'écurie. Les deux animaux hennirent en l'apercevant. Ils avaient du foin devant eux, et sous leurs pieds une litière fraîche. Ceci indiquait que quelqu'un prenait soin d'eux.

Toujours sous le coup d'une émotion violente, le marquis entra dans le jardin. Il y trouva le jardinier occupé à planter des fleurs sur une plate-bande.

L'Italien interrompit son travail et s'avança vers lui, sa casquette à la main.

— Où est madame? lui demanda le marquis.

— Partie!

Ce mot frappa le jeune homme comme un coup de poignard. Pourtant il avait pu, déjà, ne conserver aucun doute à ce sujet. Il reprit :

— Où est-elle allée?

— Je n'en sais rien, répondit le jardinier.

— Depuis quand est-elle partie?

— Il y a cinq jours.

— Et les domestiques, où sont-ils?

— Ils cherchent une nouvelle place. Avant de s'en aller, madame les a congédiés en leur payant un mois de gages.

— Louise aussi?

— Mademoiselle Louise est partie avec madame.

— Elles étaient seules?

— Je ne saurais vous le dire.

— Ainsi, vous ne pouvez pas m'apprendre non plus quelle route elles ont prise?

— Je ne sais rien, monsieur.

Le marquis était consterné. Il tordait sa moustache avec rage.

— Au revoir, mes victimes, dit-il d'une voix brisée; je reviendrai souvent pleurer auprès de vous!
(Page 242.)

— Qu'un baron doit être connu? Assurément, mais dans le monde où il vit. Je ne suis, moi, qu'un commerçant de ce quartier, et je ne connais pas les nobles personnages du faubourg Saint-Germain.

— Monsieur, reprit Georgette, des larmes dans les yeux, puisque vous semblez avoir pitié de mon ignorance, soyez assez bon pour me donner un conseil.

— C'est chez M. le baron de Manoise que vous voulez aller directement?

— Oui, monsieur.

Pour un sourire de la jeune fille, il aurait sacrifié son avenir et il lui semblait que l'amour, dont son cœur était rempli, lui tenait lieu de tout.

Georgette n'avait pas oublié le plaisir que lui avait procuré cette promenade du côté de Meudon et de Saint-Cloud. Elle en parlait souvent toute ravie encore.

Maurice lui dit un jour.

— Nous approchons des jours d'automne ; mais les arbres sont encore verts et il reste des fleurs au bord des sentiers ; il faut que nous profitions des derniers beaux jours de l'été pour faire une autre promenade aux environs de Paris.

— Je ne demande pas mieux, répondit-elle.

— Cette fois nous irons du côté de Montmorency et d'Ermont. Il y a là des vignes et de grands bois.

— C'est cela, dit Georgette : demain il faudra parler de ce projet à M. Sarrue.

Le lendemain, en effet, Maurice proposa à Jacques une nouvelle partie de plaisir à la campagne.

— Je ne peux pas, répondit le poète.

— Pourquoi ?

— J'ai promis d'assister à une réunion publique où je dois dire des vers. C'est une matinée musicale et littéraire donnée en faveur d'une caisse de secours et je suis sur le programme.

Ces paroles étaient dites en présence de Georgette.

Sarrue, qui la regardait, vit qu'elle était devenue triste subitement.

— Oh ! fit-il, je serais désolé que Georgette, à cause de moi, se refusât un plaisir. Mon cher Maurice, il faudra faire votre promenade ; seulement je ne serai pas avec vous, ce que je regrette beaucoup.

— Nous nous serions amusés comme l'autre jour, dit Georgette.

— Bah ! vous n'avez pas besoin de moi, pour rapporter une brassée de fleurs des champs.

— C'est égal, ce ne sera pas la même chose.

— Mademoiselle Georgette a raison, dit Maurice, à trois on est plus gai.

— Malheureusement, j'ai promis, fit le poète ; si seulement je ne devais pas dire des vers... Comme vous le voyez, le cas est de force majeure.

Intérieurement, Maurice était enchanté de sortir seul avec la jeune fille.

— A quelle heure partirez-vous ? demanda Sarrue.

— Comme le dimanche où nous sommes allés à Meudon, à dix heures.

— Parfait : je serai ici, je vous verrai partir. Où irez-vous ?

— Je pense qu'il sera agréable à mademoiselle Georgette de voir Montmorency, Enghien et son lac.

— Oui, ce sont de très beaux endroits. Je n'ai qu'une recommandation à vous faire : c'est de ne pas aller trop loin et de revenir le soir de bonne heure.

Jacques Sarrue, si savant, mais qui ignorait pourtant l'a, b, c des choses du

Jacques Sarrue entra les sourcils froncés, le front sévère. (Page 272.)

— Mademoiselle, lui dit-il d'un ton sec et glacial, la visite que je vous fais est peut-être un peu matinale : si je vous gêne, dites-le-moi, je reviendrai un peu plus tard.

— Mon Dieu, pourquoi me parlez-vous ainsi, répondit-elle avec surprise ; vous savez bien que vous me faites toujours plaisir en venant me voir.

Il ferma la porte, puis s'avançant jusqu'au milieu de la chambre :

En effet, après avoir humilié la jeune fille et impitoyablement broyé son cœur, la colère du poète n'étant pas apaisée, il allait trouver Maurice pour lui reprocher à son tour ce qu'il appelait une infâme trahison.

La clef étant sur la porte, Sarrue crut pouvoir se permettre de l'ouvrir et d'entrer dans la chambre de Maurice sans avoir frappé.

Le jeune homme achevait de copier en belle ronde le manuscrit d'un drame en cinq actes et neuf tableaux, que le directeur de l'agence pour laquelle il travaillait lui avait confié.

Au bruit que fit Sarrue en entrant, il tourna vivement la tête. Reconnaissant le poète, il se leva avec empressement.

— Quoi, c'est vous, mon cher Jacques, commença-t-il ; c'est une sur...

L'attitude compassée et sévère de Sarrue lui coupa la parole. Cependant il marcha vers lui la main tendue.

Le poète croisa ses bras sur sa poitrine et lui lança un regard foudroyant.

Le jeune homme resta tout interdit.

— Mon cher Jacques, balbutia-t-il, pouvez-vous me dire...

— Monsieur Vermont, répondit Sarrue d'une voix sourde, c'est pour cela que je suis ici.

— Vous me parlez sur un ton auquel je ne suis pas habitué, répliqua Maurice, et, s'il faut vous l'avouer, vous m'effrayez. Que se passe-t-il? Dites-le-moi vite.

— Monsieur Vermont, je sais tut.

Maurice tressaillit et devint subitement inquiet.

— Vous sa... savez, bégaya-t-il.

— Je sais que vous êtes un faux ami, un homme méprisable, sans cœur, sans honneur.

— Jacques, arrêtez ! s'écria Maurice bondissant sous l'injure.

— Je suis venu vous trouver pour vous dire en face ce que je pense de vous et de vos actions, riposta Sarrue en élevant la voix; rien ne saurait faire taire mon indignation, m'empêcher de vous reprocher vos infamies et de vous dire la répulsion et le dégoût que vous m'inspirez.

Le jeune homme devint blême, ses lèvres frémirent et un double éclair jaillit de ses yeux. Cependant, faisant un violent effort sur lui-même, il eut la force de contenir sa colère prête à éclater.

— Monsieur Sarrue, dit-il lentement d'une voix tremblante, il faut que ce soit vous pour que je ne réponde pas autrement que je ne le fais aux insultes que vous m'adressez. Je devine la cause de votre emportement, ce qui me le fait excuser ; mais je me demande en quoi mes actions sont infâmes, pourquoi je suis un homme sans cœur, sans honneur. S'il vous plaît de me le dire, vous m'obligerez.

— Vous êtes un homme sans cœur et sans honneur parce que, vous servant

Maurice chargea l'arme. Deux balles suffiront, murmura-t-il sourdement. (Page 296.)

Au bout d'un instant il continua son chemin. Bientôt il fut en vue de Raucourt. Il rencontra deux paysans de ce village, qui allaient probablement à Marangue; ceux-ci le reconnurent.

— Mais c'est Georges, Georges Raynal! s'écrièrent-ils, en s'arrêtant devant le jeune homme,

Ils serrèrent affectueusement la main que leur tendit l'officier.

— Pas plus tard qu'hier, dit l'un, j'ai demandé de vos nouvelles à M. Thomas.

— Je veux faire des vers aussi.

Il rentra chez lui cherchant un sujet et s'excitant à trouver, en même temps, l'inspiration poétique.

VII

LA PRÉFACE

Le surlendemain, à onze heures, eurent lieu les obsèques du marquis Maxime de Soubreuil.

Jacques Sarrue, Georges Raynal et Maurice Vermont, les trois amis que le hasard ou plutôt une puissance supérieure avait mis en présence, assistèrent à la cérémonie funèbre avec un grand recueillement.

Le marquis fut inhumé au Père-Lachaise dans un caveau de famille.

Les trois amis laissèrent s'éloigner les parents, les invités, et restèrent près du monument de sépulture, gardant un silence religieux, jusqu'à ce que les agents du cimitière eussent caché le cercueil sous la dalle de pierre qui ferme le caveau. Tout était terminé.

— La mort, murmura Jacques Sarrue, voilà ce qui attend tous les hommes !... Aujourd'hui la vie, demain le tombeau !... Et de l'être il reste... les cendres.

— Et l'âme ? fit Georges Raynal.

— Elle appartient à Dieu seul, répondit le poète. L'âme, telle que je la conçois, est un don fait à la créature pendant le temps de sa vie seulement.

— Alors, vous ne croyez pas à la résurrection des morts?

— Et vous, monsieur Raynal ? répliqua Sarrue d'un ton grave.

— Je n'ose pas vous répondre.

— Eh bien ! j'imiterai votre réserve. Laissons à la mort ses secrets, et à l'éternité ses mystères.

Nous n'avons plus rien à faire ici, reprit-il, venez, suivez-moi.

— Ainsi qu'il a été convenu, dit Maurice, nous nous rendons chez moi.

— Assurément ; mais auparavant je veux vous montrer quelque chose.

Les deux jeunes gens suivirent Sarrue à travers le dédale des sentiers de l'immense nécropole.

Au bout de quelques minutes, le poète s'arrêta devant un monument de marbre blanc, au sommet duquel était posée une urne de marbre noir couverte d'un voile.

Il se tourna vers ses compagnons et leur dit :

— Regardez !

Tous deux lurent en même temps les deux noms et les deux dates gravés dans le marbre.

— C'est ici, sur cette tombe, devant ces blocs de marbre sculptés, que j'ai vu avant-hier le marquis de Soubreuil, reprit Jacques Sarrue. J'étais assis là, sur une pierre horizontale, derrière ce rideau de cyprès. Le marquis était à genoux; il tenait sa tête dans ses mains et poussait de sourds gémissements.

— Il a dû venir ici plus d'une fois, dit Maurice.

— ... Pleurer près de ses victimes?

— Oui. Le baron Henri de Manoise et sa sœur Jeanne de Manoise sont bien deux pauvres victimes.

— Je me demande comment le marquis de Soubreuil, que j'ai jugé par quelques-uns de ses sentiments, que vous m'avez fait connaître, a pu briser la vie de ces deux êtres et les conduire à la mort.

— Mon cher Jacques, voilà ce que la lecture du manuscrit du marquis vous apprendra.

Pendant cet échange de paroles, Georges Raynal réfléchissait la main appuyée sur son front.

— Baron Henri de Manoise, murmura-t-il se parlant à lui-même; non, je ne me trompe pas, c'est bien ce nom-là...

— Que dites-vous, Georges? lui demanda Sarrue.

— Je dis que j'ai entendu prononcer autrefois le nom de Manoise.

— Ah!

— Je me souviens même d'avoir vu le jeune homme élégant et distingué qui le portait.

— Maurice, dit Sarrue, ceci mérite notre attention. Il paraît que Georges a connu le baron de Manoise.

— Connu, ce serait trop m'avancer : mais je l'ai rencontré plusieurs fois.

— Où cela?

— Au village où j'habitais avant d'être soldat. Si le mort qui repose ici est le même que celui que j'ai vu, il était l'ami d'un homme du monde riche et titré, qu'on nomme le comte de Raucourt.

— Vous ne vous trompez pas, dit Maurice, le baron de Manoise était, en effet, l'ami intime du comte du Raucourt, comme il était celui du marquis de Soubreuil.

— Tout cela est intéressant, reprit Jacques Sarrue, mais ne nous apprend rien. Je sens de plus en plus augmenter mon désir de savoir par suite de quelles circonstances fatales, évidemment terribles, ce jeune homme, cette jeune fille et le marquis de Soubreuil, trois infortunés, sont aujourd'hui couchés dans la tombe. Maurice pourrait facilement satisfaire notre curiosité ici même; mais inutile de le questionner, nous n'obtiendrons rien de lui; il a décidé qu'il ne parlerait que dans sa chambre.

— Je ne dirai même rien, répliqua le jeune homme, c'est le marquis lui-même qui parlera.

— C'est juste, dit Sarrue en tendant la main à Maurice, et il y a dans les paroles que vous venez de prononcer un sentiment que j'approuve.

Les trois amis prirent un des chemins pavés du cimetière et furent bientôt sur le boulevard extérieur. Ils montèrent dans une voiture de place. Maurice donna son adresse au cocher, qui grimpa sur son siège, et la voiture fila dans la direction de Montmartre.

La chambre de Maurice était au deuxième étage. Bien qu'elle eût sa fenêtre sur une cour intérieure, elle était suffisamment éclairée.

— J'ai eu soin de vous prévenir, dit-il à ses deux compagnons en ouvrant sa porte, vous allez entrer dans le froid et triste logis d'un pauvre diable; cependant il y a trois chaises, c'est autant qu'il en faut pour nous asseoir. Si nous étions quatre, je serais embarrassé; il est vrai que le lit pourrait servir de canapé.

Ils entrèrent dans la chambre, qui n'avait rien de gai, en effet, mais dont le petit loyer paraissait fort lourd au locataire au moment du terme.

Maurice eut l'attention de choisir ses deux meilleures chaises pour les offrir à ses amis et il s'assit sur la troisième.

— Avant tout, dit Jacques Sarrue, il faut nous assurer que la porte est bien fermée.

— Oh! vous pouvez être tranquille, fit Maurice, nous ne serons dérangés par personne; je vis seul, comme un ours, et je ne connais et ne parle à aucun locataire. « Bonjour, bonsoir » dans l'escalier, voilà tout. Par économie forcée, je suis moi-même ma femme de ménage, ce qui n'est pas précisément agréable à la digne femme qui loge gratuitement au rez-de-chaussée à la condition de tirer le cordon.

— En ce cas, c'est parfait. Maintenant, sachons enfin ce que contient le mystérieux manuscrit. Vous ne dites rien, Georges?

— J'attends, répondit le sergent-major. Mais mon impatience est égale à la vôtre.

Maurice ouvrit le tiroir de la table qui lui servait de bureau et à une infinité d'autres usages, et en sortit le manuscrit.

C'était un grand cahier composé d'une centaine de pages d'une écriture fine et serrée, et revêtu d'une couverture de papier bleu glacé.

— Jacques, dit Maurice en tendant le manuscrit à Sarrue, voulez-vous lire?

— Merci, Maurice, je n'ai pas de bons yeux comme les vôtres, et puis je préfère écouter.

— Et vous, monsieur Georges?

— Je suis comme notre ami Jacques Sarrue, répondit Raynal, j'aime mieux écouter; d'ailleurs je suis persuadé d'avance que vous lirez infiniment mieux que je ne pourrais le faire.

Andréa fit un mouvement de la tête, sourit et lui tendit la main. (Page 173).

Maurice s'approcha de la fenêtre. Jacques et Georges se placèrent en face de lui. Voyant que ses amis étaient prêts à l'écouter, Maurice leva la couverture du manuscrit.

— Je vais vous lire d'abord, dit il, cette page, que M. de Soubreuil a dû écrire avant-hier avant de m'envoyer le manuscrit, et qui est en quelque sorte la préface du récit :

« A ceux qui liront ces lignes et les pages qui suivent, je dis :

« Ceci est la confession d'un malheureux, qui a été fatalement poussé au crime, à l'infamie et enfin au suicide...

« J'étais né pour être heureux, car autrefois tout me souriait dans la vie. Aujourd'hui, l'âme et le cœur rongés par le remords, livré à toutes les sombres horreurs du désespoir, écrasé sous le poids de mon malheur, je vais me débarrasser du fardeau de la vie que je ne peux plus porter.

« Pourquoi ai-je écrit ce manuscrit ? Parce que, éprouvant le besoin de pleurer et de décharger ma conscience dans le sein d'un ami que je n'ai pas rencontré, j'ai trouvé un certain adoucissement à ma peine, en confiant toutes mes douleurs à un autre ami plus docile et non moins discret : le papier.

« Ma confession écrite était pour moi seul, et je l'aurais toujours conservée si j'eusse vécu. Bien résolu à forcer la mort à me saisir, j'avais pris mon manuscrit, et je me disposais à le livrer aux flammes lorsque je m'arrêtai brusquement, en me disant qu'il contenait un enseignement qui pourrait être utile à d'autres.

« Cette pensée a suffi pour sauver le manuscrit. Que deviendra-t-il après moi ? Je l'ignore. Mais qu'il soit imprimé ou non, il importe peu ; il sera lu, et c'est une satisfaction pour moi, qui ai causé de si grands malheurs, de penser qu'il fera peut-être un peu de bien.

« Jeunes gens riches, dont la vie est facile et trop souvent désœuvrée, hélas ! c'est à vous que je m'adresse surtout ; à vous, qui avez une famille dont vous êtes l'espoir, qui avez une mère, une fiancée dont vous êtes aimés ! Ah ! défiez-vous de certaines femmes qu'un génie malfaisant place sur le chemin où vous passez ! Vous croyez voir un ange... prenez garde : c'est un démon !... Une âme noire, une pensée perfide se cachent dans une enveloppe gracieuse et charmante, sous des formes exquises. Je ne parle pas du cœur, il n'existe plus. La beauté de cette femme est funeste, et, je vous le répète : Prenez garde !

« Si la fatalité vous fait rencontrer une de ces charmeuses terribles, qui font du cœur de l'homme un hochet, de leur vie une litière, défiez-vous, ne la regardez pas. Non, ne la regardez pas. Fermez les yeux, bouchez vos oreilles et fuyez avec terreur !... Craignez d'entendre sa voix de sirène, de voir son sourire plein de promesses trompeuses, et de sentir pénétrer en vous la flamme de son regard, qui brûle comme l'éclair, qui foudroie comme le tonnerre !

« Parmi ces créatures sans pitié, qui sont d'autant plus redoutables, qu'elles sont inconscientes du mal qu'elles font, et que Dieu fait passer comme un fléau à travers le monde, tremblez, tremblez surtout de rencontrer celle qu'on nomme Andréa !

« Comme autrefois on plaçait des drapeaux noirs au sommet des monuments des villes frappées par une épidémie, afin de prévenir et d'éloigner les voyageurs, je voudrais pouvoir écrire en lettres de feu, sur les portes de toutes les cités, et comme un épouvantail, ces mots :

ANDRÉA LA CHARMEUSE »

Maurice cessa de lire.

— Dès maintenant, dit Jacques Sarrue, je devine une partie de l'histoire du marquis de Soubreuil.

— Pauvre jeune homme ! fit Georges Raynal, c'est une femme, c'est Andréa, qui a brisé sa vie, qui l'a tué !

— Oui, ajouta Maurice, qui l'a tué comme elle a tué les autres !

— Mais quelle est donc cette femme? Où donc vit cette exécrable créature? demanda Georges.

— Mon cher ami, répondit Maurice, le manuscrit du marquis de Soubreuil va nous l'apprendre.

Il tourna la première page, qu'il venait de lire et dit :

— Écoutez !

Comme le manuscrit du marquis ne contenait pas un certain nombre de détails qui lui étaient inconnus, nous laissons les trois amis, Maurice lisant, les autres l'écoutant, et nous allons raconter nous-même aux lecteurs ce qu'a fait Suzanne Vernier depuis le jour où elle a quitté Marangue, jetant quelques-uns de ses effets au bord de la rivière, afin de faire croire aux crédules habitants de son pays qu'elle s'était noyée dans la Vrille.

Cette étrange et audacieuse jeune fille, qui rêvait toutes les splendeurs, avait résolument décidé que pour tout le monde, même pour elle, Suzanne Vernier cesserait d'exister à partir du jour où elle quitterait Marangue.

VIII

L'INSTALLATION

Avant même d'arriver à Paris, Suzanne Vernier avait dit au baron Henri de Manoise :

— Demain, on trouvera les objets que j'ai éparpillés au bord de la rivière, et les gens de Marangue croiront facilement que je me suis noyée, même quand, après avoir cherché dans l'eau, ils n'auront pas retrouvé mon cadavre.

« Ainsi que je vous l'ai dit, on ne doit plus entendre parler de Suzanne Vernier. Pour tout le monde et vous aussi elle est morte ; je veux que rien ne me rappelle le passé !

— Soit, mais il vous faut un nom?
— J'y ai pensé et déjà je me le suis donné.
— Ce nom est?
— ... Andréa. Comment le trouvez-vous?
— Très bien. Seulement...
— Dites.
— Il faudrait y ajouter un nom de famille.

Un sourire intraduisible se posa sur les lèvres de la jeune fille.

— Je le trouverai plus tard, dit-elle avec un accent non moins singulier que son sourire.

Aussitôt arrivé à Paris, le baron conduisit Andréa chez elle, dans un grand appartement qu'il avait loué rue Pasquier, près de l'église de la Madeleine, et fait meubler magnifiquement.

Le jeune homme avait perdu son père depuis quelques années et s'était trouvé héritier, en même temps du titre de baron et de plus de cent mille francs de revenu.

Il lui avait donc été possible de faire admirablement les choses. Il avait la faculté d'entourer Andréa de tout le luxe qu'elle pouvait désirer, et de pourvoir largement à toutes ses dépenses, même si elle se montrait un peu prodigue.

Du reste, Henri de Manoise n'avait aucun train de maison à entretenir. Il vivait avec sa mère et sa sœur qu'il chérissait, et qui avaient eu jusqu'alors toute sa tendresse. D'une conduite très régulière, n'ayant encore connu aucune de ces passions ruineuses si fatales aux fils de famille, il dépensait peu, relativement, et, depuis la mort de son père, il avait fait forcément des économies : un demi-million qu'il pouvait livrer aux caprices d'Andréa, sans toucher à son patrimoine, indépendamment de trois à quatre mille francs qu'il voulait lui donner par mois, pour l'entretien de sa maison.

L'appartement se trouvait au deuxième étage, dans une de ces belles maisons du nouveau Paris, où l'on trouve tout le confortable, si recherché depuis que nous prenons les habitudes de bien-être de nos voisins les Anglais. Il y avait huit grandes fenêtres sur la rue avec un balcon, et cinq autres fenêtres sur une grande cour intérieure bien aérée.

Le premier soin d'Andréa fut de visiter sa demeure. Conduite par le baron, elle entra successivement dans toutes les pièces. Elle trouva tout très bien et à son goût. Sa chambre, particulièrement, parut l'enchanter. Elle était d'une fraîcheur et d'une coquetterie exquise. Tout y était soie et dentelles. Enfin, le cadre était digne de sa resplendissante beauté.

Pour l'ameublement et pour certains détails de décors et d'ornementation, Henri de Manoise ne s'en était pas absolument rapporté aux idées et au goût du tapissier; inspiré par son cœur, c'est-à-dire par son amour, il avait présidé à tout; et dans le choix du mobilier comme dans celui des tapis et des étoffes des tentures, et pour l'arrangement général, homme du monde, élégant et distingué, il avait fait preuve d'un tact parfait, d'un goût délicieux.

— Êtes-vous satisfaite? demanda-t-il à Andréa.

— Oui, répondit-elle. Je ne m'attendais pas à voir d'aussi belles choses. Je vous remercie.

— J'ai fait de mon mieux, reprit-il; mais croyez-le, Andréa, je ne trouverai jamais que c'est assez.

Elle fit un mouvement de tête, sourit et lui tendit la main.

Ils revinrent dans le boudoir qui séparait la chambre du grand salon. Le baron toucha le cordon d'une sonnette. Presque aussitôt une femme de chambre entra.

— Louise, dit le baron, veuillez faire voir à madame sa garde-robe.

Louise s'inclina.

— Si madame veut me suivre, dit-elle.

Andréa sortit avec sa femme de chambre.

Elle reparut au bout d'un instant. Elle était ravie.

— Vous avez pensé à tout, dit-elle.

— Ma chère Andréa, répondit-il, il y a des choses que je ne pouvais pas faire d'avance. Louise vous a montré les étoffes qui vous attendaient; dès demain vous aurez la visite de votre couturière et de votre modiste. Demain aussi le personnel de votre maison sera complet; vous aurez un cocher et un valet de pied; une voiture entrera dans la remise et deux chevaux dans l'écurie.

« Vous avez déjà votre cuisinière; mais pour aujourd'hui elle a commandé le déjeuner et le dîner qui seront apportés du restaurant. Votre cave est encore peu garnie; mais nous achèteront les vins qui vous conviendront le mieux. Vous avez dû remarquer que je ne vous ai acheté aucun bijou; j'ai voulu vous laisser le soin de choisir ceux que vous voudrez avoir et qui vous plairont. Du reste, vous n'êtes pas sans avoir entendu citer ce proverbe : « Tout ne se fait pas « en un jour. »

— Toutes vos attentions sont excellentes, répondit Andréa, et je n'ai pas à trouver à redire à ce que vous faites et voulez faire; mais un cocher, une voiture, des chevaux, me seront-ils bien utiles?

— Ma chère Andréa, répliqua-t-il, Paris ne ressemble pas à une petite ville de province. Ici une femme jeune et belle comme vous ne peut guère sortir à pied. Vous n'avez pas l'intention, je suppose, de rester constamment enfermée dans votre appartement. Je ne dis pas que vous sortirez tous les jours, mais le plus souvent possible, au moins trois ou quatre fois par semaine, seule ou avec moi, soit que nous allions au spectacle ou que vous fassiez une promenade utile à la santé. Or, pour monter l'avenue des Champs-Élysées et faire le tour du bois de Boulogne, il faut une voiture.

— En ce cas, je n'ai plus d'observations à faire. Toutefois, je dois vous prévenir que mon intention est de sortir fort peu.

— Il va sans dire que je vous laisse entièrement libre.

— D'ailleurs, reprit-elle, je veux travailler.

— Vous voulez travailler? fit-il avec surprise.

— Oui, répondit-elle en souriant, je veux apprendre.

— Quoi?

— Ce que je ne sais pas, et, comme je ne sais rien, je veux apprendre. D'abord à parler.

— Mais vous parlez très correctement, je vous assure.

— Vous êtes indulgent. Je veux bien vous avouer pourtant que j'ai beaucoup lu afin de trouver la manière de m'exprimer. Mais j'ai une écriture abominable, et malgré toutes mes lectures je continue à avoir une orthographe déplorable.

— C'est bien, dit le baron, vous aurez un maître de français.

— Je voudrais aussi, reprit Andréa, savoir peindre, chanter et jouer du piano, puisque vous avez eu la pensée d'en placer ici.

— Vous aurez aussi des maîtres de dessin, de chant et de piano.

— Ainsi, vous m'approuvez?

— Absolument. J'ajoute même que je suis heureux de vous voir cette ambition. Avec votre intelligence extraordinaire, je suis sûr d'avance du résultat de vos études. D'ici deux ans vous serez plus instruite que beaucoup de femmes du meilleur monde, dont vous avez déjà la grâce, l'élégance et la distinction.

— Vous croyez cela réellement?

— Oui, ma chère Andréa, vous serez tout ce que vous voudrez être.

Elle dressa son front superbe. Les éclairs de son regard illuminèrent son visage, qui devint radieux.

— Ah! vous n'avez qu'un défaut à mes yeux! s'écria M. de Manoise enivré.

— Lequel?

— Vous êtes trop belle!

Elle eut un sourire qui compléta l'ivresse du jeune homme. Il l'entoura de ses bras et la serra contre lui avec passion. Mais il s'aperçut qu'elle restait froide et insensible, le regard noyé dans l'espace.

— A quoi pensez-vous? lui demanda-t-il.

— A toutes les choses que je vais apprendre, répondit-elle.

Et tout bas, se parlant à elle-même :

— Je pense à la couronne que la sorcière a vue sur ma tête!

Pendant qu'ils causaient, la femme de chambre et la cuisinière avaient préparé la table. Le déjeuner commandé au restaurant arriva. Alors Louise, ouvrant la porte du petit salon, annonça que madame était servie.

Henri offrit son bras à Andréa, et ils passèrent dans la salle à manger.

. . . .

Ainsi que M. de Manoise l'avait dit, l'installation d'Andréa fut complète dès le lendemain.

Pendant quelques jours, la jeune fille s'occupa de chiffons avec sa femme de chambre, une fille intelligente, discrète, fort au courant des petits mystères de la vie parisienne, que le baron avait choisie avec soin et sur d'excellents renseignements qu'on lui avait fournis.

D'un autre côté, les visites de la couturière et de la modiste venaient encore distraire Andréa. La confection de ses diverses toilettes n'était pas une affaire sans importance.

Tout en s'en rapportant complètement au talent et à l'expérience de ces femmes, Andréa eut l'adresse de les faire parler beaucoup et d'obtenir ainsi une infinité de détails sur les choses concernant la mode et l'élégance mondaine, tout en ayant l'air de ne rien ignorer.

Il lui fallut moins de huit jours pour se faire à sa nouvelle existence et se mettre à peu près au courant des habitudes de la vie parisienne.

Certes, si Manette Biron et Thomas l'eussent vue alors, ils auraient hésité à la reconnaître, tellement elle ressemblait peu à la petite couturière de Marangue.

Le baron de Manoise lui-même, qui voyait le changement s'opérer sous ses yeux, était surpris d'une transformation si rapide.

De fait, Andréa était au bout de huit jours une véritable Parisienne. Et si l'on eût dit à bien des gens qui la voyaient : Elle sort de son village, un endroit ignoré du fond des Ardennes, où l'on croit encore aux sorciers, au mauvais œil, à toutes les vieilles superstitions, ils auraient certainement répondu que c'était impossible et qu'on se moquait d'eux.

Mais, en se débarrassant et en jetant à tous les vents sa dépouille de campagnarde, Andréa restait la même moralement, avec son immense orgueil, son audacieuse ambition et son rêve merveilleux.

Parfois, cependant, sa pensée s'en allait errer autour de Marangue et de la ferme des Ambrettes. Cela lui arrivait quand, au milieu de son luxe et de son premier étourdissement, le souvenir de sa petite sœur se glissait furtivement dans son cœur.

Mais aussitôt elle se roidissait contre cet instant de faiblesse, qu'elle trouvait indigne de sa force et de sa volonté. Et, pour éloigner et faire disparaître les fantômes du passé, elle pensait à la prédiction de la Rebouteuse.

— Je marche vers l'avenir, s'écria-t-elle en redressant sa tête altière, je vais à ma destinée! La sorcière a dit que mon front serait ceint d'un diadème!

Inutile de dire qu'elle gardait son cœur invulnérable et ses idées bien cachées. Ni le baron de Manoise ni personne ne pouvait pénétrer le secret d'une seule de ses pensées...

Quand elle se fut débarrassée, pour un temps, de la couturière et de la modiste, elle se mit immédiatement à l'œuvre pour parvenir au premier but qu'elle voulait atteindre : s'instruire. Elle se livra donc à l'étude avec une ardeur et une énergie indomptables...

Acquérir de l'instruction, apprendre le dessin, devenir musicienne, tout cela n'était pas des choses imposées ; c'est sa volonté seule qui agissait. Sachant fort bien que son infériorité était dans son ignorance, elle avait senti la nécessité de conquérir une force de plus. En tout elle voulait avoir la supériorité.

Naturellement, elle se montra docile, presque souple avec ses maîtres, et très attentive à leurs leçons ; aussi fit-elle des progrès excessivement rapides, que les professeurs n'hésitèrent pas à appeler *prodigieux*.

Il est vrai qu'elle se levait le matin de bonne heure et qu'elle travaillait toute la journée avec une ténacité qui n'était pas exempte de fièvre.

Elle sortait rarement et presque jamais dans le jour. Deux ou trois fois par semaine après le dîner, elle faisait une promenade au Bois dans sa voiture, tantôt seule, tantôt en compagnie de M. de Manoise.

Une fois ou deux encore chaque semaine, le jeune homme la conduisait au théâtre à des places louées d'avance, toujours une baignoire ou une avant-scène, afin qu'elle ne fût pas en vue et ne pût être le point de mire des indiscrets armés de lorgnettes.

Dans la manière d'agir d'Henri, il y avait peut-être un peu de crainte jalouse; mais il désirait, surtout, ne pas offrir à la curiosité du public la merveilleuse beauté de sa maîtresse et soustraire Andréa le plus longtemps possible aux regards de ses amis, afin de garder le secret de son bonheur.

Du reste, la jeune fille approuvait ces petits arrangements. Ils répondaient à ses intentions et à ses idées intimes.

Elle attendait que le moment fût venu de faire son apparition éclatante au milieu des plus belles étoiles du firmament parisien.

IX

LES PROJETS

Trois années s'écoulèrent. La resplendissante beauté d'Andréa était arrivée à son complet épanouissement. Tout ce temps avait été bien employé et mis à profit par la jeune fille ; elle avait achevé sa merveilleuse transformation. La fille de Gervaise n'existait plus réellement. Suzanne était devenue Andréa, qu'on devait bientôt surnommer *la Charmeuse*.

Elle portait avec aisance les plus riches toilettes; elle s'habillait et se coiffait avec un goût délicieux ; elle avait pris le ton, les manières et la grâce parfaite

mettre en lumière, c'est-à-dire de se montrer, elle n'avait pu produire une véritable sensation.

En la rencontrant dans une allée du Bois ou en l'apercevant dans une loge de théâtre, on avait pu jeter cette exclamation : « Oh! la belle personne! » Mais comme on ne la connaissait pas, qu'on ignorait à quel monde elle appartenait et qu'on ne la revoyait plus, ce n'était qu'une impression passagère.

Loin de s'affaiblir, la passion du baron de Manoise n'avait fait que s'accroître, il adorait Andréa, il en était fou, tous ses sens étaient enivrés. Certes, et nous savons pourquoi, la vanité et l'amour-propre n'étaient pour rien dans la passion profonde, désordonnée qu'il avait au cœur et qui prenait sa vie.

Il était tellement aveuglé, ébloui, qu'il ne s'apercevait même pas de la froideur d'Andréa, toujours la même, et de son insensibilité.

Pauvre fou, il se croyait aimé!

Disons que la jeune femme ne cherchait pas à le tromper; elle avait trop de dignité et de fierté pour s'abaisser à jouer un rôle mesquin de comédie. Elle n'avait pas besoin de recourir à ces moyens écœurants, mis en pratique par tant de femmes. Henri se plaisait à s'abuser lui-même. Andréa était son culte; et il n'avait jamais cessé d'être auprès d'elle plein de courtoisie et de respect.

Si elle eût voulu être baronne, elle n'aurait eu qu'un mot à dire. Sautant à pieds joints sur toutes les considérations, Henri de Manoise lui aurait immédiatement donné son nom.

Mais ce n'était pas une couronne de baron que voulait Andréa.

Henri était toujours bon, tendre et affectueux pour sa mère et sa sœur; mais elles ne le voyaient presque plus : c'est à peine si, maintenant, il leur consacrait une heure chaque jour. Elles sentaient bien toutes deux que Henri leur échappait, qu'il cessait de leur appartenir. Elles s'inquiétaient, elles souffraient de se voir ainsi délaissées. La jeune fille ne cherchait pas à découvrir les causes qui attiraient ainsi son frère au dehors et l'éloignaient d'elle; mais la baronne avait deviné. Elle s'était dit :

— Il y a dans Paris une femme qui s'est emparée de l'existence de mon fils.

Il est rare que le cœur d'une mère puisse se laisser tromper.

D'un autre côté, le jeune baron ne faisait plus dans le monde que de rares apparitions; il négligeait de voir les personnes qui s'intéressaient le plus à lui et cessait même d'avoir des relations avec ses amis d'autrefois les plus intimes. Tous se disaient :

— Henri a une maîtresse.

Ils en étaient tous convaincus; mais deux ou trois seulement pouvaient ajouter :

— Je l'ai vue.

Parmi ses meilleurs amis, Henri de Manoise comptait le marquis Maxime de Soubreuil. Leur amitié datait de l'enfance, et des liens plus étroits et plus intimes encore devaient les rapprocher, car le marquis de Soubreuil était fiancé à mademoiselle Jeanne de Manoise. On attendait que la jeune fille eût seize ans accomplis pour célébrer le mariage.

Jeanne aimait Maxime. Le jeune homme lui avait inspiré une de ces affections sincères, profondes, basées sur l'estime, qui s'emparent complètement du cœur d'une jeune fille et ne lui laissent pas désirer autre chose que le bonheur qui lui est promis.

Maxime de Soubreuil aimait aussi Jeanne de Manoise; mais son amour — était-ce bien de l'amour? — n'était pas suffisamment puissant pour garantir son cœur contre l'invasion d'une autre passion, comme nous le verrons bientôt.

Le marquis de Soubreuil n'avait plus ni père, ni mère. Agé de trente ans, il se trouvait maître absolu d'une fortune considérable, et il portait un nom qui n'avait rien à envier aux plus anciens et aux plus illustres de France. Porté avec honneur pendant deux ou trois siècles, ce nom lui avait été transmis sans tache par son père. Le conserver intact ne lui paraissait point difficile; il avait la fierté, la noblesse et le cœur haut placé des hommes de sa race, et ne se trouvait pas indigne de ses ancêtres.

Il avait d'autant plus le droit de compter sur lui, que jusqu'alors aucune passion ne l'avait rendu son esclave.

L'existence de tout homme subit plus ou moins l'influence de la femme. Or, cette influence peut être bonne ou mauvaise. Elle rendra l'homme heureux ou malheureux. Elle le fera grand, honoré, glorieux, ou bien rouler au fond d'un abîme.

Le marquis se trouvait placé sous la bonne influence de la femme. Il aimait évidemment Jeanne de Manoise, et il ne croyait pas que ce qu'il ressentait pour elle, tendre affection ou amour, pût être déraciné de son cœur. Il attendait, plein de respect pour la décision de sa future belle-mère, le jour où Jeanne et lui devaient être unis.

Sous tous les rapports, mademoiselle de Manoise était digne de l'amour de Maxime. Sa beauté était fraîche, gracieuse et suave comme un beau jour de printemps. L'éclat de son doux regard reflétait la pureté de son âme et révélait les trésors tenus en réserve dans son cœur. Comme si elle eût moins appartenu à la terre qu'au ciel, elle avait le corps faible et la santé délicate. Elle ressemblait à une de ces fleurs précieuses et fragiles qu'un rayon trop ardent du soleil peut flétrir ou qu'un souffle trop fort de la brise peut effeuiller.

Comme tous les autres amis d'Henri, Maxime était sûr que le jeune baron se trouvait enlacé dans une chaîne de fleurs tenue par la main d'une femme. Moins heureux que quelques autres, il n'avait jamais eu l'occasion de voir Andréa. Plus d'une fois, il avait affectueusement interrogé Henri.

— Mon cher Maxime, répondait celui-ci, je ne puis et ne veux encore te rien dire. Le moment n'est pas venu. Attends.

Le marquis n'avait aucune raison d'insister, ce qui, d'ailleurs, pouvait contrarier son ami.

Un jour, Andréa dit à Henri :

— Je crois que, maintenant, je suis assez grande et suffisamment présentable pour paraître en société sans y faire une trop mauvaise figure, me montrer un peu en public et affronter les regards souvent moqueurs du monde.

— Ma chère Andréa, répliqua le baron, vous avez toujours été la plus belle et la plus parfaite de toutes les femmes.

— J'accepte le madrigal, parce qu'il vient de vous, fit-elle en souriant.

— Voyons, reprit Henri, quelles sont vos intentions?

— C'est juste, il faut bien que je vous les fasse connaître. Je décide que dorénavant je sortirai aussi bien dans la journée que le soir. Je ne crains plus de faire voir au grand jour et au soleil mes superbes toilettes et mes riches parures. Je désire aussi assister à quelques fêtes et en donner ici moi-même quelques-unes, afin de voir de près ce monde du Paris élégant, que je ne connais pas encore, ne l'ayant entrevu qu'à distance.

« Je ne tiens pas précisément à recevoir ici des femmes; je me propose, d'ailleurs, d'être très difficile dans le choix de celles que je fréquenterai et de restreindre beaucoup ce genre de relations. Ce sont vos amis, monsieur de Manoise, qui formeront le premier noyau de ma société. »

Le jeune homme la regarda avec la plus vive surprise.

— Vous sentez bien, continua-t-elle, que je ne puis pas admettre les premiers venus dans notre intimité; voilà pourquoi je vous laisse le soin de choisir, parmi les hommes que vous connaissez, ceux que vous croirez pouvoir me présenter et que vous jugerez dignes de notre société.

— Ainsi, Andréa, c'est bien décidé, vous voulez recevoir?

— Si cela ne vous contrarie pas.

— Nullement. Seulement, je crains...

— Que craignez-vous, monsieur le baron?

— Oh! rien pour moi... Mais tous ceux qui vont vous connaître, mes amis les premiers, vont devenir vos adorateurs.

Andréa se mit à rire, en faisant jouer un éventail dans sa main.

— Henri, est-ce que vous êtes jaloux? l'interrogea-t-elle.

— Dame! je peux le devenir, répondit-il en souriant.

— Ainsi, reprit-elle, vous me croyez dangereuse pour le repos de vos amis?

— On ne peut plus dangereuse!

— Vos amis sont alors des hommes bien faibles.

— Tous les hommes se ressemblent, Andréa, et je ne sais pas s'il en existe qui puissent résister à la puissance et au charme que renferment, je ne dis pas seulement votre sourire et le timbre harmonieux de votre voix, mais toute votre personne. Vous êtes si belle, Andréa!.. Vous seule ignorez ce que l'on éprouve en vous regardant, et vous ne pouvez point subir l'impression étrange des lueurs fascinatrices qui s'échappent de vos yeux.

— En ce cas, dit-elle en riant, j'aurai pitié de vos amis, et je mettrai un voile sur mes yeux, si vous le jugez nécessaire, afin qu'ils ne soient pas réduits en cendres du premier coup.

— Oh! tenez, quand vous devenez railleuse comme en ce moment, vous êtes plus adorable encore, et on a le désir de se prosterner à vos pieds!

— Monsieur le baron, reprit Andréa, revenons s'il vous plaît à mes projets.

— Quand avez-vous l'intention d'ouvrir votre salon?

— Le plus tôt possible; toutefois rien ne presse.

— Néanmoins, je vais y penser dès aujourd'hui.

— Merci. Je dois aussi vous faire part d'un autre de mes désirs.

— Me l'exprimer est me donner un ordre.

— Je veux avoir ma loge à l'Opéra.

— Vous l'aurez.

— Dès demain.

— Oui, dès demain.

— On dit que le vendredi est le beau jour à l'Opéra.

— Cela dépend beaucoup du spectacle et des artistes qui doivent chanter. Cependant nos grandes dames conservent encore l'habitude de se rencontrer à l'Académie de musique le vendredi.

— Eh bien! monsieur le baron, vendredi prochain on me verra dans ma loge, à l'Opéra.

— Dois-je vous demander la permission de vous accompagner?

— Je préfère arriver seule. Mais j'espère bien que vous serez dans la salle et que vous me ferez l'amitié de venir causer avec moi dans ma loge. J'aurai probablement à vous demander les noms de beaucoup de personnes qui occuperont les loges et l'amphithéâtre.

X

LA CHARMEUSE

Deux mois plus tard, le plan conçu par Andréa, mis à exécution, avait eu le résultat complet qu'elle attendait.

Elle était connue de tout Paris. Nous parlons ici du Paris mondain, qu'on voit au théâtre, aux courses, dans les allées du Bois; du Paris oisif, qui flâne et se promène, qui fréquente les salons, les coulisses de l'Opéra, les boudoirs, qui sait la chronique du jour, recueille le scandale et commente chaque événement; de ce Paris, enfin, qui connaît toutes les célébrités, qui assiste au lever et au coucher de toutes les étoiles.

Il fallait remonter à une date déjà ancienne pour parler d'un enthousiasme comparable à celui qu'Andréa souleva autour d'elle.

Si, du côté des hommes, elle fut unaniment admirée, du côté des femmes elle fut enviée et suscita de nombreuses jalousies. Le dépit et la colère de celles-ci étaient d'autant plus grands qu'elles ne parvenaient pas à amoindrir leur redoutable rivale en lui trouvant des imperfections.

Andréa dut être fière de son triomphe, car, après les premiers moments de surprise, d'émotion et d'éblouissement causés par son apparition, l'enthousiasme resta le même. Les voix les plus autorisées la proclamaient la plus belle parmi les plus belles, la plus admirable et la plus ravissante parmi les plus élégantes et les plus distinguées.

A Paris, comme partout, du moment qu'une femme se met en vue et attire tous les regards, le secret de sa vie est vite connu. On sut donc, au bout de quelques jours, qu'Andréa habitait à Paris depuis trois ans, qu'elle était aussi spirituelle, aussi instruite que belle et distinguée, et que le jeune et riche baron de Manoise était son Amadis. Mais il y a des gens qui tiennent à tout savoir; ceux-ci voulurent découvrir d'où venait Andréa et ce qu'elle était avant son arrivée à Paris.

En effet, il y avait là de quoi piquer bien des curiosités. Seulement, le voile derrière lequel la jeune femme cachait son passé était si épais et si bien tendu qu'il fut impossible de le soulever et de voir au travers.

On ne craignit pas d'interroger le baron de Manoise; mais il resta sur ce point dans un mutisme absolu. Andréa lui avait défendu de parler, et pour rien au monde il n'aurait voulu prononcer un mot contre sa volonté.

Les curieux en furent réduits à faire toutes sortes de suppositions, qui eurent pour résultat de les éloigner de la vérité, ce qui ne manque jamais d'arriver.

— C'est une jeune fille pauvre, de bonne famille, disaient les uns; Henri de Manoise a eu le bonheur de la rencontrer, et il répare envers elle les injustices de la fortune.

— C'est une jeune veuve, qui s'est séparée de son mari, prétendaient les autres; elle s'est réfugiée à Paris et cache sa véritable personnalité sous le nom d'Andréa.

On supposait bien d'autres choses encore. Mais tous les hommes s'accordaient à penser et à dire que le baron Henri était un mortel bien heureux : ce qui signifiait qu'on enviait beaucoup son bonheur.

Être reçu chez Andréa devint une faveur ardemment désirée et vivement sollicitée par les hommes du meilleur monde, et aussi par les célébrités du sexe féminin appartenant au théâtre, au monde artiste et au demi-monde.

Mais si quelques-unes de ces dernières pénétrèrent chez Andréa, ce fut une exception. Elle tenait à ne voir que des artistes. Elle pensait, non sans raison, que le talent doit avoir le privilège de se faire ouvrir toutes les portes.

Ne pouvant pas le cacher, elle admettait bien qu'on sût qu'elle était la maîtresse du baron de Manoise, mais elle ne voulait pas diminuer ou peut-être détruire son prestige en s'entourant de femmes compromettantes.

Du reste, sa société fut bientôt aussi nombreuse que bien choisie, et chaque jour elle vit augmenter le nombre de ses admirateurs et de ses adorateurs.

Chacune de ses fêtes était un événement; on en parlait huit jours avant et quinze jours après. En exagérant les moindres choses, l'enthousiasme en faisait autant de merveilles. On citait ses réparties pleines d'à-propos et de finesse, et ses mots spirituels.

On la suivait partout où elle allait. A la promenade, il y avait toujours beaucoup de voitures à la suite de la sienne, sans compter les élégants cavaliers qui l'escortaient, faisant caracoler leur cheval sous ses yeux. Au spectacle se retrouvaient les mêmes personnages, les yeux fixés sur l'astre radieux dont ils étaient les satellites.

Or, quand on se fut rendu compte de la puissance d'un sourire ou d'un regard de la jeune femme et du charme extraordinaire qu'elle répandait autour d'elle, on ne l'appela plus autrement que : Andréa la Charmeuse

Andréa savait parfaitement, et depuis longtemps, qu'elle possédait ce don étrange, moins rare qu'on ne le pense, de fascination. Elle se laissait aimer; mais elle n'abusait jamais du pouvoir merveilleux de son regard et de sa beauté. Toujours gracieuse avec ceux qu'elle connaissait, aucun ne pouvait dire qu'il eût été seulement provoqué par un regard, un sourire, un mot ou même un semblant de coquetterie.

Oui, Andréa était aimée, nous pouvons dire adorée; mais rien ne pouvait émouvoir son cœur enfermé dans une triple cuirasse de glace. Que voulait-elle? Nous le savons. Elle continuait son rêve audacieux et marchait vers le but qu'elle voulait atteindre. Ce n'était ni l'amour de M. de Manoise ni celui de tant d'autres qu'il lui fallait. Elle n'oubliait pas la prédiction de la sorcière des Huttes, elle voulait une couronne, une couronne de reine!

Elle était certainement flattée des hommages rendus à sa beauté; mais elle ne voyait dans la foule de ses adorateurs que le moyen de s'élever; elle se servait d'eux comme d'un marche-pied.

Du reste, en dehors de ce que rêvait son ambition, elle n'avait aucun désir qui ne fût immédiatement satisfait. La fortune du baron de Manoise était la sienne, et le jeune homme s'estimait trop heureux de livrer tout ce qu'il possédait et lui-même à la fantaisie et aux caprices d'Andréa.

Les dépenses de la jeune femme devinrent excessives, et bientôt, ses revenus ne suffisant plus, le baron dut entamer le capital.

Les gens sérieux qui connaissaient la famille de Manoise commencèrent à s'inquiéter. Ils blâmaient hautement la conduite du jeune homme.

— Il est atteint de folie, disaient-ils ; s'il continue cette existence déplorable, dans deux ou trois ans il sera complètement ruiné ; on n'a pas idée d'une semblable faiblesse, c'est honteux !

Quelques intimes de la famille crurent devoir prévenir madame de Manoise.

Hélas ! on ne lui apprenait rien qu'elle ne sût déjà : mais on lui confirmait qu'aux yeux de ses amis la conduite de son fils était un objet de scandale.

Pendant quelques jours encore elle eut le courage de garder le silence. Mais, un soir, elle emmena le jeune homme dans sa chambre et s'y enferma avec lui, bien décidée à user de son droit de remontrance et à faire tous ses efforts pour réveiller sa dignité, le faire rentrer en lui-même et le ramener à elle.

Elle lui tint un long discours, qui dura plus d'une heure. Elle ne parla point avec l'autorité d'une mère indignée ; elle ne s'inspira que de sa tendresse, de son amour maternel, et chercha à l'émouvoir, à le convaincre, à le faire rougir de sa conduite par des paroles affectueuses, des accents touchants que lui dictait son cœur.

Il l'écouta respectueusement, le front pâle, l'œil morne ; mais, à tout ce qu'elle put lui dire, il n'opposa que cette seule réponse :

— Je l'aime, ma mère, je l'aime ! Il n'y a que la mort qui puisse nous séparer !

Henri quitta sa mère désolée, et quinze jours se passèrent sans qu'il reparût à l'hôtel de Manoise.

La baronne était dans une inquiétude mortelle ; elle versait des larmes amères.

— Que faire, mon Dieu, que faire ? se disait-elle. Comment sauver mon malheureux fils de l'abîme ouvert sous ses pieds !

La pauvre mère sentait son impuissance, et elle cherchait autour d'elle un auxiliaire capable de lutter avec quelque chance de succès contre la fatale influence d'Andréa.

Elle pensa au fiancé de sa fille, au marquis de Soubreuil.

— Henri a pour lui une sincère et profonde amitié, se dit-elle ; et puis Maxime est presque un membre de notre famille ; il est fort et rigide sur les principes d'honneur ; il n'y a que lui, et je ne vois que lui qui puisse sauver mon fils et nous le rendre.

Or, le jour même, le marquis étant venu faire sa visite habituelle à l'hôtel de Manoise, elle le prit à part et lui dit :

— Mon cher Maxime, je suis tout à fait désespérée.

Le jeune homme la regarda tristement.

— Oh ! je comprends votre douleur, fit-il.

— Nous sommes complètement délaissées, Jeanne et moi, reprit la baronne : depuis quinze jours, je n'ai pas vu Henri. On dirait qu'il n'ose plus affronter

Le marquis et le baron allumèrent chacun un cigare et restèrent un moment silencieux. (Page 188.)

mon regard, le malheureux enfant, qu'il n'ose plus mettre un baiser sur le front de sa sœur. Mais que veut-elle donc faire de lui, cette femme ou plutôt ce démon qui étouffe en son cœur jusqu'à la tendresse qu'il avait pour nous? J'ai essayé de lui ouvrir les yeux, de lui rendre sa fierté et de ranimer les sentiments qui semblent s'éteindre dans son âme... A toutes mes paroles, il est resté insensible, et j'ai obtenu le contraire de ce que j'espérais : il s'est livré tout entier à cette femme.

— Oui, répondit le marquis, Henri subit l'entraînement d'un amour fatal et terrible.

— Maxime, est-ce que vous la connaissez, cette Andréa?

— Une fois seulement le hasard m'a placé sur son chemin.

— Elle est donc bien belle?

— Oui, madame, extraordinairement belle.

La baronne poussa un profond soupir.

— Mais de quelle puissance infernale est-elle donc douée, s'écria-t-elle, pour s'être emparée complètement de la vie de mon fils, pour qu'il cesse d'aimer sa sœur et sa mère?

— On l'appelle la Charmeuse, madame.

— Ce qui signifie : femme dangereuse et fatale. Mais je ne veux pas lui abandonner mon fils, reprit-elle avec force, je lui disputerai, je l'arracherai de ses bras maudits! Maxime, vous voyez toujours Henri?

— Bien rarement. Comme vous, madame, je ne l'ai pas vu depuis quinze jours.

— Ainsi, il vous fuit aussi, vous, son meilleur ami.

— Notre vieille amitié me donne le droit de le blâmer, de lui faire des observations : il les évite. Henri est évidemment gêné avec moi, car je suis peut-être le seul de ses amis qui ait refusé d'assister aux fêtes que donne madame Andréa.

« Mon cher Maxime, ce n'est pas le moment de laisser refroidir l'affection que vous avez pour Henri et qu'il ressent pour vous; non, ce n'est pas le moment de lui permettre de s'éloigner de vous qui pouvez lui donner des conseils si nécessaires, si précieux. Maxime, j'ai compté sur vous.

— Sur moi?

— Oui, pour sauver Henri.

— Permettez-moi de vous dire que vous exagérez le danger.

— Maxime, le cœur d'une mère a des pressentiments qui ne trompent jamais; je tremble, j'ai peur... Je vous le dis, si nous laissons Henri plus longtemps sous la domination de cette femme, il est perdu! Maxime, voulez-vous m'aider?

— Je vous suis entièrement dévoué, madame, que dois-je faire?

— Je viens de vous le dire : il faut à tout prix que nous brisions la chaîne qui fait de mon malheureux enfant un captif, un esclave!

Le jeune homme secoua la tête.

— La tâche est difficile, dit-il; je n'ose pas vous dire : impossible.

— Eh! je le sais bien, répliqua vivement madame de Manoise; mais en présence du péril nous ne devons pas voir les difficultés.

Le jeune homme avait baissé la tête et paraissait rêveur.

— Maxime, reprit la baronne, éprouveriez-vous de la répugnance à lutter contre cette femme?

— Non, certes; mais je crains..

— Que craignez-vous?

— Je crains de ne pas réussir.

— Maxime, vous avez de la volonté, et vous ne devez pas douter de votre force. Ce n'est pas non plus l'autorité qui vous manque : vous n'êtes pas seulement l'ami de mon fils, vous allez être son frère, mon fils, le chef de la famille.

— Je ne demande qu'à me rendre digne des titres que vous me donnez, madame; mais encore faut-il que je puisse agir. Je ne rencontre plus Henri nulle part.

— Vous savez où le trouver?

— Sans doute, mais...

— Oh! je connais votre caractère, Maxime, et je sais que je vous impose un grand sacrifice. Mais il le faut.

— J'écrirai à Henri, madame, et s'il ne vient pas

— Vous irez le trouver.

— Oui, pour vous, madame, j'aurai le courage d'entrer chez la Charmeuse.

— Merci, dit la baronne en lui prenant la main; je ne puis aller là, moi; sans cela... Mais vous êtes un homme, vous, Maxime; où une femme, une mère ne saurait se présenter, vous pouvez aller.

— S'il le faut absolument, j'irai chez Andréa la Charmeuse, répondit le marquis.

XI

LA MISSION DU MARQUIS

Le jour même, le marquis de Soubreuil écrivit à son futur beau-frère qu'il. ait une communication importante à lui faire, qu'il l'attendrait chez lui le rlendemain, et qu'ils causeraient en déjeunant ensemble.

La lettre partie, il se dit :

— Henri devinera ce que je veux lui dire, il ne viendra pas.

La réponse qu'il reçut le lendemain lui prouva qu'il s'était trompé. Henri ceptait son invitation.

— La mission dont je me suis chargé sera peut-être moins difficile à remplir e je ne le supposais, pensa-t-il.

Le baron de Manoise fut exact au rendez-vous. Les deux amis se mirent à table et déjeunèrent presque gaiement. Cependant le marquis préparait ses moyens d'attaque, et Henri paraissait préoccupé par une pensée.

Quand, après avoir versé le café, le domestique se retira, le marquis et le baron allumèrent chacun un cigare et restèrent un moment silencieux en face l'un de l'autre, s'observant du regard. Maxime était hésitant, Henri mal à son aise.

Enfin, rompant le silence qui devenait pénible pour tous deux :

— Mon cher Henri, dit le marquis, tu dois te demander dans quelle intention je t'ai prié de venir passer cette matinée avec moi?

— En effet, je me le demande, répondit le jeune homme en souriant, mais je crois le deviner un peu.

— Voici bientôt trois semaines que je ne t'ai vu ; je dois te dire, d'abord, que je suis heureux de l'empressement que tu as mis à te rendre à mon invitation.

— Je sais ce que je dois à ton amitié, Maxime. Et puis, continua-t-il en le regardant en dessous, tu m'as annoncé une communication importante que tu as à me faire.

— Henri, répliqua le marquis avec gravité, il s'agit de ta mère et de ta sœur.

Le front du jeune homme se rembrunit.

— Je vais te parler comme à un malade, reprit le marquis ; mon cher Henri, tu n'es pas du tout raisonnable.

Le baron ébaucha un sourire et devint très pâle.

— Oui, poursuivit le marquis, tu n'es pas raisonnable, et ta conduite est celle d'un insensé. Tu te ruines...

« Oh ! si ce n'était que cela, ce ne serait rien, continua le marquis ; mais tu te fais mépriser, et, aux yeux de certaines gens, tu peux paraître ridicule.

— Aux tiens, peut-être, répliqua le baron avec aigreur.

— Moi, répondit le marquis, j'aime trop mes amis pour ne pas excuser leurs faiblesses, même quand elles sont coupables.

— A la bonne heure, j'avais peur déjà de trouver en toi un ennemi.

— Henri, je suis et veux rester ton ami, et c'est à ce titre que je crois avoir le droit de te parler avec franchise. Il y a dans ton cœur un mal qu'il en faut faire sortir ; ton avenir, ton bonheur et celui des tiens dépendent de ta guérison ; tu es actuellement courbé sous un joug qu'il faut rompre. On pleure à l'hôtel de Manoise où tu ne parais plus. Ta sœur, dont tu connais la tendresse pour toi, souffre beaucoup de ton éloignement ; ta mère, qui t'adore, dont tu étais l'orgueil, dont tu restes l'espoir, ta mère est désolée, désespérée. Nous avons eu avant-hier une longue conversation ; nous n'avons parlé que de toi. Elle m'a dit :

« — Maxime, rendez-moi mon fils ; rendez-le moi, vous qui allez être son frère, mon enfant aussi, rendez-le-moi et je vous bénirai tous deux...

« Je l'ai quittée le cœur navré, en lui promettant ; sachant bien quels obstacles je rencontrerais, de te ramener près d'elle. Henri, nous passerons la journée

pas que tu me prennes tout à fait pour un fou ; il faut que tu juges par tes yeux, tu verras Andréa.

— Je n'en éprouve nullement le désir.

— N'importe, tu la verras ; ne serait-ce que pour avoir une excuse auprès de toi, je veux que tu admires son sourire, que tu entendes sa voix et qu'elle t'éclaire de la lumière de son regard. Je ne redoute rien pour toi ; ton amour pour ma sœur est ta sauvegarde.

— Mon cher Henri, je te le répète, je ne tiens pas du tout à voir madame Andréa.

— Mais j'y tiens, moi. D'ailleurs, je lui ai promis de t'amener chez elle.

— Henri, tu as eu tort de prendre un pareil engagement.

— Mon cher Maxime, répliqua le jeune homme, c'est grâce à cette promesse que j'ai obtenu la permission de venir déjeuner avec toi.

Le marquis baissa la tête, en fronçant les sourcils.

— Je vois à ta figure que tu n'es pas content, dit le baron.

— C'est vrai.

— Eh bien ! écoute : j'ai souvent parlé à Andréa du marquis de Soubreuil, le meilleur de mes amis, et de ceux-ci tu es, je crois, le seul qu'elle ne connaisse pas encore. Je lui ai peut-être fait un peu vivement ton éloge. Bref, elle a depuis longtemps le désir de te voir ; et ce matin, sachant que je venais ici, elle m'a fait lui promettre que je t'amènerais ce soir à l'heure du dîner.

Le marquis ne répondit pas. Il était visiblement contrarié. Il lui répugnait d'accepter cette étrange invitation, car il sentait qu'accompagner Henri chez Andréa était une trahison envers madame de Manoise. Mais il se disait en même temps que, dans l'intérêt de la mission dont il était chargé, il devenait utile de connaître l'ennemi qu'il avait à combattre. Et puis, à toutes ses pensées se mêlait un sentiment de curiosité irrésistible.

Du reste, Maxime se croyait sûr de lui ; il ne pensait pas qu'à voir Andréa il pût exister pour lui l'ombre d'un danger.

— Mon cher Maxime, reprit le baron de Manoise en souriant, si tu as réellement entrepris la tâche difficile de me séparer d'Andréa, il me semble qu'elle et moi nous servons tes projets en t'introduisant dans la place que tu veux battre en brèche.

Ces malencontreuses paroles, qui répondaient si bien aux pensées intimes du marquis, achevèrent de vaincre son hésitation.

Il releva la tête.

— Eh bien ! soit, dit-il d'un ton brusque, je t'accompagnerai ce soir ; j'accepte l'invitation de madame Andréa.

Le baron laissa échapper une exclamation joyeuse, et tendant la main à son ami :

— Tu ne pouvais pas me donner une preuve plus grande de ton amitié, dit-il ; tu me rends véritablement heureux.

Le marquis restait un peu sombre. Il se disait qu'il était faible, et que, pour la première fois peut-être, il manquait de volonté.

Mais, au bout d'un instant, la gaieté contagieuse du jeune baron parvint à le dérider.

Ils parlèrent encore d'Andréa assez longuement ; puis, changeant brusquement la conversation :

— Mon cher Henri, dit le marquis, j'espère que tu me donneras à ton tour une preuve d'amitié.

— Laquelle?

— Pas plus tard que demain tu iras embrasser ta mère et ta sœur.

— Il faut cela pour ton bonheur?...

— Et le leur, oui.

— J'irai.

— Tu leur consacreras toute la soirée.

— Tu deviens exigeant. N'importe, je le ferai.

— Tu me le promets?

— Oui.

— Ce n'est pas tout, il faut que tu me promettes encore de ne plus vivre complètement éloigné d'elles.

— Mon Dieu ! répondit Henri avec une nuance de tristesse dans la voix, je sais bien que ma mère et ma sœur ont le droit de se plaindre de ma conduite envers elles ; mais crois-le bien, Maxime, si exclusif que soit mon amour pour Andréa, si complet que soit son empire sur moi, mon cœur est resté le même pour les miens ; j'aime toujours autant ma mère et ma sœur.

— Pourquoi es-tu resté si longtemps sans aller les embrasser?

Le jeune homme rougit malgré lui.

— Je sens bien que je suis coupable, répondit-il légèrement troublé ; mais, que veux-tu? j'ai obéi à un sentiment que je trouve naturel et que tu ne comprendras pas, peut-être : ma mère me fait des observations, des reproches : elle a raison, c'est son droit, je le reconnais ; mais cela me contrarie, me chagrine, et je crains que mon respect ne soit pas assez grand pour m'empêcher, à la fin, de m'irriter. Et puis, devant ma sœur, dont l'âme et le cœur sont si purs, qui a comme ma mère toutes les vertus, je me sens embarrassé, j'éprouve comme de la honte.

— Mon cher Henri, je comprends très bien cela, et j'apprécie la valeur de ton excuse. Alors, du moment qu'il te reste encore dans le cœur de tels sentiments, rien n'est désespéré, nous te sauverons malgré toi.

Le baron laissa glisser un sourire sur ses lèvres ; puis, secouant la tête :

— Ah ! tu espères me sauver ! fit-il. Rassure-toi, Maxime, je ne suis pas en danger. Mais si vous croyez à un péril quelconque, ma mère et toi, et que vous pensiez le détourner en brisant mon bonheur, vous vous trompez. Maxime, ce serait prendre ma vie... Je te le répète, et retiens-le bien dans ta mémoire, la mort seule aurait le pouvoir de me séparer d'Andréa.

— C'est bien, répliqua le marquis, ne parlons plus de cela pour le moment; nous sommes en présence de l'avenir, et le temps voit passer bien des choses; c'est sur lui que je compte. Mais il est bien convenu que tu consoleras ta mère et ta sœur en reparaissant à l'hôtel de Manoise?

— J'irai les voir aussi souvent que cela me sera possible.

— J'ai ta promesse, cela me suffit; c'est tout ce que je peux exiger de toi aujourd'hui.

XII

LE REGARD FATAL

Les deux amis sortirent à pied de l'hôtel de Soubreuil. Ils firent un tour de promenade aux Champs Élysées, puis, l'heure approchant, ils se dirigèrent vers la rue Pasquier.

A cinq heures et demie, ils entraient chez Andréa.

— Madame vous attend, dit Louise qui était accourue dans l'antichambre.

Et elle disparut pour aller prévenir sa maîtresse.

— Tu vois que je ne t'ai pas trompé, dit le baron, en se tournant vers son ami; viens, suis-moi.

Ils entrèrent dans le grand salon. Au même instant, la femme de chambre reparut, laissant une porte ouverte, et leur dit :

— Monsieur le marquis et monsieur le baron peuvent entrer.

Ces paroles furent accompagnées d'une révérence gracieuse.

Andréa se tenait debout au milieu de son boudoir, que le jour et le soleil, tournant vers l'occident, inondaient de leur lumière. D'ordinaire, les femmes semblent redouter une clarté trop vive; Andréa, au contraire, trouvait que la lumière du jour ou celle des bougies n'avait jamais assez d'éclat. Il est vrai que plus la lumière était vive et éclatante autour d'elle, mieux elle faisait ressortir son incomparable beauté.

Elle reçut les deux amis, son délicieux sourire sur les lèvres. Son regard, à demi voilé, tomba sur le marquis.

Il en sentit aussitôt la puissance terrible. Ce fut comme un éclair qui passa dans tout son être et jeta le trouble jusqu'au fond de son âme. Ébloui, il fit un

Le marquis arrêta sur elle ses yeux effarés... « Ce que vous dites là... » fit-il. (Page 199.)

pas en arrière, et un moment il cessa de respirer. Il lui sembla que son sang se figeait dans ses veines. Ses jambes chancelaient, et il éprouvait au cœur une sensation étrange et presque douloureuse. Il restait immobile, n'osant plus avancer : il aurait voulu s'enfuir.

A quelques pas de lui, le baron le regardait en souriant. On aurait pu voir dans son sourire la joie du triomphe mêlée à l'ironie.

Le trouble et l'agitation intérieure du marquis étaient visibles; Andréa n'eut pas de peine à deviner l'impression que sa beauté et un seul de ses regards venaient de produire.

— Monsieur le marquis, dit-elle, de cette voix qui avait le don de remuer les cœurs les plus froids, en marchant vers lui, vous êtes le bienvenu; permettez-moi de vous traiter immédiatement en ami.

Incapable de répondre, il s'inclina.

Andréa lui prit la main. Celle de la jeune femme était douce et fraîche; cependant il lui sembla qu'il touchait du feu. Un frémissement courut dans tous ses membres.

— Venez, monsieur le marquis, reprit Andréa en l'entraînant doucement.

Et elle le conduisit à un fauteuil placé en face de la causeuse sur laquelle elle s'assit. Henri s'était mis dans un fauteuil un peu plus loin, en arrière.

Au bout d'un instant, le marquis parvint à vaincre son émotion. Il put causer. Andréa ne tarda pas à s'animer, et sa conversation devint extrêmement brillante. On sentait qu'elle était fière de faire valoir les ressources de son esprit naturel et de se montrer instruite, distinguée et vraiment femme du monde devant un homme dont on lui avait vanté l'intelligence, le savoir, la distinction, et qu'on lui avait représenté comme le type le plus parfait du gentilhomme français.

Le marquis était sous le coup d'un étonnement qu'il ne cherchait même pas à cacher.

Andréa devina sa pensée.

— Avouez, monsieur le marquis, lui dit-elle avec un fin sourire, que je ne suis pas précisément la femme que vous vous attendiez à trouver ici...

— Je l'avoue, madame, répondit-il, et maintenant je partage l'opinion de ceux qui disent que vous appartenez à une grande famille.

— Ah! il y a des gens qui disent cela? fit-elle; je les remercie en même temps que vous, monsieur le marquis, de ce grand honneur qu'on me fait; mais je ne veux pas, vis-à-vis de vous, me donner pour ce que je ne suis point. Je ne vous dirai pas d'où je viens, ni de qui je suis née? ceci est un secret que je veux garder. Mais je puis vous apprendre que ma naissance est des plus obscures. Depuis que je suis à Paris, j'ai un peu changé, et, sans fausse vanité, je puis ajouter, à mon avantage. J'étais absolument ignorante, j'ai fait tout ce qui dépendait de moi pour l'être moins. Pendant trois ans je suis restée enfermée comme une recluse ou un renard dans son terrier. Avant de me montrer, je voulais être montrable. J'ai pris des maîtres, j'ai travaillé beaucoup. J'ai appris notre langue un peu, un peu aussi l'allemand, l'anglais et l'espagnol. J'ai lu et je lis encore beaucoup. Après un livre d'histoire, je prends la géographie; un roman me repose de mes lectures sérieuses. Je crayonne tant bien que mal un paysage.

— Mon cher Maxime, interrompit le baron, Andréa dessine et peint admirablement.

— Ceux qui m'ont entendue, continua-t-elle, prétendent que je chante assez bien.

— Andréa a une voix délicieuse et chante à ravir, dit Henri.

— Enfin, poursuivit la jeune femme, je commence à jouer du piano. Mais, parmi les arts d'agrément, la musique n'est pas celui que je préfère ; aussi ai-je eu beaucoup de difficultés à l'apprendre. Clapoter du piano est à la mode, je n'ai pas voulu que ce défaut me manquât, termina-t-elle en riant.

Le dîner étant servi, on passa dans la salle à manger et on se mit à table.

Pendant le repas, Andréa parla de Paris avec le plus vif enthousiasme.

— Il me semble que je ne pourrai jamais le quitter, dit-elle.

— Quitter Paris! s'écria le baron, vous y resterez toujours!

— Qui sait? fit-elle, pendant que son regard, devenu rêveur, semblait suivre sa pensée à travers l'infini.

Le marquis toucha à peine aux mets qu'on lui servait. Il était absolument sous le charme dominateur du regard et de la parole d'Andréa. Concentré en lui-même, cherchant en vain à échapper à la fascination, il ne parla presque plus pendant le reste de la soirée.

A dix heures il se leva pour se retirer.

— Je vais te reconduire, dit Henri.

— Monsieur le marquis, dit Andréa en lui faisant le salut d'adieu, j'espère que j'aurai le plaisir et l'honneur de vous revoir.

Il répondit une banalité quelconque et descendit rapidement l'escalier, suivi de M. de Manoise.

Il éprouvait le besoin de se retrouver au grand air. Il lui semblait qu'une fois loin d'Andréa, il redeviendrait maître de lui-même, comme Renaud sorti des jardins d'Armide.

Henri l'accompagna jusque sur le boulevard des Capucines. Là, ils se séparèrent. Le marquis ne chercha point à retenir son ami ; il avait hâte de se trouver seul avec ses pensées.

Encore tout étourdi, le cœur gardant son trouble singulier, ne pouvant éloigner de ses yeux l'image d'Andréa, il se mit à marcher rapidement, livrant sa tête nue à la fraîcheur de la nuit.

Son agitation ne se calma point, le désordre de son esprit resta le même.

Il se secouait comme s'il eût eu sur lui la robe de Nessus.

— Oh! ce qui se passe en moi est épouvantable, se disait-elle avec une sorte de rage; elle m'a ébloui, fasciné et j'ai senti le fluide de son regard pénétrer dans tout mon être... Oh! oui, c'est horrible, j'ai peur, oui, j'ai peur de l'aimer!... Aimer cette femme, moi!... quoi, je serais assez faible, je serais assez lâche!... Non, reprenait-il, c'est impossible, je m'effraye sans raison, je ne me rends pas bien compte de ce que j'éprouve. C'est un malaise étrange, cela se passera.

Alors, pour repousser le fantôme d'Andréa, sa pensée se reportait vers mademoiselle de Manoise. Mais la suave et douce figure de la jeune fille s'effaçait aussitôt et Andréa reparaissait souriante, radieuse, le regard illuminé, superbe de majesté.

Il rentra chez lui dans un état de surexcitation impossible à décrire.

Jusqu'à une heure assez avancée de la nuit, il se promena dans sa chambre, martelant le tapis sous ses pieds impatients et fiévreux, et faisant entendre par instants des exclamations de fureur.

— Mais qu'est-elle donc, cette femme? s'écria-t-il en s'arrêtant brusquement. Ce qu'elle est?... Ah! je le sais, je le sais, continua-t-il avec un rire sec et nerveux; c'est une de ces femmes étranges et fatales qui apparaissent de loin en loin sur la terre comme un fléau de Dieu!

« Andréa a été pétrie avec la même argile dont ont été créées Circé, Omphale, Dalila, ces grandes charmeuses d'un autre temps. Comme elles, Andréa a la beauté, l'enivrement du sourire, la domination du regard; elle possède en outre, comme la fabuleuse sirène, le charme de la voix, entraînant, irrésistible... Ah! je le sens par moi-même, nul ne pourra résister à la puissance fascinatrice de ses yeux; il faut subir sa séduction.

« Si elle couvrait son visage d'un masque hypocrite, on pourrait le lui arracher; alors, la fausseté, qui est une laideur, diminuerait sa force. Malheureusement, chez elle, tout est naturel et vrai, et ce qui la rend d'autant plus redoutable et terrible, c'est qu'elle a la grâce sans artifice, la candeur de l'enfance et qu'il se répand autour d'elle comme un parfum d'innocence et de pureté.

« Elle est née ce qu'elle est, elle restera ainsi. Avec sa beauté merveilleuse, son corps magnifique, une enveloppe de Séraphin, Andréa est une créature dangereuse, effroyable... Ah! oui, on lui a bien donné le nom qui lui appartient : Charmeuse! charmeuse!...

« Malheur à qui la voit, malheur à qui l'entend! Pauvre Henri, je comprends trop maintenant qu'il soit devenu son esclave! Et moi! que suis-je déjà aujourd'hui, et que serai-je demain? Hélas! je l'ai vue et n'ai pu me défendre de l'admirer; je l'ai entendue et je n'ai pas eu la prudence de me boucher les oreilles. Je n'ai pu me soustraire à la puissance inouïe de son charme mystérieux. Et ce charme étrange, inévitable, qui agit avec une violence extrême et la rapidité de l'éclair, j'en ai senti en même temps les effets terribles dans mon cœur, mon esprit et mes sens.

« Où donc est la force de l'homme? Où donc est son orgueil? Où donc est sa vertu?... Mots sans valeur... Misère humaine! Implacable fatalité! Vaincu, terrassé par une femme!... Que lui a-t-il fallu pour assurer son facile triomphe? Un sourire et un regard. Ah! je me fais honte à moi-même... Comme je me trouve petit, misérable et lâche!... C'est horrible, horrible!...

Il resta un moment silencieux, puis il reprit : »

— Eh bien! oui, il faut que je le reconnaisse, je suis atteint de cette folie que je reprochais à Henri il y a quelques heures; me voilà pris de ce vertige dont il me parlait. C'est l'amour, l'amour ardent, qui dévore, brûle et consume... Sa voix résonne encore à mon oreille et fait tressaillir mon cœur comme si j'étais près d'elle; je revois son sourire enchanteur, sa main qu'elle agite et qui joue avec ses dentelles; je me sens toujours enveloppé de son regard lumineux qui me verse l'ivresse.

« Andréa, Andréa la Charmeuse... Elle me fait peur et je l'aime... Oui, je l'aime, elle est si belle! »

Le lendemain, se roidissant avec énergie, le marquis de Soubreuil essaya de lutter contre le mal qui faisait en lui des progrès rapides. Il ne parvint qu'à s'énerver et à détruire ce qui lui restait de force morale.

Le malheureux fut consterné quand il dut reconnaître son impuissance.

Ah! il était bien vaincu!

Jeanne de Manoise pouvait encore se mettre en travers du péril et le sauver. Il ne pensa pas que son salut était dans un regard de sa jeune fiancée. Il oublia qu'il avait promis d'aller ce jour-là à l'hôtel de Manoise.

Le soir, vers sept heures, il se trouva rue Pasquier devant la maison d'Andréa.

Henri lui ayant fait la promesse qu'il passerait la soirée avec sa mère et sa sœur, il était à peu près certain de ne pas le rencontrer chez Andréa.

Maxime subissait déjà l'entraînement d'une passion désordonnée et sans frein. La fatalité le poussait en avant.

XIII

LE TÊTE-A-TÊTE

Andréa était seule. Comme la veille elle reçut le marquis de Soubreuil dans son boudoir. Comme la veille encore, elle lui tendit avec une grâce charmante sa petite main douce, fraîche et parfumée.

— Je n'espérais pas vous voir ce soir, lui dit-elle d'un ton adorable; c'est une surprise et un plaisir. Vous savez que M. de Manoise doit passer la soirée chez sa mère; c'est bien aimable à vous d'avoir eu la pensée de venir me tenir compagnie.

— Quand on a eu le bonheur de vous voir et de causer avec vous, répondit-il, il semble que loin de votre regard on est dans la nuit, et on revient près de vous pour retrouver la lumière.

Il tenait encore sa main; il s'inclina et la porta à ses lèvres.

— Si j'étais coquette, dit-elle en souriant, vos paroles me combleraient de joie; mais je ne suis pas coquette.

— C'est vrai. Pour être adorable, vous n'avez besoin d'employer aucun artifice.

Elle le fit asseoir près d'elle sur la causeuse.

Il se sentit enveloppé dans le rayonnement de son regard, il acheva de s'enivrer et le trouble de son esprit augmenta encore.

— Après vous avoir quitté hier, reprit Andréa, M. de Manoise est revenu ici; il y est resté jusqu'à minuit. Nous avons beaucoup parlé de vous. Je suis un peu curieuse et j'ai eu l'indiscrétion de lui demander dans quelle intention vous l'aviez invité à déjeuner. Il n'a pas cru devoir me cacher ce qui a été dit entre vous.

— Comment! il vous a répété...

— Tout.

— Alors, vous devez m'en vouloir?

— Nullement.

Il la regarda avec surprise.

— Ce que vous avez dit à M. de Manoise est vrai, est juste.

— Soit, mais vous auriez le droit de vous en trouver offensée.

— J'ai eu un sentiment tout opposé, monsieur le marquis; j'ai donné mon approbation entière aux reproches que vous avez adressés à M. de Manoise, et je me suis permis de donner à vos conseils l'appui des miens.

— En vérité, est-ce possible?

— Vous ne me croyez pas?

— Si, si, je vous crois, une bouche comme la vôtre ne saurait mentir; mais...

— Vous ne comprenez pas.

— Je l'avoue.

— Vous ne comprenez pas, monsieur le marquis, parce que vous ne me connaissez pas encore; j'ai sur bien des choses mes idées, à moi, qui ne ressemblent pas à celles de la plupart des femmes. Oh! vous ne croyez pas que je sois, comme tant d'autres, insensible aux appréhensions d'une famille, aux angoisses d'une mère. En apprenant que madame la baronne de Manoise était tourmentée au sujet de son fils, qu'elle souffrait de son éloignement et qu'elle m'accusait de le retenir loin d'elle, de le lui prendre, je fus profondément affligée.

— Henri a eu tort de vous dire cela.

— Ce n'est pas mon avis; il est toujours bon de savoir la vérité. Ainsi, madame de Manoise se plaint amèrement de moi?

— Dans certaines circonstances, une mère ne consulte que son cœur; madame de Manoise se plaint de son fils, qui est tout pour elle; de vous, qui avez pris sa place dans le cœur d'Henri; enfin elle se plaint de tout parce qu'elle souffre réellement, parce qu'elle est désolée, désespérée.

— Voilà ce que j'ai compris. Aussi, applaudissant à vos paroles, ai-je conseillé à M. de Manoise de rendre à sa mère la tranquillité, la joie, de quitter son appartement de garçon, de retourner près de sa mère et de sa sœur et de revenir à son existence d'autrefois.

— En conseillant cela à Henri vous avez bien agi, mais il ne consentira jamais.

— Pourquoi?

— Ce serait trop vivre sans vous.

Elle resta un moment silencieuse et rêveuse.

— Tout à l'heure, quand vous êtes entré, reprit-elle, je songeais à tout cela, et je me demandais sérieusement s'il n'existait pas un moyen de remédier au mal que je fais involontairement. Oui, je cherchais la possibilité d'éloigner de moi M. de Manoise et d'amener entre nous une séparation complète.

Le marquis arrêta sur elle ses yeux effarés.

— Ce que vous dites là est impossible, fit-il; j'ai certainement mal entendu.

— Non, vous avez bien entendu, et ce que j'ai dit est vrai.

— Mais vous n'aimez donc pas Henri? s'écria-t-il, ne pouvant plus se contenir.

Elle le regarda à travers les franges de ses paupières, et, pendant que son front rougissait, elle baissa les yeux et répondit :

— Ni lui, ni un autre, je n'ai jamais aimé!

Un trouble extraordinaire s'empara du jeune homme. Son cœur bondissait dans sa poitrine.

— Je comprends, dit-il d'une voix mal assurée, vous vous êtes mise en garde contre l'amour, vous ne voulez pas aimer!

— Je ne dis pas cela, répliqua-t-elle vivement; l'amour, comme disent les poètes, est une fleur qui doit s'épanouir dans le cœur de toutes les femmes; pour moi l'heure n'est pas encore venue.

— Ah! laissez-la s'épanouir, cette fleur divine, n'empêchez pas son éclosion! s'écria le marquis d'une voix vibrante.

— J'attends, murmura-t-elle.

Maxime s'empara d'une de ses mains et, frissonnant, presque à ses genoux :

— Andréa! Andréa! reprit-il avec exaltation, je vous aime!

Elle retira brusquement sa main.

— Monsieur le marquis, dit-elle d'un ton à la fois calme et triste, il me semble que vous venez de faire un mensonge.

— Oh! vous ne le pensez pas!

— Avant de vous voir hier pour la première fois, monsieur le marquis, je vous connaissais, car j'ai beaucoup entendu parler de vous; je sais avec quelle chaleur vous aimez vos amis et ce que votre cœur peut contenir de dévouement chevaleresque ; vous avez promis à madame de Manoise de lui rendre son fils et vous cherchez en ce moment, sans doute, le moyen d'y parvenir.

— Quoi ! fit-il tout ahuri, vous supposeriez...

— Pourquoi non ? M. de Manoise n'est-il pas votre ami, un peu plus même que votre ami ?

— Ah ! je vous en supplie, ne parlons pas de lui, ou bien que ce soit pour me jeter à la face ma trahison, mon indignité !... Je ne devrais pas être ici en ce moment, et pourtant j'y suis. Avec quelle pensée suis-je venu ? Je n'en sais rien. Je voulais aller d'un autre côté, aller bien loin, malgré moi mes pas m'ont conduit vers vous ; mes pas, je devrais dire mon cœur, qui a été plus fort que ma volonté, qui a aliéné ma raison et m'a empêché d'entendre les reproches que m'adressait ma conscience. Ah ! il ne fallait pas me dire que vous n'aimiez pas Henri ; j'aurais été maître de moi, j'aurais eu la force de retenir les paroles qui me brûlaient les lèvres. Non, je ne vous aurais pas dit : Andréa, je vous aime ! Mon secret serait encore là, dans mon cœur palpitant ; vous ignoreriez que je suis faible comme tous les hommes et que vous m'avez fait votre esclave !

« Voilà la vérité, Andréa ; maintenant, me croyez-vous ?

— Oui. Mais je crois aussi que vous vous trompez sur vos sentiments.

Il ouvrit la bouche pour protester.

— Attendez, reprit-elle ; j'ai pour vous, monsieur le marquis, une profonde estime et je ne doute pas de la loyauté de votre caractère. Quand je dis que vous vous trompez sur vos véritables sentiments, je pense que vous prenez pour de l'amour un entraînement irréfléchi.

Il secoua tristement la tête.

— Et j'ai d'autant plus le droit de penser cela, continua-t-elle, que vous êtes fiancé à mademoiselle Jeanne de Manoise, qui est absolument digne de vous et de votre amour.

— C'est vrai, répondit-il ; hier encore, être l'époux de mademoiselle de Manoise semblait ne me laisser plus rien à désirer.

— Eh bien ?

— Eh bien, je ne peux plus épouser mademoiselle de Manoise.

— Pourquoi ?

— Parce que vous occupez mon cœur tout entier, et que je ne pourrais plus la rendre heureuse.

— Prenez garde, monsieur le marquis, donnez-vous le temps de réfléchir.

— C'est fait.

— Souvenez-vous de mes paroles de tout à l'heure : je n'ai jamais aimé.

— Vous aimerez, Andréa ; vous ne défendrez pas votre cœur contre l'amour, et la fleur s'épanouira.

— Non. Réfléchissez encore, voyez où vos idées actuelles peuvent vous conduire et vous vous arrêterez.

— Je vous obéirai, mais je connais d'avance le résultat de mes réflexions.

— Vous n'êtes pas un de ces hommes qu'une femme, quelle qu'elle soit, peut traiter légèrement ; vous méritez d'être aimé, vous méritez d'être heureux. Vous n'êtes donc point pour moi ce que sont tant d'autres. Tenez, je veux vous dire cela, à vous : depuis dix-huit mois j'ai peut-être reçu soixante lettres qui contiennent des déclarations d'amour brûlantes, avec des offres et des promesses aussi éblouissantes qu'insensées. Que de choses ridicules, stupides ! Je les ai toutes lues, ces lettres, avant de les jeter au feu ; cela m'amusait, me faisait rire ; il me plaisait de voir jusqu'où peuvent aller la bassesse, la platitude, la lâcheté et la sottise de certains hommes. Oh ! les fous, les fous !...

« Mais, continua-t-elle en changeant de ton, ne parlons pas de ces choses écœurantes, revenons à M. de Manoise : c'est bien décidé, ma résolution est prise ; je donnerai à sa mère une satisfaction complète, je ne le verrai plus.

— Vous voulez donc une rupture ?

— Oui.

— Henri vous aime trop, c'est impossible !

— Et pourtant il faut que cela soit.

— Comment ferez-vous ?

— Je ne le sais pas encore, je verrai. Donnez-moi un conseil.

— En ce moment, j'en suis incapable.

— Je crois que le plus simple est de m'éloigner de Paris et de passer quelque temps dans un endroit ignoré.

— En effet, mais où irez-vous ?

— Qu'importe ; je trouverai facilement une petite retraite mystérieuse sur une plage quelconque au bord de la Manche.

— La saison d'aller à la mer n'est pas venue encore.

— C'est une raison pour que j'y aille, moi.

— Quand partirez-vous ?

— Le plus tôt possible, dans deux ou trois jours.

— Seule ?

— Seule !

— Andréa, je vous suivrai.

— Monsieur le marquis, vous êtes fou !

— C'est vrai. Voulez-vous vous installer à Étretat ?

— Pourquoi me demandez-vous cela ?

— Parce que j'y connais un joli chalet sur la plage, tout meublé, qui est dès maintenant à votre disposition. Étretat est un lieu charmant.

— Tout cela est bien séduisant.

— Alors, vous acceptez ?

— Oui.

Ils causèrent encore pendant quelques minutes, puis Maxime de Soubreuil se retira. Le malheureux avait complètement perdu la raison.

Restée seule, Andréa se mit à réfléchir, étendue sur sa causeuse, le bras recourbé et la tête dans sa main. Au bout d'un instant ses lèvres remuèrent et elle murmura ces mots :

— Ce n'est qu'un marquis !

XIV

UNE MAUVAISE HUMEUR

Le lendemain, quand Henri de Manoise se présenta chez Andréa, la femme de chambre vint à sa rencontre avec une figure tout attristée.

— Madame ne pourra pas recevoir aujourd'hui monsieur le baron, lui dit-elle ; elle est assez gravement indisposée.

Ces paroles effrayèrent Henri.

— Andréa est malade ! s'écria-t-il ; oh ! je veux la voir !

Et il s'avança jusqu'à la porte du petit salon.

— Monsieur le baron a tort d'insister, reprit Louise, s'il ne veut pas contrarier madame.

Il laissa retomber sa main, qui touchait le bouton de cristal de la porte. Puis, revenant à la femme de chambre :

— Elle a donc absolument défendu l'entrée de son appartement ? dit-il.

— Oui, absolument.

— Même pour moi ?

— Oui. Madame m'a déclaré qu'elle ne recevrait personne, qu'elle avait besoin d'une tranquillité complète.

— Dites-moi ce qu'elle a.

— Une migraine affreuse accompagnée d'une forte fièvre.

— A-t-elle fait venir un médecin ?

— Pas encore ; mais si elle ne se sent pas mieux tantôt, elle enverra chercher le docteur.

— Vous lui direz que je suis venu.

— Je n'y manquerai pas.

— J'aurais bien voulu la voir, pourtant.

— Je vous assure, monsieur le baron, qu'elle ne serait pas contente.

— C'est bien, je reviendrai dans l'après-midi.

— Madame sera prévenue, et si elle peut vous recevoir...

Entièrement dévouée à sa maîtresse, la femme de chambre suivait les instructions que lui avaient données Andréa.

M. de Manoise s'en alla. Il était inquiet.

— Une migraine n'a rien de grave, se disait-il en marchant vers les boulevards; elle disparaîtra après quelques heures de repos; je comprends qu'elle ne veuille voir personne, pas même moi. C'est singulier, c'est la première fois qu'elle se plaint de douleurs de tête. Hier, elle ne souffrait pas : cependant, j'ai remarqué qu'elle était un peu triste, elle paraissait soucieuse. Chère Andréa, elle sentait venir la névralgie, et elle ne m'a rien dit pour ne pas m'inquiéter.

Il regarda sa montre; il était dix heures et demie.

— Qu'est-ce que je vais faire de mon temps? se demanda-t-il en poussant un soupir; me voilà comme une âme en peine : quand je n'ai plus Andréa, il semble que tout me manque.

Il pensa à sa mère et à sa sœur qu'il avait rendues si heureuse la veille en leur consacrant sa soirée tout entière.

— Au fait, se dit-il, je vais aller demander à déjeuner à ma mère; ce sera encore de la joie pour elle et pour Jeanne et une nouvelle satisfaction donnée à Maxime, ajouta-t-il en souriant.

Il descendit la rue Royale, traversa la place de la Concorde et la Seine, et se dirigea vers la rue d'Assas.

En voyant arriver son fils, la baronne de Manoise ne chercha point à cacher le vif plaisir qu'elle éprouvait. Elle ne trouvait pas qu'il y eût dans son cœur assez de gratitude pour remercier le marquis de Soubreuil, qui avait opéré ce changement merveilleux dans la conduite de son fils.

On déjeuna gaiement. Madame de Manoise et Jeanne se montraient pleines d'attention, de sollicitude et de tendresse pour Henri. Elles fêtaient le retour de l'enfant prodigue, du cher ingrat. La mère ne pouvait se lasser d'admirer ses deux enfants. Le bonheur éclatait dans son regard.

A deux heures, Henri se leva pour s'en aller.

Mais la baronne lui dit :

— Reste encore; nous n'avons pas eu hier la visite de M. de Soubreuil, il viendra certainement aujourd'hui, tout à l'heure; nous avons à causer de choses sérieuses et je désire que tu sois là.

Ces paroles causèrent une douce émotion à mademoiselle de Manoise, dont le front et les joues se couvrirent d'une charmante rougeur.

Henri se résigna de bonne grâce à attendre.

Mais Maxime ne vint pas.

— Je ne comprends pas cela, pensait la baronne.

— C'est singulier! se disait la jeune fille.

Quatre heures sonnèrent. Henri était à bout de patience, car il avait hâte de courir rue Pasquier pour voir Andréa ou tout au moins savoir si elle allait mieux.

— Chère mère, dit-il, je suis forcé de vous quitter, j'ai une visite à faire; d'ailleurs, Maxime ne viendra pas probablement que ce soir.

La baronne n'osa pas insister pour le retenir plus longtemps; mais elle lui demanda de lui promettre de revenir pour l'heure du dîner.

Henri hésitait. Mais sa sœur lui dit en l'embrassant :

— Tu viendras, n'est-ce pas?

C'était une prière. Il n'eut pas la force de refuser. Il promit de revenir.

Une demi-heure après il était chez Andréa.

Louise le reçut marchant sur la pointe des pieds.

— Eh bien? lui demanda-t-il.

— Parlez moins haut, monsieur le baron, répondit-elle à voix basse. Madame va beaucoup mieux, elle vient de s'endormir. Si elle peut avoir quelques heures de sommeil, quand elle se réveillera le mal aura certainement disparu.

— Lui avez-vous dit que j'étais venu?

— Je n'ai eu garde de l'oublier.

— A-t-elle témoigné le désir de me voir ce soir?

— Avec ces vilaines douleurs de tête on n'a aucun désir.

— Ainsi, vous ne savez pas quand elle pourra me recevoir?

— Non, monsieur le baron. Cependant, je crois qu'en venant demain vers midi...

— Merci, Louise; demain à midi je serai ici. Je suis heureux de savoir qu'Andréa va mieux. Qu'elle se repose, qu'elle se guérisse !

Henri se retira.

— C'est égal, il est vraiment bon, et cela me fait de la peine, murmura la femme de chambre en refermant derrière le jeune homme la porte de l'appartement.

Andréa, enfermée dans sa chambre, faisait secrètement ses préparatifs de départ. Louise, qu'elle emmenait avec elle, savait seule une partie de ses projets.

Or, le lendemain, un peu avant midi, M. de Manoise revenait chez sa maîtresse.

Ce fut le valet de pied qui lui ouvrit.

— Tiens, où donc est Louise? demanda le baron.

Le domestique le regarda d'un air étonné.

— Est-ce que vous n'avez pas entendu? reprit le jeune homme.

— Si, monsieur le baron.

— Eh bien?

— Louise est avec madame.

— Savez-vous comment va madame ce matin?

— Mais très bien, je pense.

— Elle est levée?

Cette fois la surprise du domestique devint de l'effarement.

— Monsieur le baron ne sait donc pas? balbutia-t-il...

— Quoi?

— Que madame Andréa est partie en voyage.

— Hein, fit Henri, qui crut avoir mal entendu, en voyage?

— Oui, monsieur le baron, et Louise accompagne madame.

Une lueur subite éclaira le jeune homme et il devina une partie de la vérité.

Il devint très pâle, un nuage obscurcit sa vue, il sentit comme une barre en travers de sa poitrine, la respiration lui manqua et il s'afaissa sur un siège, en portant vivement ses deux mains sur son cœur. Mais, honteux de montrer sa faiblesse devant un domestique, il se roidit contre la douleur atroce qu'il éprouvait et parvint à reprendre un peu de force et d'énergie.

Debout devant lui, ne sachant s'il devait rester ou se retirer, le valet de pied paraissait fort embarrassé de sa personne.

— Quand madame est-elle partie? lui demanda le baron.

— La nuit dernière.

— A quelle heure?

— Il était près de minuit.

— A-t-elle pris le chemin de fer?

— Je le pense.

— Elle a emporté des bagages?

— Quatre grosses malles.

— Est-ce François, son cocher, qui l'a conduite à la gare?

— Non, monsieur le baron, Louise est allée elle-même chercher une voiture de place.

— L'avez-vous vue, cette voiture?

— Oui, monsieur le baron; c'est moi qui ai aidé le cocher à descendre les malles.

— Est-ce de François que vous parlez?

— Je parle du cocher de fiacre.

— Où donc était François?

— Chez sa femme; madame lui avait donné congé pour vingt-quatre heures.

— C'était bien une voiture de place?

— Oui, monsieur le baron, avec une galerie en fer.

— Ah! vous avez vu la galerie, avez-vous vu aussi le numéro?

— Je n'ai pas fait attention.

— Et vous ne pouvez pas me dire non plus à quelle gare le fiacre a conduit madame et sa femme de chambre?

— Non, monsieur le baron.

Le jeune homme passa à plusieurs reprises sa main sur son front, puis, se levant brusquement, il se mit à marcher dans le salon, en proie à une grande agitation. Il n'avait qu'une idée, une idée fixe : savoir quelle route avait prise Andréa et s'élancer sur ses traces.

— Ainsi, se disait-il, les dents serrées et les poings crispés, sa fuite était préméditée, et je ne me suis douté de rien ; je me suis laissé tromper, et j'ai cru naïvement qu'elle était malade... Oh! niais, triple niais!... Mais pourquoi ce départ ou plutôt cette fuite? Quel motif?...

S'adressant de nouveau au valet de pied :

— Si vous pouviez seulement me dire où Louise a été prendre le fiacre.

— Louise n'a pas été longtemps à revenir, répondit le domestique ; si elle n'a pas rencontré la voiture dans la rue, elle n'est certainement pas allée plus loin que la place de la Madeleine.

Henri continuait à marcher de long en large d'un pas saccadé, fiévreux.

— C'est bien, dit-il au bout d'un instant au valet de pied, je n'ai plus rien à vous demander, laissez-moi.

L'empressement que le domestique mit à s'esquiver indiquait combien l'ordre qu'il venait de recevoir lui était agréable.

Le baron poussa un sourd gémissement.

— Oui, tout cela était préparé d'avance, se dit-il, parlant à haute voix ; je cherche à m'expliquer... impossible, je ne comprends pas... Est-ce donc une rupture? Mais alors un autre...

Un éclair fauve sillonna son regard.

— Oh! non, non, reprit-il, elle n'a pas fait cela, ce serait odieux, épouvantable ; non, je ne veux pas le croire, ni même le supposer. Une lettre d'elle m'apprendra... Mais oui, elle a dû m'écrire.

Il s'élança dans le boudoir et ensuite dans la chambre d'Andréa où tout était dans ce désordre qui révèle un départ précipité. Il vit des débris de journaux sur les tapis, une armoire vide et des tiroirs ouverts également vides. Il constata que la jeune femme avait emporté ses bijoux, tout son linge, toutes ses toilettes. Cela lui annonçait qu'Andréa avait l'intention de faire un long voyage ou un séjour prolongé loin de Paris. Mais il eut beau chercher partout, il ne trouva point, comme il l'avait espéré, une lettre, un écrit quelconque lui donnant une explication.

Il avait voulu se faire illusion, ne pas croire à la trahison d'Andréa ; la pensée qu'elle le quittait pour un autre lui revint plus amère, plus sombre, plus terrible ; la jalousie le mordit cruellement au cœur ; il en sentit les tortures atroces et une fureur farouche gronda sourdement dans son cerveau. Il eut un regard sinistre ; il poussa un cri rauque, affreux et bondit hors de l'appartement.

Dans la rue il se mit à courir comme un fou.

Où allait-il? A cette heure terrible, il avait besoin des conseils d'un ami sincère et dévoué.

Il allait les demander au marquis Maxime de Soubreuil.

XV

SUR LA PISTE

Henri arriva à l'hôtel de Soubreuil haletant, le front couvert de sueur, les vêtements en désordre.

A sa vue, le vieux Jean, le fidèle valet de chambre du marquis, ne put retenir un cri d'effroi.

— Mon Dieu! qu'avez-vous donc, monsieur le baron? demanda-t-il.

— Maxime est-il ici? J'ai besoin de lui, je veux le voir à l'instant même.

— Monsieur le baron, mon maître n'est pas à Paris.

— Il n'est pas à Paris? répéta le jeune homme. Où donc est-il?

— Monsieur le marquis est allé faire un voyage, mais il ne m'a point dit si c'était en France ou ailleurs.

Le baron resta un moment interdit, regardant le vieux domestique comme un hébété.

Cependant il fit cette réflexion, que le marquis, avant de partir, aurait dû au moins prévenir madame de Manoise.

— Dans combien de jours M. de Soubreuil sera-t-il de retour? demanda-t-il au vieux Jean.

— Je l'ignore absolument, monsieur le baron.

— Comment! il ne vous a pas dit quand il reviendrait?

— Pour la première fois, je crois, mon maître ne m'a point fait part de ses intentions.

— Quand est-il parti?

— La nuit dernière.

Ces trois mots frappèrent Henri comme un coup de massue. Un flot de sang lui monta à la tête, ses oreilles bourdonnèrent, il chancela comme un homme ivre et, pour ne pas tomber, il fut forcé de s'appuyer contre un meuble.

Une clarté soudaine venait d'éclairer sa pensée; il voyait se dresser devant lui l'affreuse réalité. Enfin, il comprenait, il devina tout.

Le vieux domestique s'approcha de lui et lui dit avec émotion :

— Vous souffrez, monsieur le baron; j'ai cru que vous alliez tomber sans connaissance.

— Oui, je souffre horriblement, dit-il d'une voix étranglée.

— Si monsieur le baron voulait prendre quelque chose...

— Non, merci. D'ailleurs cela se passe, ce n'est rien.

— Monsieur, dit l'homme, je suis le cocher que vous avez fait demander. (Page 211.)

Il se redressa, les yeux enflammés, le front plissé, et un sourire étrange crispa ses lèvres.

Le domestique ne put s'empêcher de frissonner.

Henri reprit d'un ton plus calme :

— Je suis vraiment désolé que M. de Soubreuil ne soit pas à Paris. Mais vous devez savoir à quelle gare il s'est fait conduire.

— Je l'ignore, monsieur le baron.

— Est-ce qu'il est parti à pied?

— C'est dans une voiture de place qu'il est allé chercher lui-même.

— Ah! je ne doute plus, exclama le jeune homme; c'est lui, c'est lui!

Sur ces mots, il sortit précipitamment de l'hôtel, laissant le vieux domestique stupéfié.

— Tout cela est bien singulier., se dit Jean en hochant la tête; M. de Manoise me fait l'effet de ne plus avoir sa tête à lui! « Je ne doute plus! c'est lui! » Qu'est-ce que cela veut dire? Je ne sais pas ce qui se passe en moi, c'est comme si j'avais peur... Il me semble que nous sommes menacés de quelque malheur épouvantable!

Le baron de Manoise rentra chez lui. Il avait besoin de se trouver seul, de se cacher pour laisser éclater sa douleur, sa colère, et dégonfler son cœur qui ne pouvait plus contenir sa rage.

— Joué, trompé, trahi par tous les deux! s'écria-t-il, tenant sa tête dans ses mains et frappant du pied le parquet avec fureur. Oh! la misérable! Oh! le lâche! Oh! les infâmes!... Mais je me vengerai! je me vengerai! Va, je te retrouverai, Maxime de Soubreuil, quand même tu serais allé te cacher avec elle au bout du monde. Alors, malheur à toi!... Le lâche, ce n'était pas assez d'outrager ma sœur, il fallait qu'il me volât mon bonheur!

Il se roula sur son canapé, en se tordant convulsivement, en poussant des rugissements de fauve irrité.

Au bout d'un instant il se releva les yeux pleins d'éclairs.

— Ce ne sont pas des plaintes qu'il faut faire entendre, reprit-il d'une voix creuse; ce n'est pas en poussant des cris de fureur que j'éteindrai la rage qui est en moi. Oui, j'ai autre chose à faire qu'à me désoler comme une femme ou un enfant. Il faut que je les retrouve, il faut que je me venge! Quel chemin ont-ils pris? Où sont-ils? En Angleterre, en Espagne, en Italie? J'irai partout. Si bien qu'ils se cachent, ils ne m'échapperont pas. Ils choisiront certainement une retraite bien ombragée, bien mystérieuse, afin d'y abriter leurs jeunes amours, et y cacher en même temps leur honte et leur crime!

Et, à cette pensée qu'à ce moment même Andréa souriait à Maxime, qu'elle marchait appuyée à son bras, que leurs mains s'unissaient ou que leurs fronts se touchaient dans un baiser, il sentit se déchaîner en lui toutes les sombres fureurs de la jalousie.

Ses membres tremblaient, son sang bouillonnait dans ses veines, ses dents grinçaient et son regard avait de sinistres lueurs.

Cependant il devint un peu calme et put réfléchir.

Il se dit qu'avec de l'argent on peut bien des choses et qu'il ne lui était pas impossible de découvrir à quelle gare de Paris Andréa s'était fait conduire. Pour cela, il suffisait de retrouver le cocher de fiacre. Or, si grand que soit à Paris le nombre de voitures de place, il pensa qu'un cocher n'était jamais introuvable, surtout avec une promesse de récompense.

Il savait que, ce premier résultat obtenu, il parviendrait facilement à connaître la direction prise par les fugitifs, car une femme comme Andréa n'avait pu passer inaperçue devant les employés de la gare; ensuite le contrôle des billets délivrés pouvait fournir un indice, de même que l'inscription des bagages.

Si sa colère ne fut point apaisée à la suite de ces réflexions, il se trouva néanmoins plus tranquille. Il se voyait déjà sur la piste d'Andréa et près de toucher au but qu'il voulait atteindre : sa vengeance.

Pour le moment, il ne songea plus qu'à trouver le cocher de fiacre.

A la place de la Madeleine et à celle du boulevard Malesherbes, il ne put obtenir aucun renseignement. Mais, le soir même, il écrivit à l'administration des Petites-Voitures et à la préfecture de police.

Cela fait, il s'efforça de retrouver son calme habituel, il se donna un air presque joyeux et se rendit chez sa mère.

— Étonné comme vous de ne point voir M. de Soubreuil, lui dit-il, je suis allé rue d'Anjou-Saint-Honoré. Maxime est absent de Paris depuis deux jours; il a été obligé de partir à l'improviste.

— Alors tout s'explique, répondit madame de Manoise; toutefois, il est surprenant qu'il ne m'ait pas informée de son départ.

— Vous pouvez l'excuser ma mère, la lettre qu'il vous a écrite au moment de partir a été égarée ou perdue par un domestique maladroit.

— J'aime mieux cela, répliqua la baronne. Où Maxime est-il allé?

— Dans son domaine du Périgord. Je vous préviens, ma mère, que d'ici deux ou trois jours j'irai le rejoindre.

— M. de Soubreuil a donc l'intention de rester quelque temps dans le Midi?

— Non, dix ou douze jours, quinze au plus.

— Ce voyage pourra te faire du bien, Henri, fais-le.

Comme on le voit, le jeune homme prenait d'avance ses précautions pour éloigner de sa mère et de sa sœur toute espèce d'inquiétude.

Il leur tint compagnie toute la soirée; il causa beaucoup et parut extrêmement gai. Il fit rire sa sœur plusieurs fois. Madame de Manoise était enchantée. Mais si elle eût été moins confiante ou moins prompte à s'abuser, il ne lui aurait pas fallu faire de grands efforts d'observation pour découvrir que toute cette gaieté de son fils était beaucoup trop bruyante pour être naturelle et vraie.

Le lendemain, entre quatre et cinq heures, un cocher de la compagnie générale des Petites-Voitures se présenta chez M. de Manoise.

— Monsieur, dit l'homme, je suis le cocher que vous avez fait demander.

Les yeux du baron étincelaient.

— Ainsi, dit-il, c'est vous qui, l'avant-dernière nuit, avez conduit au chemin de fer une dame et sa femme de chambre?

— C'est moi.

— Sur quelle place avez-vous été pris?

— Je n'étais pas sur une place; je venais de déposer des voyageurs rue Cambacérès, lorsqu'une jeune femme m'a arrêté dans la rue. Elle est montée dans la voiture en me disant : rue Pasquier, n° 10.

— C'est bien cela, murmura Henri.

Puis, tout haut :

— Continuez, mon ami, et racontez-moi exactement ce qui s'est passé.

— Oh! c'est pas difficile. J'ai aidé un domestique à descendre quatre grosses malles, — mâtin! elles n'étaient pas légères, — que nous avons chargées sur la voiture. Ensuite, une seconde dame, que je jugeai être la patronne de la première, vint prendre place dans le fiacre. Par exemple je ne vous dirai pas si elle est jeune ou vieille, Française ou Anglaise; elle n'a pas prononcé un mot, et un voile épais cachait entièrement sa figure :

« La femme de chambre renvoya le domestique et elle me dit alors, avant de monter dans la voiture à côté de sa maîtresse :

« — Conduisez-nous à la gare Saint-Lazare. »

— Bien, bien, après?

— Après?... Dame! j'ai fait la course, qui n'était pas longue. Les hommes de la gare ont enlevé les malles, la femme de chambre m'a mis cinq francs dans la main en me disant : « Rien à rendre. » Et voilà.

— Vous n'avez pas vu qu'une troisième personne, un monsieur, attendait vos voyageuses?

— Non, je n'ai pas vu cela.

— Quelle heure était-il quand vous êtes arrivé à la gare?

— Onze heure quarante cinq ou onze heures cinquante; ces dames ont dû partir par le train de minuit dix minutes.

— C'est bien, mon ami, je vous remercie, dit Henri. Mais j'ai promis une récompense, la voici.

Et il mit cinq pièces de vingt francs dans la main du cocher.

— Monsieur, votre serviteur, dit l'homme en saluant, et à vos ordres pour une autre fois.

Et il sortit.

— Gare Saint-Lazare, mumura Henri; j'aurais dû le deviner. Andréa aime la mer, c'est sur une des plages de Normandie ou de Bretagne que je les trouverai.

Il alla dîner avec sa mère et sa sœur. Le soir, en les quittant, il leur dit :

— Je partirai demain.

La baronne et Jeanne l'embrassèrent à plusieurs reprises, lui souhaitant un bon voyage et le priant de revenir bien vite.

Le lendemain, à la première heure, il était à la gare Saint-Lazare. Un em-

à cueillir un bouquet de violettes pour sa maîtresse. Soudain, elle entendit un bruit de pas derrière elle dans une allée. Elle leva la tête et aussitôt se dressa debout en jetant un cri de terreur.

Henri de Manoise était devant elle.

Il avait la pâleur d'un mort et ses yeux, qui brillaient d'un éclat fiévreux, semblaient vouloir sortir de sa tête.

Revenue de sa surprise ou plutôt de sa stupeur, la femme de chambre voulut crier pour avertir sa maîtresse, sans doute.

Mais le jeune homme, la saisissant violemment par le bras, lui dit, d'une voix creuse :

— Silence ! je te défends de faire entendre un cri.

Louise eut peur et se mit à trembler.

— Maintenant, reprit le baron, tu vas me répondre ; tâche surtout de ne pas mentir. C'est ici, dans cette maison, que demeure Andréa, je le sais ; y est-elle en ce moment?

— Oui.

— Avec qui?

— Madame est seule, monsieur le baron, toujours seule.

— Tu mens !

— Mais, monsieur le...

— Misérable fille, tu mens, te dis-je : Andréa est ici, à Étretat, avec le marquis de Soubreuil.

— M. le marquis de Soubreuil ! fit-elle en jouant l'étonnement.

— Ah ! reprit Henri avec ironie, tu es dévouée pour lui comme tu l'étais autrefois pour moi.

Il n'avait pas lâché son bras, et il la serrait si fort qu'elle ne put retenir un cri de douleur.

— Oh ! vous me faites mal ! dit-elle.

— Coquine, je devrais t'écraser pour te punir de ta trahison.

Et il la repoussa rudement.

— Maintenant, reprit-il, tu vas me conduire près de ta maîtresse.

Elle regarda autour d'elle avec effarement et ne bougea pas.

— Mais, marche donc ! lui dit-il avec colère.

Comme elle avait plutôt envie de se sauver d'un autre côté que d'obéir, il la fit avancer en la poussant devant lui. Ils entrèrent dans la maison et montèrent au premier étage. Alors, se tournant vers lui :

— Je vais prévenir ma... commença-t-elle.

Un regard impérieux et terrible lui coupa la parole sur les lèvres.

Elle ouvrit une porte. Henri la suivit. Elle traversa une première pièce et ouvrit une seconde porte. Henri marchait sur ses talons. Elle n'eut pas le temps de prononcer un mot. Henri, la poussant, entra dans la chambre en même temps qu'elle. Il était en présence d'Andréa.

La jeune femme bondit sur ses jambes, ses noirs sourcils froncés, et un double éclair jaillit de ses yeux. Mais, se dominant aussitôt, son visage redevint calme et elle ne parut ni surprise, ni émue.

— Je croyais, lui dit-elle d'un ton froid, qu'un homme bien élevé comme monsieur le baron de Manoise n'entrait jamais chez une femme sans s'être fait annoncer.

— Il est des circonstances, répliqua-t-il, où un homme, quel qu'il soit, a le droit de s'affranchir de ce qu'on appelle les convenances. D'ailleurs, ajouta-t-il, oubliant toute réserve, Andréa n'est pas une femme comme une autre.

Andréa tressaillit, ses lèvres blêmirent et un feu sombre s'alluma dans ses yeux. Elle se redressa avec hauteur et, marchant vers le baron, le bras tendu :

— On excuse parfois une impertinence, dit-elle, mais on ne pardonne jamais une injure : si vous vous arrogez des droits que vous n'avez pas, monsieur le baron de Manoise, j'ai, moi, celui de vous ordonner de sortir d'ici.

Et d'un geste impérieux elle lui montra la porte.

Il marcha, en effet, vers la porte, mais pour la fermer. Ensuite il revint près d'Andréa et lui dit :

— Comme vous le voyez, je ne suis pas pressé de vous obéir ; du reste, je ne saurais prendre pour moi des paroles qui ne s'adressent ordinairement qu'à des valets infidèles. Certes, ce n'est pas quand je vous retrouve après huit jours de recherches que je m'en irai si vite.

Elle recula instinctivement, surprise de tant d'audace.

— Ainsi, fit-elle, il y a huit jours que vous me cherchez ?

— Oui.

— Puis-je savoir dans quel but ?

— Pour vous demander une explication.

— Pour cela seulement ?

— Cela d'abord.

— Ah ! il y a autre chose ?

— Oui.

— Quel est cette autre chose ?

— Je vous la ferai connaître avant de sortir d'ici. Veuillez me dire, d'abord, pourquoi vous avez quitté Paris brusquement, sans me prévenir, en vous cachant, comme une personne qui a peur et qui se sauve.

— Étant libre de mes actions et ne dépendant que de moi-même, répliqua-t-elle avec fierté, je pourrais vous répondre que je n'ai aucune explication à vous donner, mais je veux bien vous dire que j'ai quitté Paris parce que, dans votre intérêt et pour le repos de madame la baronne votre mère, une rupture était devenue nécessaire entre nous.

Il eut un sourire amer, et répondit d'une voix frémissante :

— Mais osez donc l'avouer, ne craignez donc pas de me dire tout de suite que je vous aime trop, que vous étiez lassée de mon amour !

— Je n'aime pas mentir, fit-elle, cette raison existe aussi.

— Ah! il y en a une autre encore, s'écria-t-il, vous vouliez vous donner un autre amant!

— Vous êtes fou, dit-elle en haussant dédaigneusement les épaules.

— Oh! vous ne le nierez pas! s'écria-t-il avec violence; après le baron de Manoise il vous fallait le marquis de Soubreuil.

— Sur ce point, monsieur, je n'ai pas à vous répondre, riposta-t-elle d'un ton sec; en admettant que cela soit, j'ai eu l'honneur de vous dire tout à l'heure déjà, que j'étais entièrement libre de mes actions et n'avais à en rendre compte qu'à moi-même. Mais je vous ferai remarquer qu'après être entré ici d'une façon plus que singulière, toutes les paroles que vous m'adressez sont injurieuses. Que ce soit pour une cause ou pour une autre, je me suis éloignée de vous, et le fait absolument réel est que nous sommes séparés. Il me semble que ceci entendu, je n'ai plus rien à vous dire et vous plus rien à me demander. J'espère donc, monsieur le baron, que nous allons terminer cet entretien, qui a été pour vous comme pour moi fatigant et pénible.

En cessant de parler, Andréa fit à Louise, qui était restée dans la chambre, un signe mystérieux.

Ce signe n'échappa point à Henri. Il comprit qu'Andréa donnait l'ordre à sa femme de chambre d'aller avertir le marquis de Soubreuil pour éviter probablement qu'ils se rencontrassent.

Louise, ayant compris également le signe de sa maîtresse, marcha vers la porte. Elle allait sortir lorsque, d'un bond, Henri s'élança sur elle et la repoussa avec une extrême violence. Louise se heurta contre un meuble et tomba tout de son long sur le parquet.

Pendant ce temps, le baron tournait la clef dans la serrure et, la porte fermée, tirait la clef et la mettait dans sa poche.

Le premier moment de stupeur passé, Andréa ne put maîtriser sa colère. Elle s'approcha du baron les lèvres frémissantes, les narines dilatées, des flammes dans le regard.

— Monsieur, s'écria-t-elle d'une voix éclatante, une pareille conduite est odieuse; rendez-moi cette clef, rendez-la moi à l'instant!...

— Je vous la rendrai quand je le jugerai convenable, répondit-il. Ni vous, ni Louise ne sortirez de cette chambre sans ma permission. Je tiens à ce que personne ne soit instruit de ma présence ici, continua-t-il d'un ton sarcastique, et si quelqu'un vient vous voir, c'est moi qui lui ouvrirai.

Après avoir pâli, Andréa devint pourpre de colère.

— Misérable fille, tu mens! Andréa est ici avec le marquis de Soubreuil. (Page 214.)

— Baron de Manoise, s'écria-t-elle d'une voix indignée, ce que vous faites est misérable, c'est monstrueux, c'est lâche!

Et elle fit peser sur lui son regard écrasant de mépris.

Certes, à ce moment, elle ne songeait guère à exercer ce pouvoir aussi étrange que funeste qui lui avait valu le surnom de Charmeuse. Cependant, malgré la rage concentrée en lui, en dépit de sa jalousie, qui lui faisait endurer d'horribles tortures, le malheureux, dominé, fasciné, se courba sous son regard de feu. Puis, changeant de ton comme d'attitude.

— Ah! vous pouvez me la pardonner, cette conduite que vous trouvez odieuse, dit-il, puisque la cause de tout ce que je dis et fais est l'immense amour que j'ai pour vous.

« Andréa, continua-t-il avec un accent passionné, je t'aime plus que jamais; non, ce mot ne dit pas assez, je t'adore!

— Monsieur de Manoise, répliqua-t-elle, rendez-moi la clef de cette porte, et laissez sortir Louise.

— Eh bien! oui, je te la rendrai, dans un instant.

— Tout de suite!

— Quand tu m'auras entendu. Andréa, rappelle-toi le passé, n'oublie pas que tu es ma vie, que sans toi je ne puis vivre. Oh! oui, je t'adore, de toi je peux tout supporter, excepté ton dédain, ton mépris. Écoute, ce n'est pas pour te faire des reproches et moins encore avec l'intention de t'outrager que je suis venu ici. D'ailleurs, qu'ai-je dit? Je ne le sais pas. Mais crois-le, Andréa, si j'ai pu prononcer une parole blessante pour toi, elle était démentie par mon cœur. Andréa, je suis ici pour reprendre ce qui est à moi, mon bien, mon bonheur, ma raison, ma vie... Tu vas sortir de cette maison et nous allons retourner ensemble à Paris. Si tu es fatiguée de Paris, nous irons dans un autre pays, n'importe lequel; choisis, Andréa. Où tu voudras aller, j'irai. C'est dit, n'est-ce pas? Nous allons partir.

Elle garda un dédaigneux silence.

— Andréa, reprit-il avec animation, douterais-tu aujourd'hui de la sincérité de mon amour? Voyons, dis, quelle preuve faut-il t'en donner? Est-ce de la position fausse que tu as dans le monde dont tu es lasse, dont tu ne veux plus? Viens avec moi, Andréa; celui dont le cœur et l'âme t'appartiennent est prêt à te donner son nom. Viens, dans un mois, tu seras baronne de Manoise!

— C'est de la folie, fit-elle froidement, tout cela est insensé!

— Andréa, s'écria-t-il, pour que tu me croies, quel serment exiges-tu de moi?

— Monsieur de Manoise, répondit-elle, ce que vous dites n'a pas le sens commun, et si vous n'y prenez garde, vous perdrez entièrement la raison. Je pensais que vous me connaissiez suffisamment pour savoir que je ne reviens jamais sur mes décisions. Je vous ai dit et je vous répète encore qu'il s'agit d'une séparation nécessaire. Tout est donc fini entre nous. Cependant, il dépend encore de votre manière d'agir que je garde un bon souvenir de vous et du passé.

Ces paroles frappèrent Henri comme des coups de lance. Ses traits se contractèrent affreusement, un éclair livide traversa son regard, et un sourire effrayant fit grimacer ses lèvres.

Il avança sa tête, allongea le cou, et, regardant fixement la jeune femme :

— Andréa, prononça-t-il d'une voix sourde, il y aura du sang répandu devant vous, et c'est vous qui l'aurez voulu!

Elle sentit un frisson passer dans tous ses membres.

— Que voulez-vous dire? demanda-t-elle d'une voix troublée; êtes-vous entré dans cette maison avec la pensée de me tuer?

— Je ne suis pas un assassin, répliqua-t-il, et ce n'est pas sur vous, une femme, que je veux me venger. Andréa, je tuerai le marquis de Soubreuil, ou c'est lui, votre amant, qui me tuera!

Elle poussa un cri rauque et s'élançant sur le jeune homme, elle le saisit par son habit.

— La clef, monsieur, dit-elle d'une voix haletante, hachant les mots; je vous ordonne de me rendre immédiatement la clef de cette porte.

— Non, répondit-il, non, j'attends M. le marquis. Il ne tardera pas à arriver, n'est-ce pas?

Et un rire sardonique éclata entre ses lèvres.

— C'est infâme! exclama-t-elle, en ajoutant à ses paroles l'expression terrible de son regard; tenez, maintenant, je vous hais, oui, je vous hais!...

Elle courut à la fenêtre, l'ouvrit brusquement et se pencha pour regarder au dehors.

Au même instant, un bruit de pas retentit dans l'escalier. Il n'y avait plus rien à faire. La rencontre que la jeune femme voulait empêcher était maintenant inévitable.

Après avoir été faire une promenade le long des falaises en fumant un cigare, le marquis de Soubreuil revenait à la maison de la plage.

Comme Henri, Andréa entendit le bruit des pas dans l'escalier. Elle se retourna vivement, et tremblante, pâle de terreur, elle jeta autour de la chambre des regards éperdus.

— Trop tard, murmura-t-elle, trop tard!

Immobile près de la porte, le front plissé, les yeux étincelants, Henri attendait.

XVII

LA PROVOCATION

Deux minutes s'écoulèrent, horribles d'anxiété.

Le bruit des pas se rapprocha, et une main essaya de tourner le bouton de la porte. Alors le baron tira la clef de sa poche, la mit dans la serrure et ouvrit.

Le marquis entra. Aussitôt il s'arrêta devant Henri, stupéfié, blêmissant comme s'il eût vu un fantôme se dresser en face de lui.

Andréa épouvantée se jeta entre les deux hommes pour les séparer.

Mais déjà le marquis avait retrouvé son sang-froid et deviné à peu près la scène qui venait de se passer.

Il écarta doucement la jeune femme, en disant :

— Soyez sans crainte, je suis assez grand pour me défendre.

Andréa se laissa tomber sur un siège plus morte que vive.

Les deux hommes restèrent en face l'un de l'autre, croisant les éclairs de leurs regards.

— Monsieur le marquis de Soubreuil, dit Henri d'une voix vibrante, je vous attendais.

— Moi, monsieur le baron de Manoise, répliqua le marquis, affectant un grand calme, je ne pensais pas vous trouver ici, dans cette chambre, tenant deux femmes prisonnières. Vous n'êtes pas, que je sache, devenu geôlier, monsieur le baron, ajouta-t-il d'un ton railleur.

— L'heure est mal choisie pour plaisanter, monsieur, riposta Henri, ayant beaucoup de peine à se contenir. Vous ne me saviez pas ici, assurément ; autrement vous ne seriez pas venu.

— Vous vous trompez, monsieur, car si j'eusse été instruit de votre visite, je serais arrivé une demi-heure plus tôt. Mais vous venez de me dire que vous m'attendiez, me voilà. Qu'avez-vous à me demander?

— J'ai à vous demander compte de votre félonie ! s'écria le baron d'une voix menaçante.

Le marquis haussa les épaules avec dédain.

La tranquillité et l'air froid du marquis exaspérèrent M. de Manoise.

— Ce n'est pas tout, reprit-il sourdement, j'ai aussi à dire à monsieur le marquis de Soubreuil qu'il est un misérable, un infâme, un lâche !

Le marquis devint plus pâle encore, ses traits se contractèrent et un éclair de fureur s'alluma dans ses yeux.

— Monsieur de Soubreuil, je vous en supplie, implora Andréa, affolée de terreur.

— Je vous remercie, dit-il, faisant un pas vers la jeune femme, de me rappeler que monsieur et moi nous sommes chez vous.

Puis, se rapprochant du baron :

— Monsieur de Manoise, reprit-il, je veux croire que vous avez perdu l'esprit.

— Ah ! fit Henri avec mépris, est-ce là seulement tout ce que trouve à me répondre monsieur le marquis de Soubreuil, le nouvel amant d'Andréa?

— Monsieur de Manoise, taisez-vous, taisez-vous !

Il se dressa, la provocation dans le regard, en se rapprochant encore du marquis.

—Monsieur, répliqua-t-il, personne ici, ni vous ni cette femme, n'a le droit de m'empêcher de parler et de dire ce que je pense.

— A la fin ma patience se lasse, dit le marquis frappant le parquet du pied. « Que voulez-vous? Dites-le. Est-ce un duel? »

— Oui, un duel, un duel à mort.

— Tant pis, car je ne veux pas me battre avec vous.

— Pourquoi cela, monsieur?

— Parce que la chose ne me plaît pas.

— Oh! que cela vous soit agréable ou non, je saurai bien vous forcer à vous battre. Auriez-vous peur, monsieur le marquis de Soubreuil?

— Vous savez le contraire.

— Non, non, et je dis que vous avez peur. Ah! je ne me trompais pas en disant tout à l'heure que vous êtes un lâche!

Un éclair terrible traversa le regard du marquis, ses lèvres pâles frémirent et un tremblement nerveux secoua son corps tout entier. Pourtant il eut encore la force d'être maître de lui.

— Il me déplaît de continuer ici une semblable conversation, dit-il d'un ton sec, nous la reprendrons, si vous le voulez, hors de cette maison.

En achevant ces mots il s'élança hors de la chambre. Henri le suivit. Ils sortirent de la maison et du petit enclos, prirent un chemin rarement fréquenté, et sans rien dire, marchant l'un derrière l'autre, ils allèrent jusqu'au bord de la mer.

Maxime s'arrêta. Henri se campa en face de lui.

— Ainsi, dit le marquis, vous voulez absolument vous battre?

— Oui. Un de nous est de trop sur la terre. Mon sang ou le vôtre doit couler; il faut que j'aie votre vie ou que vous preniez la mienne.

— Vous connaissez ma force à l'épée et au pistolet?

— Oui; c'est un avantage de plus que vous avez sur moi.

— Vous devriez comprendre qu'il me répugne de me battre avec vous dans de telles conditions.

— Qu'importe! du moment que je les accepte.

— Il est à peu près certain que je vous tuerai!

— Eh bien! vous me tuerez, voilà tout. Sans le bonheur, je tiens peu à la vie, continua-t-il d'un ton amer; allez n'ayez plus aucun scrupule, après m'avoir enlevé Andréa par une trahison infâme, vous pouvez bien faire de moi un cadavre.

— Monsieur de Manoise, je n'ai pas oublié encore notre ancienne amitié.

— Moi, monsieur le marquis de Soubreuil, j'ai tout oublié, excepté le mal que vous m'avez fait, et je n'ai plus pour vous que du mépris, de la haine! D'ailleurs, continua-t-il d'une voix creuse, vous pouvez vous tranquilliser et ne point avoir par avance de remords de conscience : je n'ai pas l'intention de me laisser égorger comme un mouton; je me défendrai, soyez-en sûr, et je ferai tout mon possible pour vous tuer.

— Monsieur de Manoise, dit le marquis presque tristement, je ne suis pas sans reproches...

— Ah ! vous le reconnaissez ?

— Oui.

— C'est heureux !

— Je reconnais même que vous avez le droit de me demander compte de ce que vous avez appelé ma félonie. Mais vous ne pouvez rien me dire, vous ne pouvez m'adresser aucun reproche que je ne me sois fait à moi-même. Je ne cherche pas à m'excuser, ni à atténuer mes torts ; ce que j'ai fait, je l'ai voulu. J'ai été poussé en avant, entraîné par quelque chose de fatal. Cela devait arriver. Monsieur de Manoise, nous ne devons pas nous battre ; renoncez à ce duel.

Henri resta un moment silencieux. Puis, regardant fixement le marquis :

— J'y renoncerai à une condition, dit-il.

— Laquelle ?

— C'est que vous quitterez immédiatement Andréa, que vous ne la reverrez jamais.

— Vous êtes fou !

— Ce n'est pas me répondre.

— Vous devez bien savoir que c'est impossible.

— Alors, le duel, le duel ! s'écria Henri avec emportement. Il faut que l'un de nous deux tue l'autre !

— Et si je refuse de me battre, monsieur de Manoise ?

— Comme je vous l'ai déjà dit, monsieur le marquis de Soubreuil, je saurai vous y contraindre.

— Puis-je savoir d'avance quels moyens vous comptez employer pour forcer ma volonté ?

— Je vous suivrai et vous poursuivrai partout ; et je ne perdrai aucune occasion de vous jeter l'insulte à la face et je vous souffletterai, je vous cracherai au visage, en vous appelant infâme, en vous appelant lâche !

— C'est assez, c'est trop, dit le marquis, en dardant sur son adversaire un regard brûlant comme du feu, je vous éviterai cette fatigue, ces peines : nous nous battrons.

— Ah ! enfin ! s'écria le baron.

— Quand voulez-vous que ce duel ait lieu ?

— Demain, si c'est possible.

— Si vous avez amené vos témoins avec vous, je dois vous prévenir que, ne comptant point sur l'honneur de votre visite, vous me prenez au dépourvu.

— Je n'ai pas plus que vous mes témoins, répliqua Henri ; mais ne pouvons-nous pas les trouver ici ou à Fécamp ?

— C'est douteux, car pour ma part je n'y connais personne.

— Je suis exactement dans le même cas. C'est donc à Paris que nous trouverons nos témoins.

— C'est aussi mon avis.

— Je serai à Paris demain matin, monsieur de Soubreuil, et à midi mes témoins auront l'honneur de se présenter chez vous.

— J'y serai, monsieur de Manoise, et j'aurai l'honneur de recevoir ces messieurs.

Ils se quittèrent sans se saluer et s'éloignèrent en prenant chacun un chemin opposé.

Le baron alla reprendre la voiture qui l'avait amené à Étretat pour retourner à Fécamp, et le marquis s'empressa de rentrer à la maison de la plage.

Andréa attendait dans une inquiétude mortelle. Quand Louise lui annonça le retour du marquis, elle accourut à sa rencontre.

— Eh bien? fit-elle, l'interrogeant de la voix et du regard.

— Je n'ai pu éviter ce que je craignais, répondit-il.

— Le duel?

— Oui.

— J'en suis désolée. Quoi, vous n'avez pu lui faire comprendre...

— Moi, dans sa situation, Andréa, je penserais et ferais absolument comme lui.

Elle baissa la tête.

— Andréa, reprit-il, je suis obligé de vous quitter : je vais partir ce soir même pour Paris.

— Oui, c'est vrai, fit-elle; un duel est une grosse affaire. Combien de jours votre absence durera-t-elle :

Il sourit tristement.

— Si Henri me tue, je ne reviendrai plus, répondit-il.

— Oh! ne parlez pas ainsi! s'écria-t-elle; j'espère bien que les suites de ce duel ne seront pas aussi terribles, ni pour vous, ni pour M. de Manoise. J'ai lu souvent des récits de duel; l'un des adversaires blesse l'autre, une piqûre et c'est tout.

— C'est vrai, Andréa; mais cette fois il s'agit d'un duel à mort.

— Oh! vous m'épouvantez! dit-elle.

En effet, elle frissonnait.

— Je n'aurais pas voulu cela, pensait-elle; oh! c'est affreux! J'aurai été la cause de la mort d'un homme!

Si, interrogeant son cœur, elle se fût demandé laquelle de ces deux vies en danger lui était la plus chère, son cœur serait resté muet.

Ce qu'elle éprouvait n'était que l'effroi causé par la pensée de la mort.

Avant de partir d'Étretat, le marquis de Soubreuil écrivit à deux de ses amis à Paris. Il les priait de se trouver chez lui le lendemain à onze heures.

Le marquis arriva à Paris à huit heures du matin, trois heures après M. de

Manoise. Les deux amis à qui il avait écrit furent exacts à son rendez-vous. Le vieux Jean avait eu le temps de faire préparer un déjeuner convenable pour son maître et ses invités.

—Messieurs, avait dit le marquis, déjeunons d'abord, ensuite je vous apprendrai pourquoi je vous ai appelés et quel service j'attends de vous.

Après le dessert, quand le domestique eut apporté les cigares :

— Mon cher Maxime, dit le jeune duc d'Uxel, nous sommes impatients, de Castéran et moi, de savoir le véritable motif de notre présence chez toi aujourd'hui.

— Ce soir ou demain je me bats en duel, répondit le marquis, et je vous ai choisis pour mes témoins, comptant que vous ne me refuseriez pas ce témoignage d'amitié.

M. d'Uxel et M. de Castéran lui tendirent la main en même temps.

— Merci, dit le marquis; d'ailleurs, j'étais sûr de vous.

— Nous prenons immédiatement notre rôle, dit M. de Castéran, et nous te demandons si nous ne devons pas tenter une réconciliation.

— Non, la chose est impossible.

— Soit. Comment se nomme ton adversaire?

— Henri de Manoise.

Les deux témoins sursautèrent et le regardèrent avec surprise.

— Quoi, tu vas te battre avec ton meilleur ami, presque ton frère? s'écria le duc.

— Oui.

— Je ne comprends pas.

— Ni moi, fit M. de Castéran.

—Messieurs, reprit le marquis, j'ai gravement offensé Henri de Manoise et lui-même m'a fait une mortelle injure; mais, au nom de votre amitié pour moi, je vous demande la permission de ne point vous révéler encore, comment, d'amis intimes que nous étions, nous sommes devenus ennemis irréconciliables.

— Nous voulons bien t'accorder cela, répondit le duc, cependant...

— Oh! ce secret ne vous sera pas caché longtemps, et vous le connaîtrez peut-être dans un instant, si M. de Manoise a été moins réservé que moi avec ses témoins, qui ne doivent pas tarder à arriver, car je vois à la pendule qu'il est midi.

Il achevait à peine de parler lorque Jean ouvrit une porte et annonça que deux messieurs demandaient à voir monsieur le marquis.

— Faites entrer ces messieurs dans le salon et priez-les d'attendre une minute, dit Maxime.

La porte se referma.

— Ce sont les témoins de M. de Manoise, reprit Maxime, c'est vous qui allez les recevoir. Pendant que vous causerez ensemble, je vais passer dans mon cabinet et écrire quelques lettres.

— Avons-nous le choix des armes?

— Il appartient à M. de Manoise et à ses témoins.

— Devons-nous également accepter l'heure et le lieu du rendez-vous qu'ils proposeront?

— Oui.

Ils se levèrent tous les trois. Le marquis entra dans son cabinet et ses témoins dans le salon.

XVIII

LE DUEL

Après une conversation qui dura plus d'une heure, les témoins de M. de Manoise se retirèrent. Ceux du marquis rentrèrent dans la salle à manger. Jean, qui avait reçu des ordres de son maître, leur ouvrit la porte du cabinet du marquis. Ils le trouvèrent achevant d'écrire une lettre. Il était toujours calme, mais très pâle.

— Il est toujours bon de prendre ses précautions, leur dit-il en glissant l'écrit dans une enveloppe. Maintenant c'est fait et je suis tout à vous. Les choses se sont bien passées?

— Oui, répondit M. d'Uxel; mais l'affaire est des plus graves.

— Comment cela?

— L'un de vous peut mourir.

— Ce n'est que la conséquence du duel.

— Oui, mais elle est terrible.

— Les témoins de M. de Manoise vous ont-ils fait connaître la cause première de cette rencontre?

— Nullement, et nous pensons que, sur ce point, ils ne sont pas mieux instruits que nous.

— M. de Manoise a eu pour se taire les mêmes raisons que moi; je garderai encore le silence. Est-ce pour demain?

— Non, aujourd'hui même.

— Ah!... Henri est bien pressé! Où devons-nous aller?

— A Saint-Germain, dans la forêt.

— L'heure?

— Quatre heures.

— Nous n'avons plus que le temps de nous préparer à partir. Restez-vous avec moi?

— Si nous ne te gênons pas.

— En aucune façon. Comment aura lieu la rencontre?

— Au pistolet. Vous serez placés à quinze pas l'un de l'autre et vous tirerez ensemble à un signal donné.

— Et si nous restons debout?

— Nous voulions que la première blessure, même légère, mît fin au combat; mais les témoins de M. de Manoise n'ont point voulu admettre cela. S'en tenant absolument aux instructions de M. de Manoise, les armes seront rechargées jusqu'à ce que l'un de vous soit tombé tout à fait hors de combat.

— C'est bien, dit le marquis. Qui fournira les armes?

— M. le comte de Ninville, premier témoin de M. de Manoise, s'est chargé de les apporter.

— Pensez-vous comme moi qu'il serait utile de nous faire accompagner d'un médecin?

— Sans doute; mais M. de Manoise ayant le sien, il nous semble qu'un seul suffira.

— Allons, les témoins de mon adversaire n'ont rien oublié, c'est parfait! J'entre dans ma chambre pour achever de m'habiller, veuillez m'attendre un instant.

Au bout de quelques minutes, le marquis reparut, tenant son chapeau à la main, prêt à partir.

— Si vous le voulez, dit-il, nous nous rendrons à pied à la gare de l'Ouest.

— Nous sommes prêts, répondit le duc d'Uxel, partons.

En les voyant sortir de l'hôtel, le front du vieux domestique s'assombrit.

— Pour des jeunes gens qui, habituellement, ne pensent qu'à s'amuser et à rire, se dit-il, ils ont l'air bien grave; les autres, qui sont venus tout à l'heure, étaient encore plus sérieux; il se passe ici quelque chose d'extraordinaire.

Et il hocha tristement la tête.

A quatre heures, le marquis et ses témoins étaient dans la forêt de Saint-Germain. Presque en même temps qu'eux, Henri de Manoise, également accompagné de ses témoins et d'un médecin, arriva à l'endroit indiqué pour le rendez-vous.

Il y eut un échange de saluts, puis on pénétra sous bois.

Après huit ou dix minutes de marche, on s'arrêta au milieu d'un quinconce de ces magnifiques futaies qui font l'admiration des promeneurs.

— Messieurs, cette place vous paraît-elle convenable? demanda le comte de Ninville aux témoins du marquis.

— Je crois que nous ne trouverons pas mieux, répondit le duc d'Uxel : le jour y est bon et sans soleil.

— En ce cas, nous allons charger les armes.

Les quatre témoins se réunirent au pied d'un arbre. D'une boîte qu'il portait enveloppée dans son pardessus, le comte de Ninville sortit deux pistolets exactement pareils, de la poudre et des balles. Les armes furent examinées et les balles passèrent successivement dans la main des autres témoins. Ils ne firent aucune observation. Le comte se mit en devoir de charger les pistolets.

Pendant ce temps, Henri se promenait en fumant une cigarette. Le marquis, immobile, réfléchissait, la tête penchée sur sa poitrine, une main dans sa poche, l'autre appuyée contre un arbre.

Les armes étant chargées :

— Monsieur le duc, dit le comte de Ninville, choisissez.

Le duc d'Uxel prit un des pistolets, qu'il remit aussitôt au marquis.

Ensuite on mesura la distance, et les deux adversaires furent placés en face l'un de l'autre, la tête nue.

— Messieurs, dit le comte aux autres témoins, avez-vous quelques observations à faire touchant la position des deux adversaires?

— Aucune, répondirent-ils.

— Alors, monsieur le duc d'Uxel, si vous le voulez bien, c'est vous qui donnerez le signal.

— Soit, dit le jeune homme.

Les quatre témoins s'éloignèrent de quelques pas, et se placèrent de façon à voir également le marquis et le baron.

— Messieurs, leur dit le duc d'Uxel, je vais compter jusqu'à trois. Au mot trois, vous tirerez.

Les deux adversaires se mirent en position, prêts à tirer.

Alors, mettant le même temps entre chaque mot, le duc d'Uxel prononça :

— Un, deux, trois.

Les deux détonations se firent entendre presque simultanément.

Les témoins virent le pistolet tomber de la main du baron.

Il chancela un instant, en agitant les bras, puis tomba sur le sol, en arrière, en poussant un long gémissement.

Le marquis jeta son arme avec une sorte de fureur, remit son chapeau sur sa tête et s'éloigna rapidement en proie à une grande agitation. Ses témoins le suivirent.

— Mais tu es blessé aussi! s'écria le duc d'Uxel, voyant le sang couler du bras du marquis.

— Ce n'est rien, répondit-il d'une voix oppressée, la balle a passé sous mon bras en mordant légèrement la chair.

— Et le baron, où penses-tu l'avoir touché?

— Je ne sais pas, répondit-il en frissonnant; pour ne pas le tuer, je visais à l'épaule.

— Eh bien?

— Malheureusement il a tiré le premier, et sa balle, en me touchant, a changé la direction de la mienne.

Cependant les témoins du baron et le docteur s'étaient précipités pour secourir le blessé, qui avait perdu connaissance.

Des flots de sang s'échappaient de sa blessure. La balle l'avait frappé en pleine poitrine, dans la région du cœur.

Le médecin s'empressa d'arrêter le sang en mettant sur la blessure un premier appareil rapidement préparé.

— Il est gravement atteint; n'est-ce pas, docteur? demanda le comte de Ninville.

— Oui, très gravement.

— Pourrons-nous le remener à Paris?

— Il ne faut même pas y songer.

— Espérez-vous pouvoir le sauver?

— Je ne puis rien dire encore, monsieur le comte, mais j'ai bien peur que la blessure ne soit mortelle. Pour le moment il est urgent de transporter M. le baron à Saint-Germain; il faut aller chercher la voiture que nous avons laissée au rond-point et tâcher de l'amener aussi près d'ici que possible.

Le second témoin partit en courant.

En faisant un assez long détour, la voiture parvint à pénétrer dans le bois et arriva sur le lieu du combat en passant à travers les arbres.

Alors, en prenant beaucoup de précautions, le baron fut couché sur un des sièges du véhicule; le médecin s'installa près de lui, et le cocher reprit le chemin par lequel il était venu, faisant marcher ses chevaux au pas.

Une demi-heure plus tard, le blessé était couché dans une chambre d'hôtel et recevait les soins empressés du médecin. Sur le conseil de celui-ci, M. de Ninville était allé à Paris pour prévenir la baronne de Manoise.

En apprenant que son malheureux fils venait de se battre en duel et que peut-être il était mortellement blessé, la baronne fut frappée d'une telle stupeur, qu'elle n'eut d'abord pas une larme et qu'elle parut complètement insensible. Mais au bout d'un instant, sa poitrine eut des soulèvements violents et elle se mit à pousser des cris déchirants ponctués de sanglots, en se tordant convulsivement les bras. Ce fut une effroyable explosion de douleur.

Jeanne accourut aux cris de sa mère. Il fallut lui dire la vérité. Le comte de Ninville se trouva alors, impuissant, en présence de deux femmes également désolées et horriblement désespérées.

Pourtant, le dernier coup, le plus cruel peut-être, ne leur avait pas encore été porté.

A cette question de madame de Manoise :

— Avec qui donc Henri s'est-il battu?

Le comte de Ninville répondit :

— Avec le marquis de Soubreuil.

La baronne recula en jetant un cri affreux.

Jeanne poussa une plainte étouffée, ferma les yeux et s'affaissa sur le parquet où elle resta sans mouvement.

— Ah! nous sommes donc maudits, maudits! exclama la baronne, en se jetant sur le cordon d'une sonnette, qu'elle agita violemment.

Le comte releva la jeune fille et la plaça sur une chaise longue.

A l'appel de madame de Manoise trois domestiques accoururent.

— Ma fille vient de s'évanouir, leur dit la baronne, il faut la porter dans sa chambre et la mettre sur son lit. Pierre, courez tout de suite chercher le docteur. Je vais sortir, il faut que le médecin reste près de Jeanne jusqu'à mon retour.

Deux femmes emportèrent la jeune fille.

La baronne sanglotait toujours.

— Mon Dieu, dit-elle en pressant son front dans ses mains, il me semble que je vais devenir folle... Ah! mon pauvre Henri, ma pauvre Jeanne, mes pauvres enfants!...

Elle se précipita dans sa chambre, mit un chapeau, jeta un châle sur ses épaules et rentra dans le salon.

— Partons, monsieur le comte, dit-elle au jeune homme, conduisez-moi près de mon malheureux enfant.

Et elle ajouta d'un ton navrant :

— Ici ma fille malade, frappée au cœur; là-bas mon fils frappé au cœur aussi, mort peut-être; j'abandonne la malade pour courir vers celui qui va mourir!

Il était un peu plus de neuf heures lorsque la malheureuse mère entra dans la chambre où son fils agonisait.

Elle se jeta sur lui et l'embrassa fiévreusement en l'arrosant de ses larmes. Il la reconnut. Aussitôt ses traits s'animèrent et ses yeux eurent un dernier éclat.

— Maxime m'a tué, murmura-t-il, mais je lui pardonne; comme moi il a subi le charme et a été pris par le vertige... Andréa est coupable et le marquis est à plaindre.

Ces paroles éclairèrent subitement madame de Manoise et les témoins du duel. Ils comprirent tout.

— Ma mère, reprit Henri au bout d'un instant, je vais bientôt mourir... je n'ai commis qu'une seule faute dans ma vie... j'en meurs... pardonnez-la moi avant que j'en rende compte à Dieu.

La baronne pleurait à chaudes larmes. Il continua :

— Ma mère, penchez-vous afin que je puisse vous embrasser.

Elle lui mit un baiser sur le front. Il lui jeta ses bras autour de cou.

— C'est, avec votre pardon, votre bénédiction, ma mère. Merci. Ce baiser pour vous, celui-ci pour Jeanne, pour ma sœur bien-aimée. Ah! j'aurais bien voulu la voir avant de fermer les yeux pour toujours!

La baronne resta encore quelques minutes penchée sur le mourant. Tout à coup elle vit ses yeux s'ouvrir démesurément et elle sentit un souffle passer sur son front. L'âme de son fils venait de prendre son vol.

Elle poussa un grand cri et tomba à genoux près du lit.

— Il est mort, dit le médecin.

Les deux témoins du duel baissèrent la tête et, derrière la mère, se mirent à genoux devant le cadavre de leur ami.

XIX

APRÈS LE FRÈRE, LA SŒUR

Le lendemain, dans la matinée, le corps du baron fut ramené à Paris, à l'hôtel de Manoise.

Dès la veille, le parquet de la Seine avait été informé de ce qui s'était passé à Saint-Germain, et à l'heure où le corps rentrait à Paris, les témoins du duel étaient invités à se présenter devant un magistrat. On appelait également le marquis de Soubreuil, mais il avait quitté Paris dans la nuit pour rejoindre Andréa.

Ce duel, qui avait eu pour résultat terrible la mort d'un des deux adversaires, causa une vive émotion à Saint-Germain et fit grand bruit à Paris.

Tous les journaux le racontèrent dans un entrefilet. Les noms des deux champions, des témoins et du docteur étaient remplacés par des étoiles, mais celui d'Andréa la Charmeuse, souvent répété dans le récit, faisait facilement deviner ceux des adversaires.

Après cet éclat, qui fut un scandale et une douleur pour tous les honnêtes gens, Andréa n'eut plus rien à demander à la renommée. Elle avait atteint l'apogée d'une célébrité, qu'elle rêvait probablement aussi tapageuse, mais moins déplorable. Elle était plus que jamais la reine et l'étoile du jour.

Nous n'étonnerons pas nos lecteurs, qui connaissent Paris, en disant qu'on lui écrivit de nombreuses lettres de félicitations et qu'on lui envoya une infinité de cartes de visite, qui s'entassaient chez le concierge de la rue Pasquier.

Il était heureux pour elle qu'elle ne fût pas à Paris et qu'on ignorât le lieu de sa retraite, car tous les désœuvrés, petits crevés, coureurs de boudoirs, auraient voulu la voir et lui rendre hommage.

Quelle que soit sa conduite, une femme jeune et jolie a toujours ses partisans et même ses admirateurs : à l'indignation des uns répond l'enthousiasme des autres. C'est triste, mais cela est et restera ainsi tant que nous n'aurons pas changé nos mœurs, en resserrant les liens de la famille, en élevant le degré moral de l'éducation.

Le baron de Manoise fut inhumé au Père-Lachaise. Sa mère fit placer sur sa tombe un monument de marbre sur lequel furent gravés seulement son nom et la date de sa mort : 23 avril 1868.

Le violent chagrin de madame de Manoise s'aggravait encore par les grandes inquiétudes que lui causaient la santé de sa fille.

Elle avait dit au médecin, appelé en toute hâte près de la jeune fille :

— Dieu nous frappe bien cruellement, la mort voudrait-elle donc me ravir mes deux enfants? Ne me cachez rien, monsieur, dites-moi la vérité. Maintenant, je n'ai plus que ma fille, elle est mon dernier espoir, sa vie est-elle menacée?

A ces paroles, le docteur avait répondu :

— Mademoiselle de Manoise a reçu un choc terrible, trop violent pour ses forces et son organisation délicate. Toutefois nous parviendrons, je l'espère, à conjurer le danger que vous redoutez. Avec beaucoup de ménagements, de précautions, de soins, grâce à votre affection et à votre tendresse surtout, madame la baronne, nous éviterons une nouvelle catastrophe.

Madame de Manoise s'était sentie un peu rassurée. Mais loin de reprendre ses forces et de se rattacher à la vie, la jeune fille allait chaque jour en s'affaiblissant. Elle ne marchait plus, elle se traînait. Sa santé était complétement détruite. N'ayant plus aucun espoir de bonheur, il n'y avait plus de vie en elle. Et puis elle ne se sentait plus le désir de vivre. La main qui avait tué son frère lui avait porté en même temps un coup mortel.

Elle ressemblait à une machine dont tous les ressorts ont été brisés.

Les couleurs de ses joues s'étaient effacées, leur pâleur s'étendait jusque sur ses lèvres; ses yeux éteints n'avaient plus de regard. Elle était comme la fleur qui s'étiole et va mourir parce qu'il lui manque un rayon de soleil. Jeanne offrait l'image de la tristesse, de la souffrance, de la douleur.

Quand au bout de quelque temps madame de Manoise fut convaincue que le mal faisait des progrès rapides et qu'elle était impuissante pour l'arrêter, elle sentit renaître plus vives toutes ses appréhensions et les plus cruelles angoisses envahirent son cœur.

Un jour, elle dit à sa chère désolée :

— Jeanne, mon enfant, tu ne veux donc pas te consoler?

— Pour cela, maman, répondit la jeune fille d'un ton douloureux, il me faudrait oublier, et je ne peux pas.

— Jeanne, si tu ne prends pas sur toi de te résigner, de surmonter ton chagrin, tu peux mourir!

L'enfant la regarda avec une expression indéfinissable et répondit :

— Là-haut, avec les anges, les morts sont heureux!

Les témoins virent le pistolet tomber de la main du baron. (Page 228.)

La pauvre mère se sentit frissonner jusque dans la moelle des os.

Et elle courut s'enfermer dans sa chambre pour que Jeanne ne vît point ses larmes.

— Ah! s'écria-t-elle avec désespoir, qu'elles soient à jamais maudites, ces femmes flétries, sans cœur, sans âme et sans honte, ces monstres humains, qui font de nos enfants des victimes! Que leur importent, à ces misérables créatures, les douleurs et les larmes d'une mère! Elles causent la ruine, le malheur et souvent le déshonneur des familles, et l'on ne peut rien contre elles. Pourtant, ce sont des crimes cela... Si la justice des hommes les laisse impunies, il faut que le châtiment que Dieu leur réserve soit terrible! Un de ces démons, une de ces infâmes s'est jetée sur nous comme sur une proie, et le désespoir est venu : une tombe s'est creusée sur mon fils ; et une autre va s'ouvrir sur ma fille!

Madame de Manoise, en parlant ainsi, avait le pressentiment du nouveau malheur qui ne devait pas tarder à la frapper.

Quinze jours plus tard, la jeune fille devint si faible que, ne pouvant plus se tenir debout, ni même assise, elle fut forcée de garder le lit.

Interrogé de nouveau, le médecin secoua tristement la tête.

La baronne comprit qu'il n'y avait plus d'espoir, que sa fille était condamnée.

Moins de deux mois après la mort de son frère, Élisabeth-Jeanne de Manoise était conduite à son tour au cimetière du Père-Lachaise.

. . . .

Andréa avait appris la mort d'Henri de Manoise par le marquis de Soubreuil et ensuite par les journaux qu'elle lut avidement. Nous devons dire que le bruit retentissant fait autour de son nom, à la suite de cette malheureuse affaire, lui fut extrêmement désagréable. Pendant quinze jours, elle s'en montra très affectée. Mais peu à peu sa contrariété et son agitation se calmèrent. Au bout d'un mois, elle ne pensait déjà plus qu'on s'était beaucoup trop occupé d'elle. Et si elle songeait encore à la triste fin du baron de Manoise, cela lui faisait l'effet d'un mauvais rêve qu'il fallait absolument oublier.

Andréa n'était pas femme à s'apitoyer longtemps sur les malheurs d'autrui. Il fallait beaucoup pour l'émouvoir et rien ne pouvait la décourager ou l'abattre. Elle ne voyait que le chemin ouvert devant elle, et, au bout, le but qu'elle voulait atteindre. Son audace restait à la hauteur de son insatiable ambition, et plus que jamais elle croyait marcher vers l'avenir attendu, merveilleux et éblouissant.

Toutefois, après le scandale qu'elle venait de causer, elle comprit qu'elle devait se faire oublier autant que possible et rester éloignée de Paris pendant un an ou deux. D'ailleurs elle sentait qu'elle ne trouverait point en France la réalisation de son rêve magnifique. Elle désirait voyager, courir le monde.

Une voix secrète lui disait :

— Il faut voir l'Italie, visiter l'Allemagne, aller en Autriche, en Russie.

Or, quand le marquis de Soubreuil lui proposa de la ramener à Paris, où il avait l'intention de lui acheter un hôtel, elle lui répondit que, pour le moment, elle se trouvait très bien à Étretat; que Paris, maintenant, l'effrayait un peu ; enfin, qu'elle n'avait pris aucune décision et qu'elle réfléchirait.

L'affaire du duel allait être jugée. Le marquis dut la laisser seule à Étretat, pour se rendre à Paris et comparaître devant ses juges. Ceux-ci sont toujours très indulgents dans ces sortes d'affaires, même quand la rencontre est suivie de la mort d'un des deux adversaires.

Le marquis fut condamné à quinze jours de prison, et les témoins chacun à cinq jours de la même peine.

M. de Soubreuil, tenant à purger immédiatement sa condamnation, se constitua prisonnier.

Pendant ces quinze jours, Andréa, seule dans sa retraite, eut le temps de réfléchir au parti qu'elle devait prendre.

Le marquis revint. On allait entrer dans la saison des bains de mer. On voyait déjà beaucoup de monde sur la plage d'Étretat?

M. de Soubreuil dit à Andréa :

— Est-ce qu'il vous est agréable de passer ici tout l'été? Je dois vous prévenir que dans quelques jours cette petite maison, si bien cachée dans les arbres, ne sera plus pour vous cette retraite mystérieuse que vous avez désiré trouver en vous éloignant de Paris.

— Monsieur le marquis, répondit-elle, nous quitterons Étretat quand vous voudrez.

— Faut-il encore vous parler de Paris?

— Non, nous verrons plus tard.

— Où voulez-vous aller?

— Où il vous plaira de me conduire, pourvu que ce ne soit pas en France.

— Désirez-vous voir l'Allemagne? Nous irons à Bade, à Ems, à Hombourg, trois villes d'eaux où actuellement les étrangers abondent.

— Soit, répondit-elle, allons en Allemagne.

Trois jours après ils quittaient Etretat; ils arrivèrent à Paris, où le marquis avait des ordres à donner et de l'argent à prendre. Après y être restés vingt-quatre heures, un train rapide de la compagnie de l'Est les emporta vers l'Allemagne.

A Bade, comme à Ems et à Hombourg, comme dans toutes les villes où ils séjournèrent plus ou moins longtemps, Andréa ne fut pas moins remarquée qu'elle ne l'avait été à Paris. Partout et toujours elle excitait au plus haut point la curiosité et l'admiration.

Il y eut évidemment bien des hommes de toutes les nations qui envièrent le bonheur du marquis de Soubreuil et qui cherchèrent à attirer l'attention de l'adorable Française, lui demandant l'aumône d'un regard ou d'un sourire.

Quatre mois se passèrent ainsi à parcourir l'Allemagne, du grand-duché de Bade jusqu'en Bohême et en Poméranie, en passant par la Bavière, le Wurtemberg et le Hanovre.

— Je crois que nous ne devons pas aller plus loin vers le nord, dit un jour le marquis à Andréa. En Russie, l'hiver n'a rien d'attrayant. L'été prochain nous pourrons voir Saint-Pétersbourg. Dans un mois il n'y aura plus de Parisiens hors de Paris; voulez-vous que nous y retournions?

— Pas encore.

— Je ne demande qu'à vous être agréable, à vous plaire, vous le savez.

Vous n'avez donc qu'à me témoigner votre désir pour que je m'empresse de le satisfaire.

Un sourire le remercia.

— Je voudrais passer l'hiver en Italie, dit-elle.

— Eh bien! ma chère Andréa, dans un mois vous y serez installée dans un palais.

Ils revinrent vers le midi en traversant l'Autriche et entrèrent en Italie par le Tyrol. Après être restés quelques jours à Venise, ils se rendirent à Florence.

— Monsieur le marquis, dit Andréa, cette ville aux monuments et aux palais de marbre me plaît; c'est ici que je désire passer l'hiver.

Pour le jeune homme, ces paroles étaient un ordre.

Dès le lendemain il trouva à louer une magnifique maison, toute meublée, au milieu d'un beau jardin rempli de fleurs, d'arbustes, et ombragé de grands arbres. Il acheta un coupé, deux superbes chevaux du Piémont, et en quatre jours Andréa fut complètement installée. En plus de Louise, qui l'avait suivie dans son voyage, trois domestiques étaient à ses ordres.

Comme le baron de Manoise, le marquis de Soubreuil mettait à sa disposition sa fortune entière.

A Florence, l'existence d'Andréa fut la même qu'à Paris pendant deux ans. On put la voir chaque jour au théâtre et à la promenade. Il y eut chez elle de brillantes réceptions où l'on entendit les artistes favoris de la haute société de Florence. Chaque semaine elle recevait plusieurs invitations pour assister à des fêtes, dont quelques-unes furent données à son intention.

Enfin, à Florence comme à Paris, comme partout, Andréa était l'étoile resplendissante, et, reine par l'élégance, la distinction et la beauté, elle régnait en souveraine sur la foule de ses admirateurs.

XX

REGRETS ET REMORDS

Le marquis de Soubreuil, généreux et grand en toutes choses, faisait de très fortes dépenses; car pour nous servir d'une expression familière, l'argent fondait dans les mains d'Andréa.

Vers la fin du mois de février, ayant dépensé les sommes qu'il avait emportées avec lui et épuisé le crédit qu'il s'était fait ouvrir, le marquis fut obligé de se rendre à Paris afin de se créer de nouvelles ressources.

En moins de huit mois, le jeune homme avait absorbé environ deux cent

— Ah! fit le jardinier, j'oubliais de dire à monsieur que madame m'a remis une lettre pour lui.

— Une lettre! s'écria le marquis.

— Oui, monsieur. Cette lettre vous apprendra probablement...

— Voilà ce qu'il fallait me dire tout de suite ; où est-elle, cette lettre? Donnez-la moi vite.

— Elle est dans ma chambre, je vais la chercher.

Il s'éloigna en courant. Il entra dans le pavillon qui lui servait de logement et reparut presque aussitôt tenant entre ses doigts un pli cacheté. Il revint au marquis, qui s'était aussi dirigé vers le pavillon, et lui remit la lettre.

— Mon ami, vous pouvez continuer votre travail, dit M. de Soubreuil.

Il sortit rapidement du jardin et rentra dans la maison. Il se laissa tomber sur un siège. La main qui tenait la lettre avait des frémissements nerveux. Il hésitait à l'ouvrir, et ses yeux ardents restaient fixés sur l'enveloppe qui portait son nom.

Enfin, au bout d'un instant, il secoua la tête, comme pour se débarrasser de sombres pensées, et déchira l'enveloppe.

Voici ce que lurent ses yeux obscurcis par un nuage :

« Monsieur le marquis,

« Je quitte Florence ; j'espère que vous m'excuserez de ne pas avoir attendu votre retour ; c'est nous épargner à tous deux un entretien pénible.

« Ne vous ayant point promis de vous aimer, je ne vous ai ni trompé, ni menti. Vous vous rappellerez aussi que j'ai fait tout ce qui dépendait de moi pour vous détourner de m'aimer. Je prévoyais alors que je ne pourrais répondre à votre amour. Malgré vos efforts et les miens même, mon cœur est resté fermé, et la fleur en question attend toujours son éclosion.

« Depuis quelque temps la vie m'était devenue insupportable, et je cherchais vainement l'oubli dans l'étourdissement et l'enivrement des fêtes.

« Toujours je vois devant mes yeux votre ami Henri étendu sans vie sur le sol, la poitrine percée d'une balle, et votre main rouge de sang.

« Je fuis, espérant échapper à cette affreuse vision, à cet épouvantable cauchemar.

« Monsieur le marquis, c'est le sang répandu du baron de Manoise qui nous sépare et élève entre nous une barrière infranchissable.

« ANDRÉA. »

Le jeune homme resta un instant immobile, comme pétrifié, ayant toujours les yeux fixés sur ces lignes terribles qu'il venait de lire et que la main d'Andréa avait tracées.

Soudain il poussa une exclamation rauque et bondit sur ses jambes. Un éclair de fureur traversa son regard. Il froissait la lettre entre ses doigts crispés.

— Oh! la misérable! murmura-t-il en arpentant le salon à grands pas. Oh! l'indigne créature; elle n'a ni cœur, ni âme! Elle se fait un jeu de l'amour le plus sincère, elle raille la générosité, le dévouement, elle foule sous ses pieds tous les meilleurs sentiments de l'homme, et l'homme lui-même n'est pour elle qu'un pantin, qu'un jouet, dont elle s'amuse un instant, et qu'elle jette loin d'elle après l'avoir brisé!... Pour elle, la malheureuse, j'ai trahi l'amitié; elle a armé mon bras, m'a fait commettre un meurtre, et voilà, voilà ce qu'elle ose m'écrire!...

« Ah! ah! ah! continua-t-il avec un rire nerveux, elle veut échapper au remords et elle me le laisse à moi, elle me le laisse tout entier! J'aurais dû prévoir ce qui m'arrive, oui, j'aurais dû le prévoir : ce qu'elle a fait de l'un, elle devait le faire de l'autre. J'ai mérité d'être traité ainsi!...

Après un moment de silence, il reprit :

— Comme Henri de Manoise, je vais me mettre à ta recherche, Andréa; mais si je te retrouve, je ne ferai pas comme lui, je te tuerai!

Mais il se dit que le monde était grand et que, pour avoir quelque chance de retrouver la jeune femme, il fallait qu'il eût au moins quelques indices pouvant le mettre sur ses traces.

Il ne perdit pas un temps précieux à laisser éclater sa colère en plaintes et en imprécations inutiles. Dès le jour même il se mit en quête de renseignements et prit adroitement des informations.

Il ne put découvrir vers quel point de l'hémisphère Andréa s'était dirigée; mais il apprit que le jour même de son départ de Florence, le prince Alexis Ramidoff avait aussi quitté la ville.

Le prince Ramidoff n'était plus un jeune homme; il approchait la quarantaine; mais il était immensément riche, et on disait qu'il était propriétaire, en Russie, d'une ville tout entière et d'au moins trente villages. Par ses prodigalités, ses folles dépenses et plusieurs autres excentricités, il s'était fait beaucoup remarquer à Florence où il était venu passer l'hiver après un séjour de six mois à Paris.

Le marquis de Soubreuil n'eut pas de peine à se rappeler que, dans toutes les réunions où il avait assisté avec Andréa, le prince s'était montré très empressé auprès de la jeune femme.

Celle-ci étant parti, le même jour que le prince, Maxime ne crut point à une coïncidence. Plusieurs choses qu'il avait remarquées, auxquelles il n'avait attaché aucune importance, lui revinrent à la mémoire et l'éclairèrent suffisamment pour ne lui laisser aucun doute. Il fut convaincu que le prince Ramidoff avait enlevé Andréa avec son consentement.

Savoir cela était déjà quelque chose. Mais où étaient-ils allés?

A tort ou à raison, le marquis s'imagina qu'ils n'étaient point sortis d'Italie.

Il partit pour Rome où il les chercha inutilement. Il continua ensuite ses recherches en visitant successivement toutes les villes de la péninsule : Milan, Parme, Plaisance, Venise, Naples, Gênes, Turin.

Il s'arrêta dans cette dernière ville, qui touche à la France, découragé, épuisé, à bout de forces. Alors, seulement, il se dit que le prince Ramidoff pouvait très bien avoir emmené Andréa en Russie. Mais un changement subit s'était fait en lui; il n'eut pas même la pensée d'aller les chercher jusque-là.

En courant à travers l'Italie, la colère du marquis avait eu le temps de se calmer, et, ne se trouvant plus sous l'influence du charme qui rendait Andréa si puissante et en même temps si redoutable, il avait repris possession de lui-même. Sorti de son enivrement, il était comme un homme qui vient de se réveiller après un long sommeil pendant lequel il a fait un rêve horrible.

En retrouvant sa raison il voyait, sans que rien ne pût l'excuser, les malheurs irréparables qu'il avait causés, ses crimes. Alors, pour la première fois, il entendit les reproches accablants que lui faisait sa conscience; une douleur immense envahit son cœur, et à côté de ses regrets il sentit les affreux déchirements du remords.

Il se jugea plus sévèrement qu'aucun juge n'aurait pu le faire, et, épouvanté, écrasé en présence de l'implacable réalité des faits, il eut honte de lui-même.

Il revoyait Henri de Manoise, son meilleur ami, tombant mortellement frappé par lui, et aussi Jeanne de Manoise, cette enfant charmante, si douce, si bonne, si aimante, mourant de la mort de son frère, de son amour et de ses illusions perdues.

Le malheureux versa des larmes amères sur ses victimes.

« — Ah! s'écriait-il en se frappant la poitrine, Henri n'avait pas tort lorsqu'il m'appelait misérable et infâme; oui, je suis un misérable, un infâme, un lâche!... J'ai jeté dans la tombe deux innocents et mis pour toujours la douleur et le désespoir au cœur d'une mère!... Pauvre Henri! Pauvre Jeanne!...

Ah! je me fais horreur; je suis un maudit, je suis un monstre! »

Il revint à Paris.

En le revoyant, Jean, son vieux et fidèle serviteur, éprouva une douloureuse surprise. C'est que son maître avait vieilli de plusieurs années en quelques jours et que son regard et sa physionomie avaient une expression de sombre tristesse qu'il devait garder toujours, comme si c'eût été un masque appliqué sur le visage.

Maxime resta un mois sans sortir de son hôtel, presque constamment enfermé dans sa chambre.

Déjà pris du dégoût de la vie, ne voulant plus vivre, il s'était demandé par quels moyens il pourrait user rapidement son existence et provoquer la mort. Il eut la pensée de se jeter tête baissée et les yeux fermés au milieu de tous les plaisirs,

— Jeanne, mon enfant, tu ne veux donc pas te consoler? (Page 232.)

de toutes les folies et de chercher le suicide dans la débauche honteuse, dans les orgies sans nom, en y engloutissant sa fortune tout entière.

— Alors, se dit-il, si j'arrive à mon dernier louis, parce que la mort ne sera pas venue assez tôt, c'est moi qui irai à elle!

Cependant, sa dignité, sa fierté, le respect du nom qu'il portait, tous les nobles sentiments qui s'étaient réveillés en lui protestèrent contre cette dégradation qu'il voulait s'infliger à lui-même. Il y renonça.

Depuis son retour à Paris, il n'avait vu que deux ou trois de ses meilleurs amis. Il leur avait déclaré qu'il voulait se tenir éloigné du monde et se faire oublier complètement en restant dans sa solitude.

Un jour, sous le prétexte de prendre l'air, il sortit de chez lui à pied. Il gagna les boulevards extérieurs et les suivit jusqu'au cimetière du Père-Lachaise où il entra.

Il arrêta le premier gardien qu'il rencontra.

— Mon ami, lui dit-il, ne pourriez-vous pas me désigner l'endroit où se trouvent le tombeau du baron Henri de Manoise et celui de mademoiselle Jeane de Manoise?

Après avoir réfléchi un instant, le gardien répondit :

— Je me souviens; veuillez me suivre, monsieur, je vais vous y conduire.

Quand il fut devant le monument de marbre, il se découvrit; puis mettant deux louis dans la main du garde :

— Je vous remercie, dit-il, et je vous prie d'accepter ce que je vous donne en souvenir de ceux qui reposent sous cette pierre.

L'homme du cimetière s'étant retiré, le marquis de Soubreuil tomba sur ses genoux et se mit à pleurer, la tête cachée dans ses mains et le front appuyé contre le marbre.

Il resta ainsi, pieusement recueilli, pendant une demi-heure. Il se releva, essuya son visage mouillé de larmes et, avant de s'éloigner :

— Au revoir, mes victimes, dit-il d'une voix brisée, au revoir. Je reviendrai souvent pleurer auprès de vous!

C'est quelque temps après cette première visite au tombeau du frère et de la sœur que l'idée lui vint d'écrire son histoire ou plutôt de confier au papier sa confession. Il éprouvait une satisfaction âpre à raviver constamment toutes ses douleurs, à faire saigner les plaies de son cœur.

Nous savons comment le hasard lui fit rencontrer Maurice Vermont. Craignant de froisser le jeune homme pauvre en lui offrant une aumône, il eut la pensée généreuse de lui faire copier son manuscrit, qui était alors presque terminé, afin de lui faire gagner quelques centaines de francs.

Il était devenu inquiet, mélancolique, taciturne; il parlait à peine à ses domestiques comme aux rares amis qui venaient le voir de loin en loin. Bien rarement on voyait un sourire forcé effleurer ses lèvres.

Il se rendait souvent et secrètement au Père-Lachaise. C'était un pèlerinage. Il revenait chaque fois plus triste et plus sombre.

Torturé par le remords, las de souffrir, n'espérant point qu'une mort naturelle viendrait le délivrer, il eut la pensée funeste de s'ôter la vie et s'y arrêta.

Pendant ce temps, que faisait-elle, la femme fatale qui avait causé tous ces malheurs? Où était Andréa la Charmeuse?

Nous le dirons à nos lecteurs quand nous la retrouverons à Paris.

XXI

APRÈS LA LECTURE DU MANUSCRIT

Nous retournons rue Durantin, à Montmartre, et nous rentrons dans la petite chambre de Maurice Vermont, où nous avons laissé les trois jeunes gens, devenus amis après le suicide du marquis Maxime de Soubreuil.

Nous les avons quittés au moment où, après avoir lu une sorte d'avant-propos écrit par le marquis, probablement le matin même du jour de sa mort, Maurice commençait la lecture du manuscrit, que Jacques Sarrue et Georges Raynal se disposaient à écouter avec la plus grande attention.

Moins quelques détails, ce que lut Maurice Vermont était exactement le récit des faits que nous venons de raconter.

Nous savons que le marquis Soubreuil ignorait absolument d'où venait Andréa avant d'arriver à Paris, que rien n'avait pu lui faire deviner qu'elle fût née à Marangue, petit village des Ardennes, et que son véritable nom fût Suzanne Vernier.

Le manuscrit ne désignait donc la jeune fille que sous le nom d'Andréa la Charmeuse, et ne la faisait connaître qu'à partir du jour où la fatalité avait voulu que le marquis lui fût présenté par le baron de Manoise.

Nous ferons remarquer également — ceci étant très important — que le manuscrit ne nommait le prince Ramidoff que par son prénom Alexis.

Mais, dans le cours de son récit, M. de Soubreuil avait consacré une page au portrait d'Andréa. Tracé rapidement et à grands traits, ce portrait n'en était pas moins d'une parfaite ressemblance, et quiconque avait vu une seule fois la jeune fille devait la reconnaître.

Georges Raynal ne pouvait s'y tromper. Déjà, au cimetière, le nom du baron de Manoise l'avait frappé. La lecture de cette page, qui donnait le portrait physique de la jeune femme, ne lui laissa plus aucun doute. Il fut convaincu que celle que le manuscrit désignait sous le nom d'Andréa n'était autre que Suzanne Vernier, la belle jeune fille de Marangne, qu'il avait tant aimée, qu'il aimait encore.

Par un reste de délicatesse d'amoureux, Georges résolut de garder le silence et de ne point instruire ses amis de la découverte qu'il venait de faire.

Une agitation extraordinaire s'était emparée de lui; Jacques Sarrue et Maurice Vermont s'en aperçurent ; mais ils supposèrent que cette grande émotion du sous-officier était causée par le récit du drame émouvant qu'il écoutait.

Maurice Vermont acheva sa lecture, ferma le manuscrit, qu'il posa sur la table, et regarda ses deux auditeurs.

— C'est épouvantable! dit le poète.

— Terrifiant! ajouta Georges.

— Ainsi, reprit Maurice, vous ne regrettez pas le temps que vous avez perdu à écouter la lecture du Manuscrit de M. de Soubreuil?

— Certes non, répondit Sarrue.

— Je m'étais trop vivement intéressé au marquis pour ne pas désirer connaître la cause de son suicide, répondit à son tour Georges Raynal.

— En vérité, reprit Sarrue, cette Andréa, que l'on a si justement surnommée la Charmeuse, est une femme bien étrange et en même temps bien redoutable et bien terrible.

— On peut l'appeler aussi une femme fatale, dit Maurice.

— Oui, fatale, répéta Georges.

— Maintenant, Jacques, reprit Maurice, que me conseillez-vous au sujet du manuscrit?

— Ce que je vous conseille, fit le poète, que voulez-vous dire?

— Je veux vous demander, Jacques, si je dois publier ou nom le manuscrit.

— Non, Maurice, vous ne le devez pas, répondit vivement Sarrue.

— Pourquoi?

— Parce que ce serait une mauvaise action, Maurice; parce que vous ne devez pas songer au bénéfice quelconque que vous rapporterait un scandale public.

— Jacques, vous êtes un véritable puritain; vous savez que je puis faire du manuscrit l'usage qu'il me plaira; le marquis de Soubreuil me laisse le droit de le publier.

— Je ne dis pas le contraire, mon cher Maurice; mais quand M. de Soubreuil vous a envoyé son manuscrit qui renferme — et j'appuie sur les mots — sa confession, ses pensées intimes, il se trouvait dans un grand trouble d'esprit et n'était certainement plus en état de réfléchir.

« Mais songez-y donc, Maurice, la mort du baron de Manoise et de mademoiselle Jeane de Manoise date d'un an et celle du marquis est d'hier. Et vous ne vous croiriez pas répréhensible en livrant à la publicité les détails intimes que contient ce manuscrit!... D'ailleurs, Maurice, la baronne de Manoise existe encore et Andréa aussi existe. Et puis je trouve qu'il est mauvais, quand on peut ne pas le faire, d'étaler sous les yeux du public les plaies de la famille ou nos infirmités sociales.

« Si le manuscrit du marquis de Soubreuil est un jour imprimé, que ce soit dans quarante ou cinquante ans, alors que les noms de Soubreuil et de Manoise, de mêmes que ces terribles événements, seront complétement oubliés. En attendant,

Maurice, conservez tel qu'il est l'héritage du marquis et gardez-le précieusement sous clef dans un tiroir.

Maurice paraissait contrarié.

— Si je ne me trompe, reprit Sarrue, mes paroles ne vous ont pas convaincu, et vous n'êtes point de mon avis.

— Si, Jacques, je sens bien que vous avez raison ; mais j'avais cru, j'avais pensé...

— Quoi?

— Que la volonté de M. de Soubreuil était que le manuscrit fût publié.

— Dans tous les cas, cette volonté n'est pas formellement exprimée.

— C'est vrai, dit Georges Raynal.

— On pourrait supprimer les noms propres et les remplacer par des X, des Z, ou des étoiles, répliqua Maurice, qui tenait à son idée.

— Oui, sans doute, fit le poète ; mais, au lendemain du suicide du marquis, vos étoiles seraient transparentes et tout le monde lirait les noms que vous croiriez avoir cachés. Je vous le répète, Maurice, ce serait faire un bruit inconvenant autour de ces trois malheureuses victimes qui reposent au cimetière du Père-Lachaise. Croyez-moi, il faut laisser dormir les morts.

« Et puis savez-vous si vous ne mécontenteriez pas les parents et les amis de M. de Soubreuil ? Savez-vous si ce ne serait pas pour madame la baronne de Manoise, si cruellement frappée, une nouvelle et grande douleur? Ce sont là d'autres considérations dont vous devez tenir compte.

« Assurément, retranché derrière le manuscrit, vous n'auriez à craindre aucune querelle ; mais, dépositaire d'un secret aussi important, les honnêtes gens vous blâmeraient de l'avoir révélé. »

— Je me rends à vos raisons, Jacques ; mais Andréa existe toujours, et il faut renoncer à la satisfaction de la faire connaître, de la montrer telle qu'elle est ; enfin, de lui arracher son masque.

— Je comprends, répondit Sarrue, vous auriez voulu vous faire le justicier de cette femme?

— Peut-être.

— Andréa ne restera pas impunie, dit Georges ; si elle échappe à votre justice, elle rencontrera sans doute d'autres vengeurs. Dans tous les cas, Dieu est là ; il lui infligera le châtiment qu'elle a mérité.

— En attendant, elle peut faire encore bien des victimes, répondit Maurice.

Depuis un instant, le poète réfléchissait.

— Savez-vous, Maurice, dit-il, comment, un peu plus tard, dans quelques années, je voudrais que le manuscrit du marquis fût publié?

— Non, mais dites-le-nous.

— Eh bien, je voudrais — en changeant les noms, bien entendu, même celui d'Andréa — qu'il fût encadré au milieu de beaucoup d'autres faits s'y rattachant plus ou moins directement, et qu'il devînt ainsi le principal épisode d'un récit mouvementé, plein d'intérêt dont la Charmeuse serait l'héroïne. Alors, l'histoire ou la partie réelle de l'ouvrage formerait un tout avec la partie laissée à l'imagination et vous auriez ainsi un véritable roman de mœurs.

— Ah! mais, voilà une excellente idée! s'écria Maurice.

— Elle vous plaît, n'est-ce pas?

— Elle me plaît, et je l'adopte.

— Vous sentez-vous capable de la mettre à exécution?

— Oui, si vous m'aidez, Jacques.

— Nous verrons; nous reparlerons de cela au moment opportun, dans deux ou trois ans. D'ici là, nous saurons peut-être ce qu'est devenue Andréa; c'est la Charmeuse elle-même qui doit nous fournir, sans que nous ayons besoin de le chercher, le dénoûment de notre action, de notre drame.

— Oui, c'est cela, il faut que nous sachions ce qu'Andréa est devenue. Croyez-vous, Jacques, qu'elle osera revenir à Paris?

— Pourquoi pas?

— Après les malheurs qu'elle a causés?

— Ceux qu'elle pouvait craindre ne sont plus. Elle reviendra, Maurice, soyez-en sûr. Seulement, pour ne pas trop attirer l'attention sur elle, tout d'abord, il est possible qu'elle reparaisse à Paris sous un autre nom.

— Dans ce cas, Jacques, comment pourrons-nous la reconnaître, nous, qui ne l'avons jamais vue?

— Comment? Nous la reconnaîtrons à ses exploits, Maurice. En attendant, mon ami, vous allez enfermer ce manuscrit dans un tiroir, comme je vous l'ai dit, et vous ne confierez à personne, vous entendez bien, Maurice, à personne, que vous possédez ce précieux document, pas plus que vous ne parlerez de ce qu'il contient.

— C'est dit, Jacques; je vous promets de garder le silence.

— C'est le sujet entier de notre grand roman, fit le poète en souriant; donc, il ne faut pas nous le laisser chiper.

Maurice enveloppa le manuscrit dans la moitié d'un journal et le serra au fond d'un tiroir.

— Messieurs, dit Georges Raynal, il est déjà six heures.

— Est-ce que nous ne passons pas ensemble le reste de la soirée? demanda Maurice. Mon intention était de vous offrir à dîner; il y a au coin de la rue un excellent restaurant.

— Je regrette de ne pouvoir accepter, répondit Georges; mais il faut qu'à huit heures précises je sois rentré au quartier.

— Mon cher Maurice, dit Sarrue, une autre fois, Georges et moi, nous accepterons votre invitation. Avant de nous séparer ce soir, il faut que nous désignions un jour de la semaine où nous pourrons nous rencontrer dans un café au centre de la ville.

— Messieurs, reprit Georges, c'est aujourd'hui samedi ; si vous le voulez bien, nous nous verrons mardi prochain, à cinq heures, au grand café Parisien. Comme cela, j'aurai le plaisir de vous voir et de vous serrer la main avant mon départ.

— Votre départ ?

— Oui. Ce matin même le commandant du bataillon m'a annoncé que j'étais nommé sous-lieutenant au 44ᵉ de ligne. Je partirai probablement mercredi matin pour aller rejoindre mon régiment, qui se trouve actuellement à Montpellier.

— Mon cher Georges, dit le poète en lui tendant la main, recevez mes sincères félicitations.

— Et les miennes, ajouta Maurice, mettant aussi sa main dans celle de Georges.

— Alors, c'est convenu, reprit celui-ci, à mardi.

— Oui, oui, à mardi.

— Il n'est que six heures, fit remarquer Sarrue, si cela ne vous déplaît pas, Georges, nous allons vous accompagner un bout de chemin, Maurice et moi. Nous avons tous trois besoin de prendre l'air.

— Mon cher Sarrue, répondit Georges, votre proposition m'est infiniment agréable.

Ils s'étaient levés tous les trois.

— Pendant longtemps peut-être, vous allez être loin de nous, reprit le poète, s'adressant à Georges,

— Je ne vous oublierai pas pour cela, et je vous écrirai souvent.

— Enfin, il faut espérer que votre régiment se rapprochera de Paris et même qu'il y viendra. En attendant cela, continua Sarrue, je voudrais que nous fissions ici la promesse solennelle de rester toujours unis par l'amitié et d'être prêts au premier appel de celui d'entre nous qui se trouverait menacé d'un danger quelconque.

Jacques Sarrue allongea le bras et dit :

— Nous jurons donc de rester fidèles à notre amitié !

Georges Raynal et Maurice Vermont tendirent le bras et répondirent :

— Nous le jurons !

Après ce serment ils s'embrassèrent tous les trois et sortirent de la chambre.

XXII

GEORGETTE CHERCHE SUZANNE

Racontons, maintenant, l'arrivée de Georgette à Paris.

Elle descendit du vagon de troisième classe, où elle avait pris place, ayant son petit paquet de hardes sous le bras. Un coup de craie de l'employé de l'octroi lui ouvrit le passage.

La voilà dans la cour de la gare de l'Est.

En présence du mouvement des facteurs et des voitures, en entendant cinquante voix qui appelaient en même temps les numéros de ces dernières, Georgette se trouva un moment interdite, ahurie. Elle regarda à droite et à gauche, en se demandant :

— Où vais-je aller ?

Mais elle savait que, même dans les Ardennes, quand un voyageur égaré cherche le chemin qu'il doit prendre on s'empresse de le lui indiquer.

Elle s'éloigna un peu, pour ne pas être bousculée par les voyageurs ou les employés, et ses yeux se mirent à interroger la physionomie des gens qui allaient et venaient sur le trottoir.

Au bout d'un instant, elle distingua plus particulièrement un homme déjà âgé, ayant la barbe et les cheveux blancs. Elle surmonta sa timidité, et, s'approchant de lui.

— Monsieur, dit-elle, je vous serais bien obligée de m'indiquer la demeure de M. le baron Henri de Manoise.

Le vieillard laissa tomber ses yeux sur elle, comprit qu'il avait affaire à une enfant naïve, débarquant de sa province, et se mit à sourire.

— Ma chère petite, répondit-il avec bienveillance, Paris est une grande ville, et bien que j'y connaisse beaucoup de gens, je ne puis vous donner le renseignement que vous me demandez. Du reste, vous pourriez passer ainsi plusieurs jours à interroger inutilement des milliers de personnes.

— Mon Dieu, fit Georgette avec effroi, que vais-je devenir ? Que vais-je faire ?

— Vous n'avez donc pas l'adresse de ce monsieur que vous appelez le baron de Manoise.

— Hélas ! non.

— Je comprends ; vous avez supposé que c'était à Paris comme au village, où tout le monde se connaît.

— Pas précisément, monsieur, mais je croyais...

— Eh bien, suivez-moi, nous allons tâcher de savoir où il demeure.

Georgette suivit l'honnête commerçant, et ils entrèrent ensemble dans le restaurant en face de la gare.

Ayant fait asseoir la jeune fille, le vieillard alla parler à un garçon de l'établissement, et un instant après, Georgette, qui suivait tous ses mouvements, le vit feuilleter un livre énorme. Il le referma bientôt et revint près d'elle le visage souriant.

— Venez, lui dit-il.

Quand ils furent sortis du restaurant :

— Avez-vous de l'argent? demanda le vieillard.

— Oui, monsieur.

— En ce cas, je vais vous mettre dans une voiture. En arrivant à destination, c'est-à-dire à l'hôtel de Manoise, vous donnerez trente-cinq sous au cocher, le prix de sa course augmenté du pourboire habituel.

— Oui, monsieur.

Ils traversèrent la place. Georgette monta dans un coupé et le vieillard dit au cocher :

— Vous allez conduire mademoiselle rue d'Assas, n° 4.

Le cocher fouetta son cheval. La voiture partit.

Arrivée rue d'Assas, Georgette mit pied à terre et donna trente-cinq sous au cocher comme le vieillard le lui avait recommandé.

— Baron de Manoise, n° 4, lui dit le cocher ; voilà la maison.

Georgette, son paquet sous le bras, s'approcha d'une petite porte, placée à côté d'une autre plus grande, et tira un bouton de cuivre. La porte s'ouvrit. Elle entra. Elle vit devant elle, au fond d'une cour, un grand bâtiment silencieux, et, derrière, des arbres qui s'élevaient plus haut que la toiture. Étonnée de ne voir personne, elle ne put se défendre d'un sentiment de crainte inexplicable et hésitait à avancer.

Soudain, une grosse voix rude se fit entendre, disant :

— Qu'est-ce que vous voulez?

Georgette, effrayée, tourna la tête à droite et, sur le seuil d'une porte, vit un grand homme barbu, ayant un ventre énorme et de grosses joues vermillonnées.

— Je voudrais voir M. le baron de Manoise, répondit-elle de sa voix douce.

— Je n'entends pas, dit le portier; approchez-vous, on ne vous mangera pas.

Georgette marcha vers la loge.

Alors une femme se dressa à côté de l'homme ; elle avait l'air revêche et arrogant de celui-ci; mais petite, pâle et maigre, ces deux types de la domesticité de l'illustre faubourg présentaient un contraste frappant.

— Monsieur et madame, je voudrais voir M. le baron de Manoise, répéta Georgette.

Le portier mit un poing sur sa hanche et la toisa des pieds à la tête.
— Ah çà! ma petite, fit-il, d'où venez-vous donc?
— De mon pays.
— Quel est votre pays?
— Les Ardennes.
— Le comte de Raucourt a un château par là, fit observer la femme.
— C'est vrai, dit Georgette.
— Ainsi, reprit le portier, vous voulez voir le baron de Manoise?
— Oui, monsieur.
— Qu'avez-vous donc à lui dire?
— Je désire lui demander un renseignement.
— Eh bien, ma petite, il ne vous le donnera pas.
— Pourquoi, monsieur?
— Pourquoi? parce qu'il est mort depuis plus d'un an.
Georgette devint affreusement pâle.
— Mort! soupira-t-elle.
— Est-ce que vous le connaissiez?
— Oui, je l'ai vu une fois ou deux.
— Vous ne le verrez plus. Il est mort d'une façon affreuse et, moins de deux mois après, nous enterrions sa sœur, mademoiselle Jeanne de Manoise.
— Qui était bien la meilleure créature du bon Dieu, ajouta la femme avec un semblant de sensibilité.
— Alors, continua l'homme, ayant perdu ses deux enfants, madame la baronne a quitté Paris, et s'est retirée dans une de ses terres, disant que c'est là qu'elle allait pour mourir. Regardez, depuis près d'un an l'hôtel est dans cet état: désert, sombre, toutes les persiennes fermées. Nous ne voyons plus personne, ajouta-t-il avec une expression comique de regret.
— Plus de visites, plus de dîners, plus de soirées, plus de profits, appuya la femme.
— Être ici n'est plus un plaisir, amplifia le mari, les yeux fixés sur son ventre obèse.
— Ah! je suis désolée! s'écria Georgette.
— Dis-donc, mon ami, reprit la dame de la loge, si nous pouvions donner à mademoiselle le renseignement dont elle a besoin.
— Sans doute, sans doute, fit le mari, prenant un air de grande importance. Voyons, ma petite, continua-t-il en s'adressant à Georgette, dites-nous un peu de quoi il s'agit.
— Je venais demander à monsieur le baron de me dire où je pourrais trouver Suzanne.
— Hein, Suzanne? Qu'est-ce que c'est que ça, Suzanne?
— C'est ma sœur, monsieur.

— Ah! c'est votre sœur; Suzanne, je n'ai jamais entendu prononcer ce nom-là. Donc votre sœur est à Paris?

— Oui.

— Et vous ignorez où elle demeure?

— Oui.

— Qu'est-ce qu'elle fait?

— Je ne sais pas.

— Ce n'est pas pour moi le savoir, répliqua-t-il stupidement.

— Est-ce qu'il y a longtemps qu'elle est à Paris, votre sœur? demanda la femme.

— Depuis plus de six ans.

— Et vous dites qu'elle connaissait M. le baron?

— Elle le connaissait.

— Cela me paraît assez drôle.

— C'est M. le baron qui a amené Suzanne à Paris, dit Georgette.

L'homme et la femme se regardèrent.

— Et vous dites qu'il y a de cela six ans? reprit la moitié de l'homme dodu.

— Oui, plus de six ans.

Les portiers échangèrent un nouveau regard et le mari murmura:

— Ce serait trop fort!

Sa femme le poussa du coude et reprit aussitôt:

— Pouvez-vous nous dire comment elle est, votre sœur Suzanne?

— Comment elle est? répéta Georgette, qui n'avait pas bien compris la question.

— Oui, si elle est grande ou petite; si elle est jolie, brune, ou blonde comme vous?

— Ma sœur est grande et très belle, répondit Georgette; elle a des cheveux bruns superbes et de grands yeux bleus.

La petite femme bondit en arrière, comme si elle eût été piquée d'une tarentrle, et s'écria:

— C'est elle, c'est cette misérable fille: Andréa la Charmeuse!

Le portier ayant mis son second poing sur sa seconde hanche:

— Vous, dit-il brutalement, en menaçant Georgette du regard, sortez d'ici et plus vite que ça... Votre sœur est une coquine, une infâme, un monstre; c'est une de ces créatures dont les honnêtes gens ne prononcent le nom qu'avec horreur!... Andréa la Charmeuse, votre épouvantable sœur, a tué le baron de Manoise, elle a tué mademoiselle Jeanne de Manoise, et sans compter ceux qu'elle tuera encore, elle a causé notre ruine, à nous. D'ailleurs, ne la cherchez pas à Paris, elle n'y est plus; elle est allée continuer dans un autre pays son œuvre fatale et maudite!

Sous ces paroles terribles, Georgette écrasée, frémissante de terreur, s'était courbée en deux, les pieds attachés au sol.

— Allons, petite malheureuse, reprit l'impitoyable portier d'une voix furieuse, allez-vous-en, allez-vous-en !...

Et voyant qu'elle ne partait pas assez vite, il marcha sur elle et la poussa avec brutalité par les épaules jusque dans la rue.

Le pleurs et les sanglots de la pauvre enfant auraient attendri le cœur d'un tigre. Hélas! sur la terre, ce n'est pas seulement parmi les animaux méchants qu'on trouve des bêtes féroces.

Georgette s'éloigna lentement, chancelant sur ses jambes. Toute la journée, par la chaleur, sous les feux du soleil, sans manger, ni boire, elle erra à travers la ville, le corps fatigué, brisé, le cœur désolé, déchiré par de cruelles tortures, l'âme désespérée et la pensée absente.

Et quand elle vit la nuit arriver, ses tourments augmentèrent par de nouvelles et sombres angoisses.

Elle se trouvait sur le quai. Elle s'appuya sur le parapet et se mit à regarder couler l'eau de la Seine. Alors se rappelant qu'on croyait à Marangue que Suzanne s'était noyée, elle se dit :

— Pour ma sœur, c'est faux ; demain, pour moi, ce sera la vérité !

Georgette, se voyant enfermée dans un cercle qui lui paraissait sans issue, songeait réellement à se débarrasser de la vie.

C'est à ce moment que Jacques Sarrue s'était approché d'elle et avait fait pénétrer dans son cœur une lueur d'espérance.

FIN DE LA DEUXIÈME PARTIE.

TROISIÈME PARTIE

LA PETITE SOEUR

1

UNE IDYLLE

Un dimanche matin un rayon de soleil passant entre les rideaux de la fenêtre, entra joyeusement dans la chambre de Maurice Vermont et vint dire au jeune homme, qui faisait la grasse matinée :

— Lève-toi donc, paresseux !

Depuis longtemps déjà Maurice ne dormait plus. Toute la nuit son sommeil avait été bercé par un songe gracieux, auquel Georgette n'était pas étrangère, et tout éveillé, il continuait son rêve.

Répondant au gai rayon qui venait illuminer sa chambre et l'invitait à se lever, en caressant son visage :

— Ami soleil, bonjour, dit-il.

Il sauta à bas de son lit, le sourire sur les lèvres, et s'habilla en fredonnant le refrain d'une chanson populaire. Ensuite il ouvrit sa fenêtre. Au-dessus de sa tête il vit le ciel bleu, sans nuage, et devant lui le haut des maisons brillamment éclairé de reflets d'or.

A des fenêtres, des fleurs fraîchement épanouies et nouvellement arrosées souriaient au soleil; à d'autres, les oiseaux captifs chantaient comme des perdus leurs plus joyeuses chansons. C'était un charmant concert auquel il voulut mêler sa voix, et il se mit à chanter aussi.

Et quand il eut bien regardé les fleurs et longtemps écouté les oiseaux, qui charmaient, les uns sa vue, les autres ses oreilles, sa tête s'inclina sur sa poitrine et il devint rêveur.

— Le beau ciel, la magnifique journée ! murmura-t-il; comme il ferait bon, tantôt, de courir dans l'herbe sur les sentiers fleuris, le long des haies, ou de s'égarer dans un bois touffu à travers les halliers.

Soudain, ses yeux étincelèrent et son front devint rayonnant.

— Oui, c'est cela, s'écria-t-il, souriant à son idée, voilà ce qu'il faut faire !

Il se plaça devant une miroir, donna à ses cheveux noirs un dernier coup de peigne, puis s'étant débarrassé de sa vareuse, qu'il jeta sur une chaise, il revêtit une jaquette, vêtement léger, acheté quelques jours auparavant chez Godchau. Un chapeau de paille de riz, également neuf, compléta son costume.

Comme nous l'avons dit, Maurice Vermont était très soigneux de sa personne et il avait autant d'élégance que pouvait le permettre sa pauvreté. Du reste il avait une bonne tenue et ses manières ne manquaient pas de distinction.

Maurice avait déjà fortement entamé le billet de cinq cent francs du marquis de Soubreuil, — il avait besoin de tant de choses de première nécessité ; mais, depuis qu'il avait appris à ses dépens combien il est pénible de se trouver à Paris sans argent, il calculait mieux ses dépenses ; aussi lui restait-il encore un peu plus de la moitié du billet.

Le jeune homme sortit de chez lui et grimpa la rue Ravignan. Il allait rue Berthe.

Il trouva Jacques Sarrue, la figure barbouillée de savon, en train de se raser, au milieu du plus beau désordre que peut présenter la chambre d'un poète ou d'un savant pauvre.

— Ah ! c'est vous, Maurice, fit Sarrue, vous venez me voir de bonne heure, aujourd'hui. Est-ce que vous avez quelque chose à me dire ?

— Oui, Jacques.

— Eh bien, je vous écoute tout en continuant de me raser ; seulement, comme je ne veux pas me faire une entaille sur la peau, je vous répondrai quand j'aurai fini.

Il va sans dire que le poète n'était pas assez riche pour se donner le luxe d'un barbier...

— Mon cher Jacques, dit Maurice, vous avez dû remarquer comme moi qu'il fait un temps superbe : jamais le ciel n'a été plus pur, il n'y a aucune menace d'orage ; c'est le plus beau dimanche de l'été. En ouvrant ma fenêtre ce matin, et en voyant ma petite chambre toute ensoleillée, je me suis dit : « Comme ce serait bon de passer cette belle journée à courir au milieu des champs ainsi qu'un écolier en vacances... » Alors, Jacques, comme il n'y a aucun plaisir à se promener seul, j'ai pensé à vous et à mademoiselle Georgette, qui ne sort presque jamais, et tout de suite je me suis habillé pour venir vous trouver et vous proposer...

— Une partie à trois, dit le poète entre deux coups de rasoir.

— Oui, Jacques. Je crois avoir eu là une excellente pensée. Nous prendrions le bateau et nous irions déjeuner au Bas-Meudon, au bord de l'eau : une bonne friture de goujons, je sais que vous l'aimez. Ensuite nous irions courir sur les coteaux de Meudon, de Bellevue et de Saint-Cloud. Il y a aujourd'hui grandes eaux ; ce serait un spectacle agréable et intéressant pour mademoiselle Georgette. Il faut bien s'amuser un peu, Jacques, et de temps à autre faire les fous. Enfin, le soir avant de rentrer à Paris, nous dînerions n'importe où, sous les pampres verts d'une tonnelle.

« Voilà, mon cher Jacques, si vous l'acceptez, quel est le programme de notre journée à tous les trois. »

L'opération du rasoir était terminée.

— C'est très bien, dit Sarrue, mais cela va coûter beaucoup d'argent.

— Vous savez qu'il m'en reste encore.

— Heureusement, sans cela il faudrait effacer votre attrayant programme. Je l'accepte, à une condition, toutefois.

— Laquelle ?

— C'est que nous partagerons la dépense par moitié.

— Oh ! par exemple ! fit Maurice.

— Vous compterez jusqu'à un sou ce que vous dépenserez, afin que je puisse vous rembourser à la fin du mois, car en ce moment je suis absolument sans argent.

— Jacques, votre condition me contrarie.

Le poète lui prit affectueusement la main.

— Si vous étiez riche, mon cher Maurice, dit-il, je ne me permettrais pas de vous parler ainsi, mais nous sommes pauvres tous les deux. Allez donc, pendant que je vais m'habiller, faire votre invitation à mademoiselle Georgette.

Et il le poussa doucement vers la porte.

Maurice frappa à la porte de la jeune fille, qui vint aussitôt lui ouvrir.

Tous deux, en même temps, ils se tendirent la main.

Georgette était devenue subitement très rouge. Ils étaient également émus... Ils se voyait pour la quatrième fois.

— Je vous ai entendu entrer chez M. Sarrue, dit Georgette, et je vous remercie de ne pas être parti sans me dire bonjour.

— Vous savez bien, mademoiselle Georgette...

— Oh ! ce n'est pas un reproche que je vous fais, monsieur Maurice, mais cela vous arrive souvent.

— Je crains de vous déranger, d'être importun ; je regarde toujours votre porte, je m'arrête même un instant sur le palier et... je n'ose pas frapper.

— C'est que vous oubliez alors que M. Sarrue m'a dit que vous étiez aussi mon ami.

— Eh bien, mademoiselle Georgette, je profiterai à l'avenir de la permission que vous me donnez d'une façon si charmante.

Maurice trouva Jacques Sarrue, la figure barbouillée de savon, en train de se raser (Page 255.)

— Je ne vous dis pas de vous asseoir; je vous vois habillé, prêt à sortir, et je devine que vous êtes attendu.

— En effet, mademoiselle Georgette, je vais faire une promenade avec Jacques et avec vous, si vous ne refusez pas.

— Avec moi! s'écria-t-elle, rougissant encore.

— Oui, avec vous; nous irons hors Paris.

— Hors Paris?

— Nous courrons dans les champs, dans les bois.

— Oh! c'est charmant, cela!

— Alors, vous acceptez?

— Oui, monsieur Maurice, j'accepte avec plaisir. Ah! continua-t-elle d'une voix émue, je serai heureuse de voir un bois avec de grands arbres, des champs, des buissons, d'entendre le chant des oiseaux et le bourdonnement des insectes.

En parlant, ses grands yeux s'étaient remplis de larmes.

— Mon Dieu, mais vous pleurez, mademoiselle Georgette! s'écria Maurice.

— Oui une pensée qui m'est venue...

Elle essuya vivement ses yeux.

— Ce n'est rien, reprit-elle, ne faites pas attention; pour vous, monsieur Maurice et pour M. Sarrue aussi, je veux être gaie.

— Maintenant, mademoiselle Georgette, je retourne près de Jacques pour que vous puissiez vous habiller,

— J'aurai vite fait, monsieur Maurice; dans un quart d'heure je serai prête.

Le jeune homme sortit.

— Comme mon cœur bat, se dit Georgette; c'est singulier, ce que j'éprouve depuis quelque temps, et surtout quand je vois M. Maurice. Je devrais être toujours triste, ne jamais oublier mon chagrin, et il me semble que je n'ai plus à me plaindre de ma destinée, que je suis heureuse!

Quand vingt minutes après elle entendit la voix de Jacques Sarrue qui l'appelait, elle sortit de sa chambre, fraîche, jolie et souriante comme une rose qui vient de s'épanouir.

— Je vous avais bien dit, Maurice, que mademoiselle Georgette serait prête aussitôt que moi. C'est vous qui avez eu la pensée de cette belle promenade, Maurice; c'est à vous d'offrir le bras à notre gracieuse compagne. Moi, je vous suivrai comme si j'étais le papa.

Ils partirent; elle, heureuse de respirer un grand air et de s'appuyer sur le bras de Maurice; celui-ci fier et également heureux de l'avoir à son bras et de pouvoir de temps à autre lui serrer la main. Sarrue cherchait les rimes féminines de deux alexandrins.

Le programme de Maurice fut suivi exactement : on déjeuna au bord de la Seine, et on grimpa ensuite sur les hauteurs.

C'était la première fois que Georgette franchissait les murs d'enceinte de Paris. Elle ne chercha point à dissimuler sa satisfaction et sa joie; elle était ravie, enthousiasmée. On aurait dit qu'elle n'avait pas assez de ses yeux pour regarder les paysages au milieu desquels de blanches villas semblent jaillir du sol dans un bouquet de verdure. A chaque instant elle poussait un cri de surprise et d'admiration. Elle était surtout émerveillée en présence du magnifique panorama de

Paris et du bois de Boulogne, qui se déroulait sous ses yeux, ayant pour ceinture la Seine, semblable à un large ruban pailleté d'argent et d'or.

Maurice partageait son admiration et s'enthousiasmait avec elle.

Ils couraient sur les sentiers, moissonnant par-ci par-là les plus jolies fleurs qu'ils rencontraient.

— Je veux emporter un énorme bouquet, disait Georgette, continuant à charger ses bras; je le mettrai dans un vase et j'en aurai bien soin, afin de le conserver longtemps en souvenir de cette bonne journée.

Jacques Sarrue fit comme Maurice et Georgette; il se mit à courir et à cueillir des fleurs avec eux. En dépit de sa gravité, la contagion du plaisir de ses amis agit si bien sur lui qu'il en oublia de chercher ses rimes.

Georgette, légère comme une gazelle, allait et venait de Maurice à Jacques, leur communiquait ses impressions et adressait à chacun un sourire. Ses joues habituellement pâles s'étaient tintées de belles couleurs; elle avait les traits animés, l'œil brillant, le front irradié; deux ou trois fois Sarrue entendit son petit rire éclatant en notes joyeuses.

— Comme elle est charmante! se disait-il; que d'abandon, quelle grâce naïve? Comme elle s'en donne à cœur joie! C'est une transformation. La jeune fille est comme la fleur; elle s'étiole par le manque d'air; oui, le grand air, la vue des fleurettes qu'elle fauche, de cette belle verdure et les parfums qu'elle respire lui font un bien infini. Maurice a été vraiment bien inspiré en venant nous offrir ce matin cette agréable partie de campagne. J'éprouve un tel plaisir que je me sens tout rajeuni et que je fais le fou comme Maurice. Bon, les voilà qui jouent à cache-cache, maintenant. Oh! les enfants, les enfants!...

Jacques Sarrue était loin de se douter de la véritable cause du changement qu'il voyait s'opérer chez la jeune fille; il aurait été bien surpris et même scandalisé si on lui eût dit que toute cette joie éprouvée par Georgette répondait à l'ivresse du premier amour qui commençait à chanter dans son cœur.

A l'heure des eaux, les promeneurs se trouvaient devant la cascade de Saint-Cloud.

Maurice portait le bouquet, une gerbe de fleurs.

— Ayez-en bien soin, lui disait Georgette, avec de l'eau fraîche, je le ferai revivre.

Ainsi que Maurice l'avait promis, on dîna sous une verte tonnelle. A cette occasion, le poète crut devoir chanter une chanson de sa composition qui avait quelque point de ressemblance avec les poétiques couplets de *Musette*, d'Henry Mürger.

— Monsieur Maurice, dit Georgette, c'est bien joli de savoir écrire de belles choses comme M. Sarrue; vous devriez faire aussi des vers.

Heureux du compliment, le poète se mit à rire.

— C'est cela, dit-il gaiement, puisque Georgette le désire, il faut que vous deveniez poète, mon cher Maurice.

— Pour être agréable à mademoiselle Georgette, j'essayerai, répondit-il.

A onze heures ils étaient de retour à Paris.

II

LE PREMIER BAISER

Maurice Vermont prit la douce habitude d'aller rue Berthe tous les jours. C'était bien un peu pour voir Jacques Sarrue, mais surtout pour avoir l'occasion d'entrer chez Georgette, de lui serrer la main et de causer un instant avec elle tout en l'admirant.

Du reste, il ne trouvait pas toujours Sarrue chez lui. Le professeur avait ses quelques leçons à donner, et le poète ses chères habitudes de flânerie. Par exemple, il n'aurait pas manqué un jour, qu'il eût ou non de l'argent dans sa poche, de faire de longues stations sur les quais, devant les boîtes des bouquinistes, pour se donner le plaisir de remuer et d'ouvrir de vieux tomes poudreux.

Or, quand Sarrue n'était pas chez lui, Maurice restait plus longtemps près de Georgette. La jeune fille paraissait si contente et lui si heureux ! Que se disaient-ils ? Une infinité de choses, mais des riens, comme des enfants qui jasent. D'ailleurs, ils ne causaient pas constamment. Il y avait entre eux plus de silence que de paroles, et leur silence disait plus que leurs paroles.

Ils sentaient bien qu'ils étaient attirés l'un vers l'autre, qu'ils s'aimaient, mais il n'osaient point se le dire.

Le véritable amour est réservé et toujours craintif.

Quand ils étaient ensemble, une heure passait vite, et lorsque Maurice se levait pour s'en aller, Georgette, sans oser le dire, trouvait toujours que c'était trop tôt.

Sachant que la jeune fille adorait les fleurs, Maurice veillait à ce qu'elle eût constamment un frais bouquet dans le vase de porcelaine peinte qu'elle plaçait sur le marbre de sa cheminée. Inutile de dire avec quels soins et quelle tendresse Georgette soignait les fleurs offertes par Maurice, afin de prolonger leur existence.

Si peu que coûte dans la belle saison un petit bouquet de fleurs, les modestes cadeaux de Maurice venaient augmenter ses dépenses et diminuer son mince capital. Mais il ne se préoccupait nullement de cela. Du moment qu'il avait été agréable à Georgette, il ne s'inquiétait point des jours qui allaient suivre.

cœur, n'eut pas même la pensée qu'il exposait Georgette à un péril. Il était dit qu'il devait ne rien pressentir, ne rien voir. Pauvre aveugle !

Le dimanche arriva. A dix heures précises, Maurice était rue Berthe pour prendre Georgette, qui, ayant lestement fait son petit ménage, l'attendait depuis une demi-heure.

Ils dirent à revoir à Jacques Sarrue, qui leur recommanda encore de revenir de bonne heure, et ils partirent.

Ils descendirent à la station d'Enghien, firent le tour du lac, déjeunèrent, et se dirigèrent ensuite vers les coteaux boisés d'Ermont.

A chaque instant, ils s'arrêtaient pour regarder une maison, un jardin qui attirait leur attention, ou pour admirer un coin du paysage ; puis ils se remettaient à marcher, échangeant leurs pensées, faisant chacun ses observations.

Souvent ils se regardaient, rapprochant leurs têtes : souvent aussi, Maurice pressait contre lui le bras de Georgette qui, alors, marchait plus vite.

L'esprit et le cœur de la jeune fille étaient agités ; elle paraissait rêveuse. Bien des paroles venaient sur les lèvres de Maurice ; il les retenait ayant peur de les prononcer.

Ils venaient d'entrer dans le bois.

Soudain, ils se trouvèrent en présence d'un couple d'amoureux, assis sur un tapis de mousse à l'ombre d'un marronnier. Le jeune homme entourait de son bras la taille de la jeune fille et celle-ci appuyait gracieusement sa tête sur l'épaule du jeune homme. Sa bouche était souriante et son regard semblait dire : Je t'aime !

Maurice et Georgette passèrent rapidement devant les amoureux. Mais Georgette était devenue rouge comme une cerise et sans compter son bras, qui tremblait sur celui de Maurice, les mouvements de sa poitrine révélaient son émotion.

— Ils sont jeunes comme nous, lui dit Maurice, quand ils furent un peu plus loin ; ils éprouvent le bonheur de vivre, car ils s'aiment.

Georgette s'arrêta brusquement, regarda Maurice, puis baissa les yeux.

— Georgette, reprit le jeune homme, vous êtes peut-être fatiguée, si vous le voulez nous allons nous asseoir.

— Non, répondit-elle d'une voix oppressée, marchons encore.

On entendait au loin des voix qui s'appelaient, un chant, la note élevée d'un éclat de rire ; mais les fourrés autour d'eux étaient silencieux et déserts. Il n'y avait personne dans l'étroit sentier sous bois qu'ils suivaient.

— Georgette... commença Maurice pour s'arrêter aussitôt.

Elle l'interrogea du regard.

— Je pense à ce jeune homme et à cette jeune fille que nous venons de voir à l'entrée du bois, continua-t-il, et en pensant à eux, je me dis qu'ils sont bien heureux, Georgette.

Elle ne répondit pas.

— Voyez-vous, Georgette, poursuivit-il d'une voix émue, il n'existe pas, selon moi, de bonheur comparable à celui d'aimer et d'être aimé.

La jeune fille tenait toujours sa tête baissée ; mais, fortement troublée, son émotion grandissait encore.

— Georgette, reprit Maurice, je ne puis garder le silence plus longtemps ; il y a des choses qui deviennent une souffrance parce qu'on les comprime trop en soi. Bien des fois depuis un mois, des paroles me sont venues sur les lèvres, que j'ai refoulées jusqu'au fond de mon cœur. Aujourd'hui, en ce moment, elles m'étouffent, elles me brûlent, je ne peux plus les retenir. Georgette, Georgette, je vous aime !

— Monsieur Maurice !... balbutia-t-elle.

Et elle leva sur lui ses grands yeux bleus dans lesquels roulaient des larmes.

— Oui, Georgette, continua-t-il d'un ton pénétré, je vous aime... Je vous aime comme vous devez l'être, ardemment, de toute mon âme ! Comment cela s'est-il fait ? Je n'en sais rien. Mais, quand j'ai regardé en moi, j'ai découvert que l'amour était entré dans mon cœur le jour où je vous ai vue la première fois. J'avais besoin d'aimer, Georgette ; mon cœur a voulu aller vers vous, je l'ai laissé faire et il s'est donné à vous tout entier.

Ils s'étaient arrêtés. Maurice avait pris une main de la jeune fille qu'elle ne retirait pas.

— Georgette, reprit-il presque tristement, vous connaissez mon secret, vous savez que je vous aime, mais vous, mais vous ?...

— Monsieur Maurice, répondit-elle d'une voix faible, vous disiez tout à l'heure que c'était un grand bonheur d'aimer et de se savoir aimé : je le crois parce que je le sens en moi.

— Ainsi, vous m'aimez ! s'écria-t-il avec transport.

— Je vous aime, Maurice.

— Ah ! c'est le ciel ouvert, c'est plus que du bonheur !...

— Comme vous, Maurice, j'ai interrogé mon cœur, et il m'a répondu que vous l'occupiez tout entier.

Il l'entoura de ses bras et la serra contre son cœur, en disant :

— Comme je vous aime ! comme je vais vous aimer !

Sous cette étreinte passionnée, la jeune fille pâlit subitement, ses yeux se fermèrent à demi et elle laissa tomber sa tête sur la poitrine de Maurice. Les lèvres du jeune homme se collèrent sur son front.

Il sentait les bonds de son sein palpitant, il aurait pu entendre les battements précipités de son cœur.

— Oh ! Maurice, Maurice, murmura-t-elle d'une voix éteinte.

— Georgette, ma bien-aimée, à vous mon amour, à vous toute ma vie !

Cet instinct de la femme, qui lui fait prévoir un danger, défendit la jeune fille contre sa propre faiblesse. Elle se redressa brusquement et s'échappa des bras du jeune homme.

— Maurice, lui dit-elle, en l'enveloppant d'un regard plein d'amour, venez, venez, ne restons pas dans le bois.

Elle reprit son bras, et plus près l'un de l'autre, elle, s'appuyant davantage sur lui, ils revinrent lentement sur leurs pas.

Ils passèrent près du marronnier sous lequel ils avaient vu les amoureux.

— Ils n'y sont plus, dit-elle tout bas à l'oreille de Maurice.

— Maintenant, nous sommes comme eux, répondit-il, nous savons que nous nous aimons.

Ils reprirent le chemin d'Enghien où Maurice avait l'intention de dîner avant de rentrer à Paris.

Jeunes tous deux et également pleins de confiance, ils firent toutes sortes de beaux projets pour l'avenir.

— Je vais songer sérieusement à me créer une position, disait Maurice, et tout de suite nous nous marierons.

Il ne doutait plus de rien, il ne voyait plus aucun obstacle en travers de son chemin.

— On ne doit pas craindre la misère quand on aime le travail, répondait Georgette ; nous travaillerons tous les deux.

Il l'interrogea sur sa famille, sur les années de son enfance. C'était une curiosité bien naturelle. Mais le visage de Georgette s'assombrit aussitôt et elle lui répondit :

— Maurice, je vous en prie, ne m'adressez pas de questions auxquelles je ne puis répondre ; croyez qu'il m'en coûte beaucoup de garder le silence vis-à-vis de vous ; mais il s'agit d'un secret qui ne m'appartient pas. Plus tard, quand je croirai pouvoir le faire et que vous aurez le droit de ne rien ignorer, je vous dirai tout. Pour le moment, Maurice, qu'il vous suffise de savoir que je n'ai plus ni père, ni mère, que je suis seule au monde.

— C'est comme moi, Georgette ; nous sommes deux orphelins. Eh bien, nous nous en aimerons davantage.

III

LES SURPRISES DE JACQUES SARRUE

L'amour heureux, le premier amour, surtout, a d'indicibles ivresses et fait naître des extases divines. Il n'y a plus d'ombre autour de soi, tout est lumière, tout resplendit. Le cœur est inondé d'allégresse. Tout sourit, tout gazouille et

—Comme vous, Maurice, j'ai interrogé mon cœur, il m'a répondu que vous l'occupiez tout entier.
(Page 263.)

murmure agréablement, tout brille, tout chante. La vie est ensoleillée, on respire avec plus de bonheur, il semble que le ciel est plus radieux, la nature apparaît avec des beautés jusqu'alors inconnues. C'est un ravissement délicieux, complet.

Même dans la solitude, on n'est plus seul, car on sait qu'un autre cœur vous appartient, qu'une autre âme est unie à la vôtre, que vous occupez la pensée de la personne aimée.

Elle, le front penché, rêveuse, se dit :

— En ce moment, il est ici ou là, il fait telle ou telle chose, mais il pense à moi.

Par la pensée, elle le cherche, le suit, l'accompagne et le ramène près d'elle.

Lui, de son côté, se dit aussi :

— Il ne faut pas rester trop longtemps sans la voir ; elle serait inquiète ; je suis sûr qu'elle m'attend et que l'oreille tendue elle écoute si je n'arrive pas.

Georgette n'avait plus de ces heures de mélancolie, de ces tristesses qui, dans les premiers temps, rendaient Jacques Sarrue soucieux et l'inquiétaient beaucoup.

Évidemment la jeune fille n'avait rien oublié ; mais, avec l'amour et ses joies, de nouvelles espérances étaient entrées dans son cœur.

Elle était redevenue vive, gaie, enjouée ; son regard, toujours plein d'ineffables douceurs, avait maintenant d'admirables rayonnements ; ses joues avaient retrouvé leurs fraîches couleurs et ses lèvres roses leur charmant sourire

Pour Jacques Sarrue, cet heureux changement était un prodige ; il le constata avec joie, mais il ne chercha point à en découvrir la cause.

— Chère Georgette, se disait-il, elle commence à ressentir les effets de mon amitié dévouée, de la tendre affection que j'ai pour elle. Ah ! elle ne sait pas tout ce qu'il y a pour elle dans mon cœur, elle ne sait pas comme je l'aime... Mais le sais-je moi-même ? Il est certain que ces promenades aux environs de Paris lui ont fait beaucoup de bien ; elle adore la campagne, les arbres, la verdure, les grands espaces ; cela se comprend, elle est née dans un village. La vue des champs, des bois et des grands paysages exerce sur elle une heureuse influence ; cela a changé ses idées. Malheureusement, il n'y a plus de feuilles aux branches, les jours des belles promenades sont passés : mais tout de suite après l'hiver, dès que mars fera fleurir les violettes, l'aubépine, et pousser les bourgeons, tous les dimanches nous quitterons Paris et nous irons rire aux champs avec les fleurs, la verdure et le soleil.

Mais un nouvel étonnement, qui devait être suivi d'une horrible douleur, était réservé à Jacques Sarrue.

Tout à coup, du jour au lendemain, sans que rien l'eût annoncé ou fait pressentir, Georgette retomba dans ses tristesses précédentes. Elle paraissait peut-être plus désolée encore, et un matin, Jacques Sarrue, voyant ses yeux rougis entourés d'un cercle bleuâtre, comprit qu'elle avait eu une nuit d'insomnie et qu'elle avait beaucoup pleuré.

Que s'était-il passé ? Effrayé, Jacques Sarrue se le demanda ; mais il ne pouvait pas le deviner.

Il osa interroger affectueusement la jeune fille.

— Je n'ai rien, lui répondit-elle.

Il eut beau insister, il n'obtint pas d'autre réponse. Mais il remarqua que les yeux de Georgette s'étaient remplis de larmes.

Il s'en alla donner ses leçons très affligé, le cœur rempli d'angoisses et convaincu que Georgette avait une nouvelle cause de chagrin. Laquelle? Il mit vainement son esprit à la torture, il ne trouva rien. Ses inquiétudes augmentèrent encore.

Huit jours se passèrent ainsi.

— Je n'y comprends rien, se disait Sarrue; il y a certainement là-dessous quelque chose d'extraordinaire.

Mais, après les réponses évasives qu'il avait obtenues, il n'osait plus questionner Georgette.

— Si elle était malade, elle le dirait, elle se plaindrait, pensait-il. Elle n'est pas malade, physiquement du moins, mais elle a quelque chose.

Ne sachant quoi supposer, le pauvre Sarrue était dans une grande perplexité.

Un soir, après avoir quitté la jeune fille, qui lui avait paru plus triste encore que la veille, il entra chez les ouvriers, ses voisins, qu'il délaissait un peu depuis quelques mois. Le mari étant allé faire une course après son dîner, la femme se trouvait seule.

— Nous ne vous voyons plus guère, monsieur Sarrue, dit-elle, bien que vous n'ayez que votre porte à ouvrir pour entrer chez nous; oh! je vous dis cela sans reproche. Mais asseyez-vous donc. Vous aviez peut-être quelque chose à dire à mon mari; il vient de sortir...

— Mon Dieu, non, répondit Sarrue; je suis seulement entré pour vous dire bonsoir.

— Vous avez bien fait et vous serez toujours le bienvenu, monsieur Jacques. Qu'est-ce qu'on dit de neuf dans Paris?

— Vous savez, madame Simon, que je ne suis jamais au courant des choses nouvelles, des bruits du jour.

— C'est vrai, fit-elle, votre travail et votre poésie, voilà votre affaire, à vous.

— Oh! la poésie; depuis quelque temps je l'ai bien abandonnée.

— Pourquoi? C'est un tort, monsieur Jacques, car on dit que vous écrivez de bien jolies choses. J'ai même entendu dire que, si vous le vouliez, vous auriez bientôt un nom célèbre.

Le poète secoua tristement la tête.

— Je n'ai plus ce rêve-là, dit-il. D'ailleurs, je ne veux pas vous le cacher, madame Simon, je suis affreusement tourmenté.

— Comment cela, monsieur Jacques?

— Au sujet de Georgette.

— Ah! c'est mademoiselle Georgette...

— Oui. Est-ce que vous n'avez pas remarqué comme moi, madame Simon, que depuis quelques jours elle est triste, qu'elle pleure souvent, enfin qu'elle a quelque chose?

— Si fait, monsieur Jacques, j'ai vu cela.

— Si, plus heureuse que moi, vous aviez deviné... si vous pouviez me dire...

— Monsieur Jacques, il y a bien des choses qu'on devine et qu'il faut avoir l'air d'ignorer.

— Je ne comprends pas, madame Simon. Voyons, est-ce que vous connaissez la cause du chagrin de Georgette?

— Je m'en doute.

— Oh! je vous en prie, dites-moi ce que vous supposez, ce que vous croyez.

— Monsieur Jacques, il vaut mieux que vous ne sachiez rien.

— Ah! vous m'effrayez! Au nom du ciel, madame Simon, que se passe-t-il? Dites-le-moi.

— Comme un rien vous agite et vous trouble! Tenez, vous voilà tout bouleversé. Remettez-vous, monsieur Jacques, remettez-vous. Mademoiselle Georgette est triste, elle a du chagrin, c'est vrai, mais ça se passera.

— Soit. Mais pourquoi est-elle triste? Pourquoi a-t-elle du chagrin?

— Toutes les fillettes sont ainsi, songez que Georgette court après ses dix-sept ans, qu'elle est jolie comme les amours... elle n'est pas la première à qui cela arrive.

Sarrue la regardait avec effarement.

— Monsieur Jacques, je vous prie de m'excuser, reprit-elle; je ne puis vraiment vous en dire plus.

— Non, non, répliqua-t-il d'une voix qui tremblait malgré lui, je vous supplie, au contraire, de parler; je veux que vous me disiez tout.

— Monsieur Sarrue, je vous assure que je n'ai pas le droit... balbutiait-elle...

— Prenez-le.

— En vous apprenant ce que je sais, ce que j'ai deviné, j'agirais mal.

— Quand il y a nécessité de dire la vérité, on n'est pas coupable.

— Vous le voulez donc absolument.

— Oui.

— Eh bien, monsieur Jacques, je crois que mademoiselle Georgette a fait une sottise.

— Hein, quelle sottise?

— Dame, vous m'embarrassez, je ne sais trop comment vous dire cela.

— Oh! tenez, avec vos réticences vous me faites mourir! Mais dites donc, dites donc vite.

— C'est difficile, monsieur Jacques, je cherche... Enfin, voici : mademoiselle Georgette, qui ne cesse pas pour cela d'être la plus douce, la meilleure et la plus charmante créature du bon Dieu, n'a pas su tenir son cœur bien fermé;

sans qu'elle s'en doute, peut-être, la pauvre petite, — c'est ainsi que cela arrive presque toujours, — l'amour y est entré.

Les yeux de Sarrue se mirent à étinceler.

La pensée qu'il était aimé de Georgette, une vraie pensée de poète, traversa son cerveau comme un éclair et l'éblouit un instant.

Il allait être vite désillusionné, le malheureux !

— Il n'y a pas grand mal à cela, monsieur Sarrue ; il faut qu'on aime et c'est à son âge que l'amour vient le cœur battant. Et puis elle est libre, n'ayant plus ni père, ni mère, et bien seule, car sans vous offenser, monsieur Jacques, vous ne pouvez remplacer pour la pauvre enfant un père, une mère, ou un frère. Dans une pareille situation, on ne sait pas ce qui peut parler au cœur d'une innocente jeune fille et quelles pensées lui viennent. Pour une enfant si jeune, c'est un grand malheur, allez, de ne plus avoir sa mère. Après tout, si le cœur de Georgette n'avait été surpris que par l'amour, ce ne serait rien ; malheureusement...

— Achevez, madame Simon, que voulez-vous dire?

— Eh bien, monsieur, — remarquez que Georgette ne m'a fait aucun aveu, — je crois qu'elle a manqué de réserve ou qu'elle a été imprudente, qu'elle a été faible, qu'elle n'a pas su résister, enfin qu'elle s'est laissé séduire.

Jacques Sarrue se dressa debout, plus pâle qu'un mort. Un tremblement convulsif secouait ses membres. Des lueurs livides s'échappaient de ses yeux glauques.

— Ce que vous venez de me dire est épouvantable, madame Simon, dit-il d'une voix étranglée ; je ne puis admettre que ce soit la vérité et je m'étonne que vous ayez pu supposer une chose pareille.

— Monsieur Jacques, répondit-elle, si je n'avais fait que supposer, je ne vous aurais rien dit ; mais, malheureusement, j'ai plusieurs raisons de croire que je ne me suis point trompée.

Sarrue passa à plusieurs reprises sa main sur son front et dans ses cheveux.

— Alors, reprit-il, vous n'en doutez pas, Georgette a été séduite et c'est, selon vous, la cause de sa grande tristesse et de ses larmes?

— Oui.

— En ce cas, vous connaissez le séducteur?

— Je le connais.

— Il se nomme?

— Oh! monsieur Jacques, fit-elle ; mais vous n'avez donc rien vu, rien compris, rien deviné?...

— Vous savez bien que je suis myope, répondit-il, pendant qu'un sourire forcé crispait ses lèvres.

Le malheureux, il lui semblait qu'un fer rouge s'enfonçait lentement dans son cœur.

— Madame Simon, reprit-il, vous ne m'avez pas dit le nom du séducteur ?
— Je pensais que vous l'auriez nommé vous même. C'est votre ami, M. Maurice Vermont.

L'aveuglement de Sarrue était tel, qu'il n'avait vraiment point pensé à Maurice, et qu'il fut frappé comme d'un coup de foudre en l'entendant nommer.

— Cela n'est pas, c'est impossible ! exclama-t-il, faisant un bond en arrière.

Et ses yeux, fixés sur l'ouvrière, avaient un regard d'insensé.

— Je n'ai aucun intérêt, du moment que vous m'avez fait parler, à ne pas vous dire toute la vérité, répondit madame Simon. Je vous fais part de ce que j'ai découvert, voilà tout. Du reste, si votre ami Maurice aime réellement mademoiselle Georgette, comme je le crois, ce n'est pas un bien grand coupable.

— Ah ! ah ! ah ! répliqua Sarrue avec un rire nerveux, aigu, vous croyez cela, vous... Mais non, reprit-il, vous êtes de bonne foi, sans doute, mais vous vous trompez. Si cela était, Maurice serait le plus odieux des misérables !

— Décidément, monsieur Jacques, vous me faites regretter mes paroles. Je ne comprends pas...

— Ah ! vous ne comprenez pas ; en effet, vous ne pouvez pas comprendre. Voyons, sur quoi basez-vous votre accusation contre Maurice ?

— Comment ! s'écria l'ouvrière ahurie, vous appelez ce que je viens de vous dire une accusation !

— Oui, c'est une accusation des plus graves, puisque vous prétendez, puisque vous êtes sûre que Maurice a commis une lâche infamie.

— Ma foi, monsieur Jacques, permettez-moi de vous dire que vous avez de singulières idées sur les choses les plus simples et les plus ordinaires de la vie. Enfin, si vous appelez cela une infamie et s'il vous plaît que votre ami Maurice soit un misérable, je n'ai rien à y voir. Vous voulez savoir sur quoi je base ce que vous appelez mon accusation, je vais vous le dire :

« M. Maurice, qui n'a paru ici qu'une seule fois depuis huit jours, probablement parce que mademoiselle Georgette le lui a défendu, y venait auparavant tous les jours ; il paraissait choisir de préférence les heures où vous n'y êtes jamais. Il passait souvent plus de deux heures avec mademoiselle Georgette. Que se disaient-ils ? que faisaient-ils ? Je n'en sais rien. Il ne m'appartient pas de me mêler des affaires des amoureux. Dieu merci, chacun est libre, et je n'aurais pas aimé, quand mon mari me faisait la cour, qu'on vînt m'espionner et qu'on se fût permis de faire des cancans sur moi.

Je savais depuis longtemps que M. Maurice et mademoiselle Georgette s'aimaient : je ne voyais aucun mal à cela, et quand même, elle n'est ni ma fille, ni ma sœur, je n'ai aucun droit sur elle. »

Jacques Sarrue était terrifié. Immobile et sans voix il ressemblait maintenant à un être pétrifié.

— Ce que je puis vous dire encore, monsieur Jacques, continua l'ouvrière, c'est que mademoiselle Georgette est allée chez votre ami. Je ne sais si cela est arrivé plusieurs fois ; mais un jour je l'ai vue sortir de la maison où demeure M. Maurice, rue Durantin.

Malgré son incrédulité, Jacques Sarrue était forcé, cette fois, de se rendre à l'évidence des faits...

Il laissa échapper une plainte étouffée, puis d'un ton douloureux :

— Ainsi, dit-il, vous saviez tout cela depuis longtemps ?

Elle répondit par un mouvement de tête.

— Pourquoi ne m'avez-vous pas prévenu ?

— Parce que, comme je vous l'ai dit tout à l'heure, je n'aime pas à m'occuper des affaires des autres. Et puis, à vous avouer la vérité, je croyais que vous en saviez autant que moi sur ce chapitre.

— Oui, c'est possible, vous avez pu croire... Maintenant, madame Simon, je vous prie de ne rien dire à personne de ce qui se passe ici...

— Oh ! je ne suis point bavarde, vous n'avez pas besoin de me faire cette recommandation.

Jacques Sarrue souhaita le bonsoir à sa voisine et rentra dans sa chambre.

Il s'affaissa lourdement sur un siège et il resta sans mouvement, la tête sur sa poitrine, les yeux fixés sur le parquet, ses longs bras ballants.

Le malheureux venait de recevoir un coup terrible. Il était écrasé.

IV

LE MALHEUR COMMENCE

Jacques Sarrue resta pendant plus d'une heure dans une prostration complète, incapable de réfléchir, d'ajouter une pensée à une autre, une sorte de délire dans l'esprit. Enfin, reprenant possession de lui-même, il vit l'affreuse réalité dressée devant lui comme une chose lugubre.

La souffrance atroce qu'il éprouvait lui faisait connaître ce que Georgette était réellement pour lui. Longtemps il avait voulu douter, n'osant se faire cet aveu à lui-même ; maintenant, une lumière si éclatante étant en lui, il ne pouvait plus songer à se tromper sur ses sentiments. S'il souffrait ainsi, c'est qu'il aimait Georgette, et que Georgette en aimait un autre. Et cet autre était Maurice Vermont. Ce jeune homme qu'il avait accueilli, qu'il aurait aimé comme un frère, abusait de sa confiance, trahissait l'amitié, le frappait traîtreusement, comme dans un guet-apens.

Il lui semblait que Maurice lui avait arraché en même temps le cœur et l'âme, et il vomissait contre lui toutes les imprécations.

Ses plaintes n'étaient certainement pas sans raison ; mais il ne s'apercevait point qu'elles étaient mesquines et ridicules.

Quant à Georgette, il lui faisait également un crime d'avoir donné son amour à un autre, absolument comme si par un engagement antérieur elle l'eût rendu maître absolu de son cœur et de sa personne. Et au lieu de se sentir pris de compassion en présence du malheur de la jeune fille et d'aviser aux moyens les plus prompts de le réparer, il se laissait dominer par une colère aussi violente qu'elle était injuste.

Malgré ses qualités réelles, incontestables, Jacques Sarrue était pétri de la même pâte que tous les hommes ; il y avait en lui les faiblesses et beaucoup d'autres infirmités morales qui appartiennent à l'humanité.

Pour le moment, cet homme indulgent, généreux et vraiment bon, qui possédait à un haut degré le sentiment de la justice, ne trouva rien dans son cœur qui le sollicitât en faveur de Georgette, et lui fît trouver grâce devant lui.

Elle était coupable, sans excuse, car son amour à lui le rendait impitoyable pour l'amour qu'elle avait donné à Maurice. Non seulement il ne pardonnait pas et était sans pitié ; mais, s'il ne pouvait haïr Georgette, elle lui inspirait déjà un profond mépris.

— Non, se disait-il avec amertume, il n'y a rien de vrai, tous est faux... Coulées dans le même moule, toutes les femmes se ressemblent, elles ne valent rien ! Quant à l'amitié... Qu'est-ce que c'est que l'amitié ? Un mensonge, une duperie, une sottise humaine !

Le fou, il ne sentait pas qu'en parlant ainsi il reniait son culte, mettait le feu à ses autels, qu'il était un renégat !

Il était tard. Il se mit au lit. Mais son agitation fiévreuse ne laissa point approcher le sommeil. Des pensées folles se heurtaient tumultueusement dans son cerveau malade.

Le jour vint. Il l'accueillit comme un libérateur. Cependant, s'il était plus calme en apparence, ni sa colère, ni les souffrances de son cœur déchiré ne s'étaient apaisées.

Il s'habilla, comme s'il allait sortir, mais il n'en fit rien. Il s'assit sur une chaise, et le front plissé, le regard sombre, il attendit. Bientôt il entendit du bruit dans la chambre de Georgette. La jeune fille, qui avait conservé l'habitude de se lever en même temps que le soleil, faisait son petit ménage.

Quand Jacques Sarrue jugea que la jeune fille pouvait le recevoir, il sortit de sa chambre et frappa à la porte de Georgette. Elle vint aussitôt lui ouvrir.

Il entra raide, les sourcils froncés, le front sévère.

La jeune fille éprouva un saisissement douloureux et fit trois pas en arrière.

— Mademoiselle, reprit-il, j'ai quelques questions à vous adresser; j'espère que vous voudrez bien me répondre. Vous pouvez vous asseoir, et je vous demande la permission d'en faire autant.

Georgette devina la pensée de Jacques. Son cœur se serra douloureusement, et elle se laissa tomber sur un siège.

— Mademoiselle Georgette, reprit Sarrue, je n'ai pas besoin de vous dire que j'étais votre ami le plus sûr et le plus dévoué; plein de confiance en votre sagesse, en votre honnêteté, sachant de combien de périls graves est entourée la jeunesse sans expérience, je m'étais imposé la mission délicate de veiller sur vous, de vous protéger et de vous défendre contre tout danger.

— Il sait tout, se dit Georgette en tressaillant.

Une grande pâleur se répandit sur son visage, et elle baissa les yeux sous le regard fixe de Sarrue.

— Eh bien! continua-t-il, si ce que j'ai appris hier est la vérité, cette confiance que j'avais en vous, vous l'avez trahie, et vous vous êtes mise vous-même hors de ma protection.

— Monsieur Jacques, l'implora-t-elle, ne me parlez pas aussi durement.

— Comme certains que je pourrais nommer, répliqua-t-il avec aigreur, je ne possède pas l'art de feindre et je n'ai jamais su apprendre à déguiser mon langage.

Georgette laissa échapper un soupir.

— Mademoiselle, reprit Sarrue, ma conscience me dit que j'ai le droit d'être sévère, et c'est au nom de cette protection que je vous avais accordée que je me permets de vous interroger. Veuillez donc me répondre : Vous aimez M. Maurice Vermont ?

La jeune fille releva brusquement la tête.

— Oui, répondit-elle d'une voix ferme, je l'aime!

Elle prononça ce dernier mot avec une expression passionnée qui augmenta encore la douleur et le courroux de Sarrue.

— Est-il vrai, oui ou non, reprit-il d'une voix creuse, que vous ayez reçu chez vous en mon absence, secrètement, M. Maurice Vermont?

— Oui, M. Vermont est venu me voir souvent en votre absence.

— Est-il vrai aussi qu'oubliant toute retenue, sans aucune crainte de vous compromettre gravement, vous soyez allée voir M. Vermont chez lui ?

Georgette resta silencieuse; mais une vive rougeur monta à son front et de nouveau elle baissa la tête.

— Votre silence est une réponse, reprit l'implacable Sarrue. Ainsi, rien ne vous a arrêté, ni cette réserve que la femme doit toujours garder, ni cette pudeur qui est pour la jeune fille comme un bouclier et la défend contre elle-même.

Vous n'avez pas eu la crainte d'être pour les honnêtes gens qui demeurent dans cette maison, qui vous connaissent, un objet de scandale et de me faire jouer, à moi, un rôle ridicule !

— Oh ! monsieur Jacques, fit-elle avec douleur.

— Oui, continua-t-il avec emportement, vous m'avez rendu ridicule, vous vous êtes compromise et les gens qui vous connaissent, ceux qui vous portaient autrefois le plus vif intérêt, sont scandalisés.

— Monsieur Jacques, vous êtes cruel, balbutia Georgette.

— Je suis surtout indigné, répliqua-t-il. Mais ce n'est pas tout, l'inconséquence, la légèreté de votre conduite ont donné le droit de tout supposer, de tout admettre ; on prétend que vous êtes plus coupable encore et que votre tristesse et les larmes que vous versez ne sont pas sans cause.

— Monsieur Jacques, ayez pitié de moi ! dit-elle d'une voix entrecoupée. Je vous en supplie, ne me demandez plus rien.

Les larmes qu'elle retenait depuis un instant jaillirent de ses yeux et un sanglot s'échappa de sa poitrine.

Jacques Sarrue se dressa sur ses jambes et un sombre éclair sillonna son regard.

— En effet, dit-il d'une voix frémissante, je n'ai plus rien à vous demander. En entrant chez vous je doutais encore ; oui, je m'étais refusé à croire que tout cela fût possible. En ce moment les horribles choses que j'ai apprises me sont confirmées par vos larmes. Vous n'avez plus rien à me dire, je sais que vous êtes une malheureuse et que M. Maurice Vermont, que j'ai eu le malheur d'appeler mon ami, est un être abominable, sans cœur, sans honneur, un misérable !

— Oh ! ne l'accusez pas, ne l'accusez pas ! s'écria-t-elle éperdue.

— C'est un misérable, vous dis-je, car il s'est fait votre complice pour abuser indignement de ma confiance. Son amitié était une fourberie, ses démonstrations une hypocrisie. Mais il n'est pas seulement un misérable, c'est encore un lâche, un infâme !

Georgette se dressa en face de lui, les yeux étincelants.

— Monsieur Sarrue, dit-elle d'une voix vibrante, vous avez tort de traiter ainsi M. Vermont, qui a pour vous une véritable et sincère amitié.

— C'est faux, c'est faux ! exclama-t-il avec fureur.

— Je vous dis la vérité, et je vous répète encore que vous ne devez pas l'accuser. Si vous croyez avoir été trompé, continua-t-elle avec de nouvelles larmes, si vous avez à vous plaindre de quelqu'un, c'est de moi, de moi seule ; oui, seule, je suis coupable... Je devais voir le danger, je devais l'éviter... Hélas ! je ne savais pas... j'ignorais...

Ces paroles furent suivies de nombreux sanglots. Mais dans la situation d'esprit où se trouvait Sarrue, cette profonde douleur ne pouvait l'attendrir.

— Vous le défendez, dit-il sourdement, les dents serrées; cela se comprend vous l'aimez et il est votre amant !

Georgette fit entendre un sourd gémissement et cacha sa figure dans ses mains.

— Maintenant, reprit Sarrue avec dureté, je ne veux plus être le paravent derrière lequel s'abritent vos amours et se cache une intrigue honteuse. Je ne connais plus M. Vermont et vous êtes devenue pour moi une étrangère.

Elle poussa une exclamation douloureuse, et, le regard désolé, elle tendit vers lui ses mains suppliantes.

— Je ne suis pas comme M. Maurice Vermont, moi, reprit-il avec ironie; je tiens à ma dignité, car j'ai le respect de moi-même. D'ailleurs, continua-t-il avec une expression mordante, vous n'avez plus besoin de moi, vous n'êtes plus une enfant une innocente jeune fille, vous savez marcher seule.

Ces paroles, dont il n'avait peut-être pas senti toute la cruauté, blessèrent profondément la jeune fille. Ses lèvres blêmirent en même temps que le rouge de la honte couvrait son front.

Sarrue poursuivit :

— Je vais de ce pas donner congé de la chambre que j'occupe depuis douze ans dans cette maison; il faut que dans huit jours je ne sois plus ici.

— Que dites-vous ? s'écria-t-elle.

— J'irai me loger à l'autre extrémité de Paris pour que vous n'ayez pas la crainte de me rencontrer et de rougir de honte devant moi. Vous serez plus libre encore et vous n'aurez plus à redouter mon regard sévère qui serait un reproche continuel pour votre conscience. Et puis, la douleur que j'éprouve aujourd'hui me fait pressentir les souffrances que j'endurerais plus tard.

La malheureuse enfant le regardait avec effarement, avec une sorte de terreur.

— Non, continua-t-il avec un tremblement nerveux dans la voix, je ne veux pas voir ce qui arrivera fatalement quand, dans la maison, dans la rue, dans le quartier, tout le monde saura que mademoiselle Georgette, dont Jacques Sarrue avait fait sa sœur, sa fille, son enfant, a manqué à tous ses devoirs, qu'elle est flétrie et qu'elle ressemble à tant d'autres malheureuses filles!... Non, non, je ne veux pas voir, quand vous passerez dans la rue, les regards de mépris et les sourires railleurs des gens qui diront, en se parlant tout bas à l'oreille : C'est elle, mademoiselle Georgette; regardez comme elle baisse la tête et les yeux; elle n'ose plus montrer son joli visage. Et on dira cela, vous pouvez en être sûre, je connais le monde. Et on vous désignera du doigt et du regard comme une fille perdue !

— Oh! oh! oh ! fit Georgette avec épouvante.

Elle sentit un frisson passer dans tous ses membres.

— Voilà, poursuivit Sarrue, voilà pourquoi je ne peux plus rester ici, voilà pourquoi je ne veux plus rester dans cette maison.

La jeune fille pleurait toujours à chaudes larmes.

Il y eut un moment de silence. Elle le rompit.

— Monsieur Jacques, dit-elle d'un ton profondément attristé, je n'oublierai jamais combien vous avez été bon et affectueux pour moi et tout ce que je vous dois ; mon cœur reconnaissant me fait sentir plus cruellement encore la sévérité de vos reproches. Je ne veux pas chercher à m'excuser en vous parlant de mon ignorance de bien des choses, d'un entraînement auquel je n'ai pu résister, d'un moment de faiblesse et d'oubli ; mais, si coupable que je sois à vos yeux, vous auriez pu vous montrer un peu plus indulgent. Hélas ! je suis peut-être plus à plaindre qu'à blâmer ! Mais, j'aime Maurice de toute mon âme, et malgré l'amertume de mes regrets, je me sens forte et suis prête à subir toutes les conséquences de ma faute. Voilà pourquoi j'accepte avec résignation, mais non sans douleur, la dureté de vos paroles et pourquoi mon affection vous restera la même.

« Monsieur Jacques, n'augmentez pas ma peine, déjà si grande, du chagrin d'avoir troublé votre existence paisible et de vous avoir dérangé de vos habitudes qui sont, je le sais, votre bonheur. Vous resterez dans cette maison ; c'est moi qui m'en irai. Je vous promets que dès demain, je me mettrai à la recherche d'un autre logement.

— C'est bien, dit-il d'un ton sec, vous avez compris qu'il était nécessaire, urgent, que nous fussions éloignés l'un de l'autre.

Il marcha vers la porte, l'ouvrit et se retourna pour jeter à la jeune fille ce dernier mot :

— Adieu !

Et, fermant la porte derrière lui, il s'élança dans l'escalier.

Georgette avait le cœur brisé. Défaillante, elle s'affaissa sur un siège et se remit à sangloter !

— Oh ! ma mère, ma bonne mère, vous qui m'avez tant aimée, gémit-elle, si vous voyez ma douleur, si vous pouvez m'entendre, ayez pitié de votre pauvre petite Georgette !

Alors elle se souvint des joies de son enfance. Elle pensa à Suzanne, sa sœur, qui l'avait abandonnée, à la ferme des Ambrettes et aussi à Manette Biron.

Soudain, elle porta ses deux mains à son front.

— A Marangue, murmura-t-elle, la vieille Manette m'a prédit l'avenir. Que m'a-t-elle donc dit ?

Et, concentrant ses pensées, la tête inclinée sur son sein, elle chercha à retrouver dans sa mémoire les paroles de la femme des Huttes.

— Ah ! s'écria-t-elle au bout d'un instant, je ne peux pas me rappeler, j'ai oublié !...

V

CHAMBRE A LOUER

Georgette regarda tristement autour d'elle. Pour la première fois, sa petite chambre, qu'elle avait si bien arrangée, où naguère encore elle se plaisait tant, lui parut froide et sombre comme une prison.

Ses yeux se fixèrent sur son métier; mais aussitôt elle secoua la tête. Elle ne se sentait pas le courage de se mettre à l'ouvrage.

— Maurice, cher Maurice, murmura-t-elle, oui, je l'aime, oui, je me suis donnée à lui tout entière. Si je ne suis pas désolée, désespérée, quand tous me repoussent, m'abandonnent, c'est que je suis sûre de trouver en lui un appui c'est que je peux compter sur son amour et son dévouement. Cher Maurice, continua-t-elle avec une sorte d'exaltation, je n'ai plus que toi pour m'aimer; à toi seul, maintenant, appartient le droit de me protéger, de me défendre!

Elle resta silencieuse, absorbée dans une profonde rêverie. Vingt minutes s'écoulèrent. Soudain, elle se leva brusquement.

— Oui, se dit-elle, il faut que je voie Maurice, qu'il sache tout, et puisque je dois quitter cette maison, le plus tôt sera le meilleur

Elle changea de robe, jeta un petit mantelet de drap sur ses épaules, mit son chapeau, qui n'était plus de saison, et sortit de chez elle.

Elle descendit l'escalier lentement, sans bruit, comme si elle eût craint d'être entendue.

La porte de la loge était ouverte; deux femmes de la maison, debout sur le seuil, causaient avec la concierge. En voyant apparaître la jeune fille dans l'allée, elles se turent subitement.

Georgette passa devant elles et les salua de la tête. Il lui sembla qu'en lui rendant son salut les femmes avaient sur les lèvres un sourire ironique. Elle avait remarqué aussi qu'en l'apercevant, elles avaient interrompu brusquement leur conversation, qui paraissait très animée. La pauvre enfant s'imagina facilement que les trois commères parlaient d'elle. Elle avait encore dans les oreilles les terribles paroles de Jacques Sarrue, la prévenant des affronts qu'elle aurait à subir.

— C'est le commencement, se dit-elle.

Et elle s'éloigna rapidement, le cœur serré, le rouge au front, baissant la tête.

Plus que jamais elle avait besoin de voir Maurice pour lui confier son chagrin, lui demander ses conseils et réclamer sa protection.

Comme elle tournait l'angle de la rue Durantin, elle s'arrêta brusquement Puis se jeta vivement en arrière.

Elle venait de voir Jacques Sarrue entrant dans la maison où demeurait Maurice.

Il n'y avait pas à en douter, le poète allait chez Maurice.

— Il ne se contente pas des reproches qu'il m'a adressés, se dit Georgette; il veut aussi faire tomber sur Maurice le poids de sa colère. Ah! il ne comprend pas qu'il est injuste.

Elle eut un moment d'hésitation, se demandant si elle ne ferait pas bien de monter quand même chez Maurice afin de le défendre contre le courroux de Sarrue, en prenant de nouveau pour elle seule toute la responsabilité des faits.

Cette pensée était inspirée par un cœur généreux. Mais se retrouver en présence de Sarrue, et chez Maurice encore, lui fit éprouver une sorte de frayeur.

— Non, se dit-elle, changeant d'idée, ce n'est pas le moment de me présenter chez Maurice, je reviendrai tantôt ou ce soir ; alors il saura ce qui se passe, puisque Jacques se charge de le lui apprendre.

Elle revint machinalement sur ses pas, comme si elle avait l'intention de rentrer chez elle. Mais arrivée rue Berthe, elle vit la concierge et les deux femmes qui avaient l'air de continuer dans la rue leur conversation interrompue un instant auparavant. Georgette crut encore que ces femmes parlaient d'elle ; peut-être se trompait-elle. Elle éprouva une sensation douloureuse causée par la peur d'affronter une seconde fois le regard des trois femmes et elle rebroussa chemin, en se disant :

— Mon Dieu, pourquoi suis-je ainsi? Est-ce que je n'oserai plus rentrer dans la maison?

Elle descendit sur le boulevard extérieur et continua à marcher dans la direction de Belleville. En passant devant les maisons, elle regardait les écriteaux indiquant des logements et chambres à louer.

— Si je trouvais aujourd'hui une chambre libre, pensait-elle, je déménagerais demain

Elle était poursuivie par cette idée que déjà, rue Berthe, elle était pour tout le monde un objet de raillerie.

Elle se trouvait à la hauteur du faubourg Saint-Denis, lorsque tout à coup elle s'entendit appeler.

— Mademoiselle Georgette, mademoiselle Georgette! criait une voix derrière elle.

Elle se retourna et vit accourir vers elle une jeune fille de vingt à vingt-deux ans, qu'elle avait vue plusieurs fois chez madame Simon, la passementière, et qui avait cherché à devenir son amie, en paraissant lui témoigner beaucoup de sympathie et d'intérêt.

Cette jeune fille, qui se nommait Albertine, sauta au cou de Georgette et l'embrassa comme si, intimement liées, elles ne s'étaient pas rencontrées depuis plusieurs années.

— Comme je suis heureuse de vous voir! dit Albertine, c'est que je vous aime vraiment beaucoup; vous le croyez, n'est-ce pas? Mais par quel hasard vous trouvez-vous par ici? Vous ne vous souvenez peut-être pas que je demeure ici tout près, rue de Meaux.

— Vous m'avez dit, en effet, que vous demeuriez rue de Meaux; mais, je l'avoue, j'ignorais que cette rue fût de ce côté.

— Nous en sommes à deux pas; je rentre et j'espère bien que vous ne refuserez pas de me faire aujourd'hui la visite que j'attends depuis longtemps et que vous m'aviez presque promise.

Georgette voulut presque s'excuser cherchant un prétexte.

— Non, non, l'interrompit vivement Albertine, en passant familièrement son bras sous le sien, il faut que vous veniez.

Georgette, ne sachant comment résister, se laissa entraîner.

Au bout d'un instant, Albertine reprit :

— Tout à l'heure, quand je vous ai reconnue et appelée, il m'a semblé que vous regardiez les écriteaux accrochés aux maisons du boulevard et je me suis dit : Mademoiselle Georgette a l'air de chercher une chambre à louer. Est-ce vrai?

— Oui.

— Alors, vous ne vous plaisez plus à Montmartre?

Georgette ne répondit pas.

— Je comprends cela, reprit Albertine; pour mon compte je déteste ce quartier-là, il y a trop à monter. Parlez-moi de la Villette, à la bonne heure!

« Donc vous voulez déménager au terme de janvier?

— Dès demain si je peux, répondit Georgette

— Dès demain! répéta Albertine surprise. C'est bien, continua-t-elle, vous n'avez pas besoin de m'en dire davantage, j'ai compris : il y a dans votre maison quelqu'un qui vous déplaît, qui vous emb... ennuie, et vous voulez vous éloigner de Montmartre; vous faites bien, je vous approuve. Tenez je suis tout à fait contente de cela et la chose se trouve à merveille.

— Que voulez-vous dire?

— Je veux vous dire que dans ma maison il y a justement une chambre à louer, dont les anciens locataires sont partis il y a trois semaines, et que le propriétaire a fraîchement décorée. Cette chambre est à l'étage au-dessous de la mienne, elle est assez grande et sa fenêtre donne sur la rue. Du reste, vous la verrez, et si elle vous convient...

— On veut sans doute la louer cher?

— Pas plus que la vôtre à Montmartre, j'en suis sûre. D'ailleurs, je suis au mieux avec la concierge : si c'est un peu cher, nous obtiendrons une petite diminution.

En voyant apparaître la jeune fille, les femmes se turent subitement. (Page 278.)

Elles arrivèrent rue de Meaux. Albertine ouvrit la porte de la loge et dit à la concierge :

— Nous montons chez moi. Mademoiselle, qui est une de mes bonnes amies, cherche une chambre à louer; elle désire voir celle de la maison : votre chambre ferait bien son affaire, parce qu'elle pourrait emménager tout de suite.

— Je monterai dans un instant avec la clef, répondit la concierge.

— Vous nous appellerez?

— Oui.

Les jeunes filles grimpèrent cinq étages et Albertine fit entrer Georgette dans sa chambre.

— Vous êtes vraiment bien logée, dit Georgette après avoir jeté un regard rapide autour de la chambre et sur les meubles.

— C'est un peu haut, mais j'ai de bonnes jambes, répliqua Albertine en riant. Et puis, j'aime ce quartier de Paris et je me plais beaucoup dans la maison. Mais vous verrez tout à l'heure la chambre du quatrième, elle est encore mieux que la mienne.

Elles s'étaient assises et causaient depuis dix minutes lorsqu'elles entendirent la voix de la concierge. Elles s'empressèrent de descendre à l'étage inférieur et entrèrent dans la chambre à louer, dont la concierge venait d'ouvrir la porte.

Elle me plaît beaucoup, dit Georgette : mais je crains bien que le prix de la location ne soit trop élevé pour moi.

— Cent cinquante francs, dit la concierge.

— Mais elle n'était louée avant que cent trente! s'écria Albertine.

— C'est vrai : mais elle n'avait pas alors ce joli papier et cette belle glace.

— Soit; mais il faut que le propriétaire consente à la louer à mon amie à l'ancien prix; et elle vous donnera cinq francs de denier à Dieu, n'est-ce-pas, Georgette?

La jeune fille répondit en inclinant la tête.

Depuis un instant, elle éprouvait un malaise étrange; c'était comme une grande faiblesse, il lui semblait que ses jambes allaient fléchir sous le poids de son corps.

— Je verrai le propriétaire tantôt, dit la concierge, et je ferai mon possible...

— Oh! si vous le voulez bien, il consentira, fit Albertine.

Et, se penchant vers elle, elle prononça quelques mots qu'elle lui dit tout bas à l'oreille :

— Ma chère Georgette, reprit-elle, la chose est entendue ; ce soir, vous aurez loué cette chambre, et dès demain, si cela vous convient, vous pourrez en prendre possession.

Elle s'aperçut alors que Georgette était devenue très pâle, qu'elle tremblait.

— Mon Dieu, mademoiselle Georgette, s'écria-t-elle est-ce que vous souffrez?

— Je ne sais pas ce que j'ai, répondit la jeune fille ; mais ne vous effrayez pas, ce ne sera rien.

— Vous tremblez comme si vous aviez la fièvre.

— C'est comme un étourdissement; il me semble à chaque instant que je vais tomber.

— Remontons vite chez moi, dit Albertine, en prenant le bras de Georgette.

Loin de se dissiper, le malaise de la jeune fille augmentait. Elle monta difficilement les marches de l'escalier, et aussitôt dans la chambre d'Albertine, elle s'affaissa lourdement sur une chaise.

Elle fut prise d'un frisson qui courut dans tous ses membres; de grosses gouttes de sueur froide couvrirent son front et ses tempes. C'était un commencement de syncope.

Albertine mouilla un linge dans du vinaigre, le lui fit respirer et le passa à plusieurs reprises sur son front.

— Que d'embarras je vous cause! disait Georgette d'une voix faible; j'ai eu tort de vous accompagner.

— Oh! ne dites pas cela, mademoiselle Georgette; vous avez bien fait de venir, au contraire; mais vous ne pensez donc pas que ce malaise aurait pu vous prendre dans la rue ?

— Oui, c'est vrai, vous avez raison.

Albertine se montrait très affligée et surtout très empressée à donner des soins à Georgette; elle tenait évidemment à lui prouver qu'elle était digne de ce titre d'amie qu'elle voulait avoir. Georgette fut, en effet, touchée de tant d'attentions, et à chaque instant elle avait une bonne parole pour témoigner sa reconnaissance à Albertine.

Elle se demanda à quoi elle pouvait attribuer la cause de son indisposition : elle se l'expliqua par les émotions violentes et successives éprouvées dans la matinée, et la peine que lui avaient faite les dures paroles de Jacques Sarrue.

Cependant, au bout de deux heures, pensant qu'il fallait absolument qu'elle vît Maurice, qui, après avoir supporté à son tour les reproches de Sarrue, devait l'attendre avec anxiété, elle manifesta le désir et la volonté de s'en aller.

— Y pensez-vous ? s'écria Albertine; je ne vous laisserai certainement point partir dans l'état de faiblesse où vous êtes.

— Je suis forcée de retourner chez moi.

— Si vous avez peur que madame Simon ou M. Sarrue soient inquiets, je les ferai prévenir par un commissionnaire.

— Non, non, répliqua vivement Georgette; mais je vous assure qu'il est important...

Croyant pouvoir compter sur ses forces, elle se leva; elle fit en chancelant deux pas dans la chambre et retomba sur une autre chaise, en faisant entendre un gémissement.

— Vous voyez bien que vouloir vous en aller maintenant est de la folie, dit Albertine, qui accourait pour la soutenir; vous allez rester ici, il le faut, je le veux. Si ce soir vous n'allez pas mieux, j'irai chercher un médecin. Avant tout, vous devez penser à vous remettre.

Georgette poussa un profond soupir.

— En attendant, reprit Albertine, qui faisait preuve d'un véritable dévouement, vous allez vous coucher dans mon lit; après quelques heures de repos, et surtout si vous pouvez dormir un peu, vous verrez, vous serez tout à fait remise. Je descendrai tout à l'heure et j'irai vous chercher un bon potage et un morceau de poulet chez le traiteur. Laissez-moi vous soigner, et demain, quand vous aurez repris vos forces, nous nous occuperons ensemble de votre emménagement.

En parlant elle avait préparé le lit. Elle revint près de Georgette pour l'aider à se déshabiller. La jeune fille ne voulait pas.

— Oh! comme vous êtes enfant, lui dit Albertine, mais soyez donc raisonnable, vous voulez donc devenir réellement malade!

Ces paroles effrayèrent Georgette. Elle céda aux instances de l'ouvrière. Un instant après elle était couchée dans le lit d'Albertine, et celle-ci sortait pour aller chez le traiteur.

Ce qu'il eût fallu surtout à Georgette à ce moment, c'est la tranquillité d'esprit; elle était au contraire tourmentée, très agitée, très inquiète.

— Mon Dieu, se disait-elle, Maurice m'attendra. Ne me voyant pas arriver, que pensera-t-il ? J'espère qu'il n'ira pas rue Berthe, car ne m'y trouvant pas, il supposerait que j'ai été victime de quelque grave accident et alors il serait horriblement tourmenté... Si je pouvais l'avertir, mais non, c'est impossible... Pour cela, il faudrait révéler à Albertine le secret de mon cœur... Oh! confier ainsi mon secret à une personne que je connais à peine... Non, non, jamais!... Il faut que je recouvre vite mes forces afin de pouvoir courir chez Maurice. Bien sûr je serai tout à fait remise ce soir et je pourrai m'en aller d'ici. D'ailleurs, si je suis encore faible, je prendrai une voiture.

« Allons, Albertine a eu raison ; ce qu'il me faut pour me remettre, je le sens, c'est deux ou trois heures de repos et un peu de sommeil, car ces trois ou quatre dernières nuits je n'ai guère dormi. »

Albertine revint. Elle trouva Georgette un peu moins agitée. Elle lui fit prendre le potage, chaud encore, et voulut lui faire manger une aile de poulet, qui paraissait assez appétissante. Mais Georgette n'y toucha point. Elle consentit seulement à accepter encore un verre de vin dans lequel Albertine eut l'attention de faire fondre un morceau de sucre.

— Maintenant, ma chère Georgette, dit l'ouvrière, je vais m'asseoir près de vous et prendre mon ouvrage. Fermez les yeux et tâchez de dormir.

VI

SANS PITIÉ!

En voyant Jacques Sarrue entrer dans la maison de la rue Durantin où demeurait Maurice Vermont, Georgette n'avait pu se tromper sur ses intentions.

hypocritement du titre d'ami, que j'ai eu la malheureuse faiblesse de vous donner, vous vous êtes introduit dans une maison pour tromper, pour séduire une innocente et chaste jeune fille.

Maurice essaya de protester.

— Oui, l'interrompit Sarrue avec violence, vous avez fait cela. Flétrie par vous, l'existence de la malheureuse Georgette est à jamais brisée !... Si vous n'appelez pas cela une infamie, une lâcheté, dites-moi vous-même quels mots je dois employer pour qualifier votre odieuse conduite.

— A cela, monsieur Sarrue, je répondrai par ces mots : j'aime Georgette et Georgette m'aime !

— Mensonge ! Quand on l'aime, on ne brise pas la vie d'une malheureuse fille ; on ne fait pas d'elle une créature avilie, méprisable.

— Je ne vois point que Georgette soit devenue ce que vous dites.

— Ah, çà ! monsieur, croyez-vous que nous avons en France vos affreuses mœurs américaines ? Ah ! sachant que vous aviez été élevé dans ce pays des libertés trop grandes, j'aurais dû me défier de vous et de vos principes. En France, monsieur, nous plaçons haut la chasteté de la femme, toutes ses vertus.

« Une fille qui tombe est une fille perdue !

— J'avoue humblement que je ne suis ni aussi absolu... ni aussi terrible que vous ; et je crois que partout, en Amérique comme en France, une fille qui tombe peut se relever et n'est pas toujours une fille perdue. Croyez-vous donc que Georgette ait moins de mérite à mes yeux et que ma tendresse, mon amour puissent diminuer ? Si vous avez cette pensée, monsieur Sarrue, détrompez-vous. Je l'aime encore davantage, de toutes les forces de mon âme. Ah ! si parce qu'elle a eu un moment d'oubli, la jeune fille était à jamais perdue, si elle était repoussée de partout, abandonnée de tous, si elle ne pouvait faire un pas sans rencontrer le mépris de l'injure, calculez, si cela vous est possible, monsieur Sarrue, le nombre des malheureuses qu'il y aurait sur la terre.

« Mais ne croyez pas que je cherche à m'excuser en vous parlant ainsi; je tiens seulement à vous dire que Georgette est toujours digne de mon respect et que nul n'a le droit de la mépriser. Nous nous aimons : nous n'avons pas su résister à un entraînement fatal ; ce fut un moment d'étourdissement, de folie, de délire... Vous devriez comprendre cela, monsieur Sarrue, car, en étudiant le cœur humain, vous devez y découvrir toutes ses faiblesses. Que vous dirai-je encore ? Du côté de Georgette comme du mien, les regrets ont immédiatement suivi la faute...

— Le crime, prononça la voix rauque de l'implacable Sarrue.

— Le crime, si vous voulez, reprit Maurice, et Georgette, pour nous punir tous les deux, m'a interdit d'aller la voir chez elle.

— Afin de venir ici, je sais cela.

— Je vous jure qu'elle n'est entrée que deux fois dans cette chambre.

— La malheureuse n'aurait jamais dû en franchir le seuil.

— D'ailleurs, reprit Maurice, je sais que j'ai contracté envers Georgette une dette sacrée. Je lui ai donné ma vie comme mon amour, et je n'ai plus qu'une pensée : la rendre heureuse.

— Ai-je le droit de vous demander quelle est votre idée, quelles sont vos intentions?

— Monsieur Sarrue, répondit gravement Maurice, Georgette sera ma femme.

— Ah! ah! fit le poète d'un ton railleur, voilà le bonheur, le bel avenir que vous lui préparez!

Maurice le regardait tout ahuri.

Sarrue se mit à rire ironiquement, puis haussant dédaigneusement les épaules :

— Je vous ai dit tout à l'heure que vous n'aviez pas de cœur, reprit-il; vous m'en fournissez en ce moment une nouvelle preuve.

Maurice était stupéfié.

— Un homme de cœur, continua Sarrue, ne doit songer à prendre une femme que lorsqu'il est en mesure de pourvoir à tous ses besoins. Êtes-vous dans cette situation? Non. Vous n'avez rien, pas même un commencement de position.

— J'ai du courage, je travaillerai.

Sarrue eut encore son rire ironique.

— Vous ne gagnez seulement pas de quoi vous suffire à vous-même, dit-il sèchement.

Ces paroles étaient dures, mais vraies.

Maurice éprouva une affreuse sensation et baissa la tête.

— Ainsi, reprit Sarrue sans pitié, voilà votre merveilleuse idée : associer mademoiselle Georgette à votre misérable existence pour lui faire endurer le froid, la faim, toutes les privations, pour la rendre plus malheureuse encore, pour lui faire connaître tous les tourments, toutes les misères! Voyons, est-ce cela que vous appelez avoir du cœur?

Maurice ne répondit pas; mais il laissa échapper une plainte étouffée.

— Si vous aviez eu du cœur et de la loyauté, continua Sarrue avec aigreur, comprenant tout ce que votre conduite avait d'odieux, vous n'auriez point abusé de mon aveugle confiance et porté le trouble dans le cœur de Georgette, sachant surtout ce qu'elle était pour moi.

— Hélas! je l'aimais, gémit Maurice.

— Eh! monsieur, riposta Sarrue avec colère, il fallait le lui laisser ignorer; l'honneur vous imposait le devoir de vous taire, de vous éloigner et de cacher votre amour au plus profond de votre cœur. Mais non, vous ne deviez pas reculer devant l'infamie, vous vouliez être un misérable!

— Mais comprenez donc, Jacques, comprenez donc que nous nous aimions! s'écria le jeune homme.

Sans s'en douter, le malheureux enfonçait le fer plus avant dans la plaie qui saignait au cœur du poète.

Les traits de Sarrue se contractèrent affreusement, et Maurice put voir les lueurs fauves de son regard à travers les verres de ses lunettes.

— Je l'aime, elle m'aime, nous nous aimons... tous les temps du verbe... vous n'avez que cela à dire, répliqua Sarrue d'un ton guttural; croiriez-vous, par hasard, que cela atténue le mal irréparable que vous avez causé? Vous n'en avez pas moins fait le malheur de Georgette, en vous rendant coupable envers moi d'une lâche et infâme trahison!

« Ah! vous l'aimez! continua-t-il d'une voix éclatante; eh bien, apprenez-le donc, moi aussi je l'aime, où plutôt je l'aimais, car quand il n'y a plus l'estime, l'affection disparaît...

— Vous l'aimiez! fit Maurice éperdu.

— Oui, oui, je l'aimais, comme on aime la pureté; comme on aime le bien, comme on aime l'idéal!... Mais j'ai su garder mon secret, moi, et si je vous le livre en ce moment, c'est l'effroyable douleur qui le fait sortir de mon cœur!... Je l'aimais avec ivresse, mais saintement... Ah! je me serais tué de désespoir si un mot pouvant la faire rougir me fût échappé, si mon regard trop ardent lui eût seulement fait baisser les yeux!... Mon respect pour elle était si profond, mon culte si sacré, que je craignais de l'offenser même avec ma pensée! Vous ne me comprenez point, n'est-ce pas? C'est comme si je vous parlais une des langues de la tour de Babel. Car vous êtes de votre époque, vous; de cette époque de décadence et de dépravation où on se fait un point d'honneur d'être sceptique! où le vice s'affiche comme un blason, où l'argent jette un défi à Dieu, où, dans tous les rangs, des faquins et des fripons trouvent le moyen de se faire honorer!...

« N'ai-je pas entendu un jour un beau fils de famille, un gommeux, un idiot ayant une raie au milieu de la tête comme une femme, déclarer qu'il ne croyait même pas à la vertu de sa mère?

« Le monstre! et le Dieu de justice n'a pas fait tomber sa foudre pour l'écraser!

« Mais tout cela vous est bien égal, à vous; je ne sais vraiment pas pourquoi je vous dis toutes ces choses. C'est bien; je me retire, maintenant que vous savez ce que je pense de vous. Nous nous voyons en ce moment pour la dernière fois; si vous me rencontrez par hasard dans la rue, je vous dispense de me saluer. Nous redevenons l'un pour l'autre, ce qui aurait dû être toujours: des étrangers, des inconnus. Pourtant, je veux encore vous dire ceci: J'aurai l'éternel regret de vous avoir appelé mon ami!

— Oh! maintenant que je connais et comprends la cause de votre colère, dit tristement Maurice, vous pouvez m'accabler, j'accepte tout.

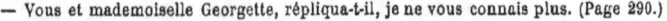

— Vous et mademoiselle Georgette, répliqua-t-il, je ne vous connais plus. (Page 290.)

Sarrue marchait vers la porte.

— Monsieur Jacques, reprit Maurice, un mot encore, un seul.

Sarrue se retourna.

— Ayez pitié de mademoiselle Georgette, l'implora le jeune homme ; c'est moi qui ai tous les torts, qui suis coupable... Ah ! je vous en supplie, monsieur Sarrue, ne lui dites rien à elle !

— Je n'ai point caché mon indignation à mademoiselle Georgette, répondit froidement le poète, et je lui ai dit, comme à vous, ce que je pensais de sa conduite.

— Quoi! s'écria Maurice, vous avez eu le courage...

— Oui, l'interrompit brusquement Sarrue, et je m'applaudis de lui avoir dit la vérité, en obéissant à mon ressentiment.

— Ah! c'est horrible! fit Maurice avec douleur, et tout à l'heure vous prétendiez l'aimer!...

Le poète se redressa fièrement, et, d'un ton grave :

— Monsieur Vermont, répondit-il, je vous ai dit que je l'avais aimée ; je ne l'aime plus.

— Et, pour elle comme moi, vous êtes sans pitié?

— Sans pitié!

Maurice poussa un sourd gémissement.

— Mon Dieu! mon Dieu! murmura-t-il, que va-t-elle devenir?

— Une malheureuse, ce qu'elle est déjà, répondit la voix sombre de Sarrue.

— Ah! tenez, exclama Maurice en faisant un geste désespéré, à mon tour je vous jette ces mots, comme une imprécation : Vous n'avez pas de cœur!

Sarrue ne parut nullement ému de l'apostrophe.

— Vous et mademoiselle Georgette, répliqua-t-il, je ne vous connais plus.

— C'est bien, dit Maurice, nous aurons du courage ; nous lutterons contre l'adversité, contre le malheur.

— Je n'ai pas besoin de vous apprendre, reprit Sarrue, que mademoiselle Georgette est entièrement libre depuis qu'elle n'est plus sous ma protection. Elle a compris qu'elle ne pouvait plus rester dans la même maison que moi. Je voulais aller me loger ailleurs ; mais elle m'a déclaré qu'elle préférait déménager elle-même. Je n'ai pas voulu la contrarier, comprenant qu'il était plus convenable pour elle, qu'elle prît un logement dans une autre maison et, autant que possible dans un autre quartier. Toutefois, comme mademoiselle Georgette restera bien encore huit ou quinze jours rue Berthe, je me procurerai pendant ce temps un gîte chez un ami. Ne voulant plus moi-même la rencontrer, je comprends qu'il lui serait extrêmement pénible de se trouver en ma présence.

Sur ces mots, Sarrue sortit de la chambre, aussi roide qu'il y était entré.

Maurice resta debout, pâle, immobile, les yeux fixés sur le parquet. Il était atterré.

VII

LES ANGOISSES DE MAURICE

Au bout d'un instant, sortant de sa torpeur, Maurice se secoua et passa à plusieurs reprises ses deux mains sur son front.

— Oui, murmura-t-il tristement, Sarrue a raison, cruellement raison; je suis pauvre, je ne gagne pas de quoi suffire à mes propres besoins en travaillant comme une bête de somme, je ne peux rien, rien pour le bonheur de Georgette ! Et pourtant je l'aime... et s'il le fallait, pour la rendre heureuse, je n'hésiterais pas à donner jusqu'à la dernière goutte de mon sang !... Oh ! la misère, c'est horrible ! Avoir la volonté et se sentir impuissant, c'est plus épouvantable, plus horrible encore !

« Que vais-je faire? Et elle, que va-t-elle faire? Elle a un état, elle travaille... Mais, seule maintenant, son métier de passementière pourra-t-il la faire vivre ? J'en doute. Elle a dit à Jacques qu'elle déménagerait, où veut-elle aller? Quelle est sa pensée ? Non, non, c'est impossible, elle ne peut pas rester seule, comme une abandonnée... Si, dès aujourd'hui, nous unissions nos deux existences, si elle venait ici, avec moi ; là, je mettrais ma table; près de la fenêtre, elle placerait son métier ; nous travaillerions ensemble. Comme elle le faisait avec Sarrue, nous aurions une bourse commune, si mince qu'elle soit, et en nous aimant nous verrions avec moins d'effroi notre double misère.

« Oui, mais c'est moi qui ai cette idée; Georgette refusera; je connais sa délicatesse et ses susceptibilités. Mon Dieu, comment faire ? Ah ! je suis désespéré ! Que fait-elle en ce moment? Pourquoi ne vient-elle pas ? pourquoi n'est-elle pas déjà venue ? Nous nous entendrions, nous examinerions ensemble ce qu'il y a de mieux à faire dans la situation présente. Si j'avais su trouver un emploi, je ne serais pas embarrassé, car enfin j'aime le travail et je ne suis pas sans capacités. Je pourrais bien gagner, comme d'autres, deux mille quatre cents ou trois mille francs. Ah ! quand on ne connaît personne à Paris, on reste perdu dans la foule des malheureux, nul ne s'intéresse à vous, tout le monde vous repousse.

« Jacques m'avait promis de me trouver des traductions à faire ; il a vu un éditeur, il n'a pas réussi et n'a plus osé faire une seconde démarche. Maintenant, je ne dois plus compter sur lui. Je vois toujours dressés devant moi les mêmes obstacles, je suis dans une impasse ténébreuse.

« Chère Georgette, est-il donc vrai que je t'ai aimée pour te rendre malheureuse ? Oh ! si je le croyais, je ne pourrais plus vivre ! Je ne sais pas ce que Sarrue a pu lui dire ; mais elle viendra certainement pour me l'apprendre, puisqu'elle m'a fait lui promettre de ne plus aller chez elle. Je ne sortirai pas, je l'attendrai toute la journée. »

Il s'assit près de la table, devant son travail.

— J'en ai encore pour deux heures, dit-il, en touchant le manuscrit dont il faisait la copie. Il faut absolument que j'achève, si je veux manger demain ajouta-t-il avec un sourire plein d'amertume.

Il prit sa plume, la trempa dans l'encre et se remit à écrire.

Mais il était distrait, vivement préoccupé; à chaque instant la plume cessait de crier sur le papier, et il tendait avidement l'oreille, espérant toujours qu'il allait entendre dans l'escalier les pas légers de Georgette. Son impatience et ses inquiétudes se révélaient par des mouvements brusques, fébriles.

Il mit plus de trois heures pour achever la copie du manuscrit. Il attendait toujours Georgette.

— Mais elle ne viendra donc pas ! s'écria-t-il en se dressant brusquement sur ses jambes. Qu'est-ce que cela veut dire ? Si Sarrue l'a traitée comme il m'a traité moi-même, la pauvre enfant doit cruellement souffrir ; elle est malade, peut-être !

« Mais il est donc sans entrailles, cet homme, qui se croit dans son orgueil le plus juste, le meilleur, le plus noble, le plus grand ! »

En proie à une agitation extraordinaire, il marchait dans la chambre d'un pas saccadé, fiévreux.

— C'est trop, c'est trop ! reprit-il au bout d'un instant, d'une voix étranglée ; ce que j'éprouve est intolérable, je ne puis rester plus longtemps dans une aussi cruelle incertitude.

Il mit son chapeau et sortit, ayant la précaution de laisser sa clef sur la porte, dans le cas où Georgette arriverait en son absence.

Le pauvre garçon ne craignait pas qu'un voleur vînt le dévaliser.

Il se dirigea vers la place Saint-Pierre, et, pendant une heure environ, il rôda aux abords de la rue Berthe, espérant qu'il verrait sortir Georgette ou qu'elle montrerait sa tête gracieuse à la fenêtre.

Vain espoir, Georgette n'apparut point dans la rue et la fenêtre resta close. Vingt fois Maurice fut au moment de s'élancer pour pénétrer dans la maison. Il lui fallut une grande volonté pour rester fidèle à la promesse qu'il avait faite à la jeune fille.

Cependant il se persuada que Georgette n'était pas chez elle, et, songeant que depuis qu'il battait le pavé des rues elle pouvait l'attendre chez lui, il se décida à revenir rue Durantin.

Il s'attendait si bien à la trouver dans sa chambre que, ne la voyant pas, ce fut un nouveau désappointement. Il s'assit tristement près de la fenêtre et se livra à de douloureuses réflexions.

La nuit vint. Maurice ne savait plus que penser. Son cœur palpitait sous l'étreinte de mortelles angoisses. Il lui revint cette pensée que Georgette était malade, privée de soins, n'ayant plus personne pour la secourir.

Alors il se décida à retourner rue Berthe, mais bien résolu, cette fois, d'entrer dans la maison et de se présenter devant la jeune fille, dût-il lui déplaire et encourir ses reproches.

Arrivé rue Berthe, Maurice passa rapidement devant la loge de la concierge et s'élança dans l'escalier qu'il grimpa en courant. Il frappa trois petits coups à la porte de Georgette. N'obtenant pas de réponse, il frappa de nouveau et plus fort. Même silence.

— Elle n'y est pas, se dit Maurice, pris d'une terreur subite.

Voulant être bien sûr qu'il ne se trompait pas, il frappa une troisième fois. Ensuite il passa la lame de son canif dans le trou de la serrure; il put se convaincre ainsi que la clef n'y était point.

Un affreux pressentiment le saisit, et, en une minute, toutes sortes de sombres pensées se heurtèrent dans son cerveau.

Il allait entrer chez la voisine. Il se retint. Son instinct venait de lui faire deviner que c'était-elle, madame Simon, qui avait tout révélé à Jacques Sarrue.

Il descendit l'escalier, et, comme il voulait à tout prix savoir quelque chose, il ouvrit la porte de la loge. La concierge était seule.

— Tiens, fit-elle, c'est monsieur Maurice!

— J'étais venu voir M. Sarrue, dit-il, bien certain, cependant, que la femme ne serait pas dupe de son mensonge.

— Vous ne l'avez pas trouvé; il m'a prévenue tantôt qu'il partait pour aller passer quelques jours à la campagne. Ce n'est pourtant guère la saison; mais il a des idées si drôles, M. Sarrue.

— J'ai aussi frappé chez mademoiselle Georgette, reprit Maurice.

— Est-ce qu'elle n'est pas rentrée?

— J'ai frappé trois fois, elle n'a pas répondu.

— Alors elle n'est pas chez elle; par exemple, c'est bien surprenant elle qui ne sort presque jamais et qui rentre toujours au bout d'une demi-heure.

— Est-ce qu'il y a longtemps qu'elle est sortie?

— Depuis ce matin. Voyons, quelle heure pouvait-il être? Huit heures et demie pas plus.

— Et elle n'est pas rentrée depuis? demanda Maurice d'une voix oppressée.

— Non, j'en suis sûre, car je n'ai quitté ma loge qu'un instant ce soir avant la nuit.

— C'est étrange! murmura le jeune homme.

— En effet, monsieur Maurice, il faut vraiment que quelque chose d'extraordinaire soit arrivé à mademoiselle Georgette. Elle est sortie ce matin sans rien me dire; je me rappelle maintenant que je l'ai trouvée très pâle, les yeux fatigués; elle avait un drôle de regard et la figure toute je ne sais comment.

— Ainsi, vous ignorez où elle est allée?

— Absolument.

— Madame Simon sait peut-être...

— Rien. C'est moi, dans la journée, qui lui ai appris que mademoiselle Georgette était sortie dès le matin.

— Oh! c'est affreux! murmura Maurice.

— Il ne faut pas vous effrayer si vite, monsieur Maurice, reprit la concierge; d'un moment à l'autre mademoiselle Georgette va revenir, car il commence à se faire tard.

— Ah! quelque chose me dit qu'il est arrivé un malheur! s'écria Maurice avec désespoir.

— A mademoiselle Georgette?

— Oui, à elle, à elle!

— Mon Dieu, monsieur Maurice, pourquoi vous faites-vous ces idées-là? Sans doute il est bien étonnant que mademoiselle Georgette ait passé toute la journée hors de chez elle; mais elle avait probablement quelqu'un à voir et elle a pu être retenue. Avant de croire toutes sortes de choses pas gaies et de vous désoler, attendez.

— Vous avez raison, reprit-il, il faut attendre. Je vais aller jusque chez moi, puis je ferai un tour de promenade et dans une heure ou deux je reviendrai savoir si mademoiselle Georgette est rentrée.

— Faudra-t-il lui dire que vous êtes venu?

— Oui, si vous voulez bien; vous pourrez encore ne pas lui cacher non plus combien je suis inquiet.

Maurice s'éloigna consterné, faisant toutes sortes de suppositions pour essayer de combattre son anxiété, de repousser ses craintes. Il courut encore chez lui, puis il se promena longtemps à l'aventure à travers les rues de Montmartre.

A dix heures, à onze heures et à minuit encore, il retourna chez la concierge de la rue Berthe. Il reçut à chaque fois la même réponse, qui le frappait au cœur comme un coup de poignard : mademoiselle Georgette n'est pas rentrée, on ignorait ce qui avait pu lui arriver.

Maurice était assailli de nouveau par ses appréhensions et ses craintes sinistres. Il se souvenait qu'une fois déjà Georgette avait eu l'intention de mettre fin à ses jours en se précipitant dans la Seine. Regrettant sa faute, désespérée, cette horrible pensée du suicide ne lui était-elle pas revenue, à la suite de sa conversation avec Jacques Sarrue? Voilà ce qui se dressait devant Maurice comme un spectre hideux, effrayant.

Cependant, tout en éprouvant l'horreur et l'épouvante de ses lugubres pensées, Maurice s'accrochait avec une sombre énergie à un lambeau d'espoir. Jusqu'à deux heures du matin il fut sur pied; plus de cinquante fois il monta et descendit cette partie de la rue des Martyrs, qui appartient à Montmartre.

Enfin, forcé de renoncer à l'espoir de voir revenir la jeune fille, il rentra chez lui dans un état pitoyable.

Il se jeta tout habillé sur son lit et s'y roula dans d'horribles convulsions, mordant son traversin, poussant de sourds gémissements, jetant par intervalle des cris affreux, désespérés.

La nuit se passa ainsi. Mais au moment où le jour parut, brisé, anéanti, il s'endormit. Ce fut un sommeil agité, plein de fièvre, tourmenté par d'effroyables cauchemars, plus fatigant encore que l'insomnie.

Quand il se réveilla, il était près de neuf heures. Il sauta à bas du lit, passa un linge mouillé sur sa figure, répara le désordre de son vêtement et courut rue Berthe.

La concierge lui répondit qu'elle n'avait rien appris encore au sujet de Georgette.

Il revint chez lui, la tête basse, le regard farouche, la mort dans l'âme.

Maintenant, il ne doutait plus. Il était convaincu que Georgette, conseillée par son désespoir, s'était jetée dans la Seine.

Il enveloppa la minute du drame et sa copie dans un vieux journal, mit le paquet sous son bras et le porta à l'agence.

En lui remettant douze francs pour son travail, on voulut lui donner un autre manuscrit à copier.

— Merci, dit-il, c'est inutile.
— Vous avez donc d'autres travaux?
— Oui, répondit-il.

Et un sourire singulier effleura ses lèvres.

Il sortit de l'agence et s'en alla par les rues, regardant les devantures de boutiques. Il entra chez un armurier. Pour huit francs il acheta un petit pistolet de poche à deux coups, des capsules et des balles. Un peu plus loin, dans une autre rue, il acheta cent vingt-cinq grammes de poudre chez un débitant.

Il lui restait encore un peu d'argent; mais, bien qu'il n'eût pas dîné la veille et rien mangé le matin, il ne voulut point écouter son estomac, qui le sollicitait d'entrer chez un traiteur ou un établissement de la société Duval.

Il remonta à Montmartre et fit un détour afin de passer rue Berthe une dernière fois avant de rentrer chez lui.

La concierge était toujours sans aucune nouvelle de Georgette.

Arrivé chez lui, Maurice prit une feuille de papier et écrivit rapidement une vingtaine de lignes. C'était une lettre. Il la plia et la glissa dans une enveloppe sur laquelle il inscrivit cette suscription :

« Monsieur Jacques Sarrue, rue Berthe. »

Cela fait, il lui sembla que l'air lui manquait. Il ouvrit la croisée et promena longuement son regard sur les toits et les fenêtres qui se trouvaient devant lui.

De grosses larmes roulèrent dans ses yeux. A quoi pensait-il? A Georgette, sans doute, et peut-être à sa mère, à son enfance, à tout son passé, puisqu'il ne voulait plus d'avenir.

— Pourquoi vivrais-je? prononça-t-il d'une voix creuse; la vie ne m'offre plus aucun espoir... Sarrue a raison, je suis un misérable! Je suis fatal à tout ce qui m'approche; je porte malheur à tout ce que j'aime!... Pauvre Georgette! Ah oui, je suis un maudit!...

Il referma la fenêtre. Son regard s'éclaira de lueurs sombres.

Il sortit de ses poches le pistolet, la poudre, les capsules et les balles, il chargea l'arme.

— Deux balles suffiront, murmura-t-il sourdement, en tirant dans ma bouche, c'est assez pour me faire sauter le crâne.

Il s'assit, tournant le dos à la fenêtre, ayant la porte en face de lui, les coudes appuyés sur la table, sa main droite tenant le pistolet.

Ses yeux se fixèrent sur le parquet.

— C'est là que je tomberai, dit-il.

Il fit jouer les batteries de l'arme et s'assura que les capsules étaient bien posées.

— Quand le dernier coup de midi sonnera à l'horloge de la mairie, prononça-t-il d'une voix lugubre, je m'en irai dans l'autre monde afin de voir si l'on y est plus heureux que dans celui-ci.

Et, tendant l'oreille, il attendit.

VIII

RETOUR AUX AMBRETTES

Un matin, entre dix et onze heures, un jeune homme suivait le chemin de grande communication, qui conduit du bourg de Soyers au village de Raucourt, lequel a été tracé à une faible distance de cette rivière au courant rapide, qui coule au-dessous de Marangue et qu'on nomme la Vrille.

Bien qu'on fût en plein hiver, la température était assez douce, et les rayons obliques du soleil essayaient d'égayer le paysage dépouillé de sa verdure.

Le jeune homme portait l'uniforme de nos officiers d'infanterie, sans épaulette; mais le galon d'or de son képi, répété au poignet des manches de sa tunique indiquait son grade. Le poids d'une valise de voyage, qu'il tenait par ses anses, ne l'empêchait pas de marcher allègrement.

A chaque instant, il regardait à droite, à gauche, et, souvent, ses traits s'animaient tout à coup, quelque chose de joyeux illuminait son regard. Il semblait reconnaître de vieux amis ou sourire à d'anciens souvenirs.

Quand il arriva en face du pont de Marangue, il s'arrêta pour regarder plus longtemps. A travers les grands arbres sans feuillage, il découvrit une partie des maisons du village et plus haut, se rapprochant du sommet de la montagne, le hameau des Huttes. Là encore il y avait des souvenirs pour le jeune officier; mais pour ceux-là son visage s'était attristé et deux larmes tombèrent de ses yeux.

— Ma mère chérie, prononça-t-il tout bas, demain je ferai une visite au cimetière; mais je ne veux point passer sans saluer ta tombe.

Et il se découvrit.

Dans sa dernière lettre, m'a-t-il répondu, notre Georges nous fait espérer qu'il viendra bientôt au pays. Vous entendez, monsieur Raynal, il a dit « notre Georges. » Vous êtes toujours l'enfant de la ferme. Du reste, c'est comme cela aussi à Raucourt et à Marangue : tout le monde vous aime. Et cela, croyez-le bien, monsieur Georges, ce n'est pas parce que vous avez fait votre chemin et que vous êtes un bel officier.

— Monsieur Georges le sait bien qu'il n'a que des amis dans le pays, reprit l'autre paysan; mâtin vont-ils être heureux à la ferme! Votre arrivée va faire sauter de joie tout le monde; il y aura plusieurs jours de fête aux Ambrettes.

— Vos paroles m'apprennent qu'on se porte bien à la ferme, dit Georges.

— Oui, et c'est à peine si vous trouverez que M. Thomas et sa digne femme ont un peu vieilli. Aujourd'hui tous les enfants sont grands. Comme vous devez le savoir, trois sont mariés et on parle de la noce prochaine de mademoiselle Céline, un beau brin de fille, vous verrez. Au fait, votre arrivée fera probablement avancer le mariage pour que vous puissiez y assister.

— Nous verrons, fit Georges. A Raucourt et à Marangue, y a-t-il quelque chose de nouveau?

— Rien. Quelques vieux qui sont morts, des jeunes qui sont venus au monde, voilà tout : c'est toujours la même chose.

— Et Georgette, la fille de Gervaise Vernier, elle doit être bien grandie?

Les paysans le regardèrent avec surprise.

— Mais vous ne savez donc pas, monsieur Georges...

— Quoi?

— Que Georgette n'est plus aux Ambrettes?

— Où donc est-elle?

— Personne ne le sait. Mais on ne vous a donc pas écrit qu'elle avait disparu?

— Georgette a disparu! s'écria le jeune homme consterné.

— Une nuit elle est partie sans rien dire à personne. Pourtant, elle était heureuse aux Ambrettes.

— Y a-t-il longtemps de cela?

— Environ huit mois, c'était en mai dernier.

Le jeune homme appuya sa main sur son front.

— Pourquoi donc y a-t-il de ces fatalités qui s'attachent ainsi à certaines familles? murmura-t-il.

Il reprit à haute voix :

— Et depuis, M. Thomas n'a pu découvrir où elle est allée?

— Malgré les recherches qu'il a faites de tous les côtés, il en est encore à se demander ce que la pauvre Georgette est devenue.

— Il y a tout de même dans le monde des familles qui n'ont guère de chance, dit l'autre paysan. On ne vous a sans doute pas laissé ignorer, monsieur Georges, que, très peu de temps après votre départ des Ambrettes et la triste fin de Gervaise, Suzanne s'était noyée dans la Vrille ?

— Oui, oui, cela, je le sais, on me l'a écrit.

— C'est tout de même bien étonnant que M. Thomas ne vous ait point appris la disparition de Georgette ; il aura oublié.

— C'est sûrement un oubli, ajouta l'autre.

— Non, pensait Georges, on a voulu me le cacher.

Après avoir remercié les deux paysans, il se remit en route.

Mais il n'y avait plus de clarté joyeuse dans son regard, la tristesse était entrée dans son cœur.

Pourquoi s'intéressait-il si vivement au sort inconnu de Georgette ? Peut-être l'ignorait-il lui-même. Mais on peut supposer que cet intérêt se rattachait directement à son amour d'autrefois pour Suzanne.

Ne voulant point passer à Raucourt, où il savait qu'il serait arrêté à chaque pas, et ayant hâte d'arriver à la ferme, il prit le chemin de traverse et marcha rapidement dans la direction des Ambrettes.

Un vieux chien de garde, qui le reconnut, l'annonça en courant au-devant de lui avec des aboiements joyeux. Aussitôt, tout le monde de la ferme fut sur pied. Il y eut des exclamations d'heureuse surprise et de grands cris de joie.

Thomas, sa femme, ses fils, les deux jeunes filles, tous sautèrent au cou de Georges. Après l'avoir embrassé une fois, on l'embrassait encore. Certes, il fut convaincu que, sur la route, le paysan ne s'était pas trompé en disant qu'il était toujours l'enfant des Ambrettes.

Ces démonstrations d'amitié dont il était l'objet chassèrent pour le moment la tristesse de ses pensées, et il se livra tout entier au bonheur de revoir ceux qui l'aimaient tant.

— C'est aujourd'hui jeudi, dit Thomas, dimanche, il y aura aux Ambrettes un grand dîner auquel nous convierons tous nos amis. Nous voulons fêter comme il faut ton retour parmi nous, Georges, et aussi votre épaulette, monsieur l'officier, ajouta-t-il gaiement.

Nous savons ce qu'était le cœur du fermier. Il n'aurait pas été plus heureux et plus fier, si Georges eût été son fils.

Le jeune officier passa cette première journée entouré de ses amis, qui ne pouvaient se lasser de le regarder et de l'entendre. Il leur parla de ses campagnes en Algérie avec enthousiasme, de notre grande colonie, des nombreuses sympathies qu'il avait rencontrées partout et de ses amis du régiment.

Il ne fit aucune question au sujet de Georgette et on ne lui parla point de la jeune fille.

Le lendemain, après le déjeuner, il se disposa à partir pour Marangue.

— Croyez-vous que je trouverai Manette ? demanda-t-il à Thomas.

— Oui, répondit le fermier ; je puis même ajouter qu'elle t'attend.

— Elle sait donc que je suis aux Ambrettes?

— Je l'ai fait prévenir hier soir, Georges, pensant bien que ta première visite serait pour ta protectrice et ton amie, la vieille Manette Biron.

Le jeune homme saisit la main du fermier et la serra en disant :

— Merci !

— Tu la trouveras bien changée, reprit Thomas; j'ai cru, il y a quelques mois, qu'elle allait mourir.

— Pour tous, ce serait une perte immense, dit Georges.

— Hein ! fit Thomas, plongeant son regard dans les yeux du jeune homme.

— Je n'ai rien dit, balbutia le sous-lieutenant.

— C'est vrai ; mais tu sais quelque chose, Georges?

— Eh bien oui, répondit-il, je sais que, depuis qu'elle est revenue aux Huttes, Manette Biron qu'on méconnaît, qu'on repousse, qu'on méprise, qu'on insulte même, est la bienfaitrice de la contrée.

— Ah ! tu sais cela, fit le fermier ; mais tu ignores sans doute que je lui dois tout, qu'elle a été la providence de ma famille?

— Monsieur Thomas, répondit Georges, j'étais jeune encore lorsque votre grande affection pour elle m'a fait deviner que vous étiez devenu riche par sa volonté.

— Je n'ai donc rien à t'apprendre, répliqua le fermier; maintenant, Georges, va embrasser notre mère.

Georges partit. Avant de monter aux Huttes, il entra dans le cimetière de Marangue. Il fut surpris de trouver une croix de pierre sur la tombe de sa mère, qu'il croyait abandonnée depuis longtemps; il remarqua aussi qu'il y avait au cimetière plusieurs croix pareilles. Il voulut les voir de plus près et il lut successivement le noms de Gervaise Vernier, François Biron et Antoine Vernier. Il n'eut pas de peine à deviner le nom de l'auteur de ces pieux souvenirs. De nouveau et jusque dans un cimetière, il voyait se manifester la volonté de la rebouteuse des Huttes.

— Allons, se dit-il, Manette m'attend; ne restons pas trop longtemps au milieu des morts.

Il sortit de l'enclos funèbre et se mit à gravir ce chemin des Huttes dans lequel sept ans auparavant, il avait rencontré celle qui devait acquérir une si triste célébrité sous le nom d'Andréa la Charmeuse.

Dix minutes après il frappait à la porte de la cabane de la rebouteuse.

— Entrez, répondit la voix grêle de Manette.

Le jeune homme ouvit la porte et entra.

La vieille femme, bien changée en effet, car maintenant elle avait les cheveux presque blancs, était debout au milieu de la cabane.

— Georges, c'est lui ! s'écria-t-elle, en ouvrant ses bras.

Le jeune homme s'y précipita, en disant :

— Manette, Manette, ma seconde mère !

— Ah ! je t'attendais avec impatience, dit-elle.

De joie elle se mit à pleurer, pendant que ses bras tremblants le serraient contre son cœur.

— Enfin, enfin, murmura-t-elle, je retrouve un de mes enfants !

Puis, l'éloignant un peu :

— Mais je ne t'ai pas encore regardé, reprit-elle. Tu es bien, très-bien, Georges, oui, mon fils, mon cher enfant, je te trouve beau... Va, je t'aime toujours comme autrefois, car ton cœur n'a point changé. Allons, viens t'asseoir, tu dois avoir bien des choses à me dire ; nous allons causer.

— Manette, en passant je suis entré au cimetière.

— Tu as bien fait, Georges ; il ne faut jamais oublier ceux qui ne sont plus.

— Sur la tombe de ma mère et sur d'autres j'ai trouvé des croix.

— Ah ! oui, une idée de Thomas.

— Inspirée par vous comme tant d'autres.

Elle eut un triste sourire.

— Heureusement pour l'avenir, répondit-elle, il y a longtemps déjà que Thomas n'a plus besoin de mes conseils.

— Manette, reprit le jeune homme, il y a environ huit mois que Georgette n'est plus à la ferme.

— C'est vrai.

— Est-ce que vous ne savez pas où elle est ?

— Je ne sais pas, Georges.

— On m'a dit qu'elle avait quitté les Ambrettes la nuit, sans qu'on eût pu soupçonner son projet.

— On t'a dit la vérité.

— Manette, Georgette était bien à la ferme des Ambrettes, sous la protection de M. Thomas ; pourquoi est-elle partie ainsi ?

— Je ne sais pas tout, Georges.

— Oh ! vous n'êtes pas sans avoir découvert le motif qui a poussé Georgette à prendre une aussi étrange détermination.

— Il arrive bien des choses dans la vie qu'on ne s'explique pas.

— Soit ; mais j'ai une autre question à vous adresser, Manette.

— Je t'écoute.

— Depuis huit mois environ, M. Thomas m'a écrit plusieurs lettres ; pourquoi ne m'a-t-il point fait savoir que Georgette avait disparu ?

— Comment, répondit Manette, jouant la surprise, il ne t'a pas dit cela dans une de ses lettres ?

— Non, et ses dernières, que j'ai conservées, ne parlent plus de Georgette.

— Mon cher Georges, Thomas a cru certainement qu'il t'avait informé de ce triste événement au moment où il est arrivé.

Le jeune homme secoua la tête.

— Manette, reprit-il, excusez-moi, si je me permets de vous faire connaître toute ma pensée ; mais je crois plutôt qu'il a été convenu entre vous et lui qu'on me cacherait la vérité.

La rebouteuse tressaillit.

— Georges, que veux-tu dire ? s'écria-t-elle.

— Voyons, Manette, pour quitter la ferme Georgette avait une raison, n'est-ce pas ?

— Il faut bien l'admettre.

— Eh bien, Manette, cette raison, vous la connaissez, j'en suis sûr.

La rebouteuse laissa échapper un soupir et, regardant fixement le jeune homme :

— Tu es un enfant terrible, dit-elle. Pourquoi me parles-tu si longuement de Georgette, que tu as à peine connue, qui n'était qu'une gamine quand tu es parti, et que tu devrais avoir oubliée ?

Cette question embarrassa le jeune officier. Il rougit et baissa les yeux.

IX

LES DOULEURS DE MANETTE

Après un moment de silence, la rebouteuse posa sa petite main décharnée sur la poitrine du jeune homme.

— Georges, dit-elle, est-ce que le mal qui est là, dans ton cœur, ne serait pas encore guéri ?

La tête de Georges se redressa pleine de fierté.

— N'ayez plus cette crainte, Manette, répondit-il d'une voix ferme ; je suis bien guéri.

— Je comprends ; ton amour s'est éteint parce qu'elle est morte, mais tu la regrettes toujours.

— Je n'ai point ces regrets dont vous parlez, Manette, répliqua-t-il en secouant la tête.

— Ah ! je croyais...

— Manette, M. Thomas n'a pas manqué de me faire savoir que Suzanne s'était noyée dans la Vrille.

— Oui, elle s'est noyée, la malheureuse.

— Vous me le dites aussi, Manette ; eh bien ! je suis toujours resté très incrédule au sujet de cette mort.

— Comment, tu ne crois pas?...

— Si, Manette, je crois; je crois que Suzanne ne s'est point jetée dans la rivière, je crois que Suzanne n'est pas morte!

— Malheureux enfant! s'écria la rebouteuse, tu me trompais tout à l'heure, tu l'aimes toujours!

— Rassurez-vous; non, je ne l'aime plus, j'ai chassé de mon cœur ce fatal amour

— Ainsi, tu crois sérieusement que Suzanne n'est pas morte?

— Oui.

— Est-ce parce que son cadavre n'a pu être retrouvé?

— Non, Manette; c'est parce que, à Paris, j'ai vu marqué avec du sang la trace de son passage!

— Georges, tu te trompes, tu te trompes! Tu as cru reconnaître Suzanne dans une autre femme.

— C'est une autre femme en effet, car elle s'est transformée et a aussi changé de nom. Qu'on croie à Marangue que la fille de Gervaise n'existe plus, je l'admets; mais vous, Manette, vous ne pouviez vous laisser tromper. Et si M. Thomas, par votre ordre, sans doute, s'est empressé de m'annoncer la mort de Suzanne, c'est que vous espériez ainsi me guérir de mon amour. Eh bien, Manette, vous vous étiez trompés. Je devinai que Suzanne, en s'éloignant de Marangue pour toujours, avait eu l'idée de faire supposer qu'elle s'était suicidée, et mon amour resta dans mon cœur. Si aujourd'hui il est mort, c'est que le mépris et l'horreur que m'inspire celle qu'on nomme à Paris Andréa la Charmeuse ont chassé de mon cœur le souvenir de Suzanne Vernier.

La rebouteuse fit un bond sur son fauteuil.

— Georges, comment sais-tu?

— Je vous le dirai tout à l'heure.

— Mais tu l'as donc vue?

— Non, je sais seulement ce qu'elle a fait à Paris

Manette poussa un gémissement et cacha sa figure dans ses mains.

— Revenons à Georgette, reprit le jeune homme. Savez-vous, Manette, ce que j'ai deviné encore?

— Dis-le, Georges, dis-le.

— Eh bien, Georgette, qui a cru pendant des années, comme tout le monde, que Suzanne était morte, a découvert tout à coup, je ne puis dire comment, qu'on lui avait caché la vérité. Alors, sans rien dire à personne, pensant bien qu'on ne la laisserait pas partir, elle a quité les Ambrettes pour aller à Paris retrouver sa sœur. Et si vous m'avez laissé ignorer sa fuite, c'est que vous avez craint que je ne découvrisse ainsi ce que vous aviez cru devoir me cacher dans l'intérêt de mon repos.

— Georges, tu ne t'es point trompé, tout cela est vrai. Oui, Georgette est partie pour aller retrouver sa sœur.

— Inutilement, car depuis plus d'un an Andréa la Charmeuse avait quitté Paris.

— Oui, je le sais.

— Et j'ai même plus d'une raison de croire que Georgette n'a pu découvrir la retraite de sa sœur.

— Pauvre enfant, gémit la rebouteuse, qu'est-elle devenue ?

— N'avez-vous donc fait aucune recherche, Manette ?

— Des recherches ! exclama-t-elle les yeux étincelants en se dressant à demi sur son siège ; mais depuis plus de seize ans, pour elle et pour d'autres, je ne fais que cela !... J'y ai usé mon courage, mes forces, ma vie !... Et rien, toujours rien... J'ai constamment marché à travers des ténèbres épaisses ! En ce qui concerne Georgette, écoute, Georges, écoute :

« Un jour, Thomas et moi, nous eûmes une conversation imprudente au sujet de Suzanne. La fatalité voulut que Georgette nous entendît. Elle apprit ainsi que sa sœur n'était point morte et qu'elle avait suivi à Paris le baron de Manoise, qui était ou allait devenir son amant. La nuit suivante, Georgette partit. Thomas désolé, accourut aux Huttes pour me prévenir. Je compris aussitôt que Georgette avait entendu notre conversation de la veille. Cela me disait que l'enfant avait pris la route de Paris. Je compris aussi que Suzanne seule pouvait nous faire retrouver Georgette.

« Le soir même, je partis pour Paris par un train direct. Je me reposai deux heures dans une chambre d'hôtel près de la gare de l'Est, en attendant qu'il fît grand jour. Je pris ensuite un fiacre à l'heure et je me rendis rue d'Assas, à l'hôtel de Manoise, où je fus reçue par les concierges, l'homme et la femme, à qui est probablement confiée la garde de la maison.

« Tu comprends, Georges, que, pour connaître la demeure de Suzanne, il fallait que je m'adressasse à M. de Manoise. Je demandai donc aux concierges où et quand je pourrais le voir. Ils me regardèrent avec insolence et me rirent au nez. Mais, comprenant bien vite que je n'étais pas d'humeur à supporter leurs grossièretés, ils devinrent plus traitables.

« Alors, la femme m'apprit que depuis plus d'un an le baron de Manoise était mort, tué en duel par un de ses amis, et que sa sœur, mademoiselle de Manoise, était aussi morte de chagrin peu de temps après. Enfin, elle ajouta qu'une abominable femme, qu'on appelait à Paris Andréa la Charmeuse, avait causé ces épouvantables malheurs.

« Au portrait qui me fut fait de cette Andréa, je n'eus aucune peine à reconnaître Suzanne. Répondant à mes questions, la concierge m'apprit encore que la malheureuse n'avait plus osé reparaître à Paris après de tels scandales, et qu'on ignorait ce qu'elle était devenue.

« Soudain le mari prit la parole :

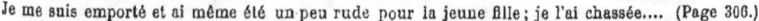
Je me suis emporté et ai même été un peu rude pour la jeune fille ; je l'ai chassée.... (Page 306.)

— Je suis à peu près certain que cette coquine a quitté la France, dit-il. Après s'être débarrassée de M. le baron en le faisant tuer par M. le marquis, qui était fiancé à mademoiselle, elle a abandonné ce dernier pour courir la pretantaine avec un autre. M. le marquis ne pourrait dire lui-même où se trouve actuellement cette misérable créature.

« Voilà, ajouta-t-il, ce que j'ai répondu hier à une jeune fille, qui, comme vous, est venue ici demander M. le baron de Manoise. »

« Ces paroles me firent tressaillir, car je compris que l'homme parlait de Georgette. Pour retrouver sa sœur, la pauvre petite avait imaginé le même moyen que moi.

— Cette jeune fille ne vous a-t-elle demandé que cela? repris-je, interrogeant le concierge.

— Elle nous a parlé de sa sœur, une certaine Suzanne. Or, nous avons reconnu que cette Suzanne n'était autre que la Charmeuse.

— Alors, qu'avez-vous dit à la jeune fille?

— Ma foi, je n'en sais trop rien. Nous étions tellement indignés, ma femme et moi, qu'on osât venir nous parler de cette misérable Andréa, que je me suis emporté et ai même été un peu rude pour la jeune fille; je l'ai chassée... Un instant après j'en ai eu le regret, mais c'était fait.

« Je ne pus m'empêcher de frémir.

— Et vous ne savez pas où elle est allée? demandai-je.

— Non. Elle s'est éloignée en pleurant à chaudes larmes.

« Il me sembla que je venais de recevoir un coup violent dans la poitrine.

— Oh! la pauvre enfant, m'écriai-je, où est-elle? que va-t-elle devenir?

« Ils me regardaient avec stupéfaction.

— Je suis arrivée à Paris ce matin, leur dis-je, et j'y suis venue pour retrouver cette malheureuse enfant, que vous avez vue hier et que vous avez chassée, faisant supporter à la pauvre innocente la faute de la coupable... Ah! sans le vouloir, sans doute, votre cruauté a peut-être causé déjà un nouveau et irréparable malheur!

« En me représentant Georgette errant à travers Paris, désespérée, ne sachant où aller, je me pris à sangloter.

— Mon Dieu! me dit la femme effrayée, que supposez-vous donc?

— Tout; les choses les plus affreuses, lui répondis-je avec une sorte de colère.

— Voyant qu'elle ne pouvait espérer trouver sa sœur, dit alors le concierge, je crois, moi, qu'elle a repris le chemin de fer pour retourner dans son village.

« Ces paroles pénétrèrent en moi comme une lueur d'espoir. La chose me paraissait si simple, si vraisemblable, si naturelle, que, sans réfléchir davantage, je me mis à partager l'opinion du concierge.

« Je rentrai à mon hôtel, et tout de suite j'écrivis à Thomas pour l'informer de ce qui se passait. J'attendis cinq jours la réponse de Thomas. Elle arriva. Hélas! Georgette n'était pas revenue aux Ambrettes. Je restai encore huit jours à Paris. Je ne dirai pas, Georges, dans quelle situation d'esprit je les passai. Toutes les recherches auxquelles je me livrai furent inutiles. Hélas! je suis accoutumée à ce genre de déception.

« Une nouvelle douleur se joignait à d'autres plus anciennes et non moins cruelles.

« Depuis, Georges, huit mois se sont écoulés, et nous ne savons toujours rien sur le sort de la pauvre Georgette. »

Manette cessa de parler et un long silence suivit.

— Maintenant, Georges, reprit-elle, apprends-moi comment tu as su que Suzanne s'est fait appeler à Paris Andréa; enfin, dis-moi tout ce que tu sais d'elle.

— Dans votre récit, Manette, sans le nommer, vous avez parlé d'un marquis.

— Je ne crois pas que les concierges m'aient dit son nom.

— Eh bien, Manette, ce marquis s'appelait Maxime de Soubreuil. Ami intime du baron de Manoise, et fiancé à mademoiselle Jeanne de Manoise, il eut le malheur de voir Suzanne, non, Andréa, et de l'aimer. Les deux amis devinrent ennemis. A la suite d'une provocation du baron, les deux rivaux se rencontrèrent dans un duel au pistolet. Le baron tomba frappé au cœur et mourut quelques heures plus tard. Moins de deux mois après, mademoiselle de Manoise, qui avait perdu en même temps son frère et son fiancé, descendit à son tour dans la tombe.

« On vous a dit qu'Andréa n'avait pas tardé à quitter le marquis. C'est la vérité. Or, cette sombre histoire de la famille de Manoise et du marquis de Soubreuil, qui est aussi celle d'Andréa la Charmeuse, a été écrite de la main même du marquis. Je la connais, j'en ai écouté la lecture en frémissant d'épouvante et d'horreur.

« Après Henri et Jeanne de Manoise, le marquis Maxime de Soubreuil devait payer de sa vie son amour pour Andréa.

— Mort aussi! s'écria Manette.

— Oui.

— Oh! la malheureuse! la malheureuse!

— Vous savez, Manette, continua Georges, qu'à son retour d'Afrique, le bataillon de chasseurs, où j'étais sergent-major, vint se caserner au fort de Vincennes. Derrière le fort se trouve le bois de Vincennes, dont la ville de Paris a fait depuis quelques années de magnifiques promenades, rivales de celles du bois de Boulogne.

« Un jour que je me promenais dans une des avenues du bois, — c'était au mois de juillet, — une double détonation d'arme à feu retentit à une faible distance de moi. Voulant connaître la cause de cette explosion, je m'élançai dans le bois et arrivai dans une petite clairière en même temps que deux jeunes gens, attirés comme moi par le bruit de l'arme à feu.

« Un homme, étendu sur le sol, baignait dans le sang qui sortait à flots de son crâne fracassé. Le malheureux n'était déjà plus qu'un cadavre. Je sus bientôt le nom du suicidé: l'un des jeunes gens accourus en même temps que moi le connaissait: il nomma le marquis Maxime de Soubreuil.

« Il nous apprit encore qu'il avait été pendant quelque temps le secrétaire du marquis, et que ce dernier lui ayant écrit le matin qu'il était décidé à s'ôter la vie, il l'avait inutilement cherché toute la journée, espérant pouvoir l'empêcher de mettre à exécution son fatal dessein.

« Il nous dit ensuite qu'il connaissait la cause du suicide, laquelle était racontée dans un manuscrit, œuvre du marquis, que le malheureux lui avait légué en prenant la résolution de se tuer.

« Pendant que nous causions, des soldats de la garnison de Vincennes, s'étaient approchés de nous, il s'offrirent pour transporter le cadavre à Vincennes, ce qui fut fait. Mes deux compagnons et moi, nous allâmes faire notre déclaration chez le commissaire de police.

« De notre rencontre en présence d'un cadavre devait naître un rapprochement plus intime. C'est ce que comprit le plus âgé de nous trois, un poète, appelé Jacques Sarrue, car il nous fit aussitôt la proposition de nous unir par les liens de l'amitié. Nous échangeâmes de cordiales poignées de mains et nous nous séparâmes en nous donnant rendez-vous aux obsèques du marquis de Soubreuil, qui eurent lieu le surlendemain.

« J'ai donc retrouvé mes deux nouveaux amis au cimetière du Père-Lachaise. Après l'enterrement, Jacques Sarrue nous conduisit devant un tombeau de marbre. C'est là que, l'avant-veille, caché derrière des cyprès, il avait vu le marquis en proie à un sombre désespoir. Ayant deviné la préméditation du suicide, Sarrue avait eu l'idée de suivre M. de Soubreuil, et c'est ainsi qu'il s'était trouvé au bois de Vincennes.

« Sur le tombeau de marbre, je lus les noms de Henri de Manoise et de Jeanne de Manoise. Je me rappelai aussitôt que le baron Henri de Manoise était venu plusieurs fois à Raucourt chez son ami le comte de Raucourt. Sans rien supposer encore, je vous avoue, Manette, que je fus douloureusement impressionné, et, sans me rendre compte de ce qui se passait en moi, comme si j'eusse le pressentiment que Suzanne Vernier n'était pas étrangère à la mort du frère et de la sœur, je devins subitement rêveur et toutes sortes de pensées se croisèrent dans ma tête. »

X

LES EFFETS DE LA JOIE

Georges Raynal s'était arrêté un instant pour reprendre haleine. Il paraissait très ému, et Manette qui le regardait, tout en l'écoutant avec une vive curiosité, s'aperçut que son visage avait pâli.

— Tout cela m'intéresse beaucoup, Georges, lui dit-elle ; continue.

Le jeune officier reprit la parole :

— Il avait été convenu qu'après l'enterrement du maquis de Soubreuil nous lirions le manuscrit dont je vous ai parlé. Nous nous rendîmes donc chez notre jeune ami, devenu propriétaire du mystérieux écrit, et, nous étant assis au milieu d'un profond silence, nous écoutâmes, Jacques Sarrue et moi, la lecture que nous fit Maurice.

Manette eut un brusque mouvement.

— Ah! ce jeune homme, qui connaissait le marquis de Soubreuil, s'appelle Maurice? fit-elle.

— Oui, Manette, Maurice Vermont.

La rebouteuse poussa un grand cri et d'un bond se dressa sur ses jambes. Ses yeux brillèrent comme des escarboucles.

— Georges, Georges, s'écria-t-elle d'une voix étranglée par l'émotion, ai-je bien entendu? As-tu réellement dit Maurice Vermont?

— Oui, Manette, Maurice Vermont. Mais qu'avez-vous? Pourquoi cette émotion?

Les yeux de la vieille femme prirent une expression de joie indéfinissable. Puis élevant ses bras et regardant le ciel :

— Dieu de bonté, exclama-t-elle, si c'était lui!...

Le jeune homme restait immobile, les yeux fixés sur la rebouteuse, comme si la surprise l'eût paralysé.

— Allons, allons, reprit Manette, se parlant à elle-même, il faut que je sois forte... Et puis je ne dois pas me livrer si vite à l'espoir, à la joie, car si c'était une nouvelle déception, ce dernier coup achèverait de me tuer.

Redevenant immédiatement plus calme, elle se remit dans son fauteuil et, prenant la main de l'officier :

— Mon cher Georges, dit-elle, ne t'étonne de rien; tout à l'heure tu comprendras; d'ailleurs, tu sais déjà tant de choses que je ne te cacherai pas plus longtemps mon secret. Mais avant tout, Georges, il faut que tu répondes aux questions que je vais t'adresser.

— A tout ce que vous me demanderez, Manette, je n'hésiterai pas à répondre, si je le peux.

— Georges, quel est l'âge de ton ami, de ce jeune homme qui s'appelle Maurice Vermont?

— Environ vingt-trois ans.

— Oh! c'est bien son âge, murmura Manette.

Georges sentit qu'elle serrait fiévreusement sa main. Elle reprit :

— Ce jeune homme doit avoir des parents; il vit avec sa mère, sans doute?

— Non, sa mère est morte.

— Morte!

— En Amérique, m'a-t-il dit, où elle était depuis longtemps en qualité d'institutrice dans une riche famille.

— Il t'a peut-être dit le nom que portait sa mère avant de se marier.

— Je ne le crois pas, Manette, autrement je me le rappellerais. Tout ce que je sais, c'est que Maurice est né à Paris, où près de Paris. Ses parents avaient alors une certaine aisance. Le malheur est venu, madame Vermont, complètement ruinée, fut forcée de demander à son travail le moyen de vivre et d'élever son fils. Une position lui fut offerte à la Nouvelle-Orléans. Elle n'hésita pas à s'expatrier, emmenant avec elle Maurice qui avait alors de six à sept ans.

— Oui, oui, Georges, c'est bien cela. Parle toujours, mon enfant. Dis-moi tout ce que tu sais.

— Malheureusement, Manette, je ne sais que cela. Sa mère étant morte, Maurice se sentit pris du désir de revenir en France. Il avait gardé les souvenirs de Paris et des jours de son enfance heureuse. Il était depuis très peu de temps à Paris lorsque nous nous sommes rencontrés.

— A-t-il une position convenable? que fait il?

— Si sa position n'a pas changé, Manette, Maurice est un de ces pauvres diables, comme il y en a tant à Paris, qui luttent, dépensant toute leur énergie contre les difficultés de la vie sans cesse renaissantes. Pourtant, ce n'est ni l'intelligence, ni l'instruction qui lui manquent. Il connaît plusieurs langues, et ses goûts élevés le rendent un peu artiste. Sa physionomie est des plus sympathiques; il a d'excellentes manières et il m'a paru fort distingué. Aux États-Unis, il était employé dans une maison de commerce. Mais à Paris, où il est revenu ne connaissant personne, il n'avait pu trouver encore un emploi en rapport avec ses capacités. Il faisait le métier de copiste et gagnait juste de quoi ne pas mourir de faim. Il nous a même avoué en riant, — car il est très gai, — qu'il ne mangeait pas tous les jours.

— Oh mon Dieu! mon Dieu! soupira Manette. Le pauvre enfant, être dans une telle misère à côté de tant de richesses!

Ses yeux se remplirent de larmes et elle ne put retenir ses sanglots.

Au bout d'un instant elle se leva, et tendant ses bras au jeune officier:

— Georges, lui dit-elle, embrasse-moi, embrasse la vieille Manette, que tu viens de rendre si heureuse. Ah! oui, continua-t-elle en pleurant, sans le savoir tu me rends bien heureuse... Tu me mets la joie dans le cœur, tu me rends la force et l'espoir que je n'avais plus. Grâce à toi, Georges, mes vieux jours seront éclairés par le plus pur rayon qui puisse descendre des cieux.

Elle passa son mouchoir sur sa figure et sur ses yeux.

— Ah! s'écria-t-elle avec exaltation, c'est toi qui l'as retrouvé, cet enfant que je cherche depuis tant d'années, pour lequel j'ai accumulé la fortune, entassé millions sur millions; car c'est bien lui, Georges, je n'ai pas même un doute; tu m'en as dit assez pour me le faire reconnaître. Et c'est toi, toi qui le retrouves...

Ah! il fallait que cet immense bonheur me fût donné par un de mes enfants!...
Et ce n'est pas tout, pour comble de joie, Maurice est l'ami de Georges!

« Quand je pense que dernièrement je disais à Thomas : « Mon pauvre ami, je me sens descendre, encore quelques mois, et je n'y serai plus, tu vas être seul pour remplir la tâche. » Eh bien, était-je assez ridicule de parler ainsi?... Mourir, moi, allons donc, je vivrai jusqu'à cent ans! Est-ce que je suis vieille? Jamais je ne me suis sentie avec tant de force, jamais mon cœur n'a battu plus chaud dans ma poitrine! En une minute j'ai rajeuni de trente ans! »

Et le front rayonnant, les yeux pleins de clarté, redressant fièrement sa petite taille, elle marchait crânement dans la cabane.

— Oui, reprit-elle, en s'arrêtant devant le jeune homme, je suis rajeunie et je ferais à pied le voyage de Paris pour aller chercher Maurice; oui, je vivrai jusqu'à cent ans, car, vois-tu, je veux faire sauter sur mes genoux les enfants de Maurice et les tiens aussi, Georges. Je veux vous voir mariés, et je vous ferai riches, vous tous qui avez une place dans le cœur de Manette, la vieille sorcière, comme on m'appelle à Marangue.

« Ah! Ah! ils vont joliment danser les millions!... Oui, tous mes enfants seront riches... Il n'y aura que des heureux autour de moi, et jamais, jamais je n'en verrai assez.

Après une pause elle reprit :

— Comme c'est doux la joie! comme c'est bon le bonheur!

Elle saisit le bras de l'officier et, s'appuyant sur lui :

— Tu me regardes avec un drôle d'air, Georges, dit-elle. Tu crois peut-être que tout à coup j'ai perdu la raison. Non Georges, non, je ne suis pas folle; il n'y a qu'une ivresse infinie dans mon âme. Asseyons-nous, mon cher enfant, car tu es un de mes fils, tu le sais bien. Je t'ai dit tout à l'heure que je t'apprendrais mon secret; je vais te raconter mon histoire. Maintenant que tu es un homme, tu peux connaître entièrement la vieille Manette Biron.

Alors, en face l'un de l'autre, tenant les deux mains de Geoges, leurs genoux se touchant, elle raconta les douleurs de son enfance, comment, désespérée, elle s'était jetée dans la rivière pour mourir et avait été sauvée par le docteur Grandier.

Elle continua son récit par l'histoire du docteur, leur long séjour au Bengale, son retour en France, ses vaines recherches pour retrouver la fille du docteur et son petit-fils Maurice. Enfin, elle termina en apprenant à Georges comment, suivant les conseils de son notaire de Paris, elle avait employé l'argent rapporté des Indes et vendu successivement la plus grande partie des pierres précieuses de la cassette.

Georges Raynal était émerveillé et stupéfié en même temps. Certes, il avait toujours eu du respect, de la vénération pour la rebouteuse des Huttes; maintenant il la trouvait admirable, sublime... Elle lui apparaissait comme une divinité sur un trône d'azur, étendant la main pour protéger le monde!

Manette avait tout appris à Georges. Cependant elle ajouta :

— Je ne saurais dire au juste combien, actuellement, il y a de millions à la Banque de France, représentés par des titres ; mais le notaire aura vite compté tout cela. J'ai à peu près épuisé la cassette ; cependant, il reste assez de magnifiques pierres, sans compter un superbe collier de perles, à mettre dans la corbeille de la fiancée de Maurice Vermont, serait-elle la fille d'un roi.

« Maintenant, Georges, continua-t-elle, il faut que tu me donnes l'adresse de Maurice.

— Rue Durantin, n° 8, à Montmartre.

— C'est gravé dans ma mémoire, fit-elle.

Puis après avoir réfléchi un instant :

— Georges, reprit-elle, tu vas retourner tout de suite aux Ambrettes ; tu préviendras Thomas que je serai ce soir à la ferme pour souper avec vous tous ; tu lui diras aussi qu'il devra se tenir prêt pour me conduire à la ville aussitôt après le repas. Tu comprends, n'est-ce pas, qu'il faut que demain je sois à Paris?

— Oui, Manette.

Georges sortit de la cabane et reprit le chemin de Raucourt.

Manette revêtit son costume de voyage, une robe de drap marron sur laquelle elle jeta une longue pelisse de drap noir chaudement doublée, un bonnet de linge délicieusement brodé par une des filles de Thomas.

Cela fait, elle prit son bâton, ferma la porte de la cabane à double tour, mit la clef dans sa poche et s'éloigna des Huttes.

Quand elle arriva à la ferme, Thomas et sa femme, prévenus par Georges, l'attendaient depuis une heure. Toutefois le jeune homme ayant été discret, le fermier ne savait rien encore.

L'heure du souper étant venue, on se mit immédiatement à table. Manette était fort gaie, elle fit des compliments à tout le monde.

— Il y a quelque chose d'extraordinaire, se disait Thomas ; c'est la première ois que je la vois ainsi.

Le repas terminé, Manette le prit à part.

— Il paraît que Georges ne t'a rien appris, lui dit-elle.

— Il m'a seulement prévenu que j'aurais à vous conduire à la ville.

— Oui, je vais à Paris. As-tu donné des ordres en conséquence?

— Il n'y a que le cheval à atteler au cabriolet.

— C'est bien ; nous partirons dans une heure.

— Puis-je savoir?

— Certainement. La fille du docteur Grandier n'est plus de ce monde, mais j'ai retrouvé son fils, Maurice Vermont.

— Oh! alors, je comprends et partage votre joie.

Brièvement, Manette raconta à Thomas ce que lui avait appris Georges Raynal.

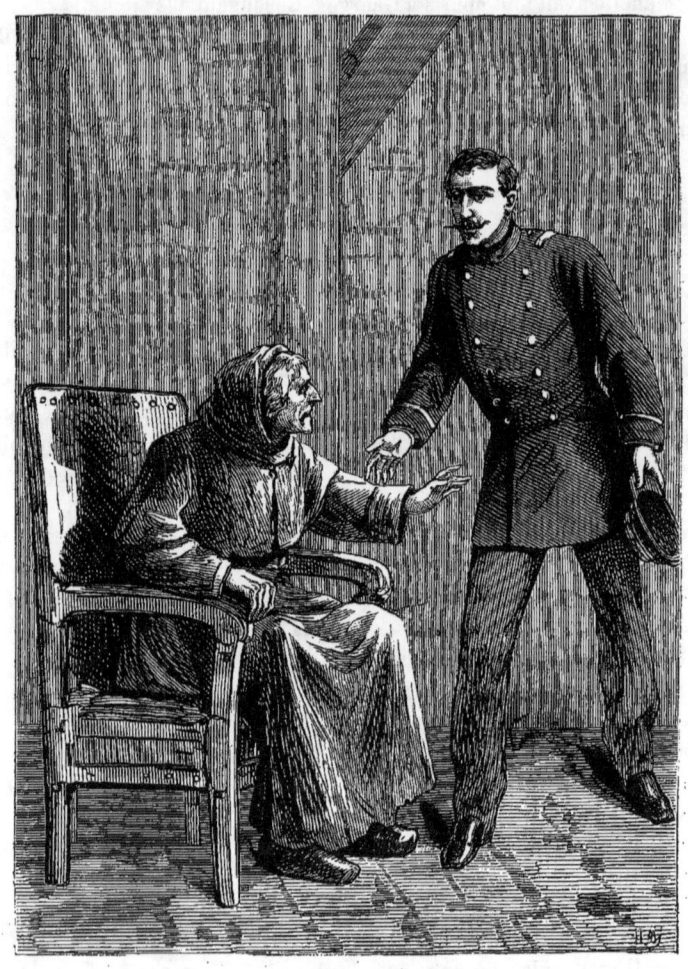

Ah! s'écria-t-elle, c'est toi qui l'as retrouvé, cet enfant que je cherche depuis tant d'années. (Page 310.)

— Demain matin, continua-t-elle, tu partiras pour Salerne. Tu donneras des ordres au château pour qu'on soit prêt à recevoir Maurice Vermont. Ensuite tu iras voir ton fils à la ferme de l'Étang et tu lui annonceras la prochaine arrivée de son maître; tu préviendras également le fermier des Terres-Blanches. Enfin, tu nous attendras au château. Ce que j'ai à faire à Paris avec Maurice ne peut pas m'y retenir plus de vingt-quatre heures. Le notaire se chargera de préparer les actes et de toutes les formalités à remplir.

— Manette, répondit Thomas, vous pouvez compter sur moi comme toujours, vos ordres seront exécutés.

L'heure du départ arriva. Thomas s'était promptement habillé; il avait jeté déjà sa limousine sur le siège du cabriolet. Il attela lui-même le cheval à la voiture.

Manette sortit de la ferme; on l'entoura pour lui souhaiter un bon voyage. Elle embrassa tout le monde. Tout bas elle dit à Georges :

— Je t'attends dimanche à Salerne, au château de ton ami Maurice Vermont. Comme je ne l'aurai pas prévenu, Maurice sera certainement aussi heureux que surpris de te voir.

— Je serai dimanche au château de Salerne, répondit-il.

Manette lui serra la main et prit place dans le cabriolet à côté de Thomas.

XI

LA FORTUNE

Le premier coup de midi sonna à l'horloge de la mairie du XVIIIe arrondissement.

Maurice Vermont mit le canon du pistolet dans sa bouche et le serra entre ses dents. Deux de ses doigts touchaient les gâchettes. Une légère pression des ressorts de détente et les deux coups partaient.

Maurice, écoutant l'horloge, compta depuis un jusqu'à neuf. Il n'entendit pas qu'on montait l'escalier.

Soudain, deux coups frappés à sa porte le firent tressaillir

La pensée que Georgette n'était pas morte, qu'elle venait enfin le trouver passa dans sa tête avec la rapidité de l'éclair. Il se dressa sur ses jambes et bondit vers la porte, qu'il ouvrit.

Au lieu de Georgette, qu'il s'attendait à recevoir dans ses bras, il se trouva en face d'une femme petite, vieille, qui lui parut fort laide, dont le regard ardent semblait vouloir le défigurer.

Le mouvement de sa physionomie révéla à la visiteuse son désappointement.

— Bonjour, monsieur, dit-elle en entrant dans la chambre.

Tout en continuant à la regarder avec étonnement, Maurice recula.

— Je vois à votre air que ce n'est pas une inconnue que vous attendiez, reprit-elle en souriant.

— C'est vrai, madame, répondit-il; qui êtes-vous? que me voulez-vous?

— Je vous le dirai tout à l'heure; mais sachez, d'abord, que je vous apporte des nouvelles d'un de vos amis.

— Je n'ai plus d'ami, dit-il d'une voix creuse.

— Vous avez donc oublié déjà Georges Raynal?

— Georges Raynal! s'écria-t-il, non, non, certes, je ne l'ai pas oublié... Et c'est de sa part que vous venez?

— J'ai vu hier Georges Raynal, et c'est par lui que j'ai su que vous demeuriez ici. Pour venir vous trouver, je viens de faire près de cent lieues. Vous êtes étonné, n'est-ce pas? Vous allez l'être encore davantage en apprenant que je vous cherche, vous et votre mère, depuis près de dix-sept ans. Madame Vermont, née Virginie Grandier, est morte, hélas! Mais vous voilà, vous; j'apprendrai au fils ce que je voulais dire à la mère.

En parlant, les yeux de Manette s'étaient fixés sur le pistolet que le jeune homme tenait encore. Elle devina aussitôt une partie de la vérité, et, pensant que si elle était arrivée quelques minutes plus tard elle aurait trouvé un cadavre dans la chambre, elle se sentit frissonner des pieds à la tête.

Elle s'approcha de Maurice, lui saisit le bras et, sans qu'il fît aucune résistance, elle lui enleva le pistolet.

— Malheureux enfant, dit-elle d'une voix émue, pourquoi cette arme était-elle dans votre main?

Maurice baissa la tête.

— Vous n'osez pas répondre, reprit-elle, vous avez honte d'avoir conçu une pensée criminelle. Ainsi, j'ai deviné, vous vouliez vous tuer?

— Oui.

— Pourquoi?

— Parce que je suis seul dans la vie, parce que je suis désespéré.

— La misère, n'est-ce pas? le manque de travail, le découragement... Vous avez essayé d'aplanir les difficultés qui se dressaient devant vous; puis lassé de voir toujours les mêmes obstacles, vous vous êtes effrayé; ne voulant plus marcher, vous avez dit : La mort mettra un terme à la lutte... Ah! si grande que soit votre misère, si sombre que vous ait paru votre destinée, vous ne deviez pas manquer à ce point de courage. Vous n'avez pas pensé à Dieu et vous avez douté de tout. C'est mal, cela!

Comme si elle eût eu l'habitude de manier des armes, elle désarma le pistolet et le glissa dans sa poche.

— Je ne vous ferai pas d'autres reproches, reprit-elle; dans un instant, vous reconnaîtrez vous-même vos torts et vous direz que la créature la plus malheureuse et la plus abandonnée doit toujours espérer en Dieu et ne jamais douter de la Providence.

Mais ne parlons plus de votre folie, asseyons-nous et causons.

Le jeune homme s'étant assis, Manette se plaça en face de lui.

— D'après ce que m'a dit votre ami Georges Raynal, vous vous nommez Maurice Vermont?

— Oui, madame.

— Avant son mariage, votre mère s'appelait bien Virginie Grandier?

— Oui, madame.

— Savez-vous où vous êtes né?

— A Levallois.

— C'est bien cela. Votre mère vous a-t-elle dit dans quel pays elle avait passé son enfance?

— Elle m'a appris que, née à Paris, sa mère l'avait emmenée toute jeune à Amsterdam.

— Monsieur Maurice, ces réponses me suffisent, vous êtes celui que je cherche depuis tant d'années. Votre mère ne vous a-t-elle pas parlé quelquefois de son père, à elle, M. Grandier, qui était médecin?

— Je sais que ma mère et ma grand'mère ont eu à peu près le même sort: le mari de l'une a disparu comme celui de l'autre, sans que jamais, depuis, on en ait entendu parler.

— Je ne suis pas venue pour vous parler de M. Vermont, votre père, que je n'ai pas connu. Mais il n'en est pas de même du docteur Grandier. Pendant trente années, j'ai vécu près de lui, partageant ses chagrins, ses douleurs et ses espérances. Il est mort aux Indes, entre mes bras, dans une petite ville appelée Djhenapour.

« Mais pendant ces trente années qu'il passa au Bengale, exerçant sa profession de médecin, Elisée Grandier n'a jamais cessé un instant de penser à sa fille. C'est pour cette enfant bien-aimée, qu'on lui avait enlevée, qu'il eut le courage de vivre et qu'il a travaillé. Dans un autre moment, monsieur Maurice, je vous raconterai l'histoire de votre grand-père, car il faut à la mémoire de cet homme de bien, trahi et méconnu, l'admiration et le respect de son petit-fils.

« Nous allions revenir en France tous les deux, — on venait de lui apprendre que sa fille, qu'il croyait à jamais perdue pour lui demeurait au village de Levallois, — lorsque la mort le frappa presque subitement, comme un coup de foudre. Il n'eut que le temps de me dicter ses dernières volontés. Je revins en France, espérant pouvoir remplir la mission dont j'étais chargée. Mais votre mère, abandonnée par son mari, ruinée, avait quitté Levallois, vous emportant dans ses bras sans dire à personne où elle allait.

« Ce que j'ai fait pour vous retrouver tous les deux, je ne vous le dirai pas, ce serait trop long. Ah! j'ai eu de cruelles déceptions et souvent je me suis sentie bien découragée. Hier encore je me demandais si je ne devais pas renoncer à tout espoir, lorsque Georges Raynal prononça votre nom. Je l'interrogeai vivement et ses réponses ne me laissèrent aucun doute. J'avais enfin retrouvé l'enfant que je cherchais depuis si longtemps, le petit-fils du docteur Grandier. Aussitôt mon cœur fut inondé d'une joie immense.

« Le soir même, je me mis en route, et ce matin j'étais à Paris. Ah! monsieur Maurice, je frémis en pensant que je pouvais arriver trop tard!... Mais Dieu veillait sur vous, il vous protégeait contre vous-même; qu'il soit à jamais loué et béni!

« Je ne vous ai pas dit encore mon nom, continua-t-elle; je m'appelle Manette Biron. Vous vous demandez, sans doute, pourquoi depuis longtemps je n'ai pas renoncé à vous chercher? Vous le saurez en apprenant quelle mission m'a été confiée par le docteur Grandier.

« Je vous apporte l'espoir que vous n'aviez plus, la force et le courage que vous aviez perdus... Tout à l'heure vous étiez un des nombreux vaincus de la lutte contre la destinée, je vous apporte le triomphe. Vous aviez des illusions, elles se sont envolées; je vais les remplacer par la réalité. Monsieur Maurice Vermont, vous êtes pauvre, je vous apporte la richesse! »

Le jeune homme la regardait avec une sorte de stupeur. Il se demandait si vraiment il n'avait pas affaire à une pauvre insensée.

Manette vit bien qu'il n'était guère convaincu.

— Mes paroles vous semblent étranges, reprit-elle en souriant, vous vous dites probablement que je suis bien vieille, bien chétive, bien peu de chose pour donner tout ce que je vous promets. Monsieur Maurice, ne voyez ni ma personne, ni mon costume, vous n'avez qu'à m'écouter.

« Depuis que je suis revenue en France, je suis restée dépositaire de votre fortune; vous saurez bientôt comment j'ai cru devoir la gérer. Mon notaire, qui va devenir le vôtre, vous présentera mes comptes de gérance et j'espère que vous les approuverez. La plus grosse partie de votre fortune est en titres divers, valeurs industrielles et rentes sur l'État, déposés à la banque de France. J'ai aussi fait acheter pour vous, — et vous en deviendrez propriétaire par un acte de rétrocession, — trois belles fermes d'un excellent rapport, dont deux dépendent du domaine de Salerne. — Vous avez là un château avec un grand parc et des bois où vous pourrez vous donner le plaisir de la chasse, car le gibier y est abondant.

— Mais c'est donc vrai, tout ce que vous me dites? s'écria le jeune homme complètement ébloui et d'une voix haletante.

— Rien n'est plus réel, monsieur Maurice.

— Ainsi, ce n'est pas un rêve que je fais, ce n'est pas une épreuve à laquelle vous voulez me soumettre, je ne sais dans quel but?...

— Les jours d'épreuve sont passés, répondit Manette avec un doux sourire.

— Non, non, murmura Maurice, je ne puis croire cela : c'est une histoire des *Mille et une Nuits*.

— Vraiment, fit Manette en riant, il y a de la ressemblance; mais vous n'ignorez pas, monsieur Maurice, que l'Inde est cette contrée merveilleuse où l'on crée les contes arabes.

— Vous m'excuserez d'avoir eu l'air de douter; tout cela est tellement extraordinaire, je m'attendais si peu!... Mais vous êtes donc un bon génie, une fée ?

— Oui, répondit-elle très émue, pour vous, Maurice, mon cher enfant, et pour tous ceux que j'aime, je veux être un bon génie, une fée, comme vous dites.

— Enfin c'est la vérité, ces fermes, ce château...

— Tout cela existe. En ce moment, d'après les ordres que j'ai donnés, on se prépare à vous recevoir au château. Comme rien ne peut vous retenir à Paris, demain nous serons à Salerne. Je ne puis vous dire exactement quel est le chiffre de votre fortune; mais vous êtes six ou sept fois millionnaire.

— Six, sept millions! exclama Maurice.

Manette se leva.

— Allons, Maurice, dit-elle, venez.

— Vous m'emmenez donc ?

— Sans doute, ne devons-nous pas être demain à Salerne ?

Un moment de silence succéda à ces paroles.

Le regard de Maurice errait autour de la chambre comme s'il eût cherché quelque chose. Peut-être pensait-il à Georgette.

— Si vous avez quelque chose ici que vous désirez emporter, reprit Manette, prenez-le tout de suite, car vous n'aurez pas le temps de revenir. Nous n'avons que le temps nécessaire pour la visite que nous devons au notaire et vous acheter plusieurs choses qui vous sont indispensables.

— Je suis prêt à vous suivre, dit Maurice, en prenant son chapeau.

Et il jeta un dernier regard sur son pauvre mobilier.

— Oh! vous pouvez l'abandonner sans regret, lui dit Manette avec son bon sourire; vous en trouverez d'autres qui vous feront facilement oublier celui-ci. Mais ne perdons plus une minute, partons, continua-t-elle; vous allez fermer votre chambre et vous remettrez la clef à votre concierge.

Un instant après, la vieille Manette et Maurice Vermont descendaient rapidement vers le centre de la ville, dans un coupé de remise.

XII

UN COUP DE FOUDRE

Si Manette Biron avait pu se douter qu'en restant une heure de plus dans la chambre de Maurice elle aurait retrouvé Georgette, elle eût été moins pressée de courir chez son notaire et de reprendre le chemin des Ardennes. Mais il y a des événements qu'une implacable fatalité semble diriger.

Hélas ! ce que la rebouteuse des Huttes avait prédit sept ans auparavant devait s'accomplir. Elle avait dit :

« Tu seras soumise aux plus cruelles épreuves; c'est par le cœur que tu souffriras; il sera meurtri, déchiré, désespéré... Tu seras trahie, abandonnée; tu verseras toutes les larmes de tes yeux ! »

Le malheur allait fondre sur Georgette et la frapper de ses coups les plus terribles.

Bien qu'elle ne fût pas encore remise de son indisposition et qu'elle se sentît toujours très faible, voulant à tout prix voir Maurice, Georgette sortit de chez Albertine un peu avant midi pour se rendre à Montmartre. Elle ne tarda pas à s'apercevoir qu'elle avait trop préjugé de ses forces. Mais elle s'était dit : j'irai, et elle demanda à sa volonté de soutenir sa faiblesse. Toutefois, elle marcha lentement, avec peine, et fut obligée, souvent, de se reposer sur les bancs du boulevard.

Il était plus de deux heures lorsqu'elle arriva enfin rue Durantin.

— Si Maurice n'est pas chez lui, pensait-elle, je monterai tout de même dans sa chambre et je me reposerai en l'attendant.

Elle entra chez la concierge. Celle-ci ne put retenir une exclamation en la voyant.

— Mon Dieu, dit-elle, comme vous êtes changée, mademoiselle ! Vous êtes malade bien sûr !

— Hier et toute la nuit j'ai été très souffrante, répondit Georgette; maintenant je me sens mieux.

— On ne le dirait pas, car vous vous soutenez à peine. Tenez, voilà une chaise, asseyez-vous.

— Merci, dit Georgette, se laissant tomber sur le siège; c'est une grande faiblesse dans les jambes.

M. Maurice est-il chez lui ?

— Si vous étiez arrivée une heure plus tôt vous l'auriez trouvé. Il est sorti avec une vieille dame qui est venue le demander. Hier, toute la journée et une partie de la nuit, il vous a attendue : je vous assure qu'il était très inquiet, le pauvre garçon! il est bien sorti vingt fois, et il ne s'écoulait pas une demi-heure sans qu'il reparût pour me demander si vous étiez venue en son absence.

— Oui, il a dû être bien tourmenté, murmura Georgette, mais je n'ai pas pu...

— Dame, quand on est malade.

— Est-ce qu'il ne m'a pas encore attendue aujourd'hui ?

— Je ne sais pas, il ne m'a rien dit, et moi, je ne lui ai fait aucune question. Comme il était plus de deux heures quand il est rentré ce matin, j'ai pensé qu'il vous avait vue.

— Savez-vous où il est allé ?

— Non.

— Et il ne vous a pas dit à quelle heure il rentrerait?

— Comment, fit la concierge surprise, est-ce que vous ne savez pas?

— Je ne sais rien madame.

— C'est étonnant : je croyais que M. Maurice vous avait prévenue qu'il irait passer quelque temps à la campagne.

Georgette éprouva un tel saisissement que son cœur cessa de battre, et qu'elle perdit un instant la respiration.

— Il est vrai, continua la concierge, que ce matin encore j'ignorais qu'il dût quitter Paris. Au fait, j'y songe, c'est peut-être la vieille dame, dont je vous ai parlé, qui est venue pour l'emmener; il m'a bien semblé, en effet, que c'était une paysanne. Avant de partir, M. Maurice est entré dans la loge, et m'a dit en me remettant sa clef que voilà : « Je quitte Paris ce soir et, comme je vais très loin, je ne puis vous dire quand je reviendrai. »

Georgette avait appuyé ses deux mains sur son cœur.

— Mon Dieu, dit-elle d'une voix étranglée, qu'est-ce que cela veut dire?... Je ne comprends pas...

— Décidément, mademoiselle, reprit la concierge, vous n'êtes pas bien du tout.

— Oh! je souffre cruellement! gémit la jeune fille.

— Et bien, si vous voulez m'écouter, voici ce que vous allez faire : je vais vous donner la clef de M. Maurice et vous irez vous reposer une paire d'heures dans sa chambre.

— Non, non, madame, c'est inutile.

— Permettez-moi de vous dire que vous avez tort : d'abord, vous ne pourriez pas faire dix pas dans la rue sans tomber; et puis qui sait? M. Maurice n'a rien emporté, il reviendra peut-être dans la soirée pour prendre ses effets, son linge.

Ces paroles frappèrent Georgette. En effet, si pour une cause quelconque Maurice était forcé de s'absenter de Paris, il ne pouvait partir sans emporter du linge et au moins un vêtement de rechange. L'espoir lui revint et elle le saisit comme le naufragé l'épave qui lui promet de le sauver.

— Je reconnais que vous me donnez un bon conseil, dit-elle à la concierge; je vais monter chez M. Maurice et je l'attendrai.

— A la bonne heure, voilà que vous êtes raisonnable. Vous allez prendre mon bras et je vous aiderai à grimper l'escalier.

Georgette accepta avec reconnaissance l'offre de la concierge, Celle-ci l'ayant fait entrer dans la chambre du jeune homme, la quitta en lui disant :

— Ne soyez pas impatiente, reposez-vous bien et, si vous le pouvez, dormez un peu.

Georgette s'était assise près du lit et regardait autour d'elle. Elle fit cette remarque que, tout étant dans l'ordre habituel, rien n'annonçait le départ de

Elle s'approcha de Maurice, lui saisit le bras et lui enleva le pistolet. (Page 315.)

Maurice. Cependant deux tiroirs ouverts de la commode attirèrent son attention.

— C'est là qu'il met son linge, se dit-elle; si ses chemises, ses cravates y sont encore, c'est qu'il a l'intention, comme le suppose la concierge, de revenir ce soir pour prendre ses effets.

Elle se leva et marcha vers les tiroirs; il lui suffit d'un coup d'œil pour s'apercevoir que tout ou presque tout le linge de Maurice était là. Mais en même temps, un autre objet, dont elle ignorait l'existence, captiva toute son attention. Presque aussitôt ses yeux s'ouvrirent démesurément et un tremblement nerveux la secoua avec violence.

Sur une couverture de papier bleu, écrits avec de l'encre rouge, elle venait de lire ces mots :

Manuscrit du marquis de Soubreuil

Et au-dessous, séparés par un trait de plume.

ANDRÉA LA CHARMEUSE

Une seconde fois Georgette lut ces deux lignes qui brûlaient ses yeux comme si elles eussent été de feu.

— Mais qu'est-ce donc que cela? murmura-t-elle d'une voix frémissante.

Après un moment d'hésitation elle s'empara du manuscrit d'une main tremblante, puis elle alla s'asseoir près de la fenêtre.

— Andréa la Charmeuse, dit-elle d'une voix oppressée, pourquoi ce nom est-il là, sur ce papier? Pourquoi ce manuscrit se trouve-t-il ici, chez Maurice ! Oh! je veux lire, je veux lire... Ce que j'éprouve est horrible; c'est comme si une main de fer me serrait le cœur... Il me semble que j'ai peur, que tout me menace, que je suis perdue !... Mon Dieu, que vais-je apprendre?

Elle essaya de se calmer un peu, puis sa main fébrile tourna la couverture et elle lut.

Elle lut ou plutôt elle dévora pendant une heure ces pages terribles, qui contenaient l'histoire d'Andréa, qui accusaient, flétrissaient, maudissaient sa sœur avec des cris de fureur et de rage.

Elle ne versa pas une larme ; mais, haletante, saisie d'épouvante et d'horreur, il lui sembla qu'elle avait sa part de l'anathème lancé contre Suzanne.

Elle entendit sonner quatre heures. Elle alla remettre le manuscrit à sa place, dans le tiroir, puis elle revint s'asseoir près de la fenêtre. La tête penchée et les mains jointes sur ses genoux, elle se mit à réfléchir. Elle cherchait toujours à s'expliquer comment et pourquoi Maurice avait en sa possession le manuscrit du marquis de Soubreuil.

Tout à coup il lui vint une affreuse pensée.

Elle s'imagina qu'on avait révélé à Maurice qu'elle était la sœur d'Andréa et que le jeune homme effrayé, honteux de son amour, n'ayant plus que du mépris pour elle, la sœur d'une maudite, s'éloignait de Paris pour n'y plus revenir.

Certes, il lui était facile de reconnaître qu'elle se trompait, qu'il était impossible que Maurice pût se douter seulement qu'il y eût entre elle et Andréa un lien quelconque de parenté. Mais elle avait l'esprit tellement troublé qu'elle était incapable de raisonner.

Maurice était parti, il ne voulait plus la voir, il l'abandonnait, il ne l'aimait plus ! Voilà ce qu'elle croyait.

Et elle voyait cette vieille femme, dont lui avait parlé la concierge, se dresser menaçante entre elle et Maurice. Instinctivement, elle sentait que c'était cette femme inconnue qui la séparait de Maurice, et elle la considérait comme une ennemie.

Cette fois, Georgette devinait la vérité; mais rien ne pouvait l'amener à découvrir le rôle que Manette Biron jouait dans cette circonstance. Malheureusement aucune lueur ne pouvait l'éclairer.

Cependant elle se dit qu'il était impossible que Maurice fût parti ainsi sans la prévenir, sans lui donner l'explication de sa conduite, le véritable motif de son abandon, si réellement il la quittait pour toujours.

Elle s'était levée et marchait dans la chambre.

— Oui, pensait-elle, Maurice n'a pu agir ainsi envers moi. Hier il m'a attendue; il avait certainement l'intention de me prévenir. Voyant que je ne venais pas, il a dû m'écrire, je trouverai sa lettre rue Berthe.

Effrayée en présence de la réalité, la pauvre enfant ne savait quoi imaginer. Elle mettait son esprit à la torture; mais toutes les pensées qui lui venaient étaient sombres et ne lui montraient que des choses lugubres.

En s'approchant de la cheminée, elle aperçut dans une petite soucoupe de porcelaine, veuve de sa tasse, la lettre écrite le matin par Maurice. Sur l'enveloppe elle lut le nom de Jacques Sarrue, qui la fit tressaillir. Machinalement, elle prit la lettre et la tourna entre ses doigts. L'enveloppe n'était pas cachetée. Sans même avoir la pensée qu'elle commettait une indiscrétion, elle sortit la lettre de l'enveloppe, l'ouvrit et lut rapidement les lignes suivantes :

« Monsieur Sarrue,

« Vous avez donc été sans pitié pour Georgette comme vous l'avez été pour moi? Hélas! vous n'avez pas songé à ce que pourraient conseiller à la pauvre enfant sa douleur et son désespoir. Je n'en peux plus douter, la malheureuse Georgette a mis fin à ses jours et sa mort sera pour vous un remords éternel.

« Votre sévérité, je ne veux pas dire votre cruauté, vient de briser deux existences. Georgette perdue pour moi, je n'ai plus besoin de la vie. Quand vous lirez ces mots, j'aurai imité le marquis de Soubreuil pour me débarrasser d'un fardeau que je ne peux plus porter.

« Adieu, je vous pardonne.

« Maurice. »

La jeune fille regarda autour d'elle avec épouvante, puis ses yeux s'arrêtèrent avec une fixité effrayante sur ce qui restait des munitions achetées par Maurice, et qu'il avait placées sur le marbre de la cheminée.

Presque aussitôt Georgette sentit que la pensée lui échappait; sa vue se troubla, ses oreilles bourdonnèrent; il lui sembla qu'elle était engloutie au milieu d'un immense écroulement. Elle ferma les yeux, poussa un cri sourd, horrible, en étendant les bras, et elle tomba à la renverse tout de son long sur le parquet.

La nuit vint. N'ayant pas vu descendre la jeune fille, la concierge devint inquiète. Elle monta dans la chambre de Maurice. Elle trouva Georgette étendue sans mouvement, pâle, échevelée, ne donnant plus signe de vie.

XIII

MENACE D'ORAGE

Dans l'état de santé où se trouvait Georgette, le coup terrible qu'elle venait de recevoir pouvait la tuer. Grâce aux soins qui lui furent prodigués, elle fut sauvée.

La concierge s'était empressée de relever la jeune fille, puis avec l'aide d'une femme de la maison, accourue à son appel, Georgette avait été couchée dans le lit de Maurice.

Elle venait de reprendre connaissance lorsque le médecin qu'on était allé chercher arriva. Il prescrivit une médication énergique, et rassura complètement les deux femmes, en disant que la situation de la jeune fille n'avait rien de très grave et qu'en lui donnant les soins nécessaires, aucune complication n'était à redouter.

La concierge avait ramassé la lettre de Maurice et, sans songer à la lire, l'avait remise dans son enveloppe et placée sur la cheminée.

Georgette la demanda. Elle voulait la relire. On s'empressa de la lui donner. Georgette fit cette seconde lecture en laissant échapper de sourds gémissements. Hélas! elle ne pouvait plus se faire illusion, son malheur était complet. Elle cacha la lettre fatale sous le traversin et elle versa un torrent de larmes accompagnées de nombreux sanglots. La pauvre enfant avait besoin de laisser éclater sa douleur. Cette crise amena une réaction bienfaisante et ses larmes lui firent éprouver un grand soulagement.

Le docteur revint le lendemain. Il parut très satisfait de l'état de la malade.

— Allons, ce ne sera rien, dit-il; je ne reviendrai maintenant que si vous m'envoyez chercher.

Le mieux continua, et le cinquième jour Georgette se sentit assez forte pour quitter la chambre de Maurice.

Elle se décida à retourner chez elle, mais bien à contre-cœur. Il le fallait, du reste; ayant loué une autre chambre, elle ne pouvait déménager sans avoir donné congé rue Berthe et payé au propriétaire l'indemnité d'usage, c'est-à-dire le demi-terme de loyer.

Plusieurs personnes de la maison, et particulièrement la concierge, l'accablèrent de questions. Elle se débarrassa de leur importunité en leur disant qu'elle était allée faire une visite à une dame qu'elle connaissait depuis longtemps, qu'elle avait été prise d'un mal subit, et qu'on avait absolument voulu la garder pour lui donner des soins.

Les curieuses durent se contenter de cette réponse, qui n'était ni un mensonge, ni entièrement la vérité.

Sa figure pâlie, ses traits tirés, ses yeux éteints entourés d'un cercle bleuâtre confirmaient d'ailleurs ses paroles.

On lui apprit que Jacques Sarrue était allé passer une quinzaine de jours à la campagne. Le poète l'ayant prévenue qu'il s'abstiendrait de paraître rue Berthe pendant quelque temps, elle ne fut nullement surprise. Toutefois, en acquérant la certitude complète qu'elle ne le rencontrerait point, elle éprouva une véritable satisfaction.

La lettre de Maurice adressée à Jacques Sarrue était dans sa poche ; mais elle pensa qu'au lieu de la remettre elle-même à la concierge, il était préférable de la faire parvenir par la poste à son destinataire.

Le soir même elle donna et fit accepter le congé de sa chambre. Ce fait inattendu étonna tout le monde dans la maison. Les commères passèrent l'une après l'autre dans la loge afin de faire avec la concierge toutes sortes de suppositions plus ou moins malveillantes. Georgette n'eut point l'air de s'apercevoir qu'elle causait dans l'immeuble, à tous les étages, une espèce de révolution.

Le surlendemain, des hommes chargèrent son petit mobilier sur une voiture de déménagement et elle partit, oubliant, avec intention sans doute, de donner sa nouvelle adresse. Jusque-là elle avait dû sa force à une grande surexcitation nerveuse, mais quand elle se fut installée rue de Meaux, elle tomba dans un grand abattement; elle se sentait brisée, anéantie, profondément découragée. Sa chambre lui parut triste, sans clarté, et, malgré le voisinage d'Albertine, elle se trouva absolument isolée. Sa tête se remplit de nouveau des plus sombres pensées. Elle ne pouvait regarder en arrière sans frissonner, et si, pleine d'anxiété, elle interrogeait l'avenir, elle était saisie d'épouvante, car elle ne voyait devant elle que la douleur, le désespoir, les terreurs d'une nuit sans fin.

Albertine essayait de l'égayer; mais ne connaissant point la cause de l'étrange tristesse de son amie, elle parvenait avec peine à amener sur ses lèvres un sourire forcé. Georgette était toujours extrêmement réservée, et prudemment, elle cachait tous ses chagrins, tous ses secrets à Albertine. Celle-ci redoublait en vain ses prévenances et ses démonstrations affectueuses, elle ne pouvait vaincre chez Georgette une sorte de défiance instinctive.

Du reste, cette défiance était suffisamment justifiée par l'existence singulière et presque mystérieuse d'Albertine, qui passait la plupart de ses nuits hors de chez elle et restait dans son lit une partie de la journée. Georgette s'était vite aperçue que sa nouvelle amie faisait seulement semblant de travailler, afin de pouvoir dire : J'ai un état, je suis ouvrière en passementerie.

Cependant, au bout de quelques jours, ayant épuisé ce qui lui restait de ses petites économies, Georgette se dit qu'il était grandement temps qu'elle se remît au travail. Certes, elle n'était pas consolée, mais elle sentait la nécessité de concentrer sa douleur et de dévorer ses larmes. Si elle eût voulu mourir, elle n'avait qu'à s'enfermer dans sa chambre et y attendre la mort. Mais Georgette n'avait plus cette funeste pensée. Une voix intérieure, qui parlait avec autorité à son cœur, à son âme, à sa conscience, lui disait qu'elle devait vivre, vivre pour souffrir, puisque telle était sa destinée. Or, pour vivre honnêtement et pauvrement comme elle le voulait, il fallait travailler.

Sachant qu'elle venait de dépenser sa dernière pièce de monnaie, Albertine lui offrit obligeamment de puiser dans sa bourse.

— Je vous remercie, répondit-elle, mais je ne veux contracter aucune dette.

— Entre amies, on ne doit pas se gêner, vous me rendrez cela plus tard.

— Non, le pauvre qui emprunte s'appauvrit davantage. N'insistez pas, Albertine, je reconnais la générosité de votre cœur ; mais je ne veux pas accepter votre offre. Je suis restée trop longtemps sans travailler ; dès demain, je vais me remettre sérieusement à l'ouvrage. Pourtant, si cela ne vous est pas désagréable, je profiterai volontiers de votre complaisance.

— Vous savez bien que je serais heureuse de faire quelque chose pour vous.

— Eh bien, nous allons sortir ensemble et vous me mènerez dans une des maisons que vous connaissez, où vous pensez qu'on ne refusera pas de me donner du travail.

Cette proposition n'était pas précisément du goût d'Albertine, qui pouvait avoir à redouter les remarques peu flatteuses pour elle de certains fabricants ; mais elle fit contre fortune bon cœur et se décida à conduire Georgette dans une importante maison de passementerie, où elle savait que les bonnes ouvrières sont toujours bien accueillies. En effet, après avoir causé quelques minutes avec le chef de la maison, Georgette obtint immédiatement du travail. Elle emporta en outre la promesse qu'elle n'en manquerait jamais, si elle était exacte à livrer son ouvrage. Dès lors, sous le rapport des exigences matérielles, elle se trouva à peu près sûre de l'avenir, et elle pouvait espérer qu'avec le temps elle retrouverait une tranquillité relative.

Albertine continua à lui témoigner une amitié qui avait toutes les apparences de la sincérité et qui, ne devenant pas importune, se faisait accepter. Cependant, elle parlait souvent à Georgette de sa beauté, de sa jeunesse condamnée à un travail ingrat, de l'injustice du sort envers elle quand tant d'autres, qui étaient loin de la valoir possédaient toutes les jouissances d'une vie facile et heureuse.

Georgette avait l'air de ne pas entendre ces insinuations dangereuses, peut-être ne comprenait-elle point. Il est vrai qu'Albertine ne touchait cette corde délicate qu'avec une extrême prudence, et qu'elle savait toujours s'arrêter à temps pour ne pas effaroucher son amie, dont elle connaissait toutes les susceptibilités.

Malgré ses invitations souvent renouvelées et les plus vives sollicitations, Georgette refusait absolument de sortir la nuit avec elle, soit pour l'accompagner dans un bal public, dont elle lui vantait l'attrait, soit pour assister à quelque réunion où, après son travail, elle pourrait prendre un peu de plaisir.

Une autre aurait pu facilement se laisser entraîner; mais rien ne pouvait tenter Georgette; elle sentait qu'il n'existait plus de joie et de plaisir pour elle. D'un autre côté, ses pensées devenaient comme un bouclier qui la défendait contre tout danger.

Toutefois, elle ne put refuser à Albertine de faire avec elle une promenade le dimanche dans l'après-midi. Elles allèrent une fois au bois de Boulogne, une autre fois à Fontenay-aux-Roses et à Robinson; mais le plus souvent, Georgette se contentait de faire le tour du parc des Buttes-Chaumont; elle n'aimait pas à franchir l'enceinte marquée des fortifications.

Trois mois s'étaient écoulés depuis que Georgette demeurait rue de Meaux. Le printemps avait ramené les beaux jours : mais la douleur restait aussi vive, aussi profonde dans le cœur de la jeune fille.

Un dimanche qu'elle se promenait avec Albertine dans ce magnifique jardin des Buttes-Chaumont, elle se trouva tout à coup en face d'un jeune homme d'une trentaine d'années, mis avec une certaine prétention à l'élégance, qui feignit d'éprouver une grande surprise en la voyant.

Georgette, évidemment très contrariée, ne chercha pas à cacher son déplaisir; le regard dédaigneux qu'elle lança à l'individu ne pouvait lui laisser aucun doute sur le sentiment qu'il lui inspirait. Mais il n'eut point l'air de remarquer l'attitude hostile de la jeune fille. Il s'était brusquement arrêté devant elle, et, son chapeau à la main, un sourire singulier sur les lèvres :

— Mademoiselle, lui dit-il, je ne m'attendais pas au plaisir de vous rencontrer ici.

Georgette eut un mouvement d'impatience et de colère; elle saisit le bras d'Albertine et l'entraîna rapidement. Elle ne s'aperçut point que le jeune homme et Albertine avaient échangé un regard d'intelligence.

— Savez-vous que je suis très étonnée, dit Albertine à Georgette, quand elles eurent fait une vingtaine de pas.

— Pourquoi cela?

— Parce que vous n'avez pas répondu à ce monsieur qui vient de vous saluer et de vous parler.

— Je ne réponds pas à tout le monde, répondit froidement Georgette.

— Habituellement on est plus aimable avec les personnes qu'on connaît.

— Mais je ne connais pas du tout ce monsieur.

— Par exemple, ce que vous me dites là me surprend encore davantage; je croyais, au contraire, que vous le connaissiez depuis longtemps.

Georgette secoua la tête.

— Je comprends, reprit Albertine, il vous a prise pour une autre : cela arrive quelquefois, car il y d'étranges ressemblances. Ainsi vous ne l'aviez jamais vu?

— Je ne dis pas cela; mais je vous assure que je ne sais ni son nom ni ce qu'il fait. Depuis un mois environ, chaque fois que je sors pour reporter mon ouvrage au magasin, je le trouve sur mon passage; il me suit malgré moi et il a même la hardiesse de m'adresser la parole. Deux ou trois fois j'ai cru devoir lui faire comprendre qu'il m'était on ne peut plus désagréable et pénible d'être suivie ainsi, je n'ai pu me débarrasser de son importunité, qui devient une tyrannie

— Mais alors, Georgette, ce jeune homme vous aime! s'écria Albertine.

— Cela m'est fort indifférent, répliqua la jeune fille; je ne lui demande qu'une chose, c'est de me laisser tranquille.

— Oh! vous êtes trop sévère, Georgette, permettez-moi de vous le dire. D'abord, vous ignorez quelles sont les intentions de ce jeune homme; elles peuvent être bonnes. J'ai eu le temps de le regarder : il m'a paru très bien et je lui ai trouvé un air honnête et distingué.

— Je n'ai pas à savoir si ses intentions sont bonnes ou mauvaises. Je trouve son obsession offensante, et je ferai en sorte de m'y soustraire. Je ne m'explique pas ce que j'éprouve à sa vue, c'est comme un sentiment de répulsion; enfin il me déplaît, il me fait peur!

— Pourtant, ma chère, reprit Albertine, vous êtes à l'âge où l'on aime; vous avez beau défendre votre cœur, l'amour y entrera.

— Jamais! s'écria la jeune fille avec un accent singulier.

Elle baissa la tête pour cacher deux larmes qui roulaient dans ses yeux.

— Tiens, tiens, se dit Albertine, voilà un mot qui vaut toute une confidence.

Elles se trouvaient à la porte du parc.

— Où allons nous maintenant? demanda Albertine.

— Je vais rentrer chez moi, répondit Georgette.

— Déjà?

— Je me sens un peu fatiguée, et puis j'ai quelques raccommodages à faire.

— Alors je vais vous accompagner jusqu'à la rue de Meaux; ensuite je prendrai l'omnibus et j'irai voir ma mère. A propos, vous savez que je lui ai promis votre visite; quel jour irons-nous ensemble?

— Je ne sais pas, Albertine, nous déciderons cela dans la semaine.

Elles se séparèrent.

Au lieu d'aller prendre l'omnibus ainsi qu'elle venait de le dire à Georgette,

La concierge trouva Georgette étendue sans mouvement ne donnant plus signe de vie. (Page 324.)

Albertine se dirigea de nouveau vers le jardin des Buttes-Chaumont. Elle ne tarda pas à retrouver, se promenant dans une allée, le jeune homme si peu sympathique à Georgette.

— Je vous attendais avec impatience, lui dit-il. En vérité, ma chère, vous faites bien mal mes affaires.

Albertine haussa les épaules.

Ah! vous croyez que c'est facile, vous! fit-elle.

Puis coupant la parole à l'inconnu, qui allait répondre, elle reprit vivement :
— Il y a trop de monde autour de nous pour que nous puissions causer librement et longuement ; nous nous reverrons ce soir si vous voulez.
— Où cela?

Albertine s'approcha tout près de lui.

Ils causèrent un instant à voix basse, puis elle le quitta en lui disant :
— A ce soir.

XIV

LA LETTRE DE MAURICE

Jacques Sarrue avait l'esprit méthodique et était en toute chose d'une ponctualité rigoureuse. Après avoir dit : « Pendant quinze jours je ne rentrerai pas chez moi, » il se serait fait hacher en morceaux, plutôt que de revenir rue Berthe avant que le délai ne fût expiré.

Or, le quinzième jour, à neuf heures du matin, il entrait dans la loge de la concierge pour lui dire bonjour, d'abord, et lui demander ensuite si quelqu'un était venu pour le voir en son absence.

La concierge avait pour Sarrue beaucoup de considération, non parce qu'il était homme de lettres, professeur et poète, cela lui était bien égal, mais parce qu'il avait toujours été poli envers elle, et qu'il était un des plus anciens locataires de la maison.

Après avoir répondu à ses questions, elle crut devoir lui témoigner combien elle était heureuse de le revoir.

— Vraiment, monsieur Sarrue, dit-elle, n'avoir plus le matin et le soir vos « bonjour, bonsoir, » ça me faisait un vide. Voyons, êtes vous content de votre séjour à la campagne? Vous êtes vous bien promené, bien amusé?

— Mais oui, madame Durut, je suis très satisfait, je me suis donné beaucoup de plaisir.

Pour un pur, Sarrue mentait avec un magnifique aplomb. Tant il est vrai qu'il n'y a que le premier mensonge qui coûte.

— Et vous avez bien fait, monsieur Jacques, reprit madame Durut; voyez-vous, il n'y a vraiment de bon dans la vie que les petites douceurs qu'on peut se donner de temps en temps.

— Je suis de votre avis.

— A propos, monsieur Jacques, vous allez être bien étonné!

— Pourquoi cela?

— Il y a du nouveau dans la maison.

— Ah! quoi donc?

— Mademoiselle Georgette, votre protégée, a déménagé.

— Il faut croire, madame Durut, qu'elle ne se plaisait plus dans la maison.

— Tiens, comme vous prenez la chose. Et moi qui croyais que cela allait vous faire un effet... Tout de même c'est drôle.

— Je dois vous dire, madame Durut, que mademoiselle Georgette m'avait fait part de son intention d'aller demeurer ailleurs.

— Oh! alors, c'est différent, et je comprends...

— Depuis quand mademoiselle Georgette a-t-elle déménagé?

— Depuis huit jours, monsieur Jacques; ça c'est fait tout d'un coup, du jour au lendemain, prout... Et elle est partie sans me laisser sa nouvelle adresse, sans dire à personne où elle allait; elle n'a pas même dit adieu à madame Simon, sa voisine, qui a pourtant été très bonne pour elle. Depuis huit jours j'ai fait à part moi mes petites réflexions et je me suis dit que tout ça n'était pas naturel.

— Que voulez-vous dire?

— Qu'il y a quelque chose là-dessous, monsieur Jacques. Voyons, est-ce que vous ne pensez pas cela aussi?

— Je n'ai pas l'habitude de faire des suppositions.

— Eh bien! monsieur Jacques, rien ne m'ôtera de l'idée...

— Quoi?

— Que votre jeune ami, M. Maurice Vermont, n'est pas pour rien dans le brusque départ de mademoiselle Georgette.

— Enfin, que croyez-vous? demanda Sarrue, les sourcils froncés.

— Je crois que mademoiselle Georgette, qui était pourtant une bien honnête jeune fille, s'en est tout simplement allée avec M. Maurice.

Ces paroles étaient l'écho de la pensée de Sarrue. Cependant il répliqua d'un ton grave :

— Quand il s'agit de la réputation d'une jeune fille, madame Durut, il faut, avant de parler, être bien sûr de ne pas se tromper et encore vaut-il mieux se taire toujours.

— Je vous assure, monsieur Jacques, que je n'ai parlé de mes idées à personne qu'à vous.

— Vous avez bien fait, et je vous conseille de continuer à garder le silence. Croyez-moi, il vaut mieux voir le bien partout que de soupçonner une fois le mal qui n'existe pas. Mais puisque vous m'avez fait connaître vos doutes, dites-moi, maintenant ce qui les a fait naître.

— C'est bien simple, monsieur Jacques, vous allez voir : Le jour même où vous êtes parti pour la campagne, mademoiselle Georgette est sortie dans la matinée et n'est pas rentrée. Le soir, à la nuit, M. Maurice est venu me demander si elle était chez elle; je lui ai répondu non. Il s'en est allé, mais jusqu'à minuit il est revenu quatre ou cinq fois. J'ai remarqué qu'il était très pâle, très inquiet, et qu'il paraissait désolé. Le lendemain il est encore revenu deux fois, et comme la veille je lui répondis : « Elle n'est pas rentrée. » Je ne le revis plus. Vous devez comprendre, monsieur Jacques, qu'il a fini par savoir où était mademoiselle Georgette, soit qu'elle lui eût écrit ou qu'elle fût allée le trouver chez lui, autrement il serait revenu. Je n'avais pas été sans m'apercevoir qu'ils s'aimaient; cela sautait aux yeux; il eût fallu être aveugle pour ne rien voir. D'ailleurs, pour presque tout le monde de la maison, ce n'était plus un secret.

— Et moi seul, je ne voyais rien! se disait amèrement Sarrue en tourmentant sa barbiche.

— Six jours se passent, toujours point de Georgette, continua la concierge. Je n'avais pas encore fait toutes mes réflexions, et je vous assure, monsieur Jacques, que je n'étais pas tranquille du tout. Je croyais vraiment qu'il était arrivé un malheur. On se figure comme ça une infinité de choses. Enfin, le sixième jour je vois revenir mademoiselle Georgette, mais se soutenant à peine, et avec quelle figure, grand Dieu! On aurait dit une déterrée : elle était blanche comme un linge, elle avait les yeux éteints, bistrés, les lèvres pâles, les joues creuses..... Pour m'expliquer son absence et pourquoi elle était changée ainsi, elle me raconta qu'elle s'était trouvée subitement et gravement indisposée chez une dame qu'elle était allée voir. Je me suis dit plus tard que c'était un mensonge.

— C'est encore une supposition, fit Sarrue; je crois moi, que mademoiselle Georgette vous a dit la vérité.

Mais tout en parlant ainsi il pensait :

— C'est certain, elle était chez Maurice.

— Après tout, c'est possible, reprit la concierge, et je l'admets d'autant plus volontiers que je ne peux pas prouver le contraire. Quoi qu'il en soit, le jour même elle donna congé, en payant le demi-terme, et le lendemain elle est partie.

Après être resté un moment silencieux :

— Mademoiselle Georgette a eu ses raisons pour aller demeurer ailleurs, dit Sarrue; mais vos suppositions, ma chère madame Durut, me paraissent absolument fausses. Vous avez donc prudemment agi en gardant vos idées pour vous. Dans tous les cas, mademoiselle Georgette n'étant plus locataire dans la maison, qu'elle fasse ceci ou qu'elle fasse cela, vous n'avez plus à vous occuper d'elle.

— Quant à ça, monsieur Jacques, c'est vrai.

— Maintenant, reprit Sarrue, je m'en vais dire bonjour à mes vieux livres, mes vieux amis.

Il sortit de la loge. Il était déjà dans l'escalier lorsque la concierge le rappela :

— Monsieur Jacques, monsieur Jacques!

— Qu'y a-t-il? demanda Sarrue en se retournant.

— C'est une lettre pour vous ; il y a plusieurs jours que je l'ai reçue et j'allais oublier de vous la remettre; je ne sais vraiment pas où j'ai la tête.

— Donnez, fit Sarrue en allongeant le bras.

La lettre passa de la main de la concierge dans celle du poète.

En se retrouvant dans sa chambre, au milieu de ce grand désordre qui lui plaisait, son premier soin fut de saluer d'un sourire ses livres, qu'il appelait ses vieux amis. Il en toucha et en ouvrit quelques uns avec une sorte de tendresse.

— Ils ne trompent pas, eux, murmura-t-il; toujours fidèles, voilà les véritables, les seuls amis; plus que jamais, ils vont être mes consolateurs.

— Ah! reprit-il, et cette lettre que j'oublie de lire. Il me semble que je connais cette écriture, continua-t-il en regardant la suscription.

Il déchira l'enveloppe, ouvrit la lettre, et ses yeux cherchant de suite la signature, il lut le nom de Maurice. Aussitôt un pli se creusa sur son front.

— Pourquoi m'écrit-il? Que me veut-il encore? prononça-t-il d'une voix creuse. Ne lui ai-je pas dit que tout était fini entre nous, qu'il était devenu pour moi un étranger?

Il eut la tentation de déchirer la lettre sans l'avoir lue, mais il se retint.

— Après tout, pourquoi ne la lirais-je pas? se dit-il; voyons ce qu'il a l'audace de m'écrire.

Dès les premières lignes ses lèvres pâlirent et un frisson passa dans tous ses membres. Quand il eut tout lu, il tomba lourdement sur un siège. Ses yeux démesurément ouverts restaient fixés sur le papier comme s'ils ne pouvaient plus s'en détacher.

Sans mouvement, la tête inclinée, cherchant à saisir la pensée qui lui échappait, il ressemblait à un être pétrifié. Cela dura un quart d'heure.

Tout à coup il bondit sur ses jambes et se mit à marcher en se secouant comme un possédé.

— Ainsi, s'écria-t-il, je suis bien éveillé, ce n'est pas un épouvantable cauchemar !... La lettre, la voilà, je la vois, je la tiens... et j'ai lu, j'ai bien lu !

Une de ses mains s'était crispée sur sa tête, et il ne sentait pas que ses ongles perçaient la peau de son crâne. Maintenant un tremblement convulsif secouait tous ses membres.

— Mais non, reprit-il d'une voix pleine d'anxiété, c'est impossible, Maurice n'a pas fait cela; non, non, il n'a pas fait cela !... Mais cette lettre, pourquoi me l'a-t-il écrite? Pourquoi me dit-il que Georgette est morte? Morte, elle, Georgette !... Et lui aussi... Morts tous les deux!... Ah! tout est confusion dans mon esprit; il me semble que ma tête va éclater, que je perds la raison!...

Il continuait à marcher d'un pas saccadé, fiévreux, et à chaque instant il se frappait le front ou se portait des coups de poing furieux dans la poitrine.

Enfin il s'arrêta. Puis, s'étant approché de la fenêtre, il relut la lettre. Il remarqua qu'elle portait la date du 23 janvier. C'était la veille, le 22, qu'il avait vu Georgette et Maurice.

Mais, six jours après, la jeune fille était revenue rue Berthe, pour s'occuper de son déménagement, qui avait eu lieu le 30.

Si les rapprochements de ces dates rassuraient un peu Jacques Sarrue au sujet de Georgette, par contre ils augmentaient encore l'obscurité de la lettre et le laissaient dans une grande perplexité.

Il avait jeté l'enveloppe dans le foyer de la cheminée; il la ramassa, et l'examen des timbres lui fit découvrir qu'elle était arrivée le 31 janvier au bureau de Montmartre, huit jours après avoir été écrite.

C'était pour Sarrue une nouvelle énigme à déchiffrer

Il se fit les deux questions suivantes :

— Pourquoi cette lettre n'a-t-elle été distribuée que le 31 janvier ? Par qui a-t-elle été mise à la poste ?

Plus il cherchait, plus ses idées devenaient confuses.

— Oh! je ne puis rester plus longtemps dans cette affreuse incertitude, reprit-il d'une voix étranglée; il faut absolument que je sache tout ce qui s'est passé!

Il glissa la lettre dans une de ses poches, prit son chapeau et s'élança hors de sa chambre. Il dégringola l'escalier, en bondissant sur les marches, passa comme une flèche devant madame Durut, stupéfiée, et courut jusqu'à la rue Durantin, où il arriva haletant, les yeux hagards, ayant tout à fait l'air d'un insensé.

XV

OU L'ON VOIT PLEURER LE POÈTE

— M. Maurice Vermont est-il chez lui? demanda-t-il à la concierge.

— Il y a quinze jours qu'il est parti, répondit-elle.

— Oh mon Dieu! fit Sarrue d'une voix brisée, c'est donc vrai !

— On ne peut plus vrai, répondit la concierge, interprétant autrement la pensée du poète.

— Ainsi, il est mort ! il s'est tué!...

Elle le regarda avec étonnement...

— Ah! çà, fit-elle, qu'est-ce que vous dites donc? De qui parlez-vous?

— De M. Maurice Vermont.

— Alors je ne comprends plus. Votre ami n'est pas mort et je ne crois pas qu'il ait jamais eu l'idée de se tuer. Je viens de vous dire qu'il est parti; c'est la vérité. Une vieille dame est venue le chercher et il s'en est allé avec elle.

Sarrue poussa un soupir de soulagement.

— Excusez-moi, dit-il, mais j'ai eu peur, je l'avoue. Vous venez de me rassurer, me voilà remis. Vous dites donc qu'une dame est venue chercher Maurice?

— Oui.

— Où cette dame l'a-t-elle emmené?

— A la campagne, loin de Paris. Je n'en sais pas davantage. Il faut croire que M. Vermont ne veut pas qu'on sache où il est puisque vous l'ignorez aussi, vous qui êtes son meilleur ami.

— Mais vous voyez bien que je ne savais même pas qu'il eût quitté Paris.

— C'est juste. Cela me prouve une fois de plus que M. Vermont n'attendait pas la vieille dame, et qu'il ne se doutait pas à midi qu'il partirait une heure après.

— Est-ce qu'il ne vous a rien dit en s'en allant?

— Rien, sinon qu'il serait absent pendant quelque temps. Mais je sais aujourd'hui qu'il n'est pas près de revenir à Paris.

— Il vous a écrit?

— Non.

— Alors, comment savez-vous?

— Je vais vous le dire.

« Pas plus tard qu'avant-hier, il est venu ici un monsieur muni d'un papier timbré, signé Maurice Vermont, et qu'il m'a dit être un « pouvoir. » Après m'avoir payé le terme de loyer, dont je lui ai donné quittance, ce monsieur m'a priée de le conduire, ainsi que deux hommes qui l'accompagnaient, dans la chambre de M. Maurice. L'un de ces hommes était un marchand de meubles. Pendant qu'il crayonnait sur du papier l'estimation du mobilier, le monsieur qui agissait au nom de votre ami se mit en devoir de vider tous les tiroirs, et il fit un paquet de tout ce qu'ils contenaient. « Ma chère dame, m'a-t-il dit, je vais « emporter ceci, qui appartient à M. Maurice Vermont : ces divers objets lui seront « remis lorsqu'il reviendra à Paris ou lui seront envoyés s'il les réclame plus tôt. « Ce monsieur, que j'ai amené avec moi, va acheter les meubles, et ce soir ou « demain au plus tard il les enlèvera. Vous pouvez donc, dès aujourd'hui, « mettre la chambre à louer. »

« Les trois hommes sont partis, continua la concierge, et hier matin on est venu chercher les meubles. Sa chambre est à louer, vous pouvez voir l'écriteau à la porte. »

La main appuyée sur son front, Sarrue réfléchit un instant.

— Dites-moi, reprit-il, ce monsieur, le mandataire de M. Vermont, ne vous a donc pas fait connaître le motif de son départ de Paris?

— Je lui ai fait peut-être cent questions... Dame, je suis assez curieuse et j'aurais bien voulu savoir... Mais voyez-vous, monsieur Sarrue, ces gens d'affaires ont toujours l'air de ne pas entendre ; du moment qu'ils ne veulent rien dire, ils deviennent muets comme cette commode. Il ne m'a pas été possible de lui arracher une parole. Il ne m'a pas même dit son nom ; je sais seulement qu'il est notaire.

— C'est étrange, grommela Sarrue entre ses dents.

Il y eut un assez long silence. Sarrue était embarrassé. Ne sachant comment s'y prendre pour adresser de nouvelles questions à la concierge, il hésitait à lui parler de la lettre de Maurice.

La femme comprit qu'il avait encore quelque chose à lui demander.

— Monsieur Sarrue, lui dit-elle, ce que je viens de vous apprendre ne paraît pas vous avoir entièrement satisfait?

— C'est vrai, répondit-il; cependant je suis assez heureux de savoir que rien de facheux n'est arrivé à M. Vermont.

— Après avoir cru qu'il s'était suicidé, je le comprends.

« Ah! çà, monsieur Sarrue, comment avez-vous pu vous imaginer une chose pareille?

— C'est une lettre que j'ai reçue...

— Une lettre?

— Oui, une lettre de Maurice, dans laquelle il m'annonce qu'il est décidé à s'ôter la vie.

— Ah! je comprends, s'écria la concierge. Vous avez raison, monsieur Sarrue, votre ami a eu l'idée de se donner la mort; cela m'explique pourquoi il y avait de la poudre et des balles sur la cheminée de sa chambre. Je me souviens, maintenant : en partant avec la vieille dame, M. Vermont a oublié d'emporter une lettre que vous avez reçue.

— C'est possible; mais qui donc l'a mise à la poste six ou huit jours plus tard?

— Probablement mademoiselle Georgette!

Sarrue sursauta.

— Georgette, fit-il, Georgette!...

— Oui, après l'avoir lue, car elle l'a lue aussi, la pauvre petite, et comme vous elle a cru que M. Vermont s'était tué. Oh! je comprends enfin tout ce qui s'est passé, c'est cette lettre qui a causé à mademoiselle Georgette une si grande douleur, un si profond désespoir et qui l'a rendue si malade, que j'ai bien cru qu'elle n'en reviendrait pas.

— Voyons, dit Sarrue avec agitation, je ne saisis pas bien, expliquez-vous mieux. Mademoiselle Georgette est donc venue ici?

— Certainement; elle y est même restée cinq jours malade, couchée dans le lit de votre ami; c'est moi qui l'ai soignée. Il a fallu courir chercher le médecin; heureusement qu'il est venu tout de suite; il a pu arrêter le mal, et la chère mignonne a été sauvée. Voulez-vous que je vous raconte?...

— Oui, dites, dites-moi tout.

— Eh bien, il n'y avait pas une heure que M. Vermont était parti avec la vieille dame, lorsque mademoiselle Georgette vint pour le voir; elle avait, paraît-il, quelque chose de très important à lui dire. Il faut que vous sachiez aussi que M. Vermont l'avait attendue la veille toute la journée et une partie de la nuit, en proie à une grande inquiétude. Mademoiselle Georgette n'était pas

Dès les premières lignes ses lèvres pâlirent et un frisson passa dans tous ses membres. (Page 333.)

venue, — c'est ce qu'elle m'a dit, — parce qu'elle s'était subitement trouvée indisposée chez une personne à qui elle faisait une visite. Elle n'a pas menti, bien sûr, car elle était très pâle et se soutenait à peine sur ses jambes; si bien que lorsque je lui eus dit que M. Vermont était sorti, mais qu'il reviendrait probablement dans la soirée pour prendre ses effets avant de partir, je dus l'aider à monter l'escalier, en la conduisant dans la chambre de M. Vermont où elle voulait l'attendre.

« Je la laissai seule. Je pensais moi aussi que votre ami reviendrait. Je me trompais. Des heures s'écoulèrent, la nuit vint. Étonnée de ne point voir descendre mademoiselle Georgette, et craignant qu'elle ne fût plus mal, je me décidai à remonter dans la chambre. Je trouvai la pauvre petite étendue sans mouvement sur le parquet. Je la crus morte et me mis à pousser de grands cris. Une voisine accourut. A nous deux nous fûmes assez fortes pour relever mademoiselle Georgette et la coucher dans le lit de M. Maurice.

« Que s'était-il passé? Nous pouvons supposer maintenant que mademoiselle Georgette ayant trouvé la lettre en question, dont l'enveloppe n'était pas cachetée, eut la curiosité de la lire, et que c'est après avoir fait cette lecture qu'elle est tombée sans connaissance. Cette supposition est d'autant plus juste, que je ramassai une lettre au milieu de la chambre et que je la remis dans son enveloppe. Je n'ai pas eu la pensée de la lire; d'ailleurs, je lis très mal l'écriture.

« Bref, le médecin vint et ordonna des remèdes qu'on courut chercher. Mademoiselle Georgette revint de son évanouissement. Quand elle se trouva un peu mieux, elle se souvint apparemment de la lettre. Elle me la demanda. Je la lui donnai. Après l'avoir relue, je m'aperçus qu'elle la fourrait sous le traversin. Elle pleurait, elle sanglotait, elle poussait des gémissenents à fendre l'âme. J'étais vraiment très effrayée.

« J'avais tort, car, d'après ce qu'a dit le médecin, c'est surtout parce que mademoiselle Georgette a beaucoup pleuré qu'elle n'a pas été malade plus longtemps.

« Quant à la lettre, monsieur Sarrue, il est évident que c'est mademoiselle Georgette qui l'a emportée et mise à la poste.

— Oui, dit-il, j'en suis absolument certain.

— Maintenant, vous voilà rassuré; il n'y a pas de malheur.

Sarrue baissa la tête.

— Si, pensait-il, le malheur existe; mais il est pour elle, pour elle seule!

« Dites-moi, reprit-il tout haut, vous avez appris à mademoiselle Georgette que Maurice a été emmené par une femme inconnue, qui est venue le chercher?

— Certainement; je n'avais aucune raison pour lui cacher la vérité.

— L'avez-vous revue depuis?

— Non.

— De sorte qu'elle ignore que Maurice a fait emporter les objets qui se trouvaient dans sa chambre et qu'il veut conserver, et que par son ordre, ses meubles ont été vendus?

— Naturellement, elle ne peut pas savoir cela.

Après l'avoir remerciée, Sarrue quitta la concierge.

Il revint chez lui la tête inclinée sur sa poitrine, le cœur serré comme dans un étau, en proie à une agitation extrême. En ouvrant la porte de sa chambre, il jeta un regard plein de tristesse sur la porte voisine, qui s'était si souvent ouverte devant lui, et un soupir s'échappa de sa poitrine.

— C'était ma sœur, ma fille! s'écria-t-il avec douleur, la gaieté et le rayon de soleil de chaque jour, ma poésie vivante, et j'ai été sans pitié pour elle! Mes mains, que je lui avais tendues pour la protéger, ont broyé son cœur, et je l'ai chassée!... Ah! c'est odieux, c'est infâme ce que j'ai fait là! Mais je suis donc un méchant!...

Il s'assit tristement dans un coin, et, après avoir relu la lettre de Maurice, il se remit à réfléchir, la tête dans ses mains.

Ce qui s'était passé, il le voyait, il le devinait; le mot de l'énigme était trouvé. Il se blâmait, il s'accusait.

— Oui, se disait-il, en les accablant sous le poids de ma colère insensée et ridicule, je les ai réduits au désespoir. Comme moi, les malheureux ne raisonnaient plus. Après avoir vainement attendu Georgette, sachant combien j'avais été dur et cruel pour elle, Maurice s'est imaginé que le désespoir l'avait poussée au suicide, et lui-même a eu l'intention de se donner la mort. C'est alors qu'il a écrit cette fatale lettre. Il aurait certainement mis son projet à exécution si la Providence, qui veille évidemment sur lui, n'avait pas amené chez lui cette femme? Probablement une parente. Et il est parti, persuadé que Georgette était morte. Il n'y a pas à en douter, sans cela il lui aurait écrit. Ah! pourquoi, avant de partir, n'a-t-il pas détruit cette lettre? Georgette ne l'aurait pas lue, Georgette ne croirait pas à son tour que Maurice a cessé de vivre, car elle le croit, la pauvre enfant; et ce qui le prouve, c'est que cette lettre a été mise à la poste par elle; c'est qu'après l'avoir lue, elle est tombée sans connaissance et qu'elle a failli mourir du coup terrible qu'elle a reçu. Maintenant, où est-elle? que fait-elle? Elle pleure, elle est désolée, désespérée!

« Et c'est moi, s'écria-t-il d'un ton douloureux, c'est moi, qui aurais donné ma vie pour elle, qui ai causé son malheur! Si je ne m'étais pas montré sans pitié, Maurice, retenu par Georgette, qu'il aime, ne serait pas parti. Où est-il allé? Personne ne le sait. Peut-être ne reviendra-t-il plus à Paris. Il se fixera quelque part et dans un an, dans six mois, il ne pensera plus à Georgette

Il releva brusquement la tête.

— Tout à l'heure, reprit-il, j'avais tort en disant que Maurice eût bien fait de détruire sa lettre; non, non, il vaut mieux que Georgette le croie mort que de supposer qu'il l'a abandonnée!

Il se replongea de nouveau dans ses sombres réflexions. Mais il cessa de s'occuper de Maurice pour ne plus penser qu'à Georgette.

Il la voyait pâle, maigrie, noyée dans les larmes, malade, abandonnée de tout le monde, sans travail, sans argent, dénuée de tout, dans la plus affreuse misère!

Et pressant son front brûlant sous ses mains glacées, il s'adressait les reproches les plus violents.

Soudain, un sanglot s'échappa de sa poitrine oppressée et il se dressa d'un seul mouvement.

Il pleurait à chaudes larmes.

— Ah! exclama-t-il avec fureur, en agitant ses grands bras, je suis un misérable, un monstre!

XVI

LA TOUR SOLFÉRINO

Un instant avait suffi pour creuser une plaie profonde au cœur de Jacques Sarrue. Les jours qui suivirent, loin de lui rendre le calme, augmentèrent encore sa douleur et lui firent sentir plus cruellement ses déchirements intérieurs. Habituellement grave, il était devenu taciturne et sombre; il ne parlait plus à personne; il répondait à peine quand on l'interrogeait; il fuyait ses meilleurs amis, qui s'étonnaient de le voir changé ainsi, et cherchait tous les moyens de s'isoler, de vivre seul.

Il pensait constamment à Georgette, et cette idée que la jeune fille souffrait, qu'elle était malheureuse, devenait pour lui une véritable torture.

Il sortait de chez lui dès le matin et ne rentrait que très tard pour se coucher. Quel emploi faisait-il de son temps? Quand il avait donné ses leçons, ce qui lui prenait à peine trois ou quatre heures, quatre jours chaque semaine, il s'en allait rôder le long des quais, devant les étalages des bouquinistes. C'était sa vieille habitude qui le conduisait plutôt que sa volonté. Et quand il était fatigué de regarder les livres, car il n'en achetait plus un seul, il s'éloignait, le front penché vers le sol, et pendant des heures il errait comme une âme en peine à travers les rues de la ville.

Il cherchait Georgette, le pauvre poète, et il espérait qu'il parviendrait à la rencontrer. Il lui fallait cette illusion et il oubliait que Paris est grand.

— Le jour où je la retrouverai, disait-il, c'est à genoux que je lui demanderai pardon, et c'est en embrassant ses pieds d'enfant que je la supplierai de me rendre le droit de la protéger et cette amitié sans laquelle, je le sens, je ne puis plus vivre!

Il faisait un seul repas par jour, quelquefois même il ne mangeait pas du tout. Il fallait que son estomac criât bien haut pour le décider à entrer chez un traiteur quelconque. Du reste, il ne faisait pas une forte dépense : il mangeait seulement pour ne pas mourir de faim.

Son vêtement n'avait jamais été dans un aussi piteux état : il ne voyait plus la brosse, il était criblé de taches d'encre, de graisse, festonné d'accrocs, usé;

râpé jusqu'à la trame; son chapeau n'avait plus ni forme, ni couleur, et un mendiant n'aurait pas retiré ses souliers de la hotte d'un chiffonnier. Il se laissait aller, il s'abandonnait complètement, et s'il se rasait et changeait de chemise deux fois par semaine, c'était plutôt par habitude que par respect pour les autres et pour lui-même. N'ayant plus qu'une pensée, une idée fixe, il agissait en quelque sorte comme une machine.

Plus que jamais il fréquentait les cimetières. On le voyait passer comme un spectre errant au milieu des tombes et des monuments funèbres. Le silence qui entoure les morts plaisait à sa misanthropie. Les gémissements du vent dans les acacias, les saules pleureurs et les cyprès semblaient répondre à sa désolation.

Il avait complètement perdu l'inspiration poétique; la muse mécontente avait abandonné l'ingrat. N'ayant plus de goût à rien, il ne travaillait plus. Une étude littéraire sur lord Byron et une autre sur Pétrarque restaient inachevées sur sa table et disparaissaient sous la poussière. Ses vieux amis d'autrefois, les livres, étaient absolument oubliés, il ne leur donnait même plus un regard.

Quelquefois, le soir, avant de rentrer chez lui, ne sachant où aller ni comment tuer le temps, et par un bizarre contraste d'humeur, il entrait dans un de ces bals publics du boulevard extérieur qui, naguère, lui inspiraient un invincible dégoût.

Espérait-il, en entendant le bruit des instruments de l'orchestre, en voyant les autres se livrer à la joie, espérait-il s'égayer lui-même et changer le cours de ses pensées?

Il s'asseyait à une table, dans un coin, afin de s'isoler le plus possible, se faisait servir un verre de bière, et pendant deux ou trois heures, il restait là, immobile, les sourcils froncés, les yeux mornes, écoutant la musique qui lui déchirait les oreilles, regardant avec autant de mépris que de pitié les gambades ridicules et grotesques, les contorsions, les grimaces et les gestes écœurants des jeunes fous et des filles éhontées, qui luttaient de grossièreté et d'indécence pour obtenir les applaudissements cyniques de la galerie.

Parmi les bals publics qui existaient alors à Montmartre, un entre autres, qui n'existe plus, avait acquis une certaine renommée, bien plus assurément par la position qu'il occupait sur le plateau de la butte, au sud-est, que par son luxe, l'élégance et la distinction de ses habitués. L'établissement, qui comprenait avec le bal un restaurant, un débit de vins et liqueurs, s'appelait la Tour Solférino. On avait donné ce nom à une construction bâtie avec de la brique, ayant une certaine hauteur et représentant, en effet, une tour carrée. La tour avait plusieurs étages, autant de salons de société pour le restaurateur. De là, le point de vue était magnifique, car on découvrait tout Paris et, plus loin que Paris, les hauteurs de Châtillon et le château et la terrasse de Meudon. La tour Solférino, qui n'est plus qu'un souvenir, avait été élevée, après la guerre d'Italie, sur les fondations mêmes d'une autre tour, au sommet de laquelle existait l'ancien télégraphe. L'administration des télégraphes avait depuis longtemps abandonné la tour, qui lui était devenue inutile, après l'application de l'électricité à la télégraphie.

Or, la tour Solférino, construite sur les ruines de la tour du télégraphe, fut elle-même détruite en 1871, pendant la Commune, et le restaurant et le bal ont en même temps disparu. Aujourd'hui, presque tout le terrain qui dépendait de la tour Solférino est occupé par les chantiers et les matériaux de construction de l'église du Sacré-Cœur, qui va s'élever sur la hauteur de Montmartre, regardant Paris.

Le bal de la Tour Solférino se trouvait au milieu d'un jardin ; c'était un vaste hangar dont la toiture était supportée par des piliers ou colonnes de bois. Alentour de la salle, très aérée, il y avait des bancs et derrières les bancs des tables pour les buveurs. Le jardin, entouré d'une haie très épaisse, se prolongeait sur le flanc de la butte ; on y avait construit, au milieu des buissons et des massifs d'arbustes, des tonnelles et des bosquets sous lesquels on dînait le soir, quand le temps était beau, à la lumière des verres de couleur et des lanternes vénitiennes.

Le restaurant était ouvert tous les jours, mais il n'y avait bal que le dimanche. Il commençait à deux heures et durait jusqu'à sept heures le jour. Il reprenait à huit heures pour se continuer jusqu'à minuit. Alors, pour ne pas contrevenir aux ordonnances de police, tout le monde s'en allait et les lumières étaient éteintes.

Ce bal ressemblait à tous les autres, mais on y voyait plus de casquettes que de chapeaux ; beaucoup de blouses, quelques paletots, rarement une redingote. On y entendait parler la langue des faubourgs et même l'argot des voleurs. Le jour il avait une physionomie particulière : on était sûr d'y trouver en grand nombre des jeunes filles généralement jolies, des gamines de douze à seize ans qui, sous un prétexte quelconque, parvenaient à échapper à la surveillance maternelle pour venir prendre dans ce lieu impur le goût du plaisir, de la paresse, et se familiariser avec la honte du libertinage.

Que ceci soit un avis aux mères de famille. On ne saurait leur répéter trop souvent : Prenez garde ! veillez, veillez sur vos filles : sachez qui elles fréquentent, éloignez de leurs yeux les mauvais exemples. C'est du bal que sortent presque toutes les filles perdues !

A ce sujet, qu'il nous soit permis de nous étonner qu'aujourd'hui encore, l'entrée d'un bal public ne soit pas absolument interdite aux jeunes filles âgées de moins de dix-sept à dix-huit ans.

On n'élèvera jamais assez de barrières contre le vice. N'oublions pas que, si elle est possible, c'est plus encore à la femme qu'à l'instruction répandue partout, que nous devrons notre régénération sociale.

Un dimanche soir, entre neuf et dix heures, Jacques Sarrue, qui était venu se promener de ce côté de la butte Montmartre, entra à la Tour Solférino. Après s'être arrêté un instant pour regarder les danseurs, ce n'était pour lui une chose ni curieuse, ni divertissante, il alla s'asseoir sous un berceau au fond du jardin.

A cette heure avancée de la nuit, les bosquets étaient dans une obscurité profonde. Peut-être n'avaient-ils pas été éclairés dans la soirée, le vent ayant constamment soufflé avec une certaine violence. On pouvait supposer aussi qu'ils étaient déserts, attendu que si quelques-uns abritaient des couples d'amoureux, on ne pouvait les voir. Il est vrai que Sarrue avait des oreilles ; mais, dans un endroit public, les amoureux prudents ont assez l'habitude de causer à voix basse. Du reste, sans compter le vent qui agitait les branches et faisait bruire les feuilles du houblon et de la vigne vierge, le tapage infernal du piston et de la clarinette suffisait pour empêcher d'entendre un chuchotement d'amour ou le bruit d'un baiser.

Sarrue était assis depuis un quart d'heure, regardant à travers le feuillage les effets produits par la réverbération du gaz allumé, lorsque, tout à coup, il entendit piétiner à côté de lui.

Deux individus, un homme et une femme, cherchant évidemment l'ombre et le mystère, venaient d'entrer et de s'asseoir sous le berceau voisin de celui où se trouvait Sarrue.

— Deux amoureux qui viennent roucouler la vieille et toujours nouvelle chanson du printemps de la vie, se dit le poète.

Et un sourire amer glissa sur ses lèvres.

Il allait se retirer pour ne pas être le témoin indiscret d'une effusion plus ou moins vive, lorsqu'un nom prononcé le fit tressaillir et le cloua sur le banc qui lui servait de siége.

Une voix de femme venait de dire quelques mots parmi lesquels était mêlé le nom de Georgette, le seul mot qu'il eût distinctement entendu.

Il se blottit dans un coin, se faisant le plus petit possible, et, la main appuyée sur son cœur, qui battait à se briser, il tendit l'oreille.

Les deux inconnus devaient être persuadés que nul ne pouvait les entendre, car ils négligèrent de prendre la précaution de parler tout bas.

— Je vous assure que la chose n'est pas du tout facile, dit la femme, reprenant une conversation commencée avant qu'ils ne fussent entrés dans le bosquet ; elle travaille et elle est sage ; de plus, je crois avoir découvert qu'elle a dans le cœur un amour malheureux.

— En ce cas, elle a besoin d'être consolée, répliqua l'homme.

— C'est mon avis ; mais elle n'a pas l'air de vouloir l'être comme vous l'entendez. Tantôt, grâce à moi, vous l'avez rencontrée ; vous savez comment elle vous a reçu. Je vous le répète, vous lui offririez les plus riches toilettes, les plus beaux bijoux, tout l'or du monde, que vous ne seriez pas plus avancé. Entre nous, vous vous êtes fait du tort auprès d'elle en vous obstinant à la suivre comme vous le faites depuis quelque temps. Il y a des jeunes filles à qui ça peut plaire, pas à elle. Quant à votre idée de vous introduire chez elle la nuit, c'est de la folie : il y a des locataires très bien dans la maison ; au premier cri qu'elle ferait entendre, tous seraient sur pied, et ils nous feraient à tous deux un mauvais parti. Je ne tiens pas à avoir affaire avec la police et à aller me morfondre à Saint-Lazare.

— Alors il faut chercher un autre moyen, car, à tout prix, je veux qu'elle soit à moi.

— Oui, je vous conseille de chercher.

— Vous voulez toujours me servir ?

— Du moment que je vous l'ai promis.

— Eh bien, il me vient une idée.

— Voyons si elle est bonne.

— Vous m'avez dit qu'elle vous avait fait la promesse de vous accompagner un jour chez votre mère ?

— C'est la vérité.

— Votre mère demeure à Grenelle ?

— Oui.

— Georgette ne connaît pas Paris ; elle ne sait probablement pas plus où se trouve Grenelle que Vaugirard.

— Je le crois.

— De sorte que vous pourriez aussi bien la conduire à Vaugirard qu'à Grenelle.

— Oui, mais je ne comprends pas.

— Ayez un peu de patience et vous comprendrez. Georgette a-t-elle déjà vu votre mère ?

— Jamais.

— Alors mon idée est excellente.

— Je veux bien le croire ; mais vous ne m'expliquez pas...

— M'y voici. Écoutez bien : Le jour où Georgette devra vous accompagner chez votre mère, ce sera le soir, parce que vous aurez été invitées à dîner.

— Oui, dimanche soir ou un jour de la semaine après sa journée de travail.

— Comme vous demeurez loin de Grenelle, vous prendrez une voiture de place, dont le cocher aura été prévenu d'avance. Donc, au lieu de vous conduire à Grenelle, il vous mènera à Vaugirard, rue Vaugelas.

— Rue Vaugelas. Après ?

— Tout à l'heure, pour que vous ne l'oubliez pas, je vous écrirai l'adresse sur un morceau de papier. Vous entrerez dans la maison où l'on vous attendra, car j'aurai annoncé votre visite, on aura même préparé un bon petit dîner à votre intention, et tout en arrivant vous pourrez vous mettre à table. Vous serez

— Excusez-moi, dit-il, mais j'ai eu peur, je l'avoue. Vous venez de me rassurer, me voilà remis. (Page 334.)

reçues par une femme de quarante-cinq à cinquante ans : ce soir-là cette femme sera votre mère. Vous jouerez le rôle de fille, elle jouera le rôle de maman; ce sera on ne peut plus touchant. Naturellement vous présenterez Georgette à votre chère mère, qui lui fera les plus grandes amitiés.

— Est-ce que vous serez là, monsieur Hector?

— Si j'étais là quand vous arriverez, ma présence gâterait tout; je ne paraîtrai qu'à la fin du repas, quand le moment sera venu.

— Et vous croyez que Georgette, satisfaite d'avoir fait un bon dîner, s'empressera de se précipiter dans vos bras?

— Les vins seront excellents : encouragée par vous et par... votre mère, elle videra souvent son verre et vous parviendrez à la griser.

— Je commence à comprendre. Seulement, monsieur Hector, Georgette est très sobre ; elle boira peu et ne se grisera point.

— Le cas sera prévu, répliqua M. Hector en baissant la voix d'un ton ; si elle ne se grise pas en buvant, on y arrivera par un autre moyen.

Ces horribles paroles furent suivies d'un assez long silence.

Le front de Jacques Sarrue s'était couvert d'une sueur froide et il sentait ses cheveux se hérisser sur sa tête, car, il n'en pouvait douter, c'était bien Georgette, la pauvre enfant qu'il appelait sans cesse, qu'il cherchait partout, qui était désignée comme victime de l'horrible complot. Deux ou trois fois déjà il avait fait un mouvement pour se lever et bondir hors du berceau, en jetant aux infâmes ce cri de colère : « Misérables! » Mais imposant silence à son indignation, il s'était retenu ; il voulait écouter encore, tout savoir. D'ailleurs il sentait que ce n'était point en se montrant, en faisant du bruit, en provoquant un scandale qu'il réussirait à sauver Georgette du piège qu'on voulait lui tendre. Et puis, il attendait, il espérait que dans leur affreuse conversation, les deux misérables lui livreraient l'adresse de la jeune fille ou lui fourniraient des indications suffisantes pour qu'il pût facilement la retrouver.

D'un autre côté, il avait été frappé par le timbre de la voix de la femme. Cette voix, il en était sûr, il l'avait déjà entendue. Il s'était donc trouvé une autre fois en présence de cette femme. Où? dans quelle circonstance? Sa mémoire lui faisait défaut, et il s'efforçait de rappeler ses souvenirs.

— Oui, c'est certain, se disait-il, je connais cette femme ; et si je ne puis me rappeler où je l'ai rencontrée, c'est que c'est une de ces créatures qu'on écoute un instant, qu'on regarde à peine et qu'on oublie dans le temps qu'il faut pour tourner les talons. Si seulement je pouvais voir sa figure...

La femme dans laquelle le lecteur doit avoir reconnu Albertine, reprit la parole ; de nouveau, Sarrue devint tout oreilles.

XVII

UN MARCHÉ

— En effet, monsieur Hector, dit Albertine, votre plan est assez bien imaginé mais j'y trouve un défaut sérieux.

— Ah! et lequel?

— Celui de nous compromettre gravement tous.

— Dîtes-moi ce que vous craignez.

— Voyant que vous ne pouvez vous faire aimer de Georgette, ni vaincre sa résistance à vos désirs, vous voulez la posséder en employant la violence ; c'est bien cela, n'est-ce pas ?

— Oui, répondit-il d'une voix creuse, et je ne reculerai devant rien.

— Vous n'avez pas besoin de me le dire, je le vois bien. Pourtant, vous devriez songer aux conséquences de votre action.

— Voyons ces conséquences.

— Si douce et si timide que soit Georgette, elle se plaindra, elle vous dénoncera...

— Elle ne sait ni mon nom, ni où je demeure !

— Mais elle me connaît, moi ! Et si elle porte une plainte, c'est sur moi, d'abord, que tout retombera, et ensuite sur cette femme que vous aurez fait passer pour ma mère. Vous le voyez, c'est grave, très grave, et pour cette bague et ces boucles d'oreilles que vous devez me donner, je ne veux point vraiment me jeter dans un pareil danger.

— Vous savez que je suis riche, répliqua Hector ; j'ajouterai aux bijoux ce que vous voudrez : une somme d'argent, ou bien encore, si vous le préférez, c'est moi qui meublerai l'appartement que vous avez l'intention de louer rue Blanche.

— Oh ! je sais bien que vous êtes généreux ! mais voyez-vous, j'ai peur... J'ai peur de m'attirer des désagréments...

— Je vous assure que vos craintes sont exagérées. Tout ce qui peut ariver de pire, c'est que Georgette cesse d'être votre amie et ne veuille plus vous voir.

— Si ce n'était que ça...

— Vous n'avez pas autre chose à redouter. D'abord, quand elle sera dans la maison de la rue Vaugelas, elle se croira chez votre mère à Grenelle. Quoi qu'il arrive il faut qu'elle passe la nuit dans la maison. Pour réussir, il n'y a qu'à oser et avoir de l'audace. De gré ou de force elle sera ma maîtresse ; le fait accompli, j'espère qu'elle en prendra son parti et qu'elle comprendra que ce que je veux, en somme, c'est son bien.

— Et si c'est le contraire qui arrive ?

— Alors j'aviserai. Dans tous les cas, il me sera facile de la retenir prisonnière pendant quelques jours ; vous profiterez de ce temps pour vous mettre à l'abri de ses reproches et de sa colère. D'autre part, je m'arrangerai de façon qu'elle ne sache point, même après être sortie de la maison, qu'au lieu de la conduire à Grenelle, vous l'avez amenée à Vaugirard. Quand à cette dénonciation qui vous épouvante si fort, je ne la redoute point. Je connais assez les femmes pour savoir qu'elles n'aiment pas à faire connaître certains accidents qui leur sont arrivés. Sous ce rapport, une jeune fille sage comme Georgette est particulièrement réservée. Je suis donc absolument sûr qu'elle se taira et qu'elle fera tout au monde, au contraire, pour cacher sa mésaventure. Ceci, d'ailleurs, est en supposant que je ne puisse l'apprivoiser. Mais comme elle est très intelligente, du moment qu'elle sera à moi, elle comprendra la situation et m'écoutera. Je ferai tout ce qui dépendra de moi pour la convaincre de mes bonnes intentions, et il faudrait que je fusse bien inhabile pour ne pas réussir. Pour le reste, je compte sur les offres que je me propose de lui faire. Eh b'en, ai-je réussi à dissiper vos craintes?

— Presque. Vous ne doutez de rien, monsieur Hector, et puis vous avez une manière d'arranger les choses...

Il se mit à rire.

— Ma chère, reprit-il, quand on se met en marche pour arriver à un but, il faut tout prévoir.

— Ainsi, vous avez tout prévu?

— Tout. Cependant je réfléchirai encore, et je ne négligerai aucune des précautions bonnes à prendre. Je tiens à ce que vous soyez complètement rassurée.

— C'est nécessaire.

— Vous me l'avez fait assez comprendre.

— Dame, c'est naturel; on ne va pas ainsi de gaieté de cœur se fourrer dans la gueule du loup.

— Ma chère, je ne vous connaissais pas encore. Votre prudence me donne de vous une haute opinion. Je vous prédis un magnifique avenir.

— Merci.

— Ainsi vous avez bien compris?

— Oui.

— Maintenant, dites-moi le jour.

— Je vous le ferai savoir.

— Pourquoi ne pas le fixer aujourd'hui?

— Cela ne dépend pas de moi; il faut que je décide Georgette.

— Je voudrais que ce fût pour jeudi prochain, si vous le voulez bien...

— Jeudi?... Soit, je ferai tout ce qui dépendra de moi pour que jeudi elle quitte son travail de bonne heure. Si elle préfère absolument un autre jour, je vous écrirai. Où faudra-t-il vous envoyer ma lettre?

— Comme toujours, poste restante.

— Vous ne tenez pas à ce que je sache votre adresse; vous êtes très prudent aussi, monsieur Hector.

— Plus tard je vous recevrai chez moi.

— A la bonne heure; d'abord je n'aime pas qu'on soit défiant.

— Vous savez bien que je ne le suis pas avec vous.

— Oh! ce serait à examiner. Mais ne parlons plus de cela. C'est bien entendu, c'est vous qui payerez le mobilier de mon petit appartement?

— C'est promis.

— Je le veux en palissandre.

— Va pour le palissandre.

— Ce sera peut-être un peu cher.

— Servez-moi bien, et à mille francs près, je n'y regarderai pas.

— Allons, vous êtes gentil; vraiment, je ne comprends pas cette petite Georgette... Est-ce assez bête de s'éreinter comme elle le fait pour gagner trente ou trente cinq sous par jour, quand il lui serait si facile... Enfin, c'est comme ça. Et les boucles d'oreilles, et la bague, quel jour me les donnerez-vous?

— Jeudi soir, rue Vaugelas.

— Est-ce bien sûr?

— Il me semble que c'est vous qui êtes défiante; depuis deux ans que nous nous connaissons; ce n'est pourtant pas le premier cadeau que je vous ferai après vous l'avoir promis.

— C'est vrai. Alors, à jeudi.

— Vous aurez vos bijoux et je vous promets encore qu'ils seront jolis.

— Ainsi, Georgette est son amie, se disait Jacques Sarrue, et la misérable fille la vend et la livre pour une paire de boucles d'oreilles, un bague et quelques meubles. Imfamie!... Et dire qu'il y a à Paris, où grouillent toutes les turpitudes, tous les vices, toutes les monstruosités, une infinité de coquines pareilles, qui font cet ignoble métier, sans que la justice puisse leur infliger le châtiment qu'elles méritent!

Sarrue avait à peine fait ces réflexions, qu'il entendit de nouveau la voix d'Albertine.

— Il me reste une question à vous adresser, dit-elle.

— De quoi s'agit-il? répondit son complice.

— Je voudrais savoir quelle est cette femme chez qui nous devons aller?

— Ma chère, vous êtes un peu trop curieuse. Il me semble que vous devriez vous contenter de savoir que vous serez attendues et qu'on vous recevra à bras ouverts.

— Alors, ma question est indiscrète et vous ne voulez pas y répondre?

— Ma chère, je ne saurais vous dire au juste ce que c'est que cette femme, je l'ignore moi-même. Je ne la connais pas beaucoup, bien qu'elle m'ait rendu déjà quelques petits services. Elle est très complaisante et se charge volontiers de faire les commissions des amoureux. Enfin je sais qu'en toute circonstance on peut compter sur son zèle et sa discrétion. Il va sans dire qu'elle ne fait rien pour rien. Elle n'est pas riche et il faut qu'elle paye sa nourriture, son entretien et son loyer. D'ailleurs, n'importe comment, il faut que tout le monde vive. Voilà, ma belle, tout ce que je peux vous dire.

Albertine ne demanda plus rien. Elle était suffisamment renseignée et savait à quoi s'en tenir.

Jacques Sarrue aussi avait compris.

Albertine et celui qu'elle appelait Hector se levèrent et sortirent du bosquet. Jacques Sarrue s'élança à son tour hors de sa cachette. Rapidement, il venait de concevoir un petit plan qui lui parut facile à exécuter. Il s'était dit :

— Je veux voir, d'abord, le visage de cette misérable fille ; ensuite, je ne la perdrai pas de vue, je m'attacherai à ses pas comme son ombre, car il faut que je sache où elle demeure ; il le faut pour que je puisse sauver Georgette !

Les deux complices approchaient du centre du jardin, c'est-à-dire du bal, et allaient dans un instant se trouver en pleine lumière.

— C'est le moment d'avancer, se dit Sarrue...

Et il prit son élan pour arriver en même temps qu'eux au bout de l'allée, que la lumière des becs de gaz éclairait.

Malheureusement, au même instant ; cinq ou six jeunes gens sortirent d'une allée transversale ; l'un d'eux heurta violemment Sarrue, qui perdit l'équilibre et tomba tout de son long sur un superbe plant de pivoines qu'il écrasa. Quoique un peu étourdi par sa chute, il se releva vivement et en trois bonds il fut hors des bosquets. Mais déjà ceux qu'il poursuivait avaient eu le temps de disparaître.

Sarrue fit deux ou trois fois le tour du bal, regardant, écoutant, plongeant son regard ardent dans tous les groupes ; mais rien ne vint lui révéler la présence des deux complices. Du reste, n'ayant pu voir leurs figures, il aurait très bien pu passer à côté d'eux sans les reconnaître. Il finit par se convaincre qu'ils étaient sortis de l'établissement.

— Malheur ! malheur ! murmura-t-il avec une sorte de rage, ils sont partis, ils m'ont échappé !... Et maintenant je ne pourrai rien faire pour défendre Georgette. Oh ! pauvre Georgette !...

Il s'éloigna de la Tour Solferino dans un état impossible à décrire. Il y avait du délire dans son esprit. Jamais peut-être il n'avait souffert si cruellement. A chaque instant, se rappelant ce qu'il avait entendu, il se sentait frissonner des pieds à la tête.

— Mon Dieu ! que faire, que faire ? s'écriait-il,

Et lançant avec fureur ses poings en avant, il semblait menacer et repousser des fantômes invisibles.

— Non, non, reprenait-il, un crime semblable ne peut s'accomplir. Quoi ! victime d'un marché infâme, Georgette serait souillée par ce misérable ! Non, encore une fois non, c'est impossible, cela ne peut pas être, ou bien alors il ne faudrait plus croire qu'au mal et douter de l'existence de Dieu !

Il rentra chez lui avec un violent mal de tête. Dans le jardin il avait pris froid, il avait la fièvre, il grelottait. Il se coucha en disant :

— On dit que la nuit porte conseil ; je trouverai peut être une bonne inspiration. En attendant, il ne faut pas que j'oublie les principales choses ; j'aurais dû prendre des notes, mais non, c'est inutile, je me rappellerai. Ah ! tout ce qu'ils ont dit, les misérables, est là, en lettres de feu dans ma mémoire. Lui, se nomme Hector. Qui est-il, cet Hector, ce lâche? Probablement un de ces beaux fils de famille, un de ces riches désœuvrés, qui traînent leur vie inutile dans les boudoirs des filles de plaisir, dans les tripots où l'on joue, où l'on se roule dans l'orgie, qui ne croient ni à la vertu, ni à l'honneur, qui considèrent la femme comme un hochet, une chose... comme s'ils n'étaient pas nés d'elle, les misérables! et qui, ne sachant à quoi occuper leur existence honteuse, font le métier de conspirer contre l'honneur des jeunes filles pauvres!

Il continua à réfléchir tout haut :

— C'est jeudi, jeudi soir, que Georgette, sans défiance, croyant aller chez la mère de celle qui se dit son amie pour en faire plus facilement sa victime, sera conduite à Vaugirard. J'ai bien entendu Vaugirard, et le nom de la rue : Vaugelas. On l'a baptisée ainsi en souvenir du célèbre grammairien qui a commencé le dictionnaire de l'Académie. Elles arriveront dans une voiture. Malheureusement, je n'ai pas le numéro de la maison. Au fait, qu'importe, une maison dans le genre de celle-là, qu'on met si complaisamment à la disposition de M. Hector, ne doit pas être difficile à découvrir. C'est encore heureux qu'il ait nommé la rue.

Brisé de fatigue, la tête malade, il ferma les yeux et s'endormit presque aussitôt en murmurant :

— Vaugirard, jeudi, Hector, Vaugelas.

Le matin, quand il se réveilla, il se sentit beaucoup mieux. Le corps était reposé, le sommeil avait dissipé les lourdeurs de la tête et les embarras du cerveau.

Comme la veille, il se demanda :

— Que vais-je faire?

Il ne se dissimulait pas qu'il fallait agir promptement, qu'il n'avait pas un instant à perdre. Mais l'inspiration sur laquelle il avait compté n'était pas venue encore. Il pensa à aller se mettre à la recherche de la maison de la rue Vaugelas.

— Et quand je l'aurai trouvée? s'interrogea-t-il.

Son imagination ne lui fournit aucune réponse.

Il comprenait combien il lui serait difficile, à lui seul, de faire avorter le projet de M. Hector. L'initiative, qui lui avait manqué dans toutes les circonstances de sa vie où elle lui eût été si nécessaire, lui faisait encore défaut en ce moment. Pourtant, il avait, pour le faire agir, un stimulant de premier ordre. Mais si Jacques Sarrue était doué d'un certain courage, il ne pouvait si facilement mettre l'audace à la place de sa timidité.

Pendant plus d'une heure, il chercha vainement un moyen d'action en rapport avec sa nature.

En reconnaissant son impuissance, le malheureux était désespéré.

XVIII

LE PIÈGE

Si Albertine ne connaissait son complice que sous le nom d'Hector, elle le savait riche et en état de récompenser largement les services qu'on pouvait lui rendre, lorsqu'il s'agissait surtout de donner satisfaction à une de ses passions. Elle ne dédaignait pas les bijoux promis, une fille comme Albertine accepte tout, mais elle tenait bien plus à gagner l'ameublement, qui devait être le prix de sa lâche trahison.

Quitter sa chambre de la rue de Meaux pour aller demeurer dans un quartier riche, où elle aurait une chambre à coucher et un petit salon avec des meubles en palissandre, c'était un rêve, le premier saut que lui conseillait son ambition, car elle savait par l'expérience des autres qu'on n'arrive pas du premier coup à la fortune. Elle était fatiguée de son existence modeste, elle n'en voulait plus ; à tout prix il fallait qu'elle sortît de l'ombre des bas-fonds où elle pataugeait. Éblouie par le luxe éclatant de deux ou trois de ses anciennes amies, elle voulait faire comme elles : s'élancer. Elle trouvait qu'elle avait porté assez longtemps des robes de laine et d'indienne, que la soie lui irait à ravir et que quelques bijoux et un chapeau avec une plume tripleraient la valeur de sa beauté.

Ainsi raisonnait Albertine qui avait, comme tant d'autres malheureuses jeunes filles, trop de funestes exemples sous les yeux.

Elle n'avait guère plus de vingt ans, elle était intelligente et très jolie. Poussée par ses pensées malsaines, elle se disait que du moment que des femmes moins jeunes, moins jolies qu'elle avaient un riche appartement, des domestiques, un équipage, elle avait bien le droit de gravir aussi vers les hautes régions du monde de la galanterie.

L'occasion lui étant offerte de sortir de son obscurité et de faire un grand pas en avant, pour rien au monde elle n'aurait voulu la laisser échapper.

Aussi, continuant à jouer merveilleusement son rôle perfide et hypocrite, mit-elle tout en œuvre pour décider Georgette à l'accompagner chez sa mère le jeudi suivant.

D'abord, la jeune fille refusa. Elle avait cent mètres de passementerie à livrer le vendredi matin, et, en calculant ce qui lui restait à faire, elle était obligée de travailler le jeudi jusqu'à minuit pour achever sa commande.

Albertine fut d'abord très contrariée ; mais une idée lui vint, et elle retrouva vite son humeur joyeuse.

Sarrue, imposant silence à son indignation, voulait écouter encore et tout savoir. (Page 346.)

— Ma chère Georgette, dit-elle, j'ai le moyen de tout arranger, et puisque ma mère veut absolument nous avoir jeudi, c'est jeudi que nous irons à Grenelle.

— Je veux certainement vous être agréable, répliqua Georgette; mais vous devez bien voir que c'est impossible.

— Laissez-moi donc vous dire mon idée.

— Eh bien?

— Rien n'est plus simple : c'est aujourd'hui mercredi, n'est-ce pas?
— Je le crois.
— Eh bien, ma chère, demain matin, je m'installe ici et je travaille avec vous toute la journée.
— Mais vous avez aussi de l'ouvrage à livrer.
— Oh! le mien n'est pas pressé comme le vôtre; on l'attendra. Ainsi, c'est dit, demain je travaillerai pour vous; même en supposant que je n'en fasse pas autant que vous, car je n'ai pas votre habileté, vos cent mètres seront sûrement terminés avant cinq heures du soir.

Georgette ne répondit pas. Elle paraissait soucieuse.

— Oh! c'est certain, nous aurons fini avant cinq heures, reprit Albertine; et comme Grenelle n'est pas près d'ici et qu'il faut que nous arrivions de bonne heure, nous prendrons un fiacre. J'irai le chercher pendant que vous vous habillerez... Georgette, on dirait que vous ne m'écoutez pas.

— Si, si, je vous entends.

— Je veux vous égayer, voyez-vous, car ça me fait de la peine de vous voir toujours triste et songeuse; aussi, demain, je veux que vous vous amusiez beaucoup.

Georgette secoua la tête.

— Vous verrez; d'ailleurs maman est très gaie, et je suis sûre qu'elle nous aura préparé un bon petit dîner. Allons, faites-moi voir vos beaux grands yeux et montrez-moi que vous êtes contente.

La jeune fille leva la tête et tourna son visage vers Albertine. De grosses larmes roulaient dans ses yeux.

— Ah! quelque chose me dit que vous avez un chagrin que vous me cachez! s'écria la fausse amie; Georgette, vous manquez de confiance envers moi!

Et l'indigne créature eut l'audace de lui prendre la tête dans ses mains et de mettre un baiser sur son front.

Georgette garda le silence. Au bout d'un instant, elle poussa un profond soupir et reprit son travail.

Le lendemain, avec l'aide d'Albertine, qui, voulant faire croire à son amitié et à son dévouement, accepta sans broncher les remerciements de Georgette, la besogne fut achevée de bonne heure.

A six heures, Albertine alla choisir une voiture de place à la plus proche station et donna immédiatement ses instructions au cocher. Dix minutes plus tard, la voiture emportant les deux jeunes filles, filait rapidement dans la direction de Vaugirard.

Albertine pensait au petit appartement qu'elle avait visité rue Blanche, et au joli mobilier en bois de palissandre, qui était également l'objet de sa convoitise.

Il pouvait être sept heures lorsque la voiture s'arrêta rue Vaugelas.

— Nous sommes arrivées, dit Albertine ouvrant la portière et sautant la première sur le trottroir.

Elle avait dans sa main une pièce de deux francs. Elle la donna au cocher pour prix de sa course, pendant que Geogette mettait pied à terre à son tour.

Aussitôt payé, le cocher fouetta son cheval, qui partit au trot.

Albertine jeta autour d'elle un regard rapide, et remarqua avec une certaine satisfaction que la rue était à peu près déserte. Sans aucune hésitation, ce qui indiquait qu'elle était bien renseignée, elle s'approcha d'une petite porte pratiquée dans un mur de clôture d'une certaine hauteur, et tira une chaînette de fer qui pendait à droite le long du pilastre.

Le bruit d'une clochette se fit entendre et fut presque aussitôt suivi de pas sur les cailloux d'une allée La porte s'ouvrit. Les jeunes filles entrèrent dans un jardinet et se trouvèrent en face d'une grosse fille mal peignée, grêlée et assez malpropre, dont l'attitude et le costume révélaient son état de servante.

— Maman nous attend, n'est-ce pas ? lui dit Albertine.

— Oui, oui, on vous attend, répondit la grêlée, tout en regardant les jeunes filles d'un air hébété.

Georgette regardait avec surprise. Au bout de l'allée, une maison d'assez agréable aspect, n'ayant qu'un étage au-dessus du rez-de-chaussée, et de chaque côté de l'allée des buissons de rosiers, des massifs de lilas, de seringats et autres arbustes.

Elle ne put cacher son étonnement à Albertine.

— Est-ce que votre mère habite seule cette maison? lui demanda-t-elle.

— Mais oui, toute seule. Est-ce que cela vous étonne?

Et, sans attendre la réponse de Georgette, elle reprit en riant :

— Ah ! je comprends, je ne vous ai pas dit que ma chère mère était une petite rentière ; une surprise que j'ai voulu vous faire.

— En effet, c'est une vrai surprise, dit Georgette, trop innocente et trop inexpérimentée pour soupçonner le guet-apens. Et cette femme qui vient de nous ouvrir la porte, qui est-elle ? demanda-t-elle encore.

— C'est la bonne, répondit Albertine.

A ce moment, une grande dame vêtue de noir, coiffée d'un bonnet de tulle chargé de rubans, et qui avait dû être fort belle dans sa jeunesse, car son visage conservait une certaine fraîcheur, apparut sur le seuil de la porte de la maison.

— Mais venez donc mes enfants, venez donc vite, dit-elle d'une voix pateline ; depuis une heure, je vous attends avec impatience.

— C'est maman ! s'écria Albertine.

Et elle courut se jeter dans les bras que la femme s'empressa de lui ouvrir. Ensuite, ce fut le tour de Georgette, qui reçut sur ses joues de gros baisers sonores.

— Vraiment, mademoiselle, je suis bien contente de vous voir, dit la femme de sa voix mielleuse, et vous êtes bien gentille d'être venue. Albertine m'a souvent parlé de vous, et toujours je lui disais : « Mais amène-moi donc ton amie, que tu dis si charmante, si sage, si travailleuse. » Enfin, vous voilà. Oh ! j'espère bien que vous reviendrez quelquefois, souvent même.

— Madame, je vous remercie de votre bon accueil, balbutia Georgette.

— Ta, ta, ta, c'est moi qui vous remercie, car je suis heureuse de vous connaître. J'aime la jeunesse, les bonnes, les honnêtes jeunes filles comme vous.

Poussant un soupir, elle ajouta :

— Je n'ai qu'un chagrin, c'est de ne pas avoir toujours Albertine avec moi. Mais mademoiselle veut être indépendante, libre ; je n'ai pas voulu la contrarier. Ah ! je suis trop faible.

— Allons, petite mère chérie, répliqua Albertine du ton le plus naturel, ne grondez pas ; je vous promets de venir vous voir plus souvent encore, tous les deux jours.

— A la bonne heure ! Mais je te préviens, ingrate, que je me fâcherai sérieusement si tu oublies ta promesse.

« Mais voyons donc que je vous voie, que je vous regarde bien, continua-t-elle en se rapprochant de Georgette. Excusez-moi, mon enfant, mais j'ai la vue faible et très basse ; c'est comme un fait exprès, tout à l'heure j'ai égaré mes lunettes, je ne sais pas où je les ai posées.

« Albertine ne m'a pas trompée en me parlant de votre beauté, de votre grâce, poursuivit-elle en examinant la jeune fille ; oui, vous êtes tout à fait charmante.

— Oh ! madame.

— Je dis ce que je pense, mon cher petit cœur ; oui, vous êtes jolie comme un amour, vous êtes ravissante... Il ne manque qu'un peu plus d'éclat à ces beaux yeux bleus, un brin de gaîté animant ce joli minois et un sourire sur ces lèvres qui fleurissent comme une rose. Croyez-moi, ma mignonne, il ne faut jamais se laisser aller à la tristesse ; la vie est trop courte pour qu'on ne cherche pas à en prendre le meilleur côté. Mais ce soir, j'en suis sûre, nous parviendrons à dérider votre front. N'est-ce pas, Albertine ?

— Certainement. D'ailleurs, Georgette ne demandera pas mieux que de s'égayer avec nous.

— Le dîner est prêt, et c'est lui, maintenant, qui nous attend ; si vous voulez, mes chères petites, nous nous mettrons tout de suite à table.

— Ma foi, c'est avec plaisir, répondit Albertine ; j'ai très faim, et Georgette doit être comme moi, car c'est à peine si nous avons déjeuné ce matin.

La dame Paumelle, — c'est ainsi que se faisait appeler la maîtresse du logis, — fit entrer les jeunes filles dans une salle à manger, dont le centre était occupé par une table ovale couverte d'une nappe, sur laquelle il y avait trois couverts.

— Mademoiselle Georgette, dit la femme, voilà votre place, Albertine va prendre celle-ci.

La servante grêlée apporta la soupière fumante. On s'assit, et le repas commença. Le vin avait été choisi parmi les plus capiteux du cru de Saint-Georges ou de Châteauneuf. Le mot d'ordre était « griser Georgette ». La Paumelle tenait à faire bien les choses. Seulement, quand elle voulut remplir le verre de la jeune fille de ce vin clair, presque sans couleur, Georgette l'arrêta en disant :

— Assez, madame, assez, je ne bois habituellement que de l'eau.

— Ma chère enfant, ceci est un tout petit vin qui ne saurait vous faire du mal.

— Je le connais, dit Albertine, qui vida d'un trait son verre rempli jusqu'au bord.

— Pour vous faire plaisir, répondit Georgette, je veux bien boire un peu de vin ce soir; mais je le mêlerai de beaucoup d'eau.

Du regard elle cherchait une carafe, qui n'était pas sur la table. Elle la réclama. La Paumelle dissimula mal son dépit, et dans la crainte de compromettre la situation, en éveillant les soupçons de la jeune fille, elle se décida à faire apporter de l'eau; cependant elle fit encore plusieurs tentatives pour décider Georgette à boire du vin pur; de son côté, Albertine la secondait en buvant beaucoup afin d'exciter sa victime à faire comme elle; mais la jeune fille savait, pour en avoir fait l'expérience, que le vin lui était contraire et l'étourdissait facilement. Elle eut la force de résister à toutes les instances.

La Paumelle ne se tenait pas encore pour battue.

Une bouteille de vin blanc fit son apparition sur la table.

— Assez de vin clairet, passons au blanc, dit-elle gaiment, c'est le vin préféré des dames et naturellement des demoiselles; je suis sûre que mademoiselle Georgette l'aime beaucoup. Vous savez ma mignonne, cette fois vous ne mettrez pas d'eau; elle ne s'accommode pas avec le vin blanc.

— Avec votre permission, madame, répondit Georgette, je boirai un peu de votre vin blanc comme j'ai bu du rouge, avec beaucoup d'eau.

La Paumelle ne put s'empêcher de faire une grimace.

— Ma chère Georgette, je ne te comprends pas, dit Albertine, tu ne veux rien faire pour être agréable à maman; ça te serait si facile d'être tout à fait gentille!

Depuis un instant elle jacassait comme une pie aveugle, à tort et à travers; elle ne s'aperçut point que, pour la première fois, elle tutoyait Georgette.

Celle-ci ne laissa verser qu'un doigt de vin blanc dans son verre, qu'elle remplit avec de l'eau comme elle l'avait fait constamment.

— Je n'aurais pourtant pas voulu user du moyen extrême, se dit la femme en mordant ses lèvres; mais il le faut, puisqu'on ne peut pas en avoir raison autrement.

En même temps elle s'assurait qu'une petite fiole grande comme la moitié du petit doigt, était toujours où elle l'avait placée, dans le corsage de sa robe.

— Mademoiselle Georgette, reprit-elle, je ne veux plus vous engager à boire. Mais vous prendrez du café, j'espère?

— Elle l'adore et moi aussi, dit Albertine.
— C'est vrai, fit Georgette, je l'aime beaucoup.
— A la bonne heure, dit la Paumelle.

Et un sourire singulier glissa rapidement sur ses lèvres.

A partir de ce moment elle devint préoccupée. Elle cherchait, évidemment, le moyen qu'elle devait employer pour verser dans la tasse de la jeune fille, à son insu, le contenu de la petite fiole.

Enfin, la bonne servit le café. Il était brûlant. Il fallait le laisser refroidir un peu.

Albertine avait rapproché sa chaise de celle de Georgette, disant qu'elle voulait être plus près d'elle, afin de pouvoir l'embrasser quand le cœur le lui dirait.

— Je n'ai pas trinqué avec vous, tout à l'heure, parce que vous buviez de l'eau, dit-elle en riant ; mais je veux que nos deux tasses se donnent un baiser.

Elle prit sa tasse, le petit choc eut lieu ; puis elle approcha le liquide de ses lèvres, mais le trouvant trop chaud, elle reposa bien vite sa tasse sur la table.

Au même moment la Paumelle lui fit un signe mystérieux. Elle comprit que ce signe voulait dire : Attention !

— Mademoiselle Georgette, dit aussitôt la Paumelle de son air le plus gracieux, sans vous commander, vous seriez bien aimable de me donner ce livre, qui est là, derrière vous, sur l'étagère.

La petite fiole, qu'elle venait de déboucher sous la table, était dans sa main.

Georgette se leva, et dès qu'elle eut tourné le dos à la table, Albertine, qui s'était levée aussi, se jeta à son cou sous le prétexte de l'embrasser.

Pendant ce temps, la Paumelle fit rapidement sa petite opération, et quand Georgette lui présenta le livre demandé, la fiole vide avait disparu au fond de sa poche.

Elle ouvrit le livre et y prit une image qu'elle tendit à Albertine.

C'est cela que je voulais montrer à ma fille, dit-elle ; vous pouvez voir aussi, mademoiselle Georgette.

— Oui, c'est une très jolie image, dit la jeune fille après avoir regardé.

— Merci, maman, fit Albertine, je ne vous la rends plus.

— Soit, répliqua l'autre, je te la donne. N'oublions pas notre café, il doit être maintenant bon à prendre. C'est du moka première qualité. Comment le trouvez-vous, mademoiselle Georgette ?

— Très bon, madame.

— Délicieux, exquis, amplifia Albertine.

Pendant que les trois convives savouraient le café, un nouveau personnage s'introduisait mystérieusement dans la maison et prenait possession d'une chambre du rez-de-chaussée.

L'apparition, dans la salle à manger, de la servante qui fit à sa maîtresse un signe convenu, apprit à celle-ci que M. Hector attendait l'instant de se montrer.

A partir de ce moment, la Paumelle commença à avoir des mouvements d'impatience ; elle ne faisait plus attention à Albertine, qui n'était après tout qu'une comparse ; ses yeux, braqués sur Georgette, semblaient vouloir la dévisager. Elle se dépitait vraiment, car elle trouvait que l'effet du narcotique était trop long à se produire.

A part un peu de rose sur les joues et une certaine animation de la physionomie, Georgette était absolument la même que pendant le dîner. Certes, il y avait là de quoi surprendre la Paumelle et la rendre très perplexe.

— Je n'y comprends rien, se disait-elle ; est-ce que cette fiole qu'il m'a apportée ne contenait pas ce qu'il m'a dit ?

Un profond soupir d'Albertine, qui fut immédiatement suivi d'un formidable bâillement, vint lui rappeler qu'elle n'était pas seule avec Georgette.

Albertine, devenue très pâle, vacillait sur sa chaise ; pour ne pas tomber, elle avait accroché ses mains à la table ; sa tête, qui allait de ci, de là, semblait tourner sur ses épaules comme celle d'une poupée mécanique.

— Oh ! la sotte créature, grommela la Paumelle entre ses dents, elle s'est grisée !

Georgette, prise de compassion pour sa fausse amie, s'était approchée d'elle pour la soutenir.

Les yeux d'Albertine se fermaient malgré les efforts qu'elle faisait pour empêcher de tomber ses paupières. Il était facile de voir que la malheureuse essayait de lutter contre un mal subit, indéfinissable. Soudain, rassemblant ce qui lui restait de vigueur et d'énergie, elle se dressa brusquement sur ses jambes, mais elle retomba aussitôt.

— Mais, qu'est-ce que j'ai donc ? murmura-t-elle d'une voix bredouillante, mes membres s'engourdissent ; je ne les sens plus... Là, là, dans ma tête, un poids... Je... je m'endors...

Quant à Georgette, rien n'indiquait qu'elle fût disposée à s'endormir.

La Paumelle s'était levée. Les bras croisés, les yeux démesurément ouverts, elle regardait avec stupéfaction le groupe plein de contraste formé par les jeunes filles.

Tout à coup une lueur rapide éclaira sa pensée. Ses yeux devinrent hagards et se fixèrent sur la table avec une sorte de terreur folle.

Elle venait de comprendre que, dans sa préoccupation, son trouble, avec sa vue basse, elle avait versé le narcotique destiné à Georgette dans la tasse d'Albertine.

C'était cela, en effet, et la misérable femme n'avait pas remarqué qu'Albertine avait étourdiment placé sa tasse tout près et en avant de celle de Georgette.

XIX

MONSIEUR HECTOR

Après être restée un instant immobile, stupéfiée de sa maladresse, elle releva la tête, jeta un regard farouche sur les jeunes filles, puis s'adressant à Georgette, qui avait sur sa poitrine la tête d'Albertine :

— Soutenez-la ainsi encore un moment, lui dit-elle, je vais prendre dans ma chambre quelque chose pour la faire revenir à elle.

Sur ces mots, elle sortit précipitamment de la salle à manger, afin d'aller se concerter avec son autre complice.

Cependant Albertine luttait encore contre le sommeil ; Georgette voyait qu'elle se roidissait pour lui échapper.

— Pauvre Albertine, dit la jeune fille, je suis bien chagrine de ce qui lui arrive.

Albertine entendit sans doute ces paroles, car aussitôt sa tête se redressa, ses yeux s'ouvrirent et son regard terne se fixa sur Georgette. Les mains appuyées sur la table, elle essaya de nouveau de se lever, mais elle ne put y parvenir. Alors sa langue épaisse et lourde balbutia quelques mots.

Georgette entendit qu'elle disait :

— C'est moi qu'elle fait dormir, j'ai bu le poison.

Georgette se sentit saisie d'effroi et se leva avec effarement. Pourtant elle ne devinait rien encore.

La tête d'Albertine venait de tomber sur la table.

Cette fois, elle dormait d'un profond et lourd sommeil.

Soudain le bruit d'un colloque animé parvint jusqu'à Georgette. Elle entendit une voix d'homme. Cette voix, elle la reconnut. Aussitôt elle frissonna et devint blême de terreur. Il lui sembla que son sang se figeait dans ses veines. Alors la pensée lui vint qu'elle était tombée dans un piège.

— Mais, où suis-je donc ? s'écria-t-elle éperdue. Que se passe-t-il ici ?

Épouvantée, elle bondit vers la porte, ne songeant plus qu'à prendre la fuite. Mais dans le corridor sombre, elle se heurta contre la Paumelle. Celle-ci lui saisit le bras, et avant qu'elle eût le temps d'opposer la moindre résistance, une porte s'ouvrit et elle fut poussée violemment dans une chambre faiblement éclairée par la lueur d'une bougie rose.

Revenue de sa surprise, Georgette poussa un cri et voulut s'élancer hors de la chambre. Il était déjà trop tard. Le bruit d'une clef tournant dans la serrure

Albertine et celui qu'elle appelait Hector se levèrent et sortirent du bosquet. (Page 350.)

lui apprit qu'elle était emprisonnée. Elle fut prise d'un tremblement nerveux et de grosses gouttes de sueur froide perlèrent à son front.

Toutefois, elle ne perdit point sa présence d'esprit. Elle se retourna vivement et jeta un coup d'œil rapide autour de la chambre. D'abord elle ne vit rien qui fût de nature à l'effrayer. Mais, bientôt, elle poussa un cri étranglé, en voyant un homme sortir de l'embrasure d'une fenêtre et marcher vers elle.

Elle reconnut M. Hector.

Au lieu d'être terrifiée, sans force en présence du danger, l'indignation et la colère fouettèrent son sang et lui donnèrent une énergie, une hardiesse qu'elle ne croyait pas avoir en elle.

Elle se redressa, le front haut, le regard fulgurant, l'attitude menaçante.

M. Hector avançait toujours.

— Je vous défends de m'approcher, lui dit-elle d'un ton impérieux.

Surpris peut-être par l'attitude pleine de défi de la jeune fille, Hector s'arrêta à trois pas d'elle.

— Vous m'avez tendu un piège infâme, reprit Georgette, vous êtes un misérable !

— C'est votre faute, répondit-il, vous ne m'avez laissé que ce mauvais moyen de causer avec vous. Si vous vous étiez montrée moins farouche, je n'en serais pas venu à cette extrémité.

— Vous savez pourtant que je vous hais, que vous me faites horreur !

— C'est possible, mais j'espère qu'il n'en sera pas toujours ainsi.

Georgette haussa les épaules avec dédain.

— Monsieur, dit-elle, je veux m'en aller, je veux partir à l'instant ; vous allez me faire sortir de cette affreuse maison !

— Il est encore de bonne heure, répliqua-t-il avec un faux sourire ; nous avons tout le temps de causer.

— Vous n'avez rien à me dire et moi rien à vous répondre.

— Je pense autrement que vous ; nous avons au contraire, beaucoup de choses à nous dire.

— Mais que me voulez-vous donc, monsieur ?

— Dans la bouche d'une belle fille comme vous, Georgette, voilà une question un peu naïve. Ce que je vous veux ? Vous regarder, vous contempler, vous admirer, comme je le fais en ce moment, car vous êtes charmante, Georgette, et votre teint animé, votre regard étincelant vous rendent plus ravissante encore. Puis je veux vous dire et vous répéter que vos yeux superbes m'ont rendu fou, que je vous aime, que je vous adore !

— Moi, je vous hais, je vous abhorre, je vous l'ai déjà dit ! s'écria la jeune fille. Et maintenant que vous vous êtes rendu coupable d'une ignoble lâcheté, ce n'est plus seulement du mépris que vous m'inspirez, c'est du dégoût !

— Ça, ce sont des mots, fit-il en riant jaune ; mais, sortant d'une aussi jolie bouche, ils sont adorables.

— Mais vous n'avez donc rien dans le cœur, rien dans l'âme ! exclama-t-elle.

— Rien que mon immense amour pour vous, la passion qui me brûle et me dévore.

En disant cela, ses yeux s'étaient remplis de flammes. La jeune fille eut peur, et instinctivement son regard chercha une issue par où elle pourrait s'enfuir.

— Ma toute belle, dit Hector d'une voix railleuse, vous êtes ma prisonnière, il faut en prendre votre parti. Soyez donc moins cruelle : du reste, je me suis promis de vous apprivoiser, et, pour commencer, je vais vous embrasser.

Il s'élança sur elle pour l'enlacer dans ses bras. Mais elle eut le temps de bondir en arrière.

— Ah ! ne me touchez pas, ne me touchez pas ! s'écria-t-elle d'une voix courroucée, ou je crie, j'appelle au secours !

— Oh ! vous pouvez crier et appeler tant qu'il vous plaira, répondit-il en ricanant, personne ne viendra. Je m'étonne que vous n'ayez pas compris déjà que vous êtes entièrement en ma puissance.

La jeune fille comprit qu'en effet elle était à la discrétion du misérable. Elle jeta encore autour d'elle un regard éperdu, puis elle murmura :

— Oh ! je suis perdue, perdue !

M. Hector entendit, et un affreux sourire crispa ses lèvres.

— Allons, ma belle Georgette, dit-il, soyez donc raisonnable et douce et gentille comme d'habitude. Alors, nous pourrons causer comme deux amis. Croyez-moi, vos petites colères n'ont rien qui m'effrayent, elles me procurent, au contraire, un plaisir tout nouveau pour moi. Eh, eh, continua-t-il en riant, c'est probablement parce que la rose a des épines qu'on éprouve tant de plaisir à la cueillir !...

Georgette avait repris sa fière attitude et le couvrait de son regard plein de mépris.

— Si je vous aime comme un insensé, poursuivit-il, ce n'est pas ma faute... Pourquoi êtes-vous si jolie ?... Après tout, je n'ai que de bonnes intentions ; si je veux que vous m'aimiez, c'est pour vous sortir de la misère, pour que vous n'usiez pas votre jeunesse et votre santé à un labeur ingrat, c'est pour vous donner la richesse et vous faire un sort heureux.

— Vos paroles ne me surprennent point, riposta Georgette indignée ; après votre conduite odieuse et lâche, vous ne pouviez manquer de m'insulter ! Ah ! la bave d'un crapaud m'inspirerait moins de dégoût que vos horribles paroles ! Est-ce que je vous demande quelque chose, moi ? Je ne suis qu'une pauvre fille sans famille, sans amis, mais j'ai dans mon cœur des sentiments qui me défendent contre vous ; une pauvre fille comme moi ne craint rien d'un misérable tel que vous ! Mais j'ai vraiment honte de vous répondre... Encore une fois, monsieur, faites-moi sortir de cette maison.

— Vous devriez comprendre, ma mignonne, que vous n'êtes pas ici pour que je vous laisse partir ainsi.

Georgette se jeta sur la porte et la secoua de toutes ses forces. Mais elle était solide sur ses gonds et bien fermée.

— Vous êtes en cage, ma jolie colombe, dit la voix railleuse de M. Hector. Et il se mit à rire.

La jeune fille se retourna et le souffleta avec ces mots prononcés d'un ton de mépris écrasant :

— Lâche ! lâche !

M. Hector ne parut nullement impressionné. Cependant les traits de son visage se contractèrent, un double éclair jaillit de ses yeux verts, ses narines se gonflèrent et son hideux sourire reparut sur ses lèvres.

— En vérité, dit-il sourdement, vous me faites jouer ici un rôle ridicule. Puisque je ne peux vous faire entendre raison, en vous parlant avec douceur, je vais employer un autre moyen pour vous convaincre. Je ne pensais pas en venir là, mais c'est vous qui l'avez voulu.

Bondissant comme un tigre, il se précipita sur elle, et ses bras nerveux l'entourèrent ainsi qu'un cercle de fer.

Georgette poussa un grand cri mêlé d'épouvante et d'horreur. Elle rejeta son buste en arrière, et de ses mains faibles et délicates, elle repoussa la tête du misérable qui voulait approcher la sienne.

— Oh ! tu as beau te débattre et te roidir, disait l'odieux personnage entre ses dents, tu ne m'échapperas pas... Quand on ne me donne pas ce que je veux, je le prends.

La jeune fille faisait des efforts inouïs pour se dégager de la formidable étreinte ; mais elle ne réussissait qu'à éviter le contact de la bouche impure. Sa poitrine se soulevait violemment ; elle haletait comme si la respiration allait lui manquer. Déjà le sang battait ses tempes et bourdonnait dans ses oreilles. Elle sentait, la pauvre enfant, que ses forces s'épuisaient et qu'elle allait fatalement succomber dans cette lutte inégale. Elle se vit perdue et son corps eut un frémissement d'horreur.

Alors, de toutes ses forces elle se mit à crier et à appeler au secours.

Au même moment, la voix affolée de la Paumelle retentit dans la maison. M. Hector entendit ces mots : « La police ! » La façon dont ils étaient jetés leur donnait cette signification : « Sauve qui peut ! »

M. Hector se jeta brusquement en arrière et devint livide de terreur...

Des pas lourds résonnèrent sur les dalles du corridor et une voix d'homme prononça ces paroles avec autorité.

— Allons, vite, bâillonnez cette femme pour l'empêcher de crier.

M. Hector comprit qu'il n'était pas trop tôt de songer à sa sûreté en prenant la fuite. Dans sa frayeur, il avait complètement oublié Georgette, qui, les mains tendues vers le ciel, remerciait dans son cœur ses sauveurs inconnus.

M. Hector s'élança vers la fenêtre, l'ouvrit, enfonça les persiennes d'un coup d'épaule, sauta dans le jardin et se sauva à travers les massifs en rasant le mur de clôture.

Heureuse d'être délivrée de son ennemi, Georgette attendait, calme, le regard plein de reconnaissance, presque souriante.

Elle entendit ouvrir une porte, puis marcher dans la chambre voisine.

— Ah ! voilà la jeune fille endormie, dit la voix qui avait ordonné un instant auparavant de bâillonner la dame Paumelle.

Celle-ci, après avoir enfermé Georgette, était rentrée dans la salle à manger en murmurant :

— Maintenant, qu'il s'arrange comme il l'entendra.

Alors elle appela sa servante ; à elles deux elles enlevèrent Albertine et la portèrent dans l'autre chambre du rez-de-chaussée où elles la couchèrent sur une chaise longue.

Cela fait, la Paumelle rentra dans la salle à manger et la servante retourna à sa cuisine.

C'est à ce moment que des agents de la police de sûreté, dirigés par un chef d'escouade, pénétraient mystérieusement dans le jardin, faisant le moins de bruit possible. Mais si la vue de la dame Paumelle n'était pas excellente, elle avait l'ouïe extrêmement fine. Elle entendit un bruit léger qui lui parut insolite. Elle rappela sa servante et lui ordonna d'aller jeter un coup d'œil dans le jardin La grêlée n'avait pas fait six pas hors de la maison lorsque deux agents se jetèrent sur elle.

Un cri prévint la Paumelle que quelque chose d'extraordinaire se passait dans le jardin. Elle se leva précipitamment pour aller voir elle-même. Dans le corridor, elle se trouva en face des agents, qui se précipitaient dans la maison.

Le lecteur sait ce qui s'était passé ensuite.

Comme nous l'avons dit, Georgette attendait. Elle s'était approchée de la porte, qui avait été fermée par la Paumelle, espérant qu'elle allait s'ouvrir devant elle.

On marchait toujours dans la pièce à côté.

Elle entendit encore la voix qui disait :

— Nous en tenons deux, mais il nous faut les deux autres, ne les laissons pas échapper.

Presque aussitôt, au lieu de voir s'ouvrir la porte près de laquelle elle se trouvait, c'est par une autre porte qu'elle n'avait pas remarquée, et qui établissait une communication entre les deux pièces, que les agents firent irruption dans la seconde chambre.

XX

LES ARRESTATIONS

Deux des agents étaient armés de revolvers, un autre portait une torche.

Georgette s'élança vers eux en criant :

— Ah! sauvez-moi! sauvez-moi!

— Voilà la femme, dit l'inspecteur de police; mais l'homme, où est-il?

— Voyez cette fenêtre ouverte, répondit un agent, il vient de s'enfuir par là.

— Ah! le gredin, est-ce qu'il nous échapperait! Vous, Ripart, continua-t-il, s'adressant à un agent, gardez à vue cette misérable fille.

Et, suivi de deux autres agents, il s'élança par la fenêtre à la poursuite du fuyard.

Georgette n'avait probablement pas compris que l'ordre donné à Ripart la concernait, car elle s'approcha de lui et d'une voix suppliante, les mains jointes, lui dit :

— J'étouffe ici; je vous en prie, monsieur, faites-moi sortir de cette maison.

— Vous, taisez-vous, répondit l'agent d'une voix rude, en accompagnant ses paroles d'un regard dur et plein de mépris.

— Mais je n'ai rien fait de mal, s'écria Georgette effrayée, pourquoi me parlez-vous ainsi?

L'agent haussa les épaules en murmurant :

— On en pince dix, vingt, trente, et c'est toujours la même chanson.

— Ah! reprit Georgette, je ne veux pas rester ici une minute de plus.

Et elle marcha vers la porte ouverte. Mais l'agent lui barra le passage et la repoussa avec une certaine violence.

— Ah! çà, vous, fit-il, est-ce que, pour vous mettre à l'ordre il va falloir vous lier les jambes et les bras?

Georgette le regarda avec effarement.

— Monsieur, reprit-elle d'une voix tremblante, pourquoi ne voulez-vous pas me laisser partir?

— Décidément, elle est pommée, celle-là, fit l'agent avec un sourire narquois.

La jeune fille ne comprenait pas encore; mais elle sentait naître en elle une profonde inquiétude.

— Monsieur, reprit-elle, dites-moi ce qu'on veut faire de moi.

— Par exemple, s'il y en a à qui on ne peut pas arracher une parole, celle-ci bavarde pour dix, grommela Ripart.

Il reprit à haute voix :

— Je m'étonne que vous n'ayez pas compris déjà qu'on veut vous garder.

— Me garder!

— Oh! cet air de surprise est superbe.

— Est-ce qu'on me gardera longtemps?

— Ça, c'est pas mon affaire; mais vous en aurez au moins pour six mois.

— Mon Dieu, mon Dieu! mais je ne comprends pas, monsieur, je ne comprends pas!

— Naturellement, ricana Ripart.

Tout à coup elle entrevit la vérité.

— En prison! exclama-t-elle, en prison, moi!...

— Voilà! fit Ripart, toujours railleur, quelques mois à Saint-Lazare vous donneront le temps de réfléchir.

— Mais qu'ai-je donc fait, mon Dieu, qu'ai-je donc fait?... reprit la jeune fille avec terreur.

— Bon, voilà que ça recommence, murmura l'agent; elles sont toutes ainsi, on croirait à les entendre qu'on pourrait leur donner le bon Dieu sans confession.

— Mais non, s'écria Georgette éperdue, cela ne se peut pas... Je sais bien que je n'aurais pas dû venir ici, mais je suis innocente... Ce que vous venez de dire, c'est pour m'effrayer, n'est-ce pas, monsieur? Oh! dites-moi que vous avez voulu me faire peur! Vous devez bien voir que je ne suis pas coupable... Oui, oui, vous avez voulu m'éprouver. Tout à l'heure, vous me laisserez partir, je pourrai retourner chez moi.

— Ma petite répondit Ripart, je veux bien encore vous dire ceci : Tenez-vous tranquille et taisez-vous; c'est ce que vous avez de mieux à faire dans votre intérêt. Quand nous arrêtons un voleur ou une de vos pareilles, nous ne nous occupons pas de savoir s'ils sont plus ou moins coupables; ça, c'est l'affaire des magistrats. Demain matin, vous causerez avec M. le commissaire de police.

Georgette était atterrée. Elle fit entendre une plainte étouffée, se laissa tomber sur un siège et cacha son visage dans ses mains.

Pendant ce temps, l'inspecteur de police et ses hommes fouillaient le jardin dans tous les coins; ils visitèrent jusqu'aux plus petits buissons. Mais leurs recherches furent vaines : M. Hector avait disparu.

Aiguillonné par la peur de tomber entre les mains des agents, il avait grimpé sur un arbre et, d'une branche, il s'était élancé par-dessus le mur dans un autre jardin, au risque de se casser les jambes. Mais la chute avait été heureuse. Il franchit ensuite une haie, escalada un second mur et se trouva dans une ruelle parallèle à la rue Vaugelas.

Alors, il respira, en se disant qu'il était maintenant hors d'atteinte. Toutefois, comme il pouvait encore rencontrer des policiers, il s'éloigna en se donnant l'allure d'un honnête habitant du quartier, qui vient de faire une visite et qui se dispose à rentrer tranquillement chez lui.

Quand les agents rentrèrent dans la maison, l'inspecteur était de fort mauvaise humeur. Certes, il avait le droit de ne pas être content.

En les entendant revenir, Georgette s'était levée.

— Monsieur, dit-elle à l'inspecteur craintivement et de sa douce voix, veuillez m'écouter, je vais vous expliquer...

— Silence! l'interrompit-il brusquement et avec colère, en lui lançant de travers un regard terrible.

La pauvre Georgette se mit à trembler très fort.

— Nous n'avons plus rien à faire ici maintenant, reprit l'inspecteur. Ripart, emmenez cette coquine.

L'agent saisit la jeune fille par le bras.

Elle se rejeta en arrière avec épouvante, comme si elle venait d'être mordue par un reptile.

— Non, s'écria-t-elle en frissonnant et les yeux pleins de larmes, je ne veux pas, je ne veux pas !

— Hein ! de la résistance, dit l'inspecteur. Ripart faites-la marcher, et si elle regimbe, traînez-la.

Georgette fut emmenée. Elle sortit de la maison en même temps que la Paumelle et sa servante tenues également par des agents.

Sur l'ordre de l'inspecteur, un autre agent prit Albertine endormie dans ses bras et la transporta dans un fiacre, qui attendait rue Vaugelas devant la petite porte d'entrée. L'ayant placée le mieux qu'il put sur un des coussins de la voiture, l'agent referma la portière, monta sur le siége à côté du cocher, et le fiacre roula bruyamment sur le pavé.

A l'angle de la rue, la voiture passa près des agents qui conduisaient au poste Georgette, la dame Paumelle et la servante grêlée.

Georgette pleurait et sanglotait à émouvoir des cœurs de roche : mais, constamment à la recherche des malfaiteurs et des déclassés en rébellion contre les lois, les agents de police n'ont pas le temps d'être sensibles.

Malgré ses gémissements, ses supplications, Georgette dut entrer avec les deux femmes dans la prison du poste.

Un sergent de ville, ayant une lampe à la main, leur montra d'un côté un banc, de l'autre une vieille paillasse en leur disant :

— Pour vous asseoir, pour vous coucher, si cela vous plaît ; voilà.

Il se retira, ferma la porte et les prisonnières se trouvèrent dans une complète obscurité.

Pour éviter le contact des deux femmes, Georgette s'éloigna d'elles en marchant à tâtons le long de la muraille. Elle s'arrêta dans un angle de la pièce et s'y blottit, le dos appuyé au mur.

Pendant ce temps, la dame Paumelle et la grêlée, qui portait le nom de Victoire, s'étaient assises sur un banc. Au bout d'un instant, elles se mirent à causer tout bas.

— Toute la journée j'ai été inquiète et mal à mon aise, dit la Paumelle ; c'était le pressentiment de ce qui nous arrive.

— Voilà un grand malheur, répliqua Victoire, et j'ai peur, madame.

— Nous verrons ; on tâchera de se tirer pour le mieux de ce mauvais pas. Sont-ils assez bêtes, ces agents de police ; ils ne se doutent même pas qu'ils ont fait une bévue en arrêtant cette petite péronnelle. Quelqu'un nous a vendus,

Venez donc mes enfants, venez vite; depuis une heure je vous attends avec impatience. (Page 355.)

c'est sûr, car la police savait d'avance le beau plan inventé par cet imbécile d'Hector, qui n'a d'autre mérite que celui d'être riche. Grâce à moi, il a eu le temps de se sauver. Ce n'est certainement pas par dévouement que je l'ai prévenu; mais j'ai compris tout de suite que s'il était arrêté nous serions plus sérieusement compromises. Pour se disculper et faire retomber sur les autres tout le poids des sottises qu'ils font, ces hommes-là sont capables de toutes les lâchetés.

« Je sais bien que la petite parlera, mais j'ai une langue aussi. Elle ne dira pas un mot que je ne réponde : « C'est un mensonge ! » L'erreur commise par les agents peut nous servir si je sais adroitement en profiter. Tant pis pour cette sainte nitouche, qui ne fait que pleurnicher et crier : « Ayez pitié de moi ! » D'ailleurs, elle est la cause de tout. Il y a encore l'autre, qu'en ont-ils fait ?

— Ils l'ont emmenée dans une voiture, dit la servante.

— Je le sais bien ; mais cela ne m'apprend rien, et je ne suis pas sans inquiétude de ce côté. Enfin il faut attendre, avoir de la prudence et se tenir constamment sur la défensive. Quant à toi, Victoire, demain, devant le commissaire, tu joueras le rôle d'idiote ; tu m'entends bien ?

— Oui, madame.

— Cela te sera facile. Tu ne dois rien dire, être muette, autrement le commissaire de police t'entortillerait et te ferait lui raconter ce qu'il ne doit pas savoir. A toutes les questions qu'il t'adressera, tu ne répondras que ces seuls mots avec un air hébété : « Je ne sais pas. » Tu as bien compris ? Toujours cela : « Je ne sais pas. » De cette façon tu ne te compromettras point, ni moi non plus.

— J'ai compris, madame, soyez tranquille, répondit Victoire.

La Paumelle, n'ayant plus rien à dire, se mit à réfléchir. Elle demandait à son imagination de lui fournir les moyens de se défendre et de s'échapper des mains de la justice sans trop de déchirures.

La servante s'était endormie sur le banc et ronflait comme un sapeur.

Georgette continuait à pleurer, à se désoler. Elle se livrait aussi, de son côté, à de douloureuses réflexions, mais il ne lui vint pas à l'idée que les agents de de police l'avaient arrêtée, la prenant pour Albertine.

Le lendemain matin, à huit heures, la porte de la prison s'ouvrit toute grande.

— Venez, dit aux prisonnières un brigadier de sergents de ville.

La dame Paumelle et Victoire étaient déjà debout.

Georgette resta immobile dans le coin où fatiguée de se tenir sur ses jambes, elle s'était accroupie. Il fallut qu'un sergent de ville allât lui prendre le bras pour la forcer à se lever. Elle marcha en chancelant, ses jambes brisées fléchissaient. Elle serait tombée, si le sergent de ville, la prenant sous le bras, ne l'eût soutenue.

Si elle se fût alors regardée dans une glace, la pauvre enfant se serait fait peur à elle-même, tellement sa figure était pâle, ses yeux battus, ses joues creusées, ses traits décomposés.

On les fit sortir du poste et le brigadier et deux de ses hommes les menèrent chez le commissaire de police, qui les attendait.

Deux hommes se trouvaient avec le magistrat ; l'un était son secrétaire ; l'autre, que Georgette reconnut, était l'inspecteur de police qui avait donné l'ordre de l'arrêter.

L'inspecteur venait probablement de rendre compte au commissaire de son expédition de la nuit. Du reste, il avait eu le temps de rédiger un rapport assez étendu, lequel était placé sur le bureau, devant le magistrat, dont l'air sévère fit passer un frisson de terreur dans tous les membres de Georgette.

Ayant jeté sur chacune des prévenues un regard pénétrant, comme s'il eût voulu scruter leurs pensées, le commissaire se tourna brusquement vers la dame Paumelle.

— Comment vous appelez-vous? lui demanda-t-il.

— Madame Paumelle.

— Êtes-vous mariée?

— Je suis veuve.

— Il y a deux ans que vous demeurez rue Vaugelas, quels sont vos moyens d'existence?

— Oh! j'ai une vie des plus simples, des plus modestes, monsieur le commissaire; je suis très économe et je m'arrange de manière à ce que mes petites rentes me suffisent.

— Ainsi, vous êtes rentière? Soit, nous saurons plus tard si vous dites la vérité. Quoi qu'il en soit, ce n'est pas pour y vivre tranquillement et honnêtement de vos petites rentes, que vous avez loué la maison de la rue Vaugelas, où vous demeurez actuellement.

— Monsieur le commissaire, je vous jure...

— Ne jurez rien, l'interrompit-il sévèrement; j'ai sur votre personne de nombreux renseignements, qui m'ont suffisamment édifié sur votre conduite. Il y a déjà six mois que votre maison et vous-même vous êtes surveillées.

La Paumelle ne put s'empêcher de tressaillir, et elle eut une légère contraction des traits du visage.

— Vous aimez la société, continua le magistrat; vous recevez souvent nombreuse et joyeuse compagnie. On a le droit de supposer que vous donnez des fêtes et qu'on s'assied chez vous à des festins. Nous sommes déjà loin de cette économie qui vous permet de vivre de vos petite rentes, et de votre vie simple et modeste. Les perquisitions faites hier soir à votre domicile ont fait découvrir plusieurs tables de jeu et un nombre considérable de cartes à jouer, ce qui indique que votre maison se transforme volontiers en une sorte de tripot, dont vous êtes la directrice.

La Paumelle voulut protester.

— Vous parlerez quand je vous interrogerai, lui dit durement le commissaire. Ah! nous savons que vous êtes peu scrupuleuse; avec non moins de facilité et de complaisance vous mettez, à l'occasion, votre maison et vous-même à la disposition de femmes de mauvaise vie et de certains débauchés, qui connaissent votre zèle et votre discrétion. Ils doivent se montrer reconnaissants, et comme on paye généralement fort cher les services du genre de ceux que vous rendez, on comprend que vos petites rentes vous permettent de faire de très fortes dépenses.

— Par exemple, s'écria la dame Paumelle, qui ne put se contenir et paraissait très indignée, voilà une odieuse calomnie! il faut croire que j'ai des ennemis méchants, pour qu'ils aient inventé ces choses, afin de me nuire!

Le commissaire de police se contenta de hausser les épaules.

Après un moment de silence, il reprit :

— Une enquête sérieuse et complète nous apprendra ce que vous avez été et ce que vous êtes réellement. Pour le moment, je n'ai à m'occuper que des faits qui ont motivé votre arrestation. Hier soir, vous avez reçu chez vous deux jeunes filles, vous leur avez offert à dîner.

— Oui, monsieur.

— Dans quel but ces jeunes filles sont-elles venues chez vous?

— Pour dîner, monsieur le commissaire, et passer la soirée avec moi.

— Est-ce que vous les connaissiez?

— Certainement; ce sont des ouvrières, et je les connais depuis longtemps.

Geogette, qui tenait sa tête baissée, la releva.

— Monsieur le commissaire, dit-elle, cette femme ne dit pas la vérité; je ne la connais pas et elle m'a vue hier pour la première fois.

— Voilà une audace qui me confond! s'écria la Paumelle. Monsieur le commissaire, cette demoiselle est venue cinq ou six fois chez moi.

— Oh! fit Georgette stupéfiée.

— Je vous interrogerai à votre tour, lui dit le magistrat, alors vous répondrez; jusque-là, veuillez garder le silence.

— Je ne sais pas, vraiment, pourquoi elle prétend ne pas me connaître, dit la Paumelle.

— Nous l'apprendrons tout à l'heure, répliqua le commissaire. Persistez-vous à dire que vous aviez invité les jeunes filles à venir dîner et passer la soirée avec vous?

— Oui, monsieur.

— Pourquoi lorsque les agents se sont présentés, l'une d'elles était-elle endormie?

— Elle a bu un peu trop, elle s'est grisée.

— Vous dites cela? Et bien, moi, je vous réponds que vous l'avez endormie en lui faisant boire un narcotique.

La Paumelle eut un geste de dénégation énergique.

— Oui, reprit le magistrat, vous lui avez fait prendre un narcotique, que contenait cette petite fiole, qu'un agent a retirée hier soir de votre poche.

Et il montrait à la Paumelle la fiole que jusque-là, il avait tenue cachée sous des papiers.

Celle-ci blêmit et perdit subitement la moitié de son assurance.

— Vous devez voir qu'il est inutile de mentir, poursuivit le commissaire d'un ton sévère; c'est un piège qui était tendu à cette jeune fille; elle est tombée dans un guet-apens. Vous l'avez endormie afin de la livrer sans défense à un de ces vils débauchés dont je parlais tout à l'heure, qui n'ont pas plus de scrupules à vous employer que vous n'avez de honte à les servir.

— Cela n'est pas, monsieur, c'est une pure invention !

— Vous avez l'audace de nier?

— Je nie, je jure que cela est faux!

— Oui ou non, y avait-il un homme chez vous?...

— Non.

— Monsieur le commissaire de police, dit alors l'inspecteur, un des agents sous mes ordres a vu entrer l'homme dans la maison. La dame Paumelle l'a averti de notre présence, en criant : « La police ! » Il s'est sauvé par la fenêtre, qui est restée ouverte. Ce matin, je suis retourné rue Vaugelas ; j'ai retrouvé dans le jardin la trace de ses pas, et dans le jardin voisin de l'endroit où il est tombé en sautant par-dessus le mur de clôture très élevé.

— Vous entendez, femme Paumelle? reprit le magistrat : l'évidence répond aussitôt à toutes vos dénégations.

— Je ne comprends pas ce que monsieur a voulu dire, répondit-elle.

— C'est un parti pris, murmura le magistrat; heureusement, nous savons à quoi nous en tenir.

Il tourna le dos à la dame Paumelle et s'adressant à la grêlée :

— Comment vous appelez-vous? demanda-t-il.

Victoire n'avait pas oublié la recommandation de sa maîtresse; elle écarquilla les yeux, ouvrit la bouche, laissant pendre sa lèvre inférieure, et se donna la figure la plus grotesque qu'on pût voir. Comme elle ne répondait pas, le commissaire renouvela sa question.

— Hé, je ne sais pas, fit-elle d'un air bête.

— Ah! vous ne savez pas votre nom? C'est plus que bizarre. Quel âge avez-vous?

— Je ne sais pas.

— Où êtes-vous née?

— Je ne sais pas.

— Depuis combien de temps êtes-vous à Paris?

— Je ne sais pas.

— Vous êtes domestique chez madame Paumelle?

— Je ne sais pas.

— Ah! vous ne savez même pas ce que vous êtes, fit le commissaire, les sourcils froncés. Eh bien! dites-moi ce qui s'est passé hier soir chez madame Paumelle.

— Je ne sais pas.

— Vous étiez là, cependant; vous avez entendu quelque chose.

— Je ne sais pas.

— C'est bien, dit froidement le magistrat, je suis satisfait. Votre maîtresse vous a fait la leçon; votre réponse unique entre probablement dans son système de défense. Mais nous ne tarderons pas à savoir si vous êtes aussi stupide que vous voulez nous le faire croire.

C'était le tour de Georgette d'être interrogée.

Comme aux autres, le commissaire de police commença par lui demander son nom.

— Je m'appelle Georgette, répondit-elle.

— Vous vous appelez Georgette? fit le magistrat avec surprise.

— Oui, monsieur.

Le commissaire se mit à remuer des papiers épars sur son bureau et en trouva un qu'il parcourut rapidement des yeux.

— J'étais sûr d'avance de ne pas me tromper, murmura-t-il.

Puis, s'adressant de nouveau à Georgette :

— Vous ne vous appelez pas Georgette, lui dit brusquement, vous vous nommez Albertine.

— Oui, monsieur le commissaire, déclara la Paumelle, elle se nomme Albertine.

Le magistrat lui lança un regard terrible, en disant :

— Je vous ordonne de vous taire.

— Monsieur le commissaire reprit Georgette d'une voix tremblante, cette femme vous trompe, je ne sais pas pourquoi. Je ne suis pas Albertine, monsieur le commissaire, je suis Georgette!

Le magistrat réfléchit un instant. Puis secouant la tête :

— Ah çà! dit-il avec un commencement d'impatience, est-ce que vous avez reçu aussi, dans un but quelconque, que je ne saisis pas bien, un mot d'ordre de la dame Paumelle? Vous êtes jeune, et je crois devoir vous prévenir, dans votre intérêt, qu'il est fort dangereux de chercher à égarer la justice. Vous êtes suffisamment coupable déjà, sans que vous aggraviez encore votre situation en ne me disant pas toute la vérité.

— Mais, monsieur, pourquoi mentirais-je? répliqua la jeune fille. On m'a arrêtée, j'ai passé la nuit dans un cachot et maintenant je suis devant vous sans que je sache encore pourquoi. Vous croyez que je mens en vous disant que je m'appelle Georgette; je ne sais plus que dire. J'ai la tête troublée, je n'ai plus une pensée; à chaque instant il me semble que je vais me trouver mal.

— Vous persistez donc à vous donner le nom de Georgette?

— Mais c'est le mien, monsieur, c'est le mien!

— Jeune fille, vous vous nommez Albertine, répliqua le commissaire d'une voix courroucée.

Georgette voulut protester encore; mais un sanglot qu'elle ne put retenir lui coupa la voix et elle se mit à fondre en larmes.

Le magistrat poursuivit :

— Vous avez pour amie cette Georgette, dont vous prenez le nom en ce moment. Quand je dis que vous êtes son amie, je me trompe, car vous n'avez pour elle qu'une fausse amitié. Vous avez joué près d'elle le rôle d'une amie sincère afin de capter sa confiance pour l'attirer plus facilement dans le piège de la nuit dernière. Vous en avez fait l'objet d'un marché infâme et elle a failli être votre victime.

« Vous êtes ouvrière? C'est possible. Mais vous ne travaillez pas. Une ouvrière laborieuse, et celle-là est toujours honnête, ne songe pas à se faire donner des bijoux, les meubles d'un appartement, en livrant une amie ; elle n'a pas le temps de conspirer, avec un M. Hector quelconque, contre la vertu de ses camarades.

« Oui, si vous avez été une ouvrière, vous ne l'êtes plus ; comme tant d'autres, hélas! vous avez trouvé plus commode de demander à l'inconduite ce que vous offrait le travail. Vous avez cherché le plaisir, vous n'avez pas vu la honte. Aujourd'hui, vous êtes ici sous le coup d'une accusation grave ; dans quelques jours vous serez devant des juges : voilà où mène fatalement l'inconduite.

« Au lieu de désirer des bijoux et un appartement rue Blanche, je crois ; au lieu d'envier le sort de certaines femmes, dont les honnêtes gens se détournent avec dégoût lorsqu'elles passent dans la rue, vous auriez mieux fait de rester sage, dans une vie modeste, que le travail rend calme et heureuse. Mais non, il vous a semblé meilleur de ne rien faire, et comme vous êtes jeune et jolie, mettant à profit de funestes exemples, vous avez fait de votre jeunesse et de votre beauté une marchandise. Après la première faute une autre, et, de chute en chute, on arrive sur le banc de la police correctionnelle.

« C'est à la Tour Solférino que vous avez conclu avec M. Hector le marché qui devait lui livrer mademoiselle Georgette ; vous voyez que je suis bien renseigné. Vous avez l'habitude de fréquenter les bals publics ?

— Monsieur le commissaire, répondit la jeune fille, la voix pleine de larmes, il y aura bientôt un an que je suis à Paris et je n'ai jamais mis le pied dans un bal.

— Oh! je sais bien que vous n'avouerez rien ; cela a été convenu d'avance, vous imitez la dame Paumelle, votre complice. Eh bien, je vous l'ai déjà dit et je vous le répète, vous aggravez votre situation, votre système ne vaut rien.

— Monsieur le commissaire, dit Georgette en faisant deux pas vers lui, vos paroles viennent de m'apprendre beaucoup de choses que j'ignorais, et je sais enfin pourquoi l'on m'a arrêtée. Messieurs les agents m'ont prise pour Albertine, cette fausse amie qui me voulait tant de mal. Monsieur le commissaire, c'est moi qui suis Georgette.

Cette fois, la douce voix de la jeune fille et le ton de la vérité donné à chaque mot, émurent profondément le magistrat. Toutefois, ne pouvant s'expliquer l'erreur commise par les agents, il doutait encore.

Il se tourna brusquement vers l'inspecteur.

— Vous venez d'entendre? lui dit-il.

— Oui, monsieur le commissaire, répondit l'agent, qui était lui-même vivement impressionné.

— L'autre jeune fille était bien endormie?

— Parfaitement.

— Tout cela me paraît bien singulier ; mais la lumière se fera.

S'adressant de nouveau à Georgette, d'une voix beaucoup moins sévère :

— Nous voulons bien croire que vous dites la vérité, lui dit-il; mais pouvez-vous m'apprendre comment Albertine a été endormie à l'aide du narcotique qui vous est destinée?

— Je ne saurais vous satisfaire sur ce point, monsieur le commissaire, répondit Georgette. Cependant, si vous le désirez, je vais vous dire ce qui s'est passé dans la maison jusqu'à l'arrivée de messieurs les agents de police.

— Oui, vous pouvez parler.

Alors, aussi brièvement que possible, Georgette raconta les divers incidents du dîner; comment la Paumelle l'avait enfermée dans une chambre, où elle s'était trouvée en présence de M. Hector, et la lutte assez longue qu'elle avait soutenue contre le misérable.

Le commissaire l'avait écoutée très attentivement.

— A quel moment du dîner vous êtes-vous levée pour prendre le livre? demanda-t-il.

— La servante venait de servir le café.

— Je commence à comprendre. La dame Paumelle vous a éloigné de la table un instant afin de vider le contenu de cette fiole dans votre tasse. Nous pouvons supposer que dans sa précipitation, elle a versé le narcotique dans la tasse d'Albertine, ou que celle-ci a pris votre tasse au lieu de prendre la sienne. Où demeurez-vous?

— Rue de Meaux, à La Villette.

— Vous avez eu à Paris un autre domicile?

— Oui, monsieur, rue Berthe.

— N'aviez-vous pas, rue Berthe, quelqu'un qui s'intéressait à vous, un ami dévoué?

— Oui, monsieur.

— Dites-moi le nom de cet ami.

— M. Jacques Sarrue.

— Avez-vous encore vos parents?

— Je n'ai plus ni père ni mère.

— Vous m'avez dit que vous étiez à Paris depuis un an bientôt, où êtes-vous née?

Georgette baissa la tête et ne répondit pas.

Bondissant comme un tigre, il se précipita sur elle et ses bras nerveux l'entourèrent. (Page 364.)

— Quel est votre nom de famille ! demanda encore le commissaire.
Georgette resta muette.
— Eh bien, reprit le commissaire, pourquoi gardez-vous le silence ?
La jeune fille leva sur lui ses yeux mouillés de larmes.
— Je ne peux pas vous répondre, balbutia-t-elle d'une voix tremblante.
— Comment, vous ne pouvez pas répondre ! s'écria le commissaire. Vous cachez votre nom et le lieu de votre naissance ! Pourquoi ?

— Ah ! je ne puis vous le dire, répondit-elle, en pleurant.

Le front du magistrat se rembrunit subitement.

En vérité, reprit-il d'un ton sec, je ne sais plus que penser de vous, et je me demande si ce que vous venez de me raconter n'est pas une audacieuse invention. Après avoir réussi à me convaincre, je doute de nouveau. Mais que vous soyez Albertine ou Georgette, je vous maintiens en état d'arrestation.

La jeune fille poussa un cri déchirant et s'affaissa lourdement sur un siège.

A ce moment, un employé du commissariat entra dans le bureau, s'approcha du commissaire et lui dit tout bas quelques mots à l'oreille.

Le commissaire se leva précipitamment et, montrant la Paumelle et Victoire :

— Emmenez ces deux femmes, ordonna-t-il.

Puis, se penchant vers son secrétaire :

— Vous m'attendrez ici avec cette jeune fille, lui dit-il ; je reviens dans un instant.

Sur ces mots, il ouvrit une porte et disparut.

Les sergents de ville faisaient sortir du bureau la dame Paumelle et sa servante. Le secrétaire se trouva seul avec Georgette, qui s'était remise à sangloter.

XXI

LE COMMISSAIRE DE POLICE

Le lecteur a certainement deviné que Jacques Sarrue n'était pas étranger à l'apparition des agents de la police de sûreté dans la maison de la rue Vaugelas.

Nous avons laissé le poète mettant son esprit à la torture pour trouver le moyen de sauver Georgette et désespéré de la pauvreté de son imagination, qui le laissait inactif en présence de l'effroyable danger que courait la jeune fille.

Tout à coup, il se frappa le front et poussa un cri de joie.

Il venait de se rappeler qu'autrefois, lors de ses débuts littéraires, il avait été lié d'amitié avec un jeune homme qui, mieux avisé que lui, avait jeté au vent sa plume de rimeur pour devenir un simple employé. Cela remontait à quinze ans, et depuis dix ans Sarrue n'avait plus revu cet ami de jeunesse. Toutefois, il savait qu'il avait fait son chemin, et qu'après avoir été pendant plusieurs années dans les bureaux de la préfecture de police, il avait été nommé commissaire de police d'un des quartiers de Paris.

Le souvenir de son ancien ami, qui pouvait lui rendre un service exceptionnel, communiqua à Sarrue une activité extraordinaire.

Il décrocha le pantalon, le gilet noir et l'habit qu'il endossait de loin en loin, quand il était appelé à dire des vers quelque part. Il retrouva sur une planche, enveloppées dans un journal, les bottines des jours de fête littéraire et tira d'un vieux carton le chapeau des grandes sorties. Après avoir lissé les poils du castor avec sa manche et donné un merveilleux coup de vergette à son vénérable costume, il fit sa barbe, peigna ses longs cheveux, qu'un peu d'eau, faute de pommade, colla sur sa tête, et il s'habilla lestement.

Il sortit de sa chambre, rajeuni, pimpant comme un père noble de comédie. On aurait pu le prendre aussi pour un oncle ou un frère aîné se disposant à aller conduire une mariée devant M. le maire.

Une heure après il entrait dans le cabinet de son ami, le commissaire de police.

Les commissaires de police de Paris sont des hommes distingués, intelligents, généralement instruits, polis pleins d'affabilité, d'un abord facile et toujours prêts à donner de bons conseils. Il faut qu'ils soient ainsi. D'ailleurs, pour ces importantes et difficiles fonctions, l'administration sait choisir ses hommes, elle les veut sûrs, éprouvés, ayant montré ce qu'ils valent, et il faut qu'ils soient à la hauteur de leur mandat par les sentiments et le caractère.

Le commissaire de police est un homme de concorde ; c'est une mission de paix qu'il remplit. Il n'est redoutable que pour les criminels, et il garde sa sévérité pour les révoltés contre la loi.

Jacques Sarrue fut reçu très amicalement par son ancien camarade. Le magistrat tendit le premier la main au poète. L'un et l'autre étaient heureux de se revoir.

Après avoir causé un instant de ce bon temps des belles illusions, déjà si éloigné, où l'on se préparait à la grande lutte en essayant ses forces dans les petites feuilles littéraires qui, comme celles des arbres, ne vivaient qu'une saison, le commissaire de police demanda à Sarrue si sa visite n'avait pas un autre but que celui de serrer la main d'un vieil ami.

D'abord le poète se trouva embarrassé... Mais le commissaire ayant ajouté qu'il serait heureux de lui être agréable, si c'était possible, le timide Sarrue se décida à parler.

— Eh bien oui, dit-il, bien que j'aie un peu honte de l'avouer, je suis venu vous voir parce que j'ai besoin de vous.

— Vous êtes quand même le bienvenu, répliqua le commissaire de police en souriant. Voyons, de quoi s'agit-il?

— Je suis en présence d'une grande difficulté et d'un fait des plus graves. Une conversation que j'ai surprise hier soir m'a révélé le complot d'un odieux attentat.

— Oh ! oh ! fit le magistrat, dressant brusquement la tête.

— C'est en cherchant le moyen d'empêcher le crime et en sentant mon impuissance que, ce matin, j'ai pensé à vous, et je n'ai pas hésité à venir vous trouver.

— Certes vous avez bien fait. Ainsi, il s'agit de prévenir la perpétration d'un crime ?

— Oui.

— Contre qui doit être dirigé l'attentat ?

— Contre une jeune fille, une douce et innocente enfant qui ne se doute point du danger qui la menace.

— Vous connaissez cette jeune fille ?

— Oui.

— N'avez-vous donc pas songé à l'avertir ?

— Malheureusement je ne sais pas où elle demeure. Mais si je n'abuse pas de vos instants, si vous avez le temps de m'écouter, je vais vous dire, d'abord, comment j'ai connu mademoiselle Georgette, et pourquoi elle s'est éloignée de moi.

— Mon cher ami, je suis tout à vous; d'ailleurs il s'agit d'une affaire sérieuse et qui est tout à fait dans mes attributions. Parlez donc, je vous écoute.

— Dussiez-vous me blâmer et m'adresser les reproches que je me fais constamment moi-même, je ne vous cacherai rien, reprit Sarrue ; depuis longtemps j'ai besoin d'un confident, et je ne peux mieux m'adresser qu'à vous, un magistrat, un ami.

— Oui, un ami, vous avez bien dit, mon cher Sarrue.

Alors il raconta sa rencontre avec Georgette et comment elle avait vécu près de lui, sous sa protection. Il parla ensuite de sa colère insensée, lorsqu'il découvrit que Georgette aimait un de ses amis, ce qui était bien naturel. Enfin, continuant à s'accuser, il apprit au commissaire comment, condamnée et repoussée par lui, la jeune fille avait quitté la maison, où ils demeuraient l'un près de l'autre, sans laisser sa nouvelle adresse.

Cette première partie de son récit achevée, Sarrue s'arrêta un instant pour essuyer son front et ses tempes couverts de sueur.

— Ces scènes intimes sont certainement très intéressantes, dit le commissaire de police avec un doux sourire ; mais elles ne sont pas précisément de mon ressort.

— C'est vrai, répondit Sarrue ; si je vous ai dit tout cela, c'est afin que vous sachiez combien est profond l'intérêt que je porte à cette enfant, combien est grand et sincère mon affection pour elle. Maintenant, je vais vous raconter, en tâchant de ne rien oublier, ce que j'ai entendu hier au soir, caché sous un berceau du restaurant de la Tour Solférino.

Cette fois, tout en écoutant avec la plus grande attention, le commissaire de police jeta rapidement quelques notes sur une feuille de papier.

Le poète cessa de parler.

— Est-ce bien tout? lui demanda le magistrat; êtes-vous sûr de n'avoir rien oublié?

— Rien d'important.

— C'est bien. Du reste, les renseignements que vous venez de me donner me paraissent suffisants.

— Ainsi, vous voulez bien me prêter votre concours?

— Comment, je veux bien! mais j'y suis obligé, c'est mon devoir absolu. Hé, mon pauvre ami, s'il n'y avait à Paris que des ouvriers laborieux, dans toutes les classes de la société que des hommes et des femmes honnêtes, si tout le monde avait le respect des lois, il n'y aurait pas besoin de commissaires de police, ni de juges, ni de tribunaux! Ce que vous venez de me dire est très grave; vous avez bien fait de venir me trouver, je vous en remercie même. Hélas! ce n'est pas, malheureusement, un fait isolé.

Dès aujourd'hui je vais prendre des mesures pour protéger cette jeune fille, à laquelle vous vous intéressez. Nous la sauverons du terrible danger qui la menace. En toute circonstance, nous devons notre protection aux faibles et aux opprimés.

— Puis-je vous demander ce que vous comptez faire?

— Je ne le sais pas encore; le résumé de ce que vous venez de m'apprendre est là, sur ce papier; nous agirons à l'aide des précieux renseignements que vous avez pu recueillir de la bouche même des deux complices. Préalablement, je vais m'entendre avec mon collègue du quartier de Vaugirard. Nous avons heureusement tout le temps nécessaire pour compléter vos renseignements. D'après ce que vous m'avez dit, cette maison de la rue Vaugelas a dû être signalée à l'attention de la police; s'il en est autrement, c'est que la femme qui l'habite est une adroite coquine. Quoi qu'il en soit, nous saurons bientôt à quoi nous en tenir sur elle et son genre de commerce.

— N'êtes vous pas déjà suffisamment édifié?

— Sans doute; mais je suis convaincu que nous ferons d'autres découvertes non moins intéressantes pour la justice.

Jacques Sarrue se leva.

— Je vous quitte presque rassuré, dit-il; je n'ai plus le poids énorme qui pesait sur ma poitrine.

Le commissaire lui dit, en lui serrant la main :

— Revenez me voir après-demain, à quatre heures; je ne vous apprendrai pas d'avance ce qui se passera jeudi rue Vaugelas, mais j'aurai probablement quelque chose à vous dire.

Jacques Sarrue sortit du commissariat plus heureux que s'il eût vu applaudir son drame héroïque, le *Vieux Rhin*, au Théâtre-Français.

Le surlendemain, toujours très exact, Sarrue entrait à quatre heures dans le cabinet du commissaire.

— Je vous attendais, lui dit le magistrat en lui tendant la main.

— Je serais venu plus tôt si je n'eusse pas craint de vous déranger; je me suis promené dans la rue pendant une demi-heure

— Je comprends votre impatience, fit le commissaire en souriant.

— Mon impatience est une véritable anxiété, depuis dimanche soir je suis comme sur des charbons ardents. Ah! j'ai hâte de savoir...

— Faites-moi d'abord l'amitié de ne pas rester debout.

Sarrue s'étant assis, le commissaire lui dit :

— Dès avant-hier j'ai vu mon collègue de Vaugirard et immédiatement nous nous sommes entendus au sujet des mesures à prendre.

— Vous la sauverez, n'est-ce pas? s'écria Sarrue.

— Oui. Vous pouvez être absolument tranquille.

« Je ne me suis pas trompé en vous disant lundi que la maison de la rue Vaugelas devait être déjà surveillée par la police. Pourtant, on soupçonnait seulement la dame Paumelle, qui l'habite, de prêter la main à certaines intrigues malhonnêtes. La police attendait pour agir qu'un fait grave fût révélé. C'est à vous, mon cher Sarrue, qu'elle doit d'être complètement éclairée aujourd'hui. En somme, c'est un grand service que vous nous avez rendu.

« Depuis hier, des agents sont postés dans la rue Vaugelas avec ordre d'avoir constamment les yeux sur la maison. Nul ne pourra y entrer ni en sortir sans être vu. Jeudi soir les agents y prendront comme dans une souricière la dame Paumelle, M. Hector et la fausse amie de votre protégée.

« Il est convenu que les agents laisseront entrer les jeunes filles dans la maison, car il faut qu'il soit bien constaté que mademoiselle Georgette a été attirée dans un piège. Un agent pénétrera dans le jardin; il écoutera et se rendra compte, autant que possible, de ce qui se passera pendant le dîner qui doit être offert aux deux jeunes filles. Il est essentiel de savoir s'il sera fait usage du narcotique. Pour juger des criminels, il faut que leur culpabilité soit parfaitement prouvée.

« Enfin, lorsque l'agent placé en observation dans le jardin jugera que tel moment d'intervenir est venu, un signal avertira ses camarades, et tous ensemble se précipiteront dans la maison pour mettre la main sur les complices.

— C'est très bien, dit Sarrue; mais que fera-t-on de Georgette?

— Rien n'est encore décidé; je m'entendrai à ce sujet avec mon collègue Le plus simple, je crois, sera de la reconduire chez elle.

— Ne pensez-vous pas que je ferais bien de me trouver demain soir rue Vaugelas avec les agents?

Le commissaire parut réfléchir un instant.

— Non, répondit-il, vous ne devez pas être là. Vous resterez tranquillement chez vous. Mais vendredi matin, à huit heures, je vous attendrai; non pas ici, mais à mon domicile, rue Rambuteau.

— A huit heures?

— Oui. Je vous présenterai à ma femme; je lui ai parlé de vous et elle m'a témoigné le désir de vous connaître.

Si Jacques Sarrue eût été profond observateur, il aurait vu que le sourire du commissaire de police était mystérieux, il aurait compris qu'il avait une pensée, une idée qu'il lui cachait.

XXII

ALBERTINE

Bien qu'il fût tout à fait rassuré au sujet de Georgette, Jacques Sarrue devint très agité, le jeudi soir, lorsque la nuit arriva. Vingt fois il fut sur le point de s'élancer hors de sa chambre pour courir à Vaugirard afin d'être témoin de ce qui allait se passer rue Vaugelas. Mais il eut la force de résister à la tentation. D'ailleurs il n'oubliait pas que son ami lui avait recommandé de rester chez lui.

Il était plus de minuit lorsqu'il se mit au lit : cependant il ne put fermer les yeux. Il avait eu souvent des insomnies, mais jamais aucune nuit ne lui avait paru aussi longue. Il se leva dès qu'il s'aperçut que l'aube blanchissait l'horizon. Il était loin encore de l'heure de son rendez-vous, pourtant il s'habilla très vite. Il lui semblait que l'air manquait dans sa chambre, qu'il étouffait, il lui tardait de sentir sous ses pieds le pavé des rues, le bitume des trottoirs.

Les balayeurs n'avaient pas encore achevé leur travail qu'il était déjà au milieu de la ville. Pendant plus de deux heures, il marcha à travers les rues comprises entre les boulevards et la rue Rambuteau. Il ne manquait pas de regarder l'heure au cadran de l'horloge de chaque monument devant lequel il passait.

A huit heures moins cinq minutes, il entrait dans la maison où demeurait son ami le commissaire de police.

— Au deuxième, la porte en face, lui dit la concierge.

Il monta rapidement l'escalier et sonna à la porte indiquée. Une jeune servante vint lui ouvrir.

— Vous êtes sans doute monsieur Sarrue? lui dit-elle en le regardant avec curiosité et un sourire singulier sur les lèvres.

— Oui, c'est moi, répondit-il.

— Alors, venez, monsieur, on vous attend.

Elle lui fit traverser une antichambre, un salon, puis elle ouvrit une troisième porte et annonça :

— Monsieur Sarrue.

— Ah! le voilà, dit la voix du commissaire de police, je savais bien qu'il ne se ferait pas attendre.

Sarrue entra dans la chambre et s'inclina respectueusement devant la femme de son ami.

— Soyez le bienvenu, monsieur, lui dit-elle; je suis heureuse de faire connaissance avec un des anciens amis de mon mari.

— Vous êtes trop bonne, madame, je vous remercie, je suis flatté..... bal butia le poète, confus de l'accueil gracieux qu'on lui faisait.

— Je vous laisse un instant, dit la jeune femme.

Et elle sortit après avoir échangé un regard avec son mari.

— Ma femme sait ce qui vous amène ici ce matin, dit le commissaire à Sarrue; pensant ne pas être indiscret, je lui ai raconté votre histoire, qui l'a vivement émue; je dois vous dire aussi que s'intéressant à mademoiselle Georgette et à vous, elle m'a donné d'excellents conseils.

— Savez-vous déjà quelque chose?

— Certainement.

— Eh bien?

— Tout s'est passé comme nous l'avions prévu.

— Ah!

— Les agents ont pénétré dans la maison au moment où, après avoir pris le narcotique, mademoiselle Georgette venait de s'endormir.

— Les misérables! murmura sourdement Sarrue.

— Malheureusement, reprit le commissaire, l'un des complices, le plus coupable, a eu le temps de prendre la fuite; les agents ont laissé échapper M. Hector.

— Qu'importe, répliqua vivement Sarrue, ils ont sauvé Georgette!

— Cela vous suffit, à vous, dit le commissaire, mais la justice est plus exigeante, il lui manque un coupable, qu'elle ne retrouvera peut-être pas.

— Mon cher ami, je crois que nul ne peut se soustraire au châtiment qu'il mérite; un peu plus tôt, un peu plus tard, cet homme aura à rendre compte de ses infamies. Mais je vous assure que je ne pense guère en ce moment à la punition des coupables. Georgette a été sauvée, grâce à vous, mon ami. Je n'ai rien à demander de plus... Ah! vous ne pouvez savoir ce qui se passe en moi. J'éprouve une ivresse étrange; c'est la joie la plus grande, la plus pure qui inonde mon cœur. Maintenant, apprenez-moi ce qu'on a fait de Georgette; si vous savez où elle est, je vous en prie, dites-le moi.

— Vous tenez donc bien à la revoir?

— Si j'y tiens! Mais elle n'a plus que moi au monde, la chère petite, et puis, je vous l'ai dit, elle est ma sœur, ma fille!... Je veux lui consacrer ma vie; si

— Eh bien ! reprit le commissaire, pourquoi gardez-vous le silence? (Page 377.)

pour la rendre heureuse, il fallait donner mon sang, je le verserais moi-même avec joie et jusqu'à la dernière goutte.

A ce moment, la femme du commissaire rentra dans la chambre et fit un signe à son mari.

Alors celui-ci prit la main du poète et lui dit :

— Mon cher Sarrue, ma femme vous a ménagé une petite surprise.

— Une surprise ! fit-il en les regardant tous deux avec une sorte d'effarement.

— Une surprise agréable, je crois, reprit le commissaire en riant.

La jeune femme, qui riait aussi, traversa la chambre et ouvrit une porte latérale.

— Monsieur, dit-elle en se tournant vers Sarrue, vous pouvez entrer dans cette chambre...

Il fit deux pas en avant, puis s'arrêta.

— Ah! çà, mon cher, on croirait que vous avez peur, dit le commissaire, en le poussant vers la porte ouverte.

— Je suis comme étourdi, bégaya le poète : je cherche à comprendre.

— Comment, répliqua le commissaire, riant toujours, vous n'avez pas deviné déjà que c'est là, dans cette chambre, que vous allez retrouver mademoiselle Georgette?

Sarrue poussa un cri de joie et se précipita dans la chambre.

Il vit une femme assise dans un fauteuil. Elle avait la tête penchée sur sa poitrine et tenait sa figure cachée dans ses mains.

La femme tressaillit; mais elle garda le silence et sa tête s'inclina encore davantage.

— Georgette, reprit-il, c'est moi, Jacques Sarrue, votre ami, votre frère, qui a toujours pour vous la plus tendre amitié.

Ces paroles restèrent sans réponse; il entendit seulement un soupir étouffé.

— Ma chère Georgette, continua-t-il d'un ton douloureux, pourquoi ne me répondez-vous pas? je vous en supplie, oubliez le passé, pardonnez-moi... Si vous saviez comme j'ai été malheureux! J'étais fou, Georgette, j'étais fou!... Tenez, c'est à genoux que je veux vous demander pardon.

Et, joignant l'action à la parole, il s'agenouilla devant celle qu'il prenait pour Georgette.

Alors seulement il s'aperçut que la femme avait les cheveux noirs.

— Oh! oh! fit-il d'une voix rauque, en se dressant brusquement sur ses jambes.

Il appuya sa main sur le front de l'inconnue, et, repoussant la tête en arrière, il l'obligea à lui montrer son visage.

Aussitôt il recula comme à la vue d'un reptile, puis il s'élança d'un bond hors de la chambre en criant d'une voix étranglée :

— Ce n'est pas Georgette! ce n'est pas Georgette!

Le commissaire de police s'approcha de lui vivement et, saisissant ses deux mains :

— Que dites-vous, Sarrue? l'interrogea-t-il; voyons, mon ami, calmez-vous, et si cela vous est possible, expliquez-moi...

— Je ne peux rien vous expliquer, répondit Sarrue, en proie à une grande agitation : je ne sais rien, je ne comprends pas... Mon Dieu, qu'est-ce que cela veut dire? Cette jeune fille qui est là, vous m'avez dit que c'était Georgette...

Eh bien! non, ce n'est pas elle!... Mais je la connais aussi, celle-là, elle se nomme Albertine; vous entendez : Albertine. Maintenant, voulez-vous que je vous dise ce qu'est Albertine? c'est la complice de l'infâme qui se nomme Hector, c'est la misérable fille qui a conduit hier soir Georgette rue Vaugelas !

— Oh! c'est trop fort! s'écria le commissaire.

Il s'élança dans la chambre où se trouvait Albertine et reparut presque aussitôt, amenant l'odieuse jeune fille, pâle et toute tremblante.

— Grâce! grâce! dit-elle d'une voix suppliante, ayez pitié de moi.

— Ainsi, vous vous nommez Albertine? lui dit le commissaire de police d'un ton sévère.

— Oui, monsieur.

— Pourquoi, ce matin, quand vous vous êtes réveillée, pourquoi ne vous êtes-vous pas fait connaître?

— Madame m'a appelée Georgette, je n'ai pas osé lui dire qu'elle se trompait.

— Oh! je n'ai pas de peine à deviner la pensée qui vous est venue. En apprenant que la police connaissait votre marché honteux avec M. Hector, vous avez voulu profiter de l'inconcevable erreur commise par les agents, qui vous faisaient transporter ici, vous la coupable, en même temps qu'ils arrêtaient mademoiselle Georgette, votre victime. Certes, vous n'aviez garde de vous faire connaître; vous espériez que, vous prenant pour mademoiselle Georgette, nous vous aurions laissée partir et qu'une fois hors d'ici vous pourriez facilement vous soustraire aux recherches de la justice. C'était bien là votre calcul, n'est-ce pas?

La malheureuse poussa un sourd gémissement et laissa tomber sa tête sur sa poitrine.

— Et elle, Georgette, demanda Sarrue, qu'en a-t-on fait? Où est-elle?

— Soyez tranquille, mon ami, répondit le commissaire, nous la retrouverons. Je n'ai pas même besoin d'interroger cette fille, tout ce qui s'est passé la nuit dernière, je le devine : les agents ont arrêté votre protégée croyant mettre la main sur Albertine.

— Oh! en prison, elle, Georgette! gémit Sarrue.

— Oui, elle a dû passer la nuit au poste de police, dit le commissaire; mais ce ne sera pour la pauvre enfant qu'une grande souffrance de plus.

Il s'approcha de la cheminée et agita le cordon d'une sonnette. La domestique se montra aussitôt à une porte.

— Allez vite me chercher une voiture de remise à quatre places, lui ordonna le commissaire.

La domestique partit.

Albertine s'était mise à pleurer. Elle s'approcha du commissaire et lui dit d'une voix défaillante :

— Je suis coupable, monsieur, bien coupable, je le comprends maintenant, mais je me repens de ce que j'ai fait, oui, je me repens, je vous le jure ! Ayez pitié de moi !

— Vous êtes une affreuse créature, lui dit durement le magistrat.

Comprenant qu'elle n'avait rien à espérer de ce côté, elle se tourna vers le poète :

— Monsieur Sarrue, l'implora-t-elle, je m'adresse à votre bon cœur, je vous demande pardon. Grâce, grâce !

— Il n'y a pas de pitié pour vous dans mon cœur, répondit sourdement Sarrue ; vous êtes une misérable !

Et il s'éloigna d'elle avec une sorte de dégoût.

— Mais je me repens, je me repens ! s'écria-t-elle en jetant autour d'elle des regards éperdus.

— Vous appartenez maintenant à la justice, lui dit le commissaire ; mais si vous avez le repentir sincère, vos juges pourront être indulgents.

Quelques minutes s'écoulèrent. La domestique revint et annonça à son maître que la voiture l'attendait.

— Allons, marchez devant nous, dit le magistrat à Albertine.

Elle leva sur lui ses yeux hagards.

— Où voulez-vous donc me mener ? demanda-t-elle d'une voix tremblante.

— Vous le saurez quand nous serons arrivés.

Et, d'un geste impérieux, il lui montra la porte ouverte.

Elle comprit qu'elle n'avait plus rien à espérer, et que sa résistance n'aurait pas un meilleur succès que ses supplications. Elle se décida à obéir.

Le commissaire la fit monter dans la voiture, puis, ayant dit au cocher où il devait aller, il prit place à son tour dans le véhicule à côté de Jacques Sarrue.

Le cocher piqua les flancs du cheval de la mèche de son fouet, et l'animal partit au grand trot. Moins d'une demi-heure après il s'arrêta.

— Nous sommes arrivés, dit le commissaire en ouvrant la portière.

Il mit pied à terre le premier. Sarrue sauta ensuite sur le trottoir. Une lanterne rouge, qu'il vit devant lui, apprit à Sarrue qu'il y avait là un commissaire de police. Sur un signe du commissaire, Albertine sortit de la voiture et tous trois entrèrent dans la maison.

Nous avons dit qu'un employé du commissaire de police de Vaugirard était venu lui dire quelques mots à l'oreille ; que, s'étant levé aussitôt et ayant donné l'ordre d'emmener la Paumelle et sa servante, il était sorti précipitamment en disant à son secrétaire de rester avec Georgette.

Dans une pièce voisine de son cabinet, il trouva son collègue et Jacques Sarrue dont on venait de lui annoncer l'arrivée.

Il y eut entre eux un échange de quelques paroles, après quoi, laissant Sarrue seul, les deux commissaires entrèrent ensemble dans le cabinet, où Georgette, désolée et pleurant toujours, attendait que son sort fût décidé.

— Levez-vous, mademoiselle, lui dit le commissaire de police.

Elle se dressa comme poussée par un ressort et le regarda tristement, avec anxiété.

— Veuillez passer dans la pièce à côté, reprit le commissaire en lui montrant la porte restée entr'ouverte, vous y trouverez une personne que vous connaissez.

Georgette s'aperçut que la voix du commissaire était devenue presque affectueuse ; elle le remercia du regard et s'avança lentement en essuyant ses yeux. Dès qu'elle fut entrée dans la chambre, le commissaire ferma la porte derrière elle.

Au même instant, l'autre porte s'ouvrit, et Albertine, conduite par un sergent de ville, entra dans le cabinet du magistrat.

XXIII

LE DÉVOUEMENT

A la vue de Jacques Sarrue, qui était resté debout, immobile au milieu de la chambre, Georgette laissa échapper un cri de surprise et s'arrêta brusquement comme frappée de stupeur.

Mais Sarrue s'élança vers elle les bras tendus. A le voir en ce moment, le regard plein de clarté et le front rayonnant, on l'eût trouvé beau.

— Enfin, vous voilà, c'est vous, je vous retrouve ! s'écria-t-il en prenant les deux mains de la jeune fille qu'il serra fortement dans les siennes.

— Vous ici, monsieur Jacques, comment se fait-il ?... murmura Georgette d'une voix éteinte.

— Je vous le dirai, Georgette, je vous le dirai ; mais comme vous tremblez et comme vous êtes pâle !... Oh ! je comprends, c'est horrible ce qui vous est arrivé !... Arrêtée, conduite au poste comme une coupable, vous !... oui, oui, c'est horrible !

— Monsieur Jacques, vous savez donc ?...

— Je sais tout. C'est moi qui ai prévenu la police ; mais ce n'est pas vous, Georgette, c'est Albertine, cette misérable fille qui vous a trahie, que les agents de police voulaient arrêter. Maintenant l'erreur est reconnue ; Albertine aura à rendre compte de son crime ; quant à vous, Georgette, vous êtes libre.

— Libre ! je suis libre ! exclama-t-elle.

— Mais oui ; n'avez-vous donc pas compris que je viens vous chercher ? Georgette, vous êtes entrée ici ce matin, le front courbé, entre deux sergents de ville ;

vous en sortirez tout à l'heure, la tête haute, donnant le bras à votre vieil ami Jacques Sarrue.

— Vous êtes donc encore mon ami, monsieur Jacques?

— Ah! ces paroles me rappellent combien j'ai été cruel envers vous. Georgette, ma chère Georgette, j'ai oublié la promesse que je vous avais faite d'être votre soutien, votre ami; j'ai oublié que vous étiez ma petite sœur... et quand je devais vous consoler, comme c'était mon devoir, je me suis montré sans pitié pour votre douleur, j'ai froissé tous vos sentiments, je vous ai accablée sous le poids d'une colère injuste et sans raison! Tenez, c'est épouvantable, c'est odieux, ce que j'ai fait!... Ah! je les ai amèrement regrettées, mes méchantes paroles! et si depuis, en pensant à vous, j'ai affreusement souffert, c'était une punition méritée. Georgette, vous me pardonnerez, n'est-ce pas? Vous êtes douce et bonne, vous; vous ne serez pas sans pitié pour moi comme je l'ai été pour vous! Georgette, je vois des larmes dans vos yeux, pourquoi pleurez-vous?

— Monsieur Jacques, répondit-elle de sa plus douce voix, vous venez de m'appeler votre petite sœur, comme autrefois, c'est le saisissement, la joie.

— Ainsi vous voulez bien me pardonner? Vous oublierez mes torts envers vous?...

— Monsieur Jacques, vous avez été dur pour moi; hélas! je méritais vos reproches et vous usiez des droits d'un frère. J'ai eu beaucoup de chagrin; mais ce qui m'a fait le plus de mal, ce ne sont pas vos paroles, c'est d'avoir perdu votre amitié! Et si, dans un moment d'emportement, vous avez déchiré mon cœur, je vous ai bien vite excusé, en me rappelant combien vous avez été bon pour moi.

— Ah! s'écria-t-il avec exaltation, vous êtes plus qu'une femme, vous êtes un ange!

— Monsieur Jacques, répliqua-t-elle en secouant tristement la tête, je ne suis qu'une pauvre fille, une malheureuse bien abandonnée, à qui vous rendez un peu d'espoir, en lui disant que vous ne la méprisez pas et que vous ne lui avez pas retiré toute votre affection.

— Georgette, vous êtes toujours ma sœur chérie; vous pouvez me croire, l'affection profonde que j'ai pour vous est celle d'un véritable frère.

— Merci, monsieur Jacques, merci!...

Elle eut une défaillance causée par la violence de son émotion. Sarrue la vit chanceler; il crut qu'elle allait tomber. Alors, l'aidant à faire quelques pas, il la conduisit près d'un siège où elle s'assit.

— Oh! ce n'est rien, lui dit-elle, en essayant de sourire; je suis un peu fatiguée, voilà tout. Tout à l'heure j'étais désespérée; maintenant je me sens consolée, monsieur Jacques : vos bonnes paroles m'ont fait tant de bien! Et puis, c'est si bon, quand on souffre et qu'on est malheureux, de savoir que quelqu'un s'intéresse à vous!

— Chère enfant, répondit Sarrue d'une voix vibrante d'émotion, quand je pense que vous avez souffert par moi, je me sens tout honteux et je me dis que je ne mérite pas un seul de vos regards. Georgette, vous valez mille fois mieux que moi! Vous pouviez me maudire, en ce moment vous auriez le droit de me repousser comme un faux ami... Et rien, pas un reproche, pas même une parole amère!... Ah! ce ne sera pas assez du dévouement de ma vie entière pour payer les larmes que je vous ai fait verser!

« Malgré tout, vous m'avez excusé... Vous vous êtes dit sans doute : « Cette colère de mon ami, de mon frère, qui m'aimait tant, ne peut pas venir de son cœur... » Georgette, vous avez eu raison de croire cela. C'est un démon qui me poussait; j'ai eu quelques jours d'égarement et de véritable folie. Et quand je suis sorti de cet affreux vertige, quel chagrin, quelle douleur! Vous étiez partie, on ne put me donner votre nouvelle adresse; si j'eusse su où vous demeuriez, j'aurais couru chez vous pour vous supplier de me pardonner.

« J'avais été impitoyable pour vous, Georgette, j'ai été sans pitié pour moi. Je me suis jugé moi-même et je me suis condamné sévèrement. Je ne suis plus le même homme. Souvent, il me venait des idées bizarres, tout mon être en était troublé; ces idées, Georgette, je les ai chassées avec fureur; elles sont parties, elles ne reviendront plus.

« Comment ai-je vécu depuis trois mois? Je ne saurais le dire. Je suis tombé dans une profonde tristesse, je n'avais plus de volonté, je m'ensevelissais dans un immense découragement. Je n'ai pas eu une pensée qui ne fût pour vous, et en songeant que vous étiez malheureuse, j'éprouvais une effroyable torture. Chaque jour, je parcourais Paris dans tous les sens, espérant que le hasard finirait par me placer sur votre chemin. Eh bien! oui, je comptais sur lui, ou, si vous le préférez, sur la Providence. C'est elle, c'est la Providence qui m'a fait découvrir la perfidie de cette misérable Albertine, qui se disait votre amie pour vous livrer aux brutalités d'un infâme.

« Je vous raconterai dans un autre moment la conversation que j'ai entendue au bal de la Tour Solférino, et ce que j'ai fait ensuite pour vous défendre contre vos lâches ennemis à l'heure suprême du danger. Pour l'instant, nous avons mieux à faire. Comment vous trouvez-vous?

— Mieux, beaucoup mieux, monsieur Jacques.

— Si vous vous sentez assez forte pour marcher un peu, nous allons partir. Je vous conduirai chez vous, Georgette; mais, auparavant, nous entrerons dans un restaurant, car vous devez avoir besoin de prendre quelque chose.

« Dès demain, je me mettrai à la recherche d'un autre logement; je ne me trouve plus bien rue Berthe. Je veux au moins quatre pièces : une petite salle à manger, une cuisine et deux chambres indépendantes l'une de l'autre, dont l'une sera très jolie, Je trouverai cela, j'en suis sûr. Vous avez compris, n'est-ce pas, Georgette? La plus belle chambre sera la vôtre. Nous sommes réunis pour ne plus nous quitter. Nous recommencerons notre existence d'autrefois, si modeste, si tranquille... Vous verrez, Georgette, pour vous et pour moi, les beaux jours reviendront.

— Tout cela n'est qu'un rêve, dit tristement la jeune fille.

— C'est un projet, Georgette, répliqua vivement Sarrue, et dans quelques jours, ce sera la réalité. Ah! mais, je ne vous ai pas dit tout : Il y a trois jours on m'a offert une place de correcteur dans une des premières maisons de Paris; j'ai hésité à accepter et on a bien voulu m'accorder huit jours pour réfléchir. Ce soir même, j'irai dire qu'on peut compter sur moi. Je vais être riche, Georgette, ou plutôt nous serons riches. Un fixe de cinq cents francs par mois! C'est superbe! Sans compter ce que me rapporteront les articles que je publierai dans les revues littéraires, car en vous retrouvant je retrouve l'inspiration que je n'avais plus! Comme l'année dernière, vous tiendrez la bourse ; nous ferons des économies ; nous mettrons à la caisse d'épargne... Je dois vous prévenir que vous ne ferez plus de passementeries ; vous aurez assez de notre petit ménage pour vous occuper. Et puis, tous les dimanches nous sortirons de Paris et nous irons nous promener dans les environs où il y a tant de verdure, où les maisons sont si coquettes ; nous choisirons de préférence les sites les plus pittoresques, nous chercherons les plus beaux paysages, et les endroits où l'on trouve les plus jolies fleurs, Vous verrez, Georgette, vous verrez comme je saurai vous rendre heureuse !

— Il n'y a plus de bonheur pour moi, monsieur Jacques.

Il lui prit la main.

— Georgette, dit-il, ne parlez pas ainsi ; à votre âge, on doit toujours espérer. Laissez-moi faire ; votre frère vous consolera, il vous aidera à oublier :

— Il y a des douleurs dont on souffre toujours et des malheurs qu'on n'oublie jamais, répondit-elle en secouant la tête. Je vous remercie de toutes vos bonnes intentions pour moi, elles me prouvent que je n'ai pas perdu votre amitié ; c'est tout ce que je pouvais désirer. Vous venez de me faire une offre des plus généreuses, je vous en serai à jamais reconnaissante, mais je ne puis l'accepter.

— Pourquoi, Georgette, pourquoi?

— Pourquoi? s'écria-t-elle avec une sorte d'égarement, parce que je ne veux pas placer à côté de la vôtre ma malheureuse existence !

— Georgette, répliqua-t-il d'un ton douloureux, vous ne m'avez pas pardonné. C'est pour cela que vous n'acceptez pas mon dévouement.

— Ah! vous ne savez pas tout ! s'écria-t-elle.

Et elle laissa tomber sa tête dans ses mains.

— Que voulez-vous dire, Georgette? Parlez, parlez !

Au bout d'un instant, elle releva la tête et se dressa lentement sur ses jambes.

— Je vous attendais, lui dit le magistrat en lui tendant la main. (Page 382.)

— Monsieur Jacques, dit-elle, en le regardant fixement, lorsque vous êtes revenu rue Berthe, après quelque jours d'absence, on a dû vous remettre une lettre de M. Maurice Vermont.

— Oui, répondit Sarrue, qui ne put s'empêcher de tressaillir.

— Cette lettre qui vous était adressée, monsieur Jacques, je l'ai lue.

— Je le sais.

— Ah! qui vous l'a dit?

— La concierge de la rue Durantin, où je suis allé aussitôt après avoir pris connaissance de ce que m'a écrit Maurice.

— Alors, vous savez ce qui s'est passé ; la concierge, une brave femme, qui a été bien bonne pour moi, a dû vous dire que j'étais arrivée une heure trop tard ?

— Oui, Georgette, elle m'a dit cela.

— Ce jour-là, monsieur Jacques, mon malheur a été complet. Ah ! j'aurais dû mourir sur le coup ; mais Dieu ne l'a pas voulu, il m'a condamnée à connaître toutes les douleurs, tous les tourments. Maurice mort, c'est ma vie brisée, c'est la nuit sombre et sans fin autour de moi. Je n'ai plus de joies à espérer ; sans compter les chagrins que j'ai déjà, je n'ai plus que des souffrances à attendre.

En achevant ces mots, elle poussa un gémissement et fondit en larmes.

Sarrue était très agité. Il se demanda s'il ne devait pas dire la vérité à Georgette. Ces mots : Maurice n'est pas mort ! étaient sur ses lèvres. Il ne les prononça point. Il sentit que ce n'était pas suffisant pour la consoler et lui rendre l'espoir. En effet, en disant à la jeune fille que Maurice ne s'était pas suicidé, comme il l'annonçait dans sa lettre, n'était-ce pas lui apprendre aussi que le jeune homme était parti sans dire où il allait, qu'il l'avait abandonnée ! Du reste, Sarrue n'avait jamais cru à la sincérité de l'amour de Maurice. Il eut peur de faire au cœur de Georgette une nouvelle blessure plus cruelle encore que les autres.

— Non, non, se dit-il, je dois garder le silence ; plus tard, quand je jugerai le moment opportun, je parlerai.

« Georgette, reprit-il tout haut, je comprends votre douleur et c'est pour cela que je veux en prendre ma part ; ayez confiance en mon amitié ne repoussez pas mon dévouement ; c'est ma vie tout entière que je veux vous consacrer. Laissez-moi réparer, autant que je le pourrai, le mal que je vous ai fait. Avec le temps, les plaies de votre cœur se guériront : reprenez votre courage ; songez à votre jeunesse, à l'avenir, c'est-à-dire au long chemin que vous avez à parcourir dans la vie.

— Ma vie est finie, s'écria-t-elle avec force, je n'ai plus de jeunesse, je n'ai plus d'avenir !

— Oh ! malheureuse, malheureuse enfant ! gémit-il. Mais non, reprit-il avec énergie, je lutterai contre votre désespoir, je vous rendrai la confiance et la force que vous avez perdues... Georgette je vous le répète, l'oubli viendra, vous aurez encore des jours de lumière et de soleil et vous retrouverez de nouvelles joies et de nouvelles espérances.

« Georgette, vous êtes ma sœur ; ce que votre frère veut faire pour vous, vous devez l'accepter.

— Non, monsieur Jacques, c'est impossible !

— Encore !

— Je dois vivre seule et dans l'isolement ; je ferai comme je pourrai.

— Ah ! vous me désespérez... Mais que faut-il donc vous dire pour vous convaincre ?

— Rien.

— Georgette, vous n'avez plus confiance en moi !

— Monsieur Jacques, répondit-elle, je n'ai jamais douté de votre cœur, et je crois que vous m'avez rendu toute votre affection. Pour vous prouver que je vous considère toujours comme mon meilleur, comme mon unique ami, je vais vous dire pourquoi je ne puis accepter votre dévouement.

Elle passa rapidement la main sur son front, puis d'une voix étouffée elle dit :

— Monsieur Jacques, bientôt je serai mère !

Le poète éprouva un saisissement douloureux, et le sang lui monta violemment à la tête. Le dernier coup était porté à son amour pour Georgette. Ce qu'il en restait encore dans son cœur venait de mourir.

Soudain, dressant sa haute taille, il sembla grandir encore ; ses yeux se remplirent de clarté, son front s'illumina et sa physionomie prit une expression de douceur et de tendresse infinies.

Il était majestueux, superbe.

Alors, lentement, d'un ton grave et solennel :

— Georgette, dit-il, à partir de ce moment je ne vous appelle plus ma sœur ; vous êtes ma fille, et le petit être que vous mettrez au monde sera mon enfant !

Cette fois, la jeune fille fut touchée au cœur. Elle éclata en sanglots.

Jacques Sarrue l'entoura de ses bras et lui mit un baiser sur le front. Puis, lui prenant la main :

— Venez, ma fille, dit-il, venez.

Ils sortirent de la chambre.

Et Georgette passa devant les sergents de ville qui la saluèrent respectueusement.

QUATRIÈME PARTIE

UNE PRINCESSE

I

APRÈS LA GUERRE

Nous sommes en 1872. Quelques mois seulement nous séparent de l'année terrible. Après avoir été frappée au cœur, la France est encore en deuil. Grave et recueillie, elle songe à réparer ses désastres. Le laboureur a confié de nouvelles semences à la terre, toujours prête à récompenser ceux qui la cultivent, et il attend qu'une moisson abondante vienne remplir ses greniers où les ennemis n'ont rien laissé. L'ouvrier a repris ses outils. Une sorte d'activité fiévreuse règne partout. L'Allemagne a demandé cinq milliards à la France. C'est notre rançon. Pour les lui donner, il faut qu'on travaille. Mais, reprenant possession d'elle-même, la France n'est pas inquiète; elle connaît ses ressources, elle est toujours riche. L'agriculture donnera sa part, l'industrie fournira l'autre et le territoire sera libéré, et le dernier soldat prussien repassera la frontière.

La guerre, quelle épouvantable chose! Autour de Paris que de ruines!... Mais déjà les maçons sont partout. Les blanches villas se relèvent. Encore quelques mois et on ne verra plus où sont passés les Allemands.

D'ailleurs, nous approchons du mois de mai, le joli mois qui fait fleurir les roses; le soleil prodigue l'or de ses rayons, la brise chuchote dans la verte feuillée, les oiseaux chantent joyeusement dans les branches; le paysage est animé, la campagne fleurie, tout prend un air de fête. On ne voit plus de casques pointus, on commence à respirer, on se sent renaître.

La plupart de ceux qui se sont éloignés de Paris pour se soustraire aux horreurs du siège et de la guerre civile y sont revenus. D'autres encore étaient partis, soldats et francs-tireurs, appelés par le devoir, pour défendre la patrie en danger. De ceux-ci beaucoup ne reviendront plus. Honneur à tous ces héros inconnus! Qu'ils dorment en paix, nos glorieux vaincus! Ils ont arrosé de leur sang le sol sacré qu'ils défendaient : et quand on passera sur les champs de bataille de l'Alsace et de la Lorraine, sur les bords de la Loire et du Doubs, on se souviendra d'eux, on se découvrira avec respect et on dira : « C'est ici qu'ils sont tombés, les nobles enfants de la France ! »

Quand on rentrait à Paris, après ces terribles événements de 1870 et de 1871, on éprouvait une sensation de bien-être indéfinissable, comme si l'on arrivait d'un autre monde, ou bien encore comme si l'on sortait d'un tombeau. C'était pour tous une sorte de résurrection.

Quand deux amis se rencontraient, ils se jetaient dans les bras l'un de l'autre et s'embrassaient avec effusion. On était si heureux de se revoir, si heureux de se retrouver en pleine santé ! On aurait dit qu'on ne s'était pas vu depuis un demi-siècle.

Ah! on ne sortait pas d'une tourmente ordinaire; il y avait eu catastrophes sur catastrophes, tout avait été bouleversé, les intérêts de chacun compromis, les membres d'une même famille dispersés; pour se retrouver, il fallait se chercher et faire souvent des centaines de lieues à travers la France.

Mais, comme nous venons de le dire, la France commençait à se relever, on s'était remis au travail et on voyait déjà l'approche de jours meilleurs.

Dès les premiers jours du mois d'octobre 1871, Maurice Vermont était revenu à Paris. Il s'était installé avenue d'Eylau, tout près de l'arc de triomphe de l'Étoile, dans un magnifique hôtel, entre cour et jardin, qu'il avait fait acheter par son notaire.

Si Maurice avait été pauvre longtemps, il avait vu de très près, en Amérique, l'opulence des autres ; il n'était donc pas complètement étranger aux splendeurs du luxe et à toutes les choses qu'on peut s'offrir quand on a la richesse. La fortune étant venue à lui, elle le trouva prêt à la recevoir.

Ayant le droit de ne pas regarder à la dépense, il avait fait de son hôtel une merveille : les meubles, les tapisseries, les tentures, les décors, tout était féerique. Il avait six chevaux dans son écurie : deux de selle et quatre d'attelage. Six domestiques étaient empressés à le servir et à exécuter ses ordres : c'étaient un maître d'hôtel, une femme de charge, un cuisinier, un cocher, un valet de chambre et un valet de pied.

Du reste, tout ce qu'il faisait était approuvé par Manette Biron. Elle lui avait dit :

— Vous devez régler vos dépenses sur votre fortune ; vous avez près de huit millions ; ne touchez jamais au capital, mais sachez bien employer vos revenus. Donnez du travail aux ouvriers, encouragez les beaux-arts en achetant de belles peintures, des marbres, des bronzes et autres objets d'art. C'est encore une manière de rendre service à son pays.

Il avait suivi ce conseil et il possédait une galerie et une collection de chefs-d'œuvre, qui représentait plus d'un million.

La rebouteuse lui avait dit encore :

— N'oubliez pas que tous les hommes sont frères et doivent s'entr'aider ; celui qui vit pour lui seul n'est pas digne de vivre. Le riche doit soulager le pauvre. Vous devez être généreux et charitable. Il ne faudra pas toujours attendre que les malheureux viennent à vous ; à Paris il y a mille moyens de secourir ceux qui souffrent sans les connaître.

« Maurice, souvenez-vous toujours du temps où vous étiez pauvre, afin de mieux compatir à la misère des autres. Votre cœur éprouvera une immense satisfaction à faire le bien, et plus seront nombreux vos bienfaits, plus vous serez heureux. »

Le jeune millionnaire avait compris, et chaque mois la part des pauvres était prélevée sur le budget de ses dépenses et distribuée à des sociétés de bienfaisance.

Pendant la guerre, Maurice avait fait son devoir. Dès qu'on appela les mobiles à prendre les armes, il quitta son château de Salerne et alla réclamer son droit de défendre la patrie envahie par l'étranger. En peu de temps, on en fit un soldat et on l'envoya à l'armée de la Loire. Il était de ceux qui furent vainqueurs à Coulmiers. Plus tard, le troisième jour de la lutte héroïque que soutint le général Chanzy contre toutes les forces allemandes, il fut blessé près de Beaugency.

Quand il fut guéri, la France venait d'obtenir l'armistice, qui fut suivi de la paix. Il revint à Salerne, et c'est après avoir pris les conseils de Manette Biron, que son installation à Paris fut décidée.

Bien qu'il crût à la mort de Georgette, le souvenir de la jeune fille n'était pas encore éteint dans son cœur. Il n'avait pas oublié non plus Jacques Sarrue.

— Qu'est-il devenu ? se demanda-t-il.

Il voulut le savoir.

Maurice était sans rancune : il eût été heureux, maintenant qu'il était riche, de donner des preuves de son amitié au pauvre poète, en lui venant en aide.

Un jour il se fit conduire rue Berthe.

Un coupé de maître, attelé de deux chevaux superbes avec deux grands valets en livrée, s'arrêtant rue Berthe, ce fut un événement.

Maurice était bien changé : l'élégant millionnaire ne ressemblait plus guère au pauvre copiste. Pourtant au bout d'un instant, la concierge le reconnut, ce qui lui fit pousser plusieurs exclamations de suprise.

Maurice attendit patiemment qu'elle fût plus calme. Alors il lui demanda si Jacques Sarrue demeurait toujours dans la maison.

— Oh ! mon cher monsieur, il y a plus de dix-huit mois qu'il a déménagé. D'ailleurs, depuis un an, je ne vois que ça, des déménagements.

— Et aussi des emménagements, sans doute, fit Maurice.

— Oui, mais on regrette toujours ses anciens locataires; il n'en reste plus un seul, monsieur Maurice. Pour une vieille femme comme moi, s'habituer à de nouvelles figures, c'est très désagréable. Voyez-vous, tout ce qui s'est passé depuis l'année dernière a fait bien du tort au pauvre monde. Croiriez-vous, mon cher monsieur, que j'ai trois logements et deux chambres à louer de suite? Le propriétaire n'est pas content; ce n'est pas ma faute, pourtant. J'attends et personne ne vient.

— Ne pouvez-vous pas me donner la nouvelle adresse de M. Sarrue?

— Il me l'avait laissée... mais depuis le temps... Voyons, si je pouvais me rappeler... C'est que je n'ai guère de mémoire. C'était de l'autre côté de l'eau, près de la place Saint-Michel. Attendez, attendez... je me souviens; oui, c'est bien cela : rue Saint-André-des-Arts, n° 8, comme ici. C'est bien heureux que ce soit le même numéro, sans cela je l'aurais oublié.

Maurice remercia la concierge et posa deux louis sur le coin de la commode avant de sortir de la loge.

Comme il n'avait pas cru devoir rappeler le souvenir de Georgette à la concierge, celle-ci, imitant sa réserve, s'était bien gardée de faire allusion au passé, en parlant de la jeune fille.

Maurice remonta dans son coupé, en donnant l'ordre de le conduire rue Saint-André-des-Arts.

Ce fut le concierge qui répondit au jeune homme, sa femme étant occupée chez le principal locataire dont elle était la femme de ménage.

— M. Sarrue ne demeure plus ici, lui dit-il.

La physionomie de Maurice exprima une vive contrariété.

— Vous teniez donc beaucoup à voir M. Sarrue? lui demanda le concierge.

— Oui, beaucoup.

— Malheureusement, je ne peux pas vous dire où ils sont allés.

Maurice ne fit pas attention à ce pluriel : « ils sont allés. »

— M. Sarrue, continua le concierge, a été forcé de partir d'ici très peu jours après la Commune. Il devait près de trois termes de loyer et, vous comprenez, ça ne pouvait pas continuer ainsi. D'ailleurs, un loyer de cinq cent cinquante francs, c'était trop pour lui. On lui a signifié son congé par huissier. Pourtant, notre principal, qui est vraiment un très brave homme, lui a laissé enlever ses meubles. Il est bon de dire aussi que M. Sarrue lui a juré qu'il payerait ce qu'il doit; mais va-t'en voir qu'il vienne, vous savez le proverbe : « On ne peigne pas un pauvre diable qui n'a pas de cheveux. »

Maurice paraissait très ému.

— M. Sarrue était donc bien malheureux? demanda-t-il.

— Oh! une misère complète, monsieur; mais le malheur n'a épargné personne, et si pendant le siège les gens riches ont souffert, je n'ai pas besoin de vous dire ce que les pauvres ont enduré. Quand M. Sarrue a loué ici, il travaillait dans une imprimerie : il avait une bonne place, il gagnait, paraît-il, au moins cinq cents francs par mois. Son loyer n'avait donc rien d'exagéré. Mais la guerre est venue ; les patrons, n'ayant plus de commandes pour faire travailler les ouvriers, ont fermé leurs ateliers. M. Sarrue s'est trouvé sans ouvrage comme tout le monde. Il a demandé un fusil pour aller aux fortification avec les autres ; mais la solde d'un garde national, quand tout était si cher, ce n'était rien. Pourtant, il fallait vivre. Chacun faisait comme il pouvait. J'en connais, — M. Sarrue est de ceux-là, — qui n'ont pas mangé tous les jours. Le pauvre homme a dû emprunter, faire des dettes... Ah! dame, la vie n'était pas rose pour lui, presque tout le temps sa femme a été malade...

— Sa femme, fit Maurice étonné.

— Oh! quand je dis sa femme, c'est une manière de parler; nous savions très bien qu'ils n'étaient pas mariés. Du reste, M. Sarrue ne s'en cachait point, car en parlant d'elle il disait toujours : mademoiselle Georgette.

— Georgette, Georgette! exclama Maurice.

— C'est le nom de la maîtresse de M. Sarrue, reprit le concierge, une bien jolie personne, monsieur... Des cheveux blonds magnifiques, une bouche rose, de petites dents blanches et de grands yeux bleus à faire damner un saint; avec ça, un air doux, timide, honnête... quant à être honnête, elle l'était, on ne peut pas dire le contraire. Je n'ai jamais pu comprendre ce ménage-là, et moins encore comment cette belle jeune fille s'était mise avec M. Sarrue, qui n'est ni jeune, ni beau; mais c'est comme ça; on a raison de dire qu'il en faut pour tous les goûts. C'était un plaisir de voir comme ils s'aimaient, elle ne pensait qu'à lui, il n'avait des yeux que pour elle. Et comme ils s'entendaient entre eux, jamais un mot plus haut que l'autre. Il adoraient leur enfant.

— Un enfant! ils ont un enfant? s'écria Maurice d'une voix frémissante.

Il était devenu blanc comme un suaire.

— Un petit garçon, répondit le concierge, un bébé rose gentil à croquer; il ressemble à sa mère : il a comme elle de beaux grands yeux bleus et de jolis cheveux blonds bouclés tout autour de la tête. C'est ici qu'il est venu au monde. Quoique malade, la mère a pu continuer à lui donner le sein et il venait à merveille. Ah! comme le pauvre M. Sarrue était heureux et fier d'avoir un enfant; le bébé semblait le consoler de tous ses ennuis. Souvent, il descendait, le tenant dans ses bras, et il nous le montrait avec orgueil.

« — N'est-ce pas qu'il est beau, mon fils? nous disait-il.

« Il était si content, si joyeux, que malgré tout, on partageait sa satisfaction. Quand il avait dit : « mon fils » il avait tout dit. Il l'appelait Chéri.

« — Vous lui donnez là un drôle de nom, lui dis-je un jour.

« — Plus tard, quand nous le baptiserons, nous lui en donnerons un autre,

Il vit une femme assise dans un fauteuil, sa figure cachée dans ses mains. (Page 386.)

me répondit-il; mais nous n'avons pas décidé encore comment nous l'appellerons.

« Voilà, monsieur, tout ce que je peux vous apprendre au sujet de M. Sarrue, dit le concierge en terminant; je regrette de ne pouvoir vous donner sa nouvelle adresse. Mais on pourra peut-être vous mieux renseigner à l'imprimerie où il était employé.

— C'est inutile, répondit Maurice d'un ton singulier; je ne tenais pas absclument à voir M. Sarrue ; je désirais seulement avoir de ses nouvelles. Je vous remercie de votre obligeance, monsieur, et des renseignements que vous m'avez donnés. Je n'ai pas besoin d'en savoir davantage.

Il sortit de la loge, la poitrine oppressée, le cœur serré, les jambes chancelantes et les yeux hagards. Il lui semblait que sa tête allait éclater. Il souffrait horriblement.

— A l'hôtel, dit-il à son cocher.

Et il se jeta brusquement dans sa voiture.

— M. Vermont a l'air tout drôle, dit le cocher à l'oreille du valet de pied ; ce qu'on vient de lui dire ne lui a pas fait plaisir.

II

LE SINGE

Maurice rentra chez lui dans un état de surexcitation nerveuse impossible à décrire. Il avait la tête en feu, une sorte de délire dans l'esprit. Il changea tous les ordres qu'il avait donnés le matin, puis il s'enferma dans son appartement, après avoir défendu sa porte d'une façon absolue.

Au bout d'un instant il trouva qu'il manquait d'air. La violence de son émotion lui faisait perdre la respiration. Il ouvrit une fenêtre et respira à pleins poumons. D'un regard distrait et sombre, il voyait tomber les feuilles d'automne que le vent détachait des rameaux. Il alluma un cigare, mais il ne l'eut pas plus tôt mis entre ses lèvres qu'il le lança dans le jardin avec un mouvement fébrile. Il sentit un frisson courir dans ses membres. Croyant qu'il avait froid, il referma la fenêtre. Alors, le front penché, la tête pleine de pensées amères, il se mit à marcher à grands pas dans la chambre.

Tout à coup il s'écria :

— Ainsi, Georgette n'est pas morte !... Georgette vit avec Jacques Sarrue !... Ils ont un enfant !...

Il haussa les épaules, et un sourire, dont rien ne saurait rendre l'ironie, crispa ses lèvres.

— Quand je pense que je la regrettais, que je l'ai pleurée ! continua-t-il sourdement, en croisant ses bras sur sa poitrine ; quand je pense que je gardais là, dans mon cœur, son souvenir à côté de celui de ma mère !... Et pendant ce temps, libre, sans remords, sans honte, n'ayant plus à craindre mes importunités, elle se livrait tout entière à Jacques Sarrue ! Comme les hommes sont crédules ! Comme souvent il sont niais ! Comme ils se laissent facilement tromper !

« Sa naïveté, comme sa candeur, était un mensonge ! Quand son doux regard cherchait le mien, son regard mentait ! Quand sa main tremblait dans la mienne et que je la sentais palpiter entre mes bras, elle mentait encore ! Quand sa voix hypocrite me disait : « Je t'aime ! » elle mentait toujours ! Elle mentait, et moi, plein de confiance, je croyais en elle ! Insensé ! Et j'ai cru qu'elle était morte ! Ah ! maintenant je comprends : le jour où dans une inquiétude mortelle, désespéré, je l'ai vainement attendue, elle était partie avec Jacques Sarrue. Comme ils ont dû se moquer de moi ! Comme ils ont dû rire ! Et c'est pour elle, c'est pour cette malheureuse que je voulais me tuer !

« Ah ! ah ! ah ! fit-il, avec un petit rire sec et nerveux, fou, fou que j'étais !

« Oui, oui, continua-t-il en se frappant le front, je comprends tout. En vérité, il fallait que je fusse aveugle pour ne rien voir et bien stupide pour ne pas deviner. Enfin, je m'explique pourquoi elle m'avait défendu de revenir rue Berthe ; je m'explique aussi la grande colère de Jacques Sarrue ; la jalousie l'avait rendu furieux ; du reste, il ne m'a pas laissé ignorer qu'il aimait Georgettte. C'est vrai, il m'a dit cela, il n'a pas pu me le cacher. Ah ! c'est alors que j'aurais dû comprendre. Je n'aurais pas eu autant de chagrin, j'aurais moins souffert ! »

Le malheureux croyait tout s'expliquer en s'éloignant de la vérité, et rien ne venait parler à son cœur pour défendre Georgette contre ses accusations. Il avait pris à la lettre le récit que lui avait fait, évidemment de bonne foi, le concierge de la rue Saint-André-des-Arts.

A force de tourmenter sa pensée, il en vint à admettre non seulement que Georgette était la maîtresse de Jacques Sarrue, mais encore à supposer, à croire que des relations intimes existaient déjà entre eux avant qu'il les connût.

Bien des choses, qu'il avait remarquées sans y attacher aucune importance, lui revenaient à la mémoire et étaient autant de preuves accablantes contre Georgette.

Cependant son irritation s'apaisa peu à peu, et il put se livrer à des réfléxions plus calmes. Mais il avait définitivement jugé Georgette ; la jeune fille était condamnée.

— C'est bien, se dit-il, qu'elle aime M. Sarrue ; je n'irai certainement pas la lui disputer. S'ils sont heureux, tant mieux, je ne veux même pas savoir ce qu'ils sont devenus. J'ai été trompé, j'ai cru à un amour qui n'existait pas ; je ne suis pas le premier à qui cela arrive. Ce qu'on a de mieux à faire, en pareil cas, c'est d'oublier. Je ne veux plus penser à elle, je ne veux plus penser à eux.

Malgré cette belle résolution, en apparence fort sage, il ne parvenait pas à chasser le doux souvenir de Georgette.

Et quand il se surprenait pensant à elle et qu'il sentait vibrer toutes les fibres de son cœur, il se disait, comme s'il cherchait à s'excuser d'être si faible :

— Je l'aimais tant !

Mais disposé comme il l'était, l'image de Georgette devait s'effacer facilement.

On était aux derniers jours d'avril ; les marronniers montraient toutes leurs feuilles et les lilas commençaient à fleurir.

Un soir que Maurice était occupé à écrire des lettres dans son cabinet de travail, dont les fenêtres comme celles de sa chambre ouvraient sur le jardin de l'hôtel, plusieurs grands éclats de rire attirèrent tout à coup son attention.

— Ce sont les domestiques qui s'amusent, pensa-t-il.

Et il se remit à écrire.

Dans le jardin, les rires continuaient, et Maurice entendit son cocher qui disait :

— Si nous ne lui jetons pas un nœud coulant autour du corps, nous ne parviendrons jamais à le prendre.

Cette fois, Maurice ne put résister à la curiosité de voir ce qui se passait. Il se leva et se mit à la fenêtre. Alors un spectacle fort amusant lui fut offert. Tous ses gens étaient dans le jardin, depuis le cuisinier, qui avait quitté sa cuisine, jusqu'à la femme de charge, laquelle, il est vrai, n'avait guère autre chose à faire qu'à boire, manger et dormir, ce qui ne l'empêchait pas de gourmander souvent les autres domestiques en leur reprochant leur paresse.

Le valet de chambre et le valet de pied, ayant grimpé sur les deux plus grands arbres du jardin, se tenaient, tant bien que mal, perchés dans les branches.

Or, ce qui avait mis en émoi les serviteurs de Maurice Vermont et provoquait ainsi leur gaieté, c'était un singe.

Ce quadrumane, qui s'était sans aucun doute évadé de la cage où on le retenait captif, était arrivé dans le jardin de l'hôtel en sautant d'un arbre sur un autre, tout fier et tout joyeux de savourer les agréments de la liberté. La femme de charge avait signalé sa présence et les autres domestiques étaient vite accourus pour faire la chasse au fugitif.

Cet animal, de petite taille, et joli autant que peut l'être un singe, était du groupe des *hélopithèques*, c'est-à-dire à queue prenante.

C'était vraiment très drôle de le voir se suspendre à une branche par la queue, se balancer un instant et s'élancer sur une autre branche autour de laquelle sa queue s'enroulait comme un anneau. D'autres fois il s'asseyait, et ses petits yeux ronds, pleins d'éclat et d'une mobilité étrange, se fixaient audacieusement sur ceux qui le poursuivaient, comme pour leur jeter un défi. Il semblait leur dire :

— Quand vous sauterez comme moi d'une branche sur une autre, vous me prendrez.

En même temps, pour les narguer ou bien pour sa propre satisfaction, il leur faisait les plus étonnantes grimaces qu'on puisse voir sur la face du plus laid des singes.

C'est alors que les domestiques riaient aux éclats.

Parfois, le malin animal, qui paraissait s'amuser beaucoup, se laissait approcher de très près ; mais, aussitôt qu'une main s'avançait pour le saisir, il jetait un cri qui équivalait pour lui à un éclat de rire moqueur, et d'un bond il se mettait hors d'atteinte.

La chasse au singe aurait pu durer ainsi jusqu'à la nuit et recommencer le lendemain sans plus de succès, si le quadrumane lui-même n'eût jugé à propos d'y mettre fin.

Tout en faisant ses exercices de gymnastique et de superbes sauts périlleux, comme s'il eût tenu à prouver qu'il était le Léotard des singes, il arriva sur un polonia, en face de la fenêtre que Maurice venait d'ouvrir. Soudain, il se suspendit à l'extrémité d'une branche, se balança, prit son élan et, d'un bond, s'élança dans le cabinet.

Maurice s'empressa de fermer la fenêtre.

Sans façon et comme si tout lui fût permis, l'animal s'était campé sur un guéridon. Tournant rapidement la tête et faisant jouer ses prunelles jaunes, il regardait autour de lui avec un air de grand contentement.

— Ah ! ah ! lui dit Maurice, te voilà mon prisonnier. Il n'est vraiment pas farouche, continua-t-il, il est même familier. Maintenant, il faudrait savoir à qui il appartient. C'est peut-être un pensionnaire du jardin d'Acclimatation.

« Non, reprit-il après avoir réfléchi un instant, un singe du jardin d'Acclimatation ne serait pas venu jusqu'ici ; il doit appartenir à quelqu'un du voisinage. Demain je ferai prendre des informations ; la nuit va venir, il est trop tard ce soir. Après tout, je peux bien offrir l'hospitalité à un singe pendant une nuit.

Il sonna son valet de chambre.

— Joseph, ne savez-vous pas à qui appartient cet animal ? lui demanda-t-il

— Non, monsieur.

— Selon toute apparence, son propriétaire demeure près d'ici, et je suis convaincu qu'on est déjà à sa recherche. Dès que vous entendrez dire qu'un singe a été perdu, vous vous ferez donner le nom de la personne à qui il appartient et aussitôt vous me préviendrez. En attendant, je vais le garder ici. Peut-être a-t-il faim. Allez prendre à l'office deux ou trois massepains et des fruits, et vous les lui apporterez.

Un instant après, le singe, qui décidément était sans gêne, grignotait un biscuit avec une satisfaction visible et mordait à belles dents dans une pomme d'api.

Le lendemain, vers neuf heures, le valet de chambre vint trouver Maurice et lui dit :

— Le singe appartient à une dame, une princesse, qui demeure à côté, rue Lauriston. Elle l'aime beaucoup, paraît-il, et elle est désolée de l'avoir perdu.

Ses domestiques ont été sur pied une partie de la nuit pour le retrouver, et aussitôt le jour venu, ils se sont remis à sa recherche.

En ce cas, dit Maurice en souriant, nous aurons le plaisir de consoler madame la princesse.

— Les domestiques sont aussi très inquiets ; ils ont peur d'être congédiés, car c'est par leur faute que le singe s'est échappé. Ce n'est qu'à la nuit qu'on s'est aperçu de sa disparition.

— Eh bien, Joseph, nous n'avons qu'une chose à faire : rendre à la princesse son singe. Alors, n'ayant plus de chagrin, son courroux s'apaisera et ses domestiques seront rassurés. Vous allez donc le prendre et le porter immédiatement chez sa maîtresse. Si vous voyez cette dame, vous lui direz que son singe a été très convenable, qu'il a dîné hier soir, déjeuné ce matin, qu'il n'a rien cassé ni déchiré, qu'il a eu l'obligeance de nous faire beaucoup de grimaces ; enfin, vous lui direz que j'ai été heureux de lui donner l'hospitalité.

Le valet de chambre s'empressa d'exécuter l'ordre qu'il venait de recevoir. Il revint au bout d'un quart d'heure.

— Eh bien? l'interrogea Maurice.

— Madame la princesse est consolée, répondit-il ; je crois qu'elle s'en tiendra aux reproches qu'elle a faits à ses domestiques. Après avoir adressé a Miko, — c'est le nom du singe, — une verte remontrance pour s'être permis d'aller faire des visites sans en avoir la permission, il a été immédiatement remis en cage.

— Avez-vous vu la princesse ?

— J'ai eu cet honneur, monsieur, et Miko est passé de mes bras dans les siens.

— C'est une dame âgée ?

— Elle est jeune, au contraire, monsieur, et de plus d'une beauté merveilleuse.

— Ah ! fit Maurice en souriant, il paraît que vous n'avez pas eu peur de regarder une princesse.

— Dame, monsieur ne m'avait pas ordonné de mettre un bandeau sur mes yeux, répliqua Joseph. Je dois vous dire aussi que madame la princesse m'a offert une gratification.

— Que vous avez refusée, je pense ?

— Oui, monsieur. Le valet de chambre de M. Maurice Vermont sait le respect qu'il doit à son maître,

— C'est bien, Joseph, je suis content de vous.

— Alors, madame la princesse m'a chargé pour vous de tous ses remerciements.

— Quel est son nom?

— Princesse Ramidoff.

— Ah ! c'est une princesse russe !

— Qui parle admirablement le français.

— Cela n'a rien d'étonnant ; en Russie les gens riches, les grands seigneurs, parlent la langue française aussi bien et souvent même mieux que nous. Eh bien, Joseph, je suis enchanté que nous ayons eu l'occasion d'être agréable à une princesse russe, jeune et belle.

Sur ces mots, Maurice sortit pour monter à cheval et faire une promenade de deux heures à travers le bois de Boulogne, comme il en avait l'habitude.

A midi, quand il rentra, il ne pensait déjà plus ni à la princesse russe, ni au singe Miko.

III

L'INVITATION

Pendant que Maurice Vermont faisait sa promenade à cheval, curieuse comme le sont la plupart des femmes, la princesse Ramidoff eut le désir de savoir ce qu'était ce M. Vermont qui avait eu l'obligeance de recueillir chez lui son singe et de le lui renvoyer.

Après avoir causé un instant avec Louise, sa femme de chambre, celle-ci se mit aussitôt en campagne pour se faire donner les renseignements que voulait avoir sa maîtresse.

La princesse Ramidoff demeurait depuis deux mois seulement rue de Lauriston, mais Louise connaissait déjà plusieurs personnes dans le quartier, entre autres l'épicier, la fruitière et la femme d'un pâtissier-glacier, qui avait ouvert boutique avenue d'Eylau, à peu de distance de l'hôtel de Maurice Vermont.

C'est à cette dernière qu'elle s'adressa, pensant bien qu'ayant intérêt à connaître toutes les bonnes maisons dans son voisinage, elle pourrait parfaitement la renseigner.

Elle ne s'était pas trompée.

— M. Maurice Vermont est notre client, lui dit la femme du glacier ; c'est un beau jeune homme de vingt-six à vingt-sept ans, immensément riche. On dit qu'il a plusieurs millions de rente ; du reste, on peut le croire en voyant son train de maison. C'est en Amérique que ses parents, morts aujourd'hui, ont gagné la grande fortune qu'il possède. Il n'y a pas plus de six mois qu'il habite avenue d'Eylau ; l'hôtel est à lui, il l'a fait meubler somptueusement. Son installation lui a certainement coûté plus de deux millions. Il a, je crois, six ou sept domestiques.

« Une ou deux fois chaque semaine, continua la femme, M. Vermont reçoit quelques personnes à dîner, toujours les mêmes, ce qui indique qu'il ne connaît encore que peu de monde à Paris. C'est surtout en achetant des tableaux et des objets d'art qu'il dépense son argent. Et puis, il est très charitable et je sais qu'il fait beaucoup de bien. Une femme d'un certain âge est chargée de distribuer les secours qu'il envoie aux pauvres gens qui s'adressent à lui. Elle m'a dit que, dans le mois de janvier, M. Vermont avait donné ainsi plus de dix mille francs. Je peux vous dire encore que ses domestiques se jetteraient dans le feu pour lui ; cela prouve qu'il sait se faire aimer et que c'est un bon maître.

— Il pense probablement à se marier, dit Louise.

— Il en a le droit, car il a tout ce qu'il faut pour rendre une femme heureuse ; mais je n'ai pas encore entendu parler de mariage.

— Il est possible aussi qu'il ne veuille pas se marier. Peut-être a-t-il une maîtresse.

— Quant à cela, je n'en sais rien. Mais s'il a une maîtresse, il ne la reçoit pas chez lui. M. Vermont sort tous les jours, le matin à cheval, le tantôt en voiture et souvent à pied ; sa vie est des plus régulières ; tous les soirs il dîne chez lui, et je suis à peu près certaine qu'il ne découche jamais.

Louise n'avait pas besoin d'en savoir davantage.

Elle remercia l'obligeante boutiquière et s'empressa de revenir chez sa maîtresse pour lui faire à son tour l'éloge de M. Maurice Vermont.

Le jeune millionnaire sortait de table et venait d'allumer un cigare, lorsque Joseph lui apporta une lettre, ce qui n'avait rien d'extraordinaire, car le maire de son arrondissement, le curé de Saint-Philippe et des dames patronnesses d'œuvres de bienfaisance, écrivaient souvent à Maurice pour lui signaler des misères à soulager.

— Cette lettre vient d'être apportée par un domestique, dit le valet de chambre ; ce n'est pas à moi qu'il l'a remise, mais je l'ai vu traverser la cour de l'hôtel, et j'ai reconnu la livrée de madame la princesse.

— Ah ! fit Maurice étonné. C'est bien, ajouta-t-il.

— Joseph se retira.

— De nouveaux remerciements de la belle princesse russe, sans doute, pensa le jeune homme ; un prétexte pour me donner des nouvelles de son singe.

Il déchira l'enveloppe et ouvrit la lettre qui répandit aussitôt un doux parfum de violette. Maurice, qui s'y connaissait, remarqua que l'écriture très fine était jolie, hardie, élégante.

Voici ce qu'il lut :

« Monsieur.

« En vous apprenant que mon singe Miko a beaucoup d'affection pour moi, qu'il m'a été donné par le prince mon mari, que je me suis attachée à lui en

Georgette passa devant les sergents de ville qui la saluèrent respectueusement. (Page 395)

souvenir de l'ami que j'ai perdu, c'est vous dire la joie que j'ai éprouvée ce matin lorsqu'on m'a rapporté Miko de votre part.

« Je vis dans une solitude complète, mais si je ne craignais pas de prendre un de vos instants, je vous prierais de venir recevoir mes remerciements avec le témoignage de ma reconnaissance.

« Princesse OLGA RAMIDOFF. »

— Cette grande dame russe s'exagère beaucoup le petit service que je lui ai rendu, se dit Maurice, et j'étais loin de me douter que le singe Miko me donnerait des droits à la reconnaissance d'une princesse.

Un sourire effleura ses lèvres.

— C'est clair, reprit-il, elle m'invite à lui faire une visite. Elle vit dans une solitude complète, ce qui veut dire : « Vous me trouverez seule. »

Il resta un instant songeur.

— C'est évident, murmura-t-il, cette invitation de la part d'une jeune femme qui ne me connaît pas du tout est un peu singulière. Soit, mais elle est convenable. Allons, c'est décidé, j'irai voir la princesse Ramidoff. J'éprouve, maintenant, le plus vif désir de la connaître. Et tout cela à cause d'un singe !

Celle qui s'était appelée Suzanne Vernier, qu'on avait connue à Paris quatre ans auparavant, sous le nom d'Andréa la Charmeuse, était réellement princesse Ramidoff. Et pour que rien ne manquât à son nom russe, dédaignant également les prénoms de Suzanne et d'Andréa, elle s'était donné celui d'Olga, lequel n'a que le défaut d'être très commun en Russie. Mais c'est peut-être pour cette raison que Suzanne l'avait choisi et préféré à un autre.

Comme Henri de Manoise, le marquis de Soubreuil et d'autres, qui avaient subi le charme d'Andréa, sans qu'elle-même s'en doutât, le prince Alexis Ramidoff aima Suzanne ardemment, avec passion, avec délire, avec les illusions, les transports, la frénésie d'un homme déjà vieux, qui donne toute sa vie à une femme. Il n'avait jamais aimé, Suzanne lui avait fait connaître les joies, les ravissements de l'amour, sa reconnaissance était aussi vive que sa passion était ardente.

Cependant, il ne fut pas aimé davantage que ne l'avaient été Henri et Maxime; mais, plus heureux que ces deux victimes de l'insensibilité de la jeune femme, elle consentit à accepter son nom. Ce n'était pas tout à fait son rêve, son ambition lui ayant montré d'autres splendeurs, mais, en attendant un titre plus sonore et plus éblouissant, elle crut devoir se contenter de celui de princesse.

Le mariage eut lieu dans un gros village appartenant au prince. Pendant trois mois il y eut au palais Ramidoff des fêtes et des réceptions splendides. Les hommages qui lui furent rendus enivrèrent la princesse. Et quand, plus tard, avec le prince, elle parcourut ses domaines, et qu'elle se vit partout acclamée et fêtée, elle put s'imaginer dans son enthousiasme qu'elle était vraiment reine.

Ne portait-elle pas une couronne? N'avait-elle pas la jouissance du triomphe?

Parfois, pourtant, elle pensait encore à Marangue et à sa petite sœur Georgette, mais elle s'empressait de chasser ces souvenirs importuns, qui obscurcissaient les rayonnements de son front radieux.

Depuis qu'elle avait quitté la France, la princesse avait le goût des voyages; elle désira voir le Caucase et la Sibérie. Le prince, qui ne cherchait qu'à lui être agréable, fut trop heureux de la satisfaire. Après ce premier et long voyage, ils en firent un second en Orient et en Asie.

Ils étaient de retour à Saint-Pétersbourg, et ils projetaient d'aller passer le prochain hiver à Paris, lorsque la guerre éclata entre la France et l'Allemagne. Les événements qui se succédèrent avec une effrayante rapidité les retinrent en Russie.

La princesse s'était fait une joie de revenir à Paris, car, après avoir vu les principales villes d'Europe et d'Asie, elle était plus que jamais convaincue qu'il n'y a dans le monde entier qu'une seule ville agréable sous tous les rapports, et que cette ville est Paris.

Le prince n'eut pas de peine à s'apercevoir qu'elle était contrariée.

— Dès que la paix sera faite, lui dit-il, nous nous mettrons en route pour la France, et si vous vous plaisez à Paris, je prendrai mes mesures pour que nous puissions nous y installer tout à fait. Nous n'aurons pas même besoin de venir chaque année en Russie.

Ces paroles ne donnèrent à la princesse qu'une demi-satisfaction.

Souffrit-elle de savoir que les Allemands victorieux avaient envahi la France, qu'ils rançonnaient, pillaient et incendiaient des villes et des villages? Souffrit-elle en apprenant qu'ils se répandaient jusqu'au cœur de la France, que Marangue était en leur pouvoir et qu'ils bombardaient Paris? Nous ne saurions le dire. Quoi qu'il en soit, elle trouva que Saint-Pétersbourg était une ville bien froide, bien monotone et elle s'y ennuya absolument.

Enfin, la paix était faite, et, après les mauvais jours de la Commune, l'armée de Versailles occupait Paris.

— Il ne me reste plus que quelques affaires à terminer, dit un jour le prince à la princesse; dans un mois nous pourrons partir.

La semaine suivante le prince tomba malade et fut forcé de garder le lit. Ce n'était qu'une indisposition; mais une fièvre typhoïde, qui ne tarda pas à se déclarer, aggrava sa situation. Le neuvième jour il mourut.

Comme elle n'avait jamais aimé son mari, la princesse n'éprouva point une grande douleur; toutefois, comme les convenances l'exigeaient, elle se montra suffisamment affligée pour qu'on crût à ses regrets.

Le prince Ramidoff avait des héritiers, il fallut liquider la succession. Cela dura deux grands mois. Toute la lignée des Ramidoff s'empara des domaines du prince Alexis, de ses châteaux, de ses maisons. Les héritiers, — c'était leur droit, — ne laissèrent à la veuve que ce qu'ils ne purent pas lui enlever : ses bijoux et un douaire de quinze cent mille francs. Ce douaire n'était pas la vingtième partie de la fortune du prince Alexis.

La veuve se dit qu'une femme pouvait parfaitement vivre en France avec soixante-quinze mille francs de revenus, et ce qui achevait de la consoler, c'est qu'on ne pouvait pas lui reprendre son titre de princesse.

N'ayant plus rien à faire en Russie, elle se mit en route pour la France et arriva à Paris dans les derniers jours de septembre. Elle prit à l'hôtel des Princes un logement composé de trois pièces : un petit salon, sa chambre et une autre chambre pour Louise, sa suivante, dont la fidélité et le dévouement, comme nous l'avons déjà dit, étaient à toute épreuve.

Dès le lendemain, elle se mit en relations directes avec un homme d'affaires, le même qui avait autrefois vendu son mobilier de la rue Pasquier. Elle n'eut d'ailleurs qu'à se louer de ses services et des conseils qu'il lui donna.

Cet homme lui indiqua les meilleurs moyens de placer son argent ; c'est encore lui, quand il lui eut fait acheter rue Lauriston un charmant petit hôtel, à des conditions exceptionnellement avantageuses, qui traita avec un tapissier pour l'ameublement. Ce tapissier, homme de goût, avait créé un intérieur charmant, frais, élégant, coquet, digne de servir de cadre à la resplendissante beauté de la jeune princesse.

Une fois chez elle, la princesse Olga avait acheté deux chevaux et une voiture et pris, en même temps, trois nouveaux domestiques : une cuisinière, un cocher et un valet de pied.

Presque tous les jours elle sortait en voiture pour faire une promenade au Bois, aux Champs-Élysées ou sur les boulevards, mais sans étalage de toilette, comme si elle eût craint d'être remarquée. De même, quand elle allait au spectacle, elle évitait de se montrer.

Elle pouvait supposer que depuis quatre ans elle était complètement oubliée ; mais si les événements récents avaient changé bien des choses, elle ne s'illusionnait pas à ce point de croire qu'il était difficile qu'on reconnût Andréa la Charmeuse.

Dans tous les cas, qu'avait-elle à redouter ? Pour elle, c'était l'inconnu. Mais elle obéissait évidemment à un sentiment de réserve et de pudeur instinctives.

Si coupable que fût Suzanne, et elle l'était beaucoup plus par la tête que par le cœur, elle avait ses susceptibilités et ses délicatesses.

La princesse Ramidoff avait le respect du nom qu'elle portait et qu'un honnête homme lui avait donné.

Elle n'était, vraiment, ni une courtisane, ni une éhontée, ni une femme vénale.

Esclave d'une idée fixe, affolée d'une ambition étrange, elle avait marché dans la vie presque inconsciente et comme prise de vertige, poussée par la fatalité.

Et pas à pas, jusqu'au bout, cette inexorable fatalité devait l'étreindre et marcher avec elle.

IV

UN AUTRE AMOUR

En écrivant à Maurice Vermont pour l'inviter à venir chez elle, la princesse Ramidoff avait subi l'entraînement d'un sentiment de reconnaissance irréfléchi peut-être, mais sincère. Elle avait voulu savoir ce qu'était Maurice ; c'était une curiosité de femme toute naturelle ; et cette curiosité devint plus grande encore quand elle sut tout le bien qu'on disait du jeune homme. Alors elle désira le voir, elle voulut le connaître.

Elle ne pensa point que Maurice pouvait s'éprendre d'elle ; pourtant elle connaissait le pouvoir de sa beauté et devait savoir que son regard possédait toujours son étrange puissance.

Elle était séduisante, elle séduisait sans être une séductrice, nous dirions même sans le vouloir. Le baron de Manoise, le marquis de Soubreuil, le prince Ramidoff avaient été charmés ; mais ils ne purent dire qu'elle les avait provoqués par un jeu quelconque de coquetterie.

Le domestique, qu'elle avait chargé de porter son invitation, revint et lui dit :
— Monsieur Maurice Vermont était chez lui ; on lui a remis aussitôt la lettre de madame la princesse.

Elle le remercia d'un mouvement de tête.
— S'il doit venir, se dit-elle, c'est ce soir que je le verrai.

Elle se plaça devant une glace dans laquelle elle se vit de la tête aux pieds.
— Oui, murmura-t-elle, je suis bien ainsi pour recevoir M. Vermont.

Elle s'assit sur sa causeuse, prit un livre et continua distraitement une lecture commencée. Mais elle levait souvent la tête pour regarder la pendule. Celle-ci sonna quatre heures. La princesse ferma son livre et le jeta sur un guéridon.
— M. Vermont ne viendra pas, dit-elle ; le temps est très beau, il est sans doute allé faire une promenade au Bois. Je pourrais sortir jusqu'à six heures, continua-t-elle ; mais, non, je préfère rester. Je suis ennuyée, nerveuse, pourquoi cela ? Est-ce que je suis contrariée de ce que ce monsieur n'est pas venu ? Non, ce ne peut pas être cela.

Et un mystérieux sourire se posa sur ses lèvres. En même temps son regard se porta de nouveau sur le cadran de la pendule.

Soudain, il lui sembla qu'elle venait d'entendre sonner un timbre. Elle tendit avidement l'oreille. Un bruit de pas se fit entendre dans le salon. Elle se leva brusquement. La porte du boudoir s'ouvrit :

— M. Maurice Vermont, annonça Louise.

— M. Maurice Vermont peut entrer, répondit-elle.

Et aussitôt son visage s'éclaira et son front devint rayonnant.

Maurice, en toilette de ville très élégante, pénétra dans le boudoir tout imprégné de ce même parfum de violette qu'il connaissait déjà.

— Je réponds à la gracieuse invitation de madame la princesse, dit-il en s'inclinant respectueusement.

— Je suis très flattée, monsieur, de l'empressement que vous y avez mis, répondit-elle; mais comme je suis très franche, je vous avouerai que je vous attendais.

Maurice s'inclina de nouveau.

— Veuillez vous asseoir, monsieur, dit-elle, en lui montrant un fauteuil.

Elle-même reprit sa place sur la causeuse en face du jeune homme.

Alors, Maurice put la regarder. Complètement ébloui, il ne chercha même pas à cacher son admiration. Il était subitement tombé dans une sorte d'extase. Certes, il ne pouvait guère, à ce moment, se rendre compte de ce qui se passait en lui; mais, s'il eût été moins vivement impressionné et plus maître de lui, il aurait reconnu que ses sensations n'étaient pas sans analogie avec celles qu'il avait éprouvées le jour où, pour la première fois, il s'était trouvé en présence de Georgette.

La voix douce et mélodieuse de la jeune femme le rappela à lui-même, sans que pour cela il sortît de son ravissement.

— Vous avez été bien obligeant et bien bon, lui dit-elle ; j'ai su par votre domestique ce que vous avez fait pour Miko ; je ne saurais trop vous remercier. Ce n'est qu'un singe, mais vous avez compris qu'on pouvait avoir de l'affection pour un animal qui s'est attaché à vous. J'ai eu un véritable chagrin ; je croyais Miko perdu ; je n'ai pas besoin de vous dire la joie que j'ai ressentie lorsque votre domestique me l'a rapporté.

— Madame la princesse, répondit Maurice, je n'ai qu'à me féliciter de ce que le hasard a conduit Miko chez moi, puisque j'ai eu le bonheur de vous être agréable, et que c'est à ce même hasard que je dois l'honneur de vous connaître.

— Bien que nous soyons voisins, je n'avais pas encore entendu parler de vous, monsieur Vermont, et pourtant vous êtes bien connu. Il est vrai que je sors très peu et que je ne vois personne. J'ai quitté la Russie après la mort du prince mon mari, et je suis à Paris depuis quelques mois seulement.

— Vous êtes une nouvelle Parisienne comme je suis un nouveau Parisien ; il n'y a pas plus de sept mois que je demeure avenue d'Eylau.

— On parle de votre hôtel comme d'une merveille.

— Oh ! c'est aller un peu loin, fit Maurice en riant ; mais si madame la princesse veut bien me faire l'honneur de venir un jour le visiter, elle jugera par ses yeux.

— J'irai certainement, monsieur, et je sais d'avance que je n'aurai qu'à faire l'éloge de votre bon goût.

— Cependant, reprit Maurice en souriant, les personnes qui me connaissent, tout en trouvant mon installation convenable, prétendent qu'une chose, absolument indispensable, disent-elles, manque à ma maison.

— Et cette chose est?
— Une jeune femme.
— Vos amis ont raison, monsieur, dit la princesse d'un ton sérieux. Pas plus que la femme, l'homme ne peut vivre seul; son bonheur ne peut être complet qu'à côté d'une compagne aimée. Excusez-moi si je vous adresse cette question, peut-être indiscrète. Avez-vous déjà aimé, monsieur Vermont?

— Oui, madame...
— Alors, vous aimez encore?

Le front du jeune homme s'assombrit, et d'une voix qui trembla légèrement, il répondit :

— Non, je n'aime plus.
— Je comprends : vous aviez mal placé votre affection.
— Oui, madame, vous avez deviné.
— Heureusement, monsieur, toutes les femmes ne se ressemblent pas; vous ouvrirez votre cœur aux joies d'un autre amour.
— Je ne sais pas, balbutia Maurice.
— En douteriez-vous?
— Je crains qu'une première déception m'ayant mis en défiance, je ne devienne trop exigeant.
— Oh! ne soyez jamais un sceptique, répliqua-t-elle vivement. Si parmi les femmes il y a des démons, il y a des anges aussi, et c'est en admirant celles-ci, qu'on doit être miséricordieux pour les autres. La femme qui attire sur elle le jugement le plus sévère, est souvent digne de pitié et aurait le droit de réclamer de l'indulgence. Rassurez-vous, monsieur, vous rencontrerez sûrement dans le monde une belle jeune fille à qui vous donnerez votre nom, et qui sera fière et heureuse de vous aimer. Il y en a, — et c'est le plus grand nombre, — qui placent l'amour au-dessus de tout! Ah! celles qui n'aiment pas, celles qui n'ont jamais pu aimer, parce que Dieu leur a refusé cette faculté, sont des créatures bien malheureuses.

« Vous n'êtes que depuis quelques mois à Paris et déja, continua la princesse, dans ce quartier, tout le monde fait votre éloge; on connaît votre générosité, on sait que vous faites beaucoup de bien; oui, vous serez aimé comme vous méritez de l'être, non parce que vous êtes riche, mais parce que vous êtes bon. Vous avez une grande fortune, n'est-ce pas?

— C'est une question d'appréciation, madame; il y a des gens qui se croient pauvres avec plusieurs millions. Quant à moi, qui ai vu la misère de très près, je me trouverais encore grandement partagé avec beaucoup moins que ce que je possède.

La princesse le regarda avec étonnement.

— Vous avez connu la misère? fit-elle.

— Oui, madame. Je n'ai aucune raison de le cacher. Je me suis couché plus d'une fois sans avoir dîné et sans savoir si je déjeunerais le lendemain.

— On m'avait dit que vous étiez venu en France après avoir perdu vos parents en Amérique.

— J'ai, en effet, perdu ma mère en Amérique.

— Vous êtes Français ?

— Oui, madame, et c'est pour cela que, il y a trois ans, je suis revenu en France, à Paris, où je suis né. C'est alors que je me suis trouvé dans une situation extrêmement difficile et pénible, cherchant vainement un emploi, obligé de me faire copiste à dix centimes l'heure. Enfin, c'était une ressource, je ne voulais pas mourir de faim.

— Eh bien, monsieur Vermont, on croit généralement que vous êtes revenu d'Amérique avec toutes vos richesses.

— Je laisse croire, madame la princesse, répondit Maurice en souriant : je n'ai pas besoin de faire connaître à tout le monde comment, un jour, la fortune est venue me trouver, comme si elle descendait du ciel. Ce jour-là, madame, las de la vie, désespéré, j'allais me brûler la cervelle.

— Oh ! fit la princesse avec effroi.

— Je tenais l'arme chargée, continua Maurice ; la fortune sous la figure d'une vieille femme, qui me sert de mère aujourd'hui, que j'aime et que je vénère, me l'a arrachée des mains.

« Le père de ma mère, que, ni elle ni moi n'avons connu, — il y a là un drame de famille dont je me suis juré à moi-même de garder le secret, — s'était établi dans l'Inde, au Bengale ; c'est là qu'il fit cette fortune qui est la mienne aujourd'hui. Pendant des années elle est restée entre les mains de cette vieille femme dont je viens de vous parler.

« Mon aïeul la lui avait confiée en lui dictant ses dernières volontés. Je ne vous dirai pas toutes les recherches qui furent faites pour nous retrouver, ma mère et moi ; c'est toute une histoire qui serait trop longue à raconter. Enfin, un jour, au moment où elle s'y attendait le moins, un jeune homme que le hasard m'avait fait rencontrer à Paris et qui est resté mon meilleur ami, donna mon adresse à l'exécutrice testamentaire de mon grand-père.

« Le lendemain, elle arriva rue Durantin, où je demeurais, une seconde peut-être avant que je ne misse fin à mes jours. Ah ! je n'oublierai jamais ses paroles : « Vous étiez désespéré, m'a-t-elle dit, je vous apporte l'espoir. Tout à l'heure

Un instant après, le singe grignotait un biscuit avec une satisfaction visible. (Page 405.)

vous étiez vaincu, je vous apporte le triomphe. Vous êtes pauvre, je vous apporte la richesse. » Voilà comment, en un clin d'œil, de gueux que j'étais, je devins millionnaire.

— C'est merveilleux ! s'écria la princesse ; on se croirait dans le domaine du fantastique.

— Pendant une heure, reprit Maurice, je crus moi-même à un conte de fée. Mais il fallut bien me rendre à l'évidence, quand on me mit en main les millions, qu'on me montra mes fermes et que j'entrai en maître dans un magnifique château.

— Eh bien, monsieur Vermont, si d'après cela vous doutiez du bonheur, vous seriez un ingrat envers lui, qui a déjà tant fait pour vous.

La conversation changea et, pendant une heure encore, ils parlèrent de l'Amérique, de la Russie, de Saint-Pétersbourg, et surtout de Paris.

Maurice ne put s'empêcher de remarquer que la jeune femme parlait de tout et sur tout avec une assurance qui attestait une instruction réelle ; que malgré sa jeunesse elle avait une grande expérience, et que, pour une princesse russe, elle connaissait parfaitement la vie parisienne.

La causerie avait été animée, souvent spirituelle et tour à tour grave et légère. Ils ne s'étaient pas aperçus que la grande aiguille de la pendule avait fait deux fois le tour du cadran.

Six heures sonnèrent, Maurice se leva pour se retirer.

— Madame la princesse, dit-il, je vous remercie de l'accueil gracieux que vous m'avez fait : si vous voulez bien m'y autoriser, j'aurai l'honneur de venir quelquefois pour vous présenter mes hommages respectueux.

— Je serai toujours charmée de vous recevoir, répondit-elle.

Ils se saluèrent et Maurice sortit du boudoir.

Il était tout étourdi, comme si le parfum de violette l'eût enivré. Dans la rue cette espèce d'ivresse ne se dissipa point. Le timbre harmonieux de la voix de la jeune femme frappait toujours son oreille. Une étrange sensation de plaisir faisait courir un frémissement dans tous ses membres. Il rentra chez lui rêveur, mais enchanté d'avoir vu et admiré la belle princesse Ramidoff.

— Oh ! la charmante femme, pensait-il ; elle est vraiment adorable ! C'est certainement la plus ravissante beauté qu'il y ait, je ne dis pas seulement en France, mais dans le monde entier. Quel âge peut-elle avoir ? Oh ! elle n'a guère plus de vingt ans, et elle est veuve !

Dans ce mot « veuve » prononcé par Maurice, il y avait déjà une foule de pensées.

Il se coucha de bonne heure. Les songes les plus souriants, les plus roses, bercèrent son sommeil, et il n'y en eut pas un seul qui ne lui fît voir la divine princesse Olga dans un ruissellement de lumière.

Le lendemain, sans s'être donné rendez-vous, mais comme s'ils s'étaient cherchés, ils se rencontrèrent dans une allée du Bois. Elle était en voiture, il était à cheval. Ils se saluèrent, en échangeant un regard. Le cœur de Maurice battait très fort. Il se disait :

— C'est bien ainsi, souriante et radieuse, que je l'ai vue toute la nuit dans mes rêves.

Pendant une demie-heure, le cheval de Maurice suivit la calèche de la princesse. Le jeune homme ne parut s'en apercevoir que sur la place de l'Étoile, au moment de rentrer.

Le surlendemain, il fit une seconde visite à la princesse Ramidoff. Les deux jours qui suivirent il y retourna encore. Depuis sa première visite, il n'avait plus eu une seule pensée pour Georgette. Il ne pouvait déjà plus se méprendre sur la nature de ses sentiments; il était éperdument amoureux. Ce nouvel amour ne ressemblait pas à l'amour si doux, si calme et si pur que lui avait inspiré Georgette; c'était une passion ardente, désordonnée, nerveuse, irritante, qui s'emparant de son être, le tenait constamment dans un état de fièvre et de vertige.

— Elle est veuve! se dit-il encore.

Cela voulait dire :

— Elle peut devenir madame Maurice Vermont.

Mais il lui restait à savoir deux choses : s'il était aimé et si la belle Olga consentirait à perdre son titre de princesse.

Le pauvre Maurice était loin de se douter qu'il subissait à son tour la fascination aussi étrange que terrible de ce même regard qui avait tué Henri de Manoise et conduit au suicide le marquis de Soubreuil. Rien ne l'avertit, rien ne lui rappela Andréa la Charmeuse.

Il avait chez lui le manuscrit du marquis. L'idée ne lui vint pas de le relire. Comme les autres, il était fatalement entraîné.

A la cinquième visite qu'il fit à la princesse, rendu audacieux par son amour même, il lui avoua qu'il l'aimait. Et sans attendre qu'elle lui fît connaître par un mot ou un signe si sa déclaration était bien ou mal accueillie, il lui demanda brusquement, mais toutefois d'un ton très respectueux, si elle voulait être pour lui cette compagne sans laquelle aucun bonheur ne peut être complet.

Elle avait baissé la tête. Et quand il eut cessé de parler, elle resta silencieuse :

— Vous ne me répondez pas, dit-il d'une voix pleine d'anxiété.

Un soupir s'échappa de la poitrine de la jeune femme. Elle paraissait très émue.

Maurice se mit à genoux devant elle, il lui prit la main et la porta timidement à ses lèvres.

Doucement elle retira sa main, et ses yeux, dont deux larmes avaient éteint la flamme, se fixèrent sur ceux du jeune homme.

Il les vit, ces deux larmes, mais il n'osa point lui demander pourquoi elle pleurait. Il eut peur qu'elle ne lui répondit :

— Je pense à mon mari.

— Si vous saviez comme je vous aime! lui dit-il tout bas, avec un accent passionné.

Elle tressaillit, se leva et fit quelques pas dans le salon. Puis, se tournant vers le jeune homme, dont le regard attristé l'interrogeait :

— Non, non, lui dit-elle, je ne peux pas vous répondre ; il y a dans mon cœur, dans mon esprit, dans ma pensée, un trouble extraordinaire.

— Ah! vous m'aimerez, s'écria-t-il, vous m'aimerez!

— Monsieur Maurice, répondit-elle, je ne peux rien vous dire encore ; ce que j'éprouve en ce moment, m'effraye ; laissez-moi me reconnaître.

— Olga, ma chère Olga, je vous quitte, mais demain...

— Monsieur Maurice, l'interrompit-elle vivement, donnez-moi quelques jours.

— Oh! je vous aime trop pour vouloir vous contrarier. C'est aujourd'hui samedi, je reviendrai mercredi.

— Eh bien, oui, revenez mercredi.

Un instant après, quand elle se trouva seule :

— Ah! je l'aime, lui, je l'aime! s'écria-t-elle d'une voix frémissante.

Et, ne pouvant plus les retenir, ses larmes coulèrent en abondance.

V

LE COURRIER D'UN MILLIONNAIRE

Maurice se levait de bonne heure, et maintenant qu'il faisait grand jour à cinq heures du matin, il montait à cheval à six heures et allait courir aux environs de Paris pendant deux ou trois heures. Ces promenades matinales lui faisaient éprouver un grand bien-être ; aussi jouissait-il d'une merveilleuse santé.

En rentrant, il prenait une tasse de café au lait ; le facteur de la poste arrivait, il lisait ses lettres et presque toujours répondait aussitôt. Lire et répondre devenait pour Maurice une véritable occupation, car le nombre des lettres qui lui étaient adressées augmentait chaque jour. Quand on est jeune et millionnaire et qu'on est en même temps un homme bienfaisant, on ne peut pas manquer d'être assiégé par la foule des solliciteurs de toutes les espèces. Il n'en pouvait être autrement pour Maurice, qui s'était fait connaître surtout par ses libéralités.

Or, un matin, comme d'habitude, Joseph apporta à son maître son courrier dans une petite corbeille artistement fabriquée avec du fil d'argent. La corbeille était presque pleine.

— Tout cela ? fit Maurice.

— Monsieur sera forcé bientôt de prendre un secrétaire, répondit le valet de chambre.

— J'y ai déjà pensé, mais j'attendrai encore. Du reste cette lecture de lettres, que je fais tous les matins, ne manque pas d'un certain agrément.

Le domestique s'étant retiré, le jeune homme versa les lettres sur son bureau et les éparpilla devant lui. Il y en avait une trentaine. Il en ouvrit successivement quelques-unes, qu'il lut en fronçant les sourcils ou avec un sourire dédaigneux et qu'il jeta à ses pieds après les avoir déchirées.

— Si elles sont toutes du même genre, murmura-t-il, je pourrais me dispenser de voir les autres.

Et il mit la main sur les lettres, comme s'il allait les prendre et les jeter dans le foyer de la cheminée.

A ce moment une porte s'ouvrit doucement derrière lui, et Manette Biron entra dans le cabinet.

— Bonjour, Maurice, dit-elle.

Le jeune homme se leva avec empressement et, s'étant avancé vers la vieille femme, il lui mit un baiser sur le front.

— Je ne te dérange pas? lui demanda-t-elle.

— Vous ne me dérangez jamais, ma mère; vous le savez bien. Venez vous asseoir là, dans ce bon fauteuil.

Et quand elle fut installée dans le fauteuil et qu'il lui eut mis un coussin sous les pieds, il reprit :

— Comment avez-vous passé la nuit? avez-vous bien dormi?

— Je n'ai fait qu'un somme, mon ami, et je ne sens plus ce matin la fatigue du voyage. Ah! dame, continua-t-elle en souriant, on est mieux dans ton bel hôtel que dans ma pauvre cabane des Huttes.

— Aussi, pourquoi voulez-vous toujours y rester?

— Pourquoi? Parce que pour moi elle est pleine de pieux souvenirs; parce que c'est là que je suis venue au monde et que je veux y mourir.

— Soit, Manette; c'est ce que vous m'avez répondu déjà lorsque, voyant que vous ne vouliez pas venir demeurer avec moi à Paris, je vous ai priée de vous installer tout à fait à Salerne ; mais puisque vous ne voulez pas vous éloigner de votre montagne, pourquoi ne faites-vous pas construire une maison à la place de la cabane?

— Je le pourrais, rien ne m'empêcherait non plus de prendre des gens pour me servir : mais j'ai d'autres idées. Quand on a mon âge, on ne se défait plus de ses habitudes. Pour les gens de Marangue, Maurice, je veux rester jusqu'à mon dernier jour la pauvre rebouteuse, la vieille sorcière. Tout en faisant tout le bien que je peux, je veux économiser et augmenter encore la part que j'ai gardée de la fortune du docteur Grandier. Tu connais déjà quelques-unes de mes affections, je veux faire riches les enfants que j'aime. Ce que je veux construire, Maurice, c'est plusieurs fortunes. Si je faisais bâtir, comme tu me le conseilles, j'aurais une belle maison; oui, mais ce ne serait qu'une maison, et ce que j'aime au hameau de la montagne, c'est ma cabane !

Elle essuya ses yeux qui s'étaient remplis de larmes.

— Je vous ai attristée, pardonnez-moi, dit Maurice en lui prenant la main.

— Enfant, en quoi tes paroles affectueuses auraient-elles pu me faire de la peine? Mes larmes ont une autre cause. Mais, pendant les quelques jours que je vais passer avec toi, je veux être gaie. Voyons, que faisais-tu quand je suis entrée ?

— Voyez, je dépouillais ma correspondance ; j'ai encore toutes ces lettres à lire.

— Il me semble que tu en reçois beaucoup.

— C'est vrai, car il y en a que leurs auteurs pourraient se dispenser d'écrire.

— Veux-tu parler de celles-là, que je vois en morceaux sous tes pieds?

— Oui.

— Maurice, tu reçois donc des lettres auxquelles tu ne réponds pas?

— Oui, Manette, souvent.

— Ah!... je croyais que la politesse exigeait toujours qu'on répondît à une lettre.

— Non, Manette, pas toujours.

— Tu sais, Maurice, c'est une idée à moi ; je peux bien avoir tort.

— Voulez-vous que je vous en lise quelques-unes? Vous jugerez vous-même.

— Tu peux lire, Maurice, j'écoute.

Le jeune homme ouvrit une lettre et lut :

« Madame Ducastel serait heureuse si monsieur Maurice Vermont voulait bien lui faire l'honneur de venir dîner chez elle lundi prochain, à six heures. »

— C'est une invitation très aimable, dit Manette.

— Oui, répondit Maurice ; seulement, je ne connais pas cette madame Ducastel, je n'ai même jamais entendu parler d'elle.

— Et elle t'invite à dîner?

— Vous venez d'entendre. Dois-je répondre à cette lettre?

— Déchire, Maurice, déchire, dit Manette.

Les morceaux tombèrent sur le parquet.

Maurice lut :

« Madame la baronne de Giroven a l'honneur d'informer monsieur Maurice Vermont qu'elle reçoit tous les mercredis, et elle espère le voir à sa prochaine soirée. On fait de la musique, on danse et on joue. »

— Eh bien, dit le jeune homme, je ne connais pas plus cette baronne de Giroven que je ne connais madame Ducastel, et je crois qu'elle serait bien embarrassée si elle avait à donner quelques renseignements sur ses ancêtres.

— Je comprends, dit Manette ; déchire, Maurice.

Et la lettre de la baronne alla rejoindre les précédentes :

« Monsieur,

« J'ai entendu dire de vous un si grand bien, et on m'a fait de M. Maurice Vermont un portrait si séduisant, que je désire vivement vous connaître. Je vous attendrai demain à partir de deux heures. Je serai seule. Demandez madame de Sainte-Claire, rue de l'Arcade, 32. »

— Déchire, déchire! s'écria Manette.
C'était déjà fait.

« Monsieur,

« Je débute ce soir au théâtre des Folies; j'ai un joli rôle, et il y a des moments où je suis réellement très bien. Ce serait un grand plaisir pour moi de savoir que vous assistez à la représentation, et que vous voulez bien apprécier mon talent. Je sais que vous avez beaucoup d'influence dans le monde artistique et j'ai besoin d'être encouragée.

« FLEURETTE. »

— Voilà ce que c'est que d'être millionnaire, fit Maurice en souriant. Je déchire, n'est-ce pas?
— Et tout à l'heure au feu pour qu'il n'en reste rien.
— Chaque jour à Paris, reprit Maurice, chaque jour, on distribue des lettres semblables, adressées à des hommes qui ont de la fortune ou une grande réputation par des dames Ducastel, des baronnes d'occasion et des Fleurettes plus ou moins protégées. C'est une des attractions de l'or ou de la célébrité.
— C'est triste! dit Manette.
— C'est égal, fit Maurice en déchirant la lettre de l'actrice, pour une débutante, mademoiselle Fleurette n'est pas précisément une novice. En voici une autre; cette fois, c'est un homme qui écrit. Il lut :

« Monsieur,

« Vous êtes très riche et vous savez, ce qui est rare, faire un noble emploi de votre fortune. Je sais qu'on ne fait jamais en vain appel à votre cœur quand il s'agit d'une bonne œuvre... »

— C'est très bien, cela, dit Manette.
— Attendez, dit Maurice.
Il continua :

« En encourageant et en venant en aide à un pauvre inventeur qui a fait une découverte merveilleuse, unique, vous ne feriez pas seulement une bonne œuvre ordinaire, monsieur, vous rendriez à la France un immense service et votre nom serait placé le premier parmi ceux des plus grands bienfaiteurs de l'humanité.
« Monsieur, j'ai trouvé le moyen, vainement cherché jusqu'à ce jour, de diriger les ballons à travers les airs. Comme tout ce qui est du génie de l'homme, mon système est des plus simples : il consiste à atteler plusieurs aigles appri-

voisés à la nacelle du navire aérien. Du reste, je vous soumettrai tous mes plans et vous expliquerai les combinaisons mécaniques de l'attelage de mes oiseaux. C'est une révolution dans les airs, monsieur.

« Je viens vous demander, avec la certitude que vous ne laisserez pas échapper cette occasion de vous couvrir de gloire, cinquante mille francs qu'il me faut pour fabriquer mon aérostat, me procurer des aigles et faire mes premières expériences.

« Votre reconnaissant et bien dévoué,

« LUCIDON, inventeur célèbre. »

— Je n'ai rien à dire de cette lettre, Maurice, ces questions-là sont au-dessus de mon intelligence. Je trouve seulement que cette personne dispose un peu légèrement de la fortune d'autrui. On ne demande pas comme cela cinquante mille francs.

— Oh! il aurait pu dire aussi bien cent mille ou deux cent mille francs.

— Est-ce que tu vas lui donner ce qu'il te demande?

Maurice se mit à rire et déchira la lettre.

— Pourquoi la déchires-tu? demanda Manette.

— Parce que je ne veux pas y répondre. M. Lucidon, inventeur célèbre, qui l'a écrite, est un pauvre fou. Nous n'avons pas fini, voulez-vous que je continue?

— Non, répondit Manette, je suis suffisamment édifiée comme cela. Et c'est tous les jours ainsi?

— Non, heureusement.

Il remuait les lettres, regardant l'écriture de chaque suscription.

— Ah! s'écria-t-il joyeusement, je vais encore vous lire celle-ci, et je suis sûr d'avance qu'elle vous fera plaisir.

— De qui est-elle?

— De Georges.

— De ton ami, de ton frère... Oh! tu as raison, Maurice, je vais être bien heureuse d'avoir de ses nouvelles.

Voici ce que Georges écrivait :

« Mon cher Maurice,

« J'ai demandé et je viens d'obtenir un congé d'un mois. J'arriverai demain à Paris. Je resterai avec toi quinze jours, si tu veux bien me garder aussi long temps, et j'irai passer les quinze autres jours à ta jolie ferme des Ambrettes dans la famille de notre bon ami Thomas. Il y a plus de trois mois que je n'ai reçu aucune nouvelle de là-bas. Si tu sais comment va notre bonne mama Manette, tu me le diras demain.

« A toi de cœur.

« GEORGES. »

Elle se plaça devant une glace dans laquelle elle se vit de la tête aux pieds. (Page 413.)

— Le cher ami, dit Manette très émue, comme je vais être heureuse de le voir et de l'embrasser. C'est que je ne l'ai pas vu depuis la guerre, depuis qu'il est capitaine, depuis qu'il a gagné la croix d'honneur sur un champ de bataille! Il est bon comme toi, Maurice; tu l'aimes bien, n'est-ce pas?

— Ne venez-vous pas de dire qu'il était mon frère?

— Oui, Maurice, ton frère, puisque vous êtes deux de mes enfants. Ah!

aimez-vous bien toujours; ce sera le bonheur de Manette ; Maurice, je resterai quinze jours près de toi, et je m'en retournerai avec Georges.

— Nous reparlerons de cela, répondit Maurice en souriant, mon intention est de vous garder tous les deux plus longtemps.

— Nous verrons ce que dira Georges. En attendant, tu vas achever de lire tes lettres.

— Je suis comme vous, Manette, fit le jeune homme, j'en ai assez pour l'instant. Il en reste une douzaine, je les lirai tantôt.

— Là-dessus, Maurice, je n'ai pas de conseils à te donner.

— Manette, ne vous êtes-vous pas demandé pourquoi ma dernière lettre vous priait si instamment de venir passer quelques jours à Paris ?

— J'ai pensé, mon ami, qu'il te serait agréable de me voir, de me montrer ensuite ton hôtel, où tu es superbe, et de recevoir mon approbation pour tout ce que tu as fait.

— Vous ne vous êtes pas trompée, Manette ; mais j'avais encore une autre raison.

— Laquelle?

— Le désir, le besoin, si vous le voulez, de causer avec vous. Il y a beaucoup de choses qu'on ne peut pas dire dans une lettre...

— Eh bien, Maurice, nous pouvons causer. Qu'as-tu à me dire?

— Manette, je désire me marier.

— Mon enfant, la vieille femme à qui tu demandes son avis t'approuve absolument. Tu ne pouvais rien me dire qui me fît autant de plaisir. Oui, il faut te marier. Il faut ici une femme pour t'aimer d'abord, puis pour gouverner ta maison. Si brillante que soit la position d'un jeune homme seul, je ne la comprends pas. Maurice, tu es trop riche et tu reçois trop de lettres... comment dirai-je?... singulières, pour ne pas associer, le plus tôt possible, ta vie à celle d'une belle jeune femme, qui, par son cœur, son caractère et sa vertu, sera digne de toi. Je ne parle pas de la fortune, tu en as assez pour avoir le droit de prendre, n'importe dans quel monde, la femme de ton choix. Mais ce qu'il faut surtout qu'on t'apporte en dot, Maurice, c'est un passé sans reproche, c'est la sagesse. As-tu déjà jeté les yeux sur une jeune fille ?

— Ce n'est pas une jeune fille, Manette, bien qu'elle n'ait que vingt ou vingt-deux ans, — je ne lui ai pas demandé son âge, — elle est veuve.

— Pour toi, Maurice, j'aurais préféré une jeune fille.

— Pourquoi?

— Parce qu'une jeune fille, devenant une jeune femme, se corrige facilement, pour plaire à son mari, de certains défauts qu'elle peut avoir, tandis que la veuve qui en a les garde.

— Il peut se faire qu'elle n'en ait pas.

— Enfant, fit Manette en hochant la tête, toutes les femmes en ont.

VI

MÉTAMORPHOSE

Ils restèrent un moment silencieux.

— A quel monde appartient-elle, cette jeune veuve ? demanda Manette.

— Au meilleur monde, répondit-il.

— Selon moi, c'est une garantie. Elle est de Paris ?

— Non, mais elle y demeure tout près d'ici.

— Ce qui te permet de la voir souvent, fit Manette en souriant. De quel pays est-elle ?

— Elle est née en Pologne, et son mari était un grand seigneur russe.

— Alors elle n'est pas Française ?

— Parce qu'elle est née en Pologne ; son père et sa mère, qu'elle a perdus lorsqu'elle était jeune encore, étaient Français tous les deux. Elle porte aujourd'hui un des plus grands noms de Russie.

— Tu peux me dire son nom, Maurice ?

— Princesse Olga Ramidoff.

— Ah ! fit Manette, c'est une princesse !

— Vous paraissez étonnée.

— Je l'avoue, Maurice, mais ce n'est pas, crois-le bien, parce que je trouve que tu as jeté les yeux trop haut. Avec ta fortune, mon ami, et tes mérites personnels, qui sont plus encore que ta fortune, tu as le droit de prétendre à une illustre alliance. Je n'ai jamais vécu ni avec des princes, ni avec des princesses ; mais si ce sont des hommes et des femmes comme les autres, je leur accorde volontiers le prestige qu'ils doivent à leur naissance, lequel est tout entier dans les services rendus par les ancêtres. Je n'ai qu'à t'applaudir, Maurice, d'avoir fixé ton choix sur une princesse. J'aurais préféré qu'elle fût Française ; mais comme tu viens de me le dire, elle l'est presque, puisque ses parents sont nés en France. Est-elle riche ?

— Plus d'un million de fortune.

— Je pouvais me dispenser de t'adresser cette question. Il va sans dire que tu l'aimes ?

— Oh ! oui, je l'aime, ou plutôt je l'adore ! répondit Maurice avec feu.

— Il faut qu'il en soit ainsi. Naturellement, elle t'aime aussi ?

— Elle a bien voulu me dire que son cœur répondait aux battements du mien.

— Elle est restée veuve sans enfant?
— Oui.
— Elle est belle?
— Oh! merveilleusement belle !
— Ton enthousiasme me plaît, répondit Manette avec un affectueux sourire; je sens qu'on doit être ainsi quand on aime. Elle est intelligente, instruite, distinguée ?
— Parfaite sous tous les rapports.
— Ce qui veut dire qu'avec la grâce et la beauté elle a la bonté, tous les nobles sentiments.
— Oui, Manette, oui.
— Alors, mon enfant, je me réjouis avec toi du bonheur qui t'attend.
— Ainsi, vous m'approuvez ?
— Comment ne t'approuverais-je pas? Tu as découvert la femme que je rêvais pour toi. Y a-t-il longtemps que tu la connais?
— Environ six semaines.
— Ce n'est pas beaucoup. Il est vrai que quand on est jeune l'amour entre vite au cœur.
« Est-ce la première femme que tu aimes Maurice ?
Il eut un moment d'hésitation, mais il répondit :
— Oui, la première.

La question de Manette venait de rappeler brusquement Georgette à son souvenir. Un peu de rouge monta à son front, et, à travers un nuage qui tomba sur ses yeux, il vit passer la jeune fille, toujours belle, mais pâle, triste, le front baissé et toute en larmes.

Manette n'avait rien remarqué. Elle reprit :
— Comment l'as-tu rencontrée, cette belle princesse?
— C'est tout simplement le hasard, un hasard merveilleux qui me l'a fait connaître.
— Oui, fit Manette, dont la pensée embrassa tout son passé, le hasard, qui est souvent une manifestation de la Providence, joue un rôle très important dans la vie. Veux-tu me dire, Maurice, comment il t'a conduit vers la princesse !
— C'est toute une aventure.
— Voyons.

Alors Maurice lui raconta l'escapade du singe Miko et sa première visite à la charmante Olga, laquelle, depuis six semaines, avait été suivie de beaucoup d'autres.

— En effet, Maurice, dit Manette, quand il eut terminé son récit, c'est une véritable et très intéressante aventure. Je suis un peu fataliste, mon ami, — dans l'Inde le fatalisme est une doctrine, — eh bien, je suis convaincue que tout cela a été dirigé par une volonté supérieure. Tu vas à ta destinée, Maurice ; ma comme toi je suis pleine de confiance ; tout est souriant, c'est un avenir heureux qui s'ouvre devant toi.

— Si j'avais pu concevoir un doute au sujet de mon bonheur, vos sages paroles, Manette, auraient déjà dissipé toutes mes craintes.

— Tu aimes et tu es aimé, Maurice; c'est là le bonheur suprême auquel aspirent tous les êtres humains. Garde la paix dans ton esprit et dans ton cœur. Dans combien de temps aura lieu ton mariage?

— Dans un mois, je pense.

— C'est bien. Dans un mois, Maurice, j'ouvrirai pour la dernière fois la cassette du docteur Grandier. Il y reste un superbe collier de perles, deux saphirs et deux rubis d'une grosseur inconnue, et plusieurs magnifiques diamants; le tout vaut bien cinq cent mille francs. Ce cadeau de noces sera digne de la princesse. Seulement, Maurice, ne parle point de cela à ta fiancée : c'est une surprise que je désire lui faire le jour de votre mariage. Ne lui parle même pas de la pauvre rebouteuse, c'est inutile. Plus tard, quand elle sera ta femme, je lui apprendrai moi-même le secret de ma vie.

— Manette, je garderai le silence.

— As-tu encore quelque chose à me dire?

— Plus rien, Manette, sinon que je suis heureux de vous avoir fait lire dans mon cœur.

— Demain, tu seras plus heureux encore, dit-elle gaiement, car tu auras un confident de plus.

Elle ajouta, en se levant :

— Je vais faire le tour de ton jardin, Maurice.

A trois heures le jeune homme se rendit chez la princesse. Depuis qu'elle lui avait dit : « Je vous aime et je consens à devenir votre femme, » il venait la voir tous les jours. Il se trouvait si bien près d'elle, dans ce petit boudoir rose, élégant et parfumé, dont il ne sortait jamais qu'à regret. Chaque jour leur conversation était à peu près la même ; mais les amoureux trouvent un charme infini à répéter les mêmes choses.

Quand Maurice entra dans le boudoir, la princesse, qui l'attendait, se leva et vint à lui. Leurs mains s'unirent et il restèrent un moment silencieux et immobiles, croisant leurs regards pleins d'amour.

— Olga, dit Maurice d'une voix caressante, vos beaux yeux sont fatigués et humides comme si vous aviez pleuré.

— C'est vrai, répondit-elle, j'ai pleuré ; depuis quelque temps cela m'arrive souvent.

— Olga, pourquoi ces larmes ? Dites-moi ce qui vous fait pleurer,

— Des pensées qui me viennent, Maurice, des réflexions que je fais...

— Alors vous avez des craintes; quelles sont-elles ?

« Je vous en prie, ma bien-aimée, faites-les moi connaître afin que je puisse les dissiper.

— Ce ne sont pas des craintes, mon ami, répliqua-t-elle vivement, non, non, ce ne sont pas des craintes, et vous ne pouvez rien contre la tristesse qui s'empare de moi lorsque je me trouve seule, livrée à mes pensées. Je me tourne malgré moi vers le passé, et je me souviens de mon père, de ma mère, qui ne sont plus ; je pense aussi à une sœur...

— Quoi, Olga, vous avez une sœur ! s'écria Maurice.

— Je ne l'ai plus.

— Ah ! fit-il tristement, morte aussi !

— Oui, mais ne parlons plus de cela, Maurice.

— J'ai aussi mes souvenirs, Olga, et je sais tout le respect que l'on doit à cette religion du cœur.

— Maurice, reprit-elle en lui serrant les mains fiévreusement, vous m'aimez bien, n'est-ce pas ?

— Si je vous aime ! Ah ! vous ne sauriez en douter !

— C'est vrai, Maurice, vous m'aimez et vous m'aimerez joujours. Ah ! vous ne savez pas combien votre amour m'est précieux, vous ne pouvez pas savoir le bonheur qu'il me donne ! Si je le perdais, Maurice, je ne pourrais plus vivre !

— Quand deux cœurs se sont donnés comme les nôtres, Olga, aucune puissance au monde ne saurait les désunir. Si vous croyez me devoir quelque chose, chère adorée, je vous dois bien plus, moi, car je ne me fais pas illusion, je sais combien est grand le sacrifice que mon amour vous impose.

— Que voulez-vous dire ?

— Mais je vous le jure, continua-t-il, mon cœur reconnaissant saura vous en tenir compte.

— Maurice, je ne comprends pas.

— Oui, parce que vous avez toutes les délicatesses. Mais pour vous donner tout le dévouement et tout l'amour que vous méritez, je n'oublierai jamais qu'en devenant madame Maurice Vermont, une bourgeoise parisienne, vous aurez cessé d'être princesse.

— Princesse ? Ah ! plût au ciel que je ne l'eusse jamais été ! s'écria-t-elle avec un accent singulier,

Maurice attacha sur elle ses yeux étonnés.

— Au lieu de donner votre nom à une veuve, reprit-elle en le regardant avec tendresse, c'est une jeune fille que vous épouseriez.

— Ah ! chère Olga, ma belle aimée ! murmura le jeune homme enivré.

Ils s'étaient assis sur la causeuse.

D'un bras, il entoura sa taille de sylphide et il la serra contre lui. Il sentit sa main frémissante. Elle laissa tomber doucement sa tête sur l'épaule de Maurice, puis ses grands yeux pleins de langueur fixés sur ceux du jeune homme, elle lui dit d'une voix douce et suave comme un gazouillement d'oiseau :

— Maurice, vous venez de parler de reconnaissance, eh bien, je vais vous dire celle que je vous dois. Écoutez-moi : Le prince Ramidoff était un homme de grand cœur et d'une bonté exceptionnelle, mais il était beaucoup plus âgé que moi. Je n'ai jamais eu qu'à me louer de ses bons procédés à mon égard. Il m'adorait, moi je ne l'aimais pas. Pourquoi l'ai-je épousé? Je n'en sais rien. J'étais orpheline, je n'avais qu'une fortune médiocre, peut-être ai-je été séduite par l'immense fortune du prince, et aussi par ce titre de princesse que j'allais porter. J'avais un grand orgueil et souvent, malheureusement j'ai écouté les conseils d'une sotte vanité. Pendant des années, Maurice, j'ai eu la fièvre d'une ambition insatiable et désordonnée. Je vivais seulement par l'esprit et l'imagination, et je ne saurais vous dire jusqu'où sont allées mes folles pensées. Ce cœur, que je sens battre maintenant dans ma poitrine, insensible et froid, restait fermé à toute émotion. Rien ne pouvait le faire tressaillir.

« En épousant le prince Ramidoff, je pus jouir d'une grande fortune, on me salua du titre de princesse et j'eus tous les honneurs rêvés... Ah! comme je vois bien aujourd'hui ce que valent les grandeurs humaines! La richesse, un titre, le luxe, les honneurs, l'éclat, tout cela est bien peu de chose, oui, bien peu de chose. Maurice, tout cela ne vaut pas un regard qu'on donne à l'homme aimé, un soupir qui sort de l'âme. »

Le jeune homme l'écoutait avec une émotion extraordinaire. Suspendu à ses lèvres, il semblait boire ses paroles.

— Aujourd'hui, Maurice, reprit-elle, je voudrais être pauvre et l'avoir toujours été; oui, je voudrais que nous fussions pauvres tous les deux; comme cela nous serions moins en vue, personne ne nous connaîtrait, nous serions plus libres, plus à nous, et dans un petit endroit, n'importe où, nous cacherions notre bonheur à tous les yeux jaloux... Il me semble que le dévouement est plus facile et qu'on doit mieux s'aimer quand on est pauvre.

— Chère Olga, répondit Maurice en souriant, la fortune n'empêche pas le dévouement et elle ne peut avoir aucune influence sur le véritable amour.

— Vous avez raison, mon ami, et la preuve c'est que je ne pense jamais que vous êtes riche. Si vous n'aviez rien, je serais trop heureuse de pouvoir vous dire : Maurice, tout ce que je possède est à vous!

— Et moi, répliqua-t-il, en l'enveloppant de son regard ardent et passionné c'est avec bonheur, c'est avec orgueil que je mets ma fortune à vos pieds.

Ils restèrent un moment silencieux, se regardant, s'admirant avec une indicible ivresse.

— Ah! Maurice, s'écria-t-elle avec exaltation, on payerait de sa vie le ravissement que vous me faites éprouver!

— Olga, vous m'aimez donc autant que je vous aime?

— Autant, Maurice, oui, autant, plus peut-être. Ah! tiens, s'écria-t-elle, avec transport, en lui jetant les bras au cou, je ne sais pas comme je t'aime!

Au bout d'un instant, plus calme, elle reprit :

— Maurice, depuis ce jour heureux où vous êtes entré la première fois dans ce salon, que de choses nouvelles me sont apparues dans un horizon resplendissant de lumière! Je n'avais jamais aimé, et je ne croyais pas que je pusse connaître la douce ivresse, les ravissements délicieux, les joies inouïes que donne un amour partagé... Votre voix a fait tressaillir mon cœur et je l'ai senti battre; sous votre regard le marbre s'est animé, et, comme un rayon lumineux descendu du ciel, l'amour a fait passer en moi sa flamme ardente.

« Vous êtes mon premier amour, Maurice : vous m'avez fait voir la vie sous son véritable aspect, avec ses espérances et ses satisfactions réelles ; vous m'avez fait comprendre ce que la femme doit être, vous avez ouvert mes yeux, éclairé ma raison, attendri mon cœur et élevé mon âme, vous m'avez appris tout ce que j'ignorais!...

« Je ne suis plus la femme que j'étais, Maurice, vous m'avez transformée et c'est pour cela que je vous dois tout l'amour, toutes les tendresses que vous vez fait naître en moi, que je vous dois une éternelle reconnaissance!

— Olga, s'écria Maurice, vous n'êtes pas seulement la plus belle, vous êtes la plus parfaite des femmes! Vous êtes un ange et je vous aime!

Et il l'étreignit fortement contre son cœur brûlant d'amour.

Tout ce que venait de dire la princesse Ramidoff était sincère. Elle aimait Maurice, la glace de son cœur s'était fondue ; l'amour avait dévoré son ambition, terrassé son orgueil et fait vibrer dans son cœur les cordes paralysées de tous les sentiments nobles et élevés ; l'amour l'avait métamorphosée.

VII

EN FUMANT UN CIGARE

Comme sa lettre l'avait annoncé, Georges Raynal arriva vers dix heures à l'hôtel Vermont. Avec quelle joie il fut reçu, on le devine. Et comme Georges ne s'attendait pas à trouver Manette chez Maurice, sa joie à lui fût augmentée d'une heureuse surprise.

Maurice conduisit lui-même Georges dans la chambre qui avait été préparée pour lui dès la veille.

Manette et les jeunes gens se retrouvèrent tous les trois à l'heure du déjeuner, que la gaieté expansive de Georges rendit charmant.

Pendant une demi-heure le cheval de Maurice suivit la calèche de la princesse. (Page 418.)

— Tu vois, Maurice, dit Manette, probablement avec intention, qu'il est bien plus agréable d'être plusieurs autour d'une table; nous sommes joyeux tous les trois.

— Aussi, Manette, répondit Maurice, Georges n'est pas un convive ordinaire.

— C'est vrai, et je ne l'ai jamais entendu causer comme aujourd'hui.

— Le bonheur de vous revoir tous les deux, dit Georges, j'ai le cœur plein de joie. Et puis les vins délicieux qu'on nous sert poussent doucement à la gaieté. Ta table est exquise, Maurice ; nous n'avons pas à notre pension d'officiers ces mets succulents ; je te fais compliment de ton cuisinier.

Manette se leva de table la première.

— Mes enfants, dit-elle en envoyant à Maurice un regard mystérieux, vous devez avoir beaucoup de choses à vous dire, et comme je ne veux pas que ma présence vous gêne, je vous laisse.

— Mais non, Manette, répondit vivement le capitaine, restez avec nous, nous n'avons rien à nous confier, je pense, qui ne puisse être dit devant vous.

— Mon cher Georges, répliqua Manette, il y a bien des choses dans une conversation entre jeunes gens qu'une vieille femme comme moi n'a pas besoin d'entendre. A bientôt.

Et elle sortit de la salle à manger.

— Je comprends, fit le capitaine, interrogeant le regard de Maurice, tu as une confidence à me faire?

— Oui.

— Que tu as déjà faite à Manette?

— Oui.

— Il s'agit évidemment d'une chose agréable?

— Tu en jugeras, répondit Maurice souriant.

— Eh bien, mon cher Maurice, je suis prêt à t'écouter.

— Allumons d'abord chacun un cigare, dit Maurice en se levant ; ensuite, si tu le veux bien, nous descendrons au jardin, et nous causerons en nous promenant à l'ombre de mes grands arbres.

— J'accepte ta proposition avec d'autant plus d'empressement que ma tête se trouvera bien d'être au grand air ; ces diables de vins m'ont un peu étourdi.

Maurice présenta à son ami une boîte d'excellents cigares de la Havane.

Les cigares allumés, le capitaine passa son bras sous celui de Maurice, et ils descendirent dans le jardin.

— Mon cher Maurice, dit Georges en arrivant au bout de l'allée principale du jardin, que le parfum des jasmins et des roses embaumait, je suis complètement émerveillé ; tout ce que j'ai vu déjà, tout ce que je vois est superbe. Ton hôtel est digne de ta fortune. Je m'attendais bien à admirer, mais tes lettres ne m'avaient point annoncé de telles magnificences ! Au milieu de tout cela, Maurice, il ne manque qu'une seule chose.

— Laquelle?

— Une autre fleur que ces roses, un autre sourire du printemps que ce beau rayon de soleil qui passe à travers les branches : une belle jeune femme qui t'aime !

— J'étais sûr que tu allais me dire cela ; du reste, tu n'es pas le premier qui fais cette remarque.

Et il se mit à rire.

— Eh bien, mon cher Georges, reprit-il, je songe en ce moment même à mettre ici cette autre fleur, cet autre sourire du printemps que tu voudrais y voir.

— Bien vrai ?

— J'espère que dans un mois ce sera fait.

— Bravo ! s'écria le capitaine.

Il saisit une des mains de Maurice et la serra affectueusement dans les siennes.

— Ainsi, reprit-il, c'est de ton prochain mariage que tu voulais me parler ?

— Oui. Je n'ai pas besoin de te dire, Georges, que je compte absolument sur toi pour ce jour-là.

— Comme toujours, Maurice, mon amitié ne te fera pas défaut. Si c'est nécessaire, comme je le crois, j'obtiendrai facilement une prolongation de congé.

— Donc, c'est entendu, tu vas rester ici jusqu'à mon mariage ?

— Rien ne m'empêche d'aller aux Ambrettes et de revenir à Paris pour le grand jour.

— Non, je tiens à t'avoir près de moi, ainsi que Manette. Thomas et sa femme viendront ; tout de suite après la cérémonie ou le lendemain, nous partirons tous ensemble pour Salerne.

— Je suis complètement à toi, dit Georges, et je ne veux rien te refuser.

— A la bonne heure ! Du reste, Georges, tu es mon frère.

— Oui, répondit le capitaine avec émotion, ton ami dévoué, ton frère.

Une fois encore, ils se serrèrent la main.

— Maintenant, dit Georges, parle-moi d'elle.

Maurice lui raconta comment il avait connu la princesse Ramidoff ; il lui parla avec enthousiasme de l'amour subit qu'elle lui avait inspiré, et de son ravissement lorsque la belle Olga lui avait avoué, en rougissant, les yeux voilés de larmes et la poitrine haletante, qu'elle partageait l'ivresse de son amour.

— Allons, dit Georges joyeusement, voilà une union qui se présente sous les meilleurs auspices. Ton bonheur est assuré, Maurice, et je me réjouis avec toi.

— Olga n'avait jamais aimé, reprit Maurice. « C'est vous, me disait-elle hier, qui m'avez fait connaître l'amour, ce sentiment exquis qui pénètre le cœur, l'innonde de joies inconnues et met dans l'âme des ravissements indicibles. » Le prince était beaucoup plus âgé qu'elle, mais il possédait une immense fortune. Il la demanda en mariage; elle n'avait qu'une modeste aisance, elle accepta. Comme beaucoup de jeunes filles sans expérience et qui ne savent rien de la vie, elle fut éblouie par l'étalage du luxe, des grandeurs et des pompes que le grand seigneur russe fit miroiter devant ses yeux. Elle ne se plaint pas de lui, au contraire; il l'a rendue très heureuse; il est vrai qu'il l'adorait, qu'il en était fou... Je comprends cela, car, moi-même, parfois, je me demande si ce que j'éprouve ne ressemble pas un peu à de la folie.

— Mon cher Maurice dit Georges gravement, j'ai aimé une fois dans ma vie, il est probable que je n'aimerai plus jamais.

— Oh! fit Maurice gaiement, nous verrons cela.

— Tu crois donc qu'on peut aimer deux fois, Maurice?

Le jeune homme tressaillit.

— Oui, répondit-il, j'en suis sûr.

Georges ne remarqua point que sa voix avait légèrement tremblé.

— Je te disais donc que j'ai aimé une fois, reprit le capitaine; j'étais jeune, je n'avais pas vingt ans... Eh bien, Maurice, ne sois pas étonné de ce que tu éprouves, j'étais absolument ainsi. Vois-tu, je ne comprends pas l'amour s'il ne communique point à l'esprit une sorte de délire. Eh! mon cher Maurice, quand il en est autrement, ce n'est pas l'amour!

— Georges, tu as raison et tu me rassures.

— Aime donc, Maurice, s'écria le capitaine avec un peu d'exaltation, et puisque tu as le bonheur d'être aimé, sois fou d'amour!

Après ces paroles, ils firent une vingtaine de pas en gardant le silence.

— Y a-t-il longtemps que tu n'as vu notre ami Jacques Sarrue? demanda tout à coup l'officier.

Maurice éprouva une sensation douloureuse.

— Très longtemps, répondit-il.

— Est-ce qu'il ne vient pas te voir?

— Il n'est jamais venu ici.

— Quoi! fit Georges avec surprise, Sarrue n'a pas répondu à tes invitations?

— Je n'ai pas invité Jacques Sarrue à venir me voir.

Georges s'arrêta brusquement et son regard étonné se fixa sur le visage de Maurice.

— Ah! ça, dit-il, est-ce que tu as eu à te plaindre de Jacques Sarrue?

— Nullement, répondit Maurice.

— Oh! une idée monstrueuse me passe dans la tête, mais je la repousse avec horreur.

Ce fut le tour de Maurice d'être étonné.

— Que veux-tu dire? demanda-t-il.

— Non, c'est absurde, cela ne saurait être.

— Georges, explique-toi.

— C'est impossible, n'est-ce pas?

— Quoi? qu'est-ce qui est impossible?

— Que la fortune ait changé à ce point le cœur de Maurice Vermont, qu'il soit capable de dédaigner, de repousser un ami pauvre.

— Oh! tu n'as pas cette pensée! s'écria Maurice.

— Elle m'est venue, répliqua Georges : mais je me suis dit en même temps que c'était absurde, impossible... Pourtant, Maurice, j'ai le droit d'être surpris ; entre Jacques Sarrue et nous il y a eu un serment : tu ne peux l'avoir oublié.

— Je n'oublie jamais rien, Georges.

— Je le crois ; mais ce serment est un lien qui nous lie tous les trois. Être fidèle à l'amitié, comme on l'est à son Dieu, à sa patrie, à sa femme, à ses devoirs, est également une question d'honneur. Maurice, je te le demande encore, Jacques Sarrue a-t-il démérité? Jacques Sarrue n'est-il plus digne de ton amitié et de la mienne?

— Je t'ai déjà répondu que je n'avais rien à reprocher à Jacques Sarrue.

— Alors, pourquoi ne le revois-tu pas? pourquoi ne vient-il pas ici?

— Lorsque je suis revenu à Paris l'année dernière, j'ai voulu le voir ; je suis allé à Montmartre ; il ne demeure plus rue Berthe. Son ancien concierge me donna sa nouvelle adresse, j'y allai ; une seconde fois il avait déménagé, et on ne put me dire ce qu'il était devenu.

— Et tu n'as pas fait d'autres démarches pour le retrouver?

— J'avoue que je m'en suis tenu là, répondit Maurice avec un certain embarras.

— De sorte que tu ignores si Sarrue est plus heureux qu'autrefois?

— Je ne sais rien, dit Maurice visiblement troublé.

— Maurice me cache quelque chose, pensa Georges. Que peut-il s'être passé entre lui et Sarrue?

« C'est égal, reprit-il tout haut, un homme comme Sarrue, un poète, même aussi peu connu qu'il l'est, n'est pas difficile à trouver dans Paris ; il est impossible qu'on ne sache pas où il demeure, à la rédaction des journaux où il a écrit, où probablement il écrit encore, et je suis surpris, Maurice, que tu n'aies pas songé à cela.

— J'ai été très occupé, répondit Maurice, cherchant à s'excuser ; mon installation m'a pris tout mon temps.

— Je comprends, fit Georges avec un fin sourire, et puis l'amour est venu, et ton temps et toi-même avez été pris tout entiers par la princesse Olga.

— Mon cher Georges, tu ne connais pas Paris, tu ne peux pas savoir comme la vie y est active, comme un jour y est vite passé. On est heureux quand on peut faire le quart des choses projetées la veille.

— Cela me prouve que tu n'as pas eu encore à ton service une minute pour t'ennuyer, répliqua le capitaine en riant.

— Tu peux le croire, dit Maurice sur le même ton.

Il firent une dernière fois le tour du jardin, en parlant de diverses choses, et ils rentrèrent dans la maison, où Manette les attendait dans le petit salon.

A son tour, elle désirait se trouver seule avec Georges, pour causer avec lui.

Maurice le comprit et les laissa ensemble.

Georges savait bien des choses que Maurice ignorait et Manette, par exemple, ne voulait point parler à Georges devant Maurice des deux filles de Gervaise.

VIII

LES VIEUX AMIS DE JACQUES SARRUE

Comme le concierge de la rue Saint-André-des-Arts l'avait raconté à Maurice Vermont, Jacques Sarrue ne pouvant plus payer son loyer, le principal locataire de la maison s'était vu forcé de le congédier.

Sans travail et à bout de ressources, sentant la nécessité absolue de limiter ses dépenses, en commençant par celle du loyer, le poète était décidé, d'ailleurs, à donner son congé. Certes, ce n'était pas de gaieté de cœur qu'il quittait un logement confortable, où Georgette se plaisait ; mais il le fallait. Avant tout, il devait trouver le moyen de faire vivre la jeune fille et son enfant.

— Je suis désolé de ce qui nous arrive, dit-il à Georgette ; vous devez vous dire que je ne tiens guère la promesse que je vous ai faite.

Elle eut un regard triste, mais plein de reconnaissance.

— Vous avez fait plus que vous ne pouviez, Jacques, répondit-elle; ah! je n'oublierai jamais toute l'affection que vous me donnez et votre admirable dévouement. Vous m'avez permis de compter sur vous, je suis sans inquiétude. Faites, Jacques, je ne dis pas comme vous voudrez, comme vous pourrez.

— Je n'avais pas prévu tous ces terribles événements qui ont frappé la France au cœur, reprit-il avec amertume; je ne pouvais pas lutter contre eux; d'ailleurs ils n'ont épargné personne, et, plus ou moins, tout le monde a souffert et souffre encore. Mais les affaires reprennent, on rouvre les ateliers, je retrouverai bientôt du travail. En attendant, Georgette, il faut nous soumettre, ce sont des mauvais jours à passer.

— De mon côté, Jacques, je chercherai du travail, le peu que je gagnerai nous viendra en aide.

— Ne parlons pas de cela maintenant, Georgette; nous verrons plus tard, si je ne peux pas seul suffire à vos besoins.

— Mais vous avez des dettes, Jacques.

— Oui, mais avec le temps je les payerai. Un homme de cœur doit toujours remplir ses engagements; ceux qui m'ont prêté de l'argent savent parfaitement que je ne puis le leur rendre maintenant; ils attendront. Jusque-là, Georgette, nous nous gênerons et nous ferons comme nous pourrons.

Sarrue loua, rue Galande, au quatrième étage, une petite chambre assez convenable pour Georgette. N'ayant pu trouver dans la même maison ce qu'il voulait pour lui, il prit un cabinet, une mansarde sous le toit, dans une autre maison de la même rue.

Sans rien dire à Georgette, afin qu'elle ne fût pas sans argent, il vendit pour le prix qu'on lui en donna les meubles qu'il avait achetés pour compléter l'ameublement du logement de la rue Saint-André-des-Arts. La somme n'était pas grosse, mais il se dit avec une certaine satisfaction :

— Voilà pour deux mois l'existence de Georgette assurée.

Sarrue ne manqua pas d'aller donner son adresse à l'imprimerie où il était employé avant la guerre.

On lui répéta ce qu'on lui avait déjà dit plusieurs fois :

— Aussitôt que nous aurons du travail à vous donner, nous vous préviendrons; mais que cela ne vous empêche pas de passer de temps en temps à l'imprimerie.

Mais, si dans la plupart des imprimeries les presses commençaient à fonctionner, le travail était fort restreint et on rappelait, naturellement, les plus anciens employés. Si bon correcteur que fût Jacques Sarrue, on ne pouvait pas lui donner du travail tant que ses collègues, plus anciens que lui dans la maison, suffiraient à la besogne courante. Quant aux travaux extraordinaires, il ne fallait pas y penser encore.

En attendant, Sarrue voulut se remettre à donner des leçons. Il chercha des élèves et n'en trouva pas un seul.

Il ne voyait pas sans anxiété les jours et les semaines s'écouler rapidement.

Depuis longtemps, Georgette avait compris la situation, et elle s'était dit :

— Il faut que je travaille.

À l'insu de Sarrue, qui s'y serait peut-être opposé, elle chercha de l'ouvrage. Elle en trouva qui lui fut donné de deuxième ou de troisième main. C'était de la confection en grosse lingerie, ouvrage ingrat, toujours mal payé. En travaillant beaucoup, Georgette pouvait se trouver satisfaite quand elle avait gagné de quatre-vingts centimes à un franc par jour. Ce n'était pas même suffisant pour la nourriture et l'entretien de son enfant.

Quand Sarrue vit qu'elle travaillait, son cœur se serra douloureusement, mais il ne fit aucune observation. Que pouvait-il dire ?

Georgette parvint ainsi à reculer d'un mois la crise prévue.

Un jour, elle dit tristement à Sarrue :

— Jacques, il ne me reste plus rien de l'argent que vous m'avez remis, et pourtant j'ai été économe autant que je l'ai pu.

Le poète tressaillit, et il sentit que tout son sang refluait vers le cœur, mais se roidissant contre sa douleur :

— Georgette, répondit-il, en prenant un air souriant, j'ai enfin trouvé une leçon : deux heures tous les jours et trois francs le cachet !

Le malheureux, il avait le triste courage de mentir, mais ce mensonge était la conséquence d'une idée qui lui était venue subitement.

— Ainsi, continua-t-il, pour quelque temps nous voilà sauvés ! Demain je demanderai qu'on me fasse une avance, et, en attendant mieux, je vous apporterai une petite somme. Ma leçon commence demain, elle est de dix heures à midi. Mais je ne vous ai pas tout dit, Georgette : il est convenu qu'en plus du prix du cachet, je déjeunerai tous les jours avec mon élève. Vous le voyez, Georgette, il ne faut jamais désespérer.

— Je suis heureuse de cette bonne nouvelle, Jacques, répondit-elle ; ah ! vous n'aurez jamais tout le bonheur que vous méritez.

Le visage de Sarrue s'épanouit. Il était content de lui. Il venait de décider qu'il ne mangerait plus qu'une fois par jour, le soir, avec Georgette.

Il se montra gai comme il ne l'avait pas été depuis longtemps. Pendant plus

Demain tu seras plus heureux encore, dit-elle gaiement, car tu auras un confident de plus. (Page 429).

d'une heure il joua avec le petit Maurice, l'embrassant et le faisant sauter sur ses genoux.

L'enfant avait été baptisé un mois auparavant, et la volonté de la mère ayant prévalu, on lui avait définitivement donné le nom de Maurice.

En voyant Sarrue si joyeux, il ne vint point à la pensée de Georgette qu'il pouvait la tromper.

Le lendemain, vers neuf heures, le poète sortit de sa mansarde avec un paquet de livres sous son bras, et s'en alla chez un marchand de livres qu'il connaissait.

— Je suis gêné en ce moment, lui dit-il, voulez-vous m'acheter ces livres? Il y en a huit.

Le marchand regarda l'un après l'autre les huit volumes.

— Est-ce que vous avez beaucoup de ces vieilles éditions? demanda-t-il.

— J'ai plus de cent volumes, que j'ai achetés dans le temps, un peu partout, répondit le poète; j'ai, entre autres, quelques elzévirs introuvables aujourd'hui. Je me déciderai probablement à vendre le tout, et si vous êtes consciencieux je vous donnerai la préférence.

— Les affaires sont mauvaises en ce moment; vous savez sans doute aussi bien que moi la valeur de ces volumes; je voudrais les payer leur prix, mais je ne le peux pas.

— Je sais que je ne dois pas être trop exigeant. Combien me donnez-vous des huit volumes?

Le marchand regarda de nouveau les livres, et après avoir réfléchi un instant, il répondit :

— Cinquante francs, parce que c'est vous.

— Soit, dit Sarrue.

Sarrue était disposé à les laisser pour quarante francs.

— Si vous vous décidez à en vendre d'autres, j'espère que vous n'irez pas chez un de mes confrères, lui dit le marchand en lui comptant son argent.

— Je vous ai promis de vous donner la préférence, répondit Sarrue.

Il mit l'argent dans sa poche et sortit de chez le libraire en poussant un soupir de soulagement. Il ne se souvenait déjà plus que, le matin, en prenant les huit volumes sur la planche qui les portait, des larmes lui étaient venues aux yeux. Ce n'était pas seulement des livres, c'étaient huit de ses vieux amis qu'il venait de vendre. Lui, il serait mort de faim près d'eux. Mais il fallait donner du pain à Georgette et à son enfant!...

A partir de ce jour, Sarrue ne fit plus qu'un seul repas. C'était sa volonté. Il cessa de fumer et s'imposa beaucoup d'autres privations; mais Georgette et le petit Maurice eurent le nécessaire.

Maintenant qu'il connaissait le moyen de se procurer de l'argent, il n'attendait plus que Georgette lui en demandât. Il voyait lui-même ce qui restait dans la bourse, et quand le moment était venu, il faisait une nouvelle visite au marchand de livres.

C'était toujours le produit des leçons à trois francs le cachet.

L'hiver se passa ainsi.

Au mois de mars, l'enfant tomba malade et leur inspira de sérieuses inquiétudes. Cependant, après quinze jours de soins et de veilles, il revint à la santé. Mais il était encore bien pâle, bien maigre, bien faible. Ce n'était plus ce bel enfant rose et joufflu, tout souriant, qui avait supporté, sans en souffrir, le long siège de Paris.

— C'est l'air et le soleil qui manquent à cet enfant, dit le médecin à Georgette; il faudrait que vous puissiez le mettre pendant quelques mois à la campagne.

Les mères sont toujours promptes à s'alarmer ; Georgette s'imagina que les paroles du médecin étaient un avertissement, que la vie de son enfant était menacée. Jacques Sarrue eut beaucoup de peine à la rassurer.

— Eh bien, lui dit-il, puisque le docteur prétend que l'air de la campagne lui fera du bien et rétablira complètement sa santé, je trouverai quelqu'un qui voudra bien se charger de Maurice pendant quelques mois.

— Cela coûtera beaucoup d'argent?

— Pas plus de vingt-cinq ou trente francs par mois. Je travaillerai quelques heures de plus chaque jour.

— C'est égal, Jacques, je vous suis une lourde charge.

— Voulez-vous bien ne pas penser à cela, Georgette. Vous savez que vous me causez de la peine quand vous faites allusion au peu que je fais pour vous.

— Oh! pardonnez-moi, mon ami.

— Demain j'irai à Boulogne-sur-Seine ; j'espère y retrouver, si elle n'est pas morte, une brave femme que j'ai connue autrefois. Elle n'est plus jeune, mais je suis sûr d'avance qu'elle se chargera volontiers de notre petit Maurice. Elle a eu souvent des enfants en garde, elle les aime beaucoup, et ils trouvent près d'elle des soins tout maternels. Son mari était tailleur et elle gardeuse d'enfants, comme je viens de vous le dire. A force de travail et d'économie, ils ont amassé une vingtaine de mille francs et se sont retirés à Boulogne où ils avaient acheté une petite maison avec un assez beau jardin derrière. Le vieux tailleur est mort peu de temps après ; mais sa femme, la bonne madame Bertin, doit être encore de ce monde. En lui confiant Maurice, nous ne pouvons pas mieux faire. Il aura tous les soins désirables, et, là, il ne manquera ni d'air ni de soleil.

Or, le lendemain, Sarrue alla à Boulogne, où il retrouva l'ancienne gardeuse d'enfants qui consentit, comme il s'y attendait, à prendre l'enfant moyennant une petite rétribution de vingt francs par mois.

Deux jours après, conduite par Sarrue, Georgette porta le petit Maurice à Boulogne.

— Ce n'est pas loin de Paris, Jacques, dit-elle ; tous les dimanches je pourrai venir le voir en faisant la route à pied.

— Appuyée à mon bras, répondit Sarrue. Vous aussi, Georgette, vous avez besoin du grand air et de prendre un peu d'exercice. Sans compter qu'elle sera charmante, cette promenade à travers le bois, elle vous sera aussi très salutaire.

Un jour, Sarrue remit cent francs à Georgette. Il venait de vendre ses derniers livres ayant quelque valeur.

On lui faisait toujours espérer du travail qu'on ne lui donnait point.

— Je n'ai plus rien à vendre, se dit-il amèrement et le cœur gonflé, et dans un mois, six semaines au plus tard, Georgette sera sans pain et elle aura la pension de l'enfant à payer.

Il serra fiévreusement sa tête dans ses mains.

— Mon Dieu, comment faire ? s'écria-t-il effrayé en présence du sombre avenir vers lequel il marchait.

Il avait porté ses meilleures poésies à divers journaux, et partout on lui avait répondu :

— On ne lit plus les vers aujourd'hui ; si nous publiions une de vos poésies, ce serait pour vous être agréable, et nous ne pourrions pas vous la payer. Ah ! si vous nous apportiez un bon roman, ce serait différent. Le roman-feuilleton redevient à la mode et il faut donner satisfaction aux exigences de la masse des lecteurs. Tous les journaux sont à la recherche de romans, qu'ils ont beaucoup de peine à trouver. Laissez la poésie, monsieur Sarrue, et croyez-moi, faites du roman-feuilleton.

Jacques Sarrue se dit que, en effet, c'était un excellent conseil.

Il s'était mis à chercher un sujet et avait passé quinze jours à jeter un plan sur le papier, puis il avait commencé à écrire. Mais dans la situation d'esprit où il se trouvait, tourmenté par ses inquiétudes, son imagination violentée restait rétive et il faisait des efforts inouïs pour trouver des idées qui s'obstinaient à ne pas venir.

Alors, s'apercevant qu'un bon poète peut ne pas être un romancier, il avait laissé sa plume se couvrir de rouille à côté du troisième chapitre inachevé de son roman.

IX

MOUILLON ET RIPART

L'inspecteur de police qui avait dirigé l'expédition de la rue Vaugelas, à la suite de laquelle la dame Paumelle, sa servante, et Albertine, avaient été mises entre les mains de la justice, se nommait Mouillon. C'était un homme énergique, ayant beaucoup de patience et de volonté, et une grande ténacité dans les idées. Par le caractère il avait quelque ressemblance avec le célèbre Javert des *Misérables*, de Victor Hugo.

Bien qu'il eût eu la satisfaction de voir condamner la dame Paumelle à cinq ans de réclusion, Albertine à un an de prison, et Victoire, la servante grêlée, à deux mois de la même peine, il ne se consolait pas d'avoir laissé échapper le principal coupable dans l'affaire de la rue Vaugelas.

Un instant, il avait eu l'espoir que les révélations de la Paumelle et d'Albertine le mettraient sur les traces de celui qu'elles appelaient M. Hector; mais celles-ci, ignorant absolument ce qu'il était, ce qu'il faisait et où il demeurait, il éprouva un désappointement complet.

Il avait subi les reproches de ses supérieurs, et il s'était trouvé humilié, d'autant plus que ces reproches étaient justes. En effet, il était forcé de convenir que, s'il n'avait pas mis la main sur M. Hector, c'était sa faute. Il avait manqué de coup d'œil, il n'avait pas été à la hauteur de sa mission. Il se disait amèrement qu'un novice n'aurait pas été aussi maladroit. Il avait cela sur le cœur.

— Devrais-je le chercher pendant dix ans, vingt ans, s'était-il dit avec une fureur concentrée, je le retrouverai.

Du moment que ce M. Hector ne reculait pas devant le crime pour satisfaire ses passions, Mouillon ne doutait pas qu'il ne fût prêt à commettre un nouvel attentat. Mais pour le suivre pas à pas, afin de pouvoir le prendre sur le fait, il fallait le connaître. Avec les indices très insuffisants qu'il avait recueillis, Mouillon ne se dissimulait pas qu'il s'imposait une tâche difficile, sinon impossible. Mais son honneur était engagé, et il fallait le succès pour se réhabiliter à ses propres yeux.

— Si je ne me trompe pas sur cet homme, pensa-t-il, il voudra prendre sa revanche de son échec rue Vaugelas. Il continuera à poursuivre la jeune ouvrière et lui tendra certainement un nouveau piège.

Ce raisonnement était assez juste, et Mouillon pouvait espérer que Georgette lui ferait retrouver M. Hector. Il parla de son idée à son collègue et ami Ripart. Ripart était un agent de troisième ordre ; c'est Mouillon qui l'avait fait entrer dans le service de la sûreté ; plein de reconnaissance pour son ami, le dévouement de Ripart pouvait être comparé à celui d'un caniche.

— Je suis à vous corps et âme, monsieur Mouillon, dit-il, et c'est toujours avec plaisir que je ferai ce que vous m'ordonnerez.

Mouillon n'eut pas de peine à découvrir où Georgette était allée demeurer en quittant la rue de Meaux. Alors, sans que la jeune fille et Sarrue pussent seulement le soupçonner, les deux agents veillèrent sur Georgette comme deux bons chiens de garde. Elle sortait rarement ; mais chaque fois qu'elle s'éloignait un peu de la rue Saint-André-des-Arts, elle était suivie à distance par l'un ou l'autre des agents.

La guerre et les autres événements graves qui survinrent diminuèrent et firent même cesser complètement cette surveillance particulière dont Georgette était l'objet.

Quand la tranquillité fut rétablie à Paris, les deux agents reparurent rue Saint-André-des-Arts. Peu de temps après, Sarrue et Georgette ayant déménagé, ils établirent leur poste d'observation rue Galande. Mais Mouillon put faire mieux encore : une chambre étant à louer au troisième étage, juste au-dessous de celle de Georgette, Ripart, qui était garçon, en devint le locataire.

— Tu crois donc toujours que tu réussiras ? dit-il à Mouillon.

Maintenant ils se tutoyaient.

— Oui, répondit Mouillon.

— Depuis l'affaire de la rue Vaugelas, plus d'un an s'est écoulé, et bien des choses se sont passées.

— Qu'est-ce que cela fait ?

— Enfin, tu es convaincu que l'homme que nous n'avons pas pincé rue Vaugelas viendra se faire prendre rue Galande ?

— Là ou ailleurs, il faut que nous le retrouvions.

— Me permets-tu une observation ?

— Parle, Ripart.

— Il peut se faire pourtant qu'il ne pense plus à mademoiselle Georgette.

Mouillon secoua la tête.

— Ce qui doit être, Ripart, répliqua-t-il, c'est que M. Hector a perdu les traces de notre jeune fille. Mais tu peux être certain qu'il la cherche depuis le jour où grâce à nous, elle lui a échappé.

— A moins qu'il ne soit mort, fit Ripart.

— Ou que, pour une cause quelconque, il n'ait été forcé de quitter Paris. S'il en était ainsi, Ripart, nous perdrions absolument notre temps. Mais comme rien ne prouve que cela soit, nous continuerons à ouvrir les yeux et à attendre.

— J'admire ta patience, Mouillon.

— C'est une des principales qualités de notre métier, Ripart; nous devons être comme le chat qui guette la souris.

La surveillance établie autour de Georgette redevint très active. Elle était d'autant plus facile et plus complète que Ripart, demeurant dans la même maison, savait à peu près tout ce qui se passait chez la jeune fille.

Des mois s'écoulèrent sans que M. Hector fît la plus petite apparition du côté de la rue Galande, et que Mouillon entendît parler de lui.

— Ripart avait peut-être raison, pensait-il, mais j'aime mieux croire qu'il est mort que de supposer qu'il ne songe plus à Georgette.

Mais Mouillon, qui s'était déjà donné tant de mal pour n'arriver à aucun résultat, Mouillon n'était pas content. Il ne pouvait voir lui échapper la revanche qu'il s'était promise sans une vive contrariété. Dès lors, il fut tourmenté par cette idée que si M. Hector était mort, il se livrait à une manœuvre inutile. Toutefois, avant d'abandonner son plan, il voulait être bien certain qu'il ne lui restait aucune chance de succès.

Un jour, de grand matin, il arriva rue Galande et frappa à la porte de Ripart, qui dormait encore. Réveillé en sursaut, Ripart sauta à bas de son lit et s'empressa d'ouvrir.

— Tu viens de bonne heure, dit-il en se frottant les yeux, est-ce qu'il y a du nouveau?

— Oui.

— En effet, tu as l'air tout joyeux. Ici aussi, il y a du nouveau.

— Quoi?

— Tu sais que l'enfant a été malade?

— Eh bien, est-ce qu'il est mort?

— Non, mais le médecin a déclaré à la mère qu'il n'était pas bien ici, où il manquait d'air, et qu'il était urgent de le placer pour quelque temps à la campagne.

— Alors?

— Aors M. Sarrue s'est occupé de cela tout de suite, et depuis hier, le petit est à Boulogne-sur-Seine. C'est mademoiselle Georgette elle-même qui m'a raconté cela hier au soir, en revenant de Boulogne. Depuis que je lui ai demandé souvent des nouvelles de la santé de son enfant, je crois qu'elle m'a pris en amitié, et quand je la rencontre dans l'escalier ou dans la rue, elle s'arrête volontiers pour échanger quelques paroles avec moi.

— C'est parfait, ton rôle en devient plus facile. Quant à ce que tu viens de m'apprendre au sujet de l'enfant, c'est sans importance pour nous, car je ne vois pas, en ce moment, que le petit puisse servir mes projets. Mais, n'importe, il est bon de tout savoir. Maintenant écoute : je crois que nous allons enfin avoir une besogne sérieuse.

— Ce n'est pas malheureux, fit Ripart.

— Apprends que M. Hector Vidal n'est pas mort et qu'il se porte, au contraire, aussi bien que toi et moi.

— Tu sais son nom ! s'écria Ripart.

— Je sais aussi qu'il est garçon, qu'il demeure rue de Berlin et que c'est un débauché de la pire espèce. Il n'a pas un grand train de maison, mais il possède, paraît-il, une assez belle fortune, ce qui lui permet de mener joyeuse vie et de payer convenablement, sans doute, les services qu'on lui rend dans le genre de ceux de la Paumelle et d'Albertine. Il vit seul, il n'a pas de maîtresse, à ce qu'on m'a assuré.

— Je t'admire ! exclama Ripart.

Mouillon eut un sourire qui prouvait suffisamment qu'il n'était pas insensible à la flatterie.

— Apprends encore, reprit-il, que M. Hector Vidal n'a pas oublié mademoiselle Georgette et qu'il ne renonce nullement à ses premiers projets. C'est un gaillard d'une prudence excessive, il doit prendre plusieurs noms et avoir à Paris autant de domiciles à sa disposition. Songeant avant tout à sa propre sûreté, il a soin de ne se faire jamais connaître dans le monde interlope qu'il aime à fréquenter; de cette façon, il se met facilement à l'abri, en compromettant les autres.

Quand Paris a été menacé par les Prussiens, il a envisagé la situation à sa manière : traitant sans doute d'imbéciles ceux qui, dans leur patriotisme, demandaient des armes pour concourir à la défense de la ville et du territoire envahi, il prit la fuite et alla en Angleterre se mettre à l'abri des balles et des bombes. Il est revenu à Paris au mois de juillet dernier, dès qu'il fut bien certain que sa précieuse personne n'avait plus aucun danger à redouter.

Or, depuis son retour, Ripart, j'ai lieu de croire qu'il a mis tout en œuvre pour retrouver Georgette. Son aventure de la rue Vaugelas ne l'a pas corrigé; ces hommes-là, mon cher Ripart, ne lâchent pas facilement leur proie, et je suis fier de ne pas m'être trompé dans le jugement que, tout d'abord, j'ai porté sur lui.

— Je suis émerveillé, dit Ripart; comment as-tu appris tout cela?

Ton bonheur est assuré, Maurice, je me réjouis avec toi. (Page 435.)

— Je vais te le dire. Tu as été trois jours sans me voir ; eh bien, pendant ces trois jours je me suis occupé de notre homme ; ce que je viens de te dire est le résumé des renseignements que j'ai pu recueillir ; si tu trouves que c'est peu, nous tâcherons d'en savoir d'avantage. Moi, je suis satisfait pour l'instant : j'ai les yeux sur M. Hector, et si je ne mets pas la main sur lui avant un mois, c'est qu'il aura été aussi sage qu'il est prudent, ou que décidément il est plus fort que moi. Mais comme je te l'ai dit, il en tient toujours pour mademoiselle Georgette; on lui a arraché sa proie, il voudra la ressaisir : la jolie ouvrière manque à la liste de ses victimes. Si je me trompe, Ripart, si notre homme ne vient pas se fourrer dans la gueule du loup, je te permettrai de me dire que je ne suis qu'un présomptueux et un imbécile.

Ripart ébaucha un sourire qui signifiait : Je ne prendrai jamais une pareille liberté.

Mouillon continua :

— Sachant que lorsqu'on marche vers un but, il ne faut négliger aucun moyen d'y arriver, je n'ai pas perdu de vue mademoiselle Albertine depuis qu'elle est sortie de prison. De loin en loin, je fais prendre de ses nouvelles et je suis complètement édifié sur sa conduite, qui n'est pas plus édifiante que par le passé. Je dois te dire qu'elle ne me connaît pas, ce qui me permet de l'approcher de très près, lorsqu'il me vient à l'idée de passer une heure ou deux au bal de la *Reine-Blanche*, qui est maintenant le théâtre de ses exploits. Cette fille aime le bal à la folie; pour une polka ou une contredanse elle vendrait son âme au diable.

Dimanche soir, écoute bien ceci, Ripart, je vis un individu bien vêtu et bien ganté, paraissant âgé de trente à trente-cinq ans, accoster Albertine au milieu du bal. Si incomplet que soit le signalement que nous avons de M. Hector, je me sentis tressaillir de joie et je me dis aussitôt : C'est lui!

— Alors, qu'as-tu fait?

— Tu vas le voir. Albertine ayant fait en arrière un pas de surprise, je compris qu'elle le revoyait pour la première fois depuis leur complot de la rue Vaugelas. Souriant, il lui avait tendu la main. Après un moment d'hésitation, elle se décida à s'avancer vers lui et à mettre sa main dans la sienne. Je jugeai qu'Albertine n'avait pas de rancune et que la paix était faite.

Pendant deux ou trois minutes ils causèrent avec beaucoup d'animation; malheureusement, j'étais trop éloigné d'eux pour entendre ce qu'ils se disaient, et quand je me fus suffisamment rapproché, ils quittèrent la place et se dirigèrent vers l'escalier de la galerie où il y a des tables et des sièges pour ceux qui veulent se rafraîchir. Je ne perdis pas une seconde; je m'approchai d'une habituée de l'établissement et lui demandai s'il ne lui serait pas agréable de s'asseoir à une table avec moi et de prendre un rafraîchissement. Elle me regarda, fit la bouche en cœur et, sans plus de façon, s'accrocha à mon bras. Vite, je l'entraînai vers l'escalier, nous montâmes à la galerie et j'eus le bonheur de trouver libre la table voisine de celle près de laquelle Albertine et son cavalier venaient de s'asseoir.

Le garçon servit les rafraîchissements, et tout en causant avec la conquête que je venais de faire, afin de jouer mon rôle sans être remarqué, j'ouvris mes deux oreilles pour entendre ce qu'ils disaient à côté.

— Eh bien? fit Ripart, qui grillait d'impatience.

— Ils parlaient si bas que je ne pus entendre que quelques mots. Un autre que moi n'aurait rien compris; mais avec un mot qui parvenait à mon oreille, je construisais une phrase, et je pus suivre ainsi leur conversation.

J'acquis d'abord la certitude que c'était bien M. Hector. Je devinai ensuite qu'Albertine lui réclamait le prix du marché qu'ils avaient fait à la Tour Solférino et qu'il promettait de s'acquitter de sa dette. Ces mots : Georgette, Sarrue, rue de Meaux, rue Berthe, que j'entendis encore, m'apprirent que M. Hector demandait ce que la jeune fille était devenue et qu'Albertine, ne le sachant pas plus que lui, lui donnait autant qu'elle le pouvait le moyen de la retrouver.

Tu verras bientôt, Ripart, que je ne m'étais pas trompé et que, sans l'entendre, j'avais deviné ce qu'ils disaient.

A onze heures, M. Hector sortit du bal; il va sans dire que j'avais déjà abandonné ma facile conquête. Je m'élançai sur les pas de mon homme, bien décidé à le filer toute la nuit, s'il lui plaisait de ne pas rentrer chez lui à l'heure où les honnêtes gens vont se coucher. Il descendit la rue Blanche, la rue de la Chaussée-d'Antin, traversa le boulevard et entra au café Napolitain. Je me plantai sur le boulevard et j'attendis. A minuit et demi, il sortit du café; je le suivis jusqu'à la rue de Berlin, où je le vis entrer au n° 6.

Lundi, de bonne heure, j'étais rue de Berlin, en quête de renseignements. Une marchande à la toilette, vieille et bavarde, m'apprit tout ce que je désirais savoir. Ce jour-là et le lendemain, M. Hector Vidal resta chez lui toute la journée. Il me permit ainsi de recueillir de nouveaux et précieux renseignements sur son intéressante personne. Enfin, hier mercredi, il sortit à midi; il alla prendre une voiture de remise, pendant que je me procurais vivement un coupé de place. Il se rendit directement rue de Meaux, et entra dans la maison où Georgette et Albertine demeuraient il y a deux ans. De là il se fit conduire rue Berthe, ensuite rue Saint-André-des-Arts. Il resta un instant chez le concierge et, en sortant, il congédia son cocher. Moi, je gardai mon coupé. Après être allé à l'imprimerie où M. Sarrue a été employé pendant quelques mois comme correcteur, je vis M. Hector se diriger en ligne directe vers la rue Galande. Avant d'y arriver, il alluma un cigare. Il suivit la rue jusqu'au bout, puis il revint sur ses pas en marchant lentement, se donnant l'air d'un flâneur indifférent à tout ce qui se passe autour de lui; mais arrivé devant le n° 17, où demeure M. Sarrue, il s'arrêta trois secondes, le temps de jeter un regard du haut en bas de la maison.

Je compris qu'on lui avait donné l'adresse de M. Sarrue à l'imprimerie, et qu'il ignorait que Georgette ne demeure pas avec lui. Probablement très satisfait de sa journée, M. Hector gagna le bord de la Seine, où il prit de nouveau une voiture pour se faire mener rue du Château-d'Eau. Il a là un autre logement, un pied-à-terre, soi-disant, car on croit qu'il habite dans la banlieue de Paris. De plus, on ne le connaît point sous son véritable nom, rue du Château-d'Eau. M. Hector Vidal s'y fait appeler Ulysse de Rosières.

Mon cher Ripart, tout ce que je pourrais te dire encore serait superflu, n'est-ce pas?

— Avec cela seulement et en rappelant le guet-apens de la rue Vaugelas, répondit Ripart, il y a plus qu'il ne faut pour lui faire un dossier qui intéresserait beaucoup un juge d'instruction. Tu peux dès aujourd'hui le livrer à la justice.

Les yeux de Mouillon se remplirent de lueurs sombres.

— Non, répliqua-t-il d'une voix creuse, cela ne suffirait pas. Le guet-apens de la rue Vaugelas est de l'histoire ancienne; c'est au moment où il tentera de commettre un nouveau crime que je veux mettre la main sur ce misérable.

— Alors tu crois...

— Je suis sûr qu'il me donnera la satisfaction que j'ai si patiemment attendue. Avant peu nous entendrons parler de lui. Donc, attention, Ripart, et ne nous endormons pas. Pendant que tu feras bonne garde rue Galande, je travaillerai de mon côté. L'amorce est ici, au-dessus de nos têtes; M. Hector ou M. Ulysse voudra mordre à l'appât et, comme le poisson, il ne verra point l'hameçon.

X

BONNE GARDE

Mouillon n'avait certainement pas réservé à Ripart la part la plus difficile du travail. Comme son camarade, Ripart était un homme d'action, résolu, plein d'énergie et digne d'être son associé; toutefois, ce dernier reconnaissait la grande supériorité de Mouillon. Il disait de lui :

— Il a l'esprit qui médite et l'intelligence qui conçoit; moi, je le complète en mettant à sa disposition mes yeux, mes jambes et mes bras.

Pour le moment, le rôle de Ripart consistait à continuer à faire bonne garde autour de Georgette et à avoir les yeux constamment fixés dans la rue Galande.

Ripart savait quelle importance Mouillon attachait à la capture de l'homme de la rue Vaugelas. Mouillon lui avait dit :

— Pour cela, s'il le faut, je dépenserai les six mille francs que j'ai économisés avec tant de peine.

En effet, depuis quelques mois déjà, toutes les dépenses de Ripart, qui n'était pas riche, étaient payées par Mouillon. Et Ripart, partageant complètement les idées de son ami, trouvait que mettre la main sur M. Hector était également pour lui une affaire d'honneur.

Le lendemain du jour où Mouillon était venu lui communiquer les renseignements qu'il avait recueillis sur M. Hector Vidal, qui se faisait appeler aussi Ulysse de Rosières, Ripart fumait tranquillement sa pipe, les bras appuyés sur le balustre de sa fenêtre, pendant que son regard, plongeant dans la rue, errait continuellement d'un bout à l'autre des trottoirs.

Georgette venait de descendre, il l'avait vue entrer dans la maison où demeurait Jacques Sarrue. Celui-ci était absent. C'est ce moment que Georgette choisissait tous les jours pour aller faire le ménage du poète.

Tout à coup, l'attention de Ripart fut attirée par un individu d'assez mauvaise mine, dont les allures mystérieuses ne tardèrent pas à lui paraître suspectes.

— Pourtant, se dit-il, ce n'est point là le signalement de M. Hector, à moins qu'il ne change aussi facilement de visage que de nom.

Néanmoins, l'individu se promenant toujours de long en large, sans s'éloigner beaucoup du n° 17, il continua à l'observer.

Vingt minutes s'écoulèrent. Georgette reparut dans la rue. Au même instant l'homme s'arrêta sur le trottoir opposé. Il fit un mouvement, qui n'échappa point à Ripart, et ses yeux restèrent fixés sur la jeune fille. Il venait évidemment de la reconnaître, et il sembla à Ripart qu'il avait prononcé ces mots :

— C'est elle !

Mais Georgette n'étant sortie d'une maison que pour entrer immédiatement dans une autre, l'individu eut l'air d'éprouver une déception. Il resta encore un instant immobile sur le trottoir, regardant la façade des deux maisons, puis il entra dans la boutique d'un marchand de vin traiteur.

— Maintenant, se dit Ripart, je ne doute plus ; celui-là n'est pas M. Hector Vidal, mais c'est certainement un espion envoyé par lui, un mercenaire à ses gages. Mouillon avait raison, ça va chauffer.

Malgré l'envie qui lui prit de voir l'individu de plus près, il résista à la tentation d'aller boire un verre de vin au cabaret.

— Il peut se faire que cet homme se tienne sur ses gardes, pensa-t-il ; autant que possible, il faut que je le surveille sans me montrer. Mais il faudra bien, quand même, que je sache ce que son patron attend de lui.

L'agent de M. Hector passa la journée entière à se promener sur les trottoirs de la rue Galande ou chez le marchand de vin, assis à une table près de la fenêtre, et bien placé pour tout voir dans la rue. Un peu avant la nuit, Ripart le vit partir. Il reparut le lendemain vers neuf heures du matin. Après s'être promené assez longuement, comme la veille, il alla reprendre son poste d'observation dans le cabaret. Cette seconde journée se passa absolument comme la précédente, sans aucun incident utile à noter.

Ripart avait informé Mouillon de ce qui se passait et celui-ci lui avait répondu :

« Il ne faut pas perdre de vue un instant l'homme de M. Hector. Sa mission est assurément de savoir exactement ce que fait Georgette, quelles sont ses habitudes et, lorsqu'elle sortira, de la suivre partout où elle ira. Ce que de mon côté je vois faire à M. Hector me donne à penser qu'il songe à un enlèvement. Comment s'y prendra-t-il? Je l'ignore pour le moment ; mais je le saurai bientôt. »

Le dimanche matin, comme Georgette descendait pour aller chercher son déjeuner, Ripart se trouva dans l'escalier sur son passage.

— La journée promet d'être belle, aujourd'hui, mademoiselle Georgette, lui dit-il, est-ce que vous ne ferez pas une petite promenade?

— J'irai à Boulogne voir mon petit Maurice, répondit-elle. Il est convenu que j'irai tous les dimanches. Si c'était moins loin et si je n'étais pas obligée de tant travailler, ce n'est pas seulement le dimanche, c'est tous les deux jours, tous les jours que je ferais le voyage pour l'embrasser, le cher trésor. Je ne suis pas inquiète, je sais qu'il est bien ; mais depuis jeudi je suis bien ennuyée ; il me manque : j'étais habituée à le voir toujours à mes côtés, jouant sous mes yeux, à entendre ses premiers mots, si doux à l'oreille d'une mère ; c'est un grand vide qui s'est fait tout à coup, non pas seulement autour de moi, mais dans moi-même.

— Oui, oui, je comprends ça, fit Ripart. Est-ce que vous irez seule à Boulogne?

— Non, M. Sarrue m'accompagnera.

— A la bonne heure !

— Vous croyez donc, monsieur Ripart, que je ne pourrais pas aller seule à Boulogne?

— Oh! je n'ai pas voulu dire cela ; mais voyez-vous, mademoiselle Georgette, il vaut toujours mieux, quand vous sortez et que vous allez un peu loin, qu'un ami vous accompagne. Je ne dis pas une amie, je sais que vous n'en avez plus.

— Et je n'en aurai jamais, répliqua vivement la jeune fille ; je sais ce qu'il en coûte de croire à l'amitié d'une Albertine, et je me souviendrai toujours de ce que j'ai souffert cette affreuse nuit que j'ai passée au poste.

— Où je vous ai menée, mademoiselle Georgette ; tenez, chaque fois que je vous vois, je me fais toutes sortes de reproches ; je me dis que j'aurais dû voir tout de suite que vous étiez innocente... Mais pour vous comme pour moi, c'est un mauvais souvenir. Vous ne m'en voulez plus, n'est-ce pas ?

— Je ne vous en ai jamais voulu, monsieur Ripart, vous avez obéi à un ordre de votre chef et vous me preniez pour Albertine.

— C'est égal, nous n'aurions pas dû commettre une erreur pareille.

— C'est passé, monsieur Ripart, ne parlons plus de cela.

— Vous avez raison, mademoiselle Georgette ; mais j'ai le droit de me rappeler que je vous ai vue pleurer et me supplier, les mains jointes, et que je n'ai voulu ni vous entendre, ni voir vos larmes. Aussi, vous pouvez me croire, je suis aujourd'hui un de vos amis, et si quelqu'un voulait vous faire du mal, je me ferais tuer pour vous défendre.

— Je vous remercie, monsieur Ripart ; heureusement, je n'ai plus rien à redouter de personne.

— Tout à l'heure, en vous demandant si vous ne feriez pas une petite promenade, je pensais bien que vous iriez voir votre petit garçon. Si vous n'aviez pas eu M. Sarrue pour vous accompagner, mon intention était de vous offrir d'aller à Boulogne avec vous.

— Je n'aurais pas accepté, monsieur Ripart, dans la crainte surtout de vous déranger...

— Le dérangement n'aurait pas été grand. Il y a des courses à Longchamps et je me propose d'y aller. Du champ de courses à Boulogne, il n'y a pas loin ; je pousserai probablement jusque-là afin d'avoir le plaisir de voir et d'embrasser votre petit Maurice. Donc, mademoiselle Georgette, si vous me voyez tantôt à Boulogne, vous ne serez pas étonnée. A quelle heure y serez-vous ?

— Probablement à une heure et demie : M. Sarrue m'a donné rendez-vous, à midi précis, sur le quai d'Orsay.

— Est-ce que vous irez à pied ?

— Oui. Nous ne sommes pas assez riches pour prendre une voiture ou le bateau-mouche.

Ces paroles échangées, Georgette alla faire ses achats et Ripart, ayant les renseignements qu'il désirait, s'empressa de rentrer dans sa chambre et de courir à la fenêtre. L'agent de M. Hector était dans la rue.

A onze heures et demie Ripart était habillé, prêt à sortir. Les yeux dans la rue et l'oreille au guet, il entendit Georgette fermer sa porte, puis le bruit de ses pas dans l'escalier. Il attendit une minute et sortit à son tour. La jeune fille n'était déjà plus dans la rue Galande. Mais, certain qu'elle suivrait le bord de la Seine jusqu'à l'endroit où Sarrue devait l'attendre, il se dirigea rapidement vers le quai. Il ne tarda pas à voir Georgette, marchant d'un pas léger et pressé le long des parapets. L'agent de M. Hector la suivait à vingt-cinq pas de distance.

La figure de Ripart s'épanouit et un sourire moqueur glissa sur ses lèvres.

— Tout va bien, se dit-il gaiement; nous allons faire queue ainsi jusqu'à Boulogne. Ce sera très amusant.

Le soir, Georgette et Jacques Sarrue rentrèrent vers sept heures pour dîner ensemble dans la chambre de la jeune fille. Ripart ne rentra que deux heures plus tard. Georgette ne l'avait point vu à Boulogne. Dès qu'il eut allumé sa lampe, Ripart prit sa plume, une feuille de papier, et écrivit à Mouillon ce qui suit :

« Mademoiselle Georgette et M. Sarrue sont allés voir le petit à Boulogne. L'homme de M. Hector les a suivis; il les a vus dans le jardin de la veuve Bertin, il a pu voir aussi l'enfant dans les bras de Georgette et entendre le bruit des baisers de la jeune mère. Il sait donc que l'enfant est à Boulogne et que Georgette l'a donné à garder à une vieille femme.

« Quand M. Sarrue et mademoiselle Georgette sont sortis de chez madame Bertin pour revenir à Paris, l'homme ne les a pas suivis, il est resté plus d'une heure encore à Boulogne, se promenant autour de la maison. Une femme, avec laquelle il a causé un instant, lui a donné des renseignements sur la veuve Bertin.

« Je ne sais pas quel parti M. Hector pourra tirer de ces renseignements; mais, comme il est capable de tout, il peut bien avoir l'idée d'enlever l'enfant. Indiquez-moi ce que je dois faire. »

Ripart plia sa lettre, sur laquelle il mit l'adresse de Mouillon, puis l'ayant ornée d'un timbre-poste, il sortit pour la mettre dans la boîte du bureau de poste. Cela fait, il sentit qu'il avait faim et se souvint qu'il avait oublié de dîner. Il entra chez le marchand de vin traiteur où l'agent de M. Hector avait établi son poste d'observation et se fit servir à manger.

Quand, à onze heures, il rentra dans sa chambre, il n'entendit plus aucun bruit au-dessus de sa tête. Il comprit que Jacques Sarrue avait quitté Georgette et que celle-ci était déjà couchée.

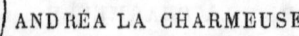

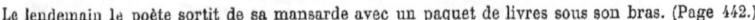

Le lendemain le poète sortit de sa mansarde avec un paquet de livres sous son bras. (Page 442.)

— Allons, se dit-il, en se frottant les mains, pour Mouillon et pour moi la journée n'a pas été mauvaise.

Content de lui, il se mit au lit et ne fit qu'un somme jusqu'au matin.

A dix heures, un commissionnaire lui apporta un pli cacheté. Il reconnut l'écriture de Mouillon. C'était la réponse à sa lettre. L'inspecteur lui disait seulement :

« Tu ne dois pas quitter la rue Galande. Continue de faire bonne garde autour de mademoiselle Georgette. Il ne faut pas qu'elle reçoive une lettre ou une visite d'une personne inconnue sans que tu le saches. Plus que jamais tu dois ouvrir les yeux et les oreilles, si tu ne veux pas te laisser surprendre. »

Ripart remplissait consciencieusement son devoir, et bien que ce fût aussi fatigant que monotone, debout ou assis près de sa fenêtre ouverte, son regard était constamment plongé dans la rue Galande. A le voir regarder ainsi, on aurait pu supposer qu'il s'amusait à compter les pavés. Ne s'intéressant nullement au mouvement du monde, au bruit des voitures, aux cris des marchands, à ce va-et-vient continuel qu'on ne voit qu'à Paris, il n'avait que sa pipe pour se distraire. Mais cette distraction elle-même devenait fatigante après huit ou dix heures de faction.

Pendant trois jours il resta constamment à sa fenêtre, attendant vainement l'agent de M. Hector qui ne se montra plus. A l'exception de Sarrue, qui venait tous les soirs à la même heure, personne n'était entré chez Georgette, et elle n'avait reçu aucune lettre.

Fort étonné, pour ne pas dire inquiet, Ripart se disait comme sœur Anne, et non sans dépit : « Je ne vois rien venir. » Mais ce qui le contrariait le plus, c'est que Mouillon lui laissait ignorer complètement ce qu'il faisait de son côté. Le mercredi soir il se dit :

— Il faut que Mouillon sache que je perds tout à fait mon temps ici. Puisqu'il m'a défendu de sortir de chez moi, je vais lui écrire.

Il le fit aussitôt.

Il était près de huit heures lorsqu'il sortit de sa chambre pour porter d'abord sa lettre au bureau de poste et aller prendre ensuite son repas du soir. Jacques Sarrue descendait l'escalier.

— Bonsoir, monsieur Sarrue, lui dit Ripart, est-ce que vous avez déjà dîné?

— Oui, répondit le poète.

— Vous quittez mademoiselle Georgette de bien bonne heure ce soir.

— C'est vrai.

— Je comprends, vous allez faire une visite.

— C'est un peu cela, monsieur Ripart : j'ai reçu une lettre tantôt, qui me dit de me présenter ce soir à neuf heures rue du Faubourg-Poissonnière. Vous savez que je donne des leçons de latin et de grec?

— De mathématiques et aussi de chimie; vous êtes très savant, monsieur Sarrue.

— Peut-être trop, répondit le poète avec un sourire plein d'amertume. Enfin, je vais au faubourg Poissonnière pour voir les parents d'un élève qu'une personne qui s'intéresse à moi m'a trouvé. Ce n'est pas près d'ici et je n'ai pas de temps à perdre si je veux arriver à l'heure. Au revoir, monsieur Ripart!

— Bonne chance, monsieur Sarrue!

Le poète s'éloigna rapidement.

Ripart arrivait au bas de l'escalier, lorsque Mouillon se trouva tout à coup devant lui. L'inspecteur de police accourait haletant et couvert de sueur.

— Je viens de t'écrire, lui dit Ripart, voilà ma lettre que je portais à la poste.

— Tu peux la mettre dans ta poche. N'est-ce pas M. Sarrue que je viens de rencontrer?

— Oui, c'est lui.

— Je croyais qu'il passait toutes ses soirées auprès de mademoiselle Georgette.

— Ce soir il a été forcé de la quitter.

— Sais-tu pourquoi?

— Un rendez-vous qu'on lui a donné à neuf heures; il s'agit d'un élève.

— Cela se peut, dit l'inspecteur réfléchissant; mais si l'on n'a pas voulu l'éloigner de mademoiselle Georgette ce soir, il y a là une singulière et heureuse coïncidence.

— Que veux-tu dire?

— Tu le sauras tout à l'heure. Vite, vite, montons dans ta chambre.

XI

L'ENLÈVEMENT

La première chose que fit Mouillon, en entrant dans la chambre de Ripart, ce fut d'ouvrir la fenêtre. Puis il se pencha sur l'appui et jeta un long regard dans la rue.

— Nous avons encore le temps de causer, dit-il en se retournant vers son associé, qui le regardait avec étonnement. Eh bien, Ripart, continua-t-il en s'asseyant, j'ai l'idée que nous allons passer ensemble une soirée très agréable, qui nous promet plusieurs surprises.

— J'aime cela, fit Ripart.

— En fait de surprises, mon vieux, je crois en avoir ménagé une à M. Hector à laquelle il ne s'attend certainement pas.

— Enfin, tu vas me dire quelque chose.

Mouillon secoua la tête.

— Tu seras là, tu verras, reprit-il, cela vaudra mieux encore.

— Est-ce qu'il aurait l'audace de venir ici?

— Qui?

— M. Hector Vidal.

— Il est trop prudent pour cela, fit Mouillon en haussant les épaules. Certes, ce n'est pas l'audace qui lui manque, et il est de plus adroit et rusé comme un renard; il a de l'imagination, beaucoup d'initiative et je suis forcé de lui reconnaître une grande habileté; il mène bon train et proprement ses petites affaires. Bien qu'il puisse payer largement toutes sortes de gens pour le servir, il ne dédaigne pas de mettre la main à la pâte, comme on dit, et d'opérer lui-même. Son expérience lui a démontré qu'il n'est pas de meilleure besogne que celle qu'on fait soi-même. Toutefois, s'il a l'audace du loup, il en a aussi la lâcheté; il prend ses précautions et n'agit qu'autant qu'il est sûr d'avoir conjuré tous les dangers; il rôde sans bruit autour de la bergerie et ne se jette sur une brebis que lorsque le berger et les chiens ne sont plus là. Cré nom! s'il soupçonnait que Ripart et Mouillon, ici présents, sont deux bons chiens de garde, prêts à le mordre, tu n'aurais pas les surprises que je te promets.

« Entre nous, Ripart, M. Hector Vidal, qui se fait appeler à certaines heures Ulysse de Rosières, et qui se nomme ce soir Louis de Verville, est un gaillard de première force. Ce que je lui ai vu faire depuis trois jours est admirable, et je peux le dire sans me flatter, Ripart, tout autre que moi n'y aurait vu que du bleu.

— Cela prouve que, si fort et si habile qu'il soit, mon ami Mouillon est son maître.

— C'est vrai; mais je dois te dire que les renseignements que tu m'as fournis m'ont été extrêmement précieux. Je n'avais d'abord attaché aucune importance à ce fait, que mademoiselle Georgette avait placé son enfant à Boulogne. Eh bien, Ripart, c'est précisément le petit Maurice qui a servi de base au plan fort bien combiné, d'ailleurs, de M. Hector Vidal.

— Ah! le brigand, s'écria Ripart, je l'avais deviné, il veut enlever l'enfant!

Mouillon eut un sourire superbe.

— Pas cela, fit-il. S'il enlevait le petit, qu'en ferait-il? Du reste, ce ne serait pour lui qu'un moyen de lâche vengeance et il n'a pas à se venger; c'est autre chose qu'il veut.

— Alors, que va-t-il faire?

— Je t'ai dit que tu verrais.

— Apprends-moi au moins comment tu as découvert son plan.

— Oh! très facilement : avant-hier, lorsqu'il sut que le petit Maurice était à Boulogne, il alla faire une promenade de ce côté, et il loua à Billancourt, tout près de la Seine, une petite maison isolée au milieu d'un jardin entouré de murs. Comme la maison est toute meublée, on lui a demandé quinze cents francs pour la location, et il l'a louée sans marchander sous le nom de Louis de Verville, en payant trois mois d'avance. Hier, une femme d'un certain âge, une autre dame Paumelle, et un individu à l'air sournois s'installèrent dans la maison.

— Est-il grand, l'homme? demanda Ripart.

— Oui, un grand blond avec des favoris roux comme un Anglais.

Je le reconnais, c'est l'agent de M. Hector.

— Je m'en doutais. Hier encore, M. Hector Vidal acheta chez un marchand d'habits un costume de cocher complet : pantalon, gilet à raies jaunes, tunique avec des boutons de cuivre et chapeau de cuir bouilli. Toujours prudent, il a fait faire un paquet de tout cela, lequel a été porté chez M. Ulysse de Rosières, où son agent est venu le prendre le soir pour le transporter à Billancourt. Enfin, ce matin, prenant son faux nom de Louis de Verville, il a loué un cheval et une voiture, pour toute la journée, sous le prétexte d'aller visiter les environs de Paris. Comme il refusa le cocher que le loueur lui offrait, je compris qu'il avait ses raisons pour cela et je pensai qu'il voulait affubler son agent du costume qu'il avait acheté. Cependant je me trompais, car c'est lui-même qui doit endosser ce soir le costume de cocher.

— Allons donc!

— C'est comme je te le dis, Ripart.

— Mais tu devines donc sa pensée?

— Oui.

— C'est merveilleux!

— Mon cher Ripart, je regarde, j'observe, j'écoute, j'analyse, je me rends compte de tout. Je n'ai pas besoin de te dire qu'au lieu d'aller se promener du côté de Fontenay, d'Enghien, de Ville d'Avray ou ailleurs, M. Hector Vidal s'est rendu immédiatement à la petite maison de Billancourt. Le cheval a été mis sous un hangar, devenu momentanément une écurie, et la voiture remisée dans un coin sous un tilleul.

— Alors? dit Ripart.

— Alors, voyant cela, je me suis naturellement demandé quels pouvaient être ses projets. A six heures du soir, couché dans l'herbe contre le mur de la maison, je cherchais encore le mot de l'énigme. Tous ces préparatifs concernaient-ils mademoiselle Georgette? Je m'adressais constamment cette question. Pourtant, si l'on m'eût interrogé à ce sujet, je n'aurais pas hésité à répondre : Oui. Malgré cela, comme je n'en savais pas assez, j'étais tourmenté et je me trouvais très embarrassé. Mais il faut toujours compter un peu sur le hasard, qui se mêle volontiers de nos affaires. J'étais bien décidé à ne pas m'éloigner de la maison, sachant que M. Hector s'y trouvait, lorsque tout à coup, j'entendis causer dans le jardin à quelques pas de l'endroit où j'étais caché.

M. Hector avait appris à la femme le rôle qu'elle doit jouer ce soir, et celle-ci le répétait à l'individu que tu connais. Cette fois, je voyais toutes les cartes du jeu de M. Hector. N'ayant plus rien à faire à Billancourt, je revins très vite à Paris où j'avais à prendre certaines mesures nécessaires. Cela me demanda une bonne heure. Bref, après avoir pris une voiture de remise, que j'ai laissée sur le quai, pour ne pas me montrer moins prudent que M. Hector, je suis arrivé ici enchanté d'être en avance.

— Alors, il va venir?

— Jusqu'à la porte, déguisé en cocher.

Ripart ouvrit de grands yeux.

— Je ne comprends pas encore, murmura-t-il.

— Ne t'inquiète pas, mon vieux, fit Mouillon en riant, tu comprendras bientôt.

Il se leva et alla regarder dans la rue.

— Je ne vois rien encore, dit-il. Du reste, ajouta-t-il en regardant sa montre, il n'est que huit heures et demie.

Il revint s'asseoir.

— Je n'entends pas mademoiselle Georgette ; elle est dans sa chambre, n'est-ce pas?

— Elle ne sort jamais le soir.

— Que fait-elle?

— Elle travaille, la pauvre petite, tous les jours jusqu'à onze heures, minuit et souvent une heure du matin. Elle se tue, quoi!... Il faut bien qu'elle gagne. Elle doit s'être aperçue que, pour l'instant, elle ne peut pas compter sur Sarrue.

— Il ne lui donne plus d'argent?

— Il ne peut plus rien lui donner. S'il ne trouve pas dès demain un emploi quelconque, ce sera d'ici peu une misère épouvantable.

— Et ses vieux livres ?

— Vendus jusqu'au dernier.

— C'est égal, Ripart, c'est un brave garçon.

— Oui, et si j'étais riche...

A ce moment, Mouillon, dont l'oreille impatiente et inquiète écoutait tous les bruits de la rue, se leva brusquement et bondit vers la fenêtre.

Il avait entendu le roulement d'une voiture, qui venait de s'arrêter devant la maison.

Il regarda. A la lueur des becs de gaz, il reconnut le coupé et le cheval loués le matin par M. Hector et même ce dernier, occupant le siège du cocher, malgré une barbe postiche qui complétait son déguisement.

La portière du coupé s'ouvrit, et une femme mit pied à terre.

Alors Mouillon ferma la fenêtre et se rapprocha de Ripart, les yeux étincelants, le sourire du triomphe sur les lèvres.

— Première surprise, lui dit-il tout bas; silence et écoute.

Il alla vers la porte, l'entr'ouvrit doucement, puis fit signe à Ripart de venir se placer près de lui. Ils entendirent ouvrir la porte de la loge, et une voix de femme demander mademoiselle Georgette. La voix du pipelet répondant : « Au quatrième, la porte à gauche », arriva également jusqu'à eux. Mouillon ferma la porte sans bruit.

— Eteins ta lampe, dit-il à Ripart, nous n'avons pas besoin de lumière.

La femme monta les quatre étages et frappa à la porte de Georgette, qui lui ouvrit aussitôt.

— Bon, dit Mouillon entendant le bruit des pas dans la chambre, la voilà entrée.

— C'est le moment d'agir, je suis prêt. Jolie souricière tout de même !

— Voyons ton idée ? fit Mouillon.

— Eh bien, nous dégringolons l'escalier, nous empoignons M. Hector déguisé en cocher, nous le traînons dans l'allée, le concierge ferme la porte d'entrée et nous les tenons tous les deux.

— En effet, c'est simple et facile. Pincer M. Hector dans son costume de cocher, ce serait déjà quelque chose, mais il me faut mieux que cela.

— Que veux-tu donc ?

— Je veux qu'une fois entre les mains de la justice, il ne puisse s'en tirer. La police correctionnelle, la belle affaire ! Je veux un crime prémédité et bien prouvé, je veux qu'il enlève mademoiselle Georgette, je veux qu'il passe devant la cour d'assises.

— Tu es terrible, dit Ripart.

— Pour cet homme-là je deviendrais féroce, répliqua Mouillon sourdement.

— Ainsi, nous allons aller à Billancourt ? demanda Ripart.

— Oui. Mais écoute... entends-tu au-dessus de nous ces gémissements, ces cris de douleur ?

— Tonnerre ! exclama Ripart, mais c'est mademoiselle Georgette qui pleure, qui sanglote...

Et il se serait élancé dans l'escalier si Mouillon ne lui eût barré le passage en se plaçant devant la porte.

— Mouillon, reprit-il, la pauvre petite pousse des cris à fendre l'âme. Est-ce que cette coquine oserait la maltraiter ?

— Nullement.

— Mais alors, pourquoi pleure-t-elle ?

— Tous les jours madame Bertin va se promener au bois de Boulogne avec le petit Maurice. La femme qui est en ce moment avec Georgette vient de lui dire que ce soir, à cinq heures, son enfant est tombé sous une voiture et qu'une roue lui a passé sur les deux jambes.

— Et cela n'est pas ?

— C'est un audacieux mensonge imaginé par M. Hector pour attirer mademoiselle Georgette dans un nouveau piège.

— Je comprends, fit Ripart... Ah ! les misérables !...

— Il fallait cela pour que Georgette, croyant aller voir son enfant ayant les jambes brisées, se laissât conduire dans la petite maison de Billancourt.

— Elle s'apercevra qu'on ne la mène pas à Boulogne.

— La femme a dû lui dire déjà, sans doute, que l'enfant blessé a été relevé par le maître de la voiture, auteur involontaire de l'accident, qu'il l'a emmené chez lui, et qu'un médecin a été immédiatement appelé pour lui donner des soins. Elle ajoutera probablement que madame Bertin est près du petit Maurice, et qu'elle vient chercher Georgette envoyée par sa maîtresse.

— Et la pauvre Georgette croira tout cela ?

— Naturellement. Tiens, elle pleure moins fort, elle se calme un peu ; je l'entends marcher, elle s'habille à la hâte, dans un instant elle sera prête à partir.

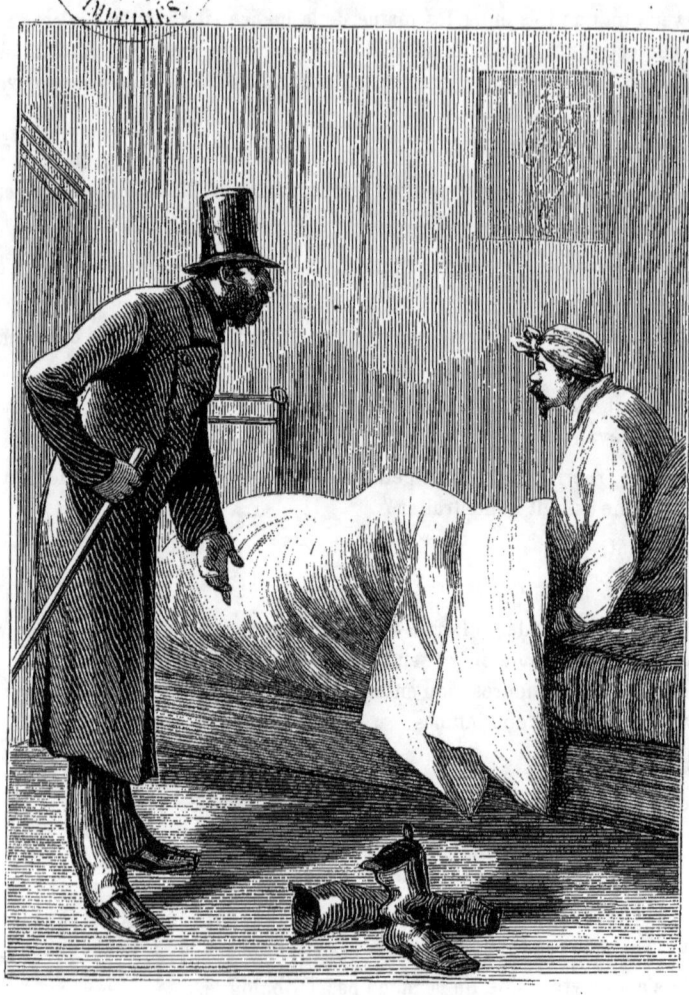

Un jour, de grand matin, il frappa à la porte de Ripart, qui dormait encore. (Page 447.)

La femme va l'emmener, et sans défiance, sans rien soupçonner, elle va se laisser conduire à Billancourt, ne se doutant guère non plus que M. Hector Vidal lu fait l'honneur d'être son cocher.

Cinq minutes s'écoulèrent encore. Georgette et la femme descendirent l'escalier. Elles étaient à peine sur le palier du second étage que Mouillon et Ripart sortirent et descendirent à leur tour lentement, sans faire de bruit.

Georgette ouvrit la porte de la loge et jeta ces mots au concierge :

— On vient me chercher ; un grave accident est arrivé à mon enfant, je cours près de lui.

Elle referma la porte et monta dans le coupé. La femme se plaça à côté d'elle, en fermant la portière. Alors le faux cocher cingla d'un coup de fouet le flanc du cheval, qui partit comme un trait.

Les deux agents de police s'élancèrent dans la rue.

— Maintenant, à nous deux, monsieur Hector Vidal, dit Mouillon.

Et, suivi de Ripart, il se dirigea en courant vers l'endroit où sa voiture l'attendait sur le quai.

XII

LA REVANCHE DE MOUILLON

Le trajet de la rue Galande à Billancourt se fit rapidement ; cependant, à chaque instant Georgette demandait :

— Arriverons-nous bientôt ?

La complice de M. Hector lui avait dit que le docteur promettait de guérir l'enfant très vite, et donnait l'assurance qu'il ne serait pas estropié ; malgré cela elle n'était point rassurée ; elle avait hâte de voir son enfant, d'entendre le docteur. Son anxiété était horrible. Enfin, la voiture s'arrêta.

— Nous voici arrivées, dit la femme à Georgette.

La jeune fille voulut s'élancer hors de la voiture. La femme l'en empêcha, et lui dit :

— Attendez un instant, on ouvre la porte cochère, nous descendrons dans la cour.

L'homme aux favoris roux vint prendre le cheval par la bride et le fit entrer.

Georgette et la femme sortirent de la voiture, en même temps que le faux cocher sautait à bas de son siège.

La femme prit la main de la jeune fille et l'entraîna, en lui disant :

— Venez.

Elles montèrent les six marches d'un perron et entrèrent dans la maison.

M. Hector s'approcha de l'homme et lui dit presque à voix basse :

— Tu sais ce que tu as à faire ?

— Oui, répondit-il.

— Commence par refermer la porte ; ensuite tu donneras une bonne avoine au cheval, sans le dételer.

Sur ces mots M. Hector s'éloigna et entra à son tour dans la maison.

L'homme aux favoris roux s'empressa de fermer la porte. Derrière lui, deux hommes sortirent d'un massif où ils s'étaient cachés et s'approchèrent sans bruit.

Quand l'agent de M. Hector se retourna, il se trouva en face des deux hommes et il vit à la hauteur de ses yeux le canon d'un revolver. Une voix rude lui dit :

— Si tu fais entendre un cri, tu es mort !

Mais crier lui eût été impossible à ce moment ; l'épouvante avait paralysé sa langue. Rejetant son corps en arrière, ses yeux hagards s'ouvrirent démesurément, se fixèrent sur les deux hommes, qu'il prit d'abord pour des voleurs, et il se mit à trembler de tous ses membres.

— Il y a là une petite porte, tu dois en avoir aussi la clef, lui dit l'agent armé d'un revolver.

En même temps il lui prit des mains la clef de la porte cochère qu'il venait de fermer.

L'homme aux favoris roux ne répondit pas.

Mais l'autre agent de police se mit en devoir de le fouiller.

— En voici une, dit-il ; c'est probablement celle de la petite porte.

— Il faut t'en assurer.

L'agent alla essayer la clef dans la serrure et revint en disant :

— C'est elle.

— La porte est-elle bien fermée ?

— Oui.

— Les moindres précautions sont bonnes à prendre. Quand le commissaire arrivera, c'est toi qui lui ouvriras.

— En attendant, qu'est-ce que nous allons faire de ce grand escogriffe ?

— Pour nous en débarrasser, je vais tout simplement l'enfermer dans la cave. Pendant ce temps, tu t'occuperas du cheval, qui commence à perdre patience.

Le désir de résister et de s'échapper des mains des agents ne manquait pas à l'homme aux favoris roux; mais la terreur que lui inspirait le revolver toujours menaçant le rendit doux comme un mouton et obéissant comme un chien qui craint les coups de cravache.

Séraphine — la complice de M. Hector Vidal se nommait ainsi — fit entrer Georgette dans une chambre du rez-de-chaussée éclairée par une bougie.

— Asseyez-vous, mademoiselle, lui dit-elle, je vais prévenir ma maîtresse de votre arrivée.

Georgette aurait pu s'étonner d'entrer dans une maison où régnait un profond silence et que personne ne fût venu au-devant d'elle pour la recevoir. Mais ne pensant qu'à son enfant, et agitée comme elle l'était, elle ne remarqua rien.

— Je vous en prie, madame, ne me faites pas attendre longtemps, dit-elle. Si vous saviez comme je souffre? Hélas! il me tarde d'être près de mon pauvre enfant!

— Soyez tranquille, dans un instant vous le verrez, répondit la femme de sa voix doucereuse et hypocrite.

Elle sortit de la chambre. Georgette n'entendit pas qu'elle tournait la clef dans la serrure et qu'on la faisait prisonnière. Elle fit quelques pas, jeta autour d'elle un regard distrait, puis s'assit tristement.

Dans le corridor, M. Hector et Séraphine échangeaient ces paroles à voix basse :

— Pleure-t-elle toujours ?

— Non; je l'ai un peu consolée en lui disant que l'accident n'aurait pas de suites graves,

— C'est bien !

— Que dois-je faire, maintenant?

— Vous l'avez emprisonnée?

— Oui.

— Fermez encore à clef la porte d'entrée, puis vous vous retirerez dans votre chambre. Ne vous couchez pas, car je puis avoir besoin de vous; dans ce cas, je vous appellerai. Ah! ça, on dirait que vous tremblez.

— Oui, je suis effrayée.

— De quoi?

— Je ne sais pas. Vous n'avez donc pas peur, vous, monsieur Ulysse?

— Pourquoi aurais-je peur ?

— Quand cette jeune fille saura...

Il haussa les épaules.

— J'ai pris toutes mes précautions, dit-il ; d'ailleurs ceci est mon affaire et vous n'avez plus à vous inquiéter de rien. Allons, faites ce que je vous ai dit. Moi, je vais d'abord me débarrasser de cette défroque dans laquelle je ne suis pas du tout à mon aise.

Il monta à l'étage supérieur.

Séraphine fit ce que son maître venait de lui ordonner. Elle n'eut pas plus tôt fermé derrière elle la porte de sa chambre, qui se trouvait en face de celle où Georgette était enfermée, qu'un homme sortit brusquement du renfoncement produit par l'escalier, et se dressa au milieu du corridor armé d'un pistolet.

C'était l'inspecteur de police Mouillon.

Lui et Ripart étaient arrivés à Billancourt dix minutes avant Georgette. Ils trouvèrent deux autres agents qui les attendaient près du mur de clôture au fond du jardin. Ceux-ci étaient là depuis une heure. Ils avaient eu le temps de se procurer une échelle, au moyen de laquelle ils grimpèrent sur le mur l'un après l'autre et sautèrent dans le jardin.

Alors Mouillon ayant vite tracé son plan et dit à chacun ce qu'il aurait à faire, ils s'approchèrent le plus près possible de la maison.

L'homme aux favoris roux, attendant son maître, fumait tranquillement sa pipe, en se promenant dans la cour.

La voiture qui amenait Georgette arriva, l'homme s'empressa d'ouvrir la porte cochère. Profitant de cet instant, Mouillon et Ripart s'introduisirent dans la maison, les deux autres agents, longeant le mur, allèrent se cacher derrière un bouquet de lilas.

Restée seule dans la chambre, où elle était prisonnière sans le savoir, Georgette laissa de nouveau couler ses larmes. Au bout de trois minutes, elle se leva en entendant le bruit que fit en s'ouvrant la porte d'un cabinet de toilette, dissimulé dans la cloison. Un homme entra dans la chambre. Elle laissa échapper un cri de surprise en reconnaissant Ripart.

— Chut ! fit l'agent de police, en mettant sur sa bouche l'extrémité de son index.

La jeune fille le regardait avec une surprise croissante.

Quand il fut tout près d'elle, il lui dit :

— S'il vous plaît, mademoiselle Georgette, nous causerons à voix basse.

— Mon Dieu ! dit-elle très émue, je ne sais que penser ; comment se fait-il que vous soyez ici ?

— Je sais pourquoi vous y êtes, vous, répondit-il ; j'étais chez moi quand une femme est venue vous chercher.

— Alors, vous savez le malheur qui m'arrive...

Elle ne put retenir un sanglot.

— Allons, ne pleurez pas, reprit Ripart, dont la voix, comme le regard, était devenue caressante ; vous avez assez pleuré et sangloté ce soir dans votre chambre. Je vous ai entendue, et si j'avais osé... mais, voilà, je n'ai pas osé... Enfin, mademoiselle Georgette, comme vous ne m'avez pas demandé de vous accompagner, j'ai pris une voiture et je suis venu de mon côté. Je ne veux pas me comparer à M. Sarrue, nul au monde ne peut avoir un pareil dévouement, mais, voyez-vous, je suis tout de même un de vos amis, un vrai...

— Je le crois, monsieur Ripart. Dites-moi, vous connaissez donc les maîtres de cette maison?

— Je crois bien que je les connais, et depuis longtemps.

— Est-ce que vous êtes arrivé avant moi?

— Oui, grâce au cheval qui m'a amené ; une fière bête, allez. Quel trotteur !

— Alors vous avez vu mon petit Maurice?

Ripart embarrassé se gratta l'oreille.

— Votre petit Maurice! balbutia-t-il.

— Mon Dieu, fit-elle, effrayée, pourquoi ne me répondez-vous pas? Ah! on m'a caché la vérité, mon enfant a les jambes broyées, il est mort peut-être !

Elle poussa un cri rauque et voulut s'élancer vers la porte. Ripart la retint, en lui saisissant le bras.

— Oui, lui dit-il à l'oreille, on vous a caché la vérité, et tout ce qu'on vous a dit est mensonge. Aucun accident n'est arrivé à votre enfant.

Elle fit un pas en arrière et le regarda avec effarement. Elle était stupéfiée.

— En ce moment, reprit l'agent de police, le petit Maurice dort probablement dans son petit lit, du doux sommeil des anges.

— Il n'est donc pas ici?

— Il n'y est pas.

Elle regarda autour d'elle avec épouvante, puis serrant entre ses mains son front brûlant :

— Oh! murmura-t-elle d'une voix frémissante, il me semble que je deviens folle !

— Rassurez-vous, mademoiselle Georgette, dit Ripart, je suis près de vous, vous n'avez rien à craindre.

— Mais je ne comprends pas, que se passe-t-il? Pourquoi est-on venu me chercher?

— Pourquoi?... Savez-vous chez qui vous êtes?

— Madame de Verville, m'a dit la femme.

— D'abord, il n'y a pas de madame de Verville; il n'y a ici qu'un monsieur qui se fait appeler de Verville et qui se nomme autrement.

— Mon Dieu, mon Dieu; qu'est-ce que tout cela veut dire?

— Cela veut dire, mademoiselle Georgette, qu'une fois encore on vous a tendu un piège infâme.

Elle sursauta et un frisson courut dans tous ses membres.

— Souvenez-vous de la maison de la rue Vaugelas, ajouta Ripart.

— Lui, lui! fit-elle d'une voix étranglée.

Elle prononça ce mot deux fois avec un accent qui exprimait l'horreur et le dégoût.

— Oui, lui, M. Hector Vidal, répondit l'agent de police.

— Le misérable, le misérable! murmura-t-elle sourdement.

— Mais, cette fois, nous le tenons, reprit Ripart, il ne peut plus nous échapper : le gredin s'est laissé prendre dans son propre piège. Il descend l'escalier, le voici. Asseyez-vous là, dans ce fauteuil, ne dites plus rien, vous n'aurez qu'à regarder : je vous préviens que ce sera drôle.

Georgette fut prise d'un tremblement convulsif; mais rassurée par la présence de l'agent de police, qui s'était caché derrière les épais rideaux d'une fenêtre, elle s'assit et attendit.

Les pas de M. Hector résonnèrent sur les dalles du corridor, presque aussitôt la clef grinça dans la serrure et la porte s'ouvrit. Georgette, inclinée, tenait sa tête dans ses mains. M. Hector referma la porte sans bruit et un sourire hideux sur les lèvres, il marcha vers la jeune fille.

Ripart sortit de derrière le rideau et bondit au milieu de la chambre.

A la vue de cet homme inconnu, pris d'une terreur folle et perdant la tête, le misérable se mit à crier au voleur !

— Ah ! par exemple, elle est bonne celle-là, fit Ripart en ricanant.

Et il se mit à rire aux éclats.

— Misérable, qui es-tu? s'écria M. Hector d'une voix menaçante.

— Monsieur Louis de Verville, répondit Ripart, en croisant ses bras, je suis agent de la police de sûreté pour vous servir.

La foudre tombant au milieu de la chambre n'aurait pas produit sur M. Hector un effet plus terrible que la réponse de Ripart. Il devint pâle comme un mort; mais trop lâche pour se précipiter sur l'agent qui l'attendait de pied ferme, il ne songea qu'à prendre la fuite. D'un bond il s'élança vers la porte. Mais celle-ci venait de s'ouvrir et il se trouva face à face avec Mouillon, qui lui présenta les six canons de son revolver.

Le misérable comprit qu'il lui était impossible de s'échapper et que toute résistance devenait inutile. Ses traits se contractèrent affreusement, ses yeux se remplirent de lueurs livides et il recula jusqu'au fond de la chambre, en faisant entendre un grognement de fauve acculé dans son antre.

Alors, Mouillon fit deux pas en avant, et la tête haute, le front rayonnant, superbe comme un conquérant, il dit d'une voix sonore :

— Monsieur Hector Vidal, dit Louis de Verville, dit Ulysse de Rosières, au nom de la loi, je vous arrête.

Ces paroles achevèrent d'écraser le misérable. Il jeta autour de lui des regards d'insensé, un son guttural sortit de sa gorge étranglée, semblable à un râle, et il s'affaissa sur un siège comme une masse.

— On frappe à la porte sur la rue, dit Ripart.

— Je sais ce que c'est, répondit Mouillon.

On entendit ouvrir et refermer la porte.

— Amenez la femme, ordonna Mouillon.

— Presque aussitôt, Séraphine entra dans la chambre poussée par un agent. Elle alla tomber en gémissant sur un fauteuil à côté de son maître.

— Où est l'autre? demanda l'inspecteur.

— Je l'ai provisoirement enfermé dans la cave, répondit l'agent. Je vais le chercher.

Un commissaire de police parut accompagné de son secrétaire.

— Monsieur le commissaire, lui dit Mouillon, voilà le nommé Hector Vidal, qui a loué cette maison sous le nom de Louis de Verville ; cette femme est sa complice; on va vous amener le troisième. Maintenant voici mademoiselle Georgette.

Sur la demande du magistrat, la jeune fille raconta ce qui s'était passé entre elle et Séraphine et comment, croyant venir près de son enfant victime d'un accident, elle avait été amené dans la maison

Georgette descendait, Ripart se trouva dans l'escalier sur son passage. (Page 454.)

— Cela suffit, mademoiselle, lui dit le commissaire avec bonté ; vous pouvez maintenant retourner à Paris.

— Avec moi, mademoiselle Georgette, dit Ripart.

Et il lui offrit son bras.

Elle le prit en arrêtant sur lui son regard plein de reconnaissance. Ils s'en allèrent.

Une heure après, Mouillon et ses agents conduisaient à Paris Hector Vidal et ses complices. Ils devaient passer la nuit dans un poste de police pour être envoyés le lendemain au dépôt de la préfecture.

Hector Vidal allait enfin rendre compte à la justice de toutes ses infamies.

L'inspecteur Mouillon lui donna cette satisfaction de lui faire faire, en sa compagnie, le voyage de Billancourt à Paris dans la voiture qu'il avait louée le matin.

XIII

RENCONTRE AU BOIS

D'un commun accord, la princesse Olga Ramidoff et Maurice Vermont avaient fixé le jour de leur mariage. La princesse attendait de Russie, où elle les avait demandés, les papiers réclamés par la mairie de Paris pour apposer les affiches légales et dresser l'acte de mariage.

De ce côté, la jeune femme était parfaitement tranquille ; elle savait que ces papiers, loin de faire aucune révélation sur son passé, établissaient, au contraire, sa qualité de Polonaise née à Varsovie de parents français naturalisés. Avant de l'épouser, comme il lui fallait un nom, le prince Alexis Ramidoff l'avait substituée à une demoiselle Marie Olga Joubert, laquelle venait de mourir misérablement dans une pauvre auberge de Moscou.

Mais si elle ne craignait pas qu'on vînt lui dire : « Vous n'êtes pas née à Varsovie, vous êtes née à Marangue, village des Ardennes ; vous ne vous appelez pas Marie Olga Joubert, vous vous nommez Suzanne Vernier, » elle tremblait, chaque fois qu'elle sortait, qu'on ne reconnût Andréa la Charmeuse dans la princesse Ramidoff.

Jusqu'à présent elle avait été assez heureuse pour ne rencontrer aucune des personnes qui l'avaient connue autrefois et qui fréquentaient son salon de la rue Pasquier; mais, à moins que toutes ces personnes ne fussent mortes ou pour toujours éloignées de Paris, ce qui n'était pas admissible, elle sentait que tôt ou tard, cela devait fatalement arriver. Or, Andréa la Charmeuse reconnue, c'était son bonheur détruit, Maurice s'éloignant d'elle avec horreur, l'existence nouvelle qu'elle voulait se faire devenue impossible. Alors son titre n'avait plus aucun prestige, la princesse Ramidoff disparaissait et il ne restait plus qu'Andréa la Charmeuse, la grande mondaine, la courtisane célèbre, dont la merveilleuse beauté avait occcupé et ébloui tout Paris.

Certes, maintenant que l'amour l'avait métamorphosée, qu'elle avait honte de son pasé, que de bons sentiments la dirigeaient, qu'elle était devenue une vraie femme, enfin, plutôt que d'être Andréa la Charmeuse, elle eût préféré redevenir Suzanne Vernier, la pauvre paysanne de Marangue.

Cette pensée que Maurice pouvait d'un moment à l'autre être instruit de son passé la faisait cruellement souffrir. Ses craintes, ses appréhensions ne lui laissaient pas un instant de repos; elles devenaient une effroyable torture.

Parfois, comptant sur la générosité de Maurice et sur sa puissance fascinatrice, elle se demandait si elle ne ferait pas bien de lui tout avouer.

— Il m'aime, il m'adore, se disait-elle, il ne sera pas plus impitoyable que Dieu, qui m'a prise en pitié en me faisant connaître l'amour; il me tiendra compte de ma franchise, de ma confiance, de ma loyauté, et il me pardonnera, et il laissera le passé dans l'oubli.

Mais, aussitôt, elle se sentait frissonner, le doute s'emparait de son esprit, elle retrouvait toutes ses terreurs et, manquant de courage et de résolution :

— Non, non, s'écria-t-elle, c'est impossible, je ne peux pas lui dire cela; il cesserait de m'aimer; il me maudirait!... Il y a des choses qu'un homme n'oublie et ne pardonne jamais! Oh! non, Maurice ne m'aimerait plus, car l'amour n'est sincère, grand, durable qu'autant qu'il est basé sur l'estime! Oui! il doit tout ignorer; il faut que je le détruise, que je l'enterre, cet exécrable passé.

« D'ailleurs, reprenait-elle, je suis complètement oubliée, et en me tenant réservée, en sortant peu, en prenant certaines précautions, je puis éviter les périls que je redoute. D'abord, nous ne ferons que des apparitions à Paris : aussitôt que nous serons mariés, nous partirons, nous voyagerons... Maurice a une grande fortune, nous irons en Asie, en Amérique, où il a passé son enfance... être toujours ensemble, nous deux seulement, ne vivre que pour lui, voilà ce que je désire maintenant, voilà mon rêve !

C'est en raisonnant ainsi qu'elle essayait de se rassurer sur l'avenir, de chasser ses craintes et de calmer son agitation intérieure.

D'autres pensées, non moins douloureuses, venaient encore la tourmenter. Elle avait toujours gardé le souvenir de la petite sœur qu'elle avait abandonnée; mais depuis qu'elle aimait Maurice, sa tendresse pour Georgette, subitement réveillée dans son cœur, était devenue excessive. Les paroles de sa mère mourante, lui recommandant sa petite sœur, résonnaient sans cesse à ses oreilles, et en songeant au peu de cas qu'elle en avait fait et à son départ de Marangue, elle poussait de sourds gémissements.

Là encore elle avait été coupable, criminelle, et toujours sa conscience la condamnait. Le jour comme la nuit, elle pensait constamment à Georgette, et quand elle se trouvait seule, livrée à ses sombres réflexions, loin du regard de ses serviteurs, elle versait des larmes brûlantes.

— Ma chère Georgette, ma pauvre petite sœur, s'écria-t-elle, qu'est-elle devenue? Existe-t-elle encore?

Elle ignorait complètement ce qui s'était passé à Marangue, depuis qu'elle en était partie. Elle n'avait jamais osé faire prendre aucun renseignement. L'idée lui vint de faire le voyage des Ardennes, mais de vagues appréhensions la retinrent. Celle qui avait été la fière Andréa, devenue pusillanime, manquait absolument de tout courage.

Maurice lui avait dit un jour qu'il possédait un château et plusieurs belles fermes, mais il n'avait prononcé ni le nom du château ni le nom des fermes. Et comme, par un sentiment de délicatesse, elle ne voulait pas qu'il lui parlât de sa fortune, l'occasion ne s'était pas présentée de causer de Salerne, des Ambrettes et du fermier Thomas. Du reste, ils avaient tant d'autres choses à se dire quand ils étaient ensemble, que Maurice ne lui avait pas parlé de Manette Biron et de Georges Raynal, bien qu'ils fussent à Paris depuis quelques jours.

Songeant à Georgette, la princesse se disait :

— Comme tout le monde, elle me croit morte; je ne la détromperai point, mais il faut qu'elle soit heureuse. De loin, comme une bonne fée, je veillerai sur son bonheur et son avenir. Je trouverai le moyen de la faire riche, sans qu'elle sache d'où la fortune lui viendra, sans qu'elle voie la main qui la protégera.

La solitude plaisait à la princesse. Elle aimait beaucoup le théâtre, mais, dès qu'elle entrait dans une salle de spectacle, l'inquiétude la prenait et lui enlevait tout l'attrait de la soirée. Les promeneurs du boulevard et des Champs-Élysées l'effrayaient. Quand elle allait au Bois elle s'éloignait de la foule et cherchait les endroits les moins fréquentés, autant que possible les allées désertes et ombragées.

Le jour de l'enlèvement de Georgette, vers trois heures de l'après-midi, la princesse était au Bois. Son cocher s'était dirigé du côté de la porte de Boulogne.

Ayant fait arrêter sa voiture, elle avait mis pied à terre, et prenant une de ces allées tracées pour les piétons, qui courent à travers les taillis, elle s'était enfoncée dans le bois.

La journée était très belle, les oiseaux chantaient dans les massifs, la jeune verdure était magnifique et les rayons du soleil se faufilaient gaiement à travers les branches et les feuilles frissonnantes.

La princesse marchait lentement, la tête inclinée, rêveuse, éprouvant un charme infini à se trouver seule au milieu de ce bois, qui, sans leur ressembler en rien, lui rappelait les grandes forêts sauvages du pays des Ardennes. Sa main gauche relevait la traîne de sa robe, et sa main droite pendante tenait son ombrelle.

A ce moment elle pensait à Marangue, à Georgette, à Maurice et aussi à Manette, la sorcière, dont elle avait repoussé les conseils et dédaigné les avertissements.

Soudain, à quelques pas d'elle, elle entendit une voix qui disait :

— Maurice, mon petit ami, dérange-toi pour laisser passer la dame.

Ce nom de Maurice, jeté au milieu de ses pensées, fit tressaillir la princesse, et sa tête se redressa brusquement.

Devant elle, presque à ses pieds, couché au milieu du sentier, elle vit un jeune enfant qui jouait avec des cailloux qu'il avait amassés et qu'il alignait de façon à former diverses figures.

Il était nu-tête et elle remarqua qu'il avait de jolis cheveux blonds tout bouclés autour de la tête.

Tout près de l'enfant et veillant sur lui, une vieille femme était assise au pied d'un arbre. Le petit Maurice, obéissant, s'était relevé.

— Ne te dérange pas, mon mignon, lui dit la princesse, continue à jouer.

L'enfant se tourna vers elle et la regarda avec ses grands yeux bleus étonnés.

— Oh ! l'adorable petit garçon, s'écria-t-elle.

Elle se baissa, le prit dans ses bras et lui mit un baiser sur le front.

— Vous n'êtes pas maman, dit le petit.

— Non, répondit-elle, je ne suis pas ta maman, mais je t'aime aussi parce que tu es bien sage.

Et elle l'embrassa encore.

Puis, l'examinant avec plus d'attention, elle crut voir en lui Georgette quand elle était toute petite. C'était bien sa mine éveillée, sa petite bouche rose, sa figure épanouie et souriante, ses beaux yeux bleus et ses cheveux blonds bouclés.

Saisie d'une émotion aussi subite qu'étrange, ses yeux se voilèrent de larmes.

Elle se redressa, puis s'adressant à la femme.

— Vous avez un bien charmant enfant, madame, lui dit-elle, d'une voix qui tremblait légèrement.

— Oui, répondit madame Bertin, il est gentil comme un amour, doux, bon, affectueux, caressant, obéissant, pas du tout difficile à garder.

— C'est sans doute votre petit-fils?

— Non, c'est un petit Parisien qu'on a mis en pension chez moi pour quelque temps. Tel que vous le voyez, il sort de maladie et il avait besoin de bon air; on ne le dirait pas en voyant ses joues rondes et roses. Depuis quelques jours seulement que je l'ai, il n'est plus reconnaissable.

— Ses parents sont riches?

— Tout ce qu'il y a de plus pauvres, au contraire; aussi je ne leur ai pas demandé beaucoup, pour garder leur enfant. Et maintenant que je l'ai et que je m'y suis attachée déjà, tellement il est gentil, je le garderai tant qu'ils le voudront, quand même ils ne me donneraient rien du tout. Pourtant je ne suis pas riche, j'ai bien du mal à vivre avec mes petites rentes.

La princesse ne cessait pas de regarder l'enfant; elle ne pouvait en détacher ses yeux.

— Il est bien habillé, presque richement, dit-elle; on ne croirait pas que ses parents sont de pauvres gens.

— Ah! voilà, répondit madame Bertin, toutes les mères se ressemblent, toutes sont glorieuses de leur enfant; celles qui ne sont pas riches se privent souvent de manger pour pouvoir acheter un joli vêtement à leur cher bébé.

La princesse sentit augmenter son émotion. Elle tira son porte-monnaie, y prit une pièce de vingt francs et la mit dans la main de la vieille femme en lui disant:

— Permettez-moi de vous donner cela pour le petit Maurice; vous lui achèterez ce que vous voudrez.

— Merci bien, dit madame Bertin, je lui achèterai d'abord un petit chapeau de paille, dont il a besoin pour courir sous le soleil.

— Puis-je vous demander où vous demeurez?

— A Boulogne, madame.

— Si vous m'y autorisez, j'irai vous faire une visite.

— Madame, ce sera une joie et un honneur de vous recevoir dans ma modeste demeure.

— Veuillez me donner votre adresse.

— Madame Bertin, rue Fessart, 22.

— Merci, dit la princesse.

Elle salua la vieille femme d'un gracieux mouvement de tête, jeta sur l'enfant un dernier et long regard et elle s'éloigna rapidement en revenant sur ses pas.

— Je n'ai jamais éprouvé une semblable émotion, se disait-elle ; j'ai le cœur serré et il me semble que ma poitrine est pleine de sanglots; si je ne m'étais retenue, j'aurais pleuré devant cette femme. Pourquoi cette impression extraordinaire et ce trouble en moi? Est-ce parce que cet enfant s'appelle Maurice? Est-ce parce que je me suis imaginé qu'il avait quelque ressemblance avec ma sœur? Oh! folle, folle que je suis!...

Elle retrouva sa voiture à l'endroit où elle l'avait laissée.

— Je rentre, dit-elle au cocher, en s'asseyant sur le coussin moelleux de la calèche.

Une demi-heure après, elle était dans son élégant boudoir. Son émotion s'était un peu calmée; mais, en dépit de ses raisonnements, sa pensée la ramenait constamment dans cette allée du Bois où elle s'était trouvée tout à coup en présence de la vieille femme et du bel enfant blond.

A cinq heures Maurice arriva. Elle s'empressa de lui raconter l'intéressante rencontre qu'elle avait faite au Bois ; tout en lui en cachant la véritable cause, elle lui parla de l'impression singulière qu'elle avait ressentie en regardant et en embrassant ce charmant enfant qui portait son nom.

Le jeune homme l'écouta en souriant, puis il la plaisanta affectueusement sur sa trop grande sensibilité.

— Vous avez raison, lui dit-elle; mais que voulez-vous, je suis ainsi. Ah! je ne m'en plains pas : cette sensibilité que vous me reprochez me procure de si douces jouissances!

Ils parlèrent d'autre chose. Au bout d'un instant, elle ramena la conversation sur l'enfant du Bois.

— Maurice, lui dit-elle, voulez-vous me faire un grand plaisir ?

— Ma chère Olga, vous ne devez pas en douter. De quoi s'agit-il?

— Demain, dans la matinée, nous irons ensemble à Boulogne. Je désire vous faire voir ce bel enfant. Vous le voulez bien, n'est-pas?

— Je n'ai rien à vous refuser.

— Alors, demain, c'est convenu!

— Oui! A quelle heure?

— Je commanderai ma voiture pour dix heures.

— A dix heures, je serai ici.

XIV

VISITE A BOULOGNE

Le lendemain, à dix heures et demie, la calèche de la princesse Ramidoff s'arrêtait devant le n° 22 de la rue Fessart, à Boulogne. Pour entrer dans la maison, dont la façade est sur le jardin, il faut ouvrir une porte à claire-voie, pratiquée dans le mur de clôture sur la rue, laquelle n'était ordinairement fermée qu'au loquet pendant la journée.

A travers cette porte, la princesse et Maurice aperçurent l'enfant qui se roulait dans l'herbe.

— C'est lui, dit la jeune homme.

Elle ouvrit la porte qui fit sonner une clochette, et ils entrèrent dans le jardin. L'enfant tourna la tête. Aussitôt il reconnut la princesse. Il se leva vivement et il accourut vers elle en lui tendant ses petits bras.

— Voyez-vous, Maurice, s'écria-t-elle avec joie, il m'a reconnue!

Elle prit le bébé dans ses bras, l'embrassa à plusieurs reprises et le mit ensuite dans les bras de Maurice qui l'embrassa aussi.

— Il est vraiment joli comme un chérubin, dit le jeune homme.

— N'est-ce pas qu'il est adorable? reprit la princesse. Comme il a de beaux yeux, comme il a l'air intelligent! Regardez la délicieuse petite bouche... Et, comme vous, mon ami, il s'appelle Maurice.

— Oui, répondit-il, voilà un bel enfant.

Puis, baissant la voix, il ajouta :

— Je serai heureux et fier si un jour...

Voyant rougir la jeune femme, il n'acheva pas sa phrase. Il posa à terre l'enfant, qui courut reprendre son jeu au milieu de la petite pelouse.

Quand l'agent de M. Hector se retourna, il vit à la hauteur de ses yeux le canon d'un revolver. (Page 467.)

— Maurice, reprit la princesse, ses parents sont très pauvres : si vous le voulez, nous les aiderons.

— J'y songeais déjà, répondit Maurice.

— Quelques milliers de francs seraient pour eux une fortune.

— On peut encore les établir, leur donner la possibilité de faire un petit commerce.

— Oui, c'est cela, mon ami, oh! vous n'êtes jamais embarrassé quand l'occasion de faire du bien se présente à vous!

Au bruit de la clochette, qui annonçait une visite, madame Bertin ayant regardé par une fenêtre, avait vu entrer la princesse et Maurice. Vite, elle passa un peignoir, se coiffa d'un bonnet de linge très propre et s'empressa de descendre au jardin.

— Monsieur et madame, dit-elle, excusez-moi si je ne suis pas venue tout de suite; j'étais en train de faire mon ménage, et je ne pouvais pas paraître devant vous...

— Vous n'avez pas à vous excuser, l'interrompit Maurice; c'est nous, au contraire, qui devons vous prier de nous pardonner d'être venus ainsi vous surprendre.

— Oh! je suis trop heureuse de l'honneur que vous me faites; d'ailleurs, madame avait bien voulu m'annoncer sa visite. Mais veuillez vous donner la peine d'entrer.

— Non, merci, dit la princesse, dont les yeux ne quittaient pas l'enfant, nous sommes très bien ici.

— Laissez-moi au moins vous offrir des sièges.

Elle entra dans la maison et revint aussitôt apportant des chaises.

— Veuillez avoir l'obligeance, madame, lui dit Maurice, de nous donner quelques renseignements sur les parents de cet enfant.

— Mon Dieu, monsieur, c'est que... balbutia-t-elle.

Le jeune homme crut que, ne les connaissant point, elle hésitait à parler. Il reprit :

— Vous avez dit à madame qu'ils étaient très pauvres.

— C'est la vérité, monsieur.

— Eh bien, vous pouvez nous parler d'eux en toute confiance. Madame s'intéresse vivement à ce petit garçon; nous sommes riches et il nous serait agréable de venir en aide à ses parents, si toutefois ils sont dignes du bien que nous voulons leur faire. Madame est la princesse Ramidoff, et moi je me nomme Maurice Vermont.

— Je suis désolée, monsieur, de ne pouvoir rien vous dire aujourd'hui.

— Pourquoi cela?

— Je sais que les parents de l'enfant sont de pauvres gens, voilà tout.

— Vous les connaissez, cependant?

— J'ai vu la mère deux fois et je dois vous avouer que je ne sais même pas son nom.

— Voilà qui est étrange, fit Maurice, et je ne m'explique pas comment vous avez chez vous un enfant dont les parents vous sont inconnus.

— En effet, répondit madame Bertin, cela peut paraître extraordinaire, et pourtant c'est la vérité ; vous allez comprendre, monsieur. J'ai passé une partie de ma vie à garder des enfants d'ouvriers. A Paris c'est un métier, car les salles d'asile ne sont pas toujours assez grandes pour recevoir tous les enfants des pauvres ; et puis on ne les reçoit pas au-dessous d'un certain âge. Quand les mères sont forcées de travailler, il faut bien que quelqu'un garde et donne à manger à leurs enfants, pendant qu'elles sont au lavoir, à la fabrique ou à l'atelier.

« Il y a eu lundi huit jours, je vois arriver ici, chez moi, un brave et honnête garçon qui m'a connue autrefois lorsque j'étais gardeuse d'enfants. Il s'était souvenu de moi et il venait me prier de prendre pendant deux ou trois mois un enfant âgé de moins de deux ans, qui venait de faire une grave maladie et à qui il fallait l'air de la campagne. Je ne m'en souciais pas trop, à vrai dire ; pourtant, voulant être agréable à M. Sarrue, j'acceptai.

Maurice eut un haut-le-corps et devint très pâle. Heureusement, la princesse regardait l'enfant, elle ne s'aperçut de rien.

— Alors, continua madame Bertin, M. Sarrue me serra les mains avec effusion, en me remerciant ; puis il me dit que le lendemain ou le surlendemain la mère m'apporterait son enfant et qu'il viendrait avec elle. En me parlant de la maman et du petit, il avait des larmes plein les yeux ; c'est qu'il est bon, voyez-vous ; il a autant de cœur que de talent. Malheureusement, il est timide ; il ne sait pas se faire valoir comme tant d'autres. Ceux-ci marchent, courent, arrivent, et lui reste au même cran, toujours gueux, comme il le dit lui-même. Il est bon de vous dire que M. Jacques Sarrue est un savant, un poète.

« En me demandant combien je prendrais par mois pour la pension de l'enfant, il me dit que la mère, qu'il connaissait depuis longtemps, était une pauvre ouvrière très méritante et qu'il ne fallait pas lui prendre trop cher. Nous fixâmes le prix à vingt francs par mois. Voyant qu'il ne me parlait pas du père de l'enfant, je lui demandai si la maman était mariée. — « Mais oui, me répondit-il, elle est mariée ; son mari est un ouvrier comme elle ; je ne vous parlais pas de lui, parce qu'il n'est pas avec elle en ce moment. Comme il ne trouvait pas d'ouvrage à Paris, il est allé en chercher du côté de Lyon. » — Je n'ai plus adressé aucune question à M. Sarrue ; je le connais assez pour avoir en lui la plus grande confiance. Il ne m'a pas dit le nom des parents de l'enfant, je ne le lui ai pas demandé.

« Enfin, la mère, accompagnée de M. Sarrue, m'a apporté son enfant. Elle m'a plu tout de suite. Il est vrai qu'elle est admirablement jolie, bien qu'elle soit un peu pâlotte, et qu'il y a dans le regard de ses grands yeux bleus limpides une expression de bonté qui fait naître aussitôt la sympathie.

« Sans vouloir faire de comparaison, madame, son regard a la douceur et la clarté du vôtre.

« M. Sarrue l'aime réellement beaucoup; je dirai même qu'il a pour cette jeune femme une affection, une tendresse qu'on pourrait trouver singulières chez un autre. Plusieurs fois, devant moi, il l'a appelée sa fille. Certainement, elle pourrait l'être; mais c'est une manière de parler. Du reste, il appelle aussi son fils le petit Maurice. »

Maurice écoutait toujours, mais distraitement ; il était agité et se sentait mal à son aise. Il souffrait surtout de la contrainte qu'il était obligé de s'imposer, des efforts inouïs qu'il faisait pour cacher son embarras, son trouble à la princesse.

— Ainsi, se disait-il, ce petit garçon est l'enfant de Georgette et de Jacques Sarrue. Pourquoi donc lui ont-ils donné mon nom?

Rien encore ne lui faisait pressentir la vérité.

— Maintenant, reprit madame Bertin, je ne verrai M. Sarrue et la maman que dimanche prochain. Je leur parlerai de votre visite et de vos bonnes intentions, monsieur et madame. Cependant, si vous vouliez avoir plus tôt des renseignements sur les parents de l'enfant, je puis vous donner l'adresse de M. Jacques Sarrue.

— Oui, oui, c'est cela, dit vivement Maurice, donnez-moi l'adresse de M. Sarrue.

— Il demeure rue Galande, n° 17.

— Merci ! je ferai prendre moi-même des renseignements. Ne parlez point, je vous prie, de notre visite à M. Sarrue et à... la mère de l'enfant.

Il allait prononcer le nom de Georgette ; il se retint à temps.

— C'est inutile, continua-t-il, et puis cela contrarierait mes projets.

— Du moment que vous me recommandez de garder le silence, monsieur, je ne dirai rien, répondit madame Bertin.

— Oui, c'est préférable.

Il se leva et offrit son bras à la princesse.

— Oh ! je ne veux pas m'en aller sans embrasser l'enfant une fois encore, dit la jeune femme.

Madame Bertin l'appela. Il vint aussitôt. La princesse lui mit un baiser sur chaque joue.

— Et vous, Maurice, dit-elle, est-ce que vous ne l'embrassez pas ?

Ces paroles lui causèrent une sensation douloureuse. Cependant il se baissa ; mais, avant d'avoir approché ses lèvres du front de l'enfant, il se redressa brusquement et saisissant le bras de la princesse :

— Il est déjà tard, dit-il d'une voix troublée, partons vite.

Et il l'entraîna rapidement.

Elle le regarda avec étonnement et se dit tout bas :

— Qu'a-t-il donc ?

Madame Bertin les accompagna jusqu'à la porte.

. . . .

Nous avons dit que le mercredi soir, vers huit heures, Jacques Sarrue était sorti pour voir les parents d'un élève qu'on lui avait trouvé. Ainsi que la lettre le lui disait, il se présenta au numéro 142 de la rue du Faubourg-Poissonnière et demanda M. Boissier. On lui répondit qu'il n'y avait personne de ce nom dans la maison. Pensant d'abord que ce M. Boissier, qui lui avait écrit, avait mal mis le numéro, il entra successivement dans une douzaine de maisons ; mais partout M. Boissier était inconnu. Il comprit alors qu'il était l'objet d'une stupide et malveillante mystification. Il ne lui vint pas à l'idée que quelqu'un avait eu, ce soir-là, intérêt à l'éloigner de Georgette.

Il revint rue Galande, en cherchant à découvrir le nom du mauvais plaisant qui s'était donné la peine d'écrire une lettre et qui avait dépensé quinze centimes pour se donner la satisfaction bête de lui causer une nouvelle et amère déception.

Aucune boutique n'était encore fermée.

— Il n'est que dix heures et demie, se dit Sarrue, en s'arrêtant devant la porte de sa maison, je vais aller dire bonsoir à Georgette ; un de ses doux sourires me consolera de ma mésaventure.

Il montait chez la jeune fille sans rien dire aux concierges, lorsque la femme l'appela.

— Mademoiselle Georgette n'est pas chez elle, monsieur Sarrue, lui dit-elle.

— Elle... elle n'est pas... pas chez elle, répéta-t-il en bégayant.

— On est venu la chercher avec une voiture.

— Une voiture ? qui cela ?

— Une femme. Elle nous a dit en partant qu'un accident était arrivé à son enfant et qu'elle allait près de lui.

— Un accident! Oh! mon Dieu! gémit Sarrue. Et elle ne vous a dit que cela?

— Rien que cela, monsieur Sarrue ; elle était pressée de partir.

Il était consterné. Il entra dans la loge et se laissa tomber sur un siège.

— Si seulement j'eusse été là, murmura-t-il, je l'aurais accompagnée. Mon Dieu! que peut-il être arrivé à l'enfant? Ah! pauvre Georgette!

Il eut la pensée de partir pour Boulogne. Mais c'était loin, pour lui surtout qui marchait difficilement la nuit à cause de sa vue basse. C'est l'observation que lui firent les concierges pour le retenir. Le pauvre poète ne pouvait songer à prendre une voiture, il n'avait pas un sou dans sa poche.

— Vous n'avez pas à être inquiet au sujet de mademoiselle Georgette, lui dit la concierge ; on est venu la chercher, on la ramènera certainement. Ce que vous avez de mieux à faire c'est de l'attendre.

Il se rendit à ces raisons et se décida à attendre le retour de la jeune fille. Minuit sonna. Il était dévoré d'inquiétude.

— Je vous empêche de vous coucher, dit-il en se levant ; je ne veux pas abuser plus longtemps de votre complaisance.

— Non, non, restez encore, nous attendrons jusqu'à une heure. D'ailleurs tous les locataires ne sont pas encore rentrés.

A minuit vingt, une voiture s'arrêta devant la maison. Sarrue se précipita dans la rue et laissa échapper un cri de joie à la vue de Georgette que ramenait Ripart.

Comme les concierges étaient là, Ripart s'empressa de répondre :

— Tout va bien ; l'enfant a fait une chute, mais rien de cassé ; dans trois ou quatre jours ça n'y paraîtra plus.

Puis, s'approchant de Sarrue, il lui dit à l'oreille :

— Montez avec nous, j'ai quelque chose à vous dire.

Quand ils furent tous les trois dans la chambre de Georgette, Ripart apprit la vérité à Sarrue. Il lui raconta dans tous ses détails la nouvelle tentative de M. Hector.

— Mais, continua-t-il, nous étions là, Mouillon et moi ; nous avions juré de ne prendre aucun repos tant que nous n'aurions pas livré à la justice ce misérable qui nous avait glissé entre les mains, rue Vaugelas. Maintenant, mademoiselle Georgette, je peux vous le dire, je ne suis venu loger dans cette maison que pour être plus près de vous, afin de pouvoir mieux vous protéger.

— Oh! monsieur Ripart, dit la jeune fille d'une voix vibrante d'émotion, que de reconnaissance je vous dois!

— Allons donc, après avoir été assez bête pour vous arrêter comme une coquine et vous avoir fait passer une nuit au poste, nous vous devions bien ça! A propos, monsieur Sarrue, reprit-il, avez-vous trouvé la personne que vous êtes allé voir hier soir?

— Non, répondit le poète. Oh! je comprends, s'écria-t-il aussitôt, cette lettre que j'ai reçue hier, c'est ce M. Hector qui me l'a adressée!

— Il n'y a pas à en douter, dit Ripart. Est-ce que vous l'avez encore cette lettre?

— Oui, la voilà.

— Donnez-la-moi, monsieur Sarrue ; elle sera plus utile au juge d'instruction qu'à vous.

— Jacques, dit Georgette, je ne travaillerai pas aujourd'hui; après de si cruelles émotions, je n'en aurais ni le courage, ni la force, et puis, je ne serai pas tranquille tant que je n'aurai pas vu mon petit Maurice. Nous irons tous les deux à Boulogne.

— Je ne demande pas mieux, Georgette.

— Je ferai mon ménage et le vôtre de bonne heure, et nous pourrons partir vers neuf heures.

— C'est entendu.

Sarrue et Ripart se retirèrent en souhaitant une bonne nuit à la jeune fille.

En rentrant dans sa mansarde, après avoir allumé sa chandelle, Sarrue vit une carte de visite, qui avait été glissée sous sa porte. Il la ramassa et lut :

GEORGES RAYNAL

capitaine au 41° de ligne

Et au-dessous, ces mots écrits au crayon :

« Je prie mon ami Jacques Sarrue de m'attendre chez lui demain, jeudi, à quatre heures. Je désire vivement le revoir et causer avec lui.

— Capitaine, murmura Sarrue ; allons, tant mieux, c'est un brave cœur, il mérite de faire son chemin. Ils arrivent tous, ceux que j'ai connus! Seul, je reste au fond du bourbier! Ah! il faut qu'un mauvais génie tienne en main ma destinée!

XV

LA CALÈCHE

Le matin, en balayant ses escaliers, la concierge ouvrit la porte de Sarrue.

— Avez-vous trouvé une carte de visite que j'ai mise hier soir sous votre porte? lui demanda-t-elle.

— Oui, la voilà, répondit-il, en montrant la table sur laquelle il l'avait placée.

— C'est un grand et beau jeune homme décoré qui est venu vous demander.

— Oui, c'est un de mes amis.

— Ah! c'est un de vos amis, fit la concierge d'un ton qui n'avait rien de flatteur pour son locataire. Sur sa carte il a écrit quelque chose.

— Je l'ai vu; il me dit qu'il reviendra aujourd'hui dans la journée. Je l'attendrai.

A huit heures un quart, Georgette arriva.

— Je me suis habillée avant de venir pour ne pas être obligée de remonter chez moi, dit-elle ; comme cela nous pourrons partir plus tôt.

« Jacques, reprit-elle au bout d'un instant, tout en faisant le lit, vous aviez beaucoup plus de livres qu'il n'y en a là maintenant; où donc sont ceux qui manque à votre bibliothèque ? »

La figure rouge de Sarrue devint violette.

— Je les ai portés chez un de mes amis, balbutia-t-il avec embarras.

La jeune fille baissa la tête, puis la relevant aussitôt :

— Jacques, répliqua-t-elle, vous voulez me tromper : mais vous ne savez pas mentir, mon ami : Jacques, pour me donner de l'argent, vous avez vendu vos livres !

Et elle se mit à pleurer.

— Eh bien, oui, répondit-il, je les ai vendus ; ils ne m'étaient pas utiles, ils m'embarrassaient...

— Ah ! Jacques, et vous vouliez m'empêcher de travailler !

M. Hector Vidal, dit Louis de Verville, au nom de la loi je vous arrête! (Page 472.)

— Allons, ne pleurez pas, ma fille ; est-ce que l'existence de notre cher petit Maurice ne valait pas mieux que quelques vieux bouquins?

Georgette n'osa plus rien dire. Ayant achevé de faire le lit, elle prit un torchon pour essuyer les meubles. En le passant sur une planchette, elle dut changer de place deux petites fioles, contenant un liquide de couleur blanche.

— Qu'y a-t-il donc dans ces petites bouteilles? demanda-t-elle à Sarrue.

— Du poison, répondit-il.

— Du poison ! exclama-t-elle avec surprise; pourquoi gardez-vous du poison ici, Jacques?

— Je n'en sais vraiment rien. C'est un souvenir de mes études, du temps où je faisais de la chimie. J'ai fabriqué ce poison moi-même ; c'est un des plus violents qui soient connus ; il se nomme atropine.

Voyant que Georgette l'écoutait avec curiosité, il continua :

— L'atropine est un alcaloïde qu'on retire de la belladone. Il y a dans chacune de ces fioles assez de poison pour tuer six ou huit personnes.

— Et l'on meurt tout de suite sans souffrir? demanda Georgette.

— Si la dose est forte, l'asphyxie peut-être instantanée; mais, autrement, on peut vivre une heure et même plus après l'absorption de l'atropine. Cet empoisonnement est généralement suivi de pesanteur de tête, d'engourdissement, de stupeur. Les yeux s'ouvrent démesurément, la pupille se dilate, le regard est hébété; on a des convulsions, le délire, des hallucinations étranges; enfin on meurt après avoir enduré d'atroces douleurs.

— Oh ! c'est épouvantable, fit Georgette en frissonnant.

Elle s'approcha de la table pour l'essuyer, ses yeux tombèrent sur la carte de visite, et elle lut le nom de Georges Raynal. Elle laissa échapper un cri de surprise mêlé de terreur.

— Qu'avez-vous ? lui demanda Sarrue.

— Jacques, cette carte, comment se trouve-t-elle là?

— Cette carte est celle d'un ami que je n'ai pas vu depuis trois ans. Hier, en mon absence, il est venu pour me voir; il doit revenir tantôt.

— Ainsi, reprit Georgette d'une voix tremblante, M. Georges Raynal est votre ami?

— Georgette, vous connaissez donc aussi Georges Raynal.

— Oui, je le connais.

— Depuis longtemps?

— Depuis mon enfance, Jacques.

— En vérité ! Eh bien, Georgette, aujourd'hui vous verrez Georges Raynal; ah ! c'est lui qui sera surpris.

— Non, non, Jacques, s'écria-t-elle effrayée, je ne veux pas le voir, je ne veux pas qu'il sache que vous me connaissez... Vous m'aimez comme si j'étais votre sœur, continua-t-elle prête à sangloter ; eh bien, au nom de votre amitié, je vous supplie de ne point parler de moi à M. Georges Raynal. Jacques, il s'agit de mon repos ; si Georges Raynal me voyait, s'il apprenait seulement que j'existe encore, je serais désespérée !

— Georgette, vous ne refuserez pas de m'expliquer...

— Je ne puis rien vous dire, mon ami, rien ; ce serait vous révéler ce secret que je vous ai toujours caché.

Sarrue prit les deux mains de la jeune fille et, la regardant bien en face :

— Georgette, dit-il d'un ton grave, aujourd'hui Georges Raynal est capitaine et chevalier de la Légion d'honneur ; c'est par suite d'un chagrin d'amour qu'il s'est engagé autrefois. Georgette, c'est vous qu'il aimait !

— Un sourire doux et triste effleura les lèvres de la jeune fille.

— Si vous aviez pris le temps de réfléchir, Jacques, vous ne m'auriez pas dit cela, répondit-elle. Je n'ai pas encore vingt ans, et il y a dix ans que Georges Raynal s'est fait soldat.

Le poète se frappa trois fois le front.

— Ah ! pardonnez-moi, Georgette, dit-il ; décidément il y a des moments où je suis tout à fait stupide. Je ne vous interroge plus ; je n'oublie pas que je vous ai promis de respecter votre secret. Vous le voulez, je ne parlerai pas de vous à Georges Raynal.

— Merci, Jacques, merci.

Tout était en ordre et propre dans la mansarde. Ils se mirent en route pour Boulogne où ils arrivèrent un peu avant onze heures.

Comme ils tournaient à l'angle de la rue Fessart, la princesse Ramidoff et Maurice Vermont remontaient en voiture.

— On dirait que ce monsieur et cette dame sortent de chez madame Bertin, dit Georgette à Sarrue.

— C'est possible, répondit le poète.

Le cocher ayant agité seulement les guides de ses chevaux, ceux-ci partirent au grand trot. La calèche passa devant Georgette et Sarrue avec la rapidité de l'éclair. Mais la jeune fille avait eu le temps de voir la figure des deux fiancés. Elle poussa un cri étranglé, une pâleur livide couvrit son visage, et, prise d'un tremblement convulsif, elle tomba à demi évanouie dans les bras de Sarrue.

Maurice et la princesse n'avaient vu ni Sarrue, ni Georgette ; ils n'entendirent pas non plus le cri de la jeune fille. Quant à Sarrue, qui n'avait pas reconnu Maurice, il ne pouvait s'expliquer la cause du malaise subit de Georgette.

Cependant la jeune fille revint à elle en jetant de tous les côtés des regards effarés.

— Lui, Maurice! murmura-t-elle avec égarement, lui avec... Oh! ma mère, pourquoi m'avez-vous mise au monde?

Sarrue saisit son bras, et la secouant doucement :

— Georgette, que dites-vous donc? lui demanda-t-il.

Elle le regarda comme étonnée qu'il fût près d'elle. Puis, après avoir passé ses deux mains sur son front, elle lui dit :

— Dans cette voiture qui vient de passer, vous n'avez donc pas vu...

— J'ai vu un homme et une femme, répondit-il.

— Eh bien, cet homme, Jacques, cet homme, c'est Maurice !

— Oh! ne croyez pas cela, Georgette ; vos yeux ont été trompés par quelque ressemblance.

— C'est lui, vous dis-je ! s'écria-t-elle avec véhémence. Jacques, Maurice n'est pas mort !

— Sous le regard ardent de Georgette, il détourna la tête et se mit à trembler.

— Jacques, reprit-elle d'une voix saccadée, Maurice existe, vous le saviez et vous ne me l'avez pas dit !

Ne sachant quoi répondre, Sarrue baissa la tête et resta silencieux.

— Ah ! maintenant, s'écria-t-elle, mon malheur est bien complet ; j'ai bu le calice jusqu'à la lie !

— Georgette, hasarda timidement Sarrue, j'ignorais que Maurice Vermont fût à Paris, je vous le jure !

— C'est bien, répliqua-t-elle sourdement, je sais depuis longtemps que je suis perdue !

Et retrouvant subitement toute son énergie, elle se redressa en disant :

— Venez, Jacques, venez... je vais pleurer sur la tête de mon enfant.

Madame Bertin fut très étonnée de voir arriver Georgette et Sarrue, et plus étonnée encore de voir la douleur de la jeune mère quand, ayant pris son enfant dans ses bras, elle éclata en sanglots. De son côté, Sarrue paraissait frappé de stupeur. La brave femme les regardait tous deux, n'osant prononcer un mot et ne sachant que penser.

Au bout d'un quart d'heure, Georgette étant parvenue à se calmer, elle essuya ses yeux et, se tournant vers la vieille femme, elle lui dit :

— Madame Bertin, tout à l'heure, comme nous entrions dans la rue, un monsieur et une dame montaient dans une belle voiture arrêtée devant votre porte ; il nous a semblé que ces personnes sortaient de chez vous.

— C'est vrai, répondit la bonne femme, qui n'osa pas mentir.

— Madame Bertin, dites-moi la vérité ; ils sont venus ici pour l'enfant n'est-ce pas ?

— Oui.

Georgette regarda Sarrue avec une anxiété mêlée de terreur.

Il devina ce qui se passait en elle, et, prenant la parole à son tour :

— Est-ce que vous connaissez ce monsieur et cette dame, madame Bertin? demanda-t-il.

— J'ai vu le jeune homme aujourd'hui pour la première fois, et ce n'est pas plus tard qu'hier que la dame m'a rencontrée par hasard au Bois avec l'enfant. Le petit jouait dans le sentier qu'elle suivait; elle s'est arrêtée, l'a trouvé joli comme toutes les personnes qui le voient, et elle l'a embrassé. Nous avons causé un instant; voyant qu'elle paraissait s'intéresser beaucoup à l'enfant, je n'ai pas cru devoir lui cacher que ses parents étaient de pauvres ouvriers, ainsi que vous me l'avez dit, monsieur Sarrue. Alors elle m'a donné une pièce d'or pour acheter quelque chose au petit, et après m'avoir demandé où je demeurais, elle s'en est allée en me disant qu'elle viendrait me faire une visite.

« Elle est arrivée ce matin, vers dix heures et demie, avec le jeune monsieur, qui, paraît-il, s'appelle aussi Maurice. Ils ont fait tous les deux beaucoup de caresses à l'enfant. Puis, en me disant qu'ils voulaient vous faire du bien, ils m'ont demandé de leur donner des renseignements sur vous, madame, et sur votre mari. Je ne pouvais guère leur répondre, vu que je ne sais ni votre nom, ni où vous demeurez. Toutefois, je leur ai dit que j'avais pris l'enfant à cause de vous, monsieur Sarrue ; et croyant faire plaisir au jeune monsieur, dans l'intérêt des parents du petit, je lui ai donné votre adresse pour qu'il puisse vous demander des renseignements qu'il désire avoir.

— Madame Bertin, dit Sarrue un peu durement et en fronçant les sourcils, vous avez eu tort de donner mon adresse.

— Mon Dieu, monsieur Sarrue, répliqua-t-elle, je ne pouvais pas penser que je faisais mal.

— Aussi je vous excuse, madame Bertin. C'est fait, n'en parlons plus.

— Ces personnes vous ont-elles dit leur nom? demanda Georgette.

— Oui. Voyons que je me rappelle : le monsieur se nomme Maurice... Maurice... Maudite mémoire! quand on devient vieux, on n'en a plus du tout.

— Maurice Vermont, dit Georgette d'une voix éteinte.

— Oui, c'est bien cela : M. Maurice Vermont...

— Est-il le mari de la dame? demanda encore Georgette, en appuyant ses deux mains sur son cœur pour en comprimer les battements.

— Quant à ça, je ne saurais le dire : pourtant, je ne crois pas : il l'a appelée madame la princesse.

— Oh! princesse, princesse! répéta Georgette d'une voix étouffée et avec un accent singulier.

— Loff, coff, roff, noff, doff, reprit madame Bertin, cherchant à se rappeler; le nom m'échappe encore, mais c'est un nom en off, un nom russe.

— Russe? fit Georgette.

— Puis, baissant la tête et réfléchissant :

— Oui, se dit-elle, elle a quitté le marquis de Soubreuil pour partir avec un prince russe.

Ils restèrent environ deux heures à Boulogne. Georgette avait besoin de reprendre ses forces. Elle fit de nombreuses recommandations à madame Bertin au sujet de l'enfant. Ils étaient à jeun tous les deux : la vieille dame voulut absolument leur faire prendre quelque chose. Georgette mangea peu; cependant, après avoir bu un verre de vin, elle se sentit beaucoup mieux.

En revenant à Paris, Sarrue dit à Georgette :

— Vous avez eu tantôt une affreuse pensée; j'ai lu dans votre regard ce que vous éprouviez. Vous avez supposé que Maurice était venu à Boulogne pour s'emparer de votre enfant.

— C'est vrai, Jacques, j'ai eu cette pensée.

— Ce que nous a dit madame Bertin a dû vous rassurer complètement. Tout cela est un effet du hasard, hasard étrange, c'est vrai; mais il arrive souvent des choses aussi extraordinaires. Ainsi Maurice a vu le petit, il l'a même embrassé sans se douter que c'était son fils. Je ne saurais trop m'applaudir maintenant de n'avoir pas dit à madame Bertin quelle était votre véritable position et de m'être abstenu de prononcer votre nom devant elle. Ne dirait-on pas, Georgette, que j'ai eu le pressentiment de ce qui arrive?

Elle poussa un profond soupir et répondit :

— Jacques, je ne peux pas dire en ce moment si c'est un bien ou si c'est un mal; ma tête est pleine de pensées confuses, et je souffre horriblement. Ce qui est vrai, Jacques, absolument vrai, c'est que nul ne peut échapper à sa destinée.

— Georgette, quelles sont vos pensées? communiquez-les-moi. Je sens que je dois agir pour vous; à nous deux, Georgette, nous trouverons ce qu'il faut faire.

Elle secoua tristement la tête.

— Laisse-moi réfléchir, Jacques, dit elle; jusqu'à présent mes pensées ne me conseillent rien.

XVI

DANS LA MANSARDE

Exact au rendez-vous qu'il avait donné à Jacques Sarrue, à quatre heures précises Georges Raynal entrait dans la mansarde du poète.

Celui-ci tendit la main au capitaine; mais, Georges ayant ouvert ses bras, le pauvre timide ouvrit les siens et ils s'embrassèrent avec effusion, comme deux frères.

— Mon cher Sarrue, dit Georges, quel plaisir, comme c'est bon de revoir un ami!

— C'est vrai, répondit le poète, très ému. Ah! vous êtes un noble cœur, Georges!

De grosses larmes roulaient dans ses yeux.

— Vous comprenez mon émotion, n'est-ce pas? reprit-il. Ah! je ne saurais vous exprimer ce que j'éprouve de joie en vous voyant ici, vous, dans ce taudis.

— En effet, mon cher Sarrue, dit le capitaine en jetant les yeux autour de lui, vous êtes bien mal logé.

— Je me loge comme je peux, Georges; mais c'est pour moi que vous êtes ici, pour moi seul, et non pour voir des lambris dorés.

— Oui, mon cher Sarrue; allez, qu'on le trouve dans un riche appartement ou dans une mansarde, on doit être fier toujours d'avoir un ami tel que vous.

— Vos paroles me consolent de ma pauvreté.

— Vous la supportez dignement, Jacques.

— Je le crois, mais ce n'est pas sans souffrir; j'y suis habitué pourtant, mais c'est égal, le fardeau est pesant.

— Ainsi, mon brave Sarrue, lutteur déterminé, cherchant à vaincre à tout prix, vous êtes toujours debout au milieu de l'arène ?

Un sourire amer crispa les lèvres du poète.

— Il y a longtemps que je suis terrassé, répondit Sarrue ; j'ai vu envoler une à une toutes mes illusions... je ne crois plus aux chimères du succès et de la gloire.

— Jacques, vous m'effrayez. Êtes-vous donc découragé à ce point?

— Je n'ai plus de courage, Georges; il s'en est allé avec mes illusions. Maintenant je n'ai plus à souhaiter qu'une chose.

— Laquelle?

— Ne pas mourir de faim!

— Ah! mais c'est affreux ce que vous me dites là ! Malheureux ! vous n'avez peut-être pas mangé aujourd'hui?

— Si, Georges, si, j'ai déjeuné ce matin, j'ai même bu du vin. Oui, j'ai déjeuné aujourd'hui, il y a plus de deux mois que je ne déjeune plus?. Georges, pardonnez-moi ces tristes aveux que je vous fais. Ah! si vous m'aviez trouvé hier, je ne vous aurais pas parlé ainsi, non, je ne vous aurais pas dit cela, je vous aurais menti!

« Aujourd'hui, voyez-vous, continua-t-il en se frappant la poitrine, j'ai là quelque chose... j'étouffe!...

Un sanglot s'échappa de sa poitrine.

Georges comprit que le poète était sous le coup d'une immense douleur. Il s'empara de ses deux mains et d'une voix affectueuse :

— Jacques, dit-il, qu'avez-vous? Confiez-moi votre peine.

— Ah! s'écria Sarrue, nul plus que vous ne serait digne de tout savoir : malheureusement je n'ai pas le droit de parler, je ne peux rien vous dire.

— En ce cas, Jacques, je ne vous interroge plus ; mais si je ne puis connaître la cause de votre douleur, si je ne puis guérir la plaie de votre cœur, je peux et je veux vous venir en aide autrement. Je savais que vous n'étiez pas heureux, que vous n'aviez plus de leçons et que vous aviez vainement offert à plusieurs journaux vos poésies et des articles. C'est le directeur d'une revue où vous avez écrit qui m'a donné votre adresse hier matin. Mon cher Sarrue, je ne suis pas venu seulement pour vous voir et vous donner un témoignage de mon estime et de ma sincère amitié, mais pour vous dire aussi que votre triste position va changer.

La princesse prit l'enfant dans ses bras et l'embrassa à plusieurs reprises. (Page 480.)

— Merci, Georges ; vous avez raison de chercher à me consoler : il me reste si peu d'espoir !

— Avant tout, mon cher Sarrue, j'ai besoin de savoir quelque chose, et je vous prie de répondre avec votre franchise habituelle aux questions que je vais vous adresser.

— Vous pouvez me poser vos questions, Georges.

— Savez-vous que depuis huit mois notre ami Maurice Vermont demeure à Paris?

Sarrue ne put s'empêcher de tressaillir.

— J'ai appris ce matin même que Maurice Vermont était à Paris, répondit-il, mais je ne savais pas qu'il fût revenu depuis huit mois.

— Vous a-t-on dit où il demeurait?

— Non.

— Connaissez-vous le changement qui s'est fait brusquement dans sa position?

— Je ne sais rien, Georges.

— Ainsi vous ignorez que Maurice Vermont est devenu riche, qu'il est sept ou huit fois millionnaire?

— Je l'ignorais; j'en suis heureux pour Maurice Vermont, répondit froidement Sarrue.

— Voyons, Jacques, vous n'avez donc plus entendu parler de Maurice depuis son départ de Paris au commencement de l'année 1870?

— J'ai pu entendre parler de lui, Georges, mais j'ignorais absolument ce qu'il était devenu.

— Est-ce qu'il ne vous a pas prévenu avant de quitter Paris?

— Non. J'ai appris son départ par sa concierge. D'après ce qu'elle m'a dit, une vieille femme est venue trouver Maurice Vermont et l'a emmené.

— Eh bien, mon cher Sarrue, puisque vous ne savez rien, écoutez-moi.

Et Georges Raynal lui raconta, aussi brièvement que possible, l'histoire de Manette Biron, la rebouteuse des Huttes, celle de Thomas, le fermier des Ambrettes, et comment Maurice Vermont, par des actes de rétrocession, était devenu propriétaire du château de Salerne et des autres domaines acquis par Thomas, surnommé le Riche, avec le prix des diamants.

Jacques Sarrue écouta ce récit avec la plus grande attention.

— J'apprends tout cela avec plaisir, dit-il, quand Georges cessa de parler : c'est la preuve qu'il y a encore en France beaucoup plus d'honnêtes gens qu'on ne pense.

— Maurice est donc revenu à Paris, reprit le capitaine; il a acheté avenue d'Eylau, tout près de l'Arc de Triomphe, un magnifique hôtel. Il est installé princièrement. Il s'est entouré d'un luxe merveilleux; il ne regarde pas à la dépense, sa fortune le lui permet. Vous vous demandez sans doute, mon cher Sarrue, si ébloui par la fortune, étourdi par sa nouvelle existence, le cœur de Maurice est resté jeune et bon. Eh bien, oui, Jacques, Maurice est toujours le même, meilleur peut-être.

Sarrue eut un sourire singulier.

— Il est toujours le joyeux compagnon, simple, affectueux, bon, loyal, généreux, sans prétention et sans fierté, que vous avez connu, continua Georges. En arrivant à Paris, il y a quelques jours, je suis descendu à l'hôtel Vermont où ma chambre m'attendait. En ce moment, la vieille Manette Biron est aussi chez Maurice. Nous allons y rester pendant quelque temps, car je dois vous dire Jacques, que notre ami est à la veille de se marier.

Un double éclair jaillit des yeux de Sarrue.

— Ah! il va se marier, fit-il d'une voix frémissante.

— Oui, répondit le capitaine, qui ne remarqua point l'effet produit par ses paroles, il va se marier, dans trois semaines au plus tard. J'en suis véritablement heureux et la vieille Manette aussi. Maurice est trop riche pour rester garçon, et puis il est comme tous les hommes jeunes qui n'ont pas abusé de la vie ou qui n'ont jamais eu de déception en amour, il a besoin d'aimer et d'être aimé.

— Naturellement, il fait un riche mariage?

— Comparativement à lui, la future est presque pauvre; seulement elle est princesse.

— Ah! princesse!

— C'est une Polonaise, née de parents français. Elle a épousé très jeune un Russe, le prince Ramidoff; c'est donc une veuve, mais une veuve jeune et merveilleusement belle.

Sarrue éprouvait un malaise qu'il avait beaucoup de peine à cacher.

— Alors, Maurice Vermont aime cette princesse? interrogea-t-il d'une voix oppressée.

— S'il l'aime! répondit Georges, il l'adore, il en est fou!

Sarrue laissa échapper un gémissement.

— Mon Dieu! Jacques, s'écria le capitaine, vous souffrez, vous êtes tout pâle!

— Une douleur très vive que je viens de sentir là, au cœur; mais ce n'est rien, c'est déjà passé.

Et le malheureux, faisant un violent effort sur lui-même, montra à Georges un visage souriant.

Après un moment de silence, le capitaine reprit :

— Maintenant, mon cher Sarrue, je reviens aux questions que je voulais vous adresser tout à l'heure. En quittant Paris, Maurice ne vous a pas prévenu. Depuis qu'il y est revenu, il n'a pas cherché à vous revoir et pendant plus de deux ans il vous a laissé ignorer complètement ce qu'il était devenu. Permettez-moi de vous dire, Jacques, que, connaissant Maurice, je ne puis m'expliquer sa conduite à votre égard. Je ne suis pas seulement surpris, je suis on ne peut plus affecté de cela, Jacques, il est certain qu'il y a eu rupture entre vous. Que s'est-il passé? J'ai interrogé Maurice à ce sujet, il a refusé de me répondre. Mais j'ai besoin de savoir la vérité, et c'est vous qui me direz tout. Sarrue, ne me cachez rien ; que s'est-il passé entre vous et Maurice?

Le poète baissa tristement la tête.

— Jacques, vous ne me répondez pas, dit Georges. Je comprends, les torts sont du côté de Maurice, il vous a blessé, offensé.

— Je n'accuse pas M. Vermont, répondit M. Sarrue ; il est vrai qu'il y a eu rupture entre nous ; mais il y a eu des torts des deux côtés.

— Enfin, vous me dites quelque chose ; je suis content de savoir cela. J'ai un projet, Jacques, un projet que vous devinez, sans doute ; mais pour qu'il réussisse, il est nécessaire que je connaisse la cause de cette rupture et quels sont vos torts réciproques.

— Georges, j'ai le regret de ne pouvoir rien vous dire.

— Quoi! vous refusez de m'apprendre...

— Oui.

— Pourquoi?

— Je ne puis parler, j'ai promis de garder le silence. Tout à l'heure, Georges, vous m'avez vu pleurer ; eh bien, ce que vous désirez savoir est le sujet de ma douleur et de mes larmes.

— Est-ce possible? Auriez-vous donc quelque chose à vous reprocher?

— Autrefois, répondit le poète, en dressant fièrement la tête, je me suis adressé des reproches ; aujourd'hui, autant que je le peux, je remplis mon devoir!

— Jacques, c'est dans votre intérêt que je vous interroge ; je vous en prie, dites-moi la vérité.

— Ce secret douloureux appartient plus à M. Vermont qu'à moi; du moment qu'il a refusé de vous le faire connaître, ce n'est pas à moi à vous l'apprendre.

— Tenez, Jacques, sans le vouloir vous me faites cruellement souffrir, car toutes sortes d'inquiétudes pénètrent en moi. Si seulement je pouvais soupçonner quelque chose, avoir un indice; mais non, vos paroles sont autant d'énigmes, et je ne crois pas qu'on puisse les interpréter autrement qu'en redoutant ce qu'elles cachent. Jacques, c'est donc bien grave?

— Oui, très grave!

— Ce qui veut dire que vous ne pardonnez pas à Maurice?

Sarrue ne répondit pas.

— Pourtant, mon intention était de vous rapprocher; je voulais vous prendre par la main pour vous conduire moi-même à l'hôtel Vermont. Vous êtes pauvre, Jacques, et Maurice est immensément riche. Certes, quand dans sa générosité il donne peut-être soixante mille francs par an à des nécessiteux qu'il ne connaît pas, j'avais le droit de penser que, liés par notre serment d'autrefois, le devoir de Maurice était de vous aider sans que votre fierté puisse s'y refuser.

Jacques Sarrue sursauta et ses yeux étincelèrent.

— Recevoir quelque chose de M. Maurice Vermont, moi! s'écria-t-il, ah! j'aimerais mieux tendre la main, en plein jour, sur le boulevard des Italiens!

— Ainsi, vous le regardez tout à fait en ennemi?

— Non, Georges; mais comme un homme sans cœur et sans honneur!

— Ah! par exemple, s'écria l'officier en bondissant sur ses jambes, voilà des paroles que je ne m'attendais pas à entendre sortir de votre bouche! Jacques, il faut que vous m'en donniez l'explication.

Sarrue s'était levé aussi. Sa figure était cramoisie et tout son corps tremblait.

— Vous pouvez les reporter à Maurice Vermont, répliqua-t-il d'un ton énergique; s'il vous prouve que j'ai eu tort de les prononcer, revenez ici, Georges, et alors je vous suivrai, et devant vous je lui demanderai pardon!

— Tout cela me jette dans une grande perplexité, dit tristement le capitaine; je crois maintenant plus que jamais qu'une explication franche et loyale est nécessaire entre vous et Maurice. Jacques, je vous le demande encore une fois, venez avec moi.

— Merci, Georges, répondit Sarrue avec émotion, en prenant la main de l'officier; je comprends le sentiment qui vous fait agir et je vous dis: C'est bien, ce que vous faites! Je ne puis vous accompagner chez M. Vermont; mais si dans quelques jours, demain peut-être, je me décide à lui faire une visite, je ne craindrai pas de me présenter seul devant lui.

— Jacques, c'est presque une promesse, cela, s'écria le capitaine; vous viendrez, n'est-ce pas?

— Oui, je crois que j'irai.

— A la bonne heure! Faudra-t-il le prévenir?

— Non, ne lui dites rien.

— Mon cher Sarrue, reprit Georges, je n'oublie pas l'aveu que vous m'avez fait de votre situation présente; avant de vous quitter, en attendant que je revienne, prenez ces deux louis... Ce n'est pas un prêt, moins encore une aumône, c'est un frère qui donne à son frère!

Le poète fit un mouvement pour repousser la main de l'officier. Mais il pensa à Georgette qui était sans argent, qui n'avait plus de linge, plus de chaussures à se mettre aux pieds, et dont la dernière robe était couverte de reprises.

Refoulant dans sa poitrine un sanglot qui montait à sa gorge :

— Merci, Georges, dit-il d'une voix oppressée, le frère accepte le don du frère!

Le capitaine s'en alla.

Jacques Sarrue se laissa tomber sur un siège, prit sa tête dans ses mains et se mit à pleurer comme un enfant.

XVII

NOUVELLE DOULEUR

Le soir, Jacques Sarrue trouva Georgette très abattue; il vit sur ses joues pâlies des lignes luisantes et devina sans peine qu'elle avait pleuré depuis le retour de Boulogne.

Elle avait fait une soupe sans beurre avec des pommes de terre écrasées; elle la mit sur la table avec un restant de bœuf bouilli de la veille.

— Je n'ai que cela à vous donner ce soir, dit-elle ; mais je vais travailler jusqu'à minuit ; demain je me lèverai de bonne heure, je rendrai mon ouvrage à cinq heures, je recevrai cinq francs, nous dînerons mieux demain soir.

— Oui, nous dînerons mieux, répondit-il, et vous pourrez même vous acheter quelques-unes des choses dont vous avez un si pressant besoin. Tenez, continua-t-il, en posant sur la table les deux pièces d'or de Georges Rayal, voilà quarante francs.

— Jacques, vous avez encore vendu quelque chose !

— Non, je vous assure ! C'est de l'argent qu'on me devait et qu'on m'a donné ce soir.

— Ah ! reprit-elle en soupirant, quelle lourde charge je suis pour vous !

— Georgette, quand vous me parlez ainsi vous ne savez pas le mal que vous me faites ; c'est comme si vous me disiez : « Je ne veux plus rien accepter de vous. »

Elle lui prit la main et lui tendit son front sur lequel il mit un baiser. Alors, presque gaiement, il reprit :

— Vous ne savez pas, Georgette, vous vous achèterez un jupon blanc, des mouchoirs, une robe, une paire de bottines et un joli chapeau.

— J'achèterai tout cela un peu plus tard, Jacques ; je puis encore attendre.

— Non, non, vous achèterez cela demain, et tout de suite vous ferez votre robe ; je veux que vous soyez belle dimanche pour aller à Boulogne voir votre petit Maurice.

— Vous ne réfléchissez pas, Jacques, que, si je fais ces achats, il ne restera plus rien pour acheter du pain.

Après un court silence, et comme subitement inspiré, Sarrue répondit d'un ton grave :

— Dieu existe toujours, je compte sur sa Providence !

Ils se mirent à table, en face l'un de l'autre, et mangèrent silencieusement.

Quand Georgette eut débarrassé et essuyé la table, elle prit son ouvrage. Sarrue réfléchissait, le coude appuyé sur la table, et la tête dans sa main.

— Oui, se disait-il, j'irai voir Maurice Vermont, et cela dès demain ; je veux lui dire en face, une seconde fois, ce que je pense de lui et de sa conduite. Ah ! je ne serai pas ébloui par son luxe, et sa magnificence ne m'intimidera point.

— Jacques, lui dit tout à coup Georgette, vous ne me dites pas si vous avez vu M. Georges Raynal.

— Je l'ai vu, Georgette; nous avons causé longuement ensemble.

— Jacques, vous ne lui avez pas parlé de moi, n'est-ce pas?

— Vous me l'aviez défendu.

— Voyez-vous, Jacques, si Georges Raynal savait... ah! je mourrais de douleur et de honte...

Après avoir réfléchi un instant, Sarrue dit :

— Georges Raynal m'a appris plusieurs choses étonnantes...

— Quoi donc? fit Georgette avec anxiété.

— Je dois vous dire, d'abord, que Georges Raynal est l'ami intime de Maurice Vermont.

— Elle poussa un cri d'effroi et ses deux bras tombèrent à ses côtés.

— Oh! rassurez-vous, reprit vivement Sarrue ; Maurice ne lui a point parlé de vous; ah! il s'en est bien gardé!

— Savez-vous comment ils se sont connus, Jacques?

— Oui. La première fois que vous avez vu Maurice, vous ne l'avez certainement pas oublié, c'était un soir; je l'ai amené pour dîner avec nous, à la fortune du pot, comme on dit. Ce jour-là, Georgette, nous nous étions rencontrés lui, Georges Raynal et moi, au bois de Vincennes devant le cadavre d'un homme qui venait de se suicider.

— Oh! fit Gorgette.

— C'est là que prit naissance notre triple amitié, continua Sarrue ; et nous nous jurâmes d'être tous dévoués, les uns pour les autres, le surlendemain, après l'enterrement du suicidé... qui se nommait le marquis de Soubreuil...

La jeune fille sursauta et laissa échapper un sourd gémissement.

— Maintenant, reprit Sarrue, vous allez voir combien cette rencontre au bois de Vincennes, qui vous a été si fatale à vous, a été heureuse pour Maurice Vermont. Si j'ai bien compris vos paroles de ce matin, vous êtes du même pays que Georges Raynal.

— Oui, Jacques, nous sommes nés dans le même village.

— En ce cas, Georgette, vous avez dû connaître ou entendre parler d'une vieille femme appelée Manette Biron et d'un honnête fermier nommé Thomas,

— J'ai connu Manette Biron, qu'on appelait aussi la rebouteuse des Huttes, et j'ai connu le fermier Thomas, répondit Georgette d'une voix tremblante.

ANDRÉA LA CHARMEUSE

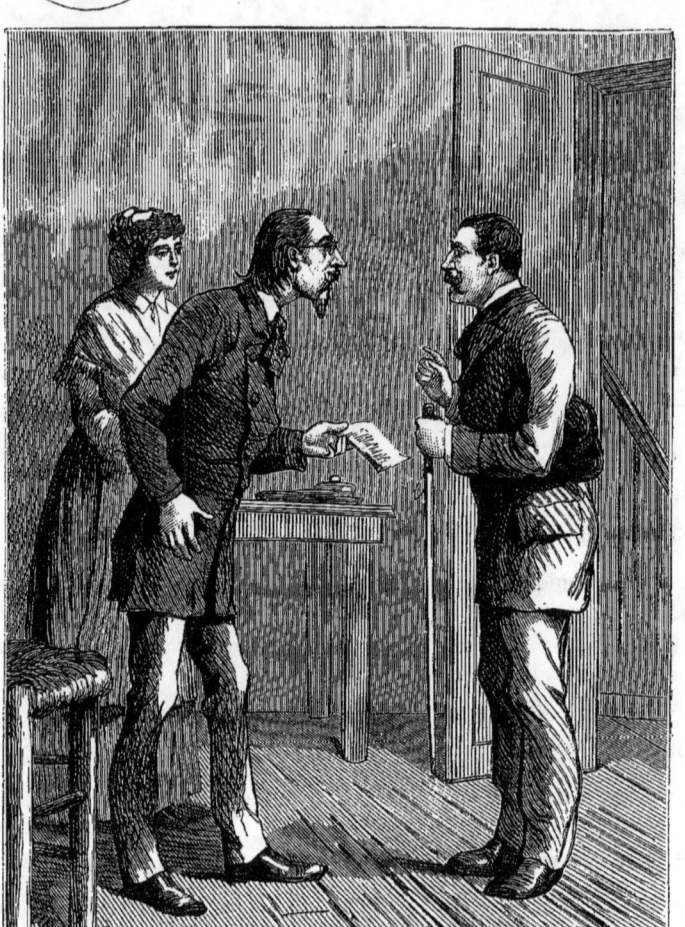

Donnez-la-moi M. Sarrue, elle sera plus utile au juge d'instruction qu'à vous. (Page 487.)

— Eh bien, Georgette, ce que vous ne savez pas, sans doute, c'est que cette pauvre rebouteuse est une femme admirable, une sainte, et que le fermier Thomas est le plus honnête homme qu'il y ait au monde!... Écoutez ceci : Pendant un grand nombre d'années Manette Biron a habité dans l'Inde, où elle était la dame de compagnie, l'amie, l'associée plutôt, d'un illustre médecin, lequel était le grand-père de Maurice Vermont. Le docteur mourut et Manette Biron revint en France avec la fortune amassée, qui consistait principalement en diamants et d'autres pierres précieuses dont une cassette était pleine.

« Le malheur avait frappé la mère de Maurice; elle était partie en Amérique avec son enfant et Manette Biron la chercha vainement pour lui remettre la fortune gagnée par son père. Que fait alors la vieille femme? Elle s'installe dans la cabane où elle est née, se fait passer pour misérable, et, ayant chez elle des millions, on voit la pauvre rebouteuse, couverte de haillons, s'en aller soigner les malades, panser les blessures, soulager et souvent guérir. Elle conseille, elle console, elle encourage. Et comme il y a autour d'elle beaucoup de pauvres gens elle se cache pour leur faire du bien, et ils ne se doutent point d'où viennent les secours qu'ils reçoivent.

« Pour faire mieux encore, Manette Biron veut que la fortune qu'elle a entre les mains fructifie. Il y a dans le pays un pauvre cultivateur appelé Thomas; elle le choisit pour son dessein. Elle lui donne de l'argent, lui fait acheter une ferme, d'abord, puis un château, puis d'autres fermes encore. Georgette, vous devez connaître ces domaines?

— Oui, répondit la jeune fille, qui pleurait à chaudes larmes; je connais le château de Salerne, les fermes de l'Étang et des Terres-Blanches et j'ai vécu plusieurs années aux Ambrettes chez le bon fermier Thomas.

— Est-ce donc aux Ambrettes que vous avez été élevée?

— Oui, Jacques, à partir de l'âge de dix ans.

— Et vous étiez là au même titre que Georges Reynal?

— J'ai eu comme lui Manette Biron pour protectrice.

Sarrue resta un moment silencieux. Il réfléchissait.

— Un jour, reprit-il, Georges obtint un congé pour aller voir ses amis aux Ambrettes; il prononça par hasard le nom de Maurice Vermont devant la vieille Manette qui le cherchait depuis dix-sept ans. Vous devinez le reste, Georgette. Vous savez qu'une vieille femme est venue trouver Maurice et qu'il est parti avec elle. C'était Manette Biron. Elle l'a emmené à Salerne et l'a mis en possession de sa fortune qui est considérable. Aujourd'hui, Maurice Vermont est le véritable propriétaire du château et des domaines de Salerne et de la ferme des Ambrettes.

La tête de la jeune fille s'était penchée sur sa poitrine haletante.

— Georgette, dit Sarrue, si vous m'y autorisez, j'irai trouver Maurice Vermont.

Elle se redressa brusquement.

— Et que lui direz-vous, Jacques? demanda-t-elle.

— Ce que je lui dirai? Je lui dirai la vérité ; que vous l'aimez toujours, que vous êtes malheureuse, qu'après vous voir séduite, il vous a lâchement abandonnée avec votre enfant !

— Eh bien, non, Jacques, je ne vous autorise pas à aller trouver Maurice. Hélas ! c'est inutile, il ne m'aime plus !... Je ne veux pas troubler son repos et son bonheur, Jacques. Il ne pense plus à moi, laissons-le garder l'oubli. D'ailleurs, Maurice millionnaire ne peut pas épouser une malheureuse comme moi, et c'est la seule chose, Jacques, la seule que je pourrais lui demander.

Elle se prit à sangloter.

Sarrue se leva et s'approchant d'elle :

— Georgette, dit-il, vous oubliez votre enfant !

— Mon enfant ne peut rien pour sa mère, répliqua-t-elle d'une voix sombre. Quand le père n'aime plus la mère, il repousse l'enfant !

— Georgette, reprit Sarrue de sa voix la plus affectueuse, comme Georges Raynal, Manette Biron est en ce moment à Paris chez Maurice Vermont. Si tous deux connaissaient votre position...

— Taisez-vous, Jacques, taisez-vous ! s'écria-t-elle avec une sorte de violence. Je n'ai plus d'espoir, je suis condamnée, perdue !... Ah ! je voudrais être morte !

Changeant subitement de ton, elle reprit :

— Est-ce que vous n'avez pas adressé à Georges Raynal quelques questions au sujet de Maurice ?

— Il m'a longuement parlé de lui sans que j'aie besoin de l'interroger.

— Alors il a dû vous dire quelle est cette princesse...

Sarrue ne put cacher son trouble et son embarras.

— C'est la maîtresse de Maurice, n'est-ce pas? ajouta-t-elle.

— Non, Georgette, non, la princesse n'est pas la maîtresse de Maurice. Ah ! je ne voulais pas vous dire cela : elle est sa fiancée, ils sont à la veille de se marier.

Georgette se dressa sur ses jambes d'un bond, comme poussée par un ressort.

— Sa femme ! elle, elle ! exclama-t-elle avec stupeur.

Elle fit le tour de la chambre, marchant d'un pas saccadé, fiévreux; puis, revenant à Sarrue :

— Et c'est Georges Raynal qui vous a dit cela ? lui demanda-t-elle.

— Oui, Manette Biron et lui sont à Paris pour assister au mariage.

— Ainsi, reprit-elle d'une voix étranglée, Georges Raynal et Manette Biron approuvent ce mariage ?

— Naturellement.

— Oh! oh! oh! fit-elle, en mettant ses deux mains sur ses yeux.

Sarrue la vit chanceler. Il n'eut que le temps de la prendre à bras-le-corps pour l'empêcher de tomber. Elle avait perdu connaissance.

Il la porta sur le lit.

— La pauvre enfant, murmura-t-il, elle peut en mourir! Ah! tu me reverras, Maurice Vermont! ajouta-t-il, les dents serrées, un éclair fauve dans le regard.

Cependant Georgette réclamait ses soins. Il trempa un linge dans de l'eau fraîche et lui arrosa le visage. Au bout d'un quart d'heure il parvint à la ranimer. Alors ce furent de nouvelles larmes, de nouveaux sanglots. Sarrue ne s'était jamais trouvé en présence d'une aussi grande douleur, d'un pareil désespoir. Cela dura plus d'une heure. Enfin, Georgette lui dit :

— Jacques, je me sens mieux, mais j'ai besoin de repos; soyez assez bon pour me laisser seule.

Il n'insista pas pour rester. Il lui prit les mains silencieusement, les couvrit de baisers, puis s'en alla.

Un instant après, pâle, échevelée, les yeux étincelants de fièvre, Georgette se dressa sur son lit.

— Il se marie, prononça-t-elle d'une voix rauque, et c'est ma sœur qu'il épouse ! Il m'a abandonnée, oubliée, et, maintenant c'est Suzanne qu'il aime !... Manette Biron et Georges Raynal sont là, près de lui, et ils trouvent que c'est bien, et ils sont contents !... Pourtant, Manette sait que Suzanne est partie autrefois avec le baron de Manoise... Oui, mais Maurice l'aime ! Et puis, ils ne savent pas tout, ils ne connaissent pas Andréa la Charmeuse. Mais, moi, je la connais, je sais ce qu'elle a fait à Paris, je puis le leur dire... Oui, je le peux, c'est mon droit, je suis mère !... Et après, qu'arrivera-t-il ? Maurice, qui ne m'aime plus, me méprisera !... Et ma sœur qui ne m'a jamais aimée, ma sœur me haïra ! Ah! ce n'est pas assez d'être mère ! pour elle, pour Maurice, pour eux tous je ne suis qu'une pauvre fille, une malheureuse comme il y en a tant ! Il est millionnaire, lui, et elle est princesse, paraît-il. Et moi, que suis-je? Rien. Une mère sans mari, ce qui est un opprobre; une ouvrière qui ne peut même pas gagner sa vie, car je serais déjà morte de faim, si le dévouement de ce bon Jacques Sarrue, pauvre lui-même, n'avait trouvé le moyen de me faire vivre!

« Ah! oui, je suis bien condamnée, bien perdue, et rien ne peut changer ma fatale destinée... Ce qui me reste à espérer, c'est que la mort viendra bientôt me délivrer des souffrances de la vie!

Après s'être arrêtée un instant, elle continua :

— Comme elle me semble douce cette pensée de la mort! On ne voit plus, on n'entend plus, on ne sent plus! L'âme s'en va, les yeux se ferment, le cœur cesse de battre, c'est fini de souffrir, le repos commence!... Oh! la mort, qui épouvante tant de gens, où donc est-elle? Viens donc ici, mort, viens donc me prendre, je t'ouvre les bras!

Elle était épuisée. Sa tête retomba sur le traversin.

Au bout d'un instant elle ferma les yeux en murmurant :

— Une fois déjà j'ai voulu mourir. Alors, pourtant, je ne connaissais encore aucune des grandes douleurs de la vie.

La lampe qui brûlait sur la table s'éteignit d'elle-même. Et la nuit et le silence se firent autour de la pauvre Georgette endormie.

Elle rêvait qu'elle était morte et que deux anges venaient prendre son âme pour la porter au ciel.

XVIII

DEUX LETTRES

Le lendemain, tout en se levant, Georgette acheva de confectionner une chemise, la cinquième d'une demi-douzaine. La dernière était taillée, prête à coudre. Georgette plia les morceaux, les mit avec les chemises terminées et fit un paquet du tout.

En apparence elle était calme, mais ses yeux brillaient d'un éclat fiévreux et son agitation intérieure se trahissait par le mouvement de ses narines et un frémissement continuel des lèvres.

A neuf heures, pensant bien que Sarrue était déjà sorti, elle se dit qu'elle pouvait aller faire immédiatement le ménage du poète. Elle entra chez le concierge, comme d'habitude, pour prendre la clef de la mansarde pendue à un clou.

— Tiens, fit la femme, qui parut étonnée, vous allez donc venir le matin maintenant au lieu du tantôt?

— Non, répondit Georgette. Hier, nous sommes allés à Boulogne, M. Sarrue et moi, et cet après-midi je dois encore sortir.

— Alors, je comprends, dit la femme en aspirant une forte pincée de tabac.

Georgette monta chez Sarrue. Elle fit la chambre à fond, le nettoyage fut complet. Quand elle eut remis en place le balai et le torchon, elle s'arrêta au milieu de la mansarde et resta un instant immobile, la tête légèrement inclinée, ayant l'air de réfléchir.

Soudain elle tressaillit, ses traits se contractèrent et un sourire indéfinissable plissa ses lèvres.

La main tendue, elle marcha vers la planchette sur laquelle étaient placés les récipients de poison, elle prit une des petites fioles et la glissa furtivement dans sa poche, en jetant de côté un regard farouche.

Elle s'élança hors de la mansarde, ferma la porte et descendit rapidement l'escalier.

Comme elle remettait la clef à son clou, la concierge lui dit :

— Vous avez la figure toute bouleversée, on croirait que vous grelottez; est-ce que vous êtes malade ?

— Non, répondit-elle, mais j'ai un peu de fièvre, probablement parce que j'ai mal dormi la nuit.

— Vous l'avez peut-être passée à travailler ; vous avez les paupières fatiguées, les yeux cernés, rouges. C'est bon de travailler, ma belle, mais faut pas en abuser, car comme dit une chanson que je chantais dans mon jeune temps : « L'excès en tout est un défaut. » Faut du repos à la jeunesse.

— Vous avez raison, madame, dit Georgette, du repos, un long repos.

Elle sortit de la loge et s'empressa de revenir chez elle.

Il y avait un encrier sur sa cheminée ; elle le mit sur la table. Ensuite, elle prit du papier et une plume dans un des tiroirs de sa commode.

Assise devant le papier blanc, tenant la plume mouillée d'encre, pendant plusieurs minutes elle resta pensive. C'est à Maurice Vermont qu'elle voulait écrire et elle ne savait comment commencer sa lettre. Allait-elle mettre Monsieur, ou plus affectueusement Maurice ?

Enfin, elle se décida à écrire :

« Maurice,

« Pendant plus de deux ans j'ai cru que vous n'existiez plus ; n'ayant pu douter de la sincérité de votre amour, je me suis considérée comme votre veuve : je vous pleurais tous les jours et, dans mon cœur et dans ma pensée, je portais votre deuil.

« Je viens d'apprendre, en même temps que vous vivez, que vous êtes devenu riche et que vous allez vous marier. C'est votre droit, Maurice, puisque vous m'aviez oubliée et que vous en aimez une autre. Soyez donc heureux, Maurice ! Au moment où elle va mourir, c'est ce que souhaite encore la malheureuse Georgette, qui vous a tant aimé.

« Maurice, il y a une chose que vous ignorez sans doute, je veux le croire, mais que je dois vous apprendre : vous m'avez rendue mère, et dans un instant mon enfant, votre fils, Maurice, sera orphelin. J'ai voulu lui donner votre nom ; comme vous, il s'appelle Maurice. Vous le connaissez, vous l'avez vu à Boulogne, chez madame Bertin, vous l'avez même embrassé sans savoir qu'il était à vous.

« Je vous recommande mon enfant, Maurice, faites quelque chose pour le pauvre innocent. Hélas ! il n'avait pas demandé la vie... ne l'abandonnez pas !

« Maurice, plus tard vous saurez pourquoi je veux mourir. Ah ! que toutes les larmes que j'ai versées, que toutes mes souffrances et ma mort soient le prix du bonheur de mon enfant !

« Ne l'abandonnez pas, Maurice, ne l'abandonnez pas !

« Georgette. »

Ayant écrit cette lettre au milieu de sanglots et de sourds gémissements, Georgette prit une nouvelle feuille de papier, sur laquelle, d'une main plus hardie et plus rapidement, elle traça ces lignes :

« Mon bon Jacques,

« Le coup qui m'a été porté hier est mortel. Je vais mourir sans regret. Pardonnez-moi, Jacques, mais, voyez-vous, ce que je souffre est horrible, je ne peux plus vivre. Je vous remercie de tout ce que vous avez fait pour moi, de votre affection si tendre, si paternelle, de votre dévouement, qui ne s'est jamais démenti et qui vous a imposé de si durs sacrifices.

« Je viens d'écrire une lettre à Maurice pour lui recommander son enfant. Vous la trouverez ouverte, vous la lirez, puis vous la mettrez dans une enveloppe et vous la porterez vous-même à M. Vermont. Vous ne lui direz rien, Jacques, vous ne lui adresserez aucun reproche ; c'est une prière que je vous fais, c'est ma dernière volonté.

« Quand Maurice aura lu ma lettre devant vous, vous lui demanderez quelles sont ses intentions. Il comprendra son devoir, j'en suis sûre. Pourtant, s'il ne voulait rien faire pour son fils, s'il l'abandonnait, Jacques, Jacques, c'est à vous que je le donne ! Adieu !

« Votre malheureuse amie,

« Georgette. »

Elle mit la lettre destinée à Maurice Vermont dans celle qu'elle venait d'écrire à Jacques Sarrue, puis plaça au-dessus les deux pièces d'or que le poète lui avait remises la veille.

Cela fait, elle prit la clef de sa porte et alla la mettre dans la serrure, en dehors, afin que Jacques Sarrue, en venant le soir, puisse entrer facilement.

Maintenant, elle était d'une pâleur livide, un tremblement convulsif la secouait de la tête aux pieds, mais une résolution énergique brillait dans son regard. Elle avait fait le sacrifice de sa vie ; loin de l'effrayer, la pensée de la mort par le suicide lui souriait.

Elle tira de sa poche la fiole de poison et, avec la pointe de ses ciseaux, elle la déboucha. Alors elle s'assit sur son lit, serrant fiévreusement dans sa main le verre qui contenait le liquide terrible. Midi sonnait à Saint-Séverin et à l'Hôtel-Dieu.

Un instant elle resta immobile, écoutant comme si un bruit insolite frappait son oreille.

Soudain, son regard se tourna vers le ciel :

— Mon Dieu, pardonnez-moi ! murmura-t-elle.

Et elle porta le poison à ses lèvres.

Aussitôt sa poitrine se souleva, son corps eut une contraction horrible, ses yeux se voilèrent et elle tomba à la renverse, inanimée, sur son lit. Sa main crispée, tenant toujours le petit flacon, resta pendante au bord du lit.

Georgette poussa un cri étranglé, et tomba évanouie dans les bras de Sarrue. (Page 491.)

Ripart était dans sa chambre pendant que Georgette écrivait ses lettres. Il entendit les gémissements et les sanglots de la pauvre fille.

— Pourquoi donc pleure-t-elle ainsi? se demanda-t-il. Lui serait-il arrivé de nouveaux ennuis?

Il devint inquiet. Au bout d'un instant, il l'entendit ouvrir et refermer sa porte. Il supposa qu'elle allait descendre et il sortit vivement de sa chambre pour se trouver dans l'escalier sur son passage. Mais après deux minutes d'attente, ne la voyant pas :

— Je me suis trompé, se dit-il.

Il resta encore un bon moment sur le palier, l'oreille tendue. Il n'entendit plus rien. Malgré cela, son inquiétude ne se calmait point. N'hésitant plus, il monta l'escalier du quatrième étage et frappa deux petits coups à la porte de la chambre de Georgette. Le silence lui répondit. Il frappa de nouveau et plus fort. Même silence.

— Oh ! cela n'est pas naturel ! murmura-t-il.

Il avait tout d'abord remarqué que la clef était à la porte ; mais il était trop respectueux envers Georgette pour se permettre d'entrer chez elle sans frapper. Cependant, ne recevant pas de réponse, et n'entendant aucun bruit dans la chambre, il se décida à mettre la main sur la clef. Il la fit tourner dans la serrure et, ayant entr'ouvert la porte doucement, il passa sa tête dans l'ouverture.

Il vit la jeune fille blanche comme neige, étendue sans mouvement sur le lit. Il se précipita dans la chambre et bondit vers le lit.

Georgette avait les yeux fermés ; on aurait dit qu'elle dormait ; mais son immobilité était effrayante.

— Mon Dieu, fit Ripart, mais elle ne respire plus !

Il lui mit la main sur le cœur. Il avait cessé de battre. Il lui toucha le front, il lui toucha les mains. Comme le front, les mains étaient glacées. Saisi d'une terreur subite, il recula. Il ne s'était pas aperçu que la main droite de Georgette tenait quelque chose. Une angoisse inexprimable étreignait son cœur. Tout effaré, il regardait autour de lui, se préparant à appeler au secours. Il était près de la table ; son regard s'arrêta sur quelque chose d'écrit et sur les deux pièces d'or qui faisaient l'office de presse-papier. Malgré lui, l'écriture l'attirait, brûlait ses yeux. Il se pencha sur la table... Il ne lut que les cinq premières lignes de la lettre à Jacques Sarrue. C'était assez, il avait compris. Il se redressa aussitôt, le visage blême.

— Ah ! morte, morte, elle est morte ! exclama-t-il d'une voix étranglée.

Fou d'épouvante, mais conservant assez de raison pour comprendre que le plus pressé, pour le moment, était de courir chercher un médecin, il s'élança hors de la chambre et descendit l'escalier en bondissant sur les marches.

Pour ne pas mettre en émoi toute la maison, il avait eu la prudence de ne pas crier, de ne pas appeler au secours. Il pensa que, pour la même raison, il ne devait rien dire d'abord aux concierges.

Comme il arrivait au bas de l'escalier, une jeune femme, dont il ne fit qu'entrevoir la figure, ouvrait la porte de la loge.

Devant la porte de la maison, il y avait une voiture de place. Le cocher refermait la portière ; évidemment la jeune femme descendait de cette voiture.

En passant rapidement devant la loge, Ripart entendit qu'elle demandait mademoiselle Georgette. Mais il était déjà dans la rue; il ne songea point à revenir sur ses pas pour répondre lui-même à la visiteuse. Il n'avait qu'une idée, il ne pensait qu'à une chose : trouver un médecin et l'amener au plus vite près de Georgette pour la rappeler à la vie, si tout secours n'était pas inutile, ou pour constater comment elle s'était donné la mort.

XIX

LE PAUVRE ET LE RICHE

Jacques Sarrue était sorti de chez lui à sept heures du matin, bien déterminé à voir Maurice Vermont le jour même, à lui reprocher cruellement l'indignité de sa conduite envers Georgette et à tenter un effort suprême pour réveiller dans le cœur du jeune millionnaire le sentiment de l'honneur et du devoir.

Toutefois, il eut un moment de défaillance, quand, tout en se dirigeant vers l'avenue des Champs-Elysées, il jeta les yeux sur son triste accoutrement, le plus râpé, le plus crasseux, le plus misérable qu'il eût jamais porté.

— Il ne me recevra pas, pensa-t-il, et ses domestiques, me prenant pour un mendiant, me fermeront la porte au nez, comme à un chien galeux.

Mais le souvenir de Georgette, de sa douleur, de son désespoir de la veille, lui rendit immédiatement tout son courage. Il finit par s'étonner en se trouvant si résolu, si hardi, si fort. Et quand une seconde fois il regarda son pauvre costume de misère, dans sa noble fierté il se sentit plus vaillant encore.

— Enfin, se dit-il, levant haut la tête, aujourd'hui je ne suis plus timide.

Il était un peu plus de huit heures lorsqu'il sonna à la porte de l'hôtel Vermont, qui s'ouvrit aussitôt. Il entra dans la cour.

— Que désirez-vous? lui demanda le portier.

— Je viens voir M. Maurice Vermont, répondit-il.

— Est-ce que M. Vermont vous connaît?

— Oui, et je suis l'ami de M. Georges Raynal.

— En ce cas, monsieur, entrez dans l'hôtel, vous trouverez un domestique qui vous annoncera.

Jacques Sarrue traversa la cour, monta les marches de marbre d'un perron et pénétra dans un large vestibule également pavé de marbre.

Un domestique parut. Il fit à Sarrue la même question que le portier, laquelle fut suivie de la même réponse.

— Vous venez un peu de bonne heure pour voir M. Vermont, reprit le domestique.

— J'ai pensé que c'était l'heure la mieux choisie pour le trouver.

— Je ne sais pas si monsieur vous recevra, mais je vais tout de même vous annoncer. Veuillez me dire votre nom.

Sarrue n'eut pas le temps de parler. Une porte s'ouvrit, et Georges Raynal, qui entrait dans le vestibule, poussa un cri de joie en voyant le poète.

— C'est bien, cela, Jacques, c'est très bien! dit-il en lui tendant la main. Venez, continua-t-il; Maurice, à qui je viens de dire bonjour, est dans son cabinet, seul. Je vais vous conduire près de lui et pour que vous ne soyez gênés ni l'un ni l'autre, je vous laisserai ensemble.

Ils montèrent au premier. Georges s'arrêta et, montrant une porte à Sarrue :

— Il est là, lui dit-il tout bas. Vous allez entrer. Quoi qu'il arrive, vous ne partirez pas sans m'avoir dit ce qui se sera passé. Du reste, je guetterai votre sortie et nous nous retrouverons dans le vestibule ou dans la cour.

Après ces paroles, Georges frappa à la porte du cabinet.

— Entrez, répondit la voix de Maurice. Georges ouvrit la porte.

— Mon cher Maurice, dit-il, je t'annonce la visite de notre ami Jacques Sarrue.

Et pendant que Maurice se dressait sur ses jambes tout effaré, Georges poussa Jacques Sarrue dans le cabinet et ferma la porte derrière lui.

Les deux anciens amis se regardèrent comme deux lutteurs avant le combat, mais restèrent froids et ne se tendirent point la main. Maurice avait éprouvé un grand soulagement en voyant que Georges se retirait discrètement ; plus maître de lui, et songeant qu'étant chez lui, il devait se montrer poli, il offrit un siège à Sarrue.

— Je préfère rester debout, dit froidement le poète.

— Soit, fit Maurice, ne nous asseyons pas.

Voyant que Sarrue gardait le silence, il reprit :

— Vous avez vu Georges ces jours derniers, c'est lui qui vous a engagé à venir, peut être même vous y a-t-il forcé.

— Georges Raynal est venu me voir hier, en effet ; mais, s'il m'a conseillé de venir vous trouver, je vous prie de croire qu'il ne m'y a point forcé. C'est bien de moi-même et de mon propre mouvement que je suis venu. Étonné que nous ne nous soyons pas revus depuis plus de deux ans, Georges m'a interrogé sur la cause de notre brouille...

— Alors ?...

— J'ai imité votre prudence, je ne lui ai rien dit.

— Je comprends cela, fit Maurice avec un sourire ironique.

— J'ignorais absolument ce que vous étiez devenu, reprit Sarrue ; cependant je n'ai jamais cessé de penser à vous ; j'avais des raisons pour cela...

Le sourire ironique de Maurice reparut sur ses lèvres.

— Ce n'est pas par Georges que j'ai su que vous étiez revenu à Paris, continua Sarrue, je l'avais appris à Boulogne quelques heures avant de recevoir sa visite. Mais c'est lui qui m'a dit que vous étiez devenu millionnaire et que vous demeuriez ici, avenue d'Eylau. Il a cru devoir entrer dans d'autres détails, que je ne lui demandais pas, et c'est ainsi qu'il m'a annoncé votre prochain mariage avec une jeune et belle princesse.

Après une pause, il poursuivit :

— Vous vous demandez probablement dans quelle intention je suis venu vous trouver ; eh bien, monsieur Vermont, ce n'est pas pour vous adresser mes félicitations.

— Que voulez-vous dire, monsieur Sarrue? fit Maurice, dont le front s'assombrit davantage.

— Rien, monsieur Vermont. Je veux d'abord vous parler de Georgette.

— Ah ! oui, de Georgette, votre maîtresse !

Sarrue bondit comme s'il eût été mordu par un reptile et ses yeux lancèrent des flammes.

— Monsieur Vermont, s'écria-t-il, ce que vous venez de dire est infâme !

Le jeune homme haussa les épaules.

— Quoi ! continua Sarrue avec indignation, ce n'était pas assez d'avoir séduit et abandonné la pauvre enfant, il faut aujourd'hui que vous l'insultiez ! Ah ! çà, monsieur Vermont, depuis que vous avez des millions, vous êtes donc devenu un misérable et un lâche ?

Maurice blêmit et trembla de colère.

— Monsieur Sarrue, répliqua-t-il d'une voix frémissante, vous venez aujourd'hui, comme il y a deux ans et demi, me provoquer chez moi.

— Oui, répondit le poëte en se dressant de toute sa hauteur, et, aujourd'hui comme autrefois, j'ai le droit de vous parler comme je vous parle. Une jeune fille, innocente et pure, trompée par votre faux langage, s'est donnée à vous et vous venez de la salir ! Georgette, ma maîtresse !... elle, ma sœur, ma fille !... Voyons, est-ce pour vous excuser de votre abandon que vous avez imaginé cette monstruosité ? Ah ! tenez, vous n'avez ni cœur, ni conscience. Vous dites que Georgette est ma maîtresse, je vais vous répondre :

« Je ne vous ferai pas le tableau de ce que la malheureuse enfant a souffert : je ne ferai pas non plus le récit des dangers auxquels son inexpérience de la vie, sa jeunesse et sa beauté l'ont exposée. Le jour même de votre départ de Paris, elle alla rue Durantin ; on lui apprit qu'une vieille femme était venue vous voir et qu'elle vous avait emmené. Cependant on la fit monter dans votre chambre, — elle espérait que vous reviendriez le soir ; — là elle lut cette lettre que vous m'aviez écrite et que vous avez fatalement oublié de détruire en partant, dans laquelle vous annonciez votre intention de vous suicider.

« Ne pouvant admettre que vous l'aviez abandonnée, Georgette crut à votre mort. Allez voir votre ancienne concierge, si elle vit encore, monsieur Vermont, elle vous dira que Georgette, foudroyée par ce coup terrible, est restée plusieurs jours dans votre chambre, couchée dans votre lit, entre la vie et la mort. Mais Dieu voulait qu'elle vécût pour souffrir davantage et plus longtemps.

« Guérie, ou à peu près, — je ne parle pas des blessures de son cœur, — elle quitta la rue Berthe pour aller demeurer dans un autre quartier. Hélas ! j'avais eu la cruauté de lui déclarer que nous ne pouvions plus vivre sous le même toit. Pendant ce temps, j'étais chez un de mes amis à Courbevoie, ignorant tout ce qui se passait. Quinze jours écoulés, je revins chez moi. J'y trouvai votre lettre, que Georgette elle-même avait mise à la poste. Épouvanté, je courus rue Durantin.

Je fus bientôt rassuré sur votre sort ; mais j'acquis la conviction que la pauvre Georgette était abandonnée. Je ne fus point surpris : je n'avais pas cru à la sincérité de votre amour...

— Vous avez tort, monsieur Sarrue, interrompit Maurice, je l'aimais ardemment, de toute mon âme.

— Et maintenant, comment l'aimez-vous ?

Maurice garda le silence.

— Si vous l'aviez aimée, vous l'aimeriez encore, reprit Sarrue d'une voix vibrante ; une affection de quelque nature qu'elle soit, inspirée par Georgette, ne peut mourir qu'avec la vie. Non, vous ne l'aimiez pas, et la preuve, c'est qu'aujourd'hui vous en aimez une autre !

« Mais je ne vous ai pas tout dit. Écoutez : Je compris bientôt que j'avais été trop sévère pour la pauvre enfant, qu'elle était excusable, et que j'aurais dû garder mon indignation et toute ma colère pour vous seul. Songeant qu'elle était seule, abandonnée, perdue au milieu de ce grand Paris plein de gouffres, sans aucun ami pour la consoler et la défendre, je me repentis amèrement d'avoir été si dur pour elle.

« Dès lors, je n'eus plus qu'une pensée, la retrouver, lui demander pardon de mon injustice et obtenir d'elle, comme une grâce, le droit de lui dévouer ma vie. Dès ce moment je pouvais lui offrir mon dévouement sans rougir : il n'y avait plus dans mon cœur que l'affection d'un frère pour sa sœur.

« Malheureusement, elle était partie sans laisser sa nouvelle adresse et, vainement, pendant plus de trois mois, je cherchai aux quatre coins de Paris. Enfin je la retrouvai, et ce jour-là j'eus le bonheur de la sauver d'un péril extrême. Je n'ai pas besoin de vous dire cela ; d'ailleurs, je ne veux pas abuser de vos instants. Je venais de trouver un emploi avec un fixe de cinq cents francs par mois.

« Pour moi, c'était la richesse. Je proposai à Georgette de partager ma fortune. Elle refusa. Je lui en demandai la raison. Alors elle me parla de vous, monsieur Vermont, de votre mort, du souvenir qu'elle vous gardait, de sa douleur profonde, puis en pleurant, elle m'avoua qu'elle allait devenir mère. »

Maurice fit deux pas en arrière, regardant Sarrue avec stupeur.

— Mère, mère ! balbutia-t-il.

— Oui, mère reprit Sarrue en se rapprochant de Maurice ; et voici ce que je lui répondis : « Georgette, vous êtes ma fille, votre enfant sera mon enfant !

Maurice laissa tomber sa tête sur sa poitrine.

— Rue Saint-André-des-Arts, continua Sarrue, où j'avais loué un logement pour elle et pour moi, l'enfant est venu au monde. C'est un garçon. En souvenir de son père, Georgette lui a donné le nom de Maurice. Cet enfant, monsieur Vermont, hier, à Boulogne, vous l'avez vu, vous l'avez tenu dans vos bras. Et vous êtes resté froid, et vous n'avez pas senti battre votre cœur ; la voix du sang n'a pas crié en vous ; Maurice Vermont n'a pas reconnu son fils !

— Jacques ! Jacques ! assez !... s'écria le jeune homme éperdu.

— Assez ? Non. Écoutez toujours : la guerre est venue, je perdis mon emploi ; il fallait vivre, pourtant ; je fis des dettes. Quand je ne trouvai plus d'argent à emprunter, pour que Georgette et le petit ne souffrissent point de la faim et du froid, je vendis mes meubles, puis les uns après les autres tous mes livres, ces vieux amis qui me consolaient dans les jours de détresse, qui me donnaient l'espoir aux heures de découragement... Et moi, monsieur Vermont, pour ces deux êtres aimés, abandonnés par vous, pour cette pauvre fille que vous flétrissez en l'appelant ma maîtresse, je me suis privé de manger. Oh ! ce n'est pas pour faire parade de mon dévouement que je vous dis cela ; pourtant, c'est mon ostentation, à moi ; c'est ma fierté, c'est mon orgueil ! Pour la mère et pour l'enfant, monsieur Vermont, si je valais quelque chose, je me vendrais moi-même ?

— Oh ! oh ! oh ! fit Maurice.

De grosses gouttes de sueur perlaient à son front. Sa poitrine haletait. Il n'osait plus regarder Sarrue.

Maintenant, poursuivit le poète, je n'ai plus rien à vendre : à bout de ressources, je vois Georgette user ses yeux, sa santé, sa vie à un travail ingrat qui ne peut pas la faire vivre. Ne pouvant plus l'arrêter dans sa marche, la misère sombre approche et a déjà frappé à la porte de Georgette.

— Horrible ! horrible ! murmura Maurice en frissonnant.

— Avant hier, encore, reprit Sarrue, Georgette croyait à votre mort. Je ne lui avais pas dit la vérité, pensant qu'il valait mieux qu'elle crût à votre suicide que de se savoir abandonnée. Mais hier matin, à Boulogne, comme vous sortiez de chez madame Bertin, votre voiture a passé près d'elle et elle vous a reconnu. Le coup qu'elle a reçu est terrible, peut-être mortel !

Maurice se redressa brusquement.

— Jacques, dit-il d'une voix brisée, j'étais aveuglé, vous venez de m'éclairer, c'est affreux ce que vous m'avez dit. Jacques, conseillez-moi, que dois-je faire ?

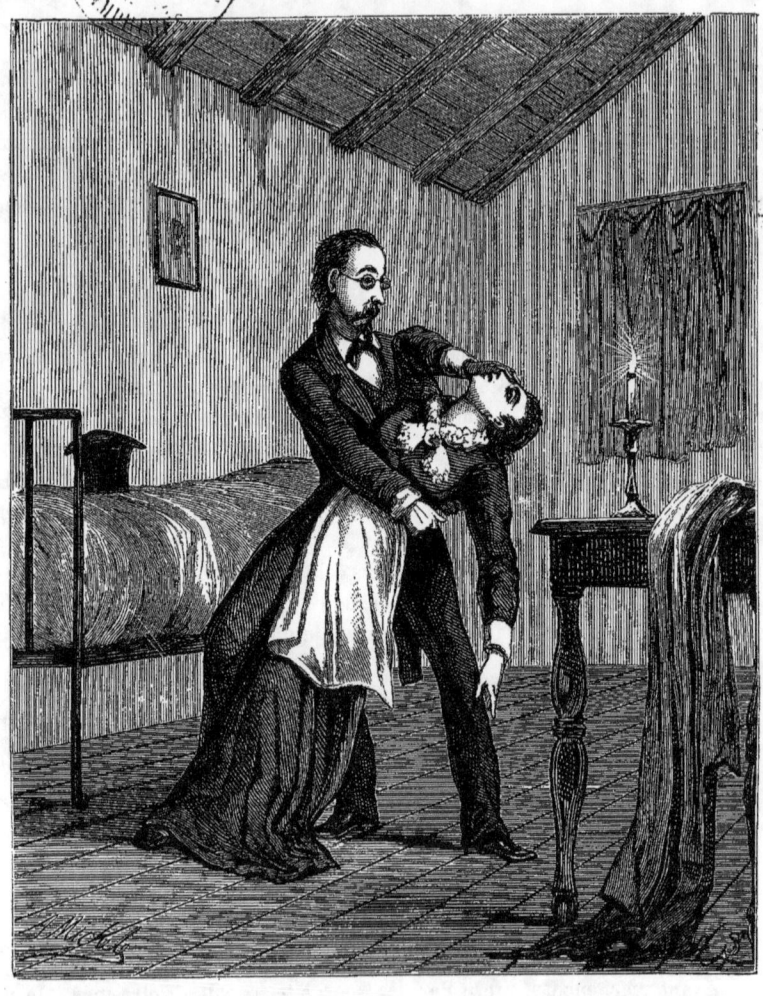

Sarrue la vit chanceler. Il n'eut que le temps de la prendre à bras-le-corps pour l'empêcher de tomber. (Page 508.)

— Ce n'est pas à moi à vous dicter votre conduite, répondit Sarrue ; interrogez votre conscience, monsieur Vermont ; et s'il vous reste quelques bons sentiments au cœur, demandez-leur de vous montrer votre devoir.

— J'ai plusieurs millions de fortune, dit Maurice d'une voix hésitante ; je ne laisserai pas Georgette et son enfant dans la misère. Combien faut-il leur donner ? Fixez vous-même la somme !

Des flots de sang montèrent violemment à la tête de Sarrue. Tout étourdi, il chancela comme un homme ivre. Il étouffait. Il resta un instant sans pouvoir parler. Enfin, après avoir respiré avec force :

— Ah! je savais bien que vous n'aviez pas de cœur, dit-il d'une voix haletante. Comme voilà l'homme riche ! Il dit à la malheureuse jeune fille qu'il a déshonorée, perdue : « Je n'oublie pas que je te dois des jours agréables, que tu m'as procuré quelques instants de plaisir... Tiens, voilà de l'or; va-t'en et que je n'entende plus parler de toi. Le mal que je t'ai fait est réparé, je cours à d'autres joies qui m'attendent ! » Voilà ce que dit et ce que veut faire monsieur Maurice Vermont, le millionnaire. Il croit qu'avec de l'or, autant qu'il en faudra donner, il sera quitte envers sa victime !...

Il continua avec un rire sardonique :

— C'est édifiant, cela; c'est beau, c'est superbe ! Ah! j'admire votre générosité, votre grandeur !

Puis, passant subitement de l'ironie à la colère :

— Monsieur Maurice Vermont, s'écria-t-il d'une voix éclatante, pendant que ses yeux lançaient de fauves éclairs, vous êtes un misérable ! Vous irez offrir vous-même votre or à la mère de votre fils : moi je n'en aurais pas le courage !

Il bondit vers le bureau, prit une plume, la trempa dans l'encre et écrivit sur une feuille de papier :

Georgette, 23, rue Galande.

— Tenez, monsieur, reprit-il, en jetant le papier à la figure de Maurice, voilà son adresse ; seulement, continua-t-il d'une voix étranglée, ne perdez pas de temps ; si vous tardez trop, vous pourrez bien la trouver morte de douleur, de désespoir et de faim.

Sur ces paroles terribles, jetées à Maurice comme une menace et une flagellation, il s'élança vers la porte. Mais, avant de l'ouvrir, il se retourna.

— Monsieur Maurice Vermont, dit-il, j'oubliais de vous apprendre encore ceci : Georges Raynal connaît Georgette, qui a eu Manette Biron pour protectrice, et votre malheureuse victime a vécu six années à votre ferme des Ambrettes, dans la famille du fermier Thomas !

Il ouvrit brusquement la porte et bondit hors du cabinet.

Maurice était écrasé. Il poussa un cri douloureux et s'affaissa lourdement sur un fauteuil, où il resta comme pétrifié, la tête dans ses mains, touchant ses genoux.

Soudain, derrière lui, une tapisserie masquant une porte s'agita, et Manette Biron, pâle, chancelante, les yeux pleins de larmes, parut dans le cabinet.

XX

LE VENGEUR

Elle s'approcha lentement de Maurice sans qu'il l'entendît, et l'enveloppant d'un regard doux et triste, elle lui mit la main sur l'épaule.

Le jeune homme sursauta et, s'étant redressé vivement :

— Ah! c'est vous, Manette? dit-il.

— Je ne t'ai pas fait peur, je suppose?

— Non, répondit-il, essayant de sourire.

— Maurice, reprit Manette tristement, j'ai tout entendu. Croyant que Georges était avec toi, je venais vous trouver; une voix inconnue frappa mon oreille; j'allais m'éloigner de ton cabinet lorsque la voix prononça le nom de Georgette. Alors j'ouvris cette porte, et là, cachée derrière cette portière, j'ai écouté. Maurice, quel est cet homme qui sort d'ici?

— C'est un poète; il se nomme Jacques Sarrue, et il est l'ami de Georges.

— Je me souviens de ce nom. Il a été aussi ton ami, Maurice?

— Oui.

— Maurice, dit-elle d'un ton grave, il devrait l'être encore. Jacques Sarrue est un honnête homme, il est bon et il a un grand cœur; quand on a le bonheur de posséder l'amitié d'un pareil homme, on doit la garder toujours!... Si pauvre qu'il soit, ses sentiments le placent au-dessus de bien des riches; il est noble et grand jusque dans sa misère! Maurice, Jacques Sarrue t'a bien parlé, et toi tu n'as pas su lui répondre.

— Hélas! que pouvais-je lui dire?

— Je te répondrai comme Jacques Sarrue. Interroge ton cœur et ta conscience et demande-leur de te dicter ta conduite et ton devoir.

— Quoi, Manette, fit-il tristement, vous aussi?

— Oui, moi aussi, répondit la vieille femme, dont les yeux étincelèrent.

— J'ai bien compris la pensée de Jacques Sarrue, reprit Maurice : il venait me sommer d'épouser Georgette.

— C'est vrai, répliqua vivement Manette, et tu n'as pas eu honte, toi, de lui offrir de l'argent pour Georgette.

— Mais je ne peux pas faire autre chose, s'écria-t-il d'un ton douloureux, je ne peux pas!

— Je ne sais pas ce que tu peux, Maurice, mais je sais ce que tu dois. Je suis femme et je vois que tu n'as qu'un moyen de réparer le mal que tu as fait.

— Manette, je vous dirai tout; vous verrez que je ne suis pas aussi coupable qu'on peut le supposer.

— Soit, je t'excuse d'avance, comme je l'excuse, elle; mais tout ce que tu pourras me dire ne changera rien à la situation. Et puis, Maurice, Jacques Sarrue te l'a dit en te quittant, comme toi et Georges Raynal, Georgette est ma fille!

Elle se mit à pleurer.

— Mais je ne peux pas l'épouser, reprit Maurice d'un ton désolé; j'aime la princesse Olga.

— Avant de connaître la princesse, tu as aimé Georgette, répliqua la rebouteuse. Je ne veux pas parler de ses droits antérieurs; mais pour toi, Maurice, la pauvre enfant, dédaignée aujourd'hui, a une qualité qui lui donne un droit qui prime tous les autres : elle est mère!

Maurice baissa la tête et poussa un sourd gémissement.

— Maintenant, reprit Manette, nous verrons si tu as le courage d'abandonner ton fils en sacrifiant sa mère!

— Ah! murmura-t-il, vous êtes plus impitoyable encore que Jacques Sarrue.

— J'ai voué ma vie toute entière au bonheur de ceux que j'aime! exclama-t-elle en se redressant superbe de fierté.

A ce moment Georges Raynal entra précipitamment dans le cabinet.

— Ah! te voilà, dit Manette; tu arrives bien, Georges.

— Manette, s'écria le capitaine, Georgette est retrouvée!

— Ah! tu as causé avec ton ami Jacques Sarrue; tu sais tout?

— Je ne sais rien encore, Manette. En sortant de l'hôtel, Jacques Sarrue, que j'interrogeais, m'a répondu seulement : « M. Maurice Vermont n'a pas de cœur, c'est un misérable!... Allez lui demander ce qu'il a fait de votre amie Georgette, la protégée de Manette Biron ; moi, je vais tâcher de consoler la malheureuse enfant! » Et sans vouloir m'en dire davantage, il m'a quitté brusquement.

S'adressant à Maurice, Georges reprit :

— Tu vas me dire, n'est-ce pas, ce qui s'est passé entre toi et Sarrue, et me donner l'explication de ces paroles : « Demandez à Maurice ce qu'il a fait de Georgette! »

— Georges, c'est moi qui vais te répondre, dit Manette. Après moi et depuis qu'elle a quitté les Ambrettes, Jacques Sarrue est devenu l'ami, le protecteur, le soutien de Georgette. Maurice l'a connue alors qu'il était pauvre ; ils se sont aimés et de cet amour est né un enfant, un fils.

Le capitaine tressaillit, et son regard attristé se fixa sur Maurice.

— Dans un autre moment, continua Manette, je te ferai connaître jusqu'où est allé le dévouement de Jacques Sarrue. Tout à l'heure, ici, pendant que je me trouvais cachée derrière cette tapisserie, Jacques Sarrue a demandé à Maurice ce qu'il comptait faire pour la mère et l'enfant. Et Maurice, qui aime maintenant la princesse Ramidoff, et Maurice, dont le cœur est certainement bien changé, Maurice a offert à Jacques Sarrue de l'argent pour la mère, de l'argent pour l'enfant.

— Oh! Maurice! Maurice! fit Georges.

— Vas-tu donc me blâmer aussi ? dit Maurice : Georgette est dans la plus profonde misère ; elle manque de tout, même de pain, m'a dit Sarrue ; je ne vois pas que j'ai mal agi en disant que je voulais la faire riche, elle et son enfant. Sarrue prétend que je dois l'épouser et Manette est de son avis. Mais le puis-je? dis, Georges, le puis-je quand j'en aime une autre? Et elle, Georgette, le voudrait-elle? Jugez-moi aussi sévèrement que vous le voudrez, mais je vous en prie, voyez les choses telles qu'elles sont. Ah! où je serais coupable et condamnable, c'est si je restais indifférent à la misère et au malheur de Georgette, si je la repoussais, elle et son enfant! Je désire et veux faire tout ce qui m'est possible ; je suis prêt à donner un million.

— Un million! fit Manette ; mais j'ai plus de quatre millions, moi, et il y en a un pour Georgette.

Maurice accablé baissa de nouveau la tête.

Depuis un instant le capitaine réfléchissait. Il prit la main de Maurice et lui dit d'un ton affectueux :

— Courage, mon ami, la situation est extrêmement difficile et pénible ; mais nous tâcherons d'en sortir.

— Georges, reprit Manette, nous devons laisser Maurice à ses réflexions, Pendant ce temps, nous allons courir près de Georgette. Ah! la pauvre chérie, j'ai hâte de la revoir et de la serrer dans mes bras.

La feuille de papier sur laquelle Sarrue avait écrit l'adresse de Georgette et qu'il avait jetée au visage de Maurice, dans un mouvement de colère, était tombée sur le tapis.

Manette la ramassa et la remit à Georges, en lui disant :

— Tiens, voilà l'adresse de Georgette.

Machinalement, le jeune homme plia le papier en quatre et le mit dans une de ses poches. Il réfléchissait toujours.

— Eh bien, lui dit Manette, partons-nous ?

— Pas encore, dit-il. Il faut que je sorte ; mais dans une demi-heure au plus tard je serai de retour. Manette et toi aussi, Maurice, attendez-moi ici.

Il sortit du cabinet et de l'hôtel un instant après. Où allait-il ? Chez la princesse Ramidoff. Pourquoi ? Qu'espérait-il de sa visite ? Que pouvait-il en attendre ? Assurément, il n'en savait rien. Mais, voyant l'affreuse position de Maurice, et avant même de raisonner, ne consultant que son cœur, il tentait cette démarche hardie en faveur de Georgette.

Il s'était dit :

— Si la princesse a réellement tous les sentiments nobles et élevés que Maurice lui donne, elle jugera de haut la situation, et c'est elle-même qui dira à Maurice : Voilà ce que vous devez faire, voilà votre devoir.

Sans même savoir comment il allait parler à la princesse, ni ce qu'il devait lui dire, mais convaincu que l'inspiration viendrait en sa présence, il se présenta à l'hôtel de la rue Lauriston.

— Madame la princesse Ramidoff est-elle visible ? demanda-t-il au domestique qui le reçut dans l'antichambre.

— Je pense que oui, répondit le valet. Qui dois-je annoncer ?

— Je n'ai pas l'honneur d'être connu de madame la princesse ; annoncez un ami intime de M. Maurice Vermont.

Le domestique s'inclina, sortit, revint au bout d'un instant et dit à Georges :

— Madame la princesse recevra l'ami de M. Vermont.

Georges suivit le domestique qui, après avoir ouvert plusieurs portes devant lui, l'introduisit dans le boudoir au parfum de violettes en disant :

— Madame la princesse vous prie de vouloir bien l'attendre un instant.

Le domestique s'éloigna et le capitaine resta seul debout au milieu du salon. Trois minutes s'écoulèrent à peine. Soudain il entendit un léger bruit. Une porte s'ouvrit et la princesse entra. Leurs regards se croisèrent et en même temps, faisant chacun un pas en arrière, deux cris retentirent :

La princesse terrifiée était devenue livide.

Le premier moment de surprise passé, Georges reprit possession de lui-même. Alors un pli profond se creusa sur son front assombri, ses yeux s'enflammèrent et, marchant vers elle :

— C'est vous, lui dit-il d'une voix frémissante, vous, Suzanne Vernier, qui vous faites appeler princesse Ramidoff ?

— C'est mon nom, répondit-elle effarée, je suis la veuve du prince Ramidoff.

— Soit, mais vous êtes aussi Suzanne Vernier... Ah ! ce n'est pas vous que je pensais trouver ici, maintenant ma mission devient facile.

— Votre mission, fit-elle, en le regardant avec anxiété.

— Ce que j'avais à dire à la princesse, poursuivit-il, je le dirai à Suzanne Vernier ; ce que je venais demander à la princesse, je l'exigerai de Suzanne Vernier.

— Qu'avez-vous donc à me dire ? Que voulez-vous donc exiger de moi ?

— J'ai à vous dire, répondit Georges d'une voix lente et grave, que vous ne pouvez pas être la femme de Maurice Vermont ; j'exige que, volontairement, vous renonciez à lui.

— Jamais ! c'est impossible ! s'écria-t-elle, en se dressant presque menaçante en face de l'officier.

— Je le veux ! répliqua-t-il froidement.

— C'est impossible, vous dis-je !

— La raison ?

— Je l'aime ! je l'aime !

Georges haussa les épaules avec dédain.

— Vous mentez ! riposta-t-il durement, en l'écrasant sous son regard.

— Non, je vous dis la vérité. Je vous pardonne vos paroles offensantes, à vous dont autrefois j'ai repoussé l'amour ; mais, je vous le répète, j'aime Maurice Vermont, je l'aime de toutes les forces de mon âme, je vous le jure !

— Devant moi vos serments sont inutiles.

— Ah ! vous pouvez me croire ! s'écria-t-elle visiblement émue, la princesse Ramidoff n'est plus ce qu'était Suzanne Vernier.

— Je le crois ; mais elle est ce qu'a été Andréa la Charmeuse !

Ces paroles, qui résonnèrent aux oreilles de la malheureuse comme un glas funèbre, la frappèrent au cœur. Elle croyait que Georges Raynal ignorait son passé. Il venait de lui arracher brutalement cette illusion.

— Quoi, vous savez ?... s'écria-t-elle avec épouvante.

— Je sais qu'il y avait à Paris, il y a quelques années, une courtisane célèbre qu'on appelait Andréa la Charmeuse. A la princesse Ramidoff je dis : Celle qui a été Andréa la Charmeuse ne peut pas être la femme de Maurice Vermont.

Elle s'approcha de lui les mains jointes.

— Georges, l'implora-t-elle, pitié, grâce !

— Allons donc, fit-il avec mépris ; est-ce qu'on peut avoir de la pitié pour vous ?

— Ah ! vous vous vengez ! s'écria-t-elle avec force ; c'est indigne !

— Vous croyez que je me venge, répliqua-t-il sèchement ; eh bien, Suzanne, tout à l'heure vous connaîtrez ma vengeance et vous verrez si elle m'est personnelle. Vous prétendez que vous aimez Maurice Vermont ; je vous dis, moi, que cela n'est pas vrai, que vous mentez !... Vous êtes aujourd'hui telle que vous étiez autrefois à Marangue : une fille ingrate et sans cœur, une sœur dénaturée !... Vous n'avez pas aimé Gervaise, votre mère ; vous n'avez pas aimé Georgette ; vous n'avez jamais rien aimé que vous-même ! Et vous osez dire que vous aimez Maurice Vermont ! Allons donc ! vous l'aimez comme vous avez aimé Henri de

Georges s'arrêta, et, montrant une porte à Sarcue : — Il est là, lui dit-il. (Page 516.)

Manoise et le marquis Maxime de Soubreuil, qui sont morts du fatal amour que vous leur avez inspiré, et probablement aussi le prince Ramidoff.

Mes paroles vous font trembler, je le vois ; vous ne me croyiez pas si bien instruit, n'est-ce pas? Vous ne vous attendiez pas à voir surgir tout à coup devant vous un vengeur, et il vous semble que c'est la voix d'un de ceux que vous avez tués qui sort de la tombe... Andréa la Charmeuse, vous ne vous trompez pas ; avant de se faire sauter la cervelle d'un double coup de pistolet, le marquis de Soubreuil a écrit votre histoire; comme vous le voyez, je la connais, et Maurice Vermont, qui n'a pas reconnu la terrible Andréa dans la princesse Ramidoff, la connaît aussi... Vous êtes une femme fatale; malheur à qui vous aime ! Mais vous avez fait assez de victimes ; je sauverai Maurice, en lui arrachant du cœur son amour mortel !

En vérité, continua-t-il d'un ton acerbe, il faut que vous soyez bien audacieuse pour avoir voulu vous faire épouser par Maurice. Oh ! je comprends votre calcul; femme vénale, vous convoitiez ses millions !

La princesse poussa un cri déchirant. Puis, se tordant les bras avec désespoir, elle s'écria :

— Voilà le châtiment !

Et tombant aux genoux du jeune homme :

— Vous me frappez sans pitié, lui dit-elle d'une voix palpitante et désolée ; mais quand vous aurez vu mon désespoir, quand vous me verrez souffrir, vous serez convaincu que j'aime Maurice, autant qu'il est possible à une femme d'aimer. Alors, monsieur Raynal, si cruel que vous puissiez être, vous regretterez d'avoir été aussi impitoyable !

En la voyant suppliante à ses pieds, la douleur peinte sur son visage et les yeux baignés de larmes, Georges se sentit remué jusqu'au fond du cœur.

Pendant un instant il la regarda avec compassion. Puis d'une voix singulièrement adoucie :

— Si vous aimez réellement Maurice Vermont, lui dit-il, je vous plains, car vous êtes, en effet, digne de la plus grande pitié. Relevez-vous, Suzanne, ajouta-t-il en lui prenant la main et en l'aidant à se remettre sur ses jambes ; je vais maintenant vous parler sans colère.

La malheureuse était brisée, anéantie. Pour se tenir debout, elle fut forcée de s'appuyer contre une console.

— Oui, reprit Georges, si vous aimez Maurice, vous êtes digne de pitié. Écoutez ce que je vais vous dire.

XXI

LE SACRIFICE

— Peu de temps après son arrivée à Paris, en 1869, Maurice rencontra une jeune fille de seize ans, aussi belle que vous, Suzanne, mais ayant sur vous cette supériorité qu'elle avait l'innocence, la naïveté, la candeur de l'enfant et qu'elle était chaste et pure.

La princesse poussa un profond soupir.

— Ils s'aimèrent, reprit le jeune homme, avec cette ardeur, cet abandon et cette confiance qui n'appartiennent qu'au premier amour. Ils étaient pauvres tous les deux et tous les deux orphelins ; mais ils avaient la jeunesse, et l'espérance leur montrait l'avenir. Cet amour, cette douce union de deux cœurs, de deux âmes, qui semblait ne devoir être brisée que par la mort de l'un, ne dura pas même une année. Ils furent brusquement séparés.

« Un jour, une femme vint trouver Maurice et lui dit : « Il y a dix-sept ans « que je vous cherche ; venez. » Et elle l'emmena loin de Paris pour lui donner la fortune. Je ne vous dirai pas pourquoi, car je l'ignore encore en ce moment, pourquoi Maurice, devenu riche, parut avoir complètement oublié la jeune fille

« Or, la femme, qui était venue chercher à Paris Maurice Vermont, et qui existe encore, se nomme Manette Biron. »

La princesse tressaillit et ses yeux étonnés se fixèrent sur Georges.

— Oui, Manette Biron, continua-t-il, la pauvre rebouteuse des Huttes qui cachait sous ses haillons de misère les millions de Maurice Vermont.

« Je connaissais déjà Maurice, alors, et déjà nous étions amis ; nous nous étions rencontrés devant le cadavre du marquis de Soubreuil, qui venait de se tuer dans une clairière du bois de Vincennes. Je le revis à son château de Salerne, où se resserrèrent encore les liens de notre amitié.

« Je laisse Maurice, qui vient de passer subitement de la misère à la fortune, s'habituer à l'opulence, pour vous parler de la jeune fille. Elle aime toujours Maurice ; mais elle croit qu'il est mort, et elle garde pieusement son souvenir dans son cœur. Elle travaille pour pouvoir vivre. Mais sa situation va devenir difficile et malheureuse. Heureusement, un brave et honnête homme, un autre ami de Maurice, lui viendra en aide et veillera sur elle.

« La pauvre fille n'avait plus sa mère ou une sœur aînée pour la conseiller et la protéger contre elle même, en lui montrant les dangers d'une tendresse trop passionnée. L'amour rend faibles les plus forts. La jeune fille s'était donnée entièrement à Maurice. Elle fut faible. Et quand Maurice quitta Paris, il ignorait, et peut-être ne savait-elle pas elle-même qu'elle allait devenir mère.

« L'enfant vint au monde, c'est un petit garçon, la jeune mère lui donna le nom de Maurice. »

— Ah ! l'enfant de Boulogne ! s'écria la princesse.

— Oui, il a été placé à Boulogne par Jacques Sarrue, le protecteur de la jeune fille. Ces jours derniers, le hasard vous l'a fait rencontrer dans une allée du Bois, et, hier, vous êtes allée le voir chez madame Bertin, accompagnée de Maurice.

Une émotion extraordinaire s'était emparée de la jeune femme; elle écoutait Georges Raynal avec une agitation croissante.

— Or, hier matin, poursuivit le capitaine, Jacques Sarrue et la jeune mère sont aussi allés voir l'enfant. Si vous étiez restés un quart d'heure de plus chez madame Bertin, ils vous y auraient trouvés, car c'est à Boulogne même qu'ils vous ont rencontrés, comme vous reveniez à Paris.

La jeune fille a reconnu Maurice. Hier soir, j'ai vu Jacques Sarrue; c'est moi qui lui ai appris que Maurice était revenu à Paris et qu'il allait épouser prochainement la princesse Ramidoff. Ce matin, Jacques Sarrue est venu trouver Maurice, il a plaidé, sans succès, je l'avoue, la double cause de la mère et de l'enfant. Et moi, j'étais venu ici pour plaider également cette cause auprès de la princesse Ramidoff. Mais ma plaidoirie est inutile, la cause est gagnée d'avance.

La princesse fit entendre un sourd gémissement et baissa la tête.

— Malgré sa concision, reprit Georges, le récit que je viens de vous faire a dû vous intéresser. Pourtant, ce qu'il me reste à vous dire vous intéressera, je crois, davantage encore.

La jeune fille dont il s'agit, Suzanne, n'est pas de Paris : elle est née comme vous et moi dans un village. Un jour elle surprit une conversation et elle apprit que sa sœur qui s'était noyée, lui avait-on dit, existait et habitait à Paris.

— Mon Dieu! mon Dieu! gémit la jeune femme en se redressant brusquement.

— Ne prenant conseil que de son cœur, continua Georges, la pauvre petite, qui pleurait sa sœur depuis six ans, attendit la nuit, et sans qu'on ait pu soupçonner son projet, elle s'enfuit de la ferme, où tout le monde la chérissait.

— Georgette! Georgette! exclama la princesse d'une voix étranglée.

Et elle éclata en sanglots déchirants.

— Et elle arriva à Paris, où sa sœur n'était plus, poursuivit le jeune homme, et courut à l'hôtel de Manoise. Le baron mort, Jeanne de Manoise aussi, et la vieille baronne étant allée cacher son désespoir dans un château de province, l'hôtel était désert. Elle n'y trouva que le portier et sa femme, qui lui jetèrent au visage, comme une insulte, le nom exécré d'Andréa la Charmeuse!

La princesse poussa un cri affreux, qui sortit comme un râle de sa gorge serrée.

— Chassée brutalement de l'hôtel de Manoise, reprit Georges, la pauvre enfant désolée, désespérée, errait à travers les rues de Paris, lorsque la Providence plaça Jacques Sarrue sur son chemin. Vous savez le reste, Suzanne ; je n'ai qu'une seule chose à ajouter : si, hier soir, ne sachant pas l'emploi qu'il en voulait faire, je n'avais pas donné un peu d'argent à Jacques Sarrue, aujourd'hui votre sœur n'aurait pas de pain à manger.

— Ah ! le ciel et la terre m'ont maudite ! exclama la princesse.

Elle s'élança vers le jeune homme et, lui saisissant le bras :

— Georges, dit-elle d'une voix haletante, vous savez où est Georgette ; dites-moi où je trouverai ma sœur.

Le capitaine se souvint aussitôt qu'il avait mis dans sa poche l'adresse de Georgette écrite par Sarrue. Il donna le papier à la princesse en disant :

— C'est l'adresse de votre sœur.

Elle l'ouvrit d'une main fiévreuse, et après avoir lu : « 23, rue Galande, » elle la glissa dans son corsage. Puis, jetant sa main sur un cordon de soie, elle fit sonner un timbre.

Presque aussitôt Louise parut sur le seuil du salon.

— Vite, vite, mon châle, mon chapeau, lui dit la princesse...

— Madame la princesse va sortir ; dois-je donner l'ordre au cocher de préparer sa voiture ?

— Non, ce serait trop long, je prendrai une voiture de place.

La femme de chambre traversa le boudoir et entra dans la chambre de sa maîtresse.

— Vous allez voir votre sœur, c'est bien, dit Georges.

— Je vais la consoler et, si elle pleure, sécher ses larmes sous mes baisers !

Elle se rapprocha du jeune homme.

— Tout à l'heure, reprit-elle, vous aviez raison quand vous avez dit que la cause de ma sœur était gagnée... Maintenant le bonheur doit être pour elle, la douleur, le désespoir pour moi !

— Puis-je vous demander ce que vous comptez faire ?

— Je n'en sais rien encore, mais je disparaîtrai et m'en irai où me poussera la fatalité, assez loin pour qu'on n'entende plus parler de moi. Monsieur Raynal, quand dans quelques jours je quitterai Paris, j'aurai déjà suffisamment souffert pour avoir droit à votre pardon et au pardon des autres.

— Du moment que vous renoncez à Maurice et que vous allez embrasser votre sœur, répondit Georges d'une voix vibrante, je n'attends pas l'expiation; je vous pardonne, Suzanne.

— Merci, merci! dit-elle d'une voix oppressée; vous me rendrez plus forte pour le sacrifice!

La femme de chambre reparut.

La princesse se coiffa elle-même, et Louise, devenue subitement inquiète et tremblante, lui mit un cachemire sur les épaules.

La jeune femme et le jeune homme sortirent en même temps de l'hôtel. Et pendant que la princesse se dirigeait rapidement vers l'avenue des Champs-Élysées pour y prendre une voiture de place, Georges Raynal s'empressait de rentrer à l'hôtel Vermont.

Il retrouva Manette et Maurice dans le cabinet. Voyant l'agitation et la douleur sombre du jeune homme, la bonne Manette ne s'était pas éloignée de lui. Demandant à son cœur de lui dicter des paroles éloquentes et persuasives, elle lui parlait avec tendresse, comme à un enfant qu'on veut consoler.

Il l'écoutait, les yeux mornes, la poitrine oppressée, ayant toujours le même trouble dans l'esprit, incapable de prendre une résolution, sans force pour agir. Les révélations de Jacques Sarrue semblaient l'avoir foudroyé.

Manette fit trois pas vers Georges, et, lui montrant Maurice, elle secoua tristement la tête.

— Eh bien? interrogea le capitaine.

— Depuis que tu nous a quittés, le voilà, le malheureux enfant; il n'a pas prononcé une parole; on dirait qu'il n'a plus de pensée. Je fais d'inutiles efforts pour le tirer de sa torpeur.

— J'espère être plus heureux que vous, dit Georges.

— Hélas! soupira Manette, la blessure qu'il a au cœur est profonde.

— Oui, mais j'apporte un baume pour la guérir, répondit le capitaine en souriant.

Il s'approcha de Maurice, et, le secouant doucement:

— Allons, Maurice, dit-il, allons, réveille-toi!

Le jeune homme tressaillit, puis arrêtant sur Georges ses yeux sans éclat :

— Que me veux-tu? demanda-t-il.

— Te guérir, morbleu!... Assez d'affaissement, je veux que tu redeviennes un homme. Debout, Maurice, debout!

Le jeune homme, subissant la volonté de Georges, se dressa comme un automate.

— Maintenant, écoute et réponds, reprit le capitaine. Voudrais-tu me dire ce que tu as fait du manuscrit du marquis de Soubreuil ?

— Le manuscrit du marquis de Soubreuil?

— Oui. Où est-il?

Maurice tendit sa main vers sa bibliothèque et répondit :

— Là, dans un tiroir.

— Eh bien, Maurice, il faut le relire. Tu souffres, mon pauvre ami ; cette lecture éclairera ta pensée et te donnera l'apaisement.

— Je ne comprends pas, Georges ; que veux tu dire ?

— Maurice, il y a quelques années, il existait à Paris une femme dont le regard brûlait comme la flamme, dont le sourire rendait fou ; une femme dont la voix pénétrait au cœur comme un poison ; son nom seul nous faisait frissonner ; on l'appelait Andréa la Charmeuse.

— Pourquoi me parles-tu de cette femme?

— Tu ne comprends donc pas encore ?

— Non.

— Eh bien, Maurice, comme le baron Henri de Manoise et le marquis Maxime de Soubreuil, tu as été charmé. Ce que tu éprouves n'est pas de l'amour, c'est une ivresse perfide, malheureux ; ton cœur est pris de vertige !

— Assez, Georges, arrête-toi, je ne te permets pas d'établir une comparaison entre la princesse Ramidoff et...

— Pourquoi n'achèves-tu pas? Maurice, je n'ai pas de comparaison à établir, en effet ; mais je dois te dire qu'Andréa la Charmeuse est revenue à Paris ; elle se nomme maintenant princesse Ramidoff.

— Georges, que dis-tu?... exclama Maurice.

— La vérité !

Maurice poussa un cri rauque et retomba sur son siège en murmurant :

— Andréa la Charmeuse !

Et il resta immobile, les yeux démesurément ouverts fixés à ses pieds.

Manette dit à Georges :

— Tu viens de chez elle, tu l'as reconnue ?

— Oui, j'ai reconnu Suzanne Vernier.

— Que lui as-tu dit ?

— Qu'elle devait renoncer à Maurice.

— Alors ?

— Dans quelques jours elle aura quitté Paris.

— Oh ! la malheureuse, la malheureuse ! gémit Manette. Lui as-tu parlé de sa sœur ? reprit-elle.

— Oui.

— Son cœur s'est-il ému ?

— Manette, Suzanne se repent et regrette déjà amèrement son passé. En apprenant ce que sa sœur, la pauvre Georgette, a souffert et souffre encore, elle a pleuré...

Au nom de Georgette, Maurice, qui écoutait, se dressa sur ses jambes comme poussé par un ressort.

— Alors, continua Georges, je me suis ému à mon tour ; je me suis rappelé combien je l'avais aimée et j'ai eu pitié de la malheureuse : je ne voyais plus en elle ni Andréa la Charmeuse, ni la princesse Ramidoff, j'ai dit à Suzanne Vernier : « Je vous pardonne ! »

— C'est bien, Georges, dit Manette ; c'est d'abord auprès de ceux qu'elle a fait souffrir que la femme repentie doit trouver miséricorde.

Manette se retourna. Maurice était près d'elle. Il essuyait ses yeux pleins de larmes.

— As-tu entendu ce que nous venons de dire ? lui demanda-t-elle.

— Oui, répondit-il, j'ai entendu et j'ai compris.

Aussitôt, s'élançant vers la porte du cabinet, il l'ouvrit brusquement et appela :

— Joseph ! Joseph !

Georges, reprit Manette, nous devons laisser Maurice à ses réflexions. (Page 526.)

Le valet de chambre accourut.

— Faites atteler immédiatement, lui ordonna Maurice.

Manette et Georges échangèrent un regard de surprise.

— Maurice, où veux-tu donc aller? demanda le capitaine.

— Vous venez tous deux avec moi, répondit-il; nous allons consoler Georgette.

Manette ne put retenir un cri de joie.

Georges saisit une des mains de Maurice et la serra silencieusement.

Le front rayonnant, regardant le ciel, Manette disait tout bas :

— Dieu est grand et toujours juste ; il punit les méchants et récompense le bons. Georgette sera heureuse et Maurice est sauvé !

XXII

LE POISON

Au moment où Ripart affolé passait devant la loge, courant chercher un médecin, nous avons dit qu'une jeune femme demandait aux concierges de lui indiquer à quel étage demeurait mademoiselle Georgette.

Cette jeune femme était la princesse Ramidoff. La concierge lui répondit :

— Mademoiselle Georgette est au quatrième, la porte à gauche.

La princesse remercia d'un mouvement de tête et s'élança dans l'escalier, qu'elle monta rapidement. Son cœur battait très fort. Sur le palier du quatrième étage, elle s'arrêta un instant pour reprendre haleine et se rendre maîtresse de son émotion avant de pénétrer dans cette chambre où elle allait trouver sa malheureuse sœur, encore une de ses victimes.

Elle vit la porte entr'ouverte. Elle avança la tête et regarda. Elle ne vit que la table au milieu de la chambre, et plus loin, dans le fond, la commode. Elle ne pouvait apercevoir le lit, placé dans un angle, en face de la fenêtre. Elle pensa que Georgette n'était pas chez elle et que, ayant laissé sa porte ouverte, elle allait revenir.

— Elle est probablement entrée chez une voisine, se dit-elle.

Alors elle se décida à pousser la porte doucement et à entrer dans la chambre. Aussitôt ses yeux tombèrent sur le lit et sur le corps de Georgette étendu sans mouvement. Bien qu'elle n'eût pas vu sa sœur depuis près de dix années, malgré la pâleur mate de son visage pleinement éclairé, elle la reconnut.

D'abord, elle crut qu'elle dormait. Sans bruit, marchant sur la pointe des pieds, elle s'avança jusque près du lit. Les yeux voilés de larmes, elle examina ce jeune et beau visage qui conservait l'empreinte de la douleur et du désespoir.

Un sanglot sortit de sa poitrine. Elle se pencha prête à lui mettre un baiser sur le front.

Mais soudain, s'apercevant que la jeune fille ne respirait plus, elle se redressa avec terreur. Elle lui prit la main, une main glacée, dont les doigts crispés serraient toujours la fiole de poison. Le contact du froid fit passer un frisson dans tous les membres de la princesse. Cependant, elle ne lâcha point la main qu'elle venait de prendre, elle avait remarqué qu'elle tenait un petit flacon.

Un doute horrible traversa sa pensée comme un éclair, et elle poussa un cri rauque, affreux.

Fiévreusement agitée, presque folle, elle parvint à desserrer les doigts de Georgette et elle s'empara du flacon. Il contenait encore à peu près la moitié du liquide. Elle devina que c'était du poison.

— Morte, morte! prononça-t-elle d'une voix creuse. Ah! misérable! j'ai tué ma sœur!

Elle se redressa livide, les traits contractés, des lueurs étranges dans le regard, et regarda autour d'elle avec épouvante, en tournant sur elle-même.

— Morte, reprit-elle sourdement, ma sœur est morte, ma sœur s'est empoisonnée!... Et moi je vis, continua-t-elle avec une énergie farouche; moi, dont la vie est maudite! moi, la femme autrefois sans cœur! moi, qui l'ai cruellement abandonnée et qui me suis élevée en marchant sur des cadavres!

Au souvenir de ses victimes, elle fut prise d'un tremblement convulsif.

— Ah! s'écria-t-elle, Dieu n'est pas juste!

Le regard sombre, les yeux secs, elle resta un instant immobile devant Georgette.

Sa poitrine se soulevait violemment, pendant que des spasmes nerveux faisaient frissonner sa chair et agitaient ses membres.

Tout à coup son front parut s'illuminer; des éclairs jaillirent de ses yeux; sa physionomie prit une expression indéfinissable. C'était un mélange d'orgueil, de fierté, d'audace, de mépris et de dédain.

Andréa la Charmeuse reparaissait tout entière.

— Non, non, dit-elle d'une voix rauque, saccadée, la mort ne m'épouvante point, je ne serai pas lâche devant elle!... Pauvre Georgette! elle n'avait fait aucun mal, elle ne demandait qu'un peu de bonheur, et il lui a été refusé; elle était douce, bonne, aimante... Elle était innocente, et pourtant la voilà glacée... Pauvre Georgette!... Elle était belle, elle n'avait pas encore vingt ans, et la voilà morte, morte parce qu'elle a aimé! Pardon, ma mère, pardon; vous m'aviez ordonné de veiller sur elle, de la protéger, de l'aimer; je n'ai pas obéi, pardon, pardon!

Elle resta encore un moment silencieuse. Puis, rejetant brusquement sa tête en arrière et changeant de ton :

— Ma sœur! s'écria-t-elle, si je t'ai abandonnée dans la vie, je te suivrai dans la mort!... Les malheureuses victimes d'Andréa la Charmeuse vont être vengées!...

Elle mit le petit flacon entre ses lèvres et en vida le contenu d'un seul trait.

— Maintenant, murmura-t-elle, la mort peut venir me prendre à mon tour, je l'attends.

Et elle lança au milieu de la chambre le flacon qui vola en éclats.

Lentement elle se rapprocha du lit. Elle prit la tête de Georgette dans ses mains, la souleva légèrement, et, avec une sorte de fureur, couvrit de baisers son front, sa bouche et ses yeux.

Soudain, il lui sembla que Georgette se ranimait sous la chaleur de ses baisers; elle vit qu'un peu de rose revenait à ses lèvres et estompait ses joues. Elle l'embrassa de nouveau; elle sentit qu'elle était moins froide. Mais n'était-ce pas déjà la mort qui, la glaçant elle-même, neutralisait ainsi l'effet du froid? Elle lui mit la main sur le cœur; elle crut le sentir battre doucement. Elle approcha sa joue de la bouche de Georgette, un souffle léger l'effleura. Mais tout cela ne pouvait être qu'une illusion.

Frémissante, la prunelle dilatée, courbée sur sa sœur, ses deux mains appuyées sur le lit, elle attendit pleine d'anxiété.

Au bout d'un instant Georgette fit un mouvement.

— Ah! je ne doute plus, s'écria la princesse, elle vit encore! Mon Dieu, ajouta-t-elle, faites qu'elle me voie, qu'elle me reconnaisse!

Aussitôt, Georgette poussa un soupir, puis tout son corps tressaillit; ses bras se soulevèrent, elle les ramena sur sa poitrine et ses yeux s'entr'ouvrirent.

— Ma sœur, ma sœur! s'écria la princesse.

Et l'entourant de ses bras, en l'appuyant contre elle, elle parvint à la tenir assise sur le lit.

« D'abord, Georgette regarda autour d'elle avec étonnement, comme si elle cherchait à reconnaître le lieu où elle se trouvait; ses yeux s'ouvrirent davantage; ils se fixèrent enfin sur la princesse et elle la reconnut.

— Suzanne ! exclama-t-elle.

La princesse voulut parler ; des sanglots lui coupèrent la voix. Mais elle tenait sa sœur dans ses bras et elle la pressait fièvreusement contre son cœur. Elles s'embrassaient avec transport, avec ivresse. A son tour Georgette éclata en sanglots. Avec la pensée, le souvenir lui revenait.

Quelques minutes s'écoulèrent. Ce fut Georgette qui parla la première.

— C'est toi, c'est bien toi? dit-elle d'une voix faible ; enfin, je te revois, je t'embrasse... Tu m'aimes encore, n'est-ce pas ? Ah ! si tu savais, si tu savais... Mais, non, tu ne dois pas savoir... Tu ne m'as pas tout à fait abandonnée, puisque te voilà. Ah ! cela me fait du bien de te voir, de t'embrasser, de me sentir dans tes bras, contre ton cœur. Il me semble que je ne suis plus aussi malheureuse. Suzanne, comment se fait-il que tu sois ici ?

— Je n'ai rien à te dire, rien à t'expliquer, répondit la princesse. Pourquoi perdre du temps en paroles inutiles, quand il nous en reste si peu pour nous aimer ? Restons comme nous sommes en ce moment : toi dans mes bras, moi dans les tiens... Georgette ma chère Georgette, oublions le malheur, les rêves, les joies du monde ; oublions tout. Je ne veux plus penser qu'à Dieu, qui pardonne, au moment de mourir.

— Mourir! tu veux mourir ? s'écria Georgette avec effroi.

— Oui, pour ne plus me séparer de toi.

— Suzanne, quelle est donc ta pensée? Je ne te comprends pas.

— C'est vrai, tu ne peux pas comprendre. Eh bien, écoute : quand je suis entrée ici tout à l'heure, t'apportant des paroles d'espoir, tu étais étendue sans mouvement, et déjà pâle et froide comme un cadavre. Tu tenais encore dans ta main un petit flacon.

— Ah ! le poison, le poison ! exclama Georgette.

— Oui, reprit la princesse ; je devinai que le flacon contenait du poison ; je te l'arrachai de la main ; il n'était qu'à moitié vide.

— Tu as brisé le flacon, n'est-ce pas ? tu l'as brisé ?

— Oui.

— Ah ! je respire, fit Georgette.

— J'ai brisé le flacon en le jetant sur le carreau, reprit la princesse ; mais auparavant, pour mourir avec toi, j'avais bu le reste du poison.

— Malheureuse ! s'écria Georgette épouvantée, tu t'es empoisonnée!...

— Comme toi, je ne voulais plus de la vie ; comme toi, je me suis empoisonnée.

Georgette poussa un cri terrible et, s'élançant à bas du lit, folle de douleur et de désespoir, elle se mit à crier :

— Au secours, au secours !

Puis, revenant à sa sœur et lui jetant ses bras autour du cou :

— Mon Dieu, mon Dieu, dit-elle en sanglotant, qu'as-tu fait ? Tu voulais mourir avec moi... Ah! malheureuse, mais je n'ai pas bu le poison, moi !... Au moment où je la portais à ma bouche, j'ai pensé à mon enfant, à mon cher petit Maurice, que j'allais laisser seul au monde... Alors, j'ai senti que tout se déchirait en moi ; mon cœur a cessé de battre, la respiration m'a manqué, la nuit s'est faite autour de moi... Après, je ne me rappelle plus rien. Tiens, tiens, regarde, c'est là, sur le drap du lit, que le poison a coulé. Ah! pourquoi la fiole ne s'est-elle pas entièrement vidée ?

Suzanne, pourquoi me regardes-tu ainsi ? pourquoi restes-tu silencieuse ? Je t'en supplie, parle-moi ! Oh ! ton regard me fait peur !

La princesse écoutait la voix de sa sœur ; mais sa tête s'était subitement appesantie, et un bourdonnement dans ses oreilles, semblable à un bruit de cloches, l'empêchait de saisir les paroles. Ses yeux agrandis brillaient d'un étrange éclat et avaient pris une fixité effrayante.

— Ah ! c'est le poison ! exclama Georgette.

Mon Dieu, reprit-elle en se redressant éperdue, mais j'ai appelé pourtant, et personne, personne ne vient !

D'un bond elle s'élança vers la porte, en criant de nouveau :

— Au secours ! au secours !

Presque aussitôt Ripart et le concierge, tout essoufflés, entrèrent dans la chambre.

Ils poussèrent un cri de surprise et de joie en voyant Georgette debout.

— Enfin, dit-elle, vous m'avez entendue !

Et, leur montrant la princesse :

— C'est ma sœur, ajouta-t-elle ; elle vient de boire du poison ! Monsieur Ripart, vite, courez chercher un médecin !

— Le médecin va venir, mademoiselle Georgette, répondit Ripart ; j'étais allé le chercher pour vous ; je vous ai crue morte.

— Hélas! ma sœur l'a cru aussi, et c'est-elle, la malheureuse, qui a bu le poison!

Et laissant les deux hommes ahuris, consternés, elle se précipita sur la princesse, en proie au plus violent désespoir. Celle-ci la repoussa doucement, se dressa sur ses jambes et fit quelques pas dans la chambre. A chaque instant, elle était prise d'un tressaillement convulsif. Sa poitrine se soulevait violemment; on voyait ses traits se contracter, ses bras se raidir et se tordre, et, sous son vêtement, on devinait les palpitations de la chair. Ses grands yeux bleus, à la pupille dilatée, étaient comme un foyer d'étincelles.

Son chapeau et son châle étaient tombés sur le lit; ses magnifiques cheveux dénoués flottaient épars sur ses épaules avec des ondulations capricieuses.

XXIII

HALLUCINATION

La princesse s'était arrêtée au milieu de la chambre. Soudain, elle se courba, en allongeant le cou, et parut tendre l'oreille comme si elle écoutait un bruit lointain.

Elle eut un nouveau tressaillement, plus violent encore que les autres, et se redressa en jetant un cri aigu. Puis, la terreur dans le regard, le buste rejeté en arrière, elle recula jusqu'au fond de la chambre.

— Chut, fit-elle, écoute; je les entends, ils viennent... Ils sont loin, bien loin, mais comme ils courent! Quel bruit! on croirait entendre gronder la foudre. Ils vont passer. Non, non, ils viennent ici, ils vont entrer, ferme la porte. Trop tard, ils entrent, les voilà! ah!

Et étendant le bras vers un point de la chambre où ses yeux restèrent fixés:

— Là, là, reprit-elle, les vois-tu? Je les reconnais, ce sont eux: Henri de Manoise, Maxime de Soubreuil; elle aussi, la belle Jeanne, plus blanche que son linceul... comme elle pleure, mon Dieu, comme elle pleure!... Eh bien, oui, c'est moi Andréa, Andréa la Charmeuse, que me voulez-vous? Regarde, là, au cœur, un trou... le sang coule... Ah! ils sont rouges!... C'est moi, c'est moi qui les ai tués! Ils me maudissent, ils me menacent, leurs regards me brûlent. Jeanne de Manoise, emmenez-les; grâce, je vous demande grâce!...

« Ah! elle pleure toujours, elle ne m'entend pas! Mais les morts peuvent donc sortir de la tombe?... Spectres, laissez-moi, j'ai peur, j'ai peur!

« Un nuage les enveloppe, ils s'effacent... Le vent souffle, ils sont partis... Non, encore un... Ma mère, c'est ma mère! Son regard terrible me fait frissonner, sa voix sévère me crie : — « Qu'as-tu fait de Georgette, malheureuse? « qu'as-tu fait de ta petite sœur? » C'est vrai, j'ai abandonné ma sœur, je suis une misérable? Ma mère, ma mère, pardonnez-moi! »

Elle avait joint ses mains et pris une attitude suppliante.

Après un court silence elle continua :

— Non, elle me repousse... Elle parle encore. Que dit-elle?... Fille indigne, malheur à toi! Pas de pitié... sois maudite!...

Elle poussa un cri horrible et sa tête tomba sur sa poitrine haletante, comme si elle eût été écrasée sous le poids d'une malédiction réelle.

Georgette accablée, les jambes fléchissantes, s'était appuyée contre un meuble.

— Oh! ma sœur, ma pauvre sœur! dit-elle d'un voix plaintive.

A ce moment, des pas résonnèrent dans l'escalier.

— Ah! voici le médecin! s'écria Georgette, qui bondit vers la porte.

Un homme entra. C'était Jacques Sarrue.

La jeune fille resta immobile devant lui.

— Que se passe-t-il donc? demanda Sarrue, quelle est cette femme?

Georgette répondit :

— Cette femme est la princesse Ramidoff, c'est ma sœur!

Le poète n'eut pas le temps d'adresser une nouvelle question.

Après s'être avancée lentement, la princesse venait de s'arrêter à quelques pas d'eux, redressant sa taille majestueuse, le regard flamboyant. Son front superbe s'était irradié. Une fois encore sa physionomie avait changé d'expression. Elle était resplendissante. Jamais peut-être sa merveilleuse beauté n'avait eu autant d'éclat, un pareil rayonnement.

Alors, prenant une pose pleine de majesté :

— Je suis belle, la plus belle, dit-elle d'une voix claire et vibrante; je vous reçois tous dans mon palais éblouissant de lumière et vous allez vous asseoir à un festin splendide. Vous admirez mon riche vêtement de soie semé d'étoiles d'or et sur mon front mon diadème de pierres précieuses, qui brillent comme des

— Mais c'est de la démence ! exclama José Basco. Voyons, continua-t-il, qu'est-ce qui vous prend ? Que signifie cette plaisanterie ?

Le front plissé, il s'avança vers Ludovic. Alors seulement, il s'aperçut que le jeune homme était affreusement pâle.

— Encore une fois, qu'avez-vous ? s'écria-t-il ; répondez, expliquez-vous !

Le comte de Montgarin se dressa en face de lui, le regard chargé d'éclairs.

— Je n'ai aucune explication à vous donner, répondit-il d'une voix frémissante. Je vous ai promis de vous montrer quelque chose, regardez.

Il bondit vers le lit, prit les deux épées et en jeta une aux pieds de José Basco, en lui criant d'une voix impérieuse :

— Aventurier portugais, ramasse cette arme et défends-toi !

Ces paroles produisirent sur José Basco l'effet d'un coup de foudre.

— Oh ! fit-il, éclairé d'une lueur subite.

Aussitôt ses traits se décomposèrent.

Saisi de terreur, livide, jetant autour de lui des regards d'insensé, il recula jusqu'au fond de la chambre.

Il comprenait. Ainsi, le comte de Montgarin l'avait trompé ; et lui, l'homme habile, n'avait rien deviné, rien soupçonné. Les yeux démesurément ouverts, pantelant, atterré, presque fou, le front couvert d'une sueur froide, il restait écrasé sous le regard terrible du jeune homme.

— Eh bien, eh bien ! fit Ludovic avec une ironie mordante, on dirait que vous avez peur, don José, comte de Rogas.

José Basco se redressa comme s'il eût reçu un coup de fouet, et son regard s'éclaira d'une lueur sombre.

— Misérable ! prononça-t-il sourdement.

— Tu as raison, répondit Ludovic : oui, je suis comme toi un misérable et un infâme, puisque je suis ton associé et ton complice, le complice d'un voleur et d'un assassin !

A bas le masque ! continua le jeune homme d'une voix éclatante. Tu n'es pas comte de Rogas ; il n'y a plus de Rogas en Portugal ; tu ne possèdes ni château ni domaine ; tu n'es qu'un vil aventurier, un audacieux coquin... L'argent que tu as, tu l'as volé au jeu comme tu as volé le nom glorieux des comtes de Rogas pour le couvrir d'opprobre et le déshonorer. Je ne te demande pas quel est ton véritable nom, je n'ai pas besoin de le connaître ; mais un nom qui t'appartient et que nul ne peut te contester, c'est celui de bandit !

— Comte de Montgarin, hurla José Basco, tais-toi, tais-toi !

Les poings serrés, l'œil menaçant, il se courba, s'appuyant sur ses jarrets, prêt à bondir sur Ludovic pour le saisir à la gorge...

— Prends garde, José, prends garde, tu vas te piquer, ricana le jeune homme, en lui présentant la pointe de son épée.

José Basco recula.

— Mon cher cousin, reprit le jeune homme de sa voix railleuse, je pouvais vous laisser aller ce soir chez la baronne de Waldreck ; c'est là que vous deviez être arrêté ; mais j'ai réfléchi et me suis dit que je devais faire quelque chose pour vous qui avez tant fait pour moi. Ah ! vous pouvez me remercier... Vous n'irez pas en prison ; on ne verra pas le comte de Rogas devant la cour d'assises ; je vous sauve du bagne, et peut-être de l'échafaud.

José Basco eut un mouvement d'impatience et de colère.

— Allons, allons, ne vous impatientez pas, continua Ludovic, je n'ai plus que ceci à vous dire : En ce moment même, Morlot et ses agents pénètrent dans le clos de la Belle-Bonnette. Ils vont délivrer Maximilienne de Coulange; ils vont s'emparer de Des Grolles et de Sosthène de Perny pour les livrer à la justice. Moins heureux que vous, mon cher cousin, vos deux complices seront jugés et condamnés. Ah ! ah ! vous ne vous attendiez pas à ce dénouement... Voyons, dites, n'ai-je pas bien joué mon rôle ? Je suis votre élève, José, et j'ai tenu à vous faire honneur.

Il y a trois jours je vous disais : Tout est perdu ! Maintenant, le croyez-vous ? C'est demain que je devais ramener triomphalement Maximilienne à l'hôtel de Coulange. Oui, vraiment, c'eût été un beau triomphe ! Eh bien, je n'en ai pas voulu ; j'ai compris que c'était assez de mensonge et de honte. C'est ce soir que Maximilienne sera rendue à sa mère désolée, et c'est Lucien de Reille, vous entendez, c'est Lucien de Reille qui la ramènera à l'hôtel de Coulange. Je l'aime, je l'adore ; mais elle sait que je l'ai trompée et elle me méprise. D'ailleurs, complice des hommes qui ont tenté trois fois d'assassiner son père, le comte de Montgarin, devenu un misérable, un infâme, n'a plus le droit de penser à elle. Maximilienne aimera Lucien de Reille. Il n'est pas indigne d'elle, lui, son honneur est sans tache !

Après un court silence, il reprit d'une voix vibrante :

— Quand vous êtes venu à moi, comme un démon tentateur, j'étais au bord d'un abîme ; vous m'avez empêché d'y rouler pour me précipiter dans un autre plus profond et plus sombre. J'étais ruiné, à bout de ressources ; mais il me restait encore ce que j'ai toujours considéré comme le bien le plus précieux ; l'honneur !... J'allais me tuer, vous avez retenu ma main. Ah ! vous vous êtes bien gardé, alors, de me faire connaître vos combinaisons ténébreuses, vous saviez que j'aurais repoussé vos propositions avec indignation, que je n'aurais point accepté votre marché infâme ! Entre vos mains, je suis devenu un instrument, et vous avez fait de moi un misérable... Vous m'avez empêché de me tuer, pour me déshonorer !... Je me trouve de nouveau en face du suicide ; il faut que je meure ! Et chose horrible à penser, aujourd'hui ma mort ne peut plus sauver mon honneur !

Maintenant, voici ce que j'ai résolu. Écoutez ; nous allons nous battre jusqu'à ce que l'un de nous tombe mort. Ce sera le jugement de Dieu. Si vous me tuez, vous m'épargnerez la peine de me faire sauter la cervelle. Dans ce cas, vous ouvrirez cette porte et vous prendrez la fuite. Personne ne se trouvera devant vous ; j'ai éloigné les domestiques, ils ne rentreront qu'à minuit. Comme vous le voyez, je vous offre une chance de salut. Dieu décidera, j'en appelle à son jugement !

Allons, José, l'heure est venue, reprit Ludovic d'une voix creuse, ramasse cette épée et défends ta vie.

Le Portugais se redressa, le regard enflammé et les lèvres crispées.

— Et si je n'accepte pas ce duel ridicule ? demanda-t-il.

— En ce cas, répondit sourdement Ludovic, aussi vrai que je suis un maudit et que tu es un scélérat, je te tuerai comme un chien enragé. Mais non, je te connais, José, tu ne me forceras pas à t'assassiner ; tu tiens trop à ta misérable vie pour laisser échapper l'unique chance que tu as de la conserver. Encore une fois, ramasse cette épée et défends-toi !

José Basco resta immobile.

Le comte de Montgarin allongea le bras, et la pointe de l'épée toucha la poitrine du Portugais, qui bondit en arrière.

— Veux-tu te défendre, oui ou non ? cria Ludovic d'une voix terrible.

José ne pouvait plus se faire illusion. A l'air résolu du jeune homme, il comprit enfin que le seul moyen qu'il eût de lui échapper était de le tuer.

— Eh bien, soit, répondit-il d'une voix étranglée, battons-nous !

Il jeta son pardessus, arracha ses gants, fit sauter son chapeau d'un coup de poing, se précipita sur l'épée, se redressa d'un bond, et les yeux étincelants de fureur, il tomba en garde en poussant un rugissement de bête fauve.

— Enfin ! murmura Ludovic.

Les deux lames se croisèrent.

Ce fut un combat terrible, acharné, une lutte de sauvages. Les deux adversaires, également adroits et vigoureux, se poussaient avec rage ; ils ne tenaient aucun compte des règles de l'escrime.

Tout à coup, José Basco poussa un cri rauque, horrible. Serrant encore la poignée de l'épée dans sa main crispée, il tomba à la renverse, roide, les bras en croix. Son corps eut deux ou trois tressaillements convulsifs et ne bougea plus.

Le comte de Montgarin l'avait touché en pleine poitrine. Passant entre deux côtes, la lame de l'épée lui avait traversé le cœur.

José Basco était mort.

— Dieu l'a voulu ! dit froidement le comte de Montgarin.

Il ouvrit la porte de la chambre, mit la clef dans la serrure, en dehors, et referma la porte. Puis, jetant son épée :

— A mon tour, murmura-t-il.

Lentement, il marcha vers le lit. Sans hésiter, sans que sa main tremblât, il prit le pistolet.

— Maximilienne, Maximilienne, s'écria-t-il en levant les yeux vers le ciel, dans un instant, le comte de Montgarin aura droit à votre pardon !

Son regard s'était illuminé, il y avait sur son front quelque chose de rayonnant.

Il mit le canon du pistolet dans sa bouche, le serra entre ses dents et pressa la détente. Une forte détonation se fit entendre. En même temps il tomba comme une masse, horriblement défiguré et le crâne ouvert.

A minuit, quand les domestiques rentrèrent, un profond silence régnait dans la maison. Ils avaient passé une charmante soirée. Ils se couchèrent sans se douter que, dans la chambre de leur maître, la lumière mourante de deux bougies éclairait deux cadavres.

XXII

LA PHOTOGRAPHIE

Le lendemain matin, les membres de la famille de Coulange et Gabrielle étaient réunis dans le boudoir de la marquise. Maximilienne était assise sur le canapé, entre son père et sa mère. La marquise était encore faible et pâle, mais elle avait le front irradié. A chaque instant, elle embrassait sa fille bien-aimée ou la serrait contre son cœur avec une tendresse indicible. Le marquis tenait une des mains de Maximilienne dans les siennes.

Eugène venait de leur apprendre ce qui s'était passé dans le clos de la Belle-Bonnette ; la lutte qui avait eu lieu dans l'escalier de la cave entre Morlot et Des Grolles ; comment, après avoir poignardé Élisabeth, Sosthène de Perny était tombé froudroyé, frappé d'un coup de sang.

Il avait fait avec enthousiasme l'éloge de Lucien de Reille, à qui Maximilienne devait de n'avoir pas été frappée par l'assassin.

Émue et rougissante, Maximilienne confirma les paroles de son frère.

— Oui, dit-elle, je dois la vie à M. de Reille ; son apparition soudaine a paralysé la main qui tenait le poignard prêt à s'enfoncer dans ma poitrine.

Neuf heures sonnèrent. Un domestique annonça Morlot.

— Qu'il vienne vite ! dit le marquis.

Morlot parut. Aussitôt toutes les mains se tendirent vers lui.

— Je suis confus, balbutia-t-il.

Puis s'approchant de Mme de Coulange :

— Madame la marquise, dit-il en lui remettant le coffret de cuivre, ceci vous appartient.

— Merci, mon ami, dit la marquise. Maintenant, nul autre que vous ne saura ce que le secret enfermé là m'a coûté de larmes.

Elle ouvrit le coffret, prit le manuscrit et le tendit à son mari en disant :

— Edouard, il est adressé au marquis de Coulange ; il est à toi.

— Ma chère Mathilde, répondit le marquis, bien que je sache ce qu'il contient, je le lirai.

— Ma chère Gabrielle, reprit la marquise en se levant pour mettre le coffret sur les genoux de la mère d'Eugène, reconnaissez-vous ces objets marqués G. L. ?

Gabrielle regarda son fils, les yeux voilés de larmes.

— Chère mère, dit Eugène avec une vive émotion, ces langes préparés avant ma naissance, sont le témoignage de ton amour maternel ; nous les conserverons toujours.

— Oui, répondit-elle, souriant à travers ses larmes, c'est un souvenir.

— Et le faux comte de Rogas ? demanda le marquis, s'adressant à Morlot.

Le front de l'intendant s'assombrit.

— A-t-il été arrêté ?

Morlot secoua la tête.

— Non, monsieur le marquis, répondit-il, le faux comte de Rogas est mort.

— Mort ! répétèrent toutes les voix.

— Est-ce qu'il y a eu chez la baronne de Waldreck une lutte contre les agents ? demanda le comte de Coulange. Est-ce que le Portugais s'est fait tuer en se défendant?

— Le faux comte de Rogas n'était pas chez sa complice. Celle-ci, une jeune fille appelée Charlotte, et cinq autres jeunes femmes ont été arrêtées et conduites au dépôt de la préfecture de police.

— C'était prévu ; maintenant, mon cher Morlot, apprenez-nous comment est mort le complice de Sosthène de Perny.

L'intendant éprouvait un malaise visible.

— C'est que... balbutia-t-il.

— Ce que vous avez à nous dire est donc bien effrayant?

— Oui, effrayant.

— Après l'horrible récit que vient de nous faire Eugène, dit la marquise, nous pouvons vous entendre sans être effrayés ; parlez, mon ami.

— Pardon, madame la marquise, mais il s'agit aussi de M. de Montgarin, et, devant Mlle de Coulange, je n'ose...

Le rouge monta au front de Maximilienne qui se redressa brusquement :

— Monsieur Morlot, dit-elle d'une voix ferme, vous pouvez parler sans crainte devant moi : je n'aime plus M. le comte de Montgarin!

Eugène laissa échapper une exclamation de joie.

— Cela devait être, dit le marquis : Maximilienne est une Coulange.

— Sais-je seulement si je l'ai aimé? se disait la jeune fille.

— Eh bien, reprit Morlot, voici ce que j'ai appris par Mouillon, un instant avant de venir.

Hier soir, François, le vieux valet de chambre du comte de Montgarin, sa femme et les deux autres domestiques sont allés à l'Opéra dans la loge de leur maître. Ils avaient laissé M. de Montgarin et le comte de Rogas causant dans la salle à manger, en prenant le café et fumant un cigare. Ils rentrèrent à minuit et se couchèrent immédiatement. Ce matin, ils se levèrent à l'heure habituelle. Un instant après, en passant dans la pièce qui précède la chambre de son maître, François glissa sur le parquet humide. Il se baissa et regarda. C'était du sang. En même temps, il remarqua que cette flaque de sang coagulé avait coulé de la chambre de M. de Montgarin en passant sous la porte. Saisi d'épouvante, il ouvrit la porte. Aussitôt il poussa un grand cri. Le comte de Montgarin et le comte de Rogas étaient étendus au milieu de la chambre dans une mare de sang.

Le valet de chambre se précipita sur son maître et le prit dans ses bras. Le comte de Montgarin était roide, glacé.

— Le malheureux! murmura Gabrielle.

Maximilienne avait voilé son visage de ses mains.

— C'est affreux, dit le marquis.

— Mon Dieu, que de cadavres! gémit la marquise.

— François se mit à jeter des cris de douleur et de désespoir, continua Morlot, les autres domestiques accoururent et leurs cris se mêlèrent à ceux du valet de chambre. On alla prévenir le commissaire de police qui se rendit immédiatement à l'hôtel de Montgarin.

Le faux comte de Rogas tenait une épée sur laquelle ses doigts s'étaient roi-

Avis : La prochaine livraison sera double : avec la dernière du **Fils**, nos lecteurs trouveront une première livraison de la **Dame Voilée**, roman très dramatique d'Émile Richebourg. Les deux livraisons ensemble ne coûteront que **10** centimes seulement.

Sans hésiter il mit le canon du pistolet dans sa bouche et pressa la détente. (Page 598.)

dis. Dans la chambre on ramassa son chapeau, son pardessus, des gants déchirés, une seconde épée; près du cadavre du comte de Montgarin, un pistolet qui avait été chargé de deux balles. Voici ce qui s'est passé hier soir, poursuivit Morlot :

Après s'être habillé pour se rendre, sans doute, chez la baronne de Waldreck, le faux comte de Rogas est entré dans la chambre de M. de Montgarin. Celui-ci l'a évidemment provoqué et forcé à se battre. Le pardessus et le chapeau jetés dans un coin, et les gants déchirés indiquent que le Portugais ne se doutait nullement des intentions de M. de Montgarin avant d'entrer dans la chambre.

La lutte dut être terrible. Enfin, le Portugais tomba frappé au cœur. La mort a été instantanée, car on a remarqué qu'il n'avait pas fait un mouvement.

Après avoir tué son adversaire, le comte de Montgarin jeta son épée, prit le pistolet qu'il avait probablement chargé d'avance, mit le canon dans sa bouche et se fit sauter la cervelle.

Morlot se tut. Ses auditeurs étaient sous le coup d'une émotion poignante.

— Quelle triste fin! dit le marquis. Le comte de Montgarin avait un grand cœur; sa mort fait oublier ses fautes.

— Dieu lui pardonnera, dit la marquise.

Dans l'après-midi, Lucien de Reille vint faire une visite à l'hôtel de Coulange.

— Mon cher Lucien, lui dit le comte de Coulange, tu dois avoir appris la mort de M. de Montgarin?

— Oui, je sais qu'il s'est suicidé après avoir tué le comte de Rogas. Ce drame épouvantable est le pendant de celui qui s'est passé sous nos yeux, à peu près à la même heure, dans la maison de la Belle-Bonnette.

— J'ai constamment cet horrible spectacle devant les yeux, dit tristement Mlle de Coulange, et il me semble que j'ai toujours en moi un frisson de terreur.

— Tu oublieras, ma chérie, tu oublieras, répondit la marquise, en enveloppant sa fille d'un regard qui contenait toute sa tendresse maternelle.

Monsieur Lucien, continua-t-elle, nous savons, M. de Coulange et moi, que Maximilienne vous doit la vie; Eugène nous a tout raconté.

— Madame la marquise, mon ami a exagéré...

— Non, monsieur de Reille, répliqua vivement la jeune fille, mon frère n'a dit que la vérité : vous m'avez sauvée!...

— Monsieur de Reille, vous pouvez compter sur la reconnaissance de la famille de Coulange, ajouta la marquise.

— Avant de se donner la mort, reprit Lucien. M. de Montgarin m'a écrit une lettre, que j'ai reçue ce matin à onze heures.

— Ah! fit la marquise.

— Dans l'enveloppe de cette lettre j'ai trouvé une photographie, celle de Mlle de Coulange.

Les yeux de Maximilienne se fixèrent sur le jeune homme.

Il tira la photographie de sa poche, et la présentant à la jeune fille :

— Mademoiselle, dit-il d'une voix tremblante, je n'ai pas le droit de garder votre portrait, je vous le rends.

Maximilienne ne put s'empêcher de tressaillir.

— Monsieur de Reille, répondit-elle d'une voix émue, je crois deviner votre pensée et j'apprécie la délicatesse du sentiment auquel vous obéissez en ce moment. Un jour, sur sa demande, j'ai fait don de cette photographie à M. de Montgarin : conservez-la, monsieur de Reille.

— Ah! merci, mademoiselle, merci! s'écria le jeune homme avec transport.

Le regard de Maximilienne eut un doux rayonnement.

Alors, Eugène se pencha vers Lucien et lui dit bas à l'oreille :

— Espère!

. . . .

Quelques jours plus tard, Mme de Valcourt et sa fille rentrèrent à Paris; Emmeline était complètement rétablie.

Dès le lendemain, on fixa le jour du mariage... Les bans furent publiés, et, six semaines après les drames sanglants du clos de la Belle-Bonnette et de la rue d'Astorg, Emmeline de Valcourt était comtesse de Coulange.

. . . .

Dans la deuxième quinzaine d'avril, Des Grolles parut devant la cour d'assises de Seine-et-Oise.

L'acte d'accusation était muet sur les faits antérieurs à l'enlèvement de Mlle de Coulange. Il couvrait d'un voile le nom de Sosthène de Perny et ne parlait que de Jacques Bailleul. Le comte de Montgarin et l'aventurier portugais n'étaient même pas nommés. L'accusé et son complice avaient enlevé Mlle de Coulange à sa famille, afin d'imposer au marquis de Coulange les conditions d'une forte rançon.

Des Grolles n'avait fait aucune révélation; il espérait qu'il en serait quitte pour huit ou dix ans de réclusion. Il fut condamné aux travaux forcés à perpétuité.

Quelques jours auparavant, la directrice du tripot de la rue du Roi-de-Rome, l'entremetteuse qui se faisait appeler baronne de Waldreck, avait été condamnée, en police correctionnelle, à trois ans de prison, et Charlotte, à un an de la même peine.

XXIII

CONCLUSION

Seize mois se sont écoulés depuis le mariage du comte de Coulange et d'Emmeline.

Il y a cinq mois que Maximilienne de Coulange a épousé Lucien de Reille.

Quelques jours après le mariage de son amie, la comtesse de Coulange a mis au monde un petit garçon joli comme un chérubin. Lucien et Maximilienne ont été ses parrain et marraine, ils ont donné à leur filleul les prénoms de Eugène-Lucien-Édouard, et il a été décidé qu'on l'appellerait Édouard.

Avons-nous besoin de dire que le petit Édouard est adoré. Il est la joie de la famille. La jeune mère n'a pas voulu le confier à une nourrice. Gabrielle et Mme de Valcourt l'ont approuvée. La belle santé du bébé est une première récompense donnée à Emmeline. Maintenant que l'enfant est déjà grand, quand il n'est pas sur les genoux de sa mère, il est dans les bras de Gabrielle.

Gabrielle se souvient. Elle retrouve dans le petit Édouard toutes les joies maternelles qui lui ont été ravies. Quand elle le presse contre son cœur et le couvre de baisers, il lui semble que c'est l'enfant qu'on lui a volé qu'elle embrasse. Elle se dédommage, la pauvre Gabrielle, en laissant pénétrer dans son cœur toutes les ivresses, tous les ravissements de la maternité.

Après tant de souffrances endurées, la marquise de Coulange a recouvré la tranquillité; elle jouit enfin d'un bonheur complet.

Maximilienne n'enviera pas longtemps les douces joies d'Emmeline, car bientôt elle sera mère à son tour.

Tous nos personnages sont heureux. Seul le comte de Sisterne est soucieux et triste; il semble que quelque chose lui manque; il y a en lui une douleur contenue, une souffrance qu'il s'efforce de cacher.

L'amiral se souvient, lui aussi; son amour pour Gabrielle reste vivant dans son cœur, et n'osant lui dire : Gabrielle, je vous aime toujours ! il souffre de la contrainte qu'il est forcé de s'imposer

Obligé de se contraindre également vis-à-vis du comte de Coulange, il lui faut toute la force de sa volonté pour contenir les élans de sa tendresse. Eugène lui témoigne une grande affection; mais ce n'est pas assez pour son cœur. L'amiral voudrait pouvoir ouvrir ses bras au mari d'Emmeline, et lui crier : Je suis ton père, tu es mon fils !

Un jour, tenant la promesse qu'elle a faite à Eugène, Gabrielle lui a raconté sa douloureuse histoire; mais elle lui a caché le nom de son père. Pour désigner celui-ci, elle avait constamment employé, dans son récit, les pronoms *il* et *lui*.

Le jeune homme avait parfaitement compris que sa mère ne voulait point lui dire le nom de son séducteur.

— Chère mère, lui demanda-t-il, pourquoi as-tu évité de prononcer le nom de mon père?

— Pourquoi? répondit-elle un peu troublée, parce que tu ne dois pas le connaître.

— Je comprends : il existe encore.

Le trouble de Gabrielle augmenta.

— Il vit, n'est-ce pas? insista le comte.

— Oui, il vit.

— Chère mère, je t'ai écoutée avec la plus grande attention, et tu as pu voir à mon émotion et à mes larmes que le récit de tes longues souffrances m'a vivement impressionné. Dans ce que tu m'as appris, concernant l'homme qui t'a séduite, mon père, une chose m'a frappé.

— Quelle chose

— C'est qu'il t'aimait sincèrement.

— Oui, il m'aimait.

— Et tu reconnais toi-même qu'il n'est pas coupable envers toi.

— C'est vrai.

— A-t-il appris, enfin, ce que tu es devenue?

— Eugène, pourquoi me questionnes-tu ?

— Pour pouvoir juger cet homme, ma mère.

— Eh bien, oui, il sait ce que je suis devenue.

— Est-ce que tu l'as revu?

— Je l'ai revu.

— Alors, il sait que j'existe?

— Il le sait.

— Ma mère, loin de l'accuser, tu dis qu'il n'est point coupable; soit, je le veux bien. Pourtant, cet homme a brisé ta vie et, pendant plus de vingt ans, il a fait de toi une malheureuse. Ma mère, à toi et à moi, son fils, il devait une réparation; pourquoi ne l'a-t-il pas offerte?

— Mais il ne pouvait rien faire pour toi, s'écria Gabrielle d'une voix tremblante; tu oublies donc que tu es le fils du marquis de Coulange!

Le jeune homme baissa la tête.

— C'est vrai, murmura-t-il, il ne pouvait rien faire pour moi.

Puis se redressant brusquement :

— Mais pour toi, ma mère, pour toi?... Tu es encore jeune et tu es toujours belle, pourquoi ne t'a-t-il pas donné son nom?

Gabrielle se leva pâle et frémissante.

— Eugène, dit-elle d'une voix oppressée, sans le savoir, tu me fais souffrir... Je t'en supplie, ne m'interroge plus.

Le jeune homme sauta au cou de sa mère et lui dit en l'embrassant :

— Pardonne-moi !

Le comte de Coulange n'était plus revenu sur ce sujet; mais il s'était demandé bien souvent pour quelle raison Gabrielle lui avait caché le nom de son père. Il aurait voulu le connaître.

La naissance du petit Édouard vint faire diversion à ses pensées.

Quelque temps après, Emmeline lui dit :

— Ce matin, mon oncle est entré furtivement dans ma chambre pendant que notre enfant dormait; je l'ai surpris près du berceau dont il avait écarté les rideaux; il était comme en extase et il avait les yeux mouillés de larmes.

— Ah! fit Eugène, ayant l'air de n'attacher aucune importance aux paroles d'Emmeline.

Déjà il avait fait certaines remarques qui l'avaient beaucoup surpris.

Le comte de Sisterne était triste. Pourquoi, devant Gabrielle, paraissait-il gêné?... Pourquoi, quand il adressait la parole à la jeune femme, pourquoi sa voix tremblait-elle?

N'y avait-il pas dans tout cela, en effet, quelque chose d'étrange?

— Si c'était lui! pensa le comte de Coulange.

Il n'y avait encore qu'un doute dans son esprit.

Transportons-nous au château de Chesnel, qui est devenu la résidence d'été du comte de Coulange.

On est à la fin de juillet. La soirée est magnifique. Dans le ciel bleu, pas un nuage. Le soleil descend vers l'horizon et grandit les ombrages.

Gabrielle et Mélanie sont assises sur un banc rustique; elles causent. Un peu plus loin, Mme de Valcourt et Emmeline sont assises sous une charmille. Mme de Valcourt est plongée dans une lecture qui paraît vivement l'intéresser. Emmeline travaille à une broderie, tout en ayant les yeux sur son enfant qu'une jeune bonne promène dans une petite voiture d'osier.

Le comte de Sisterne, la tête inclinée et les mains derrière le dos, marche lentement dans une allée. Il semble livré à de graves réflexions.

La petite voiture, conduite par la bonne, entra dans l'allée que suivait l'amiral. Tout à coup le petit Édouard aperçut M. de Sisterne, il se mit à pousser des cris joyeux, puis, arrivé tout près de lui, il lui tendit ses bras en agitant ses petites mains.

— Il ne veut plus rester dans sa voiture, il me demande de le prendre, dit l'amiral à la jeune servante

L'enfant continuait à lui tendre ses bras, pendant que son petit corps se soulevait.

L'amiral l'enleva de la voiture et se mit à marcher rapidement en le serrant doucement contre son cœur. Après avoir fait une vingtaine de pas, il s'arrêta à l'entrée d'un berceau de chèvrefeuille.

Au même instant, le comte de Coulange se glissait sans bruit derrière le berceau.

L'amiral couvrait de baisers le front et les joues de l'enfant qui lui souriait.

— Au moins toi, disait-il d'une voix émue, je peux te serrer dans mes bras, je peux t'embrasser et te donner des preuves de ma tendresse ; je peux t'appeler mon fils... Mon fils !... Comme ce nom de fils est doux à prononcer ! Il fait tressaillir tout mon être...

Va, continua-t-il, parlant à l'enfant comme s'il eût pu le comprendre, je suis un homme bien malheureux : j'ai un fils et il porte un autre nom que le mien... Je le vois tous les jours, pour lui mon cœur est plein de tendresse, et je n'ose lui ouvrir mes bras et il m'est défendu de lui dire : Je suis ton père ! N'est-ce pas un affreux supplice ?

A ce moment la servante s'avança vers lui.

— Monsieur l'amiral, dit-elle, Mme la comtesse demande l'enfant.

L'amiral embrassa une fois encore le bébé, puis il le mit dans les bras de la bonne, qui s'empressa de le porter à Emmeline.

Alors, Eugène s'élança de l'endroit où il était caché et parut devant M. de Sisterne, qui resta tout interdit.

— J'étais là, dit le comte de Coulange, je vous ai vu embrasser l'enfant et j'ai entendu vos paroles.

— Je me suis trahi ! murmura M. de Sisterne.

Il laissa échapper un soupir et baissa la tête.

— Mais embrassez-moi donc, mon père ! s'écria Eugène.

— Ah ! mon fils, mon fils ! exclama l'amiral.

Et ils tombèrent dans les bras l'un de l'autre.

— Mon père, pourquoi n'avez-vous pas épousé ma mère ? demanda Eugène.

— Si elle l'eût voulu, elle serait comtesse de Sisterne.
— Ainsi, elle a refusé?...
— Oui.
— Et vous l'aimez toujours?
— Je n'ai jamais cessé de l'aimer.
— Attendez-moi ici un instant, dit Eugène.

Et il s'éloigna précipitamment. Il revint au bout d'un instant tenant Gabrielle par la main.

— Chère mère, lui dit-il, je te demande ta main pour M. de Sisterne.

La jeune femme resta muette de surprise.

— Gabrielle, Gabrielle, consentez! dit l'amiral d'une voix suppliante.
— Eugène, tu sais donc?... balbutia-t-elle.
— Oui, je sais qu'il est mon père!
— Et tu veux?
— Son bonheur et le tien.

Eugène prit la main de Gabrielle et la mit dans celle du comte de Sisterne.

— Vous êtes deux contre moi, dit-elle avec un doux sourire, il faut bien que je me déclare vaincue. Mais que dira le monde?

— Chère mère, répondit Eugène, ne pense point à ce que dira le monde, écoute plutôt ce que dit ton cœur.

FIN

En préparation pour paraître prochainement en édition illustrée : **l'IDIOTE**, grand roman dramatique très émouvant, par ÉMILE RICHEBOURG.

TABLE DES MATIÈRES

PREMIÈRE PARTIE

LES TROIS

I. Au bois de Vincennes	3	
II. Le coffret ouvert	8	
III. Les associés	13	
IV. Les rencontres	18	
V. Trois misérables	24	
VI. L'institutrice	31	
VII. Le legs de la duchesse	42	
VIII. L'œuvre commence	48	
IX. Deux jeunes filles	54	
X. L'attentat	61	
XI. Braconnier	67	
XII. Projet de mariage	72	
XIII. Une baronne blonde	80	
XIV. Le jeu	86	
XV. Ludovic de Montgarin	94	
XVI. La proposition	101	
XVII. L'esprit du mal	107	
XVIII. José Basco et son élève	114	
XIX. Une fête à l'hôtel de Coulange	122	
XX. Comment José sort d'un mauvais pas	128	
XXI. Un nouveau Scapin	136	
XXII. Comment Maximilienne apprend qu'elle est aimée	143	
XXIII. Première victoire	150	

DEUXIÈME PARTIE

L'INTRIGUE

I. L'attente	157	
II. Le frère et la sœur	164	
III. Le télégramme	172	
IV. Maquignons ou paysans	179	
V. Une dame patronnesse	186	
VI. Le doute	192	
VII. La douleur	200	
VIII. Que veut faire Gabrielle ?	205	

IX.	Le bai-cerise	211	XVII.	Recherches	261
X.	Le blessé	218	XVIII.	Scènes de nuit	264
XI.	Une ancienne connaissance	222	XIX.	Le rendez-vous	275
XII.	L'agent de police reparaît	228	XX.	La dame masquée	281
XIII.	Trois coups de sonnette	236	XXI.	Secret à vendre	288
XIV.	Comment on devient baron	244	XXII.	Un coup de foudre	295
XV.	Deux vrais amis	251	XXIII.	Comment finit la nuit	301
XVI.	Jardel domestique	256			

TROISIÈME PARTIE

LES GRANDS CŒURS

I.	Eugène et la marquise	308	XIII.	Elle et lui	381
II.	La résolution	315	XIV.	Le père	387
III.	Le secret révélé	320	XV.	Une mauvaise nouvelle	392
IV.	Le cœur	328	XVI.	Le rapport	397
V.	Un billet de Morlot	333	XVII.	Chez la duchesse de Commergue	404
VI.	Une journée perdue	340	XVIII.	Le conseil des trois	411
VII.	Deux lettres	346	XIX.	L'enlèvement	416
VIII.	La lettre anonyme	352	XX.	Pauvre mère	422
IX.	Un cœur brisé	357	XXI.	Société Rogas et Cie	429
X.	La mère	364	XXII.	Où il est parlé de la baronne blonde	436
XI.	Souvenirs	371			
XII.	Refus de parler	375			

QUATRIÈME PARTIE

MAXIMILIENNE

I.	Dans une voiture	446	IV.	Plus fin que le renard	467
II.	Le clos de la Belle-Bonnette	452	V.	Le réveil d'une conscience	474
III.	L'élève devient un maître	460	VI.	L'esprit troublé	481

VII.	A Bougival	494	XVI. Les deux rivaux	555
VIII.	Il est ivre	499	XVII. Rue Rousselet	562
IX.	La prisonnière	506	XVIII. Les compagnons	568
X.	Un malheureux	514	XIX. La lutte	576
XI.	Une repentie	522	XX. La main de Dieu	583
XII.	Sauvée	530	XXI. L'heure terrible	592
XIII.	L'étoile	535	XXII. La photographie	598
XIV.	Morlot inquiet	543	XXIII. Conclusion	604
XV.	Amertume	549		

FIN DE LA TABLE

Sceaux. — Imp. Charaire et fils.

www.ingramcontent.com/pod-product-compliance
Lightning Source LLC
Chambersburg PA
CBHW060504230426
43665CB00013B/1378